한국사 인식의 기초

한국사 인식의 기초

천화숙·정문상 엮음

2013년 9월 24일 초판 1쇄 발행

펴 낸 이   오일주
펴 낸 곳   도서출판 혜안

등록번호   제22-471호
등록일자   1993년 7월 30일

주   소   ⊕ 121-836 서울시 마포구 서교동 326-26번지 102호
전   화   3141-3711~2   팩시밀리 3141-3710
E-Mail   hyeanpub@hanmail.net

ISBN 978-89-8494-475-6 03910

값 14,000원

한국사 인식의 기초

천화숙 · 정문상 엮음

혜안

책을 엮으며

몇 년이 훌쩍 흐른 이제야 책을 펴내게 되었다. 처음 책을 내면 좋겠다는 생각은 대학에서 강의를 맡고 있는 연구자들이 모인 자리에서 나왔다. 거창한 목표는 잡지 않았다. 단지 기존의 연구성과를 반영하되 필자들 나름의 역사에 대한 공통된 인식을 담아낸, 그리고 수강하는 학생들에게는 한국역사의 흐름을 이해하면서 균형 잡힌 시각을 갖추게 해줄 수 있는 책이면 충분하겠다는 공감이 있었다.

필자마다 처지와 사정이 달라, 글을 이루고 책을 엮는 시간이 길어졌다. 그간 필자가 바뀌는 일이 있었고, 어느 부분은 다시 쓰기도 하였다. 그리고 세련되고 알찬 단행본 형식을 갖추기 위해 많은 논의와 협의, 그리고 수정과 보완을 거치기도 하였다. 이 과정에서 섣부른 깊이와 넓이는 좇지 않았다. 가능한 한 쉽게 풀어쓰고자 하였고, 최신의 연구성과를 충실히 반영하고자 애썼다. 물론 필자가 여럿인 관계로, 한 사람의 필자가 이룬 책에 덧대어 보면 부족한 점이 있을 수 있다. 그러나 필자들이 처음의 공감을 지키면서 다양한 논의와 보완을 거쳐 최신 연구성과는 물론 다양한 시각과 안목까지 요령 있고 쉽게 서술한 만큼, 대학생은 물론이고 일반인들의 한국역사에 대한 이해를 높이는 데 훌륭한 길잡이로 전혀 손색이 없다고 생각한다. 이러한 생각이 이 책을 읽는 이들에게 잘 전해지길 바란다.

애초 기획 단계로부터 보면 적지 않은 시간이 흘렀고 그 과정에서 다소의 어려움을 겪어야 했지만, 앞서 말한 대로 이 과정을 통해 내용과 형식이 더욱 충실해지고 잘 갖추어지는 등 책의 완성도를 높일 수 있었다. 이러한 성과는, 천화숙 가천대학교 명예교수와의 인연을 소중히 여기는 집필자들의 노력과 헌신 덕분이다.

정문상 선생은 기획 단계부터 책이 출판될 때까지 모든 일정을 세심하게 점검하며 뚝심 있게 일을 추진해 주었으며, 게다가 책 말미에 첨부된 연표 작성에도 힘을 보태어 한국역사를 동아시아 나아가서 세계역사의 흐름 속에서 이해할 수 있도록 하였다. 옥재원 선생은 원고 수집과 점검, 그리고 출판사와의 연락 등 여러 궂은 일을 도맡아 해주었을 뿐 아니라 1부와 2부의 집필까지 맡아 책의 시작을 열어주었다. 연구와 강의로 바쁜 서태원 선생과 서인원 선생, 그리고 정두영 선생은 3부와 4부를 함께 이루어 책의 허리를 이었다. 박사학위논문으로 겨를이 없었던 이은희 선생은 집중력을 발휘하여 5부와 6부를 완성해 주었으며, 이경란 선생과 정진아 선생은 다양한 연구활동과 여러 사회활동 일정에 쫓기면서도 책의 마무리를 도왔다. 경기문화재단의 박슬기 선생도 소중한 힘(선사시대의 문화명품, 장신구)을 보태었다. 모두 정직하게 노력하여 펴낸 책이다.

책을 내는 일로 세상을 더욱 무겁게 만들었다. 걱정이 앞서지만 뜻한 바에 따라 엮은 책인 만큼, 책을 만들기 전부터 얻었던 관심과 내놓는 과정에서 보탰던 정성이 앞으로, 특히 고등교육현장에서 가치를 얻었으면 좋겠다. 책의 엮음이 필자들에게도 그들의 연구과정에서 의미 있는 계기가 되었기를 바란다. 다시 한 번 고마운 마음을 표한다. 녹록지 않은 출판 현실에도 이 책의 출판을 기획해 주신 혜안출판사의 오일주 사장과 오랜 기다림에도 편집작업에 성의를 다해준 편집진에게도 깊은 감사의 마음을 전한다.

2013년 8월
천화숙, 정문상

차례

러시아연방

중화인민공화국

함경북도
청진
나진
양강도
자강도
신의주
평안북도
함경남도
함흥
평안남도
조선민주주의
인민공화국
남포
평양
원산
황해
북도
강원도
황해
남도
개성
판문점
강릉
강화도
서울
강원도
경기도
대한민국
충청
남도
충청
북도
경상북도
부여
전주
대구
경주
전라
북도
광주
경상남도
목포
전라
남도
부산

제주
제주도

일 본

125°E

130°

1부

역사의 여명

개 관

한국 역사의 흐름은 선사시대先史時代에서부터 시작된다. 선사시대는 사람의 삶이 문자를 통해 역사적으로 기록되기 이전의 시간대로, 사람이 존재해 온 시간 가운데 거의 대부분을 차지한다.

대체로 선사시대는 도구의 시대로 규정되며, 도구 속에 얽혀 있는 기술의 발견과 발달로 사회의 성격을 설명하고 돌과 금속의 시대, 이름과 늦음의 시기를 구분한다. 이러한 이해는 도구에 단순하게 천착하는 방법일 수도 있지만 도구는 사람의 삶이 만들어낸 결과물이므로, 결국 사람의 삶을 설명하고 구분할 수 있는 기준으로서 의미를 가진다. 물론 도구를 기준으로 삼아 정립한 여러 시대의 구분 방법은 서구학계의 대표적인 시대구분법을 변용한 것이라 한국의 역사적 흐름과 약간의 간격을 드러내는 경우가 있다. 그래서 사람들의 생업경제 방식의 전환이나 사회 복합화의 수준을 바탕으로 여러 시대를 구분하는 방법도 제시되고 있다.

한편 시간의 폭이 매우 넓은 선사시대를 이해할 때 도구가 전하는 시간의 특징에 집중하다 보면, 넓은 시간의 폭 속에 존재했던 수많은 사람들의 삶과 삶의 모습을 '역사'나 '문화'라는 개념으로 압축하여 성격을 단편적으로 규정하기가 쉽다. 그리고 시간을 관류했던 연속된 시공간의 변화를 단절된 시공간의 현상으로 설정하기도 쉽다. 이러한 규정과 설정은 선사시대에 대한 편견을 낳을 수 있다. 길고 길었던 선사시대를 정확하게 이해하기 위해서는 먼저 그 시간 속에서 끊임없이 전개되고 있었던 시공간의 작은 변화들에 유의할 필요가 있다.

아울러 우리는 선사시대 동안 이루어졌던 기술의 발달 과정에서 그 발달의 수준을 가늠할 때, 우리 중심의 현재적 시점과 전지적 관점에서 판단을 시작하는 경우가 많다. 이 때문에 선사시대가 발전의 속도는 매우 더디고 그 수준도 아주 낮은 사회 단계로 묘사되는 경우가 많다. 하지만 역사 속을 살아왔던 수많은 사람들은 항상 자신에게 주어진 자연적·사회적 환경 속에서, 최선의 능력을 발휘하여 최첨단의 기술과 효과적인 재료를 활용하면서 창조적인 도구를 만들어왔다. 그리고 이러한 과정에서 점차 시간과 공간을 이해하고 활용하는 능력을 키워 사회의 발전을 이루어나갔다. 우리가 선사시대를 이해할 때, 그리고 선사시대를 우리의 시대와 비교할 때, 우선 옛 시간 그대로의 조건과 환경, 사람들의 능력을 생각의 기준으로 삼을 수 있다면, 선사시대의 역사상과 역사성을 보다 정직하게 관찰할 수 있을 것이다.

1. 선사시대의 사람과 도구, 삶과 사회 형태

1) 수렵채집사회의 석기 제작

사람의 삶이 문자로 기록되기 이전의 역사적 시간대를 의미하는 선사시대는 구석기시대舊石器時代로부터 시작된다. 구석기시대는 약 250만 년 전에서 기원전 1만 년 전후에 걸친 시간대로, 인류의 탄생으로부터 출발하여 수백 만 년 동안 진행된 인류 문화의 원초적인 발전 과정을 보여준다. 이 기간은 인류 역사의 시간에서 거의 모든 시간에 해당된다.

인류가 탄생한 이후 구석기시대 동안 인류의 두뇌 용량은 점차 증가했고 그만큼 발달된 지능을 바탕으로 생존 능력을 증대시키기 위한 기술적인 삶을 지속했다. 이러한 과정 속에서 인류는 불을 이용하였고 돌을 깨뜨려 만든 뗀석기打製石器와 나무와 뼈로 만든 도구를 사용하였다. 기술적인 삶은 일정한 형태의 생활과 노동의 토대가 되었다. 그리고 초보적인 사회단위가 출현하여 생활과 노동의 효율성을 높였다. 한반도에서는 약 70만 년 전부터 사람이 거주하기 시작하였다.

구석기시대의 시기를 구분할 때, 인류의 진화 정도와 아울러 뗀석기의 발달 단계를 시기 구분의 기준으로 삼을 만큼 뗀석기는 구석기시대의 가장 중요한 문화 지표다.

뗀석기 제작 기술은 구석기시대가 전개되는 동안 계속적으로 발달했다. 기본적으로 뗀석기 제작 기술의 발달은 인류의 진화 및 지능의 발달 과정과 직접 연관된다. 특히 뗀석기의 재료와 용도에 대한 이해가 깊어지면서 기술이 크게 발달될 수 있었다. 구석기시대 전기에서 후기로 갈수록 뗀석기의 종류는 여러 가지 용도에 맞게 분화하면서 전문화·다양화되어 나갔다. 뗀석기의 형태도 석기 제작의 기

파주 금파리 유적의 주먹도끼

초 재료로 몸돌을 선택하는 경향에서 격지(박편)를 사용하는 경향으로 바뀌면서, 크고 거친 형태에서 작고 정교하며 규격화된 형태의 석기를 제작하는 방식으로 전개되었다. 이러한 전개의 배경에는 자연 환경의 변화에 따른 동물군 구성의 변화도 포함되어 있다.

뗀석기는 강가에서 쉽게 획득할 수 있는 여러 형태의 자갈돌, 동물의 뿔, 기타 여러 형태의 때림 및 누름 도구 등의 다양한 제작 도구와 직접떼기·간접떼기·눌러떼기·모루떼기 등의 몇 가지 제작 방식을 활용하여 완성되었다.

자연적으로 깨져 떨어진 돌과 뗀석기의 구별은 평범한 돌과 달리 뗀석기가 지니고 있는 몇 가지의 특징을 통해 가능하다. 우선 뗀석기는 사람이 의도를 가지고 규칙적인 제작 공정으로 완성한 도구여서, 특정한 형태와 일정한 규격을 갖추고 있다. 또 뗀석기는 구석기시대의 문화층에서 발견되며, 떨어져나간 조각이라든가 비슷한 형태의 석기와 함께 출토되는 양상을 보인다. 때로는 그 자체가 특별한 소재의 돌감이기도 하다. 이러한 특징들에 근거해서 보면, 뗀석기의 판별은 까다롭지 않다.

우리나라의 구석기시대는 크게 세 시기로 구분된다. 먼저 전기구석기시대는 약 70만 년 전에서 약 12만 년 전까지의 시간대다. 이 시기 대부분의 석기들은 석영 계통의 돌감을 기본 재료로 하여 만들어졌으며, 가장자리만 날카롭게 가공한 주먹도끼와 가로날도끼·찍개·석핵석기가 석기의 주종을 이룬다. 주먹도끼는 주로 충청 이북 지역에서 많이 출토되며, 남부 지역으로 갈수록 발견된 수량이 적고 정형성은 떨어져 대칭성이 뚜렷한 형태가 드물다.

전기구석기시대를 대표하는 경기 연천 전곡리 유적에서는 아슐리안형 주

먹도끼가 발견되었다. 이 발견으로 동아시아에서도 주먹도끼가 만들어졌다는 사실이 입증되었고 동아시아를 찍개 문화권으로 설정했던 모비우스의 가설이 재검토되었다. 전기구석기시대의 주요 유적으로는 임진강·한탄강 유역에 위치한 경기 연천 전곡리 유적, 파주 주월리·가월리·금파리 유적과 강원 강릉 심곡리 유적, 충북 단양 금굴 유적, 충북 제천 명오리 유적, 전남 순천 죽내리 유적 1문화층 등이 알려져 있다.

전기를 잇는 중기구석기시대는 약 12만~10만 년 전에서 약 4만~3만 년 전까지의 시간대다. 이 시기 동안에는 대형 석기가 감소하고, 몸돌에서 떼어낸 격지를 가공하여 석기를 만드는 경향이 일반화되었다. 물론 지금까지 발견된 중기구석기시대의 문화층과 석기에서는 전기와 뚜렷하게 분별되는 기준 층위나, 기술의 변화 및 발전이 확인되지 않는다. 이 때문에 중기구석기시대는 시간적 기준으로 전·후기 구석기시대를 참고하여, 퇴적층의 형성 순서나 절대연대 측정 방법에 의존해서 파악되고 있다. 한반도에서 중기구석기시대로 설정할 수 있는 유적으로는 함북 웅기 굴포리 유적 1층, 강원 양구 상무룡리 유적 아래층, 충북 단양 수양개 유적 아래층, 충남 공주 석장리 유적 중간층 등이 대표적이다.

후기구석기시대는 대략 4만~3만 년 전에서 1만 2천 년 전의 시간대에 해당된다. 이 시기는 형질상 현대인들과 동일한 수준으로 진화된 현생인류가 전 세계적으로 출현하는 시간대다. 발견된 유적의 수는 이전 시기와 비교하여 뚜렷하게 많다. 경기 의정부 민락동 유적, 강원 홍천 하화계리 유적, 강원 양구 상무룡리 유적, 충북 단양 수양개 유적 위층, 충남 공주 석장리 유적 위층, 전남 순천 금평리 유적 등이 후기구석기시대를 대표하는 유적이다. 석기를 제작하는 기술도 획기적으로 발달하여 정교한 돌날이나 슴베찌르개가 석기군의 중심에 자리하였고, 최후 시기에는 잔석기를 중심으로 하는 석기군이 등장하였다. 후기구석기시대를 대표하는 돌날 기법은 두께가 얇고 양측이 길며 날카로운 날을 가공하는 기술이다. 이 기술은 돌감을 가장 경제적으로 이용할 수 있고 돌감 단위당 가장 많은 사용날을 만들 수 있는 기술로 흑요석이나 혼펠스, 응회암, 유문암 등과 같은 새로운 종류의 돌감에 적용되었다. 그 결과 석기 생산의 능률이 크게 향상되었다. 돌날은 그 형태가 규격화되어 그 자체로도 훌륭한 석기였으며, 새기개, 밀개, 긁개와 같은 다른 형태의 석기를 만드는 재료로도 활용되었다. 한반도에서는 약 3만 년 전 무렵에 돌날석기 문화가 도입된 것으로 추측되고 있다. 함북 웅기 굴포리 유적, 평양 만달 동굴 유적, 강원 양구 상무룡리 유적, 충북 단양 수양개 유적, 충남 공주 석장리 유적 등지에서 돌날석기 공작이 확인되었다.

또한 아주 작은 돌날을 생산하는 좀돌날 기법이 중기구석기시대의 중엽부터 시베리아를 포함하여 동아시아 일대에서 널리 발달하였고 신석기시대까지 연장 사용되었다. 좀돌날 기법은 기본적으로 작은 몸돌에서 아주 작은 돌날, 즉 좀돌날을 떼어내어 잔석기를 만드는 방법으로 주로 규질혈암이나 흑요석이 잔석기 제작에 이용되었다. 잔석기는 경기 남양주 호평동 유적에서 출토된 사례처럼 낱개로 손질되어 쓰이기도 했지만, 대체로 납작하게 만든 뼈나 나무에 홈을 파서 끼우거나 고정시켜서 창이나 칼을 만드는 복합 도구로 사용되었다.

대전 용호동 유적, 경남 진주 월평 유적 등의 후기구석기시대 문화층에서는 소량의 날 일부가 갈린 간석기磨製石器들이 발견되었다. 이를 통해 간석기의 제작 기술은 후기구석기시대 후엽에 출현하였음을 알 수 있다. 일본 열도에서는 약 3만 년 전에 해당하는 구석기시대 유적에서 간석기가 발견된 대표사례를 포함하여 수백 점 이상이 출토되고 있어, 구석기시대 간석기의 제작 전통, 한반도와 일본 열도 사이의 문화 접촉 및 관련성을 연구하는 역사적 근거로 참고 되고 있다.

구석기시대와 신석기시대 사이에 위치한 중석기中石器시대는 두 시대를 연결하는 시간적 과정으로, 이 과정에서 일어났던 생업 경제적 변동과 문화적 전환을 보여준다. 대략 기원전 1만 년 전후에 시작되는 것으로 추정되는 중석기시대는 자연 환경의 변화를 바탕으로 형성된 시간대이므로 지역에 따라서 약간의 시차를 두고 나타났다.

우리나라에서는 강원 홍천 하화계리 유적, 충남 공주 석장리 유적, 경남 통영 상노대도 유적 등에서 중석기시대로 추정되는 문화층들이 보고되고 있으나, 후기구석기시대 말의 석기 공작 양상과 뚜렷한 차이가 없어 중석기시대를 명확하게 설정하기가 쉽지 않다. 이와 관련하여, 강원 동해 기곡 유적에서 발견된 화살촉과 미늘은 눌러떼기의 방법으로 정교하게 완성되었는데, 그 모양이 신석기시대의 석기 형태와 동일하여 한반도의 중석기문화를 이해하는 데 있어서 관심을 받고 있다. 이 석기가 발견된 문화층은 기원전 1만 년 전후에 해당되는데 토기가 전혀 나타나지 않아서, 한반도의 구석기시대와 신석기시대 사이의 문화적 연결과정과 구석기시대가 종료된 때로부터 신석기시대가 시작되기까지의 공백 기간을 파악하는 데 중요한 단서가 된다.

구석기시대 사람들의 생활 모습은 삶의 흔적이 남아 있는 크고 작은 강가의 단구나 동굴, 바위그늘을 중심으로 확인되고 있다. 구석기시대 사람들은 식량 채집 및 사냥에 유리한 장소를 찾기 위해 지속적으로 이동하면서 살았다. 이동은 계절이나 환경의 변화에 따라 진행되었으며, 이동 과정에서 거주지를 마련하고 일정 기간 동안 거주지를 점유하였던 것으로 파악된다.

구석기시대 사람들은 주로 자연동굴이나 바위그늘에서 거주하였다. 평양 역포 구역 대현동 동굴, 평양 승호 구역 만달 동굴, 평양 상원 용곡 동굴, 충북 청원 두루봉 동굴, 충북 단양 금굴, 단양 상시 바위그늘 등에서는 구석기시대 사람들이 제작한 석기, 또는 취식했을 동물 뼈, 혹은 거주했을 사람의 뼈가 발견되어 구석기시대 사람들의 삶의 일부가 파악될 수 있었다. 이와 같은 동굴 유적들은 대개 이른 시기에 해당하는 유적들이며, 구석기시대의 후기로 갈수록 야외 유적의 수가 압도적으로 많아진다. 강원 동해 노봉 유적, 충북 제천 창내 유적, 충남 공주 석장리 유적, 전남 화순 대전 유적 등, 대체로 구석기시대 후기의 늦은 시기에 해당하는 문화층에서 주거지의 흔적이 보고되었으며, 대전 용호동 유적, 전남 장흥 신북 유적에서는 화덕자리가 발견되었다. 이와 같은 자료들은 구석기시대 사람들의 주거 형태를 파악할 수 있는 새로운 가능성으로 파악되고 있다.

구석기시대 사람들의 식생활은 채집과 수렵 활동을 통해 유지되었다. 이 과정에서 뗀석기가 사용되었다. 식물 자원이 생계에서 차지하는 비중이 높을 만큼, 구석기시대 사람들은 채집 활동 위주의 삶을 영위하였을 것이다.

물론 사냥 활동 역시 그 중요성으로 인하여 위험을 감수하면서도 활발하게 계속되었을 것이다. 사냥의 반복과 지능의 발달에 따라 지능적 사냥이 점차 보편화되었을 가능성이 크다.

구석기시대 사람들은 자연발생적인 무리를 이루어 생활하였으며, 무리 내의 구성원들은 평등한 사회관계를 유지했다. 충북 청원 흥수굴에서 발견된 어린아이의 인골과 이와 함께 검출된 꽃가루를 근거로 구석기시대의 매장 행위와 매장 의례가 추론되었다. 그리고 평양 상원 용곡 동굴, 충남 공주 석장리 등의 여러 유적에서 예술품이나 상징 행위와 연관될 가능성을 가진 유물들이 확인되어, 이 시대 사람들의 예술 활동과 상징 활동이 조금씩 복원되고 있다.

구석기시대는 빙하기에 속하였고 기후 변화가 심했다. 당시의 고환경은 현재 한반도 각지에서 발견되고 있는 구석기시대의 동물상을 통해 확인되고 있다. 발견된 뼈화석을 통해, 빙하가 확대되면서 해수면이 낮아져 서해의 대부분과 동해의 일부 지역이 육지화되었던 빙기에는 털코끼리·털코뿔이·동굴곰과 같은 한대성 절멸동물들이 서식하였고, 따뜻한 간빙기에는 코끼리·원숭이·쌍코뿔이·물소·하이에나 등과 같은 아열대성 동물들이 서식하였음을 파악하게 되었다. 구석기시대가 종료되는 약 1만 2천 년 전 무렵이 되면 한반도 전역의 기후 조건과 동식물상이 오늘날과 유사해졌다. 이러한 자연 조건과 고환경의 큰 변화는 새로운 시대가 잇따르게 되는 과학적인 계기가 되었을 것이다.

2) 농경의 시작과 삶의 변화

일반적으로 신석기新石器시대는 토기·농경·목축·간석기의 출현을 표지로 전개되는 시대로 정의되지만, 이들 요소가 동시에 등장하는 지역은 거의 없다. 대체로 토기와 간석기의 등장을 토대로 일어난 사회 문화상의 새로운 변화를 인지할 수 있을 때, 신석기시대가 전개되기 시작하는 것으로 간주하고 있다. 우리나라에서 신석기시대의 시작은 토기의 출현에서부터 이해되고 있다.

우리나라 신석기시대의 전개 과정에서 나타나는 가장 큰 특징은 지역에 따라 토기 형태를 중심으로 뚜렷한 지역상을 띤다는 점이다. 이러한 토기 제

고성 문암리 유적 출토 유물

작의 지역상 및 지역성과 생활상, 도구의 제작과 기술의 발전 등을 바탕으로 신석기시대가 전개된 과정의 대략을 파악할 수 있다.

약 1만 2천 년 전에 빙하기가 끝나면서, 한반도의 기후와 지형은 현재와 같은 모습으로 변화하였다. 자연 환경의 변화를 겪게 된 신석기시대 사람들에게 가장 중요한 사회문제는 식량의 확보였다. 이 때문에 신석기시대 사람들은 우선으로 식량자원이 풍부한 강과 바다에 관심을 가졌고 이를 생계의 기반으로 삼아 주거지를 마련했다. 특히 강과 바다를 통해 이루어지는 신석기시대의 어로 활동은 당시의 주요 생계 수단이었고 기초적인 농경이 시작되기 이전부터 정착 생활을 가능케 한 계기가 되었다. 당시의 활발했던 어로 활동은 어로 도구들의 발견을 통해 확인된다. 대표적인 어로 도구로는 낚시 바늘이 있는데, 크게 외바늘과 결합식 바늘로 구분된다. 외바늘은 동북 지역, 결합식 바늘은 영동과 남해안 지역에 주로 분포하고 있다. 부산 동삼동 유적에서는 도미·대구·농어·감성돔·뼈가오리 등 여러 가지 어류의 뼈가 발견되어 어로 활동의 사회상을 관찰할 수 있다.

채집 및 수렵·어로 활동 외에 새로운 생계 수단으로 시작된 농경 활동은 신석기시대 사회의 성격을 규정짓는 가장 뚜렷한 특징 가운데 하나다. 사람들이 농경을 통해 특정한 식물 자원을 반복해서 생산하게 되었다는 점, 농경으로 생산 자원을 적극 활용하면서 이러한 활동이 유리한 지점에 정착하는 거주 형태를 선택하게 되었다는 점 등에서 농경은 중요한 의미를 갖는 생계 수단이었다. 황해 봉산 지탑리 유적, 부산 동삼동 유적, 경남 진주 상촌리 유적 등지에서 탄화된 조·기장 등의 곡류가 발견되었고, 여러 유적에서 돌로 만든 괭이·따비·낫 등의 농경 도구가 출토되었다. 이들 사례를 엮어서 보면, 한반도에서 농경은 적어도 신석기시대 중기 이후에 시작되었던 것으로 파악된다. 그러나 실제로 신석기시대의 농경은 채집 수렵 경제의 보조 수단에 불과하여, 농경을 통해 획득한 자원은 전체 생계 경제에서 적은 비중만 차지했으며, 농경이 행해졌던 범위도 일부 지역에 한정되는 정도였다.

수렵의 경우, 구석기시대에는 비교적 큰 짐승을 사냥했다. 이와 달리 신석기시대에는 자연 환경의 변화에 따라 사슴, 멧돼지 등 작은 짐승이나 날짐승을 사냥하게 되면서 사냥 도구와 기술이 더욱 발전되어 나갔다. 창과 화살은 더욱 날카로워졌으며 형태도 정형을 갖추었다. 특히 활과 화살의 개발로 먼 거리에서도 사냥을 할 수 있게 되었다.

가축의 사육 증거는 명확하지 않다. 그렇지만 평남 온천 궁산 유적에서 100마리 이상의 영양 뼈가 발견되어 가축 사육의 가능성이 제기되고 있다. 여러 신석기시대 유적에서 발견되는 개 뼈는 야생종과 사육종의 중간 형태를 띠는 것이 많아 개가 가축으로 길들여졌을 가능성을 시사한다. 인천 연평도 까치산 패총에서는 1개체 71점의 개 뼈가 발견되었는데, 자연사 또는 식용 후 패총에 매립되었을 가능성이 높으며, 체질적 특징상 사육종으로 판단되고 있다.

신석기시대가 시작된 이후 정착의 비중은 점차 증대되었다. 정착과 농경의 시작은 분명한 연관성을 가진다. 무엇보다도 농경의 시작은 자연의 주기를 관측하는 능력의 확보로부터 비롯될 수 있으며, 자연 주기를 관측하기 위해서는 정착이 하나의 선행 조건이었을 것이다. 사람들이 한곳에 정착하게 되면서 마을을 구성하였고 사회규모는 이전보다 훨씬 커져 복합적인 사회구조가 형성되었다. 그런데 이러한 흐름과는 대조적으로 신석기시대 후기에 이르면, 마을은 이전보다 작아지고 마을의 입지도 강변에서 구릉으로 변화하였다.

정착 생활을 지속했던 신석기시대 사람들의 주거지는 신석기시대에 새롭게 출현한 움집竪穴住居址이 일반적인 형태다. 움집은 신석기시대 중기 이후에 정형을 갖추어 빗살무늬토기의 문화적 파급을 따라 전국적으로 확산되었다. 움집은 위생적인 형태가 아니지만, 움집의 반지하식 구조는 내부 온도를 외부 온도로부터 보존하는 기능을 지닌다. 움집의 바닥은 진흙을 깔고 다졌으며 그 가운데는 화덕이 설치되었는데, 화덕은 간단한 음식물의 조리와 실내의 난방에 사용되었다. 움집터는 황해 봉산 지탑리 유적, 강원 양양 오산리 유적, 서울 암사동 유적, 충북 청원 쌍청리 유적, 부산 동삼동 유적 등 한반도

전역에서 발견된다. 이들 움집터는 한 유적 내에 몇 개씩 밀집되어 있는 경우가 일반적이어서, 이를 근거로 복합적인 주거 형태를 추정할 수 있다.

신석기시대 사람들은 가락바퀴를 활용하여 실을 만들었다. 이렇게 만든 실로 짠 옷감이나 동물 가죽을 뼈바늘로 엮어서 간단한 형태의 옷을 완성하여 입었을 것이다. 실제로 황해 온천 궁산 유적에서는 삼으로 만든 실이 뼈바늘에 꿰인 채로 발견되었다. 실과 옷을 만들어 입는 능력의 발달과 함께 꾸미개를 만들고 사용하는 경향도 늘어났는데, 목걸이, 조가비로 만든 팔찌, 짐승의 송곳니로 만든 발찌 등이 확인되고 있다. 부산 동삼동 유적에서는 사람 얼굴 모양이 표현된 조가비가 발견되었다. 여러 가지 꾸미개는 아름다움을 표현하기 위한 욕망과 완전하게 이해하지 못한 자연 환경 속에서 편안하게 살아가고 싶어하는 주술적 욕망을 담아 만든 것이다.

토기는 신석기시대의 일반적인 성격과 지역상을 특징짓는 대표 도구다. 신석기시대에 들어 새롭게 만들어진 토기는 음식물의 조리와 저장에 이용되었다. 이 과정에서 토기를 이용한 음식물 가공 방법이 발달하였고, 보다 많은 동·식물의 섭취가 가능해졌다. 현재까지 우리나라에서 최초로 토기가 만들어진 시기는 약 1만 년 전에 이르는 토기가 발견된 제주 고산리 유적을 단초로 추정되고 있다.

약 8천 년 전에 이르면 토기 겉면에 진흙 띠를 붙여 무늬를 만든 덧무늬토기가 유행하기 시작한다. 제주 고산리 유적에서도 발견된 덧무늬토기는 부산 동삼동 유적, 경남 통영 상노대도·연대도 조개더미 등 한반도 동남해안 지역에서 주로 발견되고 있다. 이 지역은 가장 이른 시기의 신석기시대 유적이 집중적으로 발견되고 있는 권역으로, 덧무늬토기가 빗살무늬토기 출토 문화층보다 아래층에서 출토되고 있어 이러한 현상을 통해 토기의 제작 순서와 시기를 가늠할 수 있다. 이 지역의 신석기시대 유적은 조개더미가 중심을 차지하고 있다. 조개더미는 사람들이 장기간 직접 거주했던 공간이며, 선행 토기 형식인 납작바닥의 덧무늬토기·압인문토기가 조개더미에서 발견되는 경향이 강하다. 덧무늬토기는 동해안 지역의 강원 고성 문암리 유적, 강원 양양 오산리 유적뿐만 아니라 충북 단양 상시 바위그늘 유적과 같은 내륙 지역에서도 출토되는 등, 그 분포 범위가 점차 확대되고 있다.

시기상 덧무늬토기 단계 이후에 제작된 빗살무늬토기는 한반도 중서부 지역을 중심으로 신석기문화의 시작을 따라 나타난 새로운 형식의 토기다. 특징적인 형태는 끝이 뾰족한 바닥에 있는데, 이러한 형태의 바닥은 토기의 고정 방식과 관련된다. 토기의 겉면은 점과 선으로 구성된 기하학적 무늬로 장식되어 있는데, 무늬는 크게 세 부분-구연부·동체부·저부-으로 나뉘어 각기 다르게 표현되는 규칙성을 갖는다. 초기의 빗살무늬토기에는 세 부분을 아울러 토기 전면에 무늬가 표현되어 있다. 그러나 후기로 갈수록 무늬가 점차 간략해지고 단계적으로 아래쪽 부분에서부터 무늬가 사라져, 전체적으로 장식 면적이 줄어드는 경향을 보인다.

중서부 지역의 신석기시대는 늦어도 기원전 5000년경 무렵부터 시작되었다. 중서부 지역의 신석기시대 유적은 주로 하천변에 위치하고 있다. 주거 입지에서 남해안과 차이를 보이는데, 그 이유는 이 지역의 고유한 생업 경제 방식 때문인 것으로 이해된다. 이 지역의 신석기시대 사람들은 기본적으로 필수 자원을 습득할 수 있는 곳에 근거지를 마련해 두고, 원거리에 필요 자원이 존재할 경우 일시적으로 이동하여 자원을 확보하는 방식을 유지했다. 이 때문에 서해안의 조개더미는 장기 존속 공간이었던 동남해안 지역과는 대조적으로 일시 자원 채집 공간의 의미를 가진다.

기원전 4000~3500년경에 이르러 중서부 지역의 신석기문화는 동남해안 지역으로 확산되었다. 이러한 경향은 한반도 전역으로 빠르게 확산된 중서부 지역의 빗살무늬토기 분포상을 통해서 확인되고 있다. 이 확산이 주민의 이동에 따른 것인지, 단순한 문화 전파인지는 불분명하다. 이 시기에 이루어진 중서부 지역 신석기문화의 직접적인 영향으로 동남해안 지역의 신석기문화는 급격하게 변화하여, 덧무늬·압인문 중심의 토기 형태가 빗살무늬토기로 교체되었고 유적은 주로 내륙에서 발견되고 있다. 근거지가 해안에서 내륙으로 옮겨지면서 해안의 동식물 자원보다 내륙의 동식물 자원에 대한 의존도가 급증하였을 것이다.

일반적으로 빗살무늬토기는 토기의 생김새와 장식 무늬를 기준으로 강한 지역성을 드러내고 있으며, 크게 중서부지역·남부지역·동북지역·서북지역 등 네 개의 군으로 구분된다. 각 지역 내에서도 시대에 따라 무늬의 종류와 장식 방법에 차이가 있다. 빗살무늬토기는 약 3천여 년 전 청동기시대로 접어들면서, 점차 새로운 형식의 민무늬토기로 변모되었다.

숫돌을 사용하여 돌감이나 석기의 일부 또는 전체를 갈아서 도구를 완성하는 기술이 본격화되면서, 신석기시대의 도구 제작에 획기적인 변화가 발생하였다. 돌과 뼈를 떼어낼 때 자연적으로 생기는 날을 이용하였던 구석기시대 사람들과는 달리 신석기시대 사람들은 돌과 뼈를 구상하는 형태에 맞춰 잘라내고 갈며, 구멍을 뚫어 날카롭고 정형화된 도구를 생산하였다. 특히 석기 제작의 전통에서 구석기시대와 비교할 때 신석기시대에 발생한 가장 큰 변화는 농경 도구의 등장이다.

신석기시대를 대표하는 간석기는 마연 기술을 기초로 만들어지는데, 간석기를 완성하기 위해서는 일정한 결의 날을 갖추어야 한다. 날의 마연 가공에 대한 기술적 필요성이 간석기의 제작 및 사용과 발달에 중요한 기여를 하였다.

물론 우리나라의 신석기시대에는 뗀석기도 제작·사용되었다. 그리고 석기의 몸통을 떼어서 다듬은 후, 날만 부분적으로 마연한 부분 간석기도 제작되었다. 신석기시대 사람들은 도구의 용도에 따라 제작 방법을 다르게 선택하여 다양한 종류의 석기를 만들고 사용한 것으로 파악된다. 용도를 감안한 다양한 종류의 석기가 제작되기 시작한 시기는 신석기시대 중기다.

석기는 고기잡이(이음낚시·작살촉·어망추), 동물 사냥(화살촉·창), 농경(괭이·보습·낫·갈돌·갈판) 등 주로 식량 자원을 얻는 데 사용되었다. 농경 도구 중에서 낫과 따비는 주로 중서부 지역에서, 괭이는 동북 지역에서 출토된다. 특히 신석기시대 후기의 표지 유물인 곰배괭이는 동북 지역이 제작 중심지다. 이 밖에도 나무를 자르고 다듬는 데 사용하는 도끼·끌·자귀, 그리고 일상생활에 필요한 칼·송곳, 석기를 만드는 데 이용하는 망치돌·숫돌 등의 도구가 있다. 돌 외에 도구 제작의 효율성을 위해 동물의 뼈·뿔·이빨이나 조가비 등으로 만든 연모도 신석기시대의 주요 생활 도구로 사용되었다.

한편 자연 환경의 변화에 의지해서 삶을 유지한 선사시대의 사람들은 그 변화에 민감하게 반응했다. 이른 시기에는 그 변화를 과학적으로 이해하지 못하여 자연 환경의 조건을 경계하였을 것이다. 신석기시대에 들어서, 삶의 형태를 결정하는 자연 환경 조건에 대한 사람들의 반응은 자연물에 대한 영혼관으로 전화되었다. 곧 모든 자연물에는 영원한 영혼이 깃들어 있으며, 그 영혼은 계속해서 삶의 과정에 영향을 미칠 것이라고 믿었던 것이다. 아울러 당시의 관념이나 의례와 관련된 장식과 예술 활동을 전개해 나갔다. 물론 이러한 관념 및 활동과 관련된 구체적인 증거는 흔하지 않다. 다만 일상생활에 사용했던 도구들 사이에 자리하고 있는 장신구나 예술품 등의 상징적인 유물을 통해 이해를 조금씩 더하고 있다.

장신구는 주로 동물의 이빨이나 뼈, 조개껍질, 옥으로 만들어졌다. 강원 고성 문암리 유적에서 결상이식, 경남 통영 연대도 패총에서 발찌, 부산 동삼동 유적과 평양 금탄리 유적에서 팔찌 등이 발견되었다. 예술품으로는 부산 율리 패총과 경남 양산 신암리 유적에서 발견된 여성상, 강원 양양 오산리 유적에서 발견된 곰 모양 토우, 함북 웅기 서포항 유적과 함북 청진 농포 유적, 경남 통영 연대도 패총 등지에서 출토된 개·뱀·말·멧돼지와 같은 동물 형상 등이 확인되었다. 아울러 토기 겉면에 표현된 추상 무늬와 선새김, 장식에도 신석기시대 사람들이 지녔던 생각들이 담겨 있다. 경남 창녕 비봉리 유적에서 발견된 토기 조각에는 동물의 모습이 선새김 그림으로 표현되어 있다. 이와 같이 신석기시대 사람들이 만든 장신구와 예술품들은 그 형태가 비교적 단순하지만 신석기시대 사람들의 관념과 예술적 정서를 상징적으로 드러내고 있다.

일반적으로 무덤은 공동체가 지녔던 죽음에 대한 관념과 그 관념을 실제로 수행하는 과정을 보여주는 기념물이다. 신석기시대 사람들은 영혼의 영원성에 대해 신념을 가져, 죽은 이가 생전에 사용했거나 아꼈던 물품을 무덤 속에 죽은 이와 함께 담았다. 신석기시대의 무덤은 다양한 형태로 확인되고 있다. 부산 동삼동 유적과 경남 진주 상촌리 유적에서는 독널무덤甕棺墓이 발견되었는데, 뼈만 따로 추려 토기에 담아 묻은 세골장의 흔적을 보여준다. 부산 범방 유적, 경남 통영 산등·욕지도 패총에서 발견된 움무덤은 구덩이를 파고 주검을 안치한 후 돌로 덮은 형태를 띠고 있다. 강원 춘천 교동 동

원시공동체 사회 일반적으로 계급이 형성되기 이전, 인간관계가 평등했던 구석기 시대 무리사회와 신석기시대 씨족사회를 지칭한다. 이 단계에서 사람들은 생산 수단을 공동으로 소유하고 공동으로 노동하며, 생산 결과물도 공동으로 분배하였다. 그리고 공동체의 문제 해결도 공동으로 결정하는 방식을 유지했다. 공동 결정의 한 예로 노래 대결을 통해 분쟁을 해결하는 이누이트 족의 방식을 들 수 있다. 공동 노동의 과정에서 분업이 활용되었다. 분업이 진행되는 과정에서 남성의 역할이 중시되면서 공동체의 삶을 주도하는 자가 존재하였지만 아직 계급은 발생하지 않았다. 그러나 분업의 진전으로 인해 신석기시대에는 계급 발생의 단초가 조금씩 형성되기 시작하였다.

굴 유적에는 세 사람이 발을 중앙으로 향한 채 부챗살 모양으로 매장되어 있었다. 경북 울진 후포리 유적의 움무덤은 이차장의 매장 과정을 보여주는데, 40명 이상의 사람 뼈를 한데 놓은 후 돌도끼로 그 위를 덮었다. 그리고 화장과 신전장도 행해졌다. 경남 통영 연대도 유적에서는 공동묘지가 발견되었는데, 무덤의 규모나 부장품의 구성에서 피장자의 신분 차이가 나타나지 않아, 당시 사회의 성격을 보여준다.

신석기시대 사람들은 공동체의 유지와 생존을 위해 공동체 내부에서 자원을 교환하였고, 이것이 공동체 밖으로 확대되면서 공동체와 공동체 사이에서의 교류가 발생했다. 특히 주변 지역과의 교류는 부족하거나 필요한 자원을 획득하는 중요한 방법이었다. 이러한 방식의 교류는 가까운 지역 사이에서 먼저 시작되었다. 또한 한반도의 일부 지역들은 한반도 밖의 일본 열도, 중국 동북 지역, 연해주 지역 등과 교류하였다. 당시의 교류는 희망하는 자원뿐만 아니라 자원의 분포 양상과 활용 방법, 제작 기술 등과 같은 다양한 정보까지도 교환할 수 있는 기회였다. 특히 한반도 동남해안 지역 주민들과 일본 열도 주민들은 신석기시대 전반에 걸쳐 계속적으로 활발하게 교류하였다. 그 예로 신석기시대 중기 이후 남해안 지역에서는 일본 규슈九州 산 흑요석을 이용하여 제작한 뗀석촉이 많이 사용되었다. 그리고 남해안 일대의 유적에서 일본 조몬繩文 토기가 출토되는 사례도 많다. 규슈 지역에서 출토되고 있는 한반도산 즐문토기, 이음낚시, 조개팔찌, 골제목걸이 등에서도 양안 사이에 이루어졌던 교류의 흔적을 확인할 수 있다.

3) 집약 농경과 청동기사회 공동체의 변동

여러 가지 측면에서 신석기시대와 단절적인 역사적 성격을 드러내는 청동기靑銅器시대는 청동기의 제작, 본격적 농경사회의 시작, 민무늬토기無文土器의 등장, 간석기의 본격적 사용, 사회복합도의 증가 등의 개념들로 정의된다. 한국에서 청동기시대는 상한이 계속 상향조정되고 있고, 연구자의 판단에 따라 시작 시점에서 약간의 편차가 있지만 대체로 기원전 15~14세기 무렵에 북방 문화의 영향을 받아 시작된 것으로 이해되고 있다.

청동기시대에 들어서면서, 경제적으로는 수렵채집사회에서 벼농사 중심의 농경사회로 전환하였다. 그리고 사회적으로는 농경의 발달을 배경으로 낮은 구릉이나 평지에 마을을 이루어 거주하였으며, 농경 이익의 분배 불균형으로 사회분화가 촉진되어 독점 권력과 내부 불평등이 발생하였고 지위 차이가 전제된 계급이 형성되었다.

일반적으로 청동기는 생산 도구나 무기로 제작·사용되어, 생산 활동 및 집단 외부와의 대결 활동에 중요한 역할을 하였다. 그런데 우리나라에서는 청동기의 보편적인 특징이 전 시대에 걸쳐 전형적으로 나타나지 않는다. 즉 우리나라에서 청동기는 청동기시대의 후반부에야 본격적으로 등장하였다. 청동기의 구성을 보면, 동검·동과 등의 무기류도 있지만 주로 의례 과정에서 사용되었을 동경·동령이 중심이다.

우리나라는 중국 동북 지방의 요령 지역을 중심으로 발전한 청동기문화가 유입되면서 본격적인 청동기시대를 맞이하게 되었다. 이러한 도입기의 청동

계급　생산 수단의 소유 여부에 따라 발생하는 지배와 예속의 대립적인 관계를 기초로 형성되는 전체 사회구성원 간의 상-하 관계, 지배-피지배 관계를 의미한다. 이 계급 관계에 기초하여, 지배 계급은 피지배 계급을 동원해서 생산물을 생산하거나 피지배 계급으로부터 잉여생산물을 착취하여 축적하였다. 계급 관계의 구체적인 내용은 사회생산력의 발전에 기초하여 변화한다. 사회의 분업이 진전되어 사회조직이 다원화되면서, 전문 기능을 담당하는 집단이 형성됨에 따라 계급 구조의 내부에는 기능을 기초로 여러 계층이 존재하게 되었다.

기문화는 문화의 유입 양상을 대표하는 동검의 형태에 기초하여 '비파형동
검문화'로 규정되고 있다. 이 단계의 청동기로는 비파형동검(요령식동검)을
비롯하여 거친무늬거울, 투겁창, 부채모양 도끼, 손칼, 끌, 화살촉, 단추 등이
확인되고 있다. 비파형동검은 검과 자루를 따로 만들어 결합하는 특징을 갖
는다. 이 점은 검과 자루가 일체형인 중국식동검 및 북방계 오르도스식동검
과는 뚜렷하게 구별되는 특징이다.

비파형동검문화는 남한 지역으로 송국리문화 단계에 유입되었다. 송국리
문화의 등장은 청동기시대 전기가 끝나고 중기가 시작되었음을 의미한다.
송국리문화가 등장한 이후부터는 한반도에서 청동기가 본격적으로 사용되
기 시작하였다. 타원형의 구덩이가 중앙에 위치한 원형주거지, 송국리식 민
무늬단지, 토기군의 단순화, 석기상의 변화를 표지로 하는 송국리 유형의 최
초 발생지는 충남 서해안에서 금강 중하류 일대가 유력하다.

청동기의 제작은 기본적으로 거푸집을 사용하여 이루어진다. 한반도 전
역에서 출토되는 거푸집은 조각하기 쉽고 주조할 때 형태가 흐트러지지 않
아 효과적으로 사용할 수 있는 활석을 많이 사용하여 제작되었다. 대부분은
위·아래 두 매를 합하여 청동기 주조에 사용하는 쌍합범이다. 무늬를 표현
하기가 복잡하고 힘든 거울이나 방울 등은 밀랍을 이용하기도 했다. 주조가
끝나면, 청동기 제작의 완성도를 높이기 위해 주조 흔적을 없애고 날을 세우
는 등의 마감 처리를 하였다. 충남 부여 송국리 유적의 주거지에서는 부채

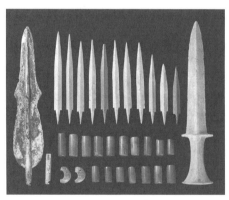

부여 송국리 유적 돌널무덤 출토 유물

모양 도끼의 주조에 사용하는 거푸집
이 출토되어, 일상생활 속에서도 청동
기의 제작이 직접 이루어졌다는 사실
이 확인되었다.

청동기를 제작할 때, 원료를 청동으
로 합금하는 방법과 청동기의 제작 공
정이 매우 까다로워 청동기는 일상생
활에서 보편적으로 사용되지 못했다.
특히 한반도에는 납·아연이 비교적

풍부하게 매장되어 있지만 청동의 주요 원료인 주석이 흔하지 않아서, 청동기시대 사람들은 원활하게 청동기를 제작·사용하지 못했다. 이런 이유로 대부분의 사회구성원들은 일상생활에서 여전히 간석기나 나무 도구를 사용했고, 소수의 유력자들은 권위의 상징물이나 의례 용구로서 청동기를 소유·사용할 수 있었던 것으로 추정된다.

청동기시대 전반을 대표했던 비파형동검문화는 기원전 4세기 무렵에 북방·중원의 새로운 문화 요소가 유입되어 기존의 문화와 결합하면서 '세형동검문화'로 발전하였다. 이 시기에는 청동기가 이전 단계보다 더욱 활발하게 만들어져, 종류도 다양해지고 수량도 증가하였다. 이 단계의 청동기로는 세형동검(한국식동검)을 비롯하여, 투겁창·꺾창 등의 무기류, 도끼·끌 등의 공구류, 잔무늬거울, 각종 방울류, 검파형·방패형·원개형 등의 의기류 등이 확인되고 있다.

한국식동검문화 단계의 한국식동검이나 의기는 요령 지역에서 발견되는 청동기의 형태나 무늬와는 뚜렷하게 구별되는 고유성을 드러내고 있다. 특히 이 단계에 주조 기술이 급격히 발전하면서, 무늬와 형태가 정교해지는 등 청동기 제작 기술이 최고 수준에 이르게 되었다. 우리나라의 청동기문화는 일본으로 전해져 북부 규슈 중심의 야요이彌生 문화 형성에 큰 영향을 미쳤다.

청동기시대의 사회성격은 본격적으로 시작된 농경 활동과 밀접한 관련을 가진다. 본격화된 농경으로 청동기시대 사람들은 벼를 비롯하여 조·수수·콩·보리 등의 곡류를 재배했다. 농경의 증거로는 울산 무거동 옥현 유적·충남 논산 마전리 유적 등지에서 발견된 논 유구, 경남 진주 남강 일대에서 발견된 2,000여 평 규모의 밭 유구, 경북 안동 저전리 유적에서 조사된 관개 수로 시설, 곡식의 이삭을 따거나 자를 때 사용된 반달돌칼과 낫, 땅을 파거나 밭을 일구는 데 사용된 괭이·가래·호미 등의 도구가 있다. 그리고 대전에서 발견된 농경문청동기도 농경 활동의 모습을 증명하고 있다.

벼농사가 확산되고 정착 생활이 본격화되면서, 청동기시대에는 규모가 큰 마을이 생겨나고 발달하기 시작하였다. 사람들은 효율적인 농경 생활을 위하여 하천이 있는 구릉지대로 주거 지역을 옮기고 움집을 지어 살았다.

주거지의 모양은 방형이나 장방형이 기본적인 형태지만, 충남 부여 송국리를 비롯한 남부 지역에서는 바닥 중앙에 타원형 구덩이를 파고 그 양 끝에 기둥을 세운 송국리 유형의 원형주거지가 유행했다. 이러한 형태의 주거지에는 기존의 화덕 자리에 저장 구덩이가 대신 시설되어 있어서 방형의 주거지와 구별된다.

송국리문화 단계에 들어서면 마을의 한편에 저장시설이 군집을 이루며 설치된다. 이 현상은 청동기시대 전기와 다르게 소수의 특정인이 농경 생산을 통해 얻은 잉여생산물을 관리하고 전용했음을 의미한다. 이는 곧 취락 내에 권력과 위계가 형성되었음을 보여준다. 이와 같은 사회 분화는 마을을 넘어 중심지 마을과 주변부 마을로 확대되었다. 충남 천안 대흥리 유적에서 발견된 대량의 저장 시설은 청동기시대 대흥리의 마을이 중심지 마을에 잉여생산물을 공급하는 주변부 기능을 담당한 증거로 파악된다.

권력과 위계의 형성은 농경의 발달과 관계가 깊다. 농경의 발달에 따라 대규모의 공동 노동이 갖는 중요성이 점차 감소하여, 노동 형태는 개별 노동으로 전환되었다. 아울러 노동 도구와 농경 생산물의 소유·사용 권리도 개별 노동에 근거하여 사유재산화되었다. 생산물에 대한 사적 소유가 심화되면서, 개별 노동 단위 사이에서 빈부의 격차가 발생하고 격차의 폭이 점차 증가하였다. 이 때문에 평등한 사회관계가 무너지고 분업의 발전과 함께 계급화가 진행되었다. 분업은 농경 생산의 노동 과정, 청동기 제작의 노동 과정 등에서 발생하였다.

사적 소유를 바탕으로 부를 확대·축적하여 우월한 정치·경제력을 확보해 나갔던 집단의 수장은 확보한 능력을 기반으로 청동기를 독점하고 자신의 지위를 사회적 위치로 고정하여 권력을 행사했다. 결국 청동기시대의 생산력 발전과 부의 차별 분배에 따라 새로운 사회적 관계가 설정되면서, 사회 구조는 착취자와 피착취자, 지배 계급과 피지배 계급으로 분화되었다.

불평등한 분배는 사회 갈등을 낳아, 집단 사이에는 분쟁이 빈번하게 발생하였다. 이 분쟁은 주로 벼농사가 본격적으로 발달하면서 더 많은 생산물과 농경지를 확보하기 위해 전개된 경제적 경쟁에 가깝다. 사람들은 분쟁에서 스스로를 보호하기 위하여 마을 주위에 도랑이나 나무울타리를 설치하였다. 이 시설들은 울산 검단리 마을 유적, 경남 진주 대평 유적, 경남 창원 남산 유적 등에서 발견되었다. 경쟁이 격화되면서 분쟁은 전쟁으로 확대되었다. 전쟁에서 사용할 석검·석촉 등의 무기가 많이 제작되었다. 충남 부여 송국리 유적에서 발견된 불탄 주거지, 경남 진주 남강 대평 유적에서 발견된 목 없는 인골은 청동기시대의 전운을 실제로 보여준다.

농경의 발달과 함께 농경의 성공과 풍요를 기원하는 의례가 중요한 의식으로 자리잡게 되었다. 농경 관련 유적에서 씨앗, 깨진 그릇, 각종 석기, 이형 토제품 및 석제품 등의 특정 유물이나 돌무더기(집석) 유구 등이 규칙적인 형태로 배치되거나 한 곳에 수북히 쌓인 채로 출토되어 농경의례의 가능성을 나타낸다. 경남 진주 대평리 어은 1지구 유적의 밭 유구에서 농경의례로 파악되는 사례가 발견되었다.

청동기시대에는 토기의 겉면에 무늬가 없는 민무늬토기가 만들어졌다. 청동기시대 사람들은 굵은 모래나 돌가루가 섞인 다소 거친 태토를 사용하여 토기를 빚고 물손질로 다듬어, 한데가마에서 대략 800℃ 이내의 낮은 온도로 구워 완성했다. 대체로 민무늬토기는 바닥이 납작하고 적갈색을 띠는 특징을 가진다. 민무늬토기 가운데는 간단한 선무늬·구멍무늬 등을 시문하거나, 토기 표면을 고루 문질러 붉은색이나 검은색을 낸 토기도 있다. 이러한 민무늬토기는 지역과 시기에 따라 독특한 특징을 가지며, 초기철기시대와 원삼국시대까지 꾸준히 사용되었다.

민무늬토기의 종류는 토기의 형태에 따라 깊은바리·얕은바리·항아리·독·굽다리접시·뚜껑 등으로 분류된다. 용도에 따라 음식 조리기·식기·저장기·부장품·독무덤 등으로 나눌 수 있다. 다양한 용도로 사용된 토기를 통해, 청동기시대 사람들의 음식 조리 기법, 저장 방법, 의례 및 장례와 같은 사회상이 파악되고 있다.

청동기시대의 대표적인 무덤은 고인돌(지석묘)이다. 일반적으로 고인돌은 권력을 표상하는 것으로 이해되고 있다. 특히 인천 강화 부근리와 경남 창원 덕천리의 고인돌처럼, 대형의 고인돌을 축조하기 위해서는 많은 사람들의 힘과 기술, 도구가 필요하므로 이로부터 노동력과 기술력을 동원할 수 있는 지배자와 권력을 추정할 수 있을 것이다. 그러나 고인돌이 반드시 지배자만 독점할 수 있는 매장시설이라고 단정하기 어려운 사례도 있다. 전북 고창 죽림리에서는 수백 기의 고인돌이 지상에 노출되어 있다. 그 수가 매우 많고 형식이 다양하며 유물이 뚜렷하게 출토되지 않아서, 죽림리의 고인돌들은 지배자의 무덤으로 이해하기보다는 마을공동체의 공동 묘제로 추정할 수 있다.

대체로 충청 서해안 지역 및 금강 유역에서는 송국리문화의 확산에 따라 고인돌의 축조가 감소하였고, 전남 동부 및 경남 서부 지역에서는 초기철기시대까지 축조된 것으로 파악되고 있다. 이러한 현상은 송국리 단계에 돌널무덤石棺墓으로 대표되는 새로운 묘제가 등장하여 한반도 중서부 지역을 중심으로 유행하다가 다른 지역으로 확산되는 과정에서 발생한 결과로 보고 있다.

고인돌·돌널무덤·독무덤 등의 청동기시대 무덤은 주거 영역과 구별된 공간에 별도로 축조되었다는 특징을 갖는다. 이런 무덤 중에서 경관이 좋은 자리에 입지하며, 토기와 돌칼·돌화살촉 및 청동검·청동거울·청동방울 등 특수한 용도의 물품을 부장하고 있는 무덤은 계급적 우월성을 보여준다.

청동기시대에는 장신구의 제작과 장식이 유행하였다. 장신구는 소유자의 신분과 사회적 지위를 상징하며 주술적인 의미도 포함한다. 특히 도구를 정밀하게 다듬는 기술과 구멍을 뚫는 도구의 발달로 천하석과 벽옥을 이용한 여러 가지 꾸미개가 많이 만들어졌다. 특히 옥으로 만든 다양한 형태의 목걸이는 고인돌이나 돌널무덤에서 무덤 주인공의 신분을 증명하는 청동검·거울과 함께 출토되고 있어 특별한 의미가 강조된다.

청동기시대 사람들은 바위에 그림을 새겼다. 지금까지 발견된 바위그림(암각화)은 대략 세 가지의 내용으로 나뉜다. 울산 대곡리 반구대 바위그림처럼 인물·동물·사물·행위를 사실적으로 표현한 그림, 경북 고령 양전동 바위그림처럼 동심원·방패 모양 등 기하학적 문양을 묘사한 그림, 경북 포항 인비동·전남 여수 오림동 바위그림처럼 고인돌의 덮개돌에 석검이나 석촉 등의 도구를 새긴 그림으로 크게 구별된다. 바위그림을 포함하는 공간은 제의를 치른 장소로 이해된다.

역사적 맥락에서 한국사상 최초의 국가인 고조선은 청동기문화를 기반으로 건국되었다. 고조선의 세력 범위를 파악할 때, 비파형동검·미송리식 토기·고인돌 등과 같은 청동기문화 요소를 범위의 지표로 삼는다는 점에서, 청동기시대에 대한 정확한 이해는 고조선의 등장과 연결된 또 하나의 중요한 의미를 갖는다.

4) 선사시대의 문화명품, 장신구

오늘날 사람들은 자신을 치장하는 데 많은 시간과 비용을 투자한다. 치장은 미를 추구하는 사람의 본능이며 동시에 자신의 개성을 표현하는 방법이다. 사람들은 과연 언제부터 자신을 치장하였을까. 아주 오래 전 사람들에게도 소위 '패션'이라는 문화가 존재하였을까.

인류가 장신구를 사용하기 시작한 것은 인류 역사의 시작과 시간의 차이가 크지 않을 것으로 추정되지만, 실제 사례는 세계 각지의 후기구석기시대 유적에서 발견된 간단한 형태의 장신구들에서부터 출발한다. 당시의 장신구는 주로 몸을 보호하고 삶의 두려움을 물리치려는 주술적인 목적에서 사용되었다.

우리나라에서도 구석기시대부터 장신구를 사용하는 문화가 있었을 가능성이 높지만, 구체적으로 발견된 사례가 흔하지 않아서 당시의 원상을 그대로 파악하기 힘들다. 본격적으로 장신문화가 시작되는 때는 신석기시대다. 신석기시대에 들어서 생업 형태와 생존 방식이 다양해지면서 구석기시대에 비하여 삶의 조건이 개선되었고 이로부터 얻을 수 있었던 약간의 풍요로움은 사람들이 자신의 몸에 관심을 가질 수 있는 여유를 주었다. 이러한 과정에서 여러 형태의 장신구가 만들어졌고 신체 장식이 유행하였다. 당시 사람들은 주로 일상에서 쉽게 구할 수 있는 동물 뼈나 이빨, 조개, 돌, 흙 등을 재료로 목걸이, 팔찌, 귀걸이, 뒤꽂이 등을 제작하였다.

목걸이는 여러 재료에 구멍을 뚫고 한 점 또는 몇 점씩을 끈으로 엮어 만들었다. 팔찌는 신석기시대 사람들이 가장 선호했던 장신구로 투박조개·꼬막조개·배말조개·밤색무늬조개 등 해안에서 얻을 수 있는 조개의 껍데기로 완성하였다. 일반적으로 팔찌는 조가비의 가운데에 둥글게 구멍을 뚫고 다듬어 만들었다. 전남 여수 안도 패총과 경남 통영 산등 패총에서는 여러 개의 팔찌를 찬 인골이 발굴되어, 당시 다수의 팔찌를 동시에 착용한 풍습도 있었음을 보여준다. 귀걸이는 귓불을 뚫어 끼우는 형태와 귀에 거는 형태로 구별되는데, 우리나라에서 주로 발견되는 것은 귀에 끼우는 형태다. 재료를 기준으로 보면 상어 척추뼈로 만든 귀걸이가 함북 청진 농포동 패총과 전남 여수 송도 패총에서, 연옥제로 만든 귀걸이가 경북 청도 사촌리 유적과 부산 동삼동 패총에서, 흙으로 만든 귀걸이가 울산 신암리 유적에서 각각 출토되었다. 경남 통영 연대도 패총에서 발견된 남성 인골의 발목 부근에 돌고래·수달·너구리 등의 이빨 124개를 연결하여 만든 장신구가 위치하고 있어서 발찌로 파악되고 있다. 또한 사슴의 뼈를 활용하여 만든 뒤꽂이도 남부 지역의 부산 동삼동 유적, 경남 통영 연대도 패총, 전남 완도 여서도 패총 등지에서 발견되었다.

이러한 장신구를 제작·사용한 신석기시대 사람들은 당시의 생업 기반이었던 수렵과 어로 활동 속에서 재료를 획득했고 이를 활용하여 장신구를 제작·장신하였다. 여러 종류의 동물 뼈나 조가비로 만든 장신구를 착용하는 행위는 불안한 삶의 환경에 대한 두려움을 위안하고 장신구로 재생산된 식량 자원을 더 많이 수확하려 했던 기대를 펴는 방편이었다.

청동기시대에 농경이 본격화되면서, 생산 능력과 잉여생산물의 소유 정도에 따라 사회의 불평등이 심화되었다. 이러한 상황에서 장신구도 특별한 의미를 담아 몸에 갖추어졌던 이전의 기능에 더해 소유자의 신분과 사회적 역할을 상징하는 매개로 더욱 발전하게 되었다. 특히 매장 문화가 발달하면서 최상위 권력자의 무덤에서는 청동검·청동거울·옥이 하나의 구성을 이루어 부장되었다.

우리나라의 청동거울은 일반적으로 끈을 꿰는 꼭지(뉴)가 하나이면서 반사면이 볼록한 중국의 거울과 달리, 꼭지가 한쪽에 치우쳐 있으며 2~3개가 달린 다뉴경으로 반사면이 약간 오목한 특징을 가지고 있다. 그리고 우리나라의 청동거울은 무늬의 정밀함에 따라 거친무늬거울과 고운무늬거울로 구분된다.

거친무늬거울은 무늬가 정밀하지 않은 기하학무늬로 구성되는데, 시간에 따라 Z자무늬가 연속되는 번개무늬에서 삼각거치문이 별처럼 배치되는 별무늬로 바뀐다. 문양도 내·외의 구분이 없이 배치되다가 점차 구분이 있는 양상으로 변화한다. 이 거울은 대체로 비파형동검이 전파되는 경로와 유사하게 나타난다. 고운무늬거울은 청동기시대 후기에 등장하는 유물로 거친무늬거울보다 크고 선무늬가 정교하며 꼭지가 정형의 형태를 갖는다. 이 거울은 삼각형무늬를 무늬의 기본 단위로 삼는데, 외부·중간·내부로 공간을 구획하여 단위 무늬가 시문된다. 이 거울은 주로 세형동검과 공반하여 출토된다.

청동거울의 용도는 단순히 자신의 모습을 비추는 데 있는 것이 아니라 오목한 반사면이 태양빛을 반사함으로써 얻을 수 있는 효과와 관계된 기능, 즉 의례 때 거울을 소유한 제의 주관자나 권력자가 종교적·주술적 권위를 발휘하는 상징물로 사용되었을 것이다.

한편 옥은 자연 상태에서 구하기 힘든 재료로, 색감이 갖는 신비감으로 인하여 소유만으로도 신분을 과시하고 권위를 표시할 수 있는 상징물로서 중요시되었다. 청동기시대에는 옥의 재료로 천하석과 벽옥, 활석 등이 주로 사용되었는데, 그 중에서도 청록색 혹은 녹색을 띠는 천하석을 선호하였다. 강원 춘천 교동 유적, 경기 파주 주월리 유적, 경북 울진 후포리 유적, 경남 통영 연대도 패총, 부산 범방 패총 등지에서 옥으로 만든 장신구가 출토되었는데, 주로 관옥이나 곡옥이 많다. 관옥은 목걸이에 많이 사용되며, 검·거울과 세트를 이루어 부장되는 경우가 일반적이다. 곡옥이나 환옥은 귀걸이나 목걸이의 부속구로 많이 사용되었다. 귀걸이를 착장하는 방법에서 신석기시대와 차이를 보이는데, 구멍 뚫린 곡옥이나 환옥을 끈에 연결하여 귀에 끼우거나 달았던 것으로 생각된다. 이처럼 청동기시대에 옥을 선호했던 기호는 재지에서 옥 제품을 활발하게 생산하는 방식으로 이어졌는데, 경남 진주 대평리 유적과 경남 산청 묵곡리 유적에서 다량의 옥과 파편, 제작 도구 등이 발견된 예는 활발한 재지 생산을 설명한다.

청동기시대의 장신문화는 단순히 미를 표현하는 차원을 넘어서 이른바 자신의 사회적 위치를 과시하는 차원으로 전개되었다. 특히 청동기시대에 계급이 발생하고 이에 따라 권력과 권위의 차이가 심화되면서, 그 차이에 따라 부장되는 유물의 수준에는 격차가 있었다. 이를테면 동경을 부장한 무덤은 검과 옥을 부장한 무덤보다 더 많은 양의 유물을 부장하고 있어, 무덤의 주인공이 상대적으로 상위에 위치한 권력자였음을 알려준다. 옥의 경우에도 무덤 주인공의 사회적 위치에 따라 다른 질과 양의 옥장신구가 부장되기도 하는 등, 장신구를 통해 청동기시대 사회의 성격을 엿볼 수 있다.

한편, 청동기문화를 바탕으로 고조선이라는 최초의 국가가 탄생한 이후 철기시대로 접어들면서 여러 국가들이 등장하게 되었다. 국가의 시간이 시작된 이후 장신문화는 더욱 보편화되는 동시에 새로운 변화를 맞이하였다.

무엇보다도 종래에 사회적 가치가 높았던 의기 중심의 청동기의 비중이 크게 줄면서 위신재로서의 가치가 떨어지고, 이를 대신하여 금·은을 세공한 장신구, 광석이나 유리제 구슬을 활용한 장신구가 새롭게 등장하였다.

여기서 주목되는 현상은 오늘날 여러 나라마다 유행의 차이가 있듯이 당시 여러 국가나 사회마다 선호하는 장신문화에서 뚜렷한 차이를 보인다는 점이다. 예를 들면, 부여나 고구려에서는 금을 중시했지만 삼한에서는 구슬을 재보로 삼았다. 실제로 부여 귀족들의 무덤이 집중되어 있는 길림 북쪽의 유수 노하심 유적에서는 금으로 만든 귀걸이가 출토되었으며, 평양 석암리 9호 낙랑 무덤에서는 얇은 금판을 두드려 용 문양을 새기고 푸른 옥으로 장식한 금제허리띠가 발견되었다. 중국의 역사서인 《삼국지三國志》에서, 고구려 사람들이 공식 모임에서 모두 비단에 수를 놓은 의복을 입고 금과 은으로 장식하며, 장례를 후하게 치르는데 금과 은의 재물을 모두 쓴다고 한 기록은 금·은 장신을 선호한 관습을 뒷받침한다.

반면에 같은 기록에서 삼한의 사람들은 금·은 대신 오히려 구슬을 귀하게 여겨서 이를 옷에 꿰매어 장식하거나 목이나 귀에 달았다 하므로 부여나 고구려의 관습과는 대조적이다. 실제로 삼한 지역에 해당하는 유적에서 구슬이 출토되는 사례는 매우 흔하다.

구슬의 재질은 종래보다 더욱 다양해져서, 옥 이외에도 수정·마노·호박·유리 등이 활용되었는데, 그 중에서도 유리가 차지하는 비중이 가장 높다. 다른 재질들이 광석인 데 반해 유리는 인공으로 배합된 재질로서 대량생산이 가능하고 가공이 자유롭다는 장점을 지닌다. 구슬의 외형은 기본적으로 둥글지만 그 이외에도 곱은옥(곡옥), 대롱옥(관옥), 다면옥, 이음옥(연주옥) 등 매우 다양하다. 외형이 다양한 만큼 실제 장식 방법도 다양해졌다.

이렇게 선사시대를 중심으로 장신 문화를 보면, 지금 우리가 살고 있는 시간과 비교해 보아도 결코 뒤지지 않는 기술을 발견할 수 있고 다양한 장신구들의 모습을 볼 수 있다.

오늘날에는 누구나 자신의 모습을 빛내기 위해 아름다운 장신구를 사용한다. 반면에 선사시대의 소수의 권력자들은 자신의 사회적 계급과 특별한 능력을 상징하고 자신이 이끌었던 사람들의 삶의 희망을 풀어내는 데에 아름다운 장신구를 사용했다. 이렇게 보면 선사시대의 장신구는 오늘날과 비교할 때 보다 더 적은 사람들만이 소유하고 착용할 수 있었으면서도, 장신구 자체가 지니는 희소가치는 더욱 높았고 작은 장신구가 발휘할 수 있는 사회적 효과가치가 훨씬 폭넓었던 '명품'으로 일컬을 수 있을 것이다.

2. 신화와 역사의 경계, 고조선

1) 고조선의 신화, 신화 속의 역사

고조선古朝鮮의 역사는 여전히 밝혀야 할 사실을 가득 안고 있다. 고조선의 역사를 정확하게 이해하기 어려운 이유 중 하나는 신화가 고조선 역사의 시작과 여러 부분을 차지하고 있고 관련된 역사 기록이 빈약하기 때문이다. 그러나 신화라고 해서 그 상징적 내용을 비합리적인 이야기라고만 단정할 수 없다. 신화는 만들어지는 과정에 관여한 사람들의 집단적인 경험과 의식을 담고 있다. 그러므로 신화 속의 상징은 역사적 은유로 이해할 수 있을 것이다. 결국 신화는 과거 사실을 객관적으로 전달하기보다는 주로 그것의 역사적 진실과 진실의 가치를 강조하고 있다. 이 점에 주의해서 신화를 읽는다면, 신화 속에서 더 많은 역사의 흔적들을 발견할 수 있을 것이다.

단군檀君 신화는 고조선이라는 국가의 기원을 형성한 특정 집단의 성장을 상징적으로 묘사한 고조선의 건국 신화다. 신화 속에서 특정 집단은 스스로

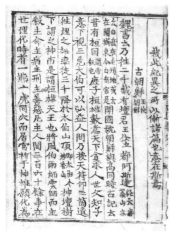

《삼국유사》 권1 기이 제2 고조선

의 계통을 하늘과 연결하여 우월함을 과시하고, 복속 집단에 대한 정치적 지배를 정당화했다. 이러한 지배 관계가 우세한 집단의 시조 설화로 형성되고, 이후에 고조선 국가 전체의 건국 신화로 확대된 것이 단군 신화다.

건국 신화인 단군 신화는 고조선 국가 차원의 의례를 통해 구체적으로 재현되었을 것이다. 국가적인 의례는 구성원들의 정서적 일체감을 함양하는 데 중요한 기능을 담당했다. 신화의 이념적 기능도 국가 의례가 담당했던 기능과 다르지 않다. 지배 집단은 이와 같은 의례와 신화의 기능을 구심점으로 정치적 권위를 재확인하고 사회적 통합을 추진해 나갔다. 이와 같은 신화의 기능은 단군 신화를 읽고 해석할 때, 유용한 이해의 기준이 될 수 있다.

이러한 관점에 서서 단군 신화의 기능을 고려하고 그 역사적 배경을 이해할 수 있다면, 단군 신화 속의 비합리적 내용들을 역사적 상징으로 해석할 수 있을 것이다. 몇 가지의 상징을 풀어 보면, 먼저 환웅에서 환인으로 이어지는 특정 집단의 신성성은 하늘로부터 계통을 구하는 집단의 존재 가치를 의미한다고 볼 수 있다. 특히 환인은 하늘신으로서 어떤 신화에나 보편적으로 등장하는 최고의 신이다. 환웅은 이 환인으로부터 지상을 다스릴 수 있는 권한을 위임 받아 천부인 세 개를 들고 지상에 내려와 특별한 땅에 자리를 잡았다. 환웅과 결합했던 웅녀가 상징하는 곰은 유라시아 북방 지역에서 토템의 대상으로 숭배 받은 존재다. 단군왕검은 하늘로부터 계승된 신성한 혈통과 지상에서 이어지던 현재적 혈통을 승계한 지상 최고의 존재였다. '단군왕검檀君王儉'이란 이름은 제사와 정치를 동시에 수행했던 지상의 권력자, 압도적인 권력의 소유자를 의미한다.

신화 속에서 극대화된 단군왕검의 존재감은 특정 집단이 통치 권력을 확보하고 유지하기 위해 지배의 정당성을 정립하는 논리로 기능했다. 이와 같

신화와 의례　신화의 내용은 제의를 통해 현실에서 구체적으로 형상화되었다. 제의는 신의 역사, 혹은 신과 사람 사이의 이야기를 정기적으로 재현하는 기회이면서, 사회구성원들의 공동체 정서를 재확인하는 의식이었다. 국가의 신화는 부여의 영고나 고구려의 동맹 등 국가의 행사가 치러지는 동안 참석한 구성원들 앞에서 구체적으로 연출되었을 것이다. 고조선의 단군 신화도 마찬가지였을 것이다.

은 기본 논리를 바탕으로 신화 속의 권력을 읽고, 등장하는 현실적 장치를 읽고, 여러 존재 사이의 관계를 읽는다면, 단군 신화의 형성 배경, 신화의 완성, 신화의 구조, 구전되고 문자로 정착되어 우리에게 전해졌던 과정, 그 속에 자리잡고 있는 의미들을 역사적으로 판단할 수 있을 것이다.

2) 고조선의 시간과 공간

신화와 역사가 만나는 무대인 고조선의 역사에는 신화적 전승과 역사적 기록, 고고학 증거가 서로 교차하고 있다. 이 때문에 고조선사회를 정연하게 파악하기가 어렵고 신화의 상징, 기록의 내용, 고고학의 판단 가운데 하나의 입장이 강조되기 쉽다. 그럼에도 다양한 형태의 역사적 증거가 남아 있다는 점은 고조선을 연구하는 데 장점이 되고 있다. 그러므로 형태를 아우를 수 있는 균형 잡힌 시각이 필요하다.

한국사에서 최초의 국가인 고조선은 청동기문화를 기반으로 건국되었다. 대체로 고조선의 공간적 범위는 비파형동검·미송리식 토기·고인돌 등 물질 증거의 분포 범위로 미루어 볼 때, 중국 요령 지역과 한반도 서북 지역에 걸친다. 물론 고조선의 세력 범위가 처음부터 요령 지역에서 한반도 서북 지역에 이를 만큼 넓은 것은 아니었다. 고조선의 사회적 성쇠에 따라 그 범위와 중심지는 유동적이었다.

기원전 10세기를 정점으로 중국 동북 지역에서는 청동기문화를 배경으로 다수의 정치집단이 성장하여 발전하였다. 고조선의 건국 역시 이러한 역사적 흐름과 관계가 깊겠지만, 문헌에 고조선이 처음으로 등장하는 시점은 기원전 8~7세기다.

이 시기의 역사적 사실을 담은 《관자管子》에 '조선朝鮮'의 이름이 처음으로 등장한다. 그 내용을 보면, 당시 조선은 중국 제齊와 특산물文皮을 교역할 수 있는 대외 교류 능력을 갖추고 있었다. 전국시대 이전의 사실을 정리한 《산해경山海經》에는 조선이 현재의 발해만 북쪽에 자리했던 것으로 기록되어 있다. 이들 기록을 근거로 생각하면, 조선은 대체로 요하 유역에서 한반도 서북부 지역에 걸쳐 존재했던 여러 집단 가운데 하나의 유력한 세력 혹은 그들을 아우르는 특정 세력을 가리키는 것으로 보인다. 《관자》에 조선이 등장한 이후, 고조선은 수세기 동안 그 행방이 묘연하다. 그렇다고 해서 이미 《관자》에서 실체를 드러내었던 조선이 그 시기 동안 존재하지 않았다고 결론지을 수 없을 것이다. 고조선의 범위를 고려할 때, 고조선과 관련시킬 수 있는 특징적인 역사상들이 《관자》의, 그리고 그 이후의 시간에서 계속 발견되고 있다.

요동반도의 여대에서 발견된 강상무덤은 기원전 8~7세기대의 대형 무덤으로, 그 규모뿐만 아니라 무덤의 조영 형태, 1백 수십여 명의 순장, 부장품의 내용과 수량 등은 불평등을 전제 조건으로 하는 계급 분화의 상당한 수준을 보여준다. 이를 근거로 한층 진전된 단계의 계급사회, 그리고 그러한 역사적 과정이 진행되고 있었을 고조선사회를 조심스럽게 예상해 볼 수 있을 것이다.

기원전 6~5세기에 고조선의 유력한 중심지로 추정되는 심양 정가와자에서는 지역 유형으로 설정할 수 있는 비파형동검문화가 유행하여, 요동 지역 일대로 확대되면서 요동 남부 지역의 무덤 형태, 장례법, 토기 제작 전통을 변화시켰다. 특히 정가와자 유적의 덧널무덤들 가운데 6512호 무덤을 보면, 무덤에는 많은 유물이 부장되어 있고 무덤 주인공은 높은 가치의 유물들을 장신하고 있어 지역을 대표했던 권력자의 모습을 볼 수 있다. 특히 이 무덤에서 발견된 유물 가운데, 청동거울·견갑형청동기·나팔형청동기·목긴항아리 등은 한반도에서 발견된 몇 가지의 사례와 형태가 유사하여 주목받고 있다.

강상무덤이 있는 여대와 정가와자무덤이 조사된 심양은 먼 거리를 두고 서로 떨어져 있다. 또한 두 무덤 사이에는 시기의 격차도 크다. 그래서 이들을 아울러 고조선으로 단정하기 어렵다. 다만 《관자》 이후의 고조선사회의 존재 양상과 성격을 추론할 때, 두 사례를 통해 계급의 분화, 권력자의 지배

> **국가** 국가에 대한 정의, 국가의 형태에 관한 규정은 다양하여 요약하기가 쉽지 않다. 대체로 지배 주체가 정치권력을 합법적으로 행사할 수 있는 군대, 법률, 감옥 등의 물리적 기구와 함께 조세를 징수하고 행정을 집행하는 관료 조직 및 지배 이념, 그리고 사회구성원의 노동력을 동원할 수 있는 능력을 갖춘 사회구성 형태를 가리킨다.

력 및 생산수단의 독점 등의 요소를 고려하면, 이들 요소를 지속적으로 유지하고 재생산하는 과정에서 역사에 등장했던 계급 국가를 떠올릴 수 있다. 특히 정가와자 유형은 지역성을 포괄하는 광역의 문화적 관계를 대표한다. 이러한 광역의 관계는 다음 시기에 다시 실체를 드러내는 고조선사회의 정치체제와 무관하지 않으므로 유의미하다.

기원전 5~4세기에 고조선은 급속히 성장하여 요동 지역에서 서북한 지역에 걸치는 범위에 이른바 '조선후국朝鮮侯國'을 형성하였다. 조선후국은 여러 지역 집단을 대표하면서(고조선 연맹), 주변에 위치한 세력에 대해 일정한 영향력을 행사하는 국가의 단계에 있다. 이러한 광역의 정치적 관계는 당시 요령 지역의 청동기문화가 종전의 지역성을 허물고 전반적으로 동질화되는 양상과 밀접하다. 이때의 동질화 과정은 정가와자 유형이 중간 매개가 되어 진행되었다.

《전국책戰國策》에는 소진蘇秦이 연燕의 문후文侯(재위 기원전 361~333)에게 당시 연의 주변 상황을 말할 때, 조선이 연의 동쪽에 존재하고 있음을 명확하게 의식하고 설명한 내용이 실려 있다. 또한 《위략魏略》의 기사 중에는 연 소왕昭王(재위 기원전 311~279) 이전에 조선후가 스스로 왕이라 일컫고 군사를 동원하여 연을 공격하려다 고조선의 대부大夫 예禮의 만류로 중단하였던 사실도 있다. 이들 내용에 따르면, 기원전 4세기 무렵에 고조선은 그 대표자가 국왕 호칭을 사용하였고 연과 맞설 수 있는 군사력과 대부 예를 연에 파견하여 교섭할 수 있는 외교력을 지녔으며, 일부 관료 조직을 갖추고 있었을 정도로 강대한 세력을 보유하였다. 특히 청동기문화를 토대로 발전했던 고조선은 철기문화를 받아들이면서 더욱 강성해졌다.

그러나 고조선의 발전과 연의 세력 확장이 서로 충돌하면서 연과 유지되었던 균형 상태가 무너졌다. 연은 기원전 3세기 초에 장수 진개秦開를 내세워 동진하여 고조선의 서쪽 경계를 공격하였다. 이 때문에 고조선은 서방의 2천여 리 상실하였다. 그렇지만 곧 연이 쇠퇴하고 진秦이 일어나 통일(기원전 221)과 멸망(기원전 206)이 거듭된 끝에 한漢이 건국(기원전 202)되는 상황 속에서, 고조선은 일정 기간 동안 안정을 확보하고 유지할 수 있었다.

한의 제후국으로 존재했던 연이 정치적 혼란에 빠지자 기원전 2세기 초에 위만衛滿이 무리 1천 명을 이끌고 고조선으로 망명하였다. 준왕準王은 위만에게 '박사博士'라는 지위를 내리고 서쪽 1백 리 땅을 관할하게 하는 한편 변방을 수비하는 임무를 맡겼다. 그러나 위만은 자기 기반을 바탕으로 유이민과 통합하면서 세력을 키운 뒤, 기원전 194년경에 준왕을 공격하여 정권을 탈취하고 집권하였다. 위만이 집권한 이후 고조선은 안정을 되찾고 주변 지역에 대한 영향력을 강화했다. 특히 위만의 집권이 시작될 무렵, 고조선에서는 비파형동검문화가 세형동검문화로 전환되고 이어 철기문화가 본격적으로 파급되었다. 그리고 국왕을 정점으로 전 지역을 포괄하는 지배체제가 정비되고 중앙정부의 통제력이 강화되었다. 이를 경계한 한에서는 문제文帝(재위 기원전 179~157) 초에 조선이 군사력을 갖추고 한을 엿보고 있으니 공략하자는 논의가 있었을 만큼 고조선의 신장은 눈에 띄는 것이었다.

위만의 손자 우거왕右渠王 때, 고조선은 주변 지역과의 관계를 바탕으로 중계무역의 이익을 독점하기 위해, 한반도 중남부 지역의 진국 등 여러 세력이 한과 직접 교류하는 것을 통제했다. 당시 한에 가장 큰 위협이 되었던 흉노와의 긴장이 완화되자, 무제는 흉노와 고조선 사이의 협력 가능성을 끊고 고조선을 제어하고자 사신 섭하涉何를 파견하였다. 그러나 교섭은 실패하였다. 교섭에 실패하여 귀국하던 중에 섭하는 고조선의 비왕裨王 장長을 살해하였다. 그러자 이에 대한 보복으로 고조선이 섭하를 살해하면서 양국 사이에 군사적 충돌이 일어났다.

처음에 고조선은 한의 공세를 적극 방어하였다. 그러나 한의 거듭되는 공격을 극복하지 못하고 왕검성이 포위되면서 전쟁은 1년 가까이 장기화되었다. 이 사이에 고조선의 지배층 내부에서는 한과의 전쟁을 해결하는 방식을 두고 내분이 일어났다. 곧이어 조선상朝鮮相 역계경歷谿卿이 강화를 제안하였다가 수용되지 않자 2천여 호를 이끌고 진국辰國으로 이탈하는 등 내분이 심화되었다. 내분 속에서 우거왕이 살해되었고 왕자 장長, 조선상 노인路人 등은 한에 투항하였다. 그럼에도 불구하고 대신大臣 성기成己 등이 끝까지 항전하면서 왕검성은 쉽게 함락되지 않았다. 결국 장 등이 왕검성 내의 사람들을 선동하고 이에 성기가 살해되면서 기원전 108년 고조선은 멸망하였다.

끈질기게 저항하던 고조선이 멸망한 이후 한은 고조선의 중심지를 기반으로 군현 지배를 관철시키기 위하여 여러 군을 설치하였다. 그러나 군이 설치된 이후에도 고조선 사람들의 저항이 강하여 군을 매개로 한 지배는 원활하게 이루어지지 못하였다. 결국 낙랑군의 경우, 과거 고조선 세력의 지배 기반을 허용하는 형태로 군이 운영되었다. 멸망 전부터 멸망 이후까지 계속되었던 고조선 사람들의 저항력은 고조선의 지배 구조와 관련이 깊다.

당시의 정치구조를 보면, 세습되는 국왕 예하에 관료 조직이 갖추어져 있었다. 기원전 4세기 무렵에는 대부라는 관직이 보이며, 기원전 2세기 무렵에는 비왕이나 조선상·니계상尼谿相 등의 상, 대신 등의 중앙 고위 관직, 장군 등의 무관직이 확인된다. 물론 관료 조직에 포함된 인물들의 관직명 가운데 지명을 관칭한 점으로 보아, 독립성을 유지한 지방 세력도 관료 조직을 구성하고 있었을 것이다. 그 가운데 일부는 2천여 호를 거느렸던 조선상 역계경처럼 막대한 세력을 통솔하였다. 이들은 고조선의 핵심 기반을 이루면서도 정치구조 내에서 독립적으로 존재하였던 것으로 보아 국가와 그들 사이의 결속력은 공고하지 못하여, 한과 대항했던 시기에 고조선이 멸망하는 하나의 내부 원인이 되었다. 동시에 이러한 독립성은 낙랑군이 설치된 이후에도 군의 일방적 지배를 견제하는 배경이 되었다.

고조선에는 8조의 범금이 존재하였는데, 그 중에서 지금까지 전하는 조항은 단 세 항이다. 내용을 나열해보면, 사람을 죽인 자는 사람은 사형에 처하였다. 또 남에게 상해를 입힌 사람은 곡물로 배상하였다. 그리고 도둑질한 사람은 도둑질한 집의 노비로 삼는데, 노비를 면하고자 할 때는 50만의 금액을 내야 가능했다.

이와 같은 내용의 범금 조항은 읍락사회 내부의 관습적 규범이 아닌 국가의 정치적·물리적인 권력을 배경으로 유지되는 고조선의 사회 형률이었다. 특히 고조선사회는 기본적으로 사람의 노동력을 경제적 가치와 동질의 것으로 인식하였으며, 사유재산을 보호했다. 노비의 존재는 계급 분화를 보여주며, 범죄에 대한 처벌 내용으로 볼 때 인신에 대한 직접 지배가 이루어졌다.

3) 우리에게 고조선의 의미는

우리에게 고조선이 전하는 의미는 역사적 흐름에서 한국사상 최초의 국가라는 상징적 차원뿐만 아니라 현재의 삶에까지 지속되고 있는 고조선의 역사성에 있다.

고조선은 한국사의 역사적 공간인 중국 동북 지역과 한반도 지역 가운데 가장 이른 시기에 형성된 국가로, 멸망한 이후에도 뒤이어 탄생한 국가들과 역사적으로 연속성을 지니고 있으며, 그 연속성은 계승 의식으로 전승되었다.

고조선을 계승한다는 의식은 특히 고려의 역사서 편찬에서 강조되어 이로부터 단군 신화가 의미를 얻고, 단군 기원을 추적하여 중국과 대등한 우리 역사의 유구함이 명시되었으며, 신라의 건국 과정에서 고조선과의 연결 고리가 서술되는 등, 고조선의 역사적 가치가 높여졌다. 그리고 그 가치는 다음 시대를 이어 오늘날까지 계속되고 있다.

이와 같은 의미를 지닌 고조선은 우리 역사공동체의 기원과 기억에 대한 의식의 토대가 된다. 이러한 의미에서 고조선은 민족사의 상징이기도 하다. 이러한 상징성에 대해 중국이나 일본은 논리가 미흡한 역사의 조각을 근거로 고조선과 고구려·발해 등 한국사의 역사적 흐름을 부정하거나 그 성격을 왜곡하는 방법으로 자신들의 국가적 전략을 수행하고 현실적 이익을 보장하려는 움직임을 거듭 드러내고 있다. 오히려 이들의 계속적인 접근과 역사 만들기는 고조선을 비롯한 한반도 북방의 역사가 한국사의 독자적인 상징성과 가치를 지니고 있음을 시사하는 것이다.

4) 고조선의 마지막 자취 낙랑

기원전 108년에 고조선이 멸망하면서, 중국 한은 네 개의 군─낙랑군樂浪郡·임둔군臨屯郡·진번군眞番郡·현도군玄菟郡─을 설치하였다. 이 가운데 낙랑군을 제외한 세 곳은 세워진 지 30여 년 만에 토착 세력으로부터 저항을 받아 임둔·진번군은 폐지되고 현도군은 이동하여 결국 낙랑군만 남게 되었다.

한이 한반도 북부 일대에 네 개의 군을 설치한 것은 지배 영역을 군과 그예하의 현으로 나누고 이들 지역에 지방관을 고루 파견하여 지역과 인민에 대한 직접 지배를 실현하고자 하는 군현제의 제도적 방식에 따른 조치였다. 그러나 여러 군이 폐지되면서 옛 고조선 지역 전체를 직접 지배하려 한 의도는 완수되지 못했다. 그럼에도 불구하고 낙랑군만큼은 기원후 313년까지 고조선의 핵심부에서 400년 이상 존속하면서, 이전 시기 고조선의 역할이었던 중국과 한반도의 중계를 담당했다.

한의 입장에서 네 군의 설치는 무제가 추진한 대외정책의 연속선상에 있었다. 이 정책의 목적은 군의 설치를 통해 흉노의 위협을 막고 한반도의 여러 사회로부터 협력을 구하는 것이었다. 그러나 세 군이 폐지되면서 그 목적은 원활하게 이루어지지 못했고 결국 목적은 낙랑군에 집중되었다.

한은 원격지에 낙랑군을 설치하면서 고조선의 사회구조를 완전히 재구성하지 못하였다. 대신에 고조선 상부의 중앙 지배 세력을 개편하고 하부의 지역 세력의 영향력을 허용하면서 군현 지배를 관철시키는 통치 방식을 선택하였다. 이러한 방식이 원활하게 운용될 수 있도록 낙랑군의 운영은 중앙에서 파견한 관리와 현지에서 임용한 속리를 매개로 진행되었다. 현 이하의 지배는 읍락사회를 기반으로 진행되었다.

이러한 형태의 낙랑군 운영 방식으로 인하여 낙랑군 내에는 중국 한 계통의 주민과 고조선 계통의 주민이 공존했고, 이들 사이에는 종족적 융합이 이루어지기도 했다. 특히 낙랑군의 설치 과정에서 고조선의 사회구조가 완전히 해체되지 않았기 때문에, 낙랑군이 설치된 이후에도 고조선 전통의 문화는 계속 이어졌다. 평양 정백동 1호 무덤에서 나온 '부조예군夫租濊君' 인장은 무덤의 주인공이 부조 지역의 수장임을 말해주는 동시에, 낙랑군이 설치되고 나서도 기존의 지역 세력이 일정한 정치·경제적 기반을 유지할 수 있었음을 보여준다.

낙랑예관명 수막새

2세기 말 낙랑군 이남 및 이동의 한韓과 예濊가 강성해지면서 낙랑군의 통제력이 약화되었다. 이후 3세기 전반에 중국 공손씨 정권이 낙랑군을 나누어 군의 남쪽에 대방군帶方郡을 설치하면서 낙랑군의 행정 기능은 더욱 쇠퇴하였다. 이를 이어 위魏가 동이교위東夷校尉를 설치하고 이를 통해 동이 사회와 직접 교섭하게 되자 낙랑군의 고립은 심화되었고, 서진西晉대 동이교위가 본격적으로 기능을 발휘하게 되면서 낙랑군은 종래의 역할을 상실하게 되었다. 그 후 313년에 낙랑군은 고구려의 공격을 받고 최종적으로 폐치된다.

낙랑군의 존재 의미는 단순히 한반도 내에 자리했던 중국의 관할지라는 점에 한정되는 것이 아니다. 물론 중국의 선진 문물이 오랫동안 존속했던 낙랑군을 매개로 한반도의 여러 지역에 전달되어, 정치·문화적 변화와 발전을 일으킨 것은 사실이다. 이 때문에 한국사에서 낙랑군은 미묘한 위치에 놓여 있다. 그러나 그러한 자극을 낙랑군 내에서 전개하고 낙랑군 밖에서 수용하는 힘은 한국사의 주인공들을 중심으로 발휘되고 이어졌다.

이러한 측면에서 낙랑군의 시간과 공간에서 살았던 낙랑 사람들이 고조선의 역사적 전통을 전승했던 사실과 낙랑군이 공멸된 이후 흩어진 낙랑 사람들이 여러 고대 국가의 발전에 기여했던 사실은 한국사의 흐름 속에서 자리와 의미를 지닐 수 있는 것이다.

3. 초기국가 탄생의 서막 : 선사에서 역사의 시간으로

1) 철기문화의 확산과 가속화된 사회변동

우리나라에서는 중국 전국시대 말기인 기원전 3세기경에 연의 철기문화가 들어옴으로써, 평북 영변 세죽리 유적, 평북 위원 용연동 유적과 요령 무순 연화보 유적 등 청천강 이북 지역을 중심으로 철기가 사용되기 시작하였다. 이때부터 초기철기初期鐵器시대가 시작하는 것으로 설정되고 있다. 하지만 그 문화상을 보면 여전히 청동기문화가 주류이며, 철기의 유입 시기와 양상도 지역에 따라 편차가 커서, 이 시기에 세형동검이 등장하여 유행했던 청천강 이남 지역까지 포괄해서 초기철기시대로 규정하기는 어렵다.

철기는 청동기와 비교하여 혁신적인 도구다. 철기는 단단하고 예리하며, 가공 방법에 따라 다양한 형태로 완성할 수 있고 여러 용도에 맞추어 사용할 수 있는 효율적인 도구다. 이러한 장점들을 지닌 철기는 한반도에서 철기를 최초로 사용했던 서북한 지역의 생활유적에서, 창·화살촉 등의 무기와 함께 괭이·호미·낫·반달칼 등의 철제 농기구가 발견된 양상으로 볼 때, 이른 시기부터 농업 활동 등의 실생활에서 유용하게 활용되었다. 이후 철기가 점차 한

위연 용연동 유적 출토 유물

반도의 남쪽으로 전달되어, 철기를 반출한 충남 예산 동서리 유적, 충남 부여 합송리 유적, 전북 장수 남양리 유적 등의 한반도 중·남부 지역에서는 일부 종류의 철기를 수입하였다. 그러다가 기원전 1세기 무렵에 이르러 중국 한의 철기 생산 기술이 본격적으로 도입되면서, 한반도 일원에서는 철기의 직접 제작과 사용이 보편화되었다. 특히 이 시기의 철기문화는 영남 지역의 진한·변한 사회의 발전을 이끌었다.

철기의 제작과 사용이 확대되면서 많은 종류의 도구들이 철을 재료로 만들어졌다. 철제 농기구 및 공구·무기의 발달로 볼 때, 철기의 제작과 사용은 고대사회의 정치·군사적 통합과 경제적 발전에 중요한 기반이 되었다. 이 때문에 여러 사회의 많은 집단들이 철 자원의 확보와 생산 기술의 증대, 유통 및 분배 경로의 장악에 힘을 썼다. 특히 한반도에서 철 자원의 분포는 제한적이었기 때문에 철산지를 두고 치열하게 경쟁했다. 그리고 유통과 분배의 주도권을 놓고도 여러 집단들이 서로 경쟁했다.

이러한 경쟁에서 승리한 주체가 경주와 김해의 정치세력이었다. 내륙의 경주 지역과 해안의 김해 지역은 교류의 결절점으로, 철 자원의 공급이 원활하고 일정한 철기 생산 능력만 갖춘다면 철기의 유통과 분배의 중심이 되기에 충분한 지점에 자리했다. 경주 사로국과 김해 구야국의 핵심 집단들은 철기와 밀접한 경제력을 장악하고 이를 배경으로 정치권력을 강화하여, 신라로 그리고 가야를 대표하는 중심국으로 발전할 수 있었다.

2) 한반도 북쪽의 국가와 사회

고조선의 주변, 한반도 북쪽에는 여러 정치체가 존재했다. 그 가운데 먼저 부여夫餘는 고구려의 기층이 되는 예맥계 종족의 근원지로서, 위만조선이 멸망(기원전 108년)한 이후부터 기록상 고구려가 건국되는 기원전 37년까지 예맥문화권을 지지한 실질적인 주체로서의 의미를 갖는다.

부여는 만주의 송화강 유역에서 예맥계 종족이 세운 국가로서 출현하였다. 송화강 유역은 청동기시대 서단산문화의 중심지였으며, 기원전 3~2세기에는 중국 연과 한의 철기문화가 연속적으로 확산된 곳이었다. 이곳에 기반을 둔 부여는 고조선과 더불어 선진적인 국가로 성장하면서 중국과 접촉하였고, 왕망王莽 집권기에는 중국의 주요 교섭 대상이었다.

부여에서 완성된 건국신화인 동명東明 설화는 고구려와 백제 왕실의 계통적 근간을 설명한다. 동명 설화는 고구려의 건국 신화로 정착되면서 고구려 건국의 정당성을 강조하는 성격으로 윤색되었지만, 고구려를 건국한 주몽의 출자가 부여로부터 비롯된 본질은 분명하게 상징하고 있다.

부여의 지배 조직은 고조선과 비슷하여, 국왕 아래에 가축의 이름을 딴 관명으로 마가馬加·우가牛加·저가猪加·구가狗加, 여기에 대사大使·대사자大使者·사자使者 등이 더해져 일정한 중앙 관료 조직을 구성하고 있었다. 그러나 국왕 중심의 집권체제는 확립되지 못했다. 그 이유는 나름의 독자성을 유지하고 있었던 여러 지방 세력의 존재 형태에 있다. 특히 가들은 사출도四出道의 형태로 수천·수백 가를 독자적으로 주관했다. 국왕은 여러 가들과 협의하여 국가의 중요한 현안을 해결하였다. 심지어 가뭄이나 장마로 농사가 어려워질 때 국왕이 상황을 효과적으로 해결하지 못하여 흉년에 이르면, 그 책임을 물어 국왕을 바꾸거나 죽여야 한다고 여겼던 풍습도 전한다. 그럼에도 정월의 제천 행사인 '영고迎鼓'라는 국중대회를 통해 국가 차원의 결속을 다지면서 사회의 구조적 균열을 조정했다. 대회 때 형옥을 중단하고 죄수를 풀어줌으로써, 공적 질서를 일시 해제하고 결속을 강화할 수 있었을 것이다. 동시에 대회 중에는 결속을 공증하는 목적에서 부여 국가의 신화를 구체적으로 재현하는 의식도 거행되었을 것이다.

부여의 읍락에는 호민豪民과 하호下戶, 노복奴僕이 계급질서를 이루어 존재했다. 유력자인 호민은 하호와 노복을 통제했다. 전쟁이 있을 때 전투는 제가諸加들이 맡았는데, 이때 하호들은 양식을 져다 옮기고 음식을 만들어 제공했다.

전쟁을 앞두고 있을 때에는 하늘에 제사를 지내고 소를 잡아서 그 발굽을 보아 길흉을 점쳤다. 발굽이 갈라지면 좋지 않다 여겼고 발굽이 서로 붙으면 좋다고 판단하였다.

부여 사람들은 흰색 의복을 선호하여 흰 베로 만든 도포와 바지를 입었고 가죽신을 신었다. 외국에 나갈 때는 비단이나 모직으로 만든 옷으로 특별한 차림을 갖추었다. 대인은 그 위에 짐승 가죽으로 만든 갓옷을 더해 입었고 금·은으로 모자를 장식했다.

부여에는 감옥이 있었다. 부여 사람들이 지켜야 할 형벌의 기준은 매우 엄격하였는데, 그 내용을 보면 고조선의 8조 범금과 유사한 면이 있다. 사람을 죽인 자는 사형에 처하고 그 집안 사람들은 적몰하여 노비로 삼았다. 도둑질을 하면 12배를 변상케 하였다. 남녀가 음란한 짓을 하거나 부인이 투기하면 모두 죽였다. 특히 투기하는 것을 더욱 미워하여, 죽이고 나서 그 시체를 나라의 남산 위에 버려 썩도록 하였다. 이때 그 시체를 친정에서 가져가고자 한다면 소와 말을 바쳐야 했다.

여름에 사람이 죽으면 얼음을 사용하였으며, 유력자가 사망했을 경우에는 순장을 하였는데, 순장한 사람의 수가 많을 때는 백여 명에 이르렀다. 장례는 후하게 지냈고, 곽은 사용하지만 관은 사용하지 않았다.

형이 죽으면 형수를 아내로 취하는데, 이는 흉노의 풍습과 같다. 형이 죽었을 때 형수를 취하는 풍습兄死娶嫂婚은 본래 흉노나 키르키스 족과 같은 유목민의 풍습이다. 이러한 풍습은 공동체적 유대가 강한 유목사회에서 남성 가장의 사망으로 생길 수 있는 집단 내부의 혈연적·경제적 혼란에 대비하는 방법이었다.

부여는 고구려와 백제의 건국 계기를 제공했다. 부여에서 이탈한 주몽 집단이 졸본부여(고구려의 기원)를 세우게 되는 사건의 역사적 배경은 부여로부터 나왔다. 한편으로 주몽이 고구려를 세우는 과정에서 이탈한 압록강 유역의 주민 일부는 다시 한강 유역으로 남하하여 백제 건국의 주도 세력이 되었다. 백제 왕실은 부여씨를 성씨로 사용하였으며, 부여의 건국 시조인 동명왕을 제사 지내는 사당(동명묘)을 설치하였다. 그리고 6세기 중반 백제 성왕은 수도를 사비로 옮긴 후에 '남부여'라는 국명을 사용하였다. 이러한 모습들은 부여과 백제와의 역사적 계승성을 보여준다.

기록을 보면, 고구려高句麗는 본래 주몽 이전부터 한이 세웠던 현도군의 세속현 중에서 하나의 이름이었다. 이 기록으로 보아 고구려현은 기원전 2세기 후반에 이르러 존재를 드러내고 있다. 하지만 고구려가 현의 지위를 넘어 하나의 국가로 위상을 높일 수 있게 되는 계기는 주몽과 그가 통솔한 집단의 힘에 의해 일어났다.

부여에서 발생한 정치적 다툼을 피해 부여를 이탈한 주몽朱蒙은 이동하는 과정에서 세력을 키우고 이를 바탕으로 새롭게 이주한 지역에서 기득권을 확보했다. 이러한 과정은 건국 신화에서, 오이烏伊·마리摩離·협부陜父 등을 벗으로 삼고, 부여로부터 도망 나와 모둔곡에 이르러 만났던 재사再思·무골武骨·묵거默居에게 각각 '극씨克氏·중실씨仲室氏·소실씨少室氏'라는 성을 내리며, 비류국沸流國의 송양松讓과 싸워 이기는 모습들로 상징되어 있다.

신화 속의 주몽은 평범한 인간을 초월한 존재로 묘사되어 있다. 활을 잘 쏜다는 부여의 뜻을 이름 삼은 주몽은 하늘의 후손으로서 알에서 신이하게 태어났다. 주몽은 태어난 이후 온갖 고난을 극복하면서 성장하고 나라를 세웠다. 이 과정에서 햇빛이나 물, 물고기·자라와 같은 자연의 여러 존재가 그의 성장과 성공을 도왔다. 이러한 비합리적 내용들은 새롭게 기반을 내린 지역에서 주몽과 주몽의 집단이 세우려 했던 통치의 정당성과 밀접한 관계를 갖는 한편, 비합리적 내용의 곳곳에는 역사적 사실이 자리잡고 있다. 곧 주몽 설화를 담은 고구려 건국 신화는 신화로 윤색된 역사라 할 수 있다. 이후 주몽 신화는 고구려의 역사가 되어 광개토왕릉비廣開土大王陵碑와 모두루묘지명牟頭婁墓誌銘에서 거듭 전승되었다.

주몽이 건국의 기반으로 삼았던 압록강 중류 지역에는 기원전 3~2세기 무렵부터 철기문화가 보급되었고 이를 바탕으로 여러 지역 집단은 계곡이나 하천을 중심으로 '나那'·'노奴'로 표현되는 나집단을 형성하고 성장하기 시작했다. 여러 집단은 기원전 2세기 후반에 고조선의 외압에 맞서 연맹을 결성하였다. 이후 연맹은 '고구려현'이라는 이름으로 현도군의 속현이 되었다가 현도군과 대결하여 군을 축출하였으며, 나집단들은 통합을 통해 나국으로 발전하고 나국연맹을 형성하였다.

나국연맹에서 나국들은 독자적으로 대외교섭을 진행하면서 서로 대결할 만큼 독립성을 지닌 존재(국)면서 동시에 연맹을 구성하는 요소(부)였다. 이를테면 송양이 통솔한 나국은 독립적인 소노국消奴國(비류국)이자 연맹의 소노부消奴部로 존속하였다. 자치권을 지닌 여러 나국이 형성한 연맹에서, 중심 나국의 통솔력은 강력하지 못하였고 이 때문에 중심국의 지위가 교체되기도 하였다. 이를테면, 처음에는 송양 집단이 연맹의 주도권을 발휘하였다. 이후 부여로부터 주몽 집단桂婁部이 들어와 소노부를 극복하고 연맹의 주도권을 장악하면서, 나부 사이에 유지되었던 대등한 관계가 왕실인 계루부桂婁部를 중심으로 개편되었다. 그리고 이러한 세력 변동 과정에서 고구려 국가가 탄생하였다.

물론 각 나부는 여전히 자치권을 행사하여, 계루부의 국왕은 각 나부의 제가들과 협의하여 국정을 운영했다. 그러다가 점차 계루부가 중심이 되어 전쟁과 통합을 수행하는 과정에서 국왕권과 계루부의 위상이 커지면서 다른 나부들을 강하게 통제하여, 각 나부는 내부적인 문제에 한해서는 자치권을 행사하지만 대외적인 교역과 군사 활동에서는 고구려 국왕의 강력한 통제를 받게 되었다. 그리고 '가'로 불리던 각 부의 지배층은 차츰 중앙의 귀족으로 전화하였다. 결국 나부 중심의 정치체제는 계루부와 국왕 중심의 집권력이 강화되는 흐름 속에서 3세기 후반 이후 중앙집권체제로 전환되었다.

기록에 따르면 고구려에는 본래 다섯 족이 존재하였다. 앞서 언급한 계루부와 소노부 및 절노부絶奴部·순노부順奴部·관노부灌奴部가 그것으로, 본래 국왕은 소노부에서 나왔으나 점점 힘이 미약해지면서 계루부에서 왕위를 차지하게 되었다. 국왕의 종족으로 대가인 자는 모두 '고추가古雛加'라 불렸다. 비록 소노부에서 왕을 배출하지 못하였어도 나부의 적통을 잇는 대인은 고추가의 칭호를 얻을 수 있었다. 그리고 자체의 종묘를 세우고 국가와 별도로 영성과 사직에 제사를 지냈다. 절노부는 대대로 왕실과 혼인하였으며, 소노부와 마찬가지로 대인은 고추가의 칭호를 더하였다.

국왕 아래에 관료로는 상가相加·대로對盧·패자沛者·주부主簿·우태優台·승丞·사자使者·조의皂衣·선인先人이 있는데, 그 신분의 높낮이에 따라 각각 등급을 두었다. 한편 대가들도 스스로 사자·조의·선인을 두었다. 그렇지만 위상은 국왕의 관료와 달라 그 명단을 국왕에게 보고해야 하며, 대가들이 국왕과 회합할 때 동석하는 차례에선 대가의 예하들이 국왕의 예하들과 같은 열에 앉을 수 없었다.

대가들은 농사를 짓지 않는 좌식자坐食者였다. 대신 하호들이 각지로부터 양식·고기·소금을 날라와서 대가들에게 공급하였다. 고구려 사람들은 집에 작은 창고를 갖추었는데, 창고의 이름은 '부경桴京'이었다.

고구려 사람들은 거처하는 좌우에 큰 집을 짓고 귀신에게 제사를 지냈다. 뿐만 아니라 영성과 사직에도 제사를 지냈다. 고구려 사람들의 성질은 흉악하고 급하며, 노략질하기를 좋아하였다. 동이의 옛날 말에 따르면 고구려는 부여의 별종이라 하는데, 말이나' 풍속에서 부여와 같은 점이 많았으나 기질이나 의복에서 다름이 있었다. 특히 풍속은 음란하였다.

혼인 풍속으로 여자의 부모는 처가에 서옥을 짓고 사위를 데려다 살도록 하는데, 아들을 낳아 장성하면 남편은 아내를 데리고 본가로 귀가하였다. 남녀가 결혼하면 미리 수의를 만들어 두었다. 사람의 무덤은 돌을 쌓아 봉분을 만들어 완성하였으며, 장례는 성대하여 금·은의 재물을 모두 소비하였다.

10월에 제천행사로서 '동맹東盟'이라는 국중대회를 개최하였다. 대회의 이름이 동명과 비슷하다. 고구려의 동쪽에는 큰 굴(수혈)이 있는데, 10월에 온 나라에서 크게 모여 수신을 맞이해서 고구려 동쪽에 있는 강 위로 데려가 제사를 지낼 때 나무로 만든 수신을 신의 좌석에 안치했다.

부여와 다르게 고구려에는 감옥이 따로 없고 범죄자가 있을 때 제가들이 모여서 평의하는데, 사형에 해당하면 형을 집행하고 죄인의 처자는 몰수하여 노비로 삼았다.

때에 따라 다른 점도 있지만 대체로 말이 고구려와 같았고 음식·주거·의복·예절이 고구려와 흡사했던 옥저沃沮는 고구려 개마산맥의 동쪽에 위치하며 바다에 연하는데, 북쪽으로는 읍루·부여, 남쪽으로는 예맥과 접하여 있었다.

옥저에는 대군장이 없어 사회통합 수준이 높지 않았다. 읍락에는 각각 대를 잇는 우두머리渠帥가 있는데, 한의 현이었을 때의 제도를 따라 '삼로三老'라 자칭하였다.

사회통합 수준이 낮았던 만큼 옥저는 강대한 세력에 계속 예속되는 처지에 있다가, 결국 고구려에 예속되었다. 고구려는 옥저 출신의 대인을 두고 사자로 삼아 토착 거수와 함께 통치하도록 조처했다. 그리고 대가로 하여금 옥저의 조세를 모두 수납케 하여, 맥·포·어·염·해초류 등을 천 리나 되는 거리에서 져서 나르게 하고 미인을 상납 받아 종이나 첩으로 삼는 등 동옥저인들을 노복처럼 삼았다.

토질이 좋지 않아 농업생산력이 낮았던 부여·고구려와 달리 옥저의 토질은 비옥하여 오곡이 잘 자랐다.

장사를 지낼 때는 큰 나무 곽을 만들고 한쪽 머리를 열어 놓아 문을 만들었다. 사람이 죽으면 모두 가매장하여 뼈를 추린 후 곽의 문으로 넣어 안치하였다. 한집 식구는 함께 매장하였으며, 죽은 사람의 숫자에 맞추어 생전과 같은 모습으로 나무 모형을 새겼다.

읍루挹婁 사람들의 생김새는 부여와 비슷했다. 그러나 말은 부여나 고구려와 같지 않았다. 읍루 역시 옥저와 마찬가지로 대군장은 없었고 읍락마다 각각 대인이 존재했다.

오곡과 말·삼베·적옥·담비 가죽을 생산했던 읍루 사람들은 추운 기후에 대비하여 땅을 파서 집을 지어 사는 혈거 생활을 하였는데, 대가의 큰 집은 깊이가 9계단이나 되었으며 계단이 많을수록 좋다고 여겼다. 겨울철에는 몸에 돼지 기름을 몇 겹이나 발라 바람과 추위를 막았으며, 여름철에는 알몸에다 한 자 정도의 삼베 조각으로 앞뒤를 둘러 몸의 일부를 가렸다. 집 한가운데 화장실을 만들고 모여 살았는데, 이 때문에 외지 사람에게는 불결하다고 여겨졌다. 중국 사람의 입장에서 읍루는 동이 가운데 법도나 풍속에서 기강이 가장 낮은 사회로 평가되었다.

읍루 사람들은 용감하고 힘이 세었으며, 활을 잘 쏘는데 화살에는 독약을 발랐다. 읍루는 부여에 예속되어 세금을 부담했는데, 부여가 무거운 세금을 부과하자 반란을 일으켰다. 부여가 읍루를 거듭 정벌하였는데, 비록 읍루의 무리 수는 적었지만 험한 산 속에 거주하는데다가 독약을 바른 화살을 잘 쏘아 부여는 결코 읍루를 굴복시키지 못하였다. 읍루 사람들은 배를 타고 노략질하여서 이웃 나라에게 근심이 되었다.

예濊 역시 대군장이 없고 중국 한대 이래로 후侯·읍군邑君·삼로三老의 관직이 존재했다. 예는 중국 한대에 낙랑군의 통치를 받다가 결국 고구려에 복속되었다. 예의 노인들은 스스로 '고구려와 같은 종족'이라고 말하였다. 노인들의 말처럼 대체로 언어와 예절은 고구려와 같았는데 의복은 달랐다.

예의 사람들은 산천을 중요시하여, 산과 내마다 각기 구분이 있어 함부로 들어가지 않았다. 혹 부락을 함부로 침범하게 될 경우 그 책임으로 생구와 소·말을 내어야 했는데, 읍락공동체적 유제가 강고한 이러한 풍습을 '책화責禍'라 하였다. 책화 외의 형벌로, 사람을 죽였을 경우 죄인은 죽음으로 그 죄를 갚도록 하였다.

예 사람들의 성질은 조심스럽고 진실하며 욕심이 적고 염치가 있어서, 남에게 구걸하거나 도움을 청하지 않았으며 도둑질하는 자도 적었다. 그리고 동성끼리는 혼인하지 않았다.

예의 사람들은 삼베를 만들었고 누에를 쳐서 옷감을 얻었다. 구슬과 옥은 보물로 여기지 않았다. 낙랑의 단궁을 생산하였고 바다에서 반어의 가죽을 얻었으며, 육지에서는 과하마를 키웠는데 과하마는 중국 후한後漢의 환제桓帝 때 헌상하였다. 땅은 기름졌다. 또 무늬 있는 표범이 많았다.

예 사람들은 새벽에 별자리의 움직임을 관찰하여 그해의 풍흉을 미리 점쳤다. 10월에는 하늘에 제사를 지내는데, 밤낮으로 술을 마시며 노래를 부르고 춤을 추니 이를 '무천舞天'이라 하였다.

예는 남쪽으로 진한과, 북쪽으로 고구려·옥저와 접하였고, 동쪽으로 바다에 닿았다. 특히 단단대령 동쪽의 예를 일컬어 '동예東濊'라고 부른다.

이렇게 중국 동북 지역을 포함하는 한반도의 북쪽 지역에서는 한국사의 역사적 근간이 되는 여러 국가와 사회가 등장하여 존재했다. 그 가운데 부여나 고구려는 독자적인 국가로 발전하였고 사회통합 정도가 국가 수준에 미치지 못한 옥저·읍루·동예 사회는 읍락공동체의 형태로 존속하다가 최종에는 고구려의 공략에 의해 복속되었다.

점차 고고학 분야의 연구가 증가하면서 한반도 북쪽의 국가 및 사회의 모습과 그곳 사람들의 삶이 더욱 풍부하게 밝혀지고 있다. 기록이 채 남기지 못한 많은 모습들이 그렇게 서서히 드러나고 있는 것이다.

3) 한반도 남쪽의 삼한사회

삼한三韓의 성립에 앞서, 고조선이 발전하던 시기에 한반도 중부 일대에는 진국辰國이 자리하고 있었다. 자료가 부족하고 부정확하여 진국의 사회적 성격이 분명하지는 않지만, 기원전 2세기 무렵에는 고조선이 중계무역권을 독점하자 이에 반발한 진국은 중국과 직접 통교하려는 시도를 단행하기도 했다. 그러나 더 이상의 발전은 보이지 않고, 진국의 역사는 삼한의 역사 속에 묻히게 된다.

후기 청동기시대 문화와 연동하는 초기철기시대의 사회적 변동에 따라 기원전 1세기경에 삼한사회가 형성되기 시작했다. 이 사회적 변동은 철기문화의 유입과 확대가 이끌었다.

삼한은 백제와 신라, 가야의 씨앗을 배양했던 사회다. 삼한 시기에 영남 지방 내 각 지역에서는 '국'으로 불리는 정치체들이 존재했다. 이 국들은 각기 '마한'·'진한'·'변한(변진)'이라는 이름으로 특정한 상호관계를 이루고 있었다. 이 관계는 이후 변화하여 백제·신라·가야로 정립된다.

삼한은 마한·진한·변한의 3종으로 구분되며, 그 사회상은 크게 서쪽의 마한과 동쪽의 진한·변한으로 양분된다. 특히 진한과 변한은 역사적·문화적으로 특별한 공통성을 가진다.

마한馬韓의 범위는 한반도 중서남부, 곧 오늘날의 경기·충청·전라 지역에 이른다. 기원전 2세기 초에 위만이 고조선으로 들어가 집권하게 되면서, 이를 피한 준왕이 남쪽으로 도망해 들었던 곳이 한이었다. 이로 보면 마한은 이 사건이 있기 이전에 이미 성립된 역사공동체라고 할 수 있다. 준왕은 한으로 망명하여 거주하면서 '한왕韓王'이라 자칭하였다고 전한다.

마한의 권역에서 충청 지역은 비파형동검 단계에서 송국리문화의 중심 지역이었다. 이후 세형동검이 사용되었던 기원전 4세기 이후에는 충청 지역

부여 합송리 유적 출토 유물

뿐만 아니라 전라 지역도 중심 지역으로 부각되었다. 이들 지역의 발전은 마한이 형성되는 바탕이 되었다.

준왕이 남으로 이주했던 즈음인 기원전 200년 전후에 마한 일대에서는 한반도 서북 지역의 영향을 받아 주조철부 중심의 철기를 동반한 세형동검문화가 발달하였다. 충남 부여 합송리 유적·당진 소소리 유적, 전북 장수 남양리 유적·완주 갈동 유적 등이 문화상을 대표한다.

기원전 108년에 고조선이 멸망한 이후 영남 지역이 한반도 남부의 중심지로 부각되면서 마한은 상대적으로 쇠퇴하게 되었다. 이후 4세기 중엽 백제의 근초고왕(재위 346~375)이 정복 활동을 활발하게 추진하면서, 마한은 세력을 크게 잃고 소멸의 길로 접어들었다. 기록에 따르면 마한은 54개의 국으로 구성되었다. 이 가운데 하나가 백제국伯濟國이다. 이들 국 중에서 큰 국은 만여 가, 작은 국은 수천 가로 모두 10만여 호의 규모를 가졌다.

마한의 대표는 월지국月支國을 통치했던 진왕辰王이 맡았다. 국 각각에는 우두머리長帥가 있는데 세력이 큰 이는 신지臣智, 그 다음은 읍차邑借라 불렀다. 신지 가운데 일부를 간혹 우대하여 신운견지보臣雲遣支報, 안야축지安邪踧支, 분신리아불례濆臣離兒不例, 구야진지렴狗邪秦支廉의 칭호를 더해 불렀는데, 이들 칭호는 신지 가운데서도 특히 영향력이 강성한 이에게 더해졌던 것이다. 관명으로는 위솔선魏率善·읍군邑君·귀의후歸義侯·중랑장中郎將·도위都尉·백장伯長이 있었다.

마한 사람들은 토착민으로 산과 바다 사이에 흩어져 살았으며, 성곽을 짓지 않았다. 그들은 곡식을 심었고 누에고치와 뽕나무를 가꿀 줄 알았으며 비단포를 제작했다. 그들의 기강은 낮아서 여러 국의 도읍에 주수가 있어도 섞여 살던 읍락을 제대로 다스리지 못하였다.

그리고 마한 사람들은 문이 위쪽에 달린 초가의 토실을 만들어 살았다. 충남 공주 장선리 유적에서는 수십 기의 지하 토실이 발견되었는데, 지상에 세웠을 토실 주거지는 아니지만 마한 사람들이 실제로 공간을 이용했던 모습의 일면을 보여준다.

마한 사람들은 꿇어앉아 절을 하는 예나 장유와 남녀의 구별이 없었다. 또한 마한 사람들은 굳세고 용감한 성질을 지녔으며 날카로운 상투를 틀었다.

중국의 군과 먼 지역일수록 예속의 수준이 낮았다.

장례 때 관은 있으나 곽이 없는 무덤을 사용했으며, 소나 말도 탈 줄 몰랐기 때문에 모두 장례용으로 사용했다.

구슬을 귀히 여겨 옥의 장식이나 몸의 치장에 사용하였으며, 금·은과 수놓은 비단은 오히려 가볍게 여겼다.

해마다 5월에 파종을 마치고 10월에 추수를 끝낸 뒤 귀신에게 제사를 지냈다. 귀신을 믿었기 때문에 국읍에 한 사람씩의 천군天君을 세워 천신의 제사를 주관하게 하였다.

여러 나라에는 각각 별읍別邑이 있는데 그곳을 '소도蘇塗'라고 하였다. 여기에서는 방울과 북을 매단 큰 나무를 세우고 귀신을 섬겼다. 이곳으로 도망온 사람은 누구건 돌려보내지 않았으므로 도적질 하는 것을 좋아하게 되었다.

마한 사람들은 의책을 갖추어 입기를 좋아해서, 낙랑군·대방군 등에 가서 조알할 때 하호들도 빌려 입었으며, 인수를 차고 의책을 착용하는 사람이 천여 명이나 되었다.

진한辰韓은 마한의 동쪽, 오늘날의 경북 지역을 중심으로 형성되었다. 진한의 노인들은 그들의 선조가 중국 진의 고된 노역을 피하여 한으로 망명하였는데, 마한이 그들의 동쪽 땅을 나누어 주었다고 증언하였다. 진한 사람들은 낙랑 사람을 그들의 남아 있는 사람으로 일컬었다.

처음에는 6국이었다가 나중에 12국으로 나뉘어졌는데, 진한의 여러 국 가운데 하나가 신라의 모태인 사로국斯盧國이다. 마한과 다르게 진한에는 성책이있으며, 진한의 말도 마한과 다르고 오히려 진과 흡사하다고 전한다.

변한弁韓에 대한 기록은 진한보다 비교적 상세하게 남아 있다. 이는 진한보다 앞섰던 변한의 대외 교류 능력에 따른

경주 사리리 유적 130호분

결과일 것이다. 변한은 진한의 남쪽, 현재의 경남 지역을 중심으로 형성되었으며 후에 가야로 전개된다. 모두 12국으로 구성되었으며, 그 중에서 대국은 4천~5천 가, 소국은 6백~7백 가로 변한은 모두 4만에서 5만 가 정도의 규모를 가졌다.

변한은 변진弁辰으로 명명되고 있고, 변한의 12개 국이 진한의 12개 국과 뒤섞여 기록되어 있는 점으로 보아, 진한과 명확하게 구분되지 않는 사회성을 지녔다. 풍속에 관한 기록에서도 변진은 진한 사람들과 뒤섞여 살았다고 서술되어 있다.

변한의 12국은 진왕에게 신속되었다. 진왕은 항상 마한 사람을 왕으로 삼아 대대로 세습하였으며, 자립하여 왕이 되지는 못하였다. 마한의 제재를 받는 이유는 그들이 옮겨온 사람들이었기 때문이라 한다. 물론 변한의 12국에는 왕이 있었으며, 그들의 형체는 모두 장대했다.

변한에는 여러 작은 별읍이 있고 제각기 거수가 존재하였다. 거수는 그 세력의 크기대로 신지臣智, 험측險側, 번예樊濊, 살해殺奚, 읍차邑借의 순서로 구별되었다.

변한의 토지는 비옥하여 오곡과 벼를 심기에 적당하였다. 그리고 변한 사람들은 누에를 치고 뽕나무를 재배할 줄 알아 비단과 베를 짤 수 있었는데, 베는 폭이 넓고 고왔다. 특별히 '변한포'라는 베의 이름이 전한다. 또 변한 사람들은 마한 사람들과 달리 소와 말을 탈 줄 알았다.

변한의 국에서는 철이 나는데, 한과 예, 왜倭에서 모두 와서 취해갔다. 시장에서 매매는 모두 철로 이루어져, 마치 중국에서 돈을 쓰는 것과 같았다. 낙랑군과 대방군에도 철을 공급하였다.

변한의 법규와 관습은 특히 엄준하였다. 변한의 혼인 예법에는 남녀의 구분이 있었다. 길에서 만나는 사람들은 모두 길을 양보하였다. 의복은 청결하였다. 의복과 주택은 진한과 같았는데, 변한 사람들은 진한 사람들과 뒤섞여 살았고, 성곽도 있었다.

어릴 때부터 돌로 머리를 누르는 편두의 풍습 때문에, 진한(변진) 사람의 머리는 모두 납작하였다. 장발로 다녔으며, 왜와 가까운 지역이라 남녀는 문신을 하기도 하였다.

언어와 법속이 진한과 서로 비슷하지만 귀신에게 제사를 지내는 방식은 달라서 문의 서쪽에 감신을 모셨다. 그리고 큰 새의 깃털을 사용하여 장사를 지냈다.

변한 사람들은 노래하고 춤추며 술마시기를 좋아하였다. 변한에는 축과 같은 모양의 비파와 연주하는 음곡이 있었다. 싸움에서는 보전을 잘 했으며, 병장기는 마한과 같았다.

한편으로 진·변한의 형성 과정은 고고학적 문화 변동을 통해서 관찰할 수 있다. 기원전 3~2세기에 걸쳐 영남 지역에서 중국 동북 지역과 밀접한 관련이 있는 점토대토기문화 및 세형동검문화가 전개된다. 이러한 전개는 중국 동북 지역 및 한반도 서북 지역의 고조선과 관련된 사회변동의 결과이며, 진·변한 형성의 간접적인 배경이 되었다. 진·변한 형성의 직접적인 배경은 기원전 2세기 말에 낙랑군이 설치되는 과정에서, 고조선 계통의 유이민이 영남 지역으로 들어와 단조철기문화 중심의 선진 문화를 전달하면서 갖추어졌다.

이후 기원전 1세기대에 대구·경산·경주 및 김해·창원·함안·밀양 등 영남 각지에서 널무덤木棺墓이 무리를 이루어 조영되었다. 널무덤에서는 청동제 위신재 및 철기가 다량으로 출토되었다. 그리고 영남 지역 특유의 와질瓦質토기가 소성되었다. 이러한 문화적 양상은 당시 영남 지역에 청동기나 철기의 생산 및 교역, 외래 물품의 수입 등을 주도한 중심 세력이 존재하였고, 그들을 중심으로 지역 단위를 넘는 관계가 형성되어 있었음을 보여준다. 이때의 중심 세력들이 기록 속의 국을 대표하는 세력들이며, 중심 세력들이 서로 맺었던 관계 각각이 진한이자 변한인 것이다.

진한과 변한 내부의 여러 세력 사이에는 세력의 크기에 따라 우열의 질서가 유지되었던 것으로 기록되어 있다. 이는 무덤 속에 부장된 물품의 질과 양이 지역 내에서뿐만 아니라 지역 외에 걸쳐서도 차별적인 특징으로 드러난다. 이러한 특징은 그러한 물품의 수입·교역을 담당했던 세력이 주변 세력과 교역 및 재분배를 통해 어느 정도 불평등한 관계를 맺고 있었음을 보여준다.

2세기 말에 이르러 한과 예가 강성해졌다. 이 때문에 중국의 군현이 한반도의 여러 사회를 적절하게 통제하지 못하게 되면서, 많은 사람들이 한의 국으로 유입되었다. 이후에도 중국 군현의 성쇠에 따라 삼한의 일부 세력들은 군현과 직접 대결할 정도로 성장해나갔다. 이러한 성장의 흐름에서 성장 속도를 더욱 올릴 수 있었던 백제와 신라는 기존의 관계를 극복하고 마한과 진한을 대표하는 국가로 성장하게 되었다.

삼한 사람들의 삶의 모습은 부족한 역사 기록에 풍부한 고고 자료를 더할 때 더욱 자세하게 살펴볼 수 있다.

삼한 사람들이 살았던 주거지는 대부분 낮은 구릉이나 강변의 대지에 위치하고 있다. 그 형태를 보면, 중부 지역에서는 출입 시설이 있는 '呂'자형 또는 '凸'자형 주거지가 확인되며, 남부 지역에서는 별도의 출입 시설이 분명하지 않은 원형이나 방형의 주거지가 많다. 주거지의 구조를 보면, 약간의 땅을 파서 만든 움집이 대부분이다. 주거지의 내부에서 편평한 돌과 점토를 사용해 만든 화덕자리, 벽과 지붕을 지탱했던 기둥의 구멍이 확인된다.

주거지와 함께 조개더미도 삼한 사람들의 주요 생활 공간이었다. 삼한 사람들에게 조개더미는 생활쓰레기의 매립지로, 일상생활에서 사용했던 여러 가지의 도구, 꾸미개와 같은 인공물뿐만 아니라 식용한 동물의 뼈, 조개껍질 등의 자연물을 내버렸던 장소다. 오래 전부터 조개더미는 긴 시간에 걸친 사람들의 삶을 축적하고 있기 때문에, 조개더미가 형성된 당시의 환경과 생활을 복원하는 데 중요한 역할을 한다. 삼한의 조개더미 유적은 주로 부산 동래, 경남 김해·양산 등 낙동강 하류의 평야에 닿아 있는 낮은 구릉이나 전북 군산, 전남 해남·보성, 경남 고성·창원·사천, 제주도 등 바닷가에 형성되어 있다.

한편 제주 산지항 유적, 제주 금성리 패총, 전남 여수 거문도 유적, 전남 해남 군곡리 패총, 경남 창원 다호리 유적, 경남 김해 회현리 패총, 경남 사천 늑도 유적 등 한반도 남부의 해안 지역을 중심으로 반량전半兩錢, 오수전五銖錢과 같은 중국 동전이 발견되어 삼한 사회와 중국 사이의 교류가 증명되고 있다. 화폐는 비교적 주조 연대가 분명하기 때문에 유적의 연대, 함께 출토되는 유물의 연대를 추정하는 데 큰 도움을 준다.

삼한의 무덤은 주로 초기철기시대로부터 계승·발전된 널무덤, 독널무덤甕棺

墓이 만들어졌고 여기에 새롭게 덧널무덤木槨墓, 주구묘周溝墓 등이 추가되었다.

　남부 지역의 낙동강 유역을 중심으로 분포하고 있는 널무덤은 대구 평리동 유적, 경북 영천 어은동 유적과 용전동 유적·성주 예산리 유적·경주 조양동 유적, 경남 창원 다호리 유적·김해 양동리 유적·밀양 교동 유적 등에서 조사되었다. 이들 널무덤에서 여러 종류의 토기와 철제 무기를 비롯하여 중국 청동거울, 세발솥, 일본과 관계되는 투겁창 등의 외래 유물도 출토되어 당시의 사회상황을 짐작케 한다.

　널무덤의 외곽에 도랑을 돌려 파서 완성하는 주구묘는 충북 청주 송절동 유적, 충남 천안 청당동 유적·공주 하봉리 유적·서천 오석리 유적과 당정리 유적·보령 관창리 유적, 전북 익산 영등동 유적·고창 만동 유적, 전남 함평 만가촌 유적 등에서 확인되었다. 이렇게 대부분의 무덤이 중서부 지역에 편중되어 있을 만큼 주구묘는 지역성이 강한 무덤 유형이다.

　한편 임진강 유역의 경기 연천 학곡리 유적과 삼곶리 유적, 한강 유역의 강원 춘천 중도 유적·경기 양평 문호리 유적·충북 제천 양평리 유적에서는 한반도 북쪽 지역의 전통적인 무덤 형태인 돌무지무덤積石塚이 만들어지기도 했다.

　덧널무덤은 삼한의 늦은 시기에 나타나 점차 발전하면서 삼국시대 전반까지 널리 유행하였다. 덧널무덤은 주로 산기슭이나 구릉이 끝나는 곳과 연결된 대지 위에 만들어지는데, 널무덤에 비하여 일반적으로 무덤의 규모가 크고 토기나 철기와 같은 부장 유물의 수량이 많으며 그 내용도 화려하다. 이러한 특징은 널무덤 단계와 비교할 때, 보다 발전된 사회의 정치·경제적 수준과 더욱 향상된 핵심 지배자의 능력과 권위를 보여준다.

　삼한의 여러 지역에서는 독널무덤도 만들어졌다. 독널무덤은 큰 독을 널로 사용한 무덤으로, 그 자체가 무덤이면서도 대부분의 독널은 중심 무덤에 부속되는 용도로 만들어졌다. 서울 몽촌토성, 전북 부안 당하리 유적·고창 신원리 유적, 광주 신창동 유적, 전남 영암 선황리 유적, 대구 팔당동 유적, 경북 경주 조양동 유적, 경남 창원 삼동동 유적 등에서 발견된 독널무덤이 대표적이다.

　철기 생산의 발달은 삼한사회가 발전하는 데 크게 기여했다. 한반도에서 철기가 처음으로 사용된 시기는 기원전 3세기경이다. 이때 중국 연의 철기문화의 영향을 받아 압록강 유역과 한반도 서북 지역에서 철기가 사용되기 시작했다. 이 시기에는 주조 기법에 의해 만들어진 호미·괭이·낫·도끼 등의 농공구류가 주로 사용되었다.

기원전 2세기경부터 철기를 자체 제작하고 단조 기법도 응용하게 되었다. 이러한 생산 기술의 발달에 힘입어 철기의 제작과 사용이 전국적으로 확산되었다.

기원전 1세기경에 중국 한의 철기 제작 기술이 보급되면서, 농공구류 외에 칼·투겁창·화살촉 등의 무기류가 다양하게 제작되었고 말갖춤이 등장하였다. 이 시기에 한반도 남부의 삼한사회에서도 철기가 활발하게 생산되었다. 주조 기법으로 제작된 철기와 단조 기법으로 제작된 철기가 모두 출토된 경남 창원 다호리 유적의 사례는 당시의 철기 제작 기술이 상당한 수준에 이르렀음을 보여준다.

제작 기술의 발달을 배경으로 철기가 본격적으로 생산되면서, 더 많은 지역의 사람들이 철기를 사용하였고 낙랑과 왜 등 주변 지역으로 수출하였다. 뿐만 아니라 철기 생산의 발달은 농업 및 토기 생산력의 발달을 이끌어내는 등 사회 전반에 미치는 커다란 변화를 일으켰다. 이러한 변화 과정에서 철기 생산과 유통 능력을 독점한 집단들은 자신을 중심으로 사회통합을 추진하였다. 그 결과 철기 생산의 발달을 배경으로 이루어진 삼한사회의 발전 속에서 강력한 정치체가 등장하여, 이들이 새로운 발전을 주도하면서 삼한사회를 해체시켜 나갔다.

삼한의 사람들은 민무늬토기를 계속 사용하는 한편, 새로운 토기 제작 기술을 도입하여 연질軟質토기와 와질토기를 만들기 시작했다. 새롭게 만들어진 토기들은 굴가마에서 구워졌다. 굴가마는 외부와 차단된 구조를 갖는데, 구조상 높은 온도를 얻고 유지할 수 있어 토기가 단단하며, 산소를 차단하고 환원염을 활용하므로 토기는 회색의 색깔을 낸다. 토기를 제작하는 사람들은 굽는 과정에서 토기의 형태가 변형되지 않도록, 소성 전에 나무나 흙으로 만든 방망이로 토기 표면을 두드려 바탕흙 속의 공기를 빼내고 그릇의 벽을 다듬었다. 이 과정에서 방망이를 감고 있던 실이나 줄의 자국이 그릇 표면에 생기기도 하는데, 두드릴 때 생긴 무늬라 하여 '타날打捺무늬'라고 부른다.

연질토기는 민무늬토기와 마찬가지로 한데가마에서 굽거나 입구를 개방한 상태의 굴가마에서 구워졌다. 가마의 구조상 산화염을 활용하므로 다수는 갈색 계통의 색깔을 띠지만, 일부는 회색을 띠기도 한다. 연질토기의 형태는 항아리·독·굽다리접시·시루·솥·쟁반 등 다양하다. 연질토기는 무덤의 부장품으로 사용한 경우도 있지만 대부분은 주거지와 조개더미에서 출토되어 주로 생활용 토기로 사용되었음을 알 수 있다.

영남 지역을 중심으로 출토되고 있는 연질의 회색토기인 와질토기는 기원전 1세기대부터 성행하기 시작하였다. 일반적으로 굴가마에서 환원염을 활용하여 소성한 와질토기의 색깔은 회색 계통을 띤다. 와질토기의 형태로는 앞선 시기의 민무늬토기에서 변화한 것들이 많으며, 새로운 형태의 토기도 등장한다. 토기의 종류는 시기에 따라 크게 두 부류로 구분되는데, 고식은 주머니단지·쇠뿔손잡이항아리·타날문단지·보시기가 기본 구성이며, 신식은 화로모양토기·받침달린단지·굽다리항아리·굽다리접시·오리모양토기가 대표적이다. 이러한 와질토기들은 대부분 무덤에 부장하기 위해 제작된 것으로 추정된다.

경질硬質토기는 삼한의 늦은 시기에 만들어지기 시작하여, 삼국시대에 들어서는 제작이 보편화된다. 굴가마에서 1000℃ 이상의 높은 온도로 구워낸 회청색 경질토기는 재질이 매우 단단하여 실제 사용하기에도 뛰어난 기능을 갖는다.

토기 가운데 새모양 토기는 당시 사람들이 스스로 지녔던 새에 대한 관념을 반영한 그릇이다. 이러한 관념은 아주 오래 전의 시간으로부터 전승되어 온 사유로, 사람들은 새를 영혼의 전달자로 여겼다. 3세기경에 한반도 남부의 진한·변한 지역에서는 오리나 부엉이 등을 형상화한 토기를 만들어 무덤 속에 넣었다. 그리고 마한 지역에서는 새의 모습을 간략하게 표현한 새모양 토기를 만들어 무덤이나 생활 유적 속에 묻었다. 토기의 속은 비어 있으며, 토기의 앞뒤 혹은 꼬리 부분에는 구멍이 있는데, 이러한 구조는 액체를 따르는 기능과 연관되므로 장례와 관계된 제의에 사용되었을 가능성이 높다. 아울러 진한·변한 지역에 포함되는 경북 포항 옥성리 유적과 경주 사라리 유적의 무덤에는 목이 잘린 오리모양토기가, 부산 복천동 유적의 무덤에는 잘린 머리만 부장되었는데, 이러한 사례 역시 새모양토기가 제의와 관계가 깊다는 사실을 보여준다.

삼한 사람들은 토기와 철기 이외에 목기와 칠기 등의 생활용품을 활발하게 제작하였다. 광주 신창동·경북 경산 임당의 저습지 유적에서는 다수의 목기가 발견되었다. 목기의 종류는 불을 피우는 나무도구, 문짝, 칼, 괭이, 절구공이, 신발골, 수레바퀴, 악기 등 매우 다양하다. 목기의 다양한 종류를 통해 당시 목기의 사용 수준을 알 수 있다. 경남 창원 다호리 유적에서는 고배·항아리·상자 등의 용기류, 칼집·투겁창·활·화살 등의 무기류, 도끼자루·자귀자루 등의 공구류를 비롯하여 붓, 부채자루 등의 생활용품에 이르기까지 폭넓게 옻칠이 사용된 증거들이 발견되었다.

옻칠은 도구나 물품의 표면을 아름답게 장식하는 효과를 낼 뿐만 아니라 물이나 습기의 침투를 막고 부식을 억제하며 높은 열을 견딜 수 있는 보호 기능을 높인다. 그러나 옻칠의 원료인 옻나무의 재배지가 제한적이고, 높은 수준의 제작 기술이 필요하므로 칠제품의 종류는 광범위하지만 그 사용은 일부 계층으로 한정되었을 가능성이 높다.

삼한의 풍속을 정리한 기록에 따르면, 삼한 사람들은 금·은보다 구슬을 더욱 가치 있게 여겼다. 기록을 실증하듯 삼한의 무덤과 주거지에서는 벽옥·수정·활석·유리·마노 등 다양한 종류의 구슬로 만든 장신구가 발견된다. 장신구를 제작하는 데 사용하는 거푸집도 확인되는데, 강원 춘천 중도 유적, 경기 하남 미사리 유적, 전남 해남 군곡리 유적, 경북 경주 황성동 유적 등에서 유리구슬 거푸집이 발견되었다. 해남 군곡리 유적에서는 곱은곡 거푸집도 출토되었다. 거푸집의 발견은 장신구를 자체 제작했다는 사실을 증명한다. 유리 제품을 제작하는 기술은 철기를 제작하는 기술과 함께 중국 한이나 낙랑군을 통해 들어온 것으로 추정된다.

주로 조개더미에서 출토되는 뼈연모는 동물의 뼈나 뿔을 이용하여 칼자

루·송곳·바늘·낚시·화살촉·뒤꽂이·점뼈 등으로 완성된 도구를 말한다. 이 가운데 사슴의 뿔을 사용해 만든 자루에 철로 만든 날을 끼운 칼은 대부분의 조개더미에서 대량으로 출토되고 있어, 사슴뿔자루칼이 당시 주요 생활도구였음을 보여준다. 특히 경남 사천 늑도 유적에서 발견된 사슴뿔자루칼은 일본 이키 섬壹岐島의 하루노쓰지原の辻 유적에서 출토된 것과 형태가 매우 흡사하여, 당시 양안 사이에 이루어졌던 교류를 짐작할 수 있다. 전남 해남 군곡리 유적과 경남 창원 성산 유적에서는 머리꾸미개인 뒤꽂이가 출토되었다.

뼈연모 중에서 점뼈는 전북 군산 남전 유적, 전남 해남 군곡리 유적, 경남 김해 부원동·회현동 유적, 부산 조도·낙민동 유적과 같은 조개더미 유적에서 주로 발견되었다. 점뼈는 사람들의 평화롭고 풍요로운 삶의 지속과 관계된 농경·전쟁·항해 등의 과정에서 풍흉과 길흉을 예측하는 데 활용되었다. 점뼈는 한반도 외에 중국의 동북 지역과 일본의 규슈 지역에서도 발견되어, 풍습의 범위와 전파 경로를 추정할 수 있다.

참고문헌

한국역사연구회, 1989, 《한국사강의》, 한울아카데미
국립중앙박물관·국립광주박물관, 1992, 《한국의 청동기문화》, 범우사
한국역사연구회, 1992, 《한국역사》, 역사비평사
국립중앙박물관, 1993, 《한국의 선·원사토기》
한국생활사박물관 편찬위원회, 2000, 《한국생활사박물관 1(선사생활관)》, 사계절
한국생활사박물관 편찬위원회, 2000, 《한국생활사박물관 2(고조선생활관)》, 사계절
국립중앙박물관, 2001, 《낙랑》
연세대학교박물관, 2001, 《한국의 구석기》, 연세대학교출판부
국립김해박물관, 2003, 《변진한의 여명》
복천박물관, 2003, 《기술의 발견》
이건무·조현종, 2003, 《선사 유물과 유적》, 솔출판사
고구려연구재단 편, 2004, 《고조선·단군·부여》, 고구려연구재단
동삼동패총전시관, 2004, 《신석기시대의 토기문화》
국립김해박물관, 2005, 《전환기의 선사토기》
국립대구박물관, 2005, 《머나먼 진화의 여정, 사람과 돌》
국립중앙박물관, 2005 《국립중앙박물관》
한국고고학회, 2007, 《한국고고학강의》, 사회평론
한국사연구회 편, 2008, 《새로운 한국사 길잡이(上)》, 지식산업사

2부
국가의 형성과 발전

개 관

북쪽의 국가와 사회에서 고구려高句麗의 성장세를, 남쪽의 삼한사회에서 백제百濟와 신라新羅의 성장세를 막을 수 있는 정치체는 없었다. 그 많던 정치체들이 고구려와 백제, 신라가 발전할 수 있었던 바탕이 된 시공간의 여명에 존재하다 사라졌다.

사회의 발전 수준이 불균형한 가운데서도 단연 고구려와 백제, 신라가 돋보일 수 있었던 것은 그들이 지닌 우월한 통합 능력 때문이었다. 역사의 대결에서 승리한 그들이라고 하지만, 이른 시기부터 그들은 연합하여 핵심 집단을 형성했고 이를 바탕으로 오랜 시간에 걸쳐 영향력을 발휘하여 주변 지역의 세력들을 서서히 지배해 나가기 시작했다.

삼국을 중심으로 전쟁과 복속을 통해 주변 세력들이 통합되고 생산력의 발전이 집중되는 과정에서, 국왕을 정점으로 하는 정치권력의 집중이 이루어지고 권력구조가 제도를 통해 정형화되며, 흩어져 있던 이념이 불교로 일원화되면서 집권체제가 완성되었다. 이러한 과정이 진행되면서 삼국, 그리고 가야加耶는 서로를 만나 경계를 서서히 이루어 나갔다.

처음에 그들은 단순히 승리하기 위해 대결에 힘썼다. 그러나 점차 통합의 관성이 발휘되면서 한층 더 높은 단계의 통합을 이루기 위해 치열하게 대결했고 최종에 신라가 승리하여 통일을 이루었다.

가야는 조금 특별하다. 삼국과 단순히 견줄 수 없을 만큼, 하나의 국가로 인정하기 어려운 존재다. 조금 더 발전된 변한이랄까. 가야는 주요 지역 세력 간의 역사적 연대에 가까웠으며, 통합의 강도는 삼국에 미치지 못했다. 이 때문에 대외정세에 민감하게 반응하여 조금씩 일부를 잃다가 마침내 관계의 전부가 와해되는 종말을 맞았다.

통일은 신라가 완성했다. 그러나 통일이라는 기회에도 불구하고 진골귀족이 중심이 되어 골품의 상하와 관등의 질서를 엄격하게 수구하였다. 이는 결국 구조적 모순으로 이어졌다. 그렇게 통일 이후에도 신라의 보수적인 사회질서가 매우 강고했기 때문에, 신라의 통일은 완전한 융합에 이르지 못하고 단순한 결합에 머무르고 말았다. 결국 통일은 의미를 잃고 신라 속에서 다시 고구려와 백제가 일어났다. 다시 삼국이 정립된 것이다. 그리고 진골귀족들이 권력 쟁탈과 경제력 다툼에 빠져 있는 사이에, 여러 세력들이 신라를 향해 반기를 들었다. 신라에서, 신라를 벗어난 고구려와 백제 그리고 신라에 반기를 든 세력을 제외하고 나면, 정치적으로 경주만 홀로 남는 상황이 전개되었다. 곧 경주 사로국에서 일어난 신라가 다시 경주로 돌아가는 운명을 맞은 것이다. 마침내 신라는 신라의 모순으로부터 탄생한 고려를 스스로 맞이하면서 약 천 년의 역사를 마감하였다.

1. 삼국의 사회상과 역사성

1) 고대 국가의 건국 신화

한국사에서 국가의 건국은 대부분 외부에서 사회 중심으로 이동해 들어온 집단에 의해 이루어졌다. 이러한 역사는 고조선에서 시작되었고 삼국을 이룬 고구려와 백제와 신라도 그러했다.

새로운 집단이 들어와 자기 기반을 확보하는 과정에서 기존 세력과 자리다툼·세력다툼이 일어났다. 그리고 이 다툼에 의해 지배와 예속의 사회적 관계가 발생하였다.

실제 다툼의 과정은 신화의 내용과 달리 치열했을 것이다. 치열한 다툼을 통해 강력한 세력을 지니게 된 집단은 연이어 여러 집단을 통합하였고, 통합 속에서 권력의 불평등을 제도화하였다. 이 과정에서 지배 권력을 소유한 집단은 피지배 집단에게 자신들의 지배가 왜 정당한지 건국 신화를 통해 이념적으로 설명하였다.

지배 집단은 신화 속에서 자신들의 시조나 집단의 영웅을 신격화하고 역사적 사실을 넘는 신화적 진실을 덧붙인 후 이를 크게 알리고 널리 전승하였다.

이러한 측면에서 신화는 지배 집단의 권력과 권위를 지지하는 상징의 논리로 기능한다.

지배 집단은 신화의 논리에 따라 지배의 정당성을 강조했고 사회구성원들은 신화의 목적에 의식적으로 호응했다. 이렇게 신화는 사회구성원들의 정서와 의식을 일체화하는 이념적 기능도 담당했다.

건국 신화의 성격과 지향은 국가를 건국한 집단뿐만 아니라 권력을 쟁탈한 집단에 의해서도 구현되었다. 지배 권력이 교체된 경우에도 새롭게 등장한 지배 집단의 신화가 건국 신화 혹은 건국 집단과 결합되면서, 신화의 이념적 기능은 계속 유지되었다. 탈해 신화와 알지 신화는 그 대표적인 예다.

시간의 흐름에 따라 또는 새로운 왕조의 등장으로 인해 이전 사회의 신화의 이념적 기능이 점차 약화되어 가도 신화의 역사적 의미는 약화되지 않고 전승되었다. 따라서 신화 그 자체의 사실성보다 신화의 진실성, 곧 신화의 역사적 의미에 초점을 맞추어 건국 신화를 읽을 수 있다면, 상징으로 가려진 역사 속 당시 사람들의 의식과 경험을 제대로 복원할 수 있을 것이다. 특히 건국 신화는 한 국가의 시공간적 출발점을 품어 지닌다는 점에서, 건국 신화에 담긴 상징과 역사의 두터운 겹들을 조심스럽게 걷어가며 그 속에 살아 숨쉬는 의미를 발견할 수 있는 힘이 더욱 필요하다.

2) 천하의 중심 고구려

고구려의 역사는 현재까지 전하는 기록에 근거하여, 주로 왕권과 중앙의 정치구조를 중심으로 연구되어 왔다. 더불어 고구려의 무덤 벽화는 기록이 선명하게 설명하지 못하는 고구려 사람들의 삶과 문화를 구체적으로 파악할 수 있게 하였다. 우리가 백제나 신라의 사람들보다 고구려 사람들의 모습에 더욱 친숙한 이유가 바로 여기에 있다.

고구려는 압록강 중류 유역에서 일어나, 점차 주변 지역을 통합하면서 발전했다. 그 발전 과정은 나집단에서 출발하여 나국으로, 다시 나국 연맹을 거쳐 중앙집권 국가에 이르는 흐름으로 압축된다. 독립적인 단위 정치체인 나국, 곧 나부는 고구려 초기부터 핵심 정치집단으로 기능한 5부를 구성하는

고구려의 세금　고구려에서는 사람을 조세 기준으로 설정하고 세금을 부과하는 방식인 인두세人頭稅를 수취 형태로 운용했다. 고구려는 토지의 생산성이 낮았기 때문에 인정을 기준으로 조세와 공부를 합쳐 세금의 양을 부과하였는데, 대개 1년에 베 5필과 곡식 5석을 거두었다. 특히 고구려는 산간 지방이 많아 쌀을 수취했던 신라나 백제와는 달리 좁쌀을 수취했다. 그리고 별도로 가호의 경제력에 따라 3등급으로 나누어 호세를 부과하였다. 수공업이나 광업에 조사하는 사람들은 생산물로 납세할 수 있었다. 다종족국가인 고구려의 변방에는 말갈족이나 거란족 같은 상당수의 수렵·유목민이 거주하고 있었다. 이들은 10명이 3년마다 가는 실로 짠 고운 베 한 필만 납세하였다. 이들은 외부 세력과의 대결에서 효과적인 역할을 담당하였으므로, 전쟁에 동원하거나 부역에 참여시키는 방식으로 세금을 부과하기도 했다.

요소다. 고구려는 이 5부의 연맹을 중심으로 영역을 확대하고 성장했다.

영역의 확대 과정에서 발생한 전쟁을 통해 예를 들면 대무신왕大武神王(재위 18~44) 때는 부여 및 최리崔理의 낙랑을 정복하고, 태조왕太祖王(재위 53~146) 때는 옥저와 동예를 정복하고 청천강 유역을 장악하는 과정에서, 권력은 국왕에게 집중되었다. 아울러 태조왕대에 계루부 고씨高氏가 왕위를 독점한 이후, 고국천왕故國川王(재위 179~197) 때 왕위의 부자 세습이 확립되면서 국왕권이 신장되었다. 이러한 성장을 바탕으로 5부의 위상이 조정되어 고유 명칭의 5부가 방위 명칭의 5부로 개편되면서, 부의 독자성이 약화되고 국왕을 정점으로 하는 집권화가 진전되었다. 이 과정에서 연맹의 각 집단 지배자들은 독립성을 상실하고 중앙의 귀족이 되었으며, 국왕의 통치력은 진대법賑貸法 등의 제도를 통해 국가의 공민에게 직접 미치게 되었다. 사회구성원들은 제도의 규정에 따라 국왕 중심의 국가를 대상으로 세금과 노동력을 납부했다. 고대사회의 지배방식은 국가의 직접적인 인신 지배가 기본 형태인 만큼, 사람을 기준으로 세금이 책정되었다. 이는 토지를 매개로 인간과 사회의 여러 관계가 설정되었던 중세사회와는 질적으로 다른 모습이다.

3세기부터 고구려는 더욱 적극적으로 영역을 확대해 나갔다. 그 결과 3세기 전반 동천왕東川王(재위 227~248) 때 고구려는 압록강 하류를 장악했고, 4세기 전반 미천왕美川王(재위 300~331) 때는 낙랑군과 대방군을 축출하고 대동강 유역을 확보했다.

소수림왕小獸林王(재위 371~384)은 불교를 공인하고 태학을 설립하며 율령을 정립하는 일련의 개혁 조치를 통해 집권체제를 완성했다. 이렇게 완성된 체제는 광개토왕廣開土王(재위 391~412)과 장수왕長壽王(재위 413~491)이 고구려의 전성기를 전개하는 데 중요한 기반이 되었다. 광개토왕은 북으로 요동 지역을 포함한 동북아시아의 상당 지역을 영역화하였고 남으로는 백제를 꺾고 한강 이북을 확보하였다.

당시 고구려와 대결하였던 백제는 대결 과정에서 경쟁력을 확보하기 위하여 중국과의 외교 관계를 강화했다. 이때 가야는 중국과 외교 관계를 갖기 위해 백제와 협력하였다. 그리고 왜는 이전부터 계속된 가야와의 협력 관계를 유지하고 있었다. 그 결과 백제-가야-중국-왜를 연결하는 외교 관계가 구축되었다. 이러한 협력 구도에 대응하여 고구려와 신라가 서로 공조하였다. 한때 신라는 백제와 가야로부터 왜를 분리하고자 왜에 외교 사절을 파견하여 설득하려 했으나, 왜는 오히려 신라 사절을 볼모로 삼고 신라를 대규모로 공격하였다.

이 때문에 광개토왕은 400년(광개토왕 10)에 5만의 대군으로 남정하여 신라를 공격한 왜에 반격한 뒤, 가야를 강하게 공략하였다. 결국 고구려의 공략에 의해 김해 중심의 가야는 결정적인 타격을 입었고, 이를 계기로 기존의 세력 구도가 재구성되었다.

남정을 포함하여 수많은 공적을 쌓은 광개토왕의 활약은 집안에 위치한 광개토왕릉비에 기록되어 있다. 1,775자의 글자가 새겨진 비문은 크게 세 가지 내용으로 구성되었는데, 첫 번째 내용은 고구려의 건국 과정과 신화 및 추모왕鄒牟王·유류왕儒留王·대주류왕大朱留王 3대의 왕위 계승과 광개토왕의 일생을

광개토왕릉비 제1면

담고 있다. 두 번째 내용은 광개토왕 재위 기간에 이루어진 정복 활동을 기록하고 있다. 세 번째 내용은 수묘인연호守墓人煙戶, 즉 능비를 지키는 수묘인의 숫자와 출신지, 그와 관계된 법령을 서술하고 있다. 이들 내용을 통해 광개토왕대에 확장된 영토의 범위, 5세기 고구려의 천하인식, 그리고 삼국 및 왜와의 국제 관계 등에 관한 풍부한 이해가 가능하다.

당시 고구려와 신라 사이의 정치적 관계를 보여주는 동시에, 광개토왕의 흔적을 간직한 증거로 경주 호우총에서 출토된 청동합이 있다. 호우총은 신라의 최상위 지배층의 무덤으로 추정되는데, 여기서 발견된 청동합은 고구려의 것이다. 그릇 바닥에 '을묘년국강상광개토지호태왕호우십乙卯年國岡上廣開土地好太王壺杅十'이라는 글자가 광개토왕릉비와 같은 예서체로 표현되어 있다. '을묘년'은 광개토왕의 장례를 치른 다음 해인 415년(장수왕 3)으로 판단되므로 이 그릇은 광개토왕을 장사지낸 1년 뒤에 신라의 사신이 고구려로부터 받아온 것으로 추측된다. 곧 호우총 출토 청동합은 당시 고구려와 신라 사이의 정치적 복속관계를 상징한다.

광개토왕을 이어 즉위한 장수왕은 당시 중국의 정세가 남북조의 구도로 고정되자, 이 구도를 이용하여 효과적인 외교 입장을 유지하면서, 427년(장수왕 15)에 수도를 집안의 국내성에서 평양으로 옮겼다. 이때 단행한 천도는 한강 유역의 확보가 주요 목적이었던 남하정책의 선상에 위치한 정책이었다. 한강 유역은 이 지역을 확보하기 위한 삼국 간의 치열한 경쟁이 계속되었던 지리적 요충지다. 장수왕이 적극적으로 남하정책을 실행하자, 신라와 백제는 이에 맞서 433년(장수왕 21)에 동맹을 맺어 고구려의 남하에 공동으로 대응했다. 고구려는 천도를 계기로 475년(장수왕 63)에 백제 수도인 한성을 함락하고 6세기 중반까지 한강 유역을 차지하였다. 고구려의 한성 함락으로 백제는 개로왕이 사망했고 한성에서 웅진으로 천도하게 되었다.

이 시기 고구려가 한강 유역을 차지하고 이 유역을 지배했던 양상과 방식은 한강 북안의 아차산과 용마산을 중심으로 그 봉우리에 이어 일정한 간격을 두고 축조된 고구려 보루들을 통해 파악된다. 지금까지 약 20여 개가 발견된 보루들은 한강을 따라 선형으로 연결되어 있다. 보루와 성으로 구축된 고구려의 한강 방어 체제는 한강의 양 방향으로 서쪽으로는 경기 파주·연천, 동쪽으로는 충북 충주에서 이남의 대전까지 연결된다.

보루의 구조를 보면, 산 능선에 위치한 작은 봉우리를 토대로 외곽에 원형 또는 장타원형의 석축 성벽을 설치하고 내부에는 막사, 온돌, 대장간, 저수 시설, 및 배수 시설 등을 갖추었다. 이들 보루에서는 토기, 철제 무기 및 농기구 등 많은 유물이 출토되어, 고구려의 남쪽 최전선에 위치했던 군사 시설의 성격과 전투 및 생존 능력을 파악할 수 있다.

한강 유역의 점령을 발판으로 고구려가 한반도 중원 지역까지 진출하게 된 양상은 충북 충주에 위치한 중원고구려비가 입증하고 있다. 건립 연대에 대해서는 여러 의견이 분분한데, 가장 유력한 연대는 449년(장수왕 37)이다. 비는 고구려의 남하 범위, 비가 건립된 단계에서의 고구려와 신라의 정치질서, 고구려의 천하관 등을 증언하고 있다.

고구려가 백제 한성을 공격할 때, 백제와 동맹 관계에 있던 신라는 백제를 돕기 위해 1만 명의 구원군을 파견했다. 이에 고구려는 신라를 직접 겨냥하여 481년(장수왕 69)에 신라를 공격해서 7성을 점령하고 미질부(흥해)까지 진출하여 신라를 위협하였다. 이때에는 백제가 신라를 도와 고구려의 위협을 방어하였다. 이어서 493년(문자명왕文咨明王 2)에 백제 동성왕(재위 479~501)이 신라 이벌찬 비지의 딸과 혼인하게 되면서, 고구려에 대항했던 두 국가의 동맹 관계는 더욱 공고해졌다. 이렇게 강화된 결속은 551년(양원왕陽原王 7)에 연합군을 구성하여 고구려를 공격하고 한강 유역을 빼앗는 수준까지 진전되었다. 그러나 553년(양원왕 9) 신라 진흥왕이 백제의 한강 하류 지역을 점령하고 신주를 설치하면서 두 국가 사이의 동맹은 파기되고 백제와 신라는 적대적인 관계로 돌아섰다.

6세기 후반 신라가 한강 유역을 차지하면서 삼국의 대립은 극에 이르렀고 삼국을 둘러싼 대결 관계는 한반도를 넘어 새로운 국제 관계로 연장되었다. 특히 589년 수隋가 중국을 통일하고 고구려에 대한 공격을 시도한 이후, 돌궐·고구려·백제·왜를 잇는 협력 관계와 수에서 당唐·신라를 잇는 협력 관계가 전면 충돌하였다.

신라에 의해 한강 유역을 상실한 고구려는 이 지역을 다시 탈환하기 위해 노력했고, 590년(영양왕嬰陽王 1) 온달溫達을 내세워 신라를 공격했으나 온달이 아단성에서 전사하면서 탈환의 기회를 다시 갖지 못했다.

612년(영양왕 23)에는 수의 양제煬帝가 총동원령을 내리고 5년 동안 전쟁을 준비하여 고구려를 공격했다. 이에 고구려는 청야수성의 전략을 기초로 대항하였다. 고구려는 요동성에서 장기간에 걸쳐 수의 군대에 대항한 후 이들을 평양성으로 유인하였고 을지문덕乙支文德이 살수에서 총공격하여 수의 군대를 섬멸하였다. 그러나 이러한 저력은 수를 이어 건국된 당과의 대립 및 고구려 지배층의 내분으로 오래 지속되지 못했다. 지배층은 특히 당에 대한 태도에서 연개소문淵蓋蘇文 중심의 강경파와 영류왕榮留王으로 대표되는 온건파로 나뉘어 명확히 대립했다. 당에 대한 강경 노선을 기조로 당의 침략에 대비하여 16년간의 축성 공사를 거쳐 천리장성이 완공되자, 642년(영류왕 25) 연개소문은 영류왕을 살해하고 권력을 장악한 뒤 보장왕寶藏王을 즉위시켰다.

이후 645년(보장왕 4)에 당 태종이 15만의 대군을 이끌고 고구려를 공격하였다. 당의 군대는 요동성과 백암성 전투에서 승리한 후 계속 진격하였으나 안시성 점령에 실패하여 회군하고 말았다. 결과적으로 고구려와의 전쟁에서 실패한 당과 고구려와의 외교 관계 수립에 실패한 신라의 이해관계가 서로 일치하여, 신라와 당 사이에는 군사 동맹이 성립되었다. 이를 계기로 구성된 나당 연합군이 660년에 백제를 멸망시킨 데 이어 고구려를 공격하여, 고구려는 668년(보장왕 27)에 멸망하고 역사의 뒤안길로 사라졌다. 이때 고구려 공격에 앞장선 인물이 지배 권력의 계승 구도에서 밀려난 연개소문의 아들 남생男生이었다는 사실은 고구려 멸망의 역설적인 모습을 보여준다.

고구려 역사의 흐름은 멸망과 함께 중단되었지만, 무덤과 벽화를 중심으로 강고하게 남은 고구려 문화는 고구려사회의 특징을 생생하게 전하고 있다.

고구려는 압록강 유역에서 일어나 점차 주변 지역을 아우르면서 삼국 가운데 가장 먼저 집권 국가의 체제를 갖추었고 동아시아의 강국으로 존속했다. 이 과정에서 고구려는 고유한 문화를 유지하면서도 영역 확장과 교류를 통해 새롭게 만난 중국·서역·북방의 외래문화를 적극적으로 수용하여 역동적이고 실용적인 문화를 창출했다. 이렇게 완성된 고구려 문화는 무덤 벽화를 중심으로 생생하게 남아 있다.

고구려의 건축은 궁궐과 성곽, 절터와 무덤 등에서 그 면모가 확인된다. 웅장한 성벽과 거대한 규모의 집터, 주춧돌 및 기와 등의 건축 재료들은 높은 수준의 건축 능력과 기술을 보여준다. 특히 고구려 건축은 무덤 벽화 속의 그림들을 통해서도 확인된다. 벽화 속의 건축물들은 대체로 왕족이나 귀족 전용의 저택으로 파악되는데, 주인이 거주하는 안채를 비롯하여 부엌, 고깃간, 외양간, 차고 등 다양한 부속 건물과 그 형태들은 고구려 건축의 구조와 모습, 건축 기술을 명확히 드러내고 있다. 아울러 왕릉으로 비정되는 장군총·태왕릉 같은 큰 규모의 계단식 돌무지무덤의 상부에서 기와를 올린 구조물이 위치한 흔적이 발견되어, 고구려 무덤 건축의 특징을 추정할 수 있다.

고구려는 중국의 기와 제작 기술로부터 영향을 받아, 삼국 가운데 가장 먼저 기와를 제작·사용하였고 신라와 백제에도 영향을 주어, 고대 기와의 제작과 발전에 크게 기여하였다. 고구려 기와는 대체로 선이 굵고 날카로우며 도드라지는 문양의 특성을 가지고 있다. 4세기 후반에 불교가 전래·공인되면서 연꽃무늬가 출현하여 수막새를 중심으로 유행했고, 평양 천도 이후에는 연꽃무늬 외에 넝쿨무늬, 짐승얼굴무늬, 기하학무늬 등 다양한 문양의 막새기와가 제작되었다.

고구려의 토기는 고조선 토기의 제작 전통을 계승한 바탕에 중국으로부터 수용된 새로운 토기 제작 기술이 결합하여 만들어졌다. 이와 같은 토기 제작 전통은 훗날 발해 토기가 정형을 갖는 데 중요한 역할을 하였다.

고구려 무덤은 돌을 재료로 조영한 돌무지무덤積石塚의 전통을 유지했다. 장의 형태는 단독장인 경우 돌덧널무덤石槨墓을, 2인 이상을 합장하는 경우에는 돌방무덤石室墓을 축조했다. 고구려의 돌무지무덤은 돌무지돌덧널무덤積石石槨墓에서 돌무지돌방무덤積石石室墓을 지나 흙무지돌방무덤封土石室墓의 흐름으로 전개되었다.

무덤에 베풀어졌던 벽화는 4세기 이후 고구려가 영역을 확장하는 과정에서 다양한 주변 문화와 접촉하면서 만들어지기 시작하였다. 현재까지 발견된 벽화무덤은 100여 기에 이르는데, 고구려의 수도였던 환인·집안 지역(31기)과 평양·안악 지역(76기) 일대에 집중되어 있다. 벽화들은 주로 흙무지돌방무덤에서 발견되며, 집안 우산하 41호 무덤·산성하절천정무덤 등, 고구려고유의 무덤 양식인 돌무지무덤에서도 발견된다.

무덤 벽화의 주제는 무덤 조영의 시기와 지역에 따라 각각 차이가 있는데, 크게 생활 풍속·장식무늬·사신도 등으로 구분된다. 각각의 주제는 시기와 지역에 따라 단독으로 그려지기도 하고 서로 혼합하여 그려지기도 하는 등 일정한 차이를 가지므로, 이를 근거로 무덤을 축조하고 벽화를 제작한 시기를 추정할 수 있다. 무덤의 구조와 벽화의 주제 등을 고려하여 그 제작 시기를 구분해 보면 크게 세 시기로 나누어 정리할 수 있다.

첫 번째 시기는 3세기 말에서 5세기 초에 걸치는 시기로, 여러방무덤多室墓에 생활 풍속이 주로 그려졌다. 생활 풍속은 무덤 주인공이 살았던 현실의 삶에서 기념할 만한 활동, 일상의 모습 등이 내세의 사후 공간에서도 재현되기를 기원하는 의지에서 그려진 주제다. 이를 구현하려는 목표에서 무덤 내부는 벽화를 통해 생전의 주택처럼 묘사되었다. 그 속에 무덤 주인공을 중심으로 주변의 여러 인물들이 신분에 따라 다른 크기로 그려졌는데, 주요 내용으로 주인 부부가 시중을 받는 장면, 대규모 행렬을 이끌고 출행하는 장면, 사냥하는 장면, 연회를 베풀고 가무와 놀이를 즐기는 장면 등이 표현되었다. 이 시기 벽화는 대체로 벽면에 회를 화장한 뒤, 회가 마르기 전에 밑그림을 그리고 채색을 하는 습지벽화법으로 완성되었다. 이 시기의 벽화에는 전체적으로 중국적인 요소가 많고 이러한 경향은 평양 지역이 집안 지역보다 더욱 뚜렷하지만 일부에서는 고구려적인 양식으로 변해 가는 모습이 관찰된다.

두 번째 시기는 5세기 중엽에서 6세기 초에 해당하는 시기로, 여러방무덤이나 외방무덤單室墓에 이전 시기의 중심 주제였던 생활 풍속에 더하여 사신의 모습, 장식무늬를 단독으로 혹은 혼합하여 그린 그림이 유행했다. 장식무늬로는 불교에서 정토를 의미하는 연꽃무늬가 주로 채택되었고, 넝쿨무늬, 동심원무늬, 구름무늬 등이 섞여 표현되었다. 이 시기의 벽화는 기존의 습지벽화법에 회가 마른 이후 화면에 그림을 그리는 건지벽화법이 부분적으로 더해 제작되기도 하였다.

세 번째 시기는 6세기 중엽에서 7세기 중엽에 걸치는 시기로, 외방무덤에 사신이 주로 그려졌다. 이 시기 무덤벽화의 사신은 널방의 벽면 전체를 차지하는 사실상의 유일한 소재로, 하늘과 별자리가 형상화된 공간에서 방위신으로서 또 죽은 자의 세계를 지켜주는 우주 수호신으로서 자리했다. 이 시기 주목되는 현상으로 남조 미술의 영향이 반영된 진파리 1·4호 무덤 단계에서, 평양 지역의 사신도가 배경 표현보다 사신만을 부각하여 표현한 반면, 집안 지역의 사신도는 복잡하고 화려한 배경 위에 표현되는 경향이 있어 뚜렷한 차이를 보인다. 이 시기 벽화는 이전 시기들과는 다르게 잘 다듬은 돌 벽면 위에 직접 벽화를 그리는 방법으로 제작되었다.

고구려 무덤 벽화의 가장 큰 의미는 여러 고구려 사람들의 등장에 있다. 벽화에 묘사된 고구려 사람들의 모습과 활동, 그리고 생활은 그 어떤 역사 자료보다도 정직하게 역사의 주인공인 사람의 삶을 사실대로 설명해 주고 있다.

고구려 문화는 고유한 문화를 바탕으로 만주와 한반도에 걸친 범위의 국가로 성장하는 과정에서 만나게 된 여러 나라와 교류하면서 완성한 독자적인 문화였고, 특유의 역동성과 실용성을 문화의 내용으로 창출했다. 고구려는 이러한 특징을 발전시켜 나갔으며, 이를 백제·신라·가야 등의 주변 국가에 적극적으로 전파하여 많은 영향을 끼쳤다. 이러한 과정은 하나의 역사적 범주 속에서 고구려·백제·신라·가야를 문화적 공동체로 이해할 수 있는 역사적 배경이 된다.

3) 백제의 서사 : 한성, 웅진 그리고 사비

백제 역사의 가장 큰 특징은 일반적으로 한성에서 웅진으로, 웅진에서 사비로 이어지는 수도 이전의 역사적 경험에 있다. 이러한 경험은 역사의 시기를 구분하고 백제의 역사를 이해하는 방법으로 활용되고 있다.

먼저 한강 유역에 자리했던 백제의 한성기는 기원전 18년에서 475년까지로, 대체로 백제의 성장기에 해당한다. 다음으로 금강 유역으로 수도를 옮겨 존속했던 웅진기는 475년에서 538년까지로, 백제가 한성에서 고구려에 의해 수도를 망실하고 웅진으로 후퇴한 뒤 국력을 중흥하게 되는 시기로 이해된다. 마지막으로 사비에 기반을 두었던 사비기는 538년에서 660년까지의 시기로, 백제 문화의 절정기이자 역사의 소멸기로 정리된다.

천도 과정을 보면, 백제는 한강과 금강 같은 큰 강을 끼고 있는 곳에 수도를 세웠다. 백제가 근거했던 서해안변의 큰 강은 내륙 사이의 이동뿐만 아니라 중국과의 교역에서도 이점을 가질 수 있는 중요한 지리적·사회적 조건이었다.

먼저 백제의 성장기였던 한성기를 보면,《삼국사기三國史記》및《삼국유사三國遺事》의 초기 기록 자체의 문제점으로 인하여 한성기 초기의 역사적 과정을 논리적으로 이해하는 데 어려움이 있다. 기록에 따르면, 고구려에서 남하한 온조溫祚 집단이 백제를 건국하는 주체로 등장한다. 대체로 백제의 건국을 서술하는 기록들은 부여·고구려·신라의 건국 설화에 포함된 신화적 요소보다는 상대적으로 역사적 사실에 가까운 내용으로 구성되어 있다.

백제는 한강 유역의 토착 세력과 온조 집단으로 대표되는 부여·고구려 계통의 유이민 세력이 결합하면서 급속히 발전했다. 이 과정은 국호가 십제十濟에서 백제로 변천하는 것으로 상징된다. 온조왕(재위 기원전 18~기원후 28)은 14년(온조왕 32)에 도읍을 위례성에서 한성으로 옮겼다. 그 위치를 확정하기 어렵지만, 현재의 서울 풍납토성이 한성기의 백제 왕성으로 추정되고 있다. 이후 온조왕은 남·북부, 동·서부를 두어 중앙과 함께 5부를 이루었다. 이 시점에 대한 의문이 크지만, 백제 초기의 5부는 세력 개편의 의미가 강했던 고구려 5부나 신라 6부에 비해 새로운 지역 범위에 대한 편제라는 의미가 강한 것이 특징이다.

건국 초기 백제는 '마한'이라는 역사공동체의 범위 내에 자리하고 있었다. 이후 백제의 성장 과정은 백제를 둘러싸고 있던 주변 소국과 대결하면서 마한의 영역과 관계망을 점차 정복하는, 곧 백제의 성장과 마한의 쇠퇴가 서로 반비례하는 관계로 설명된다.

'힘이 세고 활을 잘 쏘았다'는 고이왕古爾王(재위 234~286)이 즉위하여 여러 가지 제도를 정비하였다. 마찬가지로 시점에 대해서는 신빙성 문제가 제기되고 있지만, 사료의 기사를 따르면 고이왕은 관직·16관등의 관품·관색을

삼국의 관등제 관등官等은 관직과 관계된 등급, 그리고 그 범위를 의미한다. 삼국의 관등은 고려나 조선처럼 특정한 관직이 고유한 관품을 갖는 것이 아니었다. 즉 특정 관직에 취임할 수 있는 관등의 범위가 여러 등급에 걸쳐져 있었다. 신라에서는 특정 관직의 임명 자격이 일정한 범위 안의 관등으로 한정되었으며, 출신 신분에 따라 승진할 수 있는 관등의 상한이 규정되었다. 신라에 비해 고구려·백제의 경우에는 관등의 성격을 정확하게 설명하기 어렵지만, 신라와 마찬가지로 관등은 관료제 운영에서 중요한 기준이었고, 관등에 출신 신분을 기준으로 하는 규제가 반영되었을 가능성이 있다.

정비하여 백제 관등제의 기본 골격을 마련하면서 집권체제를 갖추어 나간 것으로 이해된다.

3세기 후반에 백제는 마한의 유력 국이었던 목지국目支國을 복속하고 금강 유역을 중심으로 하는 한반도 중부 지역을 석권하였다. 백제의 영역은 근초고왕近肖古王(재위 346~375) 때에 비약적으로 확대되었다. 근초고왕은 365년(근초고왕 20)에 전남 일대의 마한 잔여 세력을 복속하였다. 물론 이때의 지배 방식은 백제가 복속을 계기로 지방관을 파견해서 직접 통치하는 형태가 아니라, 복속 지역의 지배자를 통해 간접 지배하는 형태였다. 여전히 영산강 유역 등지에 존속하고 있던 기존의 마한 잔여 세력은 완전히 해체되지 않았다. 백제의 불완전한 지배는 영산강 유역의 독널무덤처럼 독특한 지역 전형의 무덤이 지속적으로 축조되는 모습에서 보인다.

아울러 근초고왕은 가야 일부 지역까지 진출하여 해당 지역을 백제의 세력권 아래 두었다. 그리고 369년(근초고왕 24)에는 북쪽으로 황해도 일대를 두고 고구려의 고국원왕과 대결하였다. 이 해에 한수(한강) 남쪽에서 몸소 군대를 사열하면서 황색 기치를 사용하였다. 이는 많은 업적을 바탕에 둔 자신감의 표현이었다. 371년(근초고왕 26) 근초고왕은 아들 근구수近仇首와 함께 평양성으로 진격하여 고구려의 고국원왕을 전사시켰다.

372년(근초고왕 27)에는 동진東晉(317~420)과 통교하여 중국과 직접 교류하는 외교 관계의 단초를 마련하고 사신을 파견하였으며, 동진으로부터 책봉을 통해 '진동장군영낙랑태수鎭東將軍領樂浪太守' 호를 받았다. 이 무렵 일본은 백제의 박사博士들을 초빙했다. 대표적으로 아직기阿直岐와 왕인王仁은 일본에 한학을 전수하였다. 이후 일본과 백제는 대체로 협조적인 관계를 유지했다. 이 관계는 통상적으로 백제가 선진 문물을 일본에 전하고, 일본은 백제의 위기 때에 군사력을 제공하는 방식으로 계속되었다.

전지왕腆支王(재위 405~420)과 구이신왕久爾辛王(재위 420~427)이 교위한 해인 420년에 중국에서는 동진을 대신해 송宋이 건국되었고, 439년(비유왕毗有王 13)에는 북위北魏가 화북을 통일하면서 남북조시대南北朝時代가 시작되었다. 한강 이남에 위치했던 백제는 지리적으로 북조보다 남조와 가까웠고, 북조와 안정적인 외교 관계를 맺는 데 실패하면서, 주로 남조와 국제 관계를 유지하고 이로부터 책봉을 받았다. 백제를 포함하여 고구려·신라·가야는 중국과 책봉 관계를 맺고 중국의 관직과 작호를 수여받아, 이를 바탕으로 중국과의 협력 관계를 유지하고자 노력하였다. 그러한 관계가 구축되면 국가 간의 대결에 필요한 외교적 상황을 중국으로부터 기대할 수 있었기 때문에 중국과의 협력은 중요했다.

고구려와의 대결 속에서 433년에 비유왕(재위 427~455)은 신라와 동맹을 결성하고 협력 관계를 수립하였다. 그러나 5세기 이후에 본격화된 고구려의 남하정책에 밀려 백제의 대외 확장 능력은 점차 위축되었다. 결국 개로왕蓋鹵王의 즉위 기간(455~475) 동안 실정이 거듭 발생하고 북위와 외교 관계를 적극적으로 수립하지 못하게 되면서, 고구려군의 남진에 따라 수도 한성은 함락되고 개로왕은 피살되었다. 이로써 백제 한성기가 막을 내린다.

한성기 동안 백제는 대외적으로 중국과 일본, 대내적으로 주변 지역과 다양한 교류 관계를 맺고 유지하였다. 먼저 중국과의 대외 관계는 한성기에 출토되는 중국제 유물을 통해 파악할 수 있다. 중국제 유물은 대부분 청자나 초두 등의 위세품으로 백제의 지배층과 관련된 무덤이나 성터에서 출토된다. 이러한 유물은 대외 교류의 내용뿐만 아니라 이것이 매개가 되었던 백제사회 내부의 중앙과 지방 사이의 2차 정치관계까지 증명하고 있어 중요한 의미를 지닌다. 특히 한성기 백제는 서진西晉·동진과 두드러진 관계를 유지했다. 이 관계를 보여주는 유물로는 서진계의 회유전문도기(서울 몽촌토성·충남 홍성 신금성 출토품), 동진계의 금동제 과대금구·중국제 청자 및 벼루(서울 몽촌토성 출토품), 청동초두(서울 풍납토성·강원 원주 법천리 유적 출토품), 철제초두(충남 서산 부장리 유적 출토품), 양형청자(원주 법천리 유적 출토품), 반구병(충남 천안 화성리 유적 출토품), 청자사이호(서울 석촌동 유적 출토품), 계수호(국립중앙박물관 소장품·충남 천안 용원리 유적·충남 공주 수촌리 4호 석실분 출토품), 고구려 전래의 기술일 가능성이 있는 은상감 대도의 상감기법(충남 천안 화성리 유적 출토품) 등이 대표적이다. 한편 서울 풍납토성과 몽촌토성에서 서부 경남 지역과 유사도가 높은 가야토기가 발견되어 이를 근거로 가야와의 교류를 짐작할 수 있다.

한성기의 대내 관계는 위세품을 매개로 금강 유역의 지배 세력이 백제의 귀족으로 변화하는 과정을 통해 파악할 수 있다. 백제는 한강 유역을 아우르고 영역을 확대하는 과정에서 확대 거점이 되는 지역 세력을 효과적으로 통치하기 위하여, 한성기부터 각종 위세품을 주변 지역에 사여하고 정치관계의 결연을 시도했다. 이는 금동관모와 금동신발, 환두대도, 각종 장신구, 중국제 도자기 등의 고급 물품을 하사하고 이를 기회로 지방을 통제하는 방식으로 전개되었다. 충남 공주 수촌리 유적과 같이 4~5세기대 지방 지배층의 무덤에서 집중적으로 출토되는 여러 가지 위세품은 백제 중앙의 지방 지배 방식을 보여주는 동시에, 지방 세력이 백제 중앙과의 관계 속에서 자신의 정치적 입지를 확보하고 기반 지역에서 세력을 차별화하는 과정을 뒷받침한다.

한성기의 문화는 한강 유역에 도읍을 둔 백제가 이 지역을 중심으로 전쟁과 방어 능력을 발휘하기 위해 축조한 서울 풍납토성·몽촌토성 등의 성곽과 서울 석촌동 유적의 기단식돌무지무덤 등의 공간을 통해 살펴볼 수 있다. 특히 풍납토성에서는 특수 건물지와 기와, 특별한 모양의 집터와 도로 시설이 발견되었고 중국 서진 및 동진으로부터 수입된 도자기, 각종 토기와 철기가 출토되어, 한성기 왕성 중심의 백제 문화를 집약적으로 볼 수 있다. 아울러 한성기에는 백제의 고유 양식을 대표하는 흑색마연토기와 세발접시 등의 토기가 생산되었다. 흑색마연토기는 칠기 표면의 재질감을 표현하기 위해 겉면을 마연한 토기로, 당시 지배층이 주로 소장했을 가능성이 많다. 한성에 기반을 두고 발전해 나간 백제는 이후 수계를 중심으로 경기·충청·강원 영서 지역으로 세력을 넓혀 갔다. 이는 백제의 중앙과 관련이 있는 토기 및 고리자루칼·창·화살촉 등의 무기류와 재갈·발걸이 등의 말갖춤, 중국에서 백제로 수입된 청자 등이 파급된 강원 원주·경기 화성·충남 공주·홍성 일원의 무덤과 생활 유적을 통해 파악되고 있다.

백제의 중흥기였던 웅진기는 문주왕文周王(재위475~477)이 막을 열었다. 고구려군의 공격으로 개로왕이 피살된 이후 문주왕은 웅진으로 천도하였다. 웅진은 사방이 산으로 둘러싸여 방어에는 유리한 지형이지만 공간이 협소하여 국력을 확장해 나가는 데는 불리했다. 또한 문주왕을 포함하여 웅진기 초반의 백제 국왕들은 귀족에 의해 거듭 시해를 당했다. 한성 함락 이후의 위기가 웅진에서 정치적 불안정과 국왕의 시해로 연속된 것이다. 이러한 위기를 수습하고 백제의 웅진기를 중흥의 시간으로 돌려놓은 왕이 바로 동성왕東城王(재위 479~501)이다. 즉위 이후 동성왕은 집권력 강화에 주력하였다. 그 방편으로 지방 유력 세력들을 선택하여, 웅진 천도 이후 계속된 혼란의 원인이었던 남래 귀족 세력을 견제하였다. 동시에 마한의 잔여 세력에 대한 공략을 적극적으로 추진했다. 490년(동성왕 12)에는 중국 남조와 통교를 재개하고 활발하게 교류하였다. 493년(동성왕 15) 혼인을 통해 신라와 동맹을 강화하여 고구려의 남진에 맞섰다. 이듬해 동성왕은 신라와 고구려 사이에 발생한 접전에서 신라를 돕기 위해 지원병을 보내주었다. 반대로 495년(동성왕 17)에 고구려가 백제를 공격할 때에는 신라가 구원병을 파병하였다. 이처럼 동성왕대에 신라와의 협력 관계는 돈독하게 유지되었다.

웅진기 백제의 중흥은 무령왕武寧王대(재위 501~523)에 완성되었다. 출생의 비밀을 간직한 무령왕은 즉위 직후 동성왕을 시해한 귀족을 처단하고 웅진기의 혼란을 마무리 지었다. 밖으로는 고구려와 거듭 충돌했고 이남으로는 마한 지역을 완전하게 복속하였다. 513년(무령왕 13)에는 오경박사 단양이段楊爾가, 516년(무령왕 16)에는 고안무高安茂가 왜로 파견되어 백제 문물을 전했다. 아울러 무령왕은 중국 남조와의 관계를 지속하여, 521년(무령왕 21)에

양梁으로 사신을 보내 조공하였고 양으로부터 '사지절도독백제제군사영동대장군使持節都督百濟諸軍事寧東大將軍'으로 책봉받았다.

무령왕의 묘지석

무령왕의 치적은 충남 공주 송산리 고분군 내에 자리한 무령왕릉을 통해 살펴볼 수 있다. 이 무덤은 육조 벽돌방무덤 계통의 벽돌무덤으로 그 형태가 중국 양과 관련 깊다. 내부에 등불을 밝힐 수 있는 등감을 갖추고 그 아래로 창살 모양의 벽돌을 배치하여, 집과 같은 공간으로 완성되었다. 무덤에서 발견된 금제 관꾸미개, 귀걸이 등은 백제의 고유한 문화적 특징을 따르고 있다. 이와 동시에 무덤 구조, 특정 출토 유물 등은 중국 및 일본과 관계되고 있어 백제 문화의 국제성과 개방성을 엿볼 수 있다. 이 무덤의 주인공이 무령왕임을 알 수 있었던 근거는 무덤 내부에서 발견된 지석에 있다. 발견된 두 지석 가운데 동쪽 지석에는 '영동대장군 백제 사마왕斯麻王 나이 62세', 서쪽 지석에는 '병오년 11월 백제국왕대비 종수'라는 표현이 두 사람과 관계된 상징적 기록과 함께 새겨져 있어서, 무덤 주인공의 이름과 합장된 왕비의 존재 사실, 그들의 생애 일부를 이해할 수 있게 되었다.

웅진기의 문화는 천도로 인한 초기의 불안한 정세가 점차 안정되고 이를 바탕으로 중국 남조의 남제 및 송·양 등과 활발한 교류를 전개하는 과정에서 정립되었다. 구체적으로 이 시기의 문화는 백제의 금속 공예품, 중국제 도자기, 일본제 유물 등 2900여 점의 유물이 출토된 무령왕릉이 상징하고 있다. 또한 건물터, 연못 등이 발견되어 웅진기의 왕궁으로 추정되는 충남 공주 공산성을 비롯한 성곽 유적, 공주 송산리·교촌리·수촌리 등지에서 발견된 무덤 유적, 빈전 시설로 추정되는 공주 정지산 유적 등을 통해 중흥기 백제 문화의 양상을 확인할 수 있다.

웅진기의 무덤은 대부분 벽면을 정교하게 쌓은 굴식돌방무덤이다. 여기에 공주 무령왕릉·송산리 6호 무덤·교촌리 2·3호 무덤과 같이 중국 남조의 영향을 받은 벽돌무덤이 추가되어 있다. 무덤 내부에서 세발접시, 굽다리접시 등 여러 형태의 토기와 백제의 조형 감각과 제작 기술이 돋보이는 귀걸이, 목걸이, 팔찌 등 여러 종류의 금속 공예품들이 출토되어 웅진기 백제 문화의 정수를 살펴볼 수 있다. 특히 백제 토기를 대표하는 세발접시는 생활유적에서 발견되는 한성기와 달리, 웅진기에는 주로 무덤 유적에서 출토되고 있어 또 하나의 특징을 일러준다. 이 밖에 웅진기에는 한성기와 전혀 다른 문양의 연꽃무늬 기와가 만들어졌다. 백제의 연꽃무늬 기와는 고구려 기와와 비교하여 꽃잎의 두께가 낮고 곡선적인 형태이며 공간을 가득 채우는 특징을 갖는다.

웅진기 백제가 마한 통합을 본격적으로 추진하던 시기, 통합의 주요 대상지였던 영산강 유역 사회에서는 3세기 후반에서 4세기 초에 흙을 높게 쌓고 그 속에 여러 개의 커다란 독널을 매장하는 대형분구묘가 출현하였다. 일반적으로 독널에서는 목걸이, 큰칼, 창, 화살촉, 항아리 및 단지 등이 출토되는데, 예외적으로 나주 신촌리 9호 무덤과 같이 금동관·금동신·금동봉황장식 고리자루칼 등 금동제 위세품과 무기류가 출토되는 경우가 있다. 이 사례는 백제 중앙의 영향력을 반영하면서도, 중앙과의 힘의 관계에서 일정 수준의 독립성을 유지한 이 지역 지배자의 저력도 강조하고 있다. 덧붙여 이 시기에 백제 고유의 토기인 세발접시가 출토되지 않는 점도 하나의 특징이다.

영산강 유역의 대형 독널무덤은 5세기 후반 점차 굴식돌방무덤으로 변화하였다. 초기의 돌방무덤은 깬돌을 쌓아 만들었으나 점차 판돌을 세워 짜맞추는 백제식 돌방무덤으로 변모되었다. 무덤 형태의 변화에 맞추어 부장 유물도 백제식의 관꾸미개, 굽다리접시, 세발접시, 병모양토기 등을 중심으로 바뀌어 나갔다. 이러한 변화는 이 지역이 백제에 의해 점차 통합되어 나간 양상을 보여준다.

한편 해남·함평·영암·광주 지역 등지에는 일본 고훈 시대古墳時代(3~7세기)에 유행했던 전방후원前方後圓 유형의 무덤이 남아 있다. 일정한 권역 내에서 전통적인 묘제로 축조된 주요 무덤들을 둘러싸고 있는 분포가 특징적인 전방후원형 무덤에는 무덤의 형태나 축조 방법, 부장 유물에서 백제와 왜, 지역

고유의 문화적 요소들이 복합되어 있다. 이와 같은 전방후원형 무덤의 성격에는 당시 이 지역에 혼재되어 있던 다양한 문화의 교차와 그 역사적 배경이 내재되어 있다.

백제 사비기는 백제 문화의 융성기로 의미 지을 수 있다. 성왕聖王(재위 523~554)은 538년(성왕 16)에 웅진에서 사비로 수도를 옮기고 국호를 '남부여南夫餘'로 개칭하였다. 웅진에 비해 사비는 방어에 적합하였고 넓은 평야를 곁에 두고 있었다. 사비의 지형은 이남 지역을 경영하고 나아가 가야로 진출하거나 신라와 경쟁할 때 유리한 조건이 될 수 있었다. 성왕은 수도를 옮긴 후 우선 나성을 쌓아 도성 방어 체제를 마련하였다. 그리고 결집된 국력을 바탕으로 신라와 협력하여 한강 유역을 다시 찾는 성과를 얻었다. 그러나 협력 관계를 유지하던 신라가 553년(성왕 31) 백제의 동쪽 변경을 빼앗고 한강 유역에 신주를 설치하였다. 이에 성왕은 신라를 공격하였지만 승리하지 못하고 관산성에서 전사하고 말았다.

무왕武王(재위 600~641)은 성왕이 전사한 직후 맞이한 위기 국면을 익산으로 수도를 옮기는 것으로 해소하고자 했다. 무왕이 익산을 선정한 이유는 익산이 자신의 출신지일 뿐만 아니라, 교통의 요충이자 넓은 평야를 낀 중심지였던 데 있었다. 무왕의 천도 의지는 전북 익산 왕궁리 유적에 구현되어 있다. 특히 사상적으로 불교의 미륵신앙에 근거하여 이상적인 도시를 건설하려 했던 무왕의 노력은 익산 미륵사지를 통해 파악된다.

백제의 마지막 국왕인 의자왕義慈王(재위 641~660)은 본래 '해동의 증자'로 알려진 인물이었다. 집권 초기에는 신라에 대해 적극적인 공세를 취하여 대야성을 공격하고 신라 수도 경주의 옥문곡까지 진출하였으며, 신라의 30여 성을 격파하였다. 그러나 집권 후반기에 충신의 조언을 거절하고 음란과 향락에 빠진 국왕으로 변질되었는데, 이때 백제사회에는 불길한 징조들이 연속적으로 발생하고 있었다. 결국 계백階伯이 이끈 5천 결사대의 처절한 저항에도 불구하고 백제는 멸망하였다. 패망으로 의자왕을 포함하여 태자·왕자들 및 대신, 장사 88명, 주민 1만 2천 8백 7명은 당으로 압송되는 운명을 맞았다. 멸망을 이어 백제 부흥의 움직임이 일었다. 무왕의 조카인 복신福信과 승려 도침道琛, 왜국에 볼모로 가 있던 부여풍夫餘豊이 합세하여 일으킨 저항과 3만여 명의 무리를 모은 흑치상지黑齒常之의 항거는 주목되는 노력이었지만 모두 실패로 끝났다. 뒷날 견훤甄萱이 후백제를 건국하는 892년에 되어서야 백제의 부활을 언급할 수 있을 따름이다.

사비기 백제의 사회적 특징은 사비의 도시 구조에서 엿보인다. 사비의 부소산 남쪽에 왕궁을 지어 도시의 중심을 잡고 나성을 쌓아 외곽 방어 시설을 구축하였다. 충남 부여 관북리 유적을 예로 볼 때, 도시 가운데는 바둑판 형태로 구획한 공간 위에 벽돌이나 자갈로 포장한 도로와 배수 시설이 갖추어졌다. 이러한 공간은 체계적인 행정 구역으로 정립되었다. 부여 궁남지 유적 출토 목간에는 당시 행정 구역의 구체적 모습을 살펴볼 수 있는 내용이 기록되어 있다.

사비기는 백제 문화의 절정기였다. 사비기의 문화적 특징은 사찰이나 무덤 등에서 출토되는 기와, 벽돌, 금속공예품 등을 통해 확인된다.

사비기 토기는 세발접시, 굽다리접시, 전달린그릇, 병, 단지, 뚜껑접시, 손잡이잔, 그릇받침, 합, 접시 등 다양한 형태로 만들어졌으며, 이외에도 벼루, 등잔, 변기 같은 특수 토기도 제작되었다. 특히 생활 유적에서 대량 출토되는 전달린그릇과 합은 일정한 크기를 지니고 있어 사비기 백제의 토기 생산이 규격화·전문화되었음을 보여준다. 그리고 불교의 영향으로 화장이 유행하면서 삼국 가운데 가장 앞서 뼈단지가 만들어졌다.

기와는 연꽃무늬를 중심으로 하는 특유의 기와 양식이 완성되었다. 중국의 기록화인 〈양직공도梁職貢圖〉에 따르면 백제에는 와박사가 있었다. 이 기록은 백제가 높은 수준의 기와를 생산할 수 있었던 인적 배경을 설명한다. 이 밖에 문자나 기호를 찍어 기와 제작 장소나 사용 장소, 지명 등을 표시한 도장기와도 있다. 특히 부여 외리에서는 산수·짐승얼굴·용·봉황·연꽃무늬가 표현된 무늬벽돌이 출토되었는데, 이는 도교의 신선사상과도 관련되어 있다.

사비기 백제 문화의 역량과 미감이 함축된 금동대향로는 백제의 금속 공예 기술의 정수를 보여준다. 향로에는 생명의 근원인 바다를 상징하는 용이 생동감 있게 한 쪽 다리를 치켜들고 다른 쪽 다리와 몸으로 향로를 받치면서 만물의 어머니이며 화생의 관념을 표현한 갓 피어나는 연꽃 봉오리를 입으로 지탱하고 있다. 그 위에 신선들이 사는 신산, 백제 사람들의 이상세계인 박산이 위치하며, 꼭대기에는 우주와 태평성대를 상징하는 봉황 한 마리가 날개를 펴고 서 있다. 여기에는 연꽃을 모태로 한 불교사상과 우주의 삼라만상을 음양의 조화로 구현한 도교사상이 잘 표현되어 있다. 결국 향로 그 자체는 백제 사람들의 세계관을 상징하고 있는 것이다.

백제에서는 시조에 대한 제사를 비롯하여 국가적 차원의 제사가 계속되었다. 그리고 풍요를 기원하거나 전쟁터에 나갈 때에도 제사를 지내 왔다. 백제에서 이어진 제사의 전통은 풍요와 다산을 기원한 충남 부여 논티 유적과 해상 교류의 안전을 기원한 전북 부안 죽막동 유적, 무령왕비의 빈전장지로 활용되었던 충남 공주 정지산 유적 등 곳곳에서 확인되었다. 특히 부안 죽막동 유적은 서해안을 타고 한강 하류와 금강에 들어 백제의 도읍이었던 한성·웅진·사비를 드나들 수 있는 길목에 위치하고 있다. 이 유적에서는 백제 및 가야 등 여러 지역에서 생산되었던 각종 토기와 금속 유물, 중국 남북조시대의 청자, 일본 고훈 시대의 돌로 만든 모형품 등 고대 동아시아 여러 국가들의 유물이 발견되어, 삼국시대 국제 교류의 양상과 신앙 관념을 이해할 수 있다.

사비기 백제에서 가장 화려하게 꽃핀 문화는 불교 미술이다. 백제에서 불교는 384년(침류왕枕流王 원년)에 동진의 승려 마라난타摩羅難陀로부터 전달받고 이듬해 한산에 절을 지으면서 본격적으로 전개되었다. 한성에서 웅진으로 천도한 이후에는 공주 대통사와 같은 큰 규모의 사찰을 건립하였다. 그러나 아직까지 웅진기의 불교 미술품이 풍부하게 발견되지 않아 불교 문화의 전모를 밝혀 내기가 쉽지 않다.

기본적으로 백제의 사찰 공간 배치는 1탑 1금당 양식이다. 이는 기본적으로 3금당 1탑의 양식적 전통 안에서 ㄷ형 금당 배치를 가지는 고구려 양식이나 一자형 금당 배치를 지니는 신라 양식과는 차별된다.

사비로 천도하던 해에 성왕은 국제 관계의 협력 주체인 왜에 불교를 전해주었고, 노반박사·와박사 등을 직접 파견하여 아스카데라飛鳥寺를 건립하는데 도움을 주었다. 무왕 때는 천도 계획이 실행되었던 익산에 미륵사가 건립되었다.

백제에서는 5세기 이후부터 불교 조각이 만들어지기 시작하였다. 가장 이른 시기에 해당하는 조각이 서울 뚝섬에서 발견된 불상으로 북조 초기의 불상 형식인 선정인여래좌상의 모습을 갖추고 있어 백제 불교 조각의 기원을 짐작하게 되었다. 이를 잇는 6세기대 충남 부여 군수리 출토 납석제여래좌상과 부여 신리 출토 금동불좌상도 비교적 이른 시기의 예에 해당된다.

백제에서는 특히 마애불상이 유행했다. 유행 시기는 대체로 7세기 전후에 해당된다. 백제의 미소로 상징되는 불상·독립된 반가사유상·보주 관음보살상이 독특한 구도를 이루는 서산마애삼존불과 불상 2구와 보살 1구의 배치가 특징적인 태안마애삼존불 등은 백제의 불교신앙이 지역 곳곳으로 확산되었던 상황을 설명한다.

7세기대에 이르러 백제 특유의 관음보살상이 제작되었다. 충남 공주 의당과 부여 규암에서 출토된 금동관음보살상이 대표적이다. 두 조각에서 보이는, 신체의 미묘한 움직임, 화불이 묘사된 보관, 특징적인 형태로 전개되는 영락띠, 팔을 구부려 지물을 쥔 오른팔 등의 표현은 백제 관음보살상의 양식을 대표하고 있다.

미륵사지 3층 석탑에서 시작된 백제 탑은 백제만의 고유한 전형을 갖추고 있다. 그 전형은 부여 정림사 5층 석탑에서 완성되고, 통일기에는 익산 왕궁리 5층 석탑으로 그리고 고려시대에는 충남 보령 무량사 5층 석탑으로 전승되었다. 백제 탑에서 발견되는 수려한 모습의 사리장엄구도 백제 문화의 수준을 보여준다. 부여 왕흥사지 목탑터에서 출토된 577년(위덕왕威德王 24) 제작품, 익산 미륵사지 서석탑에서 출토된 639년(무왕 40) 제작품은 백제 공예의 명작이다. 사리장엄구를 포함하지는 않았지만 부여 능산리 사지의 목탑터에서도 567년(위덕왕 14)에 제작된 석제 사리함이 발견되어 백제 공예 기술의 특징을 보여준다.

백제는 국제 문화가 교차했던 문화적 공간이었다. 백제는 정치적 계기를 바탕으로 중국의 선진 문물을 적극 수용하고 발전시켰으며, 스스로 완성한 문물을 일본에 전해주는 문화 교류의 선진국이었다. 중국과의 교류와 관련하여 한성기 유적에서 발견된 초두, 전문도기, 도자기, 웅진 천도 이후에 조성된 벽돌무덤과 무령왕릉의 부장품에 포함된 도자기, 청동거울, 사비기 개원통보의 유통, 중국 도자기 등과 같은 물질문화가 생생하게 남아 있다. 또한 고대 일본사회에 미친 백제의 영향력은 아스카 문화의 형성 과정에서 상당한 비중을 차지한다. 이처럼 바다를 매개로 이입된 외부 세계의 문화를 기반으로 완성된 백제의 문화적 역량과, 다시 바다를 통해 전수된 백제 문화의 영향력은 고대 동아시아 사회의 문화적 교류와 교차를 이해하는 데 유의미한 인식 기준이 된다.

4) 닫힘과 열림이 공존하는 신라

약 1000년 동안 지속된 신라 역사의 성격을 간단하게 규정짓기는 쉽지 않다. 그래서 신라의 역사성은 특정한 역사적 기준을 근거로 구분해서 이해되어 왔다. 특히 고려의 역사가들은 신라 국왕과 연관된 기준을 바탕으로 시기를 구분하여 신라 역사를 이해하고 서술했다.

《삼국사기》의 완성을 총괄한 김부식金富軾은 국왕의 계통을 기준으로 신라 역사를 세 시기로 구분했다. 그 구분에 따르면, 무열왕武烈王 이후 혜공왕惠恭王에 이르는 약 120여 년 사이를 중대中代(진골眞骨로서 무열왕 직계)로 설정하고 이를 기준으로 그 이전을 상대上代(성골聖骨로서 내물왕奈勿王 직계), 그 이후를 하대下代(진골로서 내물왕계)로 설정하였다. 이 세 시기 각각은 신라사회의 형성·발전기, 통일을 포함하는 전성기, 쇠퇴기로 설명할 수 있다.

일연一然도《삼국유사》에서 왕호를 기준으로 신라 역사를 세 시기로 나누어 구분했다. 그 구분에서는 혁거세赫居世에서 지증왕智證王에 이르는 상고上古(고유 왕명 사용), 법흥왕法興王에서 진덕왕眞德王에 해당하는 중고中古(불교식 왕명 사용), 무열왕에서 경순왕敬順王까지인 하고下古(중국식 시호 왕명)의 시기가 설정되었다. 이 세 시기 역시 크게 신라 국가 형성기, 국가 기반 정립기, 국가 쇠퇴기에 대응될 수 있다.

이와 같이 왕계나 왕호 등의 역사적 형식에 근거한 시기 구분 및 역사적 성격에 근거한 시기 구분은 오랜 시간을 갖는 신라 역사의 흐름과 성격을 구체적으로 이해하는 데 참고가 된다.

역사 기록에 따르면 신라는 기원전 57년에 건국되었다. 그러나 이때 건국된 신라는 사로국斯盧國이라는 작은 나라를 의미한다. 사로국은 경주 일원을 토대로 성장하고 주변의 지역 세력을 정복·복속하면서 발전하여 신라 국가로 성장하게 되었다.

신라는 여러 계통의 유이민이 경주를 중심으로 새로운 정치체를 구성하는 과정에서 건국되었다. 그러나 이 건국 과정은 신화적 상징으로 묘사되어 있기 때문에 역사 속의 사실을 정확하게 읽어 내기가 쉽지 않다. 그렇지만 고고학 조사를 통해 발견된 경주 일원의 무덤이나 제철 유적 등의 물질문화를 분석하여 신라의 건국 과정에 대한 단초를 얻을 수 있다.

신라 초기의 역사는 사로국 내부의 통합과 이를 바탕으로 진행된 주변 지역 세력과의 통합 과정으로 설명된다. 이 과정을 주도한 것은 사로국의 핵심 정치집단인 6부와 6부를 대표한 이사금尼師今이었다. 이사금은 혁거세거서간赫居世居西干(재위 기원전 57~기원후4)과 남해차차웅南解次次雄(재위 4~24)을 이어 즉위한 유리儒理(재위 24~57)에서 시작하여 흘해訖解(재위 310~356)까지 ─《삼국유사》의 기준 ─ 사용된 신라의 고유 왕명이다.

3세기를 지나 4세기 중엽에 이르러 사로국이 신라로 전화·발전하면서 집권적인 지배체제가 정립되어 갔다. 그러나 신라는 아직 주변 지역으로 지방관을 직접 파견하지 못하였다. 대신 해당 지역의 지배자를 매개로 영향력을 발휘하면서 낙동강 동쪽 일대를 간접 통치하였다. 4~5세기 동안 간접 통치 방식으로 낙동강 이동 지역 전반에 미친 신라의 영향력은 각 지역에서 출토되는 경주 양식의 토기, 신라식 금동관을 비롯한 위세품, 고총의 형태에서 보이는 공통성 등을 통해 짐작할 수 있다.

점차 신라는 현지의 지배자 및 지배 세력을 신라의 지배층으로 포섭하고 지역과 주민을 국가 차원에서 편제·통치해 나갔다. 새롭게 신라의 지배 아래에 편제된 지역의 주민들은 신라가 관할하는 주요 지점에 성을 쌓는 데 동원되었고 세금을 부담하였으며 각종 물자를 보급하는 등, 신라의 발전과 대외 확장에 필요한 여러 가지 의무를 전담했다.

이때의 성장은 내물(재위 356~402) 이래의 김씨金氏 마립간들이 주도했다. 내물에서 시작하여 실성實聖·눌지訥祗(재위 417~458)·자비慈悲(재위 458~479)·소지炤知(재위 479~500)로 승계된 마립간들은 이사금 시기에 비해 더욱 집중된 권력을 바탕으로 김씨 집단 중심의 신라 내부의 통합을 추진하였다. 그리고 이러한 집권력의 성장과 내부 통합을 기초로 주변 지역에 대해 우위를 확립하여, 주변 지역을 신라의 지방으로 설정할 수 있었다.

중앙과 지방이라는 새로운 관계는 신라 영역이 확장됨에 따라 왕경의 행정구역명을 정하여 왕경의 사회환경을 정비하고 각 지역에 성을 쌓고 지방관을 파견하며 중앙과 지방을 연결하는 교통과 통신망을 정비함으로써 확립되었다. 아울러 신라는 6세기까지 제한적이었으나 서서히 철제 농기구의 사용이 보편화됨에 따라 일정 수준 농업 생산력이 향상되어 정치적인 변동에 덧붙여 사회경제적인 발전을 이룰 수 있었다.

이 시기 마립간의 권력을 보여주는 두 가지 상징물이 있다. 그 하나는 금을 재료로 사용해 만든 장신구다. 신라의 금제 물품은 마립간으로 대표되는 핵심 권력자의 생사와 관련되는 것으로, 돌무지덧널무덤積石木槨墓의 조성과 밀접한 연관성을 갖는다. 신라의 금제 장신구로는 특히 '山'자가 연결되는 특유한 세움 장식이 달린 금관 및 금동관과 관모, 관꾸미개를 비롯하여, 다양한 상징의 꾸미개가 장식된 허리띠, 굵은 고리와 가는 고리로 분류되는 목걸이, 정밀한 누금기법이 베풀어진 귀걸이·팔찌·반지·신발 등이 있으며, 그 재질이나 형태가 화려하고 다양한 점이 특징이다. 많은 수의 무덤에서 발견되는 이 장신구들을 통해 금으로 상징되는 마립간기의 문화적 성격뿐만 아니라 무덤 주인공의 정치·경제적 능력을 파악할 수 있으며, 이를 바탕으로 신라의 지배구조와 사회상을 유추할 수 있다.

다른 하나는 경주 중심지 및 그 일대에 분포하고 있는 돌무지덧널무덤이다. 이 무덤은 지하나 지상에 덧널을 설치하여 그 속에 부장품을 넣고 덧널 주변을 돌로 채우거나 덮은 후 흙으로 마무리하는 방식으로 축조된다. 무덤 규모와 무덤 속 부장품을 통해 신라 최상위 지배층의 정치권력과 경제력의 수준을 파악할 수 있다. 다만 대형 돌무지덧널무덤은 신라 국왕이나 왕족의

경주 대릉원 전경

무덤으로 추정되고 있지만, 아직까지 주인공이 분명하게 밝혀진 사례가 없어서, 무덤의 역사상을 정확하게 파악하는 데 한계가 있다.

한편 마립간기 동안 신라 발전의 중요한 동인이 되었던 국왕의 집권력과 김씨 집단의 정치권력 및 영역 확장 능력은 5세기 초반까지 고구려가 신라에 대해 정치·문화적 영향력을 직접 행사하게 되면서 제한을 받기도 하였다. 그러나 이러한 상황에서 신라는 고구려에 정치·군사적으로 저항하는 동시에 나제동맹(433)을 통해 백제와 협력하여 고구려의 남진을 저지하면서 성장의 동력을 회복하게 되었다.

그 결과 6세기 초반의 지증왕(재위 500~514)·법흥왕(재위 514~540) 때에 이르러서는 국왕의 집권력과 국왕 소속 집단의 정치권력이 크게 신장되었다. 특히 지증왕은 순장 금지, 우경 확대 시행을 활용한 권농, 상복법의 제정과 주군현의 행정체제 재편 등의 정책을 실시하였고, 이사부異斯夫를 중용하여 우산국于山國을 정벌하였다. 지증왕은 이와 같은 일련의 사회발전을 이루어 그 위상을 마립간에서 국왕으로 확정하였으며, 사회발전의 성취를 담아 '왕의 업적이 날로 새롭고 사방을 망라한다'는 뜻을 줄여 국호를 '신라'로 획정하였다.

지증왕을 이어 즉위한 법흥왕은 재위 기간 동안 율령을 반포(520)하고 불교를 시행(528)하는 등 지증왕대부터 본격적으로 정비된 집권체제를 더욱 강화하였다. 울주 천전리각석의 추명에서 법흥왕이 당대에 '법흥태왕太王'으로 불렸음을 확인할 수 있는데, 이렇게 '태왕'이라는 존칭을 사용할 수 있었던 배경에도 지증왕에서 법흥왕대에 걸쳐 크게 신장된 집권력이 자리하고 있다. 지증왕대에서 법흥왕대에 걸쳐 이루어진 체제 강화 과정은 영일 냉수비(503)와 울진 봉평비(521)의 내용을 통해서 입증되고 있다.

이들 과정은 540년에 즉위한 진흥왕真興王(재위 540~576)이 신라 영역을 적극적으로 확장하는 데 중요한 기반이 되었다. 진흥왕대의 영역 확장은 영역의 지배 단위를 조정했던 기록과 영유지에 세운 비석을 통해 파악할 수 있다. 진흥왕은 남쪽으로 척경비(561)를 세운 창녕 지역을 거점으로 낙동강 서쪽의 가야 세력 상당수를 복속하였다. 북쪽으로는 함경도 남부 지역까지 진출하여 황초령비(568)와 마운령비(568)를 건립했다. 또 한강 유역을 차지하여 신주를 설치하고 북한산비(568 이후)를 세웠다. 단양 적성비(550 이전)를 통해서는 새롭게 신라 영토에 편입된 지역에 관철되었던 신라의 지배 방식을 살필 수 있다.

영역 확장을 통한 신라의 발전은 삼국 통일의 기초가 되었다. 특히 그 기초를 기회로 잡은 인물이 7세기 중반에 등장한 김춘추金春秋다. 김춘추는 선덕왕善德王이 중용한 방계 왕족으로, 가야계 귀족 김유신金庾信과 결탁하여 새로운 정치세력으로 부상하면서 계통의 불리함을 해소하고 정치기반을 강화해 나갔다. 그리고 상대등上大等 비담毗曇으로 대표되는 기존의 귀족 세력을 제거하면서 정치권력을 탈점하고 진덕왕(재위 647~654)을 세워 국정을 장악하였다. 김춘추 중심의 세력은 국왕 중심의 지배체제를 확립하기 위하여 집사부執事部 등의 행정 관부를 정비하였다. 아울러 대외적으로는 고구려 및 백제와의 대결에서 현실적인 이익을 얻기 위해, 당과의 외교 관계를 더욱 강화하여 당의 문물을 수용하고 군사동맹을 체결하였다.

무열왕(재위 654~661)으로 즉위한 김춘추는 당과의 군사동맹을 토대로 삼국 통일 전쟁을 수행하여 먼저 백제를 멸망시켰고 무열왕을 이어 즉위한 문무왕文武王(재위 661~681)은 고구려를 멸망시켰다. 문무왕은 백제 및 고구려와의 전쟁에서 승리한 이후 신라의 내정을 장악하려 한 당과 나당 전쟁을 치러 승리로 이끌면서 통일을 완성하였다. 통일은 그 지역 범위가 대동강 이남에 그치고 삼국의 외형적 통합에 불과한 한계를 지녔지만, 최초로 한반도 전역을 역사적 차원에서 하나로 묶고 거대한 통일 신라를 배태했던, 그리고 신라의 긴 역사적 흐름을 전후로 나누는 획기적인 사건이었다.

한편으로 신라의 신분제는 신라사회의 특징을 이해할 수 있는 핵심 요소다. 신라의 모태인 사로국이 주변의 지역 세력을 정치적으로 통합하는 과정에서, 통합 주체인 사로국의 핵심 세력은 그들 자신과 통합의 대상인 주변 지역 세력을 분별하는 신분제를 마련해 나갔다.

골품제骨品制로 대표되는 신라의 신분제는 타고난 혈통에 따라 신라 사람들의 정치적 위치, 사회적 조건을 규정지었다. 관등제官等制는 신분의 높낮이에 기초하여 관등 승진과 특정 관직에 임명될 수 있는 자격을 제한했다. 신라의 관등제는 신분제의 영향을 받아 신라에서는 이를 골품제와 결합하여 운영했다. 신라의 신분제와 관등제는 신라사회의 폐쇄적인 면모를 단적으로 드러내준다.

골품제가 규정한 서열에서 6두품은 골과 품의 신분적 경계에 위치했다. 설총薛聰·최치원崔致遠 등으로 대표되는 6두품은 신라사회의 여러 지성 분야에서 능력을 발휘하였다. 그러나 그들의 능력은 신분제의 규제에 의한 사회적 한계 때문에 합리적으로 평가되지 못했고 그들은 이러한 신분제도에 불만을 가졌다. 6두품의 설계두薛罽頭는 621년(진평왕眞平王 43)에 골품제를 정면으로 비판한 뒤, 신라를 떠나 당으로 가서 태종太宗의 고구려 정벌에 공을 세우고 공신이 되기도 하였다. 골품제에 대한 비판은 신라가 삼국을 통일한 이후에도 계속되었으며, 신라사회의 심각한 모순으로 작용했다.

5) 가야, 여럿이 이룬 하나의 이름

가야사회의 기본 성격에서, 우선 '가야'라는 이름은 고구려·백제·신라와 같은 하나의 국명으로 보기 어려우며, 여러 세력을 포괄하는 명칭에 가깝다. 아울러 그 이름은 여러 세력 사이에 유지된 정치·경제적인 관계도 포괄한다. 이들 세력은 각기 정치·문화적인 개별성을 지니고 있었으므로, 이들을 포괄하는 가야를 하나의 정치체로 단정하는 것도 무리다. 이러한 개별성은 다양성이라는 장점을 갖는 한편, 분산성이라는 약점도 내포하고 있다. 이러한 분산성은 가야가 백제와 신라를 극복할 수 없었던 한계가 되었다.

'가야'라는 이름은 '가락駕洛'·'구야狗邪'·'가라加羅' 등 김해나 고령 지역을 지칭하는 명칭에서 비롯되었다. 가야의 역사적 시간을 크게 전후의 두 시기로 구분할 때, 이들 지역에는 각각의 시기를 대표했던 중심국이 자리하고 있었다. 이들의 대표성이 '가야'라는 이름을 낳은 배경이 되었을 것이다. 특히 가야사회 내부의 여러 국들 사이에 유지되던 역학 관계는 시공간적으로 매우 유동적이었다. 따라서 역사적으로 김해와 고령 지역의 국이 특정 시기에 중심국의 위상을 발휘하더라도, 가야는 고정된 실체를 갖는 사회가 아니었다.

1~2세기경에 김해 구야국(가락국)은 중국 한 군현과의 교섭, 철기 생산 및 교역, 대외 교류를 주도했다. 무엇보다도 철은 고대사회가 성장하는 데 원동력이 되었다. 가야에서 철은 중국과 일본을 연결하는 국제 관계에서 우위를 점할 수 있는 중요한 재화였다. 이 시기에 구야국은 지리적 이점을 바탕으로 철을 교역하는 국제 교류의 중추 기지로 기능했다. 이러한 철 생산 및 교역 활동을 중심으로 구야국은 번성하였고 이른 시기의 가야를 대표했다.

이에 대한 구체적인 모습은《삼국지》위서 동이전 변진조에서, "국에서는 철이 나는데, 한·예·왜가 모두 와서 사 간다. 시장에서의 모든 매매는 철로 이루어져 마치 중국에서 전을 쓰는 것과 같으며, 두 군에도 공급한다"는 내용으로 확인된다. 또《일본서기日本書紀》에서 김해는 '수나라'·'소나라', 곧 쇠나라로 기록되어 있다. 일본은 6세기 중반 이후에야 철을 생산할 수 있었던 만큼 그 이전까지 철의 생산과 철제품의 사용을 한반도 일부 지역의 생산력에 크게 의존하였다. 가야와 일본 사이에서 철은 규격화된 형태로 교역되었다. 경남 창원 다호리 유적에서 엇갈리게 포개져 끈으로 묶인 채 발견된 철부 2점, 중간 가공재로서 가야 지역에서 보편적으로 제작된 판상철부, 4세기 이후에 제작된 철제품으로《일본서기》기록에서 백제 근초고왕이 왜에 보낸 물품 내역에도 포함되어 있는 철정 등은 철의 교역 형태를 구체적으로 설명한다.

3세기대의 기록을 담고 있는《삼국지》에 변진의 12개 국이 등장한다. 가야로 볼 수 있는 12개 국의 범위는 널무덤에서 덧널무덤으로의 전환, 와질토기의 유행과 토기 양식의 형성, 철기문화의 확산, 중국 군현 및 왜 계통 물품의 유입 등과 같은 특별한 문화적 변화를 통해 파악할 수 있다.

《삼국지》위서 동이전 왜인조에서 대방군과 왜가 서로 교류할 때 양측은 한반도의 서해안을 지나 남해안의 변한을 거쳐 일본 규슈에 이르는 경로를 활용했다고 전하므로, 가야와 왜 양안은 이른 시기부터 활발하게 교류했다고 추론할 수 있다. 이러한 교류는 한반도 남해안 지역에서 발견되는 왜 계통의 물품과 일본 서부 지역에서 발견되는 한반도 남부 지역 계통의 물품을 통해 구체적으로 확인할 수 있다.

한편 김해 지역에서는 북방과의 교류 관계를 보여주는 호랑이 모양의 청동띠고리와 청동솥, 청동거울 등도 발견되었다. 이들 물품은 내몽골 및 중국 동북 지역에 기원을 둔 유목 기마민족 계통의 것으로, 한반도 서북한 지역을 통해 유입되었을 가능성이 높다. 이들은 김해 중심의 가야가 유지했던 대외 교류의 또 다른 경로를 보여준다.

3세기 후반부터 경주의 사로국이 성장하여 진한을 대표하게 되면서 변한은 진한과 본격적으로 경쟁하기 시작했다. 양측은 낙동강을 경계로 대결하여, 이동 지역에서는 사로국 중심의 진한이, 이서 지역에서는 가야가 각각 정치적인 관계를 강화해 나갔다. 그 결과 낙동강 양안에서는 서로 다른 특징의 묘제와 토기 양식이 전개되었다.

4세기에 들어서 가야사회에서 중대한 사건이 발생했다. 가야의 여러 세력 가운데 고자국古自國·보라국保羅國·사물국史勿國 등 포상의 8국이 반란을 일으킨 것이다. 4세기 초의 사건으로 추정되는 이 반란 때문에 구야국 중심의 가야는 위기를 맞이하였다.

4세기대에 고구려와 경쟁·대립했던 백제는 상황을 자국에 유리하게 이끌기 위해서 다른 세력과의 연대를 모색했다. 근초고왕(재위 346~375)은 중국과 교섭을 추진하는 동시에 가야와도 교섭을 시작하여, 4세기 중반에 이르면 안라安羅·탁순卓淳·가라(고령) 등과 정치적인 관계를 맺기에 이르렀다. 《일본서기》신공기에 등장하는 탁순은 비자발比自㶱·가라와 함께 이 시기 새로 부상한 가야의 세력으로, 탁순의 부상은 당시 가야 내부에서 일어났던 세력 구도의 변동을 보여준다. 여기에 왜가 가야와의 협력을 매개로 4세기 중반 이후 남해안에서 전개되고 있었던 백제와 가야 사이의 교섭 관계에 참여하게 되었다. 백제와 가야의 교섭은 5세기 후반에 고령의 가야국(대가야)이 중국 남조의 제와 통교할 수 있었던 배경이 되었다.

4세기 중반 이후 뚜렷해진 가야 내부의 정치적 변동은 다른 지역에서도 관찰된다. 대표적으로 함안 안라국의 성장이 눈에 띈다. 안라국의 성장은 5세기 초반에 함안 계통의 토기가 부산 등의 낙동강 하구 지역에 집중되는 현상을 통해서 관측된다. 부산 지역의 변화도 주목할 만하다. 부산 지역은 4~5세기대에 정치적으로 신라와 더욱 밀착된다. 이는 부산 복천동 고분군을 중심으로 문화적 양상이 가야의 경향으로부터 신라의 경향으로 변모되는 지역 문화상의 변화를 통해 관찰된다.

왜와 가야의 협력이 강화되면서, 왜와 협력을 시도해 왔던 신라는 가야와의 경쟁에 대처할 목적에서 고구려와의 협력을 강화했다. 특히 신라가 남해안 지역에 본격적으로 진출하여 가야가 유지해 온 남해안 지역의 교류 주도권에 개입하면서, 양측 사이에 갈등이 발생했다. 이때 고구려와 대결했던 백제도 고구려와 협력했던 신라가 남해안 지역으로 진출하려는 움직임을 보이자, 이에 간섭하였다.

왜는 4세기 중반 이후 신라의 동남해안을 공략하여 신라를 견제하였다. 그러다가 4세기 말경 신라가 고구려와의 협력을 배경으로 왜에 적극적으로 대응하자, 왜는 신라의 내륙과 왕경 핵심부를 침입하였다. 결국 왜의 신라 침입 때문에 고구려군의 남정이 촉발되었다(400). 이 남정으로 인하여 400년을 전후한 시기에 한반도 남부를 비롯한 국제 정세는 크게 변동했다.

광개토왕릉비의 비문에 따르면, 고구려군은 남정하여 임나가라任那加羅를 공격하였다. 임나가라는 4세기 후반~5세기 초 단계의 가야의 중심 세력이었다. 고구려군의 남정으로 김해 구야국 중심의 가야의 기존 질서가 크게 흔들렸다. 그리고 이러한 정치적 상황으로부터 영향을 받은 가야의 여러 세력들은 부침을 겪게 되었다. 결국 4세기 중반부터 진행되었던 가야 내부의 세력 구도의 변동에 이어, 고구려·신라가 연합하여 가야·백제·왜의 동맹을 공격하자 구야국 중심의 가야의 세력 질서가 개편되었다. 이후 가야의 세력 질서는 고령 지역의 가라(대가야)를 중심으로 재구성되었다.

5세기 전반부터는 이전 시기와 다르게 경북 고령 지산동 고분군·경남 합천

옥전 고분군·경남 함안 말이산 고분군 등 경북·경남 내륙 지역과 경남 해안 일부 지역에서 구덩식돌널무덤(수혈식석곽묘)으로 대표되는 고총고분이 출현하였다. 특히 각지의 지역색이 유지되는 가운데, 고령 계통의 문화적 요소가 특정 지역들로 확산되어 가는 현상이 주목된다. 이러한 현상은 구야국이 쇠퇴한 이후 가야의 세력 관계를 주도했던 대가야의 발전을 보여주는 증거다.

대가야는 그 국왕이 중국 남제南齊로부터 '보국장군본국왕輔國將軍本國王'의 작호를 받는 등 중국과 긴밀하게 교섭하였다. 아울러 대가야는 왜와도 적극적으로 교류했다. 일본의 유력한 수장묘에서는 대가야 계통의 투겁창, 허리띠 꾸미개, 귀걸이, 말재갈, 말띠드리개, 말머리가리개가 발견되었고 경북 고령 지산동 유적의 44호 무덤에서는 오키나와 산 야광조개 국자가, 경남 고성 송학동 유적의 무덤과 경남 합천 봉계리 유적의 무덤에서는 일본제 경질토기가, 경남 산청 생초 유적의 무덤에서는 왜계 청동거울이 출토되어, 이들을 통해 당시 가야와 왜 사이의 교류 관계를 파악할 수 있다.

5세기 중반이 되면 고구려의 간섭에서 벗어난 신라가 백제와 동맹을 맺고, 여기에 가야가 부응하는 구도가 전개되었다. 가야의 여러 세력들은 4세기 중반까지 신라 중심의 세력 관계에 뒤지지 않는 사회경쟁력을 지니고 있었으나 강력한 중심 세력을 구심점으로 통합되는 과정이 진행되지 못하여 분산적으로 존속했다. 물론 고령의 대가야가 가야 후반의 세력 관계를 주도하였지만, 백제나 신라와 대응할 수 있는 집권체제를 확립하지 못하였다. 결국 가야는 지역 단위로 백제의 영향권이나 신라의 영향권에 포함되다가, 6세기 중엽에 이르러 신라에 개별적으로 복속되었다.

비록 가야가 집권국가로 성장하지 못했지만, 일정 시기 동안 고구려나 백제, 신라와 같은 집권 국가와 대등하게 존재할 수 있었던 배경에는 전성을 유지했던 높은 수준의 철기문화가 자리하고 있다.

가야에서 철은 주로 괭이·낫·따비 등의 농공구류와 갑옷·투구·칼·창 등의 무기류를 제작하는 데 사용되었다. 특히 철정은 철기 제작 소재이면서 동시에 교역 과정에서 교환 가치로도 사용되었다. 철제 농공구류는 가야의 농업생산력 증대에 기여했으며, 철제 무기와 말갖춤은 가야의 군사력 성장에 토대가 되었다.

가야의 무기는 기능에 따라 공격용 무기와 방어용 무구로 구분된다. 공격용 무기로는 칼, 창, 도끼, 화살 등이 대표적이다. 칼자루의 고리 속에 용·봉황·잎 등의 장식이 표현된 고리자루칼은 왕릉급 및 지역 지배자 무덤에서 발견되는데, 무덤 주인공의 신분을 상징하거나 정치적 관계의 결속을 다지는 위세품으로 활용되었다.

방어용 무구인 갑옷과 투구를 철로 만들기 위해서는 단조 기술의 발전이 수반되어야 한다. 철제 갑옷과 투구가 가야 지역에 출현하는 때는 4세기 전반이다. 5세기에 이르러 가야가 고구려, 백제, 신라와 대결하게 되면서 수요가 증가하여, 갑옷과 투구는 가야 전 지역으로 빠르게 확산되었다. 가야의 갑옷은 넓은 철판을 연결하여 만든 판갑옷과 작은 철판을 물고기 비늘처럼 엮어 만든 비늘갑옷으로 구분되는데, 비늘갑옷은 보병들이 착용하는 판갑옷과는 달리 움직임이 자유로워서 기마병들이 주로 착용한 것으로 이해된다. 이러한 갑옷과 투구는 주로 왕릉급 무덤에서 출토되고 있어, 도구 자체의 실용성과 아울러 무덤 부장품으로서의 상징성을 함께 고려해야 할 것이다.

철과 아울러 가야의 역사성을 증언하는 주요 자료가 가야의 토기다. 가야 토기는 원삼국시대의 토기 제작 기술에 고속 회전하는 물레, 고온 소성이 가능한 가마 등 진화된 토기 제작 환경을 활용하여 완성한 토기로 주로 낙동강 서쪽 지역에서 제작·사용된 토기를 의미한다. 일반적으로 가야 토기는 굴가마에서 고온으로 소성되어 주로 무덤에 부장되는 회청색 경질토기와 실생활에서 사용되는 용기인 적갈색 연질토기로 구분된다. 가야 토기의 형태는 신라 토기와 비슷하지만 신라 토기에 비해 기형이 상대적으로 곡선적이며 세련되었다. 이단 굽구멍이 일렬로 뚫린 굽다리접시, 물결무늬가 새겨진 긴 목항아리, 다양한 높이와 형태의 그릇받침 등이 가야 토기를 대표하는 형태다.

가야 토기는 지역에 따라 토기의 형태와 무늬 등 세부적인 면에서 뚜렷한 차이가 있어서 몇 개의 지역 양식으로 구분된다. 대체로 그 경계는 가야 각국의 권역을 나타내므로 이를 통해 각국의 역사상을 추론하기도 한다. 나열해 보면, 금관국과 관련된 부산과 김해 중심의 낙동강 하류 지역, 안라국의

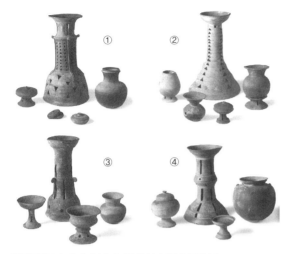

중심지인 함안 지역, 대가야 고령과 그 주변 지역, 소가야로 비정되는 고성·사천·진주 지역 등이 각 지역 양식을 대표한다. 이와 같은 가야 토기의 고유한 지역성은 5세기 후반 신라가 가야 권역으로 세력을 확대하게 되면서 독자적인 원형을 상실하고 신라 토기의 영향을 받아 변모된다. 그 결과 6세기 중반 이

가야 각국의 토기 ① 대가야 ② 소가야 ③ 아라가야 ④ 금관가야

후에는 신라 양식의 토기 문화권에 포함되어 낮은 굽다리접시, 꺾인 목항아리 등과 같은 형태의 토기가 제작된다.

가야의 토기 제작 기술은 5세기 초 무렵 일본으로 전해져 일본 고훈 시대를 대표하는 스에키須惠器의 발생과 전개 과정에 큰 영향을 미치는 등 일본의 토기 제작 기술 발전에 큰 역할을 담당했다. 토기로 대표되는 일본과의 교류는 실제 토기뿐만 아니라 금속제 장신구 및 장식구, 철기, 마구, 무덤 구조 등 다양한 문물의 상호 전파와 사람의 이동을 통해 이루어졌다. 이와 같은 교류의 방향은 일방적인 것이 아니라 한반도와 일본 사이의 호혜 관계를 바탕으로 한 것이며, 그 관계가 한반도에서는 가야사회 내부의 역학 구도 변동과 가야와 백제 및 신라 사이의 정세 변화에 따라, 일본에서는 중앙 정권과 지방 세력 간의 정치적 관계에 따라 대상을 달리하며 유지되었다.

가야 문화를 상징하는 또 하나의 자료는 무덤이다. 가야의 무덤은 시기에 따라 덧널무덤, 구덩식돌덧널무덤, 돌방무덤 등 다양한 형태로 조영되었다. 덧널무덤은 주로 4~5세기에 제작된 무덤 형식으로, 무덤 주인공의 사회적 지위에 따라 부곽이 추가되면서 무덤 규모가 확장된 사례가 많다. 부곽에는 여러 종류의 토기가 부장되었고, 주검이 위치하는 주곽에는 주로 의기, 무기,

말갖춤 등 여러 가지 철제품이 부장되었다. 5세기 전후에 등장한 구덩식돌덧널무덤은 가야를 대표하는 묘제다. 기본적으로 긴 사각형의 구조이나 가야의 여러 지역에 따라 지역적인 차이가 드러난다. 돌방무덤은 백제 무덤의 영향을 받아 만들어졌다. 이 형식의 무덤은 대체로 고령, 합천, 진주 등의 대가야 권역에 분포하는데, 고령 지역의 특색 있는 유물이 부장되다가 신라의 영향이 미치면서 신라 양식의 유물로 부장 양상이 전환되는 특징을 보여준다.

야요이 시대와 고훈 시대를 연결하는 시점과 관련된 가야 역사는 일본의 고대 국가가 성장하는 과정을 설명할 수 있는 중요한 논제가 되기 때문에, 한일 학계에서 가야와 관련된 다양한 학설이 제기되었다. 먼저 일본의 고대 국가가 기마민족에 의해 형성되었다고 보는 기마민족설이 있다. 다음으로 3세기 말경 북방의 부여족이 오늘날의 김해 지역을 점령하여 금관가야(가락국)를 형성하고 왜와 교섭하였다는 부여족남하설이 있다. 그리고 한일 학계에서 가장 큰 쟁점이 되었던 임나일본부설이 있다. 임나일본부설은 임나일본부의 성격을 두고 출장소·출장기관설, 가야의 왜설, 일본 내 분국설, 백제군사령부설, 외교사절설 등으로 다시 구분된다. 다수의 학설은 기본적으로 고대사회를 설명하는 기록 자체의 부족과 부족한 기록이 포함하고 있는 부정확한 역사상으로부터 파생된 이론들이다. 기록의 양과 내용이 불충분한 만큼 해석의 가능성과 상상력은 다양하게 제기될 수 있지만, 원칙적으로 학설의 합리는 역사적 논리로부터 출발해야 할 것이다.

가야 사람들의 삶을 읽을 수 있는 자료들의 대부분은 역사적 실상의 편린에 불과하다. 그러나 소략한 역사 기록에 점차 증가하고 있는 고고학 조사자료가 더해지면서 가야 사람들의 생활상은 보다 풍부하게 파악되고 있다.

기록에서 가야 사람들은 문신의 전통을 가졌고, 술 마시고 춤추기를 좋아하며 비파를 연주하고 노래하였다고 한다.

김해 예안리 유적에서 210구의 인골이 발견되었는데, 그 분석 결과는 가야 사람들의 다채로운 삶의 모습을 증언했다. 두개골의 모습을 통해 가야 사람들은 앞머리를 편평하게 만드는 편두의 전통과 앞니를 뽑는 발치 관습을 지니고 있었음이 실제로 확인되었다. 아울러 인골의 연령 분포를 통해 유아 사망률이 높다는 사실도 파악되었다. 남성 사망률도 높다. 남성 사망자들은 전쟁 사망자일 가능성이 크다. 절반이 화장된 인골을 통해 특별한 장례 풍속도 확인되었다. 또한 예안리의 가야 사람들은 사슴의 골반뼈를 써서 점괘를 보았다는 사실도 추가되었다. 경남 김해 부원동 유적과 경남 창원 도계동 유적에서 발견된 고상 가옥을 통해 가야 사람들의 주거 형태도 추적되었다. 경북 고령 지산동 유적 32호 내 SE-3호 돌덧널무덤에 부장된 굽다리접시에서 대구뼈가 발견되어 해안 지역에서 소금을 이용해서 생산한 자반과 젓갈이 내륙 지역에 공급되었을 가능성이 추정되었고, 이를 근거로 가야 사람들의 식생활에 대한 이해의 폭이 넓어지게 되었다.

2. 통일 신라와 발해, 시대의 두 축

1) 삼국의 통일, 통일 위에 선 신라

통일을 이룬 직후인 7세기 후반, 신문왕神文王(재위 681~692)은 국왕의 집권력을 높이는 차원에서 국가 지배체제를 대폭 정비하였다. 우선 김흠돌金欽突의 역모 사건을 계기로 귀족 세력을 크게 제거하고 정치구도를 재편하였다. 그리고 중앙 정치기구와 지방 행정체제를 정비하였다. 이때 지방 조직은 9주 5소경 체제로 완비되었다. 군사 조직도 정비되어 중앙 9서당 – 지방 10정의 형태를 갖추었다. 문무 관료들에게는 관료전을 지급하였고, 통일 이전 집권체제를 강화하는 과정에서 귀족 관료들에게 사여했던 녹읍을 폐지하여 경제구조에서도 관료 체제를 강화하였다. 그리고 유학 사상을 진흥하고 국학을 건립하여 통일에 따라 변화한 지배 방식을 이념적으로 지지했다.

성덕왕聖德王(재위 702~737) 때에는 양인에게 정전을 지급하는 방법으로 그들이 경작해 오던 토지에 대해 소유권을 인정하여, 지방과 민에 대한 국가의 통제력을 강화하였다. 국가가 국왕 예하의 관료 집단과 양인을 편제하는 목적은 신라사회에서 특수한 신분적 이익을 차지하고 있는 귀족 세력의 권리를 국가로 환원하고 이들로부터 조세 기반인 농민을 보호하기 위한 것으로 이해할 수 있을 것이다. 경덕왕景德王(재위 742~765) 때에는 중앙의 관청과 군현의 명칭을 개정하여 지배체제 강화의 흐름을 이어 나갔다.

통일기 신라의 지방 행정은 지방관으로 파견된 중앙 귀족과 행정 수단을 통해서 이루어졌다. 대표적인 행정 수단으로는 목간과 문서가 있다. 목간은 경남 함안 성산산성의 출토 사례처럼 통일 이전부터 중앙과 지방, 또는 지방과 지방을 연결하는 행정 수단으로 활용되어 왔다. 그리고 일본 도다이지東大寺의 쇼소인正倉院에서 발견된 신라촌락문서는 서원경 근교의 사해점촌沙害漸村·살하지촌薩下知村 및 두 마을에 관한 문서로, 여기에는 대상지의 토지와 노동력·생산자원이 상세하게 기재되어 있다. 이 문서는 조세·역역·공납 수취의 근거로 활용되었을 것이다. 이 문서를 통해, 신라 중앙의 지방 통제력이 지방사회에 대한 상세한 파악을 전제로 이루어졌다는 사실을 알 수 있다.

통일 이후부터 경덕왕대 무렵까지 유지되었던 정치적 안정은 정치권력을 놓고 대립했던 귀족들로부터 발생한 사회갈등에 의해 와해되었다. 특히 진골 중심의 중앙 귀족들은 대토지 소유를 방편으로 경제 기반을 확대하고 이를 바탕으로 사병을 확대하여 권력 쟁탈에 집중했다. 혜공왕(재위 765~780) 때에는 96각간의 난으로 묘사되는 대규모 권력 쟁탈전이 일어나 국왕이 피살되는 사건이 발생하였다.

이후 선덕왕宣德王(재위 780~785)을 시작으로 국왕의 즉위 과정이 정치권력을 놓고 대립하는 귀족들의 결정에 좌우되는 상황이 전개되었다. 그만큼 왕위 쟁탈전이 치열하여, 150여 년 동안 국왕의 재위 기간은 평균 10년이 되지 않았다.

원성왕元聖王(재위 785~798)은 권력 쟁탈에 집중된 정치환경을 개혁하고 국왕의 집권력을 강화하고자 했다. 이러한 목적에서 골품보다는 개인의 학문 능력을 바탕으로 관료를 등용하는 독서삼품과를 시도하였지만 효과적인 운영에는 실패하였다. 그리고 중사성中事省·선교성宣敎省 등의 국왕 근시기구를 설치하였으나 국왕에게 불리한 정치환경 속에서 실효를 거두지 못했다.

822년(헌덕왕憲德王 14)에는 웅천주 도독 김헌창金憲昌이 신라의 중앙정부를 부정하고 지방에서 국명을 장안長安, 연호를 경운慶雲으로 하는 새로운 나라를 세웠다. 이 반란은 당시의 첨예한 권력 쟁탈의 갈등을 대표하는 사건이다. 이 사건을 전후한 시기에 일부 지방 세력들은 중앙 지배체제로부터 이탈하기 시작했고 그 만큼 중앙정부는 지방에 대한 통제력을 상실해 나갔다.

결국 9세기 말에 이르러 신라는 지방 세력의 위력적인 도전을 받고 큰 혼란에 빠졌다. 846년(신무왕神武王 8)에 발생한 장보고張保皐의 반란은 그 혼란을 상징하는 사건이었다. 사회적 혼란이 가중되는 상황에서도 중앙정부와 귀족 세력은 문제 해결을 위해 적극적으로 노력하지 않았다.

통치 능력이 약화된 중앙정부는 귀족의 대토지 소유 확대와 이익 독점 시도를 제어하지 못했다. 오히려 대토지소유자들은 조세를 납부하지 않았고, 이 때문에 농민이 더 많은 조세를 감당하게 되었다.

결국 중앙정부의 무능력과 불평등한 부의 집중이 심화되는 현상은 지배 구조와 경제 이익에서 소외된 계층의 반발을 불러왔다. 6두품인 최치원은 진성왕眞聖王(재위 887~897) 10여 조의 개혁 방안을 제안했으나 수용되지 않았다. 능력 이상의 조세를 부담했던 농민층은 납세 의무를 포기하고 경작지를 떠나 유망하였고 초적이 되거나 반란을 일으키기도 했다. 지방의 촌주, 지방에 근거를 둔 귀족이나 지방관, 해상 세력, 군진 세력, 초적 출신이 호족으로 등장하여 중앙정부를 압박했다. 또 선종 계열의 승려도 구산선문을 세우고 중앙정부의 정치·종교적 질서와 거리를 두었다. 결국 지방의 반정부 세력을 중심으로 새로운 통합이 진행되면서 견훤의 후백제(892), 궁예弓裔의 후고구려(901)·태봉泰封(911), 왕건王建의 고려高麗(918)가 건국되었고 통일기 신라의 공간은 분열되어 나갔다. 936년(경순왕 9) 신라는 고려 태조 왕건에 의해 고려에 귀속되었다.

2) 통일을 그린 문화의 음률

신라의 삼국 통일은 외형적인 차원에서 이루어진 통합이어서, 통일 이후의 문화는 삼국을 질적인 차원으로 아우르지 못했다. 다만 삼국 통일로 신라의 영역이 늘어나면서 문화의 규모와 내용은 확장되었다. 대표적으로 통일 도시이자 국제 도시인 왕경의 면모 속에서 문화적 확장을 읽을 수 있다.

통일을 이룬 신라는 확대된 영역을 효과적으로 관리하기 위하여 지방 행정조직을 9주 5소경으로 개편하였다. 그리고 왕경의 범위를 늘리고 도시 구

> **신라의 시장** 소지마립간 12년(490)에 '시사市肆'라는 관영 상점을 설치하였다. 이후
> 지증왕 9년(508)에 동시가 설치되었고 효소왕 4년(695)에는 서시西市와 남시南市가 추
> 가되었다. 각 시장에는 담당 관리가 배치되었다. 보통 시장은 사방의 재화가 통용되
> 는 경제적 공간인데, 본래 시장의 기능이 정치·종교적인 판결이나 제사와 밀접한 관
> 계를 맺고 있었으므로 정치적 공간으로서의 성격도 농손했다. 그랬기 때문에 시상에
> 대한 국가 권력의 관심은 깊었다. 신라 시장의 역사가 관설시장의 형태로 시작된 사
> 실도 국가 권력의 관심과 관련 깊을 것이다.

조를 정비했다. 경주 서부동·성동동·동천동 일대의 유적에서 발견된 도로와
건물지의 중심 연대가 7~8세기에 이른다는 사실은 통일 이후에 진행된 왕경
의 정비 과정을 설명한다.

왕경이 체계적으로 정비되기 시작한 때는 5세기 중반경이다. 469년 자비
마립간은 왕경의 공간을 방과 리로 정연하게 구획하였다. 이로부터 왕경은
격자형 가로망의 기본 구조를 갖추게 되었다. 이 기본 구조로부터 사방으로
연결되는 도로망과 우편역이 갖추어지고, 시장도 설치되었다. 이 같은 도시
정비는 정치 및 문화 기능과 생산·유통의 경제 기능에서 왕경 개발의 기반이
되었다. 도로로 구획되는 왕경의 공간적 구조는 경주 황룡사지 동쪽 외곽의
왕경 유적 내 도로 유구와 황성동·인왕동 등지에서 발견된 여러 도로 유구를
통해 구체적으로 살펴볼 수 있다. 경주 동천동 유적에서 대량으로 발견된 주
택 시설은 도시 공간의 기초 지표로 이해할 수 있다.

신라 국가가 성장하였던 5~6세기대에 왕경 정비가 본격화되면서, 도시 주
요 지점의 왕궁 및 사찰과 도시 곳곳의 주거 공간, 도시 중심의 묘역, 도시 외
곽의 철·토기·기와 생산 공간 등이 위치를 잡아 나갔다.

영토 확장과 통일을 계기로 국왕 및 수도의 권위를 정립하기 위해서, 왕경
에는 기존의 월성 외에 월성 북쪽의 성동리 전랑지와 같은 궁궐이나 별궁을
새롭게 건립하여 왕궁의 범위가 주변으로 확장되었고, 사찰이나 지배층의
무덤도 왕경 중심부의 평지로부터 주변부의 산지나 구릉으로 옮겨갔다. 그
리고 왕경의 방어 체제를 확립하기 위해 남산신성을 개축하고 주위에 부산

성·북형산성·관문성 등을 배치하였다.

이와 동시에 왕경은 보다 국제적인 모습과 규모로 정비되었다. 이때 참고가 되었던 도시가 당의 장안이었다. 장안을 따라 왕경은 일정한 규격을 갖춘 도시로 변모했다. 바둑판 모양으로 구획된 도시에는 "기와집이 연이어 있고 집집마다 숯으로 밥을 지었다"(《삼국사기》 헌강왕憲康王 6년(880) 9월 9일) 하고 전성기 왕경에는 '17만 8936호'가 살고 있었으며(《삼국유사》 진한조), 귀족들의 화려한 금입택이 39채가 있었고 초가집은 한 채도 없었다고 한다. 물론 이러한 기록은 실제보다 과장되었을 텐데, 그만큼 많았음을 강조하는 내용으로 보면 될 것이다.

본래 이름이 월지였던 안압지도 통일의 의미를 문화적으로 담아내었다. 안압지는 삼국 통일 전후에 조성되기 시작하여 통일 직후인 674년(문무왕 14)에 완성되었다. 안압지는 월성 동쪽의 동궁에 부속된 인공 연못으로, 도교사상의 내용을 반영하여 안압지 내에 신선이 사는 세 개의 섬과 선녀가 사는 12봉우리의 산이 꾸며졌다. 안압지 일대와 동궁으로 추정되는 주변의 건물터에서는 각종 생활용품과 목간, 건축 재료와 시설, 불상 등의 유물이 발견되어 안압지의 성격과 안압지를 이용한 신라 사람들의 용품과 생활 모습을 파악할 수 있게 되었다. 안압지의 조영은 8~9세기대에 해당하는 용황동 원지·구황동 원지 등의 인공 연못이 조영되는 시초가 되었다.

한편 사찰을 통해서 통일 이전부터 통일기까지 신라의 종교와 사상을 살필 수 있다. 신라는 삼국 가운데 가장 늦은 시점(528)에 불교를 공인하였으나, 공인 이후 불교는 신라의 전통사상을 관념적으로 정련하였고 통일 과정에서 호국의 성격을 발휘하면서, 신라 사람들을 결속시키는 기능을 하였다. 이러한 사회적 역할을 기초로 신라에서는 많은 불교 사찰이 건립될 수 있었다. 사찰의 건립은 통일 이전부터 활발해서 황룡사·분황사 등이 세워졌고 통일 이후에는 더욱 성행하여 사천왕사·망덕사·감은사 등이 세워지는 등, 경주 일대에만 60여 개의 사찰이 건립되었다. 《삼국유사》 원종흥법 염촉멸신조의 "절들은 별처럼 흩어져 있고, 탑들이 기러기가 줄지어 나는 듯하다"는 표현은 당시 경주 일대에 가득히 자리했던 사찰들의 모습을 그리고 있다.

사찰의 중심에는 탑이 자리잡고 있다. 기록 속에서 확인되는 황룡사 9층 목탑도 신라 탑을 대표할 수 있지만 일반적으로 신라 탑의 전형은 석탑에 있다. 시대에 따라 탑과 사원의 건축물이 배치되는 방식이 바뀌었다. 통일 이전의 사찰 구조는 황룡사의 가람 배치에서 알 수 있듯이 하나의 금당에 하나의 탑이 위치하는 형태였으나, 통일 직후 세워진 사천왕사와 감은사를 보면 하나의 금당에 두 개의 탑이 위치하는 형태를 갖는다. 이는 석가탑·다보탑을 통해 석가불과 다보불을 대좌시켜 교리를 표현하고자 했던 불국사의 경우처럼 불교신앙의 변화를 반영한 차이라고 할 수 있다.

통일기의 신라 사찰을 대표하는 불국사의 독특한 공간 구성도 당시 신라 불교의 사상적 특징을 설명한다. 사찰 공간은 크게 대웅전·석가탑·다보탑이 위치한 석가의 세계와 극락전이 위치한 아미타불의 세계, 비로전이 위치한 비로자나불의 세계, 관음전이 위치한 관음보살의 세계로 구분된다. 여기서 석가모니의 세계는 가장 넓은 사역을 가지며 전면으로 튀어나오게 지어졌고, 그 서쪽에는 아미타불의 서방 극락정토가 위치하고 있다. 대웅전의 뒤쪽으로는 진리를 상징하는 비로자나불의 세계가 이어져 있고, 그 동쪽으로 중생의 소리에 너그러운 관세음보살의 세계가 갖추어져 있다. 이러한 공간의 특성은 당시 신라 사람들이 이해했던 불교사상의 질서와 관심을 그대로 상징한다.

불국사 가까이에 위치한 석굴암도 신라 통일기의 사상과 문화를 표상한다. 석굴암은 지상 세계를 상징하는 삼백 육십여 개의 돌로 결합된 통로형 전실과 천상 세계를 상징하는 궁륭형 주실로 이루어졌다. 주실 한가운데에 본존불이 위치하는데, 본존불은 통일 신라의 이상적인 조각 가운데서 가장 완성된 모습을 보여주고 있다. 본존의 둘레로 팔부신중, 금강

석굴암 본존불상

역사, 사천왕상, 천부상, 보살상, 십대제자상 등의 불상들이 전실과 주실의 벽을 가득 채우고 있다. 이들은 부처의 설법을 듣기 위해 모인 회중으로 그 회합한 모습은 8세기 중반의 불교사상을 보여준다는 점에서 의미가 깊으며, 신라 통일기 불교 조각의 정수를 대표한다는 점에서도 의미가 크다.

눈을 돌려 불국사와 석굴암, 안압지, 월성의 남쪽을 보면, 신라 사람들의 불교적 이상향인 남산이 위치하고 있다. 남산은 그 자체가 하나의 거대한 사찰로 불릴 만큼, 수많은 불상과 불탑이 산 전체를 뒤덮고 있다. 그 중에는 왕경의 유력자들이 가문의 안녕을 기원하기 위해 신앙 공간으로 조성한 장소도 많다. 신라 사람들은 도시의 편평한 공간에 현세인의 무덤을 만들고 도시 남쪽의 솟아오른 공간에 현세인의 이상향을 만들어 두 개의 세계를 향유했다. 통일을 이룬 자신감이 현실과 이상의 결합을 자신의 공간 속에 직접 실현한 배경이 되었을 것이다.

마립간기의 대표적인 무덤 양식으로서 도시 중심부에 축조되었던 돌무지덧널무덤은 6세기에 들어서면 고구려와 백제의 영향을 받으면서 돌방무덤으로 변화했다. 처음에 돌방무덤은 돌무지덧널무덤의 위치를 따라 도시의 낮은 지대에 축조되었으나, 도시가 개발되면서 경주 분지 주변의 구릉이나 나지막한 야산으로 자리를 옮겨 만들어졌다. 7세기를 전후하여 돌방무덤은 적극적으로 수용되었으며, 더불어 부장 풍습도 바뀌었다. 많은 양의 화려한 물품을 부장하던 종래의 전통과 다르게 이 시기에는 소박한 물품을 소량으로 부장하였다. 돌방무덤의 둘레에는 봉토의 흙이 흘러내리지 않게 돌을 이어 세웠는데, 이로부터 발전한 것이 십이지신상을 새긴 판석으로 이는 신라만의 독특한 양식이다. 무덤 중에는 원성왕의 무덤인 괘릉처럼 전면에 석인을 배치한 형식도 있다. 또한 화장 후 뼛가루를 뿌린 문무왕 수중릉이나 화장 공간으로 추정되는 능지탑 등 불교의 영향으로 화장법을 반영한 무덤이 유행하였다. 이러한 매장 풍습 역시 당시 신라 사람들의 사유 세계를 보여준다.

무덤 전면에 배치한 석인 가운데, 괘릉을 수호하는 무인상은 외국인의 모습으로 묘사되어 있다. 여기에서 관찰할 수 있듯이, 통일기의 신라는 당대

동아시아 세계를 대표했던 당을 중심으로 외부 세계와 활발하게 교류하면서 외래 문물을 적극적으로 수용하였다. 물론 외부 세계와의 교류는 통일 이전부터 계속되어 온 것이다. 마립간기의 유리제품이나 금공제품은 신라가 중앙아시아 및 서아시아와 교류한 사실을 보여준다. 그리고 경주 용강동 돌방무덤에서 나온 인물상 중에서 당 복식을 반영한 문관상과 여인상 및 청동제 십이지신상 등도 신라와 외부 세계 사이의 물적 교류를 설명하고 있다. 특히 중국제 도자기는 우리나라에서 청자 생산이 시작되는 데 직접적인 영향을 주었고, 거울 등의 공예품에는 당에서 유행했던 공예 기법이 베풀어졌다.

통일기의 신라는 나라 시대의 일본과도 밀접한 관계를 유지하였다. 일본 나라 도다이지 소재의 왕실 물품 창고인 쇼소인에는 신라에서 만들어진 금동가위, 금동합, 숟가락, 먹, 종이, 금 등의 공예품들이 보관되어 있다. 특히 보관품 가운데 '매신라물해買新羅物解'는 일본에 온 신라 사람들로부터 일본 유력자들이 신라 물품을 구입하기 위해 작성한 물품 구매 문서로, 당시 두 나라 사이의 국제 교역 양상을 보여준다. 동아시아 세계에서 통일 신라는 중국과 일본을 잇는 주요 지점이었고, 교역의 주인공이었다. 이러한 신라의 교역 능력은 청해진을 기반으로 활약했던 장보고 같은 해상 세력이 출현하는 배경이 되었다.

통일 이후 정립된 신라 문화의 수준 높은 완성도는 《삼국유사》 속의 이야기 중에서, 경덕왕이 당의 대종에게 '만불'이라는 조형물을 바쳤을 때 이를 받은 대종이 조형의 경지에 탄복하여 내놓았던 대답으로 압축할 수 있을 것이다. "신라의 솜씨는 하늘의 조화지 사람의 솜씨가 아니다."

3) 고구려에서 발해로

역사의 흐름에 대한 해석은 일률적일 수 없지만 시간과 시간의 연결, 공간과 공간의 연결이 역사적 논리를 갖추고 있다면 사실에 가까운 해석이 가능하다. 역사상 발해渤海의 존재 의미에 대한 해석이 그러하다.

발해의 시간과 공간은 역사의 논리에 따라 한국사의 역사적 흐름에 있으며, 한국사의 무대다. 특히 발해가 근거했던 만주와 연해주는 청동기시대 문화의 원류 - 고조선의 탄생 - 부여의 흥망 - 고구려의 발전 - 발해의 성쇠 -

일제에 대한 민족 해방 운동의 터전으로 이어지는 한국사의 역사적 공간이었다. 그러나 발해의 시간과 공간에는 현재의 현실적 이익이 접점을 이루고 있어서 서로 다른 입장의 역사적 논리들이 충돌하고 있다. 이러한 상황 속에 발해에 대한 한국사의 역사적 논리가 위치하고 있다.

한국사에서 발해를 강조하는 의미는 고구려의 계승성과 통일 신라와의 공존성에 있다. 역사적으로 발해 사람들은 스스로 고구려와 결연했고, 신라는 발해를 남국에 대한 북국으로 칭했으며, 신라 사람 최치원은 발해를 고구려와 연결했다. 한국사에서 발해는 고구려 멸망 이후 및 신라 통일 이후의 공간적 불완전성을 역사적으로 충전하고 있다.

먼저 발해는 주체적이었다. 원칙적으로 황제만이 사용할 수 있는 연호를 2대 무왕武王(재위 719~737)은 사용했다. 물론 중국과의 대외 관계를 의식하여 왕명을 내세우긴 하였지만, 문왕文王(재위 737~793)의 넷째 정효공주貞孝公主의 무덤에서 아버지 문왕을 '황상'으로 표현하듯, 발해사회에서 발해왕은 황제로 존재했다. 발해의 국왕은 평범한 황제가 아니었다. 고구려의 천손 의식에서 유래한 '하늘의 자손'인 황제였다. 이는 문왕이 일본의 고닌光仁 천황에게 보낸 공식 문서에서 표방한 사실이다. 발해왕은 스스로의 명령을 왕의 격에 해당하는 '교敎'라 하지 않고 황제의 격인 '조詔'라 하여 명령을 담고 조서를 내렸다.

다음으로 발해는 고구려적이었다. 대조영大祚榮이 발해를 세울 때, 고구려 계통의 고씨高氏들이 신하의 주축을 이루었다. 인명이 확인 가능한 사람들 가운데, 왕족인 대씨大氏는 117명이고 그 다음으로 고씨가 63명이다. 신하들만 분석하면 전체에서 고씨는 47.5%를 차지하고 있다. 일본에 사신을 보낼 때에도 스스로 고구려를 계승하였다고 표명하였다. 강왕康王(재위 795~809)은 일본으로 보낸 외교 문서에서 "교화를 따르는 부지런한 마음은 고씨에게서 그 발자취를 찾을 수 있는 것"(《일본일사日本逸史》 권7, 연력 17년 12월 임인)이라고 밝히고 있다. 일본의 역사 기록인 《유취국사類聚國史》의 내용 가운데 "그 나라는 말갈 사람이 많고 고구려 사람이 적지만, 고구려 사람들이 모두 이들을 지배하고 있다"라고 한 서술도 고구려와 밀접한 발해사회의 성격을 말해준다. 최치원은 "옛날의 고구려가 지금의 발해가 되었다"고 단언했다.

668년 고구려가 신라와 당의 연합군에 의해 멸망당한 후, 당은 평양에 안동도호부를 설치하여 고구려의 옛 영역을 직접 지배하고자 하였으나 고구려 유민의 저항이 컸다. 신라가 당을 축출하고 통일을 이룬 이후, 대동강 북쪽에서 만주 지역은 당의 지배를 받았다. 이때 당은 고구려 유민의 저항을 차단하고자 많은 수의 유민들을 당의 내지와 요동 지역으로 분산 이주시켰지만, 고구려 유민들의 저항은 계속되었다. 7세기 말에 이르러 당의 중앙에서는 권력 투쟁이 거듭되었고 지방에서도 반란이 계속 일어나, 중앙정부의 지방 통제력이 약화되었다. 이러한 상황을 기회로 삼은 대조영은 698년 고구려 유민과 말갈족을 이끌고 당의 지배로부터 이탈한 후 동쪽으로 이동하여, 동모산에 도읍을 정하고 진국을 건국하였다.

대조영은 여러 기록에서 '고구려 장수', '본래 속말말갈粟末靺鞨로서 고구려에 붙은 자', '고구려 별종' 등으로 다양하게 묘사되고 있는데, 말갈족 계통이지만 고구려 장수의 역할을 수행했던, 고구려에 동화된 인물로 추론된다. 말갈과 관련하여, 최치원은 "발해의 원류를 따져보면 본래 속말말갈의 무리였으니, 처음에 혹처럼 아주 조그만 집단이었다가 마침내 번성하게 되었다"고 서술하였다. 대조영의 계통도 중요한 문제지만 대조영의 삶, 그리고 그가 발해를 세울 때 고구려 유민들을 규합하여 건국의 원동력을 얻었던 사실까지 고려하여 발해 역사의 시작과

발해 중대성에서 일본에 보낸 문서

사회성격을 파악해야 할 필요가 있다.

발해에는 15명의 국왕이 존재했다. 건국으로 인해 당과 대립했던 발해는 대조영 고왕(698~719) 때인 711년에 당과 외교 관계를 맺고 당으로부터 발해군왕渤海郡王으로 책봉되면서, 공식적으로 국호를 발해라고 칭하였다. 무왕(719~737) 때는 영토 확장에 주력하면서 주변 세력들을 긴장시켰다. 이때 신라는 하슬라주 북쪽 경계에 장성을 쌓았고 흑수말갈黑水靺鞨은 발해와 친선 관계를 파기하고 당과의 관계 복원을 시도했다. 이에 발해는 장문휴張文休가 지휘하는 해군을 보내어 당의 등주를 공격하였고 돌궐·일본과 연계하여 당과 신라를 견제함으로써 세력 균형을 이루었다.

문왕(재위 737~793)은 당과의 관계를 개선하고 신라와 연결로를 개설하여 양측으로부터 문물과 교류 기회를 교환했다. 그리고 중앙 통치기구, 지방 행정 체제를 마련했다. 문왕은 황제명을 사용했으며 불교를 진흥시켰다. 특히 문왕은 불교의 이상 통치자인 전륜성왕에 비견되어 '대흥보력효감금륜성법대왕大興寶曆孝感金輪聖法大王'이란 존호로 인식되었다. 그리고 일본에 대해서는 '천손'임을 강조하였다. 선왕宣王 재위 기간(818~830)에는 북쪽으로 흑수말갈 세력을 제어하여 다수의 말갈족을 복속시켰으며, 남쪽으로 신라 방면까지 진출하였다. 그리고 약화된 당의 지배력을 파악하고 요동 지역으로 진출하여 최대의 영토를 획득하게 되면서 '해동성국海東盛國'이라는 이름을 얻었다.

그러나 10세기에 들어서면서 거란契丹이 일어나 동쪽으로 세력을 뻗치고 발해를 위협하였다. 이때 발해는 국제 정세의 변화를 읽지 못하였고 사회 내부에서는 귀족들 사이에서 권력 투쟁이 격화되었다. 결국 발해는 중원으로 진출하기 위해 배후의 평온을 목표했던 거란의 침입을 받아 926년에 멸망하였다. 이후 거란은 발해의 영지에 동쪽 거란국이라는 의미의 동단국東丹國을 건국했으나 발해 유민의 저항으로 안정을 확립하지 못했다. 발해가 멸망한 이후, 후발해 및 정안국定安國의 건국이나 대연림大延琳의 부흥 운동 등의 움직임으로 발해 재건 노력이 계속되었지만 모두 실패하면서, 발해의 공간은 한국사의 역사적 공간으로부터 멀어지게 되었다.

발해의 주체성은 국왕의 호칭, 연호의 사용 등에서도 확인되지만 행정 조직에서도 드러난다. 발해의 행정 조직은 국왕 중심의 집권체제를 뒷받침하였다. 중앙관제는 3성 6부를 근간으로 하는데 이는 당의 제도를 수용한 형태면서도, 운용에서는 정당성政堂省이 중심이 되어 선조성宣詔省과 중대성中臺省을 총괄하는 독자성을 가졌다. 영역을 아우르는 행정 체제로는 5경 15부 62주를 갖추었다. 중앙군으로는 8위가 확인되고 지방군은 지방 조직의 실정에 따라 편성한 점이 특징적이다.

5경으로 완성된 발해의 수도 체제는 넓은 영토를 효과적으로 통치하기 위한 목적에서 갖추어졌다. 발해는 국가의 발전 과정과 연계하여 상경上京·중경中京·동경東京 등으로 천도하였는데, 이 가운데 중심 수도는 상경성이다. 주요 도시에 설치된 발해의 도성은 모두 평지에 위치하며, 사각형의 외성 내에 궁성과 황성이 구분되어 건립되는 특징을 갖는다. 특히 중심지인 상경성은 성의 구조와 규모에서 당의 장안성과 가깝다. 도성을 포함하여 주거지, 사원에 대한 고고학 조사를 통해 발해 건축의 특징이 파악되고 있다. 특히 상경성의 건물터에서 발견된 다듬은 기둥받침돌과 녹색 유약의 기둥받침돌장식, 용머리 기단장식품, 다양한 문양 및 문자 기와 등의 건축 부재에는 발해의 건축 기술과 특유의 미감이 표현되어 있다.

발해의 사회 경제 구조를 보면 지배층의 대부분은 고구려계 귀족들이었으며 여기에 말갈 사람 일부가 포함되어 있었다. 그리고 대부분의 말갈 사람들은 피지배층을 구성하였다. 이들은 촌락에 거주하면서 주로 농업과 목축 및 수렵에 종사하였다. 촌락을 매개로 하는 수취와 행정은 '수령'이라 불린 촌의 장을 통해 이루어졌고 사회의 최하층에는 천민이 존재했다. 기본적으로 발해의 사회구조는 주민 구성의 근간이 된 말갈사회의 기초 조직을 인정하면서 이를 집권체제에 포괄하는 형태였다.

발해의 귀족들은 외국에서 수입한 비단으로 만든 옷을 입었는데 지위에 따라 옷매무새가 달랐다. 무덤벽화를 참고하여 보면, 옷의 기본 형태는 '포'라고 불리는 단령이었다. 허리에 순금이나 가죽 등 다양한 재료로 만든 허리띠를 착용하여 단령을 정돈했다. 머리에는 복두를 썼고 발에는 검은 가죽신 혹은 미투리를 신었다. 여성들은 여러 형태의 장신구로 머리를 장식하고 몸을 치장했다. 겨울에는 담비나 표범 가죽으로 제작한 갖옷을 입고 추위를 막았다. 발해에서도 옷감을 생산했다. 옷감으로는 용주의 명주, 현주의 마포, 옥주의 면포가 알려져 있다.

노성의 벼가 발해의 특산물 항목에 포함되지만 자연 환경이 기본적으로 논농사에 적합하지 않아서, 발해 사람들은 잡곡을 주식으로 삼았을 것이다. 발해 건국 이전에 물길과 말갈은 조·보리·메기장 등을 경작하였고, 연해주에 위치한 발해 성터에서 콩·메밀·보리·수수 등의 잡곡이 발견되어 발해 사람들의 주식을 예상할 수 있다. 곡류 이외에도 사육이나 사냥을 통해 얻은 각종 동물들을 식용 자원으로 활용하였으며, 바다와 접해 있었기 때문에 해양 자원도 이용하였다. 옛 부여 지역의 사슴, 막힐부의 돼지, 태백산의 토끼, 미타호의 게·붕어, 남해부의 다시마, 환도의 오얏, 낙유의 배 등이 발해의 특산물로 알려져 있다.

발해 사람들은 주로 토기나 유약을 바르지 않은 도기를 이용해 음식을 담았다. 물론 발해의 귀족들은 유약을 바른 도기나 당의 영향을 반영한 삼채 도기를 사용하였다. 발해인들은 대개 움집에서 살았으나 왕족이나 귀족 등 지배 계층은 기와를 사용하여 완성한 저택에서 거주하였다. 집 안은 구들 시설을 활용하여 난방을 하였다.

무덤으로 흙무덤, 돌무덤, 벽돌무덤 등이 확인된다. 흙무덤은 발해가 건국되기 이전부터 말갈족들이 조성했던 무덤 형식이다. 돌무덤은 돌방무덤, 돌덧널무덤, 돌널무덤로 구분된다. 그 가운데 정혜공주貞惠公主의 무덤으로 대표되는 흙무지돌방무덤이 발해 무덤의 주류를 형성하였는데, 그 기원은 고구려의 무덤 양식에 있다. 벽돌무덤塼築墓은 당으로부터 영향을 받은 형태로 정효공주의 무덤이 대표적이다. 무덤 벽은 당의 양식처럼 벽돌을 이용해 쌓았으되 천장은 고구려 양식대로 평행고임으로 완성하여, 두 양식이 결합된 양상을 보인다. 매장 방식으로 단독장, 부부 합장, 발해의 매장 습속인 다인 합장 등이 확인되었다. 발해에는 무덤 위에 건물을 짓는 풍습이 있었는데, 불교가 성행하면서 건물은 정효공주 무덤처럼 탑으로 교체되었다.

발해인의 정신세계에서 큰 비중을 차지한 사상은 불교다. 지금까지 40곳

이상의 사찰 터가 발견되어 부분적이지만 발해 불교의 성격을 관찰할 수 있다. 사찰 터의 대부분이 상경, 동경, 중경 등 지배층들이 거주했던 도성에서 집중적으로 확인되어, 아직까지 발해의 불교는 지배층을 중심으로 유행하였다고 이해되고 있다. 정효공주 무덤이나 마적달 무덤과 같이 왕족 및 귀족의 무덤에는 무덤탑과 능사가 조성된 사례가 많아 불교가 지배층의 장례에 중요한 영향을 주었다고 할 수 있다. 쇼소인 소장의 문서에 따르면 762년(문왕 26) 일본에 사신으로 갔던 왕신복 일행이 일본 도다이지의 예불에 참석하였는데, 이 일은 발해의 지배층 사이에서 불교가 널리 유행한 사실을 보여준다. 특이하게도 발해 불교에서는 당의 불교 요소와 더불어 경교 및 유교와 접합된 모습도 관찰된다. 이와 같은 종교의 공존은 구체적으로 연해주의 아브리코스 절터에서 발견된 경교 십자가가 새겨진 점토판과 유교적 이상이 표현된 정효공주 무덤의 묘지문에서 확인할 수 있다.

기록에 따르면 발해는 당으로 유학생을 파견하여 유학을 습득했다. 9세기에는 외국 유학생을 위해 당이 특별히 개설한 빈공과의 급제자 명단에 발해 사람들이 포함되고 있다. 당에서 유학을 학습하는 과정에서 발해 사람들은 신라 사람들과 자존심을 내세워 경쟁하기도 했다. 당의 빈공과 급제자 출신인 최치원은 874년(경왕景王 5)에 발해 사람 오소도烏炤度가 신라 사람을 제치고 빈공과에 장원을 했다는 소식을 듣고 그 충격을 토로하기도 하였다.

발해의 예술은 벽화와 음악이 대표한다. 벽화로는 정효공주 무덤과 삼릉둔 2호 무덤의 벽화가 대표적인데, 두 무덤에 그려진 여러 인물과 장식 도안들을 통해 무덤 주인공의 삶, 발해 복식, 발해 미술의 수준 등을 이해할 수 있다. 벽화는 먹으로 직접 윤곽선을 그려 마무리를 짓는 철선묘의 방법으로 완성되었다. 대체로 인물의 표현은 불교 조각을 중심으로 전형화된 당의 풍격을 반영하였다.

발해 음악은 일본의 기록에 자주 등장한다. 그 내용 중에는 740년(문왕 4) 정월에 발해 사신 이진몽已珍蒙 일행이 쇼무聖武 천황 앞에서 '본국의 음악'을 연주한 사실이 있다. 그리고 749년(문왕 13)에 일본 나라 도다이지에서 개회된 법회에서는 발해악이 대당악·오악과 함께 연주되었다. 그 후로 일본 조정에서는 자국의 유학생을 발해로 파견하여 발해 음악을 배우도록 하였다. 이 흐름은 10세기까지 이어져, 일본에서는 발해악을 전수받고 연주했다. 한편 송宋에는 발해금이 있었다고 전한다. 발해의 현악기를 짐작할 수 있는 기록이다.

발해에는 '답추'라는 춤이 있었다. 거란의 유하관 근처에서 발해 유민들이 춤을 추던 모습이 기록으로 남아 있는데, 기록에서 답추는 노래와 춤을 잘 하는 사람 여러 명이 앞서고 그 뒤를 남녀가 따르면서 서로 화답하고 노래 부르며 빙빙 돌고 구르는 모습으로 묘사되어 있다.

발해는 스스로의 역사적 상황에 따라 바깥 세계와 관계를 맺고 풀었다. 건국 초기에는 급변하는 대외 정세 때문에 안정적인 대외 관계를 지향하였고, 국가 체제가 정비되어 안정에 이른 후에는 주변의 국가들과 활발하게 교류하였다. 발해의 교류는 다섯 개의 주요 경로를 통해 이루어졌다. 수도 상경의 용천부에서 바다를 통해 일본과 연결되는 일본도, 동해 연안을 따라 신라와 왕래했던 신라도, 부여를 통과하여 거란으로 이어지는 거란도가 있었다. 그리고 당과 왕래하던 두 개의 길이 있었는데, 하나는 서경 압록부를 지나 바다를 통해 요동 반도에서 발해만을 거쳐 산동 반도에 이르는 조공도, 다른 하나는 육지를 따라 당의 동북 지방의 거점인 영주로 통하는 영주도다. 이 다섯 경로에 발해의 수도에서 남부 시베리아와 중앙아시아로 연결되는 모피 교역로인 '담비의 길'이 더해지고 있다. 발해는 이렇게 구축된 경로를 활용하여 국가를 효율적으로 통치하고 주변의 여러 세력과 만나서 교류했다.

4) 고구려를 새긴 발해 문화

고구려와 역사적 계승 관계를 갖는 발해는 문화적 측면에서도 고구려의 전통을 여러 모습으로 계승하였다.

발해 사람들이 사용한 기와의 무늬 가운데 대부분을 차지하는 것이 연꽃무늬인데, 이 연꽃무늬를 찍은 막새기와는 문양이나 제작 기법에서 고구려 기와와 매우 유사하다.

발해 사람들은 난방 시설이 갖춰진 가옥에서 거주했다. 실내 난방은 대개

온돌 시설을 활용하여 해결했다. 온돌은 아궁이에 불을 지펴서 발생한 열기를 열이 지나는 구들의 고래로 통과시켜 구들의 전체나 일부를 데우는 난방 방식이다. 고구려에서도 거주 공간의 바닥 아래에 구덩이를 연결하여 열이 지나는 통로를 만들고 아궁이에 불을 지펴 실내를 따뜻하게 하였다. 이는 고구려의 독특한 전통으로, 특히 벽을 따라 설치된 발해의 쪽구들은 고구려식 난방 장치다. 이러한 시설은 수도 상경성의 궁성과 함남 신포시 오매리 절터뿐만 아니라 말갈 유적으로 파악되는 흑룡강성 동녕현 단결 유적, 연해주 일대에서 발견되어, 지배층과 일반 주민에 이르기까지 폭넓게 사용되었음을 뒷받침하며, 고구려의 문화적 특징을 계승한 발해 문화의 성격을 보여주는 근거가 되고 있다. 또 발해의 성터에는 고구려 산성의 특징인 치 및 옹성과 유사한 시설이 갖추어져 있어 고구려와의 개연성을 발견할 수 있다.

발해의 토기는 그릇 모양이나 제작 기법에 따라 크게 고구려계와 말갈계로 나뉜다. 특히 고구려계 토기는 고구려의 제작 방식을 계승해 물레를 사용하여 제작되었으며, 토기를 소성하는 온도가 말갈계에 비해 상대적으로 높다. 흑색이나 회색을 띠는 토기의 색감이나 형태에서도 고구려와 상관성이 높으며, 고구려 토기를 대표하는 나팔모양 단지도 확인되었다.

발해의 다양한 무덤 형식 중에서 주류는 흙무지돌방무덤이다. 특히 발해의 흙무지돌방무덤은 고구려 후기 양식을 그대로 계승하였다. 정효공주의 무덤처럼 당의 양식적 영향이 두드러지는 벽돌무덤 가운데 평행고임을 통해 완성한 고구려 양식의 천장을 갖춘 무덤도 발견되었다.

발해의 불교는 고구려로부터 계승되어, 발해의 영역 가운데 본래 고구려의 주요 지역이었던 중경·동경 등지에서는 고구려 불교의 흔적이 전승되고 있다. 특히 고구려 불교의 영향력은 여러 곳에서 발견된 불상들을 통해 볼 수 있다. 상경성이나 팔련성 절터에서 대량으로 발견된 전불은 납작한 형태의 중국이나 일본의 특징과 다르게 상대적으로 둥글고 입체적이어서, 평남 원오리 절터에서 출토된 고구려의 사례와 흡사하다. 또한 고구려의 책성 지역인 발해의 동경 부근에서 고구려 계통의 이불병좌상이 집중적으로 발견되었는데, 이불병좌상은 고구려 전래의 법화신앙과 관련될 수 있다. 과거 고구려 영역의 바

발해 이불병좌상

끝에 해당하는 상경성 지역에서는 관음상이 주로 발견되고 있는 것과 대조적이다. 함남 신포시 오매리 절터의 발해 문화층에서는 고구려에서 제작된 금동판이 출토되어 고구려와의 역사적 관련성을 확인할 수 있다.

이처럼 무덤 형태, 주거 방식, 성의 시설, 불교 사상 등을 통해 발해는 고구려 문화를 계승하였다는 사실을 이해할 수 있다. 그러나 이러한 이해와 동시에 발해가 고구려 문화만을 계승한 것은 아니라는 점도 유의해야 할 것이다. 발해는 다양한 사회의 문화를 수용했다. 한국사에서 발해가 지니는 역사적 의미는 거듭 강조되어야 하면서도, 그 강조는 역사적 근거에 정직하게 기초해야 함을 발해 문화의 다양성이 보여주고 있다.

5) 고려를 부른 시대의 전조

통일 이후 신라는 통일의 규격과 의미에 맞는 통합을 이룩하지 못했다. 여전히 신라 국가는 중앙 지배층의 기득권을 우선시하여 사회를 운용했다. 이 기득권은 폐쇄적 신분제인 골품제에 근거하고 있었다. 골품의 제약은 개인의 지적 능력이나 지방 세력의 정치·경제적 기여로도 극복할 수 없었다.

통일 이후 신라의 중앙은 풍족했다. 금입택으로 불리는 귀족의 저택과 큰 규모의 사찰들이 왕경 곳곳을 수놓았다. 그리고 동아시아와 그 너머에서 온 사람들이 진귀한 물품을 쏟아내고 구매자를 만났다. 너무 풍족해서일까. 더 가지기 위한 욕망은 풍족했던 지배층들을 권력 독점의 다툼으로 몰아넣었다. 더 많은 권력을 얻고자 하는 욕망이 역설적으로 힘을 잃게 만들었다. 권력 쟁탈전의 혼란으로 신라 중앙정부는 지방 통제력을, 중앙 귀족들은 경제 기반을 상실해 갔다. 이 상황은 중앙에는 절망이었지만 지방에는 희망이었다. 지방 세력들은 꾸준히 성장하면서 이탈을 기획하였다. 지방의 이탈은 중앙정부의 조세 기반과 귀족의 경제 기반의 상실을 의미한다.

지방 세력들은 자신의 지녔던 사회·경제적 지위를 정당하게 위치 짓기 위해 신라를 부정하는 방법을 선택했다. 이로부터 9세기 말이 되면 다양한 출신의 호족들이 자신의 세력을 형성하고 발휘하였다. 그 결과 견훤을 중심으로 후백제가 건국되었고 궁예에 의해 후고구려가 탄생하였다. 그리고 왕건을 중심으로 세워진 고려가 뒤를 이었다. 그 넓었던 신라의 영역들은 어느새 후백제로, 후고구려로, 고려로 탈바꿈하였다. 이제 신라는 끝까지 골품을 놓지 않았던 경주의 귀족만 남았다. 골품으로 소외시켰던 지방에 의해 이제 골품이 소외를 당하게 되었다. 정치적·물리적 통합을 화학적 통합으로 나아갈 수 없게 만든 원인이 신라를 역사가 출발했고 골품을 배태했던 그 작은 공간인 경주로 되돌려 버린 것이다. 고려는 신라의 한계, 신라 통일의 한계를 너무나도 잘 알고 있었다.

참고문헌

한국역사연구회, 1989, 《한국사강의》, 한울아카데미
한국역사연구회, 1992, 《한국역사》, 역사비평사
국립경주박물관, 1996, 《신라인의 무덤》
부산경남역사연구소, 1996, 《시민을 위한 가야사》, 집문당
국립중앙박물관, 1997, 《한국 고대의 토기》
경상북도, 1998, 《가야문화도록》
한국역사연구회, 1998, 《삼국시대 사람들은 어떻게 살았을까》, 청년사
국립중앙박물관, 1999, 《백제》
박현숙, 1999, 《백제이야기》, 대한교과서
김기흥, 2000, 《천년의 나라 신라》, 창작과비평사
국립경주박물관, 2001, 《신라황금》
한국생활사박물관 편찬위원회, 2001, 《한국생활사박물관 3(고구려생활관)》, 사계절
한국생활사박물관 편찬위원회, 2001, 《한국생활사박물관 4(백제생활관)》, 사계절
한국생활사박물관 편찬위원회, 2001, 《한국생활사박물관 5(신라생활관)》, 사계절
국립경주박물관, 2002, 《문자로 본 신라》
김태식, 2002, 《미완의 문명 7백년 가야사 1》, 푸른역사
한국생활사박물관 편찬위원회, 2002, 《한국생활사박물관 6(발해가야생활관)》, 사계절
국립중앙박물관, 2003, 《통일신라》
서울대학교박물관·동경대학교문학부, 2003, 《해동성국 발해》, 서울대학교출판부

국립창원문화재연구소, 2004,《한국의 고대목간》
이한상, 2004,《황금의 나라 신라》, 김영사
한국역사연구회 고대사분과, 2004,《고대로부터의 통신》, 푸른역사
경기도박물관, 2005,《우리 곁의 고구려》
고구려연구재단 편, 2005,《다시 보는 고구려사》, 고구려연구재단
고구려연구재단 편, 2005,《새롭게 본 발해사》, 고구려연구재단
고려대학교박물관, 2005,《한국 고대의 Global Pride, 고구려》
국립중앙박물관, 2005《국립중앙박물관》
경기도박물관, 2006,《한성백제》
국립공주박물관, 2006,《한성에서 웅진으로》
김정배 편저, 2006,《한국고대사입문》(1~3), 신서원
복천박물관, 2006,《선사·고대의 제사 풍요와 안녕의 기원》
국립가야문화재연구소, 2007,《가야무덤》(Ⅰ·Ⅱ)
동북아역사재단 편, 2007,《고구려의 정치와 사회》, 동북아역사재단
박천수, 2007,《새로 쓰는 고대한일교섭사》, 사회평론
이희준, 2007,《신라고고학연구》, 사회평론
한국고고학회, 2007,《한국고고학강의》, 사회평론
국립중앙박물관, 2008,《영원한 생명의 울림 통일신라조각》
서울시사편찬위원회 편, 2008,《한성백제사》(1~5)
한국사연구회 편, 2008,《새로운 한국사 길잡이(上)》, 지식산업사

3부
고려시대

개 관

고려는 새로운 통일왕조로서 고대사회에서 중세사회로 이행하는 우리 역사의 내재적 발전을 의미하는 커다란 역사적 의의를 지니고 있다. 고려는 신라 말의 호족과 6두품 출신 지식인을 중심으로 성립하였는데, 신분에서는 신라의 골품제 사회보다 훨씬 개방적인 성격을 가지고 있었다. 통치체제도 과거제를 수용하는 등 신분보다는 능력을 중시하는 사회로 차츰 이동하고 있었던 것이다. 특히 사상적으로는 유교 정치 이념을 수용하여 고대적 성격을 벗어나고 있었다. 이는 고려사회가 이전의 남북국 시대에 비하여 효율적이고 합리적인 방향으로 발전한 것을 보여준다.

불교와 유교의 조화 속에 순조롭게 발전하던 고려사회는 문벌귀족의 갈등, 무신정변 등으로 내부적인 사회모순과 외적의 침입으로 커다란 혼란을 겪게 되었다. 그러나 이는 신분이 낮은 사람도 출세할 수 있는 사회의 개방성이 강화되는 계기를 가져왔으며, 줄기찬 항쟁으로 외적의 침입을 극복하는 민족의 단결력을 가져오기도 하였다.

결국 고려 말에는 새로운 사상인 주자학을 수용한 신진 사대부가 등장하면서 권문세족을 물리치고 새로운 사회로 전환하는 계기를 만들어 내게 되었다.

1. 고려로 수렴된 후삼국

1) 흔들리는 신라사회

신라사회의 동요는 진골 귀족의 권력 다툼과 농민의 봉기 등으로 야기되었다. 먼저 진골 귀족의 권력 다툼은 768년(혜공왕 4) 최고 관위였던 각간 대공이 난을 일으키자, 전국 96명의 각간이 참여하여 3개월간 싸움을 벌인 96각간의 난을 계기로 시작되었다. 비록 혜공왕과 그의 지지 세력을 축출하려던 시도는 실패하였지만 이 난을 계기로 귀족들의 반란이 계속되는 가운데 780년 혜공왕이 살해되었다는 점에서, 96각간의 난은 전제왕권의 붕괴와 귀족들의 왕위쟁탈전의 시작을 알리는 서막이었다. 그러한 사실은 국왕 직속 집사부의 책임자 중시보다 화백회의 의장 상대등의 권위가 강화된 것이나, 혜공왕이 죽은 뒤 150여 년 동안 20여 명의 왕이 바뀐 것에서 잘 알 수 있다. 아울러 왕이 되기 위한 진골 귀족들의 권력 다툼은 물론이고 내물왕계에 밀린 무열왕계 김헌창이 822년 웅주(공주)에서, 그리고 김우징金祐徵이 신무왕이 되도록 협조한 장보고가 846년 청해진에서 반란을 일으키는 등 지방에서의 반란도 신라사회를 동요시켰다.

농민봉기도 이 동요를 가중시켰다. 농민봉기는 9세기 말 흉년과 전염병이 계속 발생하여 농민의 생활이 어려워지고 왕과 귀족들의 사치와 향락으로 조세 수탈이 가중되자, 889년(진성여왕 3) 원종元宗과 애노哀奴의 난을 시작으로 발생하였다. 죽주(죽산)에서 기훤箕萱, 북원(원주)에서 양길梁吉이 농민들과 유랑민들을 이끌고 활동하였는데, 896년에는 붉은 바지를 입은 적고적이 서남쪽에서 주현의 백성들을 참혹하게 죽이고 경주 서부 모량리까지 와서 민가를 위협하고 약탈을 자행하였다. 각 지방에서 봉기한 농민군은 차츰 세력을 키워 중앙정부와 귀족에 대항하는 집단으로 성장하였고, 이러한 집단을 국가로 발전시킨 주인공이 바로 견훤과 궁예였다.

2) 후백제, 백제 부흥의 기치

견훤은 농민 출신으로 장군이 된 아자개阿玆蓋와 무진주 호족의 딸 사이에서 태어났다. 로마를 세운 로물루스 형제가 늑대 젖을 먹고 자란 것처럼 어렸을 때 범이 와서 젖을 먹였다는 설화가 있는 견훤은, 자라서 신라군에 들어가 서해 남쪽 지방의 방어를 담당하는 비장이 되었다. 견훤은 농민봉기가 활발하던 892년 휘하의 병력을 이끌고 서남 지역의 여러 고을을 차지하고 무진주까지 점령하였다. 그 후 북으로 진격하여 완산주(전주)를 점령한 다음, 900년(효공왕 4)에는 완산주를 수도로 정하고 의자왕의 오랜 원한을 설욕하겠다면서 스스로 후백제왕으로 칭하고 관부를 설치하였으며 사신을 오월에 보냈다.

후백제는 그 후 차령산맥 이남의 충청도 지방까지 차지하여 옛 백제 영토의 대부분을 수복할 정도로 세력을 떨쳤다. 이렇게 견훤의 후백제가 급속도로 성장할 수 있었던 것은 실전 경험을 갖춘 전문적인 군사력을 보유하고, 책사인 최승우를 비롯하여 승려와 유학생 등 지식인들을 잘 포섭하였으며, 의자왕의 원수를 갚고 백제를 부흥시키겠다는 주장이 옛 백제 땅에 살았던 호족과 백성들의 지지를 얻었기 때문이다. 특히 백제 부흥의 기치가 옛 백제 지역의 민들에게 호소력을 발휘하였던 것은 통일신라 시대에 백제 유민이 받은 고통이 컸기 때문이다. 그러한 사실은 《송고승전宋高僧傳》에 잘 반영되어 있다. 즉 "사냥꾼인 진표가 반찬을 만들기 위해 버들가지에 개구리를 꿰어 물 속에 두고 깜빡 잊었다가 다음 해 봄에 갔는데, 개구리 울음소리를 듣고 기억이 나서 그 물 속을 보니 입과 배가 버들가지에 꿰인 개구리가 아직 살아 있음을 보고 풀어주고 출가하였다"는 내용이 그것인데, 버들가지에 꿰어 괴로움을 겪으며 겨울을 보낸 개구리는 바로 백제 유민으로서 그들은 백제의 부활을 간절히 원했다는 것이다.

한편 견훤도 왕건처럼 호족들을 포섭하기 위해 순천 지역 호족의 딸과 결혼하고 광주와 순천 지역의 호족을 사위로 맞이하는 혼인정책을 시행하였으며, 호족에게 특정 지역의 지배를 인정하는 대신 충성을 약속받기 위해 호족의 자제를 완산주에 머무르게 하는 정책도 시행하였다. 아울러 견훤은 충청도 합덕지를 수리하여 현지에 주둔한 군인이 스스로 군량을 마련하는 둔전정책을 시행함으로써 군대가 위치한 주변 지역 호족의 경제적 부담을 줄여주어 그들의 이탈을 막고 농업 생산력도 향상시키려 한 점이 돋보인다.

하지만 견훤은 927년(경애왕景哀王 4) 경주를 습격하고 경애왕을 죽여 신라 지배층의 반감을 샀고, 후백제군은 조물성 및 공산 전투 등에서 고려군에 승리하였으나 930년(태조 13) 고창(안동)전투부터 패배의 길로 들어섰다. 특히 견훤이 넷째 아들 금강을 후계자로 선정하자 장남 신검과 그를 추종하던 세력이 쿠데타를 일으켜 견훤은 권력을 잃고 후백제도 멸망의 길로 들어서게 된다.

3) 태봉, 미륵 세상과 대동방국의 조형

신라의 왕자였던 궁예는 권력 다툼에서 밀려나 어린 나이에 세달사의 승려가 되었다. 때문에 신라에 대한 적개심과 복수심이 강하였다. 궁예는 농민 봉기가 한참이던 891년 세달사를 떠나 죽주에 있던 기훤의 부하가 되었다가 얼마 후 북원(원주)과 국원(충주) 일대를 근거지로 한 호족 양길의 부하가 되어 명주(강릉)·철원 등을 정복하였다. 궁예는 정복전쟁을 치르면서 추종자가 많아지고 세력이 커지자 양길에게서 독립하여 896년 왕을 칭하였고, 899년 양길과의 싸움에서 이겨 세력을 확대한 다음 901년(효공왕孝恭王 5) 송악(개성)을 수도로 해서 후고구려를 건국하였다. 궁예가 장악한 지역은 대부분 옛 고구려 영토였으므로, 통일 신라에 대한 지역민의 반감을 활용하여 그들로부터 지지를 얻기 위해 고구려 부흥을 내세웠다. 궁예는 903년 왕건을 보내 후백제의 금성(나주)을 점령하여 서해 해상권을 장악하는 등 영토를 계속 확장하였고 911년에는 후삼국 영토의 3분의 2 정도를 차지하였다.

궁예는 904년 국호를 대동방국을 뜻하는 마진摩震으로, 연호는 무태武泰(904)·성책(905)으로 바꾸고 수도를 철원으로 옮겼으며, 911년에는 국호를 천지와 상하가 잘 어울린다는 태봉으로, 연호는 수덕만세水德萬歲(911)·정개政開(914)로 바꾸었다. '후고구려→ 마진→ 태봉'으로의 국호 변경은 궁예가 단순한 고구려의 부흥을 꾀하는 것이 아니라 신라와 후백제를 포용하는 거대한 동방국가를 세우겠다는 꿈이 담긴 것이다. 하지만 이러한 국호의 변경은 고구려 제일주의의 포기를 의미하여 옛 고구려 지역 호족들의 반발을 초래하였다. 아울러 궁예는 석가모니 부처를 따르는 현재의 불교계가 타락했다면서 석가를 신봉하는 종교 체제를 부정하고, 인간 수명이 8만 4천 세까지 연장되고 배고픔·질병·전쟁 등이 없는 미륵 세계를 열겠다며 스스로 미륵불이라고 주장함으로써 불교계의 저항도 초래하였다.

따라서 918년 궁예가 몰락한 주요 원인을 태봉 세력이 강해지자 궁예가 전제군주가 되고 미륵신앙에 빠져 의심도 많아지고 포악해져 부인과 자식을 비롯하여 장수와 관리 등을 함부로 죽여서라고 하였지만, 국호 변경으로 인한 옛 고구려 지역 호족들의 기득권 부정에 대한 반발과 미륵 세계에의 지향에 대한 석가를 신봉하는 불교계의 저항도 궁예의 몰락과 깊이 관련되어 있음을 알 수 있다. 역사는 승자의 편에서 서술되는 것이지만, 패자인 견훤과 궁예에 대해서도 그들이 실패한 이유와 함께 어떤 장점이 있어 국가를 세울 수 있었으며 그들의 정책이 갖는 우수성이 무엇인지 등을 객관적으로 서술할 필요가 있다고 하겠다.

4) 후삼국을 엮어 완성된 고려

왕건은 30세인 906년 바다 한가운데에 솟아오른 9층 금탑 위에 올라가는 꿈을 꾸었는데, 918년 궁예를 축출하고 홍유洪儒·배현경裵玄慶·신숭겸申崇謙·복지겸卜智謙 등의 추대를 받아 왕위에 올랐다. 즉위 후 국호를 고구려를 계승했다는 의미에서 고려로 바꾸고 연호도 천수天授로 고쳤으며 수도를 자신의 근거지인 송악으로 옮겼다. 왕건은 우선 궁예의 폭정이 왕실만 살찌웠다고 비판하면서 백성들을 안정시키기 위해 조세와 역의 부담을 줄이고, 경제적 어려움으로 어쩔 수 없이 노비가 된 자는 양인으로 환속시켜 주었다. 또한 왕권 강화와 삼국 통일이라는 측면에서 호족 대책을 매우 중시하였다. 호족은 신라의 폐쇄적인 골품제를 붕괴시킨 새로운 정치세력이며, 이 호족의 향배에 따라 후삼국의 세력판도가 좌우되었기 때문이다. 왕건은 중폐비사 즉 후한 예물과 겸손한 말씨로 호족들을 대하면서, 이들을 포섭하고 통제하기 위한 대책을 시행하였다. 첫 번째로 호족 세력의 이탈을 방지하면서 고려 왕실의 세력 기반을 강화하기 위해 혼인정책을 시행하였다. 그리하여 왕건은 무려 29명에 달하는 아내를 얻었는데, 바람기가 없었던 것은 아니지만 유력한 호족의 딸과 결혼함으로써 호족들과의 결합을 강고히 하려 했다. 두 번째로 호족을 포섭하고 통제하기 위해 사심관제도와 기인제도를 시행하였다. 사심 관제도는 고려 초에 중앙 권력이 지방에까지 침투할 수 없었으므로 수도에 거주하는 호족 출신의 지배계층을 매개로 간접적인 지방 통제를 꾀한 것이다. 기인제도는 호족들이 고려 왕실에 대한 충성의 담보로서 자제를 중앙에 보내는 대신 자제가 관직을 받는 형식을 통해 중앙과 밀접한 관계를 맺고 그 권위를 후광으로 지방에 확고한 세력 기반을 다지도록 한 것이다. 세 번째로 북방 민족의 침입을 방어한다는 명분을 내세워 서경에 독자적인 군대를 육성함으로써 강대한 호족 세력을 견제하고 정권을 안정시키려 하였다.

왕건의 후삼국 관계에서 기본 전략은 신라와 제휴하여 후백제를 고립시킴으로써 후삼국 통일의 주도권을 장악하고, 신라의 전통과 권위를 계승하여 정통성을 확립하는 것이었다. 때문에 927년(태조 10) 후백제군이 경주로 침입하여 경애왕을 죽였을 때 왕건은 군대를 이끌고 와 후백제군과 싸우기까지 하였다. 고려와 후백제와의 전투는 양국이 신라를 차지하는 데에 매우 중요한 지역인 낙동강 상류에서 이루어졌다. 조물성·공산 전투에서는 후백제군이 승리하였으나 930년 고창전투가 고려군의 승리로 끝나면서 고려는 경상도 일대에 대한 주도권을 장악하였고 후백제군에 대해 적극 대응하게 되었다. 이어 934년 고려군은 운주(충남 홍성)에서 후백제군을 격파하였는데, 이 싸움에 패한 견훤은 넷째 아들 금강金剛을 후계자로 지목하였다가 장자인 신검神劍의 쿠데타로 금산사에 갇히고 금강은 살해당하였다. 하지만 견훤은 금산사를 탈출하여 고려로 가서 왕건에게 몸을 맡겼고, 935년 신라 경순왕도 고려에 항복하였다. 936년 견훤을 앞세운 고려군은 일선군(선산)의 일리천 전투에서 후백제군을 격파하였고, 후백제군을 황산까지 추격하여 항복을 받아냄으로써 고려는 후삼국을 통일하게 된다.

고려의 후삼국 통일은 외세에 의존하지 않고 고구려의 옛 영토를 신라보다 더 많이 차지하였다는 점에서 신라의 삼국 통일에 비해 더 큰 의미를 부여할 수 있다. 특히 고려 태조는 고구려의 후예인 발해가 925년 거란의 침입으로 멸망한 후 그 유민을 적극적으로 받아들이고, 934년 발해 왕자 대광현大光

顯이 유민 수만 호를 거느리고 귀순해 오자 그에게 왕계王繼라는 성명을 주고
백주를 다스리게 하는 등 발해까지 포용한 점에서 더욱 그러하다.

2. 고려 초의 정치개혁과 지배체제의 완성

1) 호족을 극복한 광종의 결단

고려 초기는 그 정권 형태가 호족연합정권이라고 불리는 데서도 알 수 있듯
이 호족이 권력구조에서 배제될 수 없을 정도로 강대하여 왕권을 크게 제약하
였다. 게다가 태조의 아내 29명 중 상당수는 호족의 딸이어서 호족들 사이에
서는 자신의 외손자를 왕으로 삼기 위한 다툼이 벌어졌다. 따라서 호족 문제
는 태조의 아들 혜종惠宗·정종定宗·광종光宗 등에게 심각한 과제로 남게 되었다.

고려의 두 번째 왕 혜종(재위 943~945)은 태조의 둘째 왕후인 장화왕후莊和王
后(나주 오다련吳多憐의 딸)의 아들이었다. 태조는 혜종의 외가가 약한 점을 감
안해서 박술희를 후원자로 삼았지만 호족들을 제압할 정도로 왕권이 강하지
는 못했다. 때문에 호족인 왕규王規가 자신의 외손자인 광주원군을 왕으로 삼
으려 하고, 서경 왕식렴王式廉과 결탁한 이복동생 요堯(정종)가 역심을 품고 있
음을 알고서도 혜종은 이들을 처벌하지 못하였다. 결국 왕이 되기 전에는 용
맹하고 너그러웠던 혜종도 즉위 후 호족과 이복형제들의 도전 속에서 의심이
많아지고 신변보호에 애쓰다가 재위 3년 만에 병으로 죽었다. 혜종의 뒤를 이
어 세 번째 왕이 된 정종(재위 945~949)은 태조의 셋째 왕후인 신명왕후神明王后
(충주 유긍달劉兢達의 딸)의 아들로, 서경 왕식렴의 군대를 끌어들여 왕규 등 적
대세력을 제거하고 왕위에 올랐다. 정종은 개경을 중심으로 한 호족의 반발을
억누르기 위해 도참설을 구실 삼아 자신의 후원자인 왕식렴이 있는 서경으로
의 천도를 추진하였으나 갑자기 병으로 죽어 뜻을 이루지 못했다.

고려왕조의 안정 즉 호족을 제압하여 왕권을 강화하고 민생을 안정시키는
과제는 정종의 동생으로 네 번째 왕이 된 광종(재위 949~975)에 의해 해결된
다. 광종은 왕권의 확립에 큰 성과를 거둔 군주로서 주목된다. 광종은 즉위 후
7년까지는 온건한 방법으로 호족 세력을 무마하면서 왕권의 안정을 모색하였

으나, 왕권 강화의 기반이 마련되자 호족 세력을 약화시키는 조치를 취하였다.

광종 7년에 노비안검법을 시행하여, 본래 양인이었지만 호족 등이 불법적으로 노비로 만든 사람을 조사하여 다시 양인으로 해방시켜 주었다. 노비안검법은 노비를 많이 소유하고 있던 호족의 경제적 군사적 기반을 약화시키고, 국가는 다시 양인이 된 민들의 지지를 얻고 양민의 증가로 인한 재정 수입의 증대와 군역 등 각종 역에 동원할 수 있는 사람의 더 많은 확보를 가능케 하였다.

광종 9년에는 중국 후주後周에서 귀화한 쌍기雙冀의 건의를 받아 과거제도를 실시하였다. 과거는 양인이면 응시가 가능하였으나 부모 상을 당한 자는 탈상까지 그리고 6품 이상의 관리는 응시가 불가능하였으며, 시험문제의 출제와 채점은 지공거가 담당하였다. 과거제의 실시는 호족이나 공신의 세력을 약화시키면서 군주에 대한 충성을 강조하는 유학을 공부한 신진 인사를 기용함으로써 왕권을 안정시키기 위한 것으로, 고려시대가 통일신라시대에 비해 유교문화가 더 성숙되고 능력을 중요시한 개방적 사회였음을 보여준다. 한편 승려를 대상으로 한 승과도 불교계를 포용하고 진흥시키려는 측면과 함께 불교계를 통제하고 장악하려는 측면이 내포되어 있는데, 광종은 집권적인 왕권의 강화를 위해 개성 귀법사 주지인 균여로 하여금 화엄종을 통합하게 하고 법안종과 천태종을 통한 교선의 통합도 모색하도록 하였다.

광종 11년에는 백관의 공복을 제정하여 관리들에게 등급에 따라 자삼·단삼·비삼·녹삼을 입게 함으로써 관리들의 위계질서를 확립하였는데, 왕권 강화의 표징이 될 수 있다. 같은 해에 광덕光德·준풍峻豊 등의 연호를 사용하고 자신을 황제로 칭했으며, 개경을 황도, 서경을 서도로 삼음으로써 황제국의 모습을 국내외에 과시하면서 왕권을 강화하려 하였다.

광종 11년에서 26년까지의 시기에 광종은 호족세력에 대한 대대적인 숙청을 단행하였다. 11년 왕동王同 등의 역모사건에서는 임시 옥을 설치할 정도로 많은 사람을 체포하였고 죽음을 당한 자도 많았다는 점에서 광종에 반발하는 세력이 광범위하게 숙청되었음을 알 수 있다. 숙청은 26년까지 계속되었는데, 광종은 친족이라고 해도 예외를 두지 않을 만큼 왕권 강화에 대한 집념이 강하였다. 광종은 적대세력을 숙청하면서 자기의 경호 및 궁성 방어에 철저를 기하였는데, 중앙의 장상과 관계 없는 지방의 주와 군의 건장한 남자들로 편성된 시위군이 그 역할을 담당하였다. 따라서 이 시위군은 과거제도와 함께 문무 양면에서 광종의 왕권을 강화해 주고 뒷받침해 주는 세력 기반이었다.

광종의 전 생애에 걸친 이러한 끈질긴 노력 끝에 태조 이래 열세에 놓여 있던 왕권은 호족 세력보다 우위를 점하게 되었고, 왕권우위의 입장에서 왕권과 호족 세력의 절충이 가능해졌다. 광종의 개혁을 토대로 해서 고려의 다섯 번째 왕 경종景宗(재위 975~981)은 전시과제도를 시행하여, 중앙 관료에게 경제적 기반을 마련해 줌과 동시에 그들을 중앙집권체제에 편입시킬 수 있었다. 하지만 지방관의 파견이 성종成宗대에야 가능했다는 점을 고려하면, 광종의 왕권 강화는 중앙 중심적이었고, 호족 세력의 완전 굴복과 왕권의 일방적 승리를 의미하는 것은 아니었다. 호족 세력이 권력 구조에서 완전히 무시될 정도로 약해진 것은 아니었다는 사실은, 광종이 죽고 경종이 즉위한 후 광종대에 귀양 간 사람들을 풀어주고 억울하게 죽은 자의 자손에게 복수를 허용한 데서 잘 나타난다.

2) 통치의 틀을 정립한 성종의 시도

경종의 뒤를 이어 고려의 여섯 번째 왕으로 즉위한 성종(재위 981~997)은 중앙에 3성 6부, 지방에 12목을 설치하는 등 고려의 통치체제를 정비하였다.

성종 원년에는 당의 제도를 참고하여 고려 초기에 활용된 태봉·신라의 제도와 다른 3성 6부를 설치하였다. 하지만 당과는 다르게 중서성과 문화성을 합친 중서문화성中書門下省 즉 재부宰府를 두어 운영하였는데, 2품 이상의 재신은 국가정책을 결정하고 3품 이하의 낭사는 정책의 잘못을 비판하였다. 성종대에 시작된 이러한 중앙 통치 체제의 정비는 문종文宗대에 완성된다. 즉 상서성에 속한 6부가 정책을 집행하고, 추부樞府인 중추원中樞院은 군사기밀 및 왕명의 수행을 담당하였다. 중대한 일이 발생하면 재부와 추부의 대신들이 모여 만장일치로 처리하였으며, 삼사三司(재정)·한림원翰林院(외교문서 작성)·춘추관春秋館(역사편찬)·사천대司天臺(천문관측) 등의 기구도 설치되었다.

성종 2년에는 지방제도도 정비하여 조세 징수와 보관 및 운반을 담당한 금유今有·조장租藏·전운사轉運使 등을 폐지하고 지방 12곳에 목사를 파견하였다. 지방관의 파견은 지방 호족에 대한 통제의 강화와 관련이 있는데, 성종 6년에도 무기를 거두어들이고 이를 농기구로 만들어 호족의 무장을 해제시키려하였다. 성종대부터 정비되기 시작한 지방제도는 현종顯宗대에 완성되어, 전국을 5도와 경기 및 양계 등으로 나누고 그 안에 3경·5도호부·8목을 비롯하여 군·현·진을 설치하였다.

그 밖에 사회 및 교육 제도와 관련하여 성종 5년에는 빈민구제를 위해 의창義倉을, 11년에는 개성에 국자감國子監 및 12목에 향학鄕學을, 12년에는 물가조절을 위한 상평창常平倉 등을 설치하였다.

한편 성종이 유교를 정치이념으로 삼고 집권체제를 크게 정비한 데에는 최승로崔承老의 역할이 컸다. 신라 출신인 최승로는 성종 원년에 태조부터 경종까지 다섯 왕의 잘잘못을 가린 치적평과 시무 28조를 올려 정치·사회·문화 등에 대한 개혁안을 제시하였다. 먼저 다섯 왕의 치적평에서는, 훌륭한 군주의 기준을 유교적인 데에 두고 태조가 신하를 예로써 잘 접대하여 공경하였으므로 가장 이상적인 군주라고 보았다. 반면 왕권 강화를 돕는 몇몇 세력을 제외하고는 임금과 신하 사이에 대화의 길이 막히고, 군주와 신하가 적대적인 관계에 놓인 정치적 위기를 체험한 광종과 같은 군주는 바람직하지 않다고 하였다. 최승로는 국왕에 의한 전제 권력의 행사와 권신에 의한 정권 독점에 반대하고, 군주와 신하가 대화를 통해 긴밀히 협조하고 상호 견제도 할 수 있어야 한다고 보았다. 다음으로 시무 28조에서 최승로가 가장 강조한 것은 불교와 관련된 것이었다. 최승로는 종교로서의 불교를 부정한 것이 아니라 불교의 폐단을 비판하여 불교를 정치이념에서 분리시키고, 유교를 국가의 정치이념으로 삼아야 한다고 하였다. 아울러 폐쇄적인 골품제도에 대해서는 반대하되, 고려 초 이래 문란해진 신분제도와 복식제도 등을 정비하는 기준은 신라에 두었다. 이러한 최승로의 개혁안이 성종에게 받아들여지면서 유교는 국가를 다스리는 정치이념으로 채택되고 국가 재정을 낭비하는 불교행사는 억제되었다. 또한 당의 3성 6부 제도를 받아들이면서도 태봉과 신라의 제도를 참작해서 당과는 다르게 운영하는 제도의 개혁이 추진되었다.

3. 거란의 침략과 고려의 대응

1) 거란의 첫 침략을 되돌린 서희의 외교 담판

당이 망한 후 중국은 5대 10국(907~960)의 혼란에 빠졌다. 만주의 거란족은 세력을 키워 926년(태조 9) 발해를 멸망시키고 고려와 국경을 접하게 되었다. 거란족은 중국을 정복할 때 배후를 안정시키기 위해 942년 30명의 사신과 낙타 50필을 고려에 보내어 화친을 도모하고자 하였다. 하지만 태조는 거란이 발해와의 동맹을 저버리고 발해를 멸망시킨 무도한 나라라며 화친을 거부하였을 뿐만 아니라, 사신을 섬으로 유배하고 낙타는 만부교 아래에 붙들어 매어 굶어 죽게 하였다. 태조가 거란의 제의를 거절한 것은 발해와의 동족의식이나 거란을 믿을 수 없는 국가라고 본 불신 때문이기도 하지만, 당시 후진後晉과 외교 관계를 맺고 있었던 고려로서는 후진과 대립하고 있던 거란과 화친을 할 수 없었다는 측면도 있었다. 거란에 반대하는 태조의 외교정책은 다음 왕에게도 계승되어 정종은 광군 30만을 편성하여 거란의 침공에 대비하였고 정종과 광종은 청천강과 압록강 사이에 여러 진성을 구축하였다.

947년 거란이 국호를 요遼로 고치고, 960년(광종 11) 송이 5대 10국의 혼란을 수습하여 통일국가를 수립하면서 송과 거란의 대립이 격화되었다. 고려는 송이 건국되자 962년 송과 외교 관계를 맺어 거란을 견제하였고, 발해 유민이 압록강 중류 지역에 세운 정안국도 송 및 고려와 연결하여 거란을 협공하려고 하였다. 이에 거란은 980년(경종 5) 정안국을 멸망시킨 후 991년(성종 10) 압록강 하류 북쪽에 내원성을 쌓은 다음, 993년 소손녕蕭遜寧이 대군을 이끌고 고려를 침략하였다. 고려에서는 급히 군대를 편성하고 박양유朴良柔와 서희徐熙 등에게 지휘를 맡겼으나, 남하하던 거란군에 맞선 고려군 선봉대가 봉산성에서 패배하자 안주와 귀주 사이에 주둔하고 있던 박양유와 서희의 부대는 회군하였다. 소손녕은 봉산 전투에서 승리한 후 거란군의 수를 80만이라고 하면서 고려에 대해 항복을 요구하였다. 그리고 고려 조정의 결정을 기다리면서 조바심이 난 소손녕은 고려의 항복을 촉진하기 위한 군사행동의 필요성을 느껴 별동대를 남하시켜 고려군을 기습하게 하였다. 이 거란의 별동대는 청천강 하류의 안융진에서 발해 유민 대도수 등이 이끄는 고려 수비군에게 패하여 후퇴하였고, 이에 소손녕은 더 이상의 군사행동을 감행하지 못하고 강화 협상에 응하게 되었다.

양쪽의 협상 대표자인 고려의 서희와 거란의 소손녕 사이에 이루어진 대화는 《고려사高麗史》 서희전에 기록되었는데, 그 내용을 요약해 보면 다음과 같다.

소손녕 | 너희는 신라 땅에서 건국되었고, 고구려 땅은 우리 땅이다. 그런데 너희는 우리 땅을 침범하였다.

서 희 | 아니다. 우리나라는 바로 고구려의 후계자다. 그래서 국호를 고려라고 하고 평양에 도읍을 한 것이다. 만약 영토의 경계를 말한다면 귀국의 동경도 우리 영역 안에 들어와야 하는데 어떻게 침범했다고 할 수 있는가?

소손녕 | 너희는 우리나라와 국경을 맞대고 있으면서도 바다 건너 송을 섬겼기 때문에 오늘과 같은 일이 있게 된 것이다. 우리에게 땅을 떼어 바치고 조공을 한다면 무사할 것이다.

서 희 | 압록강 안팎도 우리 영역이나 지금 여진족이 도둑처럼 거주하고 있으면서 간악한 행위와 태도로 교통을 차단해서 바다를 건너는 것보다 어렵다. 만일 여진족을 쫓아내고 우리의 옛 땅을 회복하여 성을 쌓고 도로를 통하게 된다면 어찌 사신을 보내지 않겠는가.

소손녕의 말에 따른다면, 거란이 고려를 침공한 이유는 대동강 이남에 있던 통일 신라를 계승한 고려가 대동강 이북의 거란 영토에 성과 진을 구축하여 영토를 침범하고, 고려가 바다 건너 송과는 외교관계를 맺으면서 국경을 맞대고 있는 거란은 멀리한 것에 대한 불만에서였다. 이에 대해 서희는 고려는 대동강 이북은 물론이고 요동도 차지하였던 고구려를 계승하였으므로 대동강 이북에 성과 진을 구축한 것에는 문제가 없으며, 고려가 거란과 통교하지 못한 것은 여진족 때문이라면서 압록강 연안의 여진족을 몰아내면 고려가 거란에 사신을 보내겠다고 답변하였다. 이러한 협상의 결과 고려는 거란의 인정 하에 고려 영토를 압록강 근처까지 확대하는 데에 성공하였고, 거란은 고려와 송의 외교를 단절시키는 대신 고려와 외교 관계를 맺음으로써 송과 전쟁을 치를 때 고려가 송과 연대해서 배후에서 거란을 치는 일을 막는 데에 성공하였다. 따라서 서희와 소손녕의 외교적 담판은 고려와 거란 모두가 실리를 얻은 협상이었다.

2) 다시 침략한 거란에 맞선 양규의 분전

고려는 거란군이 물러간 후 압록강 이남의 서해 인근에 강동 6주로 불리는 흥화진(의주)·용주(용천)·통주(선천)·철주(철산)·귀주(귀성)·곽주(곽산) 등에 여러 성을 쌓고 군대를 주둔시켜 국방을 강화하였다. 거란도 1차 고려 침공 후 1005년 하북성에 위치한 전연까지 쳐들어가 송을 굴복시켜, 송을 형님이라고하여 체면을 세워주되 매년 '은 10만 냥, 비단 20만 필, 차 5만 근'을 거란에 상납케 하는 '전연의 맹'을 체결하는 등 주목할 만한 성장을 이루었다.

거란은 994년 고려가 송에 밀사를 파견하여 거란의 침범 사실을 알리면서 고려와 송이 연합해서 거란을 치자고 한 것과 고려 영토가 압록강 근처까지 확대되는 것에 불만과 두려움을 느껴 고려에게 강동 6주를 넘겨달라고 하였다.

하지만 고려는 거란의 제의를 따르지 않았다. 이에 고려에서 1009년 강조康兆의 정변이 발생하자 신하가 임금을 죽인 죄를 묻겠다는 구실을 들어 1010년(현종 1) 거란의 성종이 40만 군대를 이끌고 고려를 침략하여 제2차 거란 전쟁이 발생하였다. 거란이 고려에 정변이 발생한 이듬해에 침략해 들어온 것은 정변으로 인해 고려 지배층 간에 분열이 생기고 몰락한 지배층은 권력 회복과 복수를 위해 거란에 협조할 가능성이 있어 손쉽게 승리를 거둘 수 있을 것이라고 보았기 때문이다.

거란군은 11월 압록강을 건너 양규楊規 등이 이끄는 흥화진의 고려군을 공격하였으나 함락시키지 못하였다. 거란군은 흥화진의 고려군을 견제하기 위해 20만 명을 무로대에 남기고 남진을 계속하여 통주에 이르러, 통주에 주둔하고 있었던 강조의 고려군과 격돌하였다. 고려군은 기병의 격파에 효과가 있는 검차 등을 활용하여 거란군과의 첫 전투에서 승리를 거두었다. 하지만 승리 후 장기를 두며 여유를 부리던 강조는 거란군의 기습으로 포로가 되었고, 거란 성종의 신하가 되기를 거부하다 죽음을 당하였다. 고려의 주력군인 강조의 군대가 거란군에 패하자 현종은 나주로 피난을 떠났다.

계속 남하한 거란군은 개경을 차지하였지만 고려 왕을 사로잡지 못하여 항복을 받아낼 수 없었다. 더욱이 흥화진의 양규가 거란군의 포위망을 뚫고 거란군이 장악한 곽주성을 탈환하고 고려 포로도 구출하는 등 성과를 올렸고, 통주성·평양성도 거란군의 공격을 격퇴하였다. 압록강에서 개성까지 중간 기지를 하나도 확보하지 못한 거란군은 보급로의 차단을 걱정하여 거란의 서울에 현종이 입조한다는 조건으로 철수하게 된다.

한편 거란의 2차 침략으로 개경이 함락되자 부처의 힘을 빌려 거란군을 물리치기 위해 1011년(현종 2)부터 약 18년에 걸쳐 초조대장경을 완성하였다. 부인사에 보관되어 있던 이 초조대장경은 몽골 침략 때 불타 사라졌고, 이후 1232년부터 몽골군을 물리치기 위해 재조대장경 즉 합천 해인사에 보관되어 있는 팔만대장경이 만들어지게 된다.

3) 거란의 세 번째 침략을 마지막으로 맺은 귀주대첩 승리

거란은 고려 현종이 입조 약속을 지키지 않자, 약속의 이행과 강동 6주의 반환을 요구하며 여러 차례에 걸쳐 소규모로 고려를 침략하였지만 아무런 성과도 거두지 못했다. 오히려 고려는 거란 사신을 억류하기도 하고, 1016년부터는 송의 연호도 사용하였다. 이에 1018년(현종 9) 거란은 소배압이 이끄는 10만 명의 정예병으로 고려를 침공하여 고려와 거란의 3차 전쟁이 시작되었다. 거란의 선전포고를 받은 고려는 강감찬姜邯贊을 상원수, 강민첨姜民瞻을 부원수로 임명하여 20만 군대로써 거란과의 전쟁에 대비하였다.

거란은 2차 전쟁 때와는 달리 군인 수를 대폭 축소한 10만 명을 동원하여 신속히 고려의 수도 개경으로 진격하여 장기전으로 인한 보급의 문제점과 군사들의 피로를 줄이면서 전쟁을 승리로 이끌고자 하였다. 하지만 견고한 성은 우회한다는 거란군의 전술을 알고 있던 고려는 흥화진을 우회하여 하천을 건너던 거란군을 수공으로 혼란에 빠뜨린 후 매복해 둔 고려 기병으로 공격을 가하여 첫 전투에서 대승을 거두었다. 그 후 거란군은 두 차례나 고려군에 크게 패하면서도 개경 근처까지 진격하는 데에 성공하였다. 현종은 개경을 굳게 지키며 항전하였고 뒤에서도 고려군이 추격해 오자 앞뒤로 적을 상대해야 하게 된 거란군은 어쩔 수 없이 회군을 단행하였다. 하지만 퇴각하던 거란군은 귀주에서 강감찬이 이끄는 고려군에게 크게 격파당하여, 거란군 10만 명 중에서 살아 돌아간 자는 수천 명에 지나지 않았다.

이후 고려와의 전쟁을 포기한 거란은 1019년 고려와 화약을 체결함으로써 양국에는 평화가 찾아왔고 고려·거란·송 3국이 균형을 이루게 되었다. 하지만 고려는 확장된 영토를 지키고 거란과 여진에 대한 경계를 강화하고 침략에 대비하기 위해 강감찬의 건의에 따라 개경에 나성(외성)을 축조하고, 1033년 (덕종 2)부터 동해의 도련포(함주 부근)에서부터 압록강 입구에 이르기까지 장성을 쌓기 시작하여 12년 뒤인 1044년(정종 10) 천리장성을 완성하였다.

4. 고려사회의 모순과 균열 : 묘청의 난과 무신의 난

1) 지역·대외정책·사상의 대립과 '조선역사상일천년래제일대사건' 묘청의 외침

귀족 세력은 강하고 왕권은 약화되어 발생한 이자겸李資謙의 난(1126~1127)이 진압된 후, 인종仁宗은 문벌귀족의 횡포를 막고 왕권과 민생을 안정시키기 위해 1127년(인종 5) 15조의 유신령을 발표하였다. 하지만 서경 출신 승려 묘청妙淸과 문신 백수한白壽翰·정지상鄭知常 등은 인종의 개혁에 만족하지 않고 풍수지리설을 내세워 이자겸의 난 때 궁성이 불탄 개경을 버리고 서경으로 수도를 옮기자고 하였다. 즉 개경은 지덕이 쇠하고 서경은 왕성하므로 서경으로 천도하면 국가를 중흥시킬 수 있다고 주장하였는데, 인종은 이들의 주장에 동조하여 평양에 대화궁과 팔성당이라는 신당을 짓도록 하였다. 아울러 서경파는 금과 대등하게 고려왕도 황제를 칭하고 독자적 연호를 쓰며, 금을 정벌하자고 하였다.

이러한 서경파의 주장은 서경 사람들은 물론이고 왕권을 부흥시키고자 한

인종이나 금에 대해 고려를 신하로 칭하는 것에 불만을 품고 있던 세력에게 지지를 받았지만, 김부식으로 대표되는 개경파의 강력한 반발에 부딪혔다. 서경 천도는 곧 개경파의 권력 상실을 의미하므로, 유학을 강조한 개경파는 서경파의 주장을 미신적이고 비현실적인 이상론이라고 반대하여 천도를 좌절시켰다.

서경 천도가 실패하자 묘청 등은 1135년 서경에서 반란을 일으켜 국호를 대위大爲, 연호를 천개天開라 하고 황제국을 세웠다고 선포하였으며 군대를 천견충의군이라고 불렀다. 이에 개경파는 개경에 있던 서경파 정지상·백수한을 잡아 죽였고, 정부는 김부식을 총대장으로 한 토벌군을 편성하여 서경의 반란을 진압하도록 하였다. 하지만 묘청의 반란은 서경 사람들과 군인들의 적극적인 지지를 받고 있어서 김부식의 토벌군이 서경을 함락하고 난을 진압하는 데는 1년이나 걸렸다.

서경·자주·풍수지리사상을 강조한 묘청의 난이 진압됨으로써 고려사회는 개경·사대·유교를 강조한 개경파 중심으로 운영되었고, 1145년부터 김부식 등이 편찬한《삼국사기》에서는 유교적 역사 서술이 중시되고 중국에 대한 사대는 현실적·합리적인 선택으로 서술되었다. 후에 일제강점기의 민족주의 역사가 신채호는 묘청의 난을 '조선역사상 1천년 내 제1대 사건'이라고 하면서, 묘청의 난이 실패함으로써 민족주의가 패배하고 사대주의가 승리하여 이때부터 민족정신이 쇠퇴했다고 주장하였다.

2) 문벌귀족을 향한 무신의 반기와 집권

고려사회는 이자겸의 난과 묘청의 난에 이어 1170년 문벌귀족에 대한 불만으로 무신란이 발생하여 큰 혼란에 빠지게 된다.

건국 초기 호족 때문에 왕권이 불안하였던 고려는 광종 이후 문치를 강조하여 문신을 중심으로 한 문벌귀족사회가 전개되었다. 이 때문에 무신은 2품 이상으로의 승진이 불가능하였고, 거란 전쟁 때의 강감찬을 비롯하여 여진 정벌에서의 윤관, 묘청의 난을 진압한 김부식이 문신 출신으로서 최고 군사 지휘권을 행사하는 등 무신은 차별대우를 받았다. 거란을 물리친 후에는 장기간의 평화가 전개되자 무신들은 문신 귀족이 왕과 잔치를 벌일 때 시종 노릇을 하고 때로는 구경거리를 보여주기까지 하는 등 불만이 커져갔다. 인종 때는 김부식의 아들 김돈중金敦中이 왕의 호위를 담당한 정중부鄭仲夫의 수염을 촛불로 불태우는 모욕까지 주었다.

일반 군인들의 불만도 무신란의 한 원인이었다. 군인들은 전쟁은 물론이고 평상시에 각종 잡역에 동원되어 혹사당했다. 더욱이 군인들은 군역의 대가로 지급되는 군인전을 받지 못하거나 받았더라도 문벌귀족에게 빼앗기는 경우가 많았다. 따라서 무신뿐만 아니라 일반 군인들 사이에서도 문벌귀족에 대한 불만은 높아갔다.

이러한 불만은 마침내 1170년(의종毅宗 24) 무신 '정중부·이의방李義方·이고李高' 등이 주도한 무신란으로 폭발되었다. 의종은 문벌귀족들과 함께 보현원에 행차하던 중에 오문 앞에 이르러 술을 먹다 취하여 무신들을 불러내어 수박희라는 경기를 벌이게 했는데, 경기에서 진 나이 많은 대장군 이소응李紹膺이 젊은 문신 한뢰로부터 뺨을 얻어맞는 모욕을 당했다. 이를 목격한 무신들은 분노가 끓어올랐다. 그 하루 전 의종이 화평재에서 문신들과 밤새 시주를 즐기면서도 호종한 무신들에게는 음식을 주지 않은 것에 분개하여 거사를 모의한 '정중부·이의방·이고' 등은 저녁 무렵 왕의 행렬이 보현원에 도착하자마자 한뢰를 비롯한 문신들을 죽이고 개경으로 돌아와 많은 문신을 죽였다. 다음 날 무신들은 의종을 폐위시켜 거제도로 보내고 의종의 둘째 동생을 명종으로 옹립한 후 실권을 장악하였다. 그리하여 1170년부터 원과 화의를 맺은 왕과 문신들이 무신 임유무를 몰아낸 1270년(원종 11)까지 100년에 걸친 무신정권의 시대가 개막되었다.

권력을 잡은 무신들은 상장군과 대장군의 합의기구인 중방重房을 중심으로 정치를 운영하고, 문신을 대신하여 대부분의 관직을 차지한 무신은 지위를 이용하여 사전을 확대함으로써 경제력도 갖추었다. 하지만 무인정권 내부에서 권력쟁탈전이 벌어지면서 쿠데타를 주도한 3명 중 이고가 이의방에게 피살되고, 자기 딸을 태자비로 삼고 대장군에 올라 권세를 누리던 이의방은 조위총趙位寵의 난을 진압하고 되돌아오다가 정중부에게 죽음을 당했다. 문화시중이 되어 권세를 누렸던 정중부도 1178년(명종 8) 25세의 경대승慶大升에게 피살되었다. 문신을 우대하고 무신의 횡포를 개혁하려 했던 경대승은 무신의 미움을 받았고, 신변 안전을 위해 도방都房을 설치하고 100여 명의 호위병을 두었으나 압박감을 이기지 못했던지 정권을 잡은 후 4년 만에 병으로 죽었다. 경대승이 죽은 후 그를 두려워하여 경주에 숨었던 이의민李義旼이 상경하여 권력을 장악한 다음 13년간 갖은 횡포를 부리고 재산을 축적하다가 1196년(명종 26) 최충헌崔忠獻에게 피살되었다. 최충헌의 등장으로 무신간의 권력투쟁은 끝이 나고, 4대 62년에 걸친 최씨정권시대(1196~1258)가 열렸다.

한편 무신정권에 대해서는 문벌귀족의 비호를 받거나 문벌귀족이 재산을 숨겨둔 사원을 비롯하여 문벌귀족의 저항이 있었다. 1173년(명종 3) 동북면 병마사 김보당金甫當이 의종의 복위를 꾀하여 거병하였다가 이의민 군대에게 패하였고, 1174년 서경유수 조위총은 정중부정권의 타도를 외치며 서경에서 난을 일으켰지만 진압되었다. 아울러 무신정권기에는 농민과 노비의 봉기도 있었다. 무신란 이전에도 문벌귀족의 토지 점탈 및 과도한 수취와 역으로 인해 유민과 도적이 발생하였는데, 무신란 이후 정권을 잡은 무인들은 사병 등을 양성하기 위해 농민의 토지를 빼앗고 부세 수탈을 강화하여 농민들의 생활은 더욱 어려워졌다. 농민들은 권세가의 농장에 투탁하거나 도적이 되기도 하였지만, 무신들의 권력 다툼으로 인한 지방 통제력의 약화와 무신란 이후의 하극상 풍조에 자극 받아 전국 여러 곳에서 봉기하게 된다. 1172년 서북계의 창주·성주·철주의 주민이 수령의 탐학 행위에 반발하여 민란을 일으켰고, 1176년 수공업 지역인 공주 명학소에서 망소이亡所伊와 망이亡伊 등이 난을 일으켜 공주를 점령한 후 충청도와 경기도 일대를 장악하였다가 이듬해 진압되었다. 1193년 발생한 운문(청도) 김사미金沙彌와 초전(울산) 효심孝心의 난은 반란군이 연합하여 공동전선을 편 점이 주목되는데, 밀성(밀양) 전투에서 약 7천 명의 사망자를 내고 실패하였다. 반란은 지방은 물론이고 개경에서도 일어났다. 노비 신분의 해방과 정권 탈취를 꾀하다가 거사가 탄로나 100여 명의 노비들이 예성강에 수장된 1198년(신종 원년)의 만적萬積의 난이 바로 그것이다.

5. 원의 간섭과 사회모순의 심화

1) 몽골의 침입과 고려의 항쟁

고려에서 최씨 무신정권이 안정되어 가던 13세기 초, 북아시아 초원에서는 오랫동안 부족 단위로 유목 생활을 하던 몽골족이 통일국가를 형성하였다. 요遼(거란족)와 금金(여진족)에 예속되었던 몽골족은 칭기즈칸(테무친)이라는 영웅이 출현하여 통일국가를 이루고 금과 거란족을 공격하여 북중국을 점령하였다.

몽골군에 밀린 거란족의 일부가 고려에 들어오면서 고려는 거란족을 추격해 온 몽골군과 접촉하게 되었다. 두 나라의 군대는 일단 합세하여 거란족이 웅거하고 있던 강동성(평양 동쪽)을 공격하여 거란족을 몰아냈다(1219). 이후 몽골은 고려에 대해 은인의 나라를 자처하며 무리한 공물을 요구하여 최씨 정권과 갈등을 빚었다. 결국 고종 12년(1225) 고려에 사신으로 와서 무례한 행동을 일삼던 저고여가 귀국 길에 피살되는 사건이 일어난 것을 계기로 몽골 대군이 고려를 침략하였다(1231). 이로부터 고려는 40여 년 동안 몽골과 치열한 전쟁을 벌이게 되었다.

몽골 침입에 대응하여 최씨 정권은 수도를 개경에서 강화로 옮기고 육지 주민들은 산성과 섬 등으로 피난시킨 뒤 항쟁과 외교를 병행하면서 저항을 하였다. 수도를 개경으로 옮긴 것은 몽골군이 해전에 약하고 바다를 통해 남부 지방으로부터 조운을 받아들일 수 있었기 때문이었다.

고려의 강경한 저항에 부딪힌 몽골은 고종高宗 46년(1259) 강화가 이루어질 때까지 6차례 이상 군대를 파견하였다. 그러나 바다에 약했던 몽골군은 번번이 강화도 상륙에 실패했을 뿐만 아니라 육지에서도 큰 타격을 받기도 하였다. 육지에서는 정규군보다는 일반 백성과 사회적으로 천대받던 노비, 부곡민들의 저항이 항몽 투쟁에 버팀목이 되었다. 김윤후金允侯가 이끄는 민병과 승군이 처인성(경기도 용인)에서 몽골 장군 살리타撒禮塔의 군대를 물리쳤으며, 관악산의 초적들도 끝까지 몽골군에 저항하였다. 충주성에서는 관료들은 모두 도망갔으나 지광수池光守의 지도 아래 노비와 잡류에 속하는 주민들이

들고 일어나 몽골군을 퇴각시켰다.

그러나 전쟁의 장기화로 국토가 황폐화되고 주민들의 피해가 극심해지자 고려 조정에서는 몽골과의 강화를 추진하는 주화파가 득세하였다. 마침내 고종 45년(1258) 주화파 무신 김인준金仁俊과 문신 유경柳璥이 강경파인 최씨 정권의 최의崔竩를 타도하고 일단 권력을 고종에게 넘겨주었다. 하지만 강화에 반대하던 무신 임연林衍이 다시 김인준을 죽이고 자신의 권력을 임유무林惟茂에게 계승하면서 강화가 어려워졌으나, 몽골에서 돌아와 왕위에 오른 원종이 임유무를 살해하고 개경으로 환도하면서 몽골과의 강화가 이루어졌다.

몽골은 40여 년간 계속된 고려의 저항으로 고려를 완전 정복하겠다는 최초의 계획을 포기하고 주권과 고유의 풍속을 어느 정도 인정하는 선에서 강화를 받아들였다. 고려의 끈질긴 대몽 항쟁이 가져온 결과였다.

고려 조정이 개경으로 환도하고 강화를 맺었다고 해서 무신들의 대몽 항쟁이 끝난 것은 아니었다. 무신 정권의 핵심이자 대몽 항쟁의 선봉 부대였던 삼별초가 배중손裵仲孫의 지휘 아래 반기를 들었다. 이들은 원종 11년(1270) 6월 왕족인 승화후 온溫을 왕으로 추대하고 장기 항쟁을 계획하였다. 그러나 고려 조정과 몽골의 공격으로 강화도에서 이탈자가 늘어나자 진도로 옮겨 용장산성에 행궁을 마련하고 서해와 남해를 장악하여 항쟁을 지속하였다.

이에 김방경金方慶의 고려군과 몽골 연합군이 진도에 상륙하여 배중손을 죽이자, 지휘권을 이어받은 김통정金通精은 다시 제주도로 옮겨 성을 쌓고 저항을 계속하였다. 하지만 원종 14년(1273) 김방경이 다시 160여 척의 전함과 여원 연합군을 이끌고 삼별초를 진압함으로써 4년에 걸친 삼별초의 대몽 항쟁은 막을 내렸다. 비록 실패로 끝났지만 장기간에 걸친 항쟁이 지속될 수 있었던 것은 몽골에 굴복하는 데 반발한 백성들의 적극적인 지지가 있었기 때문이다.

2) 원의 제도와 풍습을 입었던 고려

고려를 굴복시킨 몽골의 쿠빌라이는 중국으로 근거지를 옮기고 원元을 건국하였다(1271). 몽골과 강화를 체결한 고려는 자주권을 어느 정도 인정받았

삼별초　최충헌의 정권을 계승한 최우가 1219년(고종 6) 도둑 방지 등 치안 유지를 위해 설치한 야별초夜別抄에서 비롯되었다. 별초란 '용사들로 조직된 선발군'이라는 뜻으로, 야별초 소속 군대가 증가하자 이를 좌별초左別抄·우별초右別抄로 나누어 운영하였다. 강화도 시절의 좌·우별초는 최씨 무신정권의 전위로서 민족적이라거나 민본적이라기보다는 다분히 사병적 요소가 강하였다.

그러나 몽골과의 투쟁 속에서 몽골의 포로가 되었다가 탈출한 병사들로 신의군을 조직하고 이를 좌·우별초와 합하여 삼별초三別抄 조직을 만들면서 대몽 항쟁을 이끌었다는 긍정적 평가를 받고 있기도 하다.

다고는 하나 원의 내정 간섭을 받을 수밖에 없었다.

우선 원의 결혼정책에 따라 고려 국왕은 원의 공주와 결혼하여 원 황제의 부마(사위)로서 혈연적인 연결관계를 가지게 되었다. 또 고려 세자는 원의 수도인 북경에서 인질로 머물다가 귀국하여 왕위에 오르는 것이 관례가 되었다.

원은 두 차례에 걸친 일본 원정에 군대와 물자의 제공을 강요하여 고려 재정에 막대한 타격을 주고, 철령 이북에 쌍성총관부, 자비령 이북에 동녕부, 제주도에 탐라총관부를 설치하여 넓은 영토를 빼앗기도 하였다. 또 일본 원정을 위해 설치한 정동행성을 계속 남겨두어 내정 간섭의 기구로 삼았으며 군사적으로는 만호부를 설치하여 군사 조직에 영향을 미치고, '다루가치'라는 감찰관을 파견하여 내정에 간섭하였다.

또한, 고려 처녀들을 공녀라고 해서 뽑아갔으며, 남자들을 환관內侍으로 만들기 위해 징발하였다. 당시 끌려간 공녀들은 대부분 궁궐에서 일했는데, 황제인 순제順帝의 총애를 받아 황후가 된 기황후奇皇后의 예에서 보이듯이 원의 귀족들과 결혼하는 경우도 많았다. 그 때문에 원에서 출세한 여성의 가족들이 고려에서 횡포를 부리는 부원배로 성장하였는데, 대표적인 경우가 기황후의 오빠인 기철奇轍이었다. 원은 사냥에 뛰어난 고려의 매인 해동청도 공물로 요구하여 매를 징발하기 위한 응방이 설치되기도 하였다.

고려 관제도 자주성에 심각한 손상을 입었다. 중국과 같은 제도를 쓰지 못하게 하여 모든 관제를 한 등급씩 낮추어야 했다. 중서문하성과 상서성을 합쳐 첨의부僉議府로 격하시키고 6부는 4성으로 통폐합되었으며, 중추원은 밀직

기황후

고려인 기자오의 딸로서 친원파 기철의 누이. 1333년(충숙왕 복위 2) 고려 출신의 내시 고용보가 추천하여 원 황실의 궁녀가 되었고 순제의 눈에 들어 총애를 받았다. 1335년 황후가 죽자 순제가 새로운 황후로 책봉하려 하였으나 '황후는 몽골인으로 한 해야 한다'는 원칙을 내세운 권신 바엔 등의 반대로 이루어지지 못했다. 1339년 황태자 아이유시리다라를 낳고 이듬해 제2황후에 책봉되었다. 황후가 되자 조정을 교묘히 움직여 반대 세력을 몰아내고 재정과 범위를 맡아보는 자정원을 설치하여 실권을 장악한 후 대신·황실의 반발과 음모를 헤치고 아이유시리다라에게 황통을 잇게 하였다. 고려와의 외교에서는 공민왕을 몰아내는 데 앞장섰으며 오빠 기철이 권문세가로 전횡을 저질러 부정적인 평가를 받기도 하였다. 그러나 고려의 공녀제도를 폐지시키고 고려를 원의 일개 지방 성으로 삼으려는 정책에 반대하는 등 긍정적 모습을 보여주기도 하였다.

1365년 제1황후 바엔후두가 죽자 전례를 깨고 정후로 책봉되었다. 그러나 다음 해 북경이 명의 주원장에게 함락당하자 몽골 내륙으로 쫓겨났고 그 후의 행적은 알려지지 않았다.

기황후에 대해서는 여러 가지 평가가 나올 수 있으나 공녀로 끌려가서 자신의 처지를 황후의 자리까지 올렸다는 점에서 높은 평가를 받는다.

사密直司, 어사대御史臺는 감찰사監察司, 한림원은 문한서文翰署로 격하되었다. 고려 왕실의 용어도 원의 부마국이 되었으므로 황제 칭호에 버금가는 것을 피해야 했다. 따라서 왕의 묘호는 '조'·'종'에서 '왕'으로 바뀌고 그 앞에 충忠이나 공恭을 붙여야 했으며, '짐朕'은 '고孤'로, '폐하陛下'는 '전하殿下'로, '태자太子'는 '세자世子'로 각각 개칭되었다.

원은 고려에게 그들의 풍습도 따르도록 하였다. 왕실과 지배 계층에서는 몽골식 이름을 갖고 몽골어를 사용하였으며, 몽골식 의복과 변발이 유행하였는데 이를 '몽골풍蒙古風'이라고 하였다. 오늘날까지 전해지는 대표적인 몽골풍으로는 여자들의 머리에 올리는 족두리, 남녀의 옷고름에 차는 작은 칼인 장도, 신부의 두 볼에 찍는 연지, 장사치·시정아치·벼슬아치 등 명사의 어미에 치를 붙이는 언어 습관, 왕의 진지상을 가리키는 수라라는 말 등이 있다. 이와는 반대로 고려의 풍속이 원에 영향을 주기도 하였는데 이를 '고려양

高麗樣'이라고 하였다. 고려 음악과 무용이 원에 보급되었고, 고려식 예절도 전해졌다. 당시 원 지배층의 살림은 고려 여자들의 취향으로 꾸미는 것이 유행하였다. 이때 전해진 고려 풍습들이 그대로 몽골족 사이에 퍼져 지금까지도 몽골인 사이에서는 고려 만두·고려 병·고려 아청 등이 사용되고 있다.

그런데 '몽골풍'을 부정적으로만 볼 수는 없다. 일시적으로 고려는 원나라 중심의 세계 유통 시장 구조에도 편입되었다. 원에서 발행한 지폐인 '교초'가 고려에서도 유통됨으로써 통일 통화에 의한 국제교역에 동참할 수 있었던 것이다.

'고려양'과 '몽골풍'으로 대변되는 고려와 원나라 간의 교류 속에서 비록 이질문명이지만 생산적 융합이 이루어진다면 문명 본연의 상부상조적 교류가 실현될 수 있으며, 문명은 모방성이란 근본 속성에 의해 인위적인 제어를 무릅쓰고 사방으로 전파되며, 필요에 따라서는 선택적으로 수용된다는 문명 교류의 의미 있는 원리를 체득할 수 있었다.

3) 공민왕의 개혁정치

원이 내정 간섭을 행하면서 고려의 지배 계층에도 큰 변화가 나타났다. 이전 시기부터 존속하였던 문벌귀족 가문, 무신 집권기에 새로이 대두된 가문, 원과의 관계를 통해 급속하게 성장한 가문 등이 권문세족으로서 새롭게 자리잡았다. 특히 기철처럼 원에서 출세한 여성 가문의 인물, 신분이 낮은 환관들 가운데 원에 인질로 가 있는 세자를 모시다가 세자가 왕이 되자 출세한 자, 몽골어 통역자로서 출세한 자 등 부원배들이 권문세족의 중심이 되었다. 이들은 정치권력을 바탕으로 농장을 확대하고 양민들을 억압하여 노비로 삼는 등 사회모순을 격화시켰다.

관료들의 불공정한 인사나 농장 문제 같은 여러 가지 사회적 폐단을 시정하기 위한 개혁 노력은 충렬왕忠烈王 때부터 시도되었다. 안향安珦이 원으로부터 성리학을 도입하고, 국가에서도 경학과 사학을 장려하였으며, 일연의《삼국유사》, 이승휴李承休의《제왕운기帝王韻紀》 등이 편찬되어 자주성을 되찾으려는 움직임이 일어났다. 하지만 충렬왕의 적극적인 개혁 의지가 없어서 큰 성과는 거두지 못하였다.

충렬왕의 뒤를 이은 충선왕忠宣王은 사림원詞林院이라는 개혁 기구를 설치하여 개혁정치를 시행하였다. 관료정치를 위한 관료제도를 확립하고, 권세가들의 농장을 견제하여 국가 재정을 확대하고, 강제로 노비가 된 양민들은 환원시키고자 하였다. 그러나 권세가들의 반발로 개혁정치가 실패로 끝나자 이를 비관한 충선왕은 왕위를 충숙왕忠肅王에게 물려주고 북경으로 가서 만권당萬卷堂이라는 연구 기관을 설립하고, 이제현 등의 고려 학자와 조맹부趙孟頫 등의 원나라 학자들을 초빙하여 학문을 연구하게 하여 문화 교류에 힘썼다. 이러한 노력으로 원나라의 과거제도가 정비되면서 고려의 유학자들에게는 새로운 유학인 성리학을 받아들일 수 있는 여건이 성숙되었다.

충목왕忠穆王도 정치도감整治都監이라는 특별 기구를 설치하여 부원 세력을 척결하면서 권세가들이 차지한 토지를 원래의 주인에게 돌려주고, 억울하게 노비가 된 자는 조사하여 양민으로 환원시켰다. 또한 녹과전을 부활시켜 관료들에게 안정적으로 급료를 지급하고자 하였다. 그러나 충목왕이 일찍 죽으면서 정치는 다시 혼란에 빠지고 부원배를 중심으로 한 권문세족의 횡포는 극심해졌다.

고려왕의 개혁 운동과 부원배 중심의 권문세족의 반발이 반복되는 와중에 공민왕이 등장하였다. 공민왕 역시 개혁을 추구하였으나 원의 간섭으로 지지부진하던 중에 공민왕 17년(1368) 원이 남쪽에서 일어난 명에 쫓겨서 밀려나는 사태가 발생했다. 공민왕은 원·명 교체기를 이용하여 강력하게 개혁을 추진하였다. 대외적으로는 반원 자주를 실현하고 대내적으로 왕권을 강화하여 고려 후기 사회의 모순을 척결하려고 하였다.

공민왕의 반원 자주 정책은 기철로 대표되던 부원배들의 숙청으로부터 시작되었다. 이어서 고려의 내정 간섭 기구였던 정동행성 이문소의 폐지, 원의 간섭으로 격하되었던 관제의 복구, 몽골풍의 폐지, 쌍성총관부의 무력 탈환과 고구려 옛 땅을 수복하기 위한 요동 공략 등이 추진되었다.

이러한 정책들이 부원배들의 반발로 중단될 위기에 놓이자, 왕권 강화와 권문세족의 숙청을 위해 정방을 폐지하고 전민변정도감田民辨正都監을 설치하였다.

만권당　충선왕이 왕위를 아들에게 물려주고 1314년(고려 충숙왕 1) 중국 연경에 마련한 일종의 도서관과 연구소를 합친 개념의 기관이었다. 그는 입장이 자유롭고 재정이 넉넉했으므로, 만권당에 고금의 진기한 서적들을 많이 수집한 후 고려에서 이제현·박충좌 등을 불러 공부하게 했다. 또한 원의 유명한 학자인 조맹부·염복·우집·요봉 등과 교유하면서 중국의 고전 및 당시 북중국에서 유행하던 성리학도 연구하였다. 이것은 다시 고려 말의 유학자인 이색·이숭인·정몽주 등에게 전수되었다. 만권당은 모여든 학자들을 중심으로 학술뿐만 아니라 예술·문화 등에 걸쳐 광범위하게 활동함으로써 고려와 원의 문화 교류에서 중심적인 구실을 하였다.

정방은 최씨 무신정권에서 설치한 인사 기구로 왕의 인사권을 제약하였으므로 폐지하였다. 전민변정도감은 권문세족들이 부당하게 수탈한 토지와 노비를 원래의 주인에게 돌려주거나 양민으로 해방시키기 위한 것이었다. 공민왕은 전민변정도감이 제대로 개혁을 수행할 수 있도록 권문세족과는 전혀 관계가 없고 세력이 없던 승려 신돈辛旽을 중용하였다. 또한 성균관을 정비하여 유학 교육을 강화하고, 과거제도를 정비하여 새로운 인재를 등용하였다.

그러나 이러한 개혁정치도 권문세족들의 강력한 반발로 신돈이 제거되고 개혁의 주체였던 공민왕마저 시해 당하면서 중단되었다. 공민왕의 개혁정치는 비록 실패로 끝났지만 다음 시대를 이끌어 갈 새로운 주체 세력을 양성했다는 점에서 역사적 의의가 크다. 즉 이후에 새로운 국가 지도 이념으로 등장하는 성리학이 발전하고 성리학자들이 배출될 수 있는 기반이 형성되었던 것이다.

4) 사회모순을 겨냥한 성리학과 신진 사대부

고려 후기에 전래된 성리학은 사상계만이 아니라 고려의 정치·사회·경제·문화 각 부분에 큰 영향을 끼쳤다.

남송南宋의 주희朱熹가 집대성한 성리학은 종래 자구의 해석에 주력하던 한·당의 훈고학이나 사장 중심의 유학과는 크게 달라진 유학이었다. 성리학은 왕 중심의 권력을 왕과 신하가 같이 다스리는 군신공치君臣共治의 정치윤리로 바꿈으로써 신권을 강화하고, 지주와 작인(소작인)의 자율적 협력 관계를 통해 지주제를 안정시켜 중소 지주의 입장을 강화시켰으며, 우주와 인간의 본질에 대한 형이상학적인 철학 체계를 강조한 신유학이었다. 이 학문은 관념적인 이理를 중시하면서도 개체의 기氣를 동시에 존중하여 극단적인 관념론과 물질론에서 탈피하여 객관적 관념론을 제시함으로써 개인주의와 공동체주의의 중간적인 입장을 취하였다. 따라서 향촌사회의 안정을 도모하고 중앙정치를 군신공치로 바꿀 수 있다는 점에서 신유학인 성리학은 지방에서 성장한 사대부층에 큰 영향을 끼치게 되었다.

고려에 성리학을 처음 소개한 사람은 충렬왕 때의 안향이었다. 그 후 만권당에서 원의 학자들과 교유하면서 공부한 이제현이 귀국하여 이색 등에게 성리학을 전파하였다. 공민왕 때 이색은 정비된 성균관에서 정몽주鄭夢周·권근權近·정도전鄭道傳에게 성리학을 가르치는 등 많은 제자를 양성하였다.

성리학을 수용한 사람들은 대부분 신진 사대부들이었다. 이들은 현실사회의 모순을 개혁하기 위한 사상으로 성리학을 선택하였는데, 형이상학적인 측면보다는 일상생활과 관계되는 실천적 기능을 강조하였다. 즉 극단적인 관념론을 강조하는 불교적인 생활 관습을 유교 관습으로 바꾸기 위해 소학과 주자가례를 중시하면서 권문세족과 불교의 폐단을 비판하였다.

원 간섭기부터 꾸준하게 대두한 신진 사대부는 경제적으로 중소 지주나 자영농층에 속하며 신분적으로도 중간층에 속하는 인물들이었다. 이들은 지방에서 스스로 황무지를 개간하거나 농법을 개량하고, 작인들과 원만한 관계를 통해 생산력을 높여 부를 모았다는 점에서 약탈적인 권문세족과는 성립부터가 달랐다. 이들은 무신 집권기 이래 과거를 통해 중앙의 관료로 진출하였으나, 원의 간섭과 왕의 측근 세력들 때문에 정치적 지위가 불안정하였다. 이들 중 이제현과 같은 일부 세력은 왕의 측근세력으로 성장하여 권문세족이 되기도 하였지만, 대부분은 공민왕 때의 개혁정치에 힘입어 신진 사대부로 성장하였다.

과거를 통해 정계에 진출한 신진 사대부는 자신들의 경제적 기반을 침해하면서 농장을 확대하는 권문세족들과 충돌하였다. 그들은 국가의 공적인 힘을 강화하여 권문세족들의 비리와 불법을 견제하고 자신들의 정치적·경제적 기반을 유지하고자 하였다. 이에 공민왕의 개혁정치에 적극 참여하였으나, 공민왕 사후 인사권을 장악한 권문세족들에 의해 관직 진출을 제한받고 과전과 녹봉도 제대로 받지 못하는 경우가 생겨나자 권문세족을 타도하는 데 앞장서게 되었다.

우왕禑王 대에 이르러 권문세족의 횡포와 모순이 극대화되자 신진 사대부 내에서 개혁의 방법과 수준을 둘러싸고 노선의 차이가 나타나기 시작하였다. 고려왕조의 틀 안에서 권문세족들의 횡포를 방지하고 수취제도의 모순을 시정하자고 하는 온건파와 토지제도의 모순을 해결하기 위해서는 고려왕조 자체를 바꾸어야 한다는 급진파가 그것이다. 전자에는 이색과 정몽주를 중심으로 하여 대부분의 성리학자들이 동의하였고, 후자에는 정도전·권근·조준趙浚 등이 앞장서면서 신흥 무인 세력의 대표격인 이성계李成桂와 손을 잡았다.

온건파의 주장은 성리학의 본질에 훨씬 더 충실하였기 때문에 대부분의 성리학자들로부터 동의를 얻어냈다. 반면 급진파는 국가주의적 성격을 띤 《주례周禮》정신을 수용하고 한·당 훈고학의 중앙 집권 이념을 가미하여 전면적인 혁명을 주장하였다. 즉 온건파가 지주제의 안정과 지주의 자율성을 바탕으로 대지주로 성장할 수도 있었던 중소 지주층의 입장을 대변한 데 비해 급진파는 토지의 공개념에 입각하여 토지의 재분배라고 하는 혁명적 입장을 강조하였던 것이다. 게다가 신분적 사회의 속성이 강했던 고려사회에서 정도전처럼 모계 쪽에 천인의 피가 섞인 낮은 신분의 출신 계층들은 더욱 급진적이었다.

6. 고려사회의 의식과 문화

1) 고려의 마음, 불교

고려 초기부터 불교와 유교는 종교와 철학으로서 서로 마찰 없이 상호 보완적으로 발전했다. 유교가 치국治國의 도, 즉 정치이념으로서 자리잡았다면, 불교는 수신修身의 도, 즉 마음을 수양하는 종교로서 서로 간의 영역을 침범하

주례

고대의 예법에 관한 3권의 책 가운데 하나로, 나머지 2권은《의례儀禮》와《예기禮記》다. 이 책은 주공의 저술로 간주되어 왔으나 현대 학자들은 기원전 300년경에 이름 없는 이상주의자가 모아서 편찬한 것으로 추측하고 있다. 12세기 들어서면서 오래 전에 유실된《악경樂經》대신 6경에 포함되면서 특별한 평가를 받았다. 그 후 수세기 동안《주례》는《예기》와 합쳐져 6경에 포함되었다.

《주례》는 유가사상뿐 아니라 법가사상으로부터도 상당한 영향을 받았다. 천관天官에서 통치 일반, 지관地官에서 교육, 춘관春官에서 사회 및 종교 제도, 하관夏官에서 군사, 추관秋官에서 법무, 동관冬官에서 인구·영토·농업을 각각 다루었다.《주례》가 한국에 전래된 정확한 시기는 알 수 없지만, 삼국시대에는 전래되었을 것으로 추측된다. 이후 고려시대에 주요 유교 경전의 하나로서《국자감》등에서 공식 과목으로 채택되었고 1109년(예종 4) 7재七齋 중 하나인 구인재求仁齋에서 전강專講되었다.《주례》가 불교와 도교에 맞서는 유학의 윤리와 경세사상을 담고 있는 까닭에, 고려 말기에 성리학이 발흥하면서 성리학자들 사이에《주례》를 중시하는 경향이 일어났다. 조선왕조 개창에 핵심적 역할을 한 정도전은《조선경국전朝鮮經國典》에서《주례》의 6관제도를 기본 모델로 조선왕조의 통치규범을 만들었다. 그 후《주례》는 세종 때 16책으로 간행되어 일반에 널리 보급되었다. 조선 후기에 새로운 사상에 대한 모색이 활발해지면서 몇몇 학자에 의해《주례》의 연구가 이루어졌다. 대표적인 인물로 윤휴와 정약용 등을 들 수 있다.

는 일 없이 공존하였다.

고려시대에 불교가 국가의 지원을 받으며 발전한 이유로는 신라 이래 호국적 기능을 가지고 있었고, 여타 종교에 대하여 융통적이어서 사회통합에 유리한 이론을 제공하였으며, 이미 토착신앙으로서 민족적인 뿌리를 내렸고, 태조 왕건의 훈요 10조에서 호불정책이 강조되었다는 점을 들 수 있다.

태조는 불교를 적극 지원하기 위하여 개경에 여러 사찰을 건립하고, 훈요 10조에서 불교 숭상과 연등회·팔관회의 성대한 개최를 당부하였다. 이에 따라 귀족들도 불교에 큰 관심을 보였고 불교를 유교와도 서로 배치되는 것으로 생각지 않았다. 심지어 지방의 신앙 공동체였던 향도香徒는 불교와 함께 토속신앙의 면모도 함께 가지고 있었다.

광종 때에 승과제도를 실시하여 합격한 승려에게는 품계를 주고 승려의 지위를 보장하였는데, 가장 높은 품계는 교종의 승통과 선종의 대선사였다. 그 위에 국사와 왕사제도를 두어 왕실의 고문 역할을 맡게 함으로써 불교에 대해 경외심을 갖게 하였다. 또한 사원전을 지급하여 사원 재정을 안정시키고 승려들에게는 면역 혜택을 주어 신앙에 전념할 수 있게 조치하였다.

사원은 사찰의 재산을 지키기 위하여 승병을 조직하기도 하였는데 국가가 위급할 때는 나라를 위해 싸웠다. 여진을 토벌하기 위해 별무반이 조직되었을 때의 항마군降魔軍이 가장 대표적인 예다. 몽골 침략 때 몽골 장군 살리타를 사살한 김윤후도 승려 출신이었다.

고려가 성립할 즈음에는 신라 말 선종의 역할이 지대하였으나, 사회가 안정되고 호족이 중앙귀족이 되면서 선종과 더불어 교종도 차츰 다시 성행하게 되었다.

고려 초기에는 균여의 화엄사상이 크게 환영받았다. 그의 화엄사상은 성상융회性相融會로 특징되는데, 공空을 뜻하는 성性과 색色의 상相을 원만히 융합시키는 이론으로서 화엄사상 속에 법상종 사상을 융합하여 교종 내의 대립을 해소시키고자 한 통합사상이었다. 그만큼 고려 초기에는 화엄종과 법상종이 선종과 더불어 크게 성행하였다. 이 시기 불교의 가장 큰 화두는 불교계의 통합이었다.

불교 개혁에 앞장선 왕은 광종이었다. 여러 난립된 교종의 종파들을 화엄종 중심으로 정리하고, 선종의 여러 종파는 법안종을 중심으로 정리하고자 했다. 개경에 귀법사를 세우고 균여를 주지로 임명한 것도 화엄종을 재확립하기 위한 것이었다. 그리고 교종 불교이면서도 대중성이 있는 천태종을 교종과 선종의 대립을 교종 입장에서 극복할 수 있는 대안으로 생각하여, 승려 제관과 의통을 남중국으로 보내 연구하도록 하였다.

11세기에 이미 종교적 분열상을 보이던 고려 불교계를 통합하기 위하여 등장한 인물이 문종의 넷째 아들로 중국에 유학하여 천태종을 배우고 돌아온 대각국사 의천이었다. 그는 흥왕사를 근거지로 삼아 화엄종을 중심으로 교종을 통합하고, 숙종의 후원 하에 국청사를 중심으로 해동천태종을 창시하였다. 의천은 그 사상적 바탕으로서 이론의 연마와 실천을 아울러 강조하는 교관겸수

敎觀兼修를 제창하였다. 이는 인주 이씨 등 당시 권신 세력의 비호를 받던 법상종과 여전히 호족적 분열 상태에서 벗어나지 못하고 있던 선종 여러 종파의 대립을 극복하기 위한 것이었다. 그러나 의천의 이 같은 노력은 교종의 입장에서 선종을 통합하려는 학문적 차원에서 머물렀기 때문에 선종을 실제로 통합하는 데에는 실패했다. 특히 의천 사후에는 교단들이 다시 분열하고 귀족 중심의 불교가 지속되면서 불교계의 혼란은 더욱 심해졌다.

무신 집권 이후의 사회변동 상황에서 불교계에도 큰 변화가 일어났다. 문벌귀족들과 연결되었던 개경 중심의 이론 불교인 교종이 쇠퇴하고, 반면 지방사회의 행동 불교인 선종이 무신들의 지지를 받으며 대두하였다.

우선 불교계에서는 명리에 집착하는 당시 불교계의 타락상을 비판하면서, 불교 본연의 자세를 확립하자는 새로운 불교 운동으로서 사社라는 신앙 단체들이 결성되었다. 이를 결사結社라고 하는데, 가장 대표적인 것이 보조국사 지눌이 선도한 수선사(뒤에 송광사가 됨) 결사운동과 원묘국사 요세가 주창한 백련사(전남 강진) 결사운동이었다.

승려 본연의 자세로 돌아가 독경과 선의 수행, 노동에 고루 힘쓰자는 개혁 운동으로서 수선사 결사 운동을 주창한 지눌은 선종을 중심에 두고 교종의 화엄 사상을 흡수하여 선종과 교종의 통합을 추구하는 이론체계를 수립하고, 후에 조계종이라는 새로운 종파로 발전시켰다. 지눌은 선과 교학이 근본에서는 둘이 아니라는 사상체계인 정혜쌍수定慧雙修를 사상적 바탕으로 하여 철저한 수행을 강조하였다. 또한 내가 곧 부처라는 깨달음을 얻기 위한 노력과 함께 꾸준한 수행으로 깨달음의 확인을 강조하는 돈오점수頓悟漸修를 주장하였다. 결국 지눌은 선종과 교종의 병행을 주장하였는데, 정定과 돈오頓悟를 내세워 선종을 중심에 두고 교종을 통합하는 것이었다. 이는 고려 전기의 귀족 불교인 천태종의 권위에 대한 일대 도전이었기 때문에 무신 정권의 지지를 받을 수 있었다.

지눌을 이어 조계종을 발전시킨 승려는 수선사 2대 교주인 진각국사 혜심이었다. 그는 선종과 교종의 통합에서 한 걸음 더 나아가 불교와 유교의 통합까지 시도하였는데, 이를 유불일치설이라고 한다. 이는 고려 사상계가 불교에서 성리학으로 나아가는 시발점이 되었다고 할 수 있다.

전남 강진의 백련사 결사 운동은 요세가 주창한 것으로, 강진 지방의 호족 세력이 수선사 결사에 대항하여 순수한 법화신앙을 내세우기 위해 세운 천태종의 신앙 결사였다. 자신의 행동을 참회하는 법화신앙에 중점을 두었기 때문에 지방민의 적극적인 호응을 얻었고, 강력한 항몽 투쟁을 내세워 최씨 무신 정권의 비호를 받기도 하였다.

그러나 원 간섭기에 접어들면서 불교계의 개혁 운동은 의지가 퇴색하고 권문세족과 연결되면서 다시 폐단과 모순을 드러냈다. 사원은 권문세족의 비호 아래 막대한 농장을 소유하고 상업과 고리대업에까지 관여하여 부패가 극심하였다. 이에 고려 후기 보우 등의 개혁 노력이 있었으나 큰 성과를 거두지 못하고 신진 사대부들의 공격을 받게 되었다.

불교사상에 대한 이해가 깊어지고 체계가 정비되면서 불교에 관련된 서적들을 모두 모아서 체계화하는 대장경 사업이 이루어졌다. 부처님의 말씀인 경經·부처님이 내려준 계율인 율律·경과 율에 대한 승려들의 해석인 론論의 삼장三藏으로 구성된 대장경은 불교가 고도의 수준에 이르러야 간행할 수 있는 문화적 의의가 높은 유산이었다.

1차 대장경은 초조대장경으로 현종 때 부처의 힘을 빌려 거란의 침입을 막기 위해 간행되었다. 70여 년의 긴 시간 동안 목판에 새겨 간행해서 대구 팔공산 부인사에 보관하였으나 몽골 침입 때 인쇄본 일부만 남기고 불타버렸다.

초조대장경이 만들어진 얼마 후 대각국사 의천이 고려는 물론 송과 요의 대장경에 대한 주석서를 모아 교장敎藏을 편찬하였다. 이는 대장경에 대한 주석서이므로 대장경이라고 하지 않고 교장이라고 한다.

2차 대장경은 재조대장경으로서 몽골 침입으로 소실된 초조대장경을 대신하여 고종 때 몽골의 침입을 막기 위하여 다시 만들어졌다. 대장도감을 설치하여 16년 만에 완성된 재조대장경은 현재까지 합천 해인사에 8만 매가 넘는 목판이 모두 보존되어 있어서 팔만대장경으로도 불린다. 이 대장경은 방대한 내용을 담고 있으면서도 잘못된 글자나 빠진 글자가 거의 없는, 세계에서 가장 우수한 대장경으로 유네스코 기록 문화유산으로 등재되어 있다.

진각국사 혜심

속명은 최영을崔永乙, 호는 무의자無衣子, 법호는 혜심慧諶이다. 혜심은 원래 1201년(신종 4) 사마시에 합격한 유학자였지만 유학을 포기하고 불교에 귀의하였다. 불교 신앙 결사 운동의 일환인 수선사修禪社에 들어갔다가 지눌의 뒤를 이어 제2세 사주社主가 되었다.

그의 선 사상은 대체적으로 스승인 지눌의 것을 계승했다고 할 수 있지만, 그 가운데서도 임제종의 선풍인 간화선看話禪을 강조하는 입장을 취했다. 정치적으로는 최씨 무신정권과 매우 밀착하여 강력한 지원을 받았다. 이미 지눌 때도 최충헌의 후원을 받고 있었지만, 혜심 때는 최우와 직접적인 관계를 맺고 서로 돕는 각별한 사이가 되었다. 즉 최우 본인이 수선사에 입사한 것은 물론이고 두 아들을 혜심에게 보내 머리를 깎게 하였으며 경제적 뒷받침을 해주는 등 여러 면에서 밀접한 관계를 보여주었다. 이로써 최씨 무신 정권은 상대방으로부터 정신적인 면에서뿐 아니라 정치적으로도 후원을 받을 수 있었고, 혜심의 수선사 역시 경제적 뒷받침과 함께 교세 확장에도 많은 도움을 받았다.

한편 그는 고려 후기 훈고학을 하는 유학자들보다 훨씬 더 성리학의 도입에 우호적이었다. 성리학의 사유 방식이 선종의 참선 형식에 영향을 받았기 때문이다. 따라서 고려 후기 성리학은 수선사라고 하는 강력한 지원을 바탕으로 큰 무리 없이 수용될 수 있었던 것이다.

시호는 진각국사이며, 고종이 즉위하자 선사禪師, 뒤에 대선사大禪師가 되었다. 1219년(고종 6) 월등사에서 죽었으며 송광사에 비가 있다.

2) 시간을 판단한 역사서

고려시대에는 유학이 발달하고 유교적인 역사 서술 체제가 확립되면서 많은 역사서가 편찬되었다. 건국 초기 삼국시대의 역사를 정리하여 《삼국사三國史》라는 역사서를 편찬하였는데, 고려 후기의 《삼국유사》나 《제왕운기》에 의하면 〈단군본기檀君本紀〉와 〈고구려본기高句麗本紀〉 등이 있었다고 한 것으로 보아 '단군 조선-고구려-고려'의 역사 계승 의식을 표방하였던 듯하다. 또한 《편년통재編年通載》와 이를 보완한 홍관의 《편년통재속편》 8권(1116)이 있었는데 삼한에서 고려까지의 역사를 정리한 사서라고 한다. 김관의가 왕건의 가계를 정리한 《편년통록編年通錄》도 있었다고는 하는데 세 역사서는 모두 전하지 않는다.

한편 건국 초기부터 왕들의 치적을 정리하기 위하여 《실록》이 편찬되었으며, 조선 초기에 《고려사》를 정리할 때 참고하였다고 하나 역시 전해지지 않는다.

현존하는 최고의 역사서로는 인종 때 김부식 등 11명의 관료들이 왕명으로 편찬한 《삼국사기》 50권(1145)이 있다. 고려 초에 쓰여진 《삼국사》를 바탕으로 유교적 사관에 기초하여 기전체로 서술되었다. 이 책은 고구려 계승 의식과 북진정책을 내세워 서경 천도 운동을 벌인 묘청 일파의 반란을 진압하고 난 후, 유교정치의 확립과 국제관계의 안정을 도모할 목적에서 편찬되었다. 《삼국사기》는 신라 계승 의식을 반영하여 신라의 건국을 가장 빠르게 보고 신라가 삼국 중 가장 애국적이며 문화적으로도 가장 앞선다고 서술하였다. 그리고 그런 전통을 가진 신라가 삼국을 통일하였으므로 우리나라 역사를 계승한 것이 마땅하다는 시각을 견지하였다. 반면 고구려는 호전적이고 야만적 국가, 백제는 속임수를 쓰는 야비한 국가로 서술하여 비판하였다. 이 책은 우리나라 역사의 기점을 삼국에서 찾아, 《삼국사》에 기술된 분명한 역사인 고조선과 삼한의 역사를 삭제하고 불교와 원시신앙 등과 문화에 대해서도 비판적인 태도를 취했다. 이는 서경파와 개경파의 권력 투쟁에서 개경파가 승리함으로써 나타날 수밖에 없었던 신라 계승 의식과 유교적 도덕 문화에 대한 동경이 낳은 것이었다.

무신 집권기에는 국난을 극복하는 과정에서 다시 고려가 위대한 고구려의 전통을 계승했다는 의식을 표방하였다. 여주 지방 향리의 후예인 이규보는 《동국이상국집東國李相國集》에 〈동명왕편〉을 써서 무신 정권으로부터 큰 신임을 얻었다. 〈동명왕편〉은 민간에서 귀신 이야기로 전해져 온 동명왕의 건국 설화를 수용하여 천손의 후예인 동명왕이 성인이자 영웅으로서 고구려를 건국하였음을 오언시로 서술한 영웅 서사시다. 이는 고구려 계승 의식을 반영하여 고구려 전통을 강조한 것으로 볼 수 있다.

원 간섭기에는 충렬왕 초에 정가신이 《천추금경록千秋金鏡錄》을 편찬하여 고려사를 간략하게 정리하고, 왕명으로 고려 건국의 역사를 《고금록古今錄》으로 정리 편찬하였다. 무신정변 이후의 사회적 혼란과 몽골 침략의 위기를 겪은 후 민족적 자주 의식을 바탕으로 전통 문화를 올바르게 이해하려는 경향을 표방한 대표적인 사찬 역사서로서 일연의《삼국유사》5권(1281)과 이승휴의 《제왕운기》2권(1287)이 등장하였다. 이 두 역사서는 후대에 끼친 영향도 무척 클 뿐 아니라 현존하고 있다는 점에서 고려 후기 역사학의 중요한 성과라고 할 수 있다.

두 역사서는 공통적으로 우리 역사의 시작을 '단군조선'에 두고 역대 시조들의 신비한 설화를 긍정적으로 서술하였으며, 주체성과 도덕성을 기준으로 역

중국의 역사 서술 방식

■ **편년체** : 시간 순으로 나열하여 적는 방식으로, 춘추가 대표적이다. 공자 이전의 역사 기록도 편년체 방식이었을 것으로 추정된다. 우리나라 역사서로는《조선왕조실록 朝鮮王朝實錄》과《고려사절요高麗史節要》가 대표적이다.

■ **기전체** : 정치사를 본기本紀(왕의 역사)와 세가世家(제후의 역사)로, 인물사를 열전列傳 (신하의 역사)으로, 문화사를 서書로, 나머지는 연표 방식으로 분류한 것이 특징이다. 여러 분야로 분류하였으나, 가장 중요하게 취급한 것은 인물이었다. 또한 춘추필법을 계승하여 역사가가 역사적 사실에 대하여 의견과 논평을 달았는데, 이를 논찬이라고 한다. 사마천의《사기史記》에서 비롯되었으며 우리나라 역사서로는《삼국사기三國史記》 와《고려사高麗史》 등이 있다.

■ **기사본말체** : 남송의 원추가 쓴《통감기사본말通鑑紀事本末》(42권)에서 비롯되었다. 주제를 중심으로 한 가지 사건의 시작과 끝을 체계적으로 정리하는 방식이어서 시간 중심의 편년체나 인물 중심의 기전체와 달리, 사건 중심의 역사 서술 방식이라고 할 수 있다. 우리나라 역사서로는 조선시대의 실학자 이긍익이 서술한《연려실기술燃藜室記 述》이 있다.

■ **강목체** : 성리학적 역사 인식을 앞세워 사마광의《자치통감資治通鑑》을 비판적으로 서술한 남송 주희(주자)의《자치통감강목資治通鑑綱目》에서 비롯되었다. 강목체는 역사 서술을 강綱과 목目으로 나누어, 중요한 사건은《춘추》의 경經을 따라 큰 글씨로 써서 '강' 으로 내세우고, '강'에 대한 자세한 설명은 공자의 제자 좌구명左丘明이 쓴《좌전左傳》의 예에 따라 작은 글씨로 써서 '목'으로 구별하였다. 또한 어느 나라가 정통이고 어느 나라가 윤통閨統(정통이 아닌 계통)인지를 엄격히 구분하는 정통론에 입각하여 역사 체계를 세웠다. 그리하여 정통 국가는 큰 글씨로, 윤통 국가는 작은 글씨로 처리했다. 우리나라 역사서로는 실학자 안정복이 서술한《동사강목東史綱目》이 대표적이다.

사를 평가하였다. 차이점으로는 《삼국유사》가 경주 중심의 신라 불교 전통을 부각시켜 일연이 가지고 있었던 승려로서의 한계와 친신라적인 지역주의를 탈피하지 못한 한계를 보인 반면, 《제왕운기》는 유교를 중심으로 불교와 도교까지 포섭하려는 시각을 보이고 단군에 대한 민족주의가 강하게 투영되고 있다는 점을 들 수 있다. 또 《삼국유사》는 단군의 후손이 부여·고구려·백제로 이어졌다고 보고 삼한과 신라는 중국 계통으로 보았으나, 《제왕운기》는 예맥·옥저·삼한·삼국 등 고대 국가들을 모두 단군의 후손이라고 보았다.

고려 말기에는 신진 사대부들의 성장과 성리학의 수용으로 정통론 및 명분론을 강조하는 성리학적 유교 사관이 대두하였다. 이를 대표하는 이제현은 《사략史略》을 비롯한 여러 권의 사서를 저술하였는데, 현재는 《사략》의 사론만이 남아 있을 뿐이다. 그는 애국적인 입장에서 영토를 넓히고 도덕적인 유교정치를 실현한 임금을 높이 평가하고, 사치와 낭비가 심했거나 간신을 등용한 임금을 비판하였다.

3) 천하제일 비색이 스민 청자

고려의 자기는 신라와 발해의 전통과 기술을 토대로 송의 자기 기술을 받아들여 발전하였다. 통일신라 회유계 질그릇의 전통 위에 중국 월주 지방(절강성 소흥부)으로부터 청자 기술이 유입되면서 청자가 제작되었을 것으로 추정된다. 10세기 후반부터 11세기에는 청자의 사용층도 상당히 넓었을 것으로 생각되며, 문벌귀족의 전성기인 12세기 초에는 중국 청자의 형태에서 벗어나 독자적인 경지를 개척하게 되었다.

청자 중에서도 가장 뛰어난 것은 비취색 나는 청자였는데, 중국인들도 천하의 명품으로 꼽을 정도였다. 우리의 기록에는 청자의 색에 대한 내용을 찾아볼 수 없지만, 중국 기록에서는 여러 군데에서 청자색의 아름다움을 "깊은 가을 바람서리 끝에 월의 가마를 열면 천봉의 푸른 빛깔을 옮겨올 수 있다오"(비색월기)라고 칭송하였다.

특히 인종 즉위년(1123) 송 사신의 수행원으로 고려에 온 서긍의 《고려도경高麗圖經》에 고려 청자에 대한 기록이 있는데, "도기의 푸른색을 고려인들

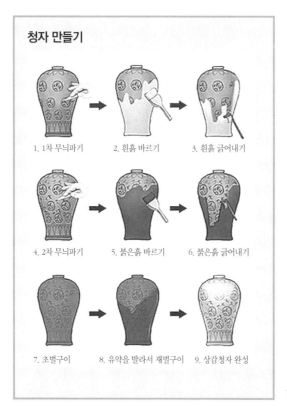

청자 만들기

1. 1차 무늬파기　　2. 흰흙 바르기　　3. 흰흙 긁어내기

4. 2차 무늬파기　　5. 붉은흙 바르기　　6. 붉은흙 긁어내기

7. 초벌구이　　8. 유약을 발라서 재벌구이　　9. 상감청자 완성

출전 : 두산대백과

은 비翡색이라고 한다. …… 참외 모양의 술병이 특별하여 이것만을 적는다”,
“사자 모양의 향로 역시 비색이며…… 가장 아름답고 뛰어나며 다른 것들은
월주의 고비색이나 여주의 신요기와 비슷하다”라고 묘사하였다. 중국에서는
푸른 청자색을 비秘색으로 표기하며 또는 취翠색에 비유한다. 그럼에도 불구
하고 서긍이 우리나라 사람들의 표현대로 비翡색이라 표현한 것은 중국 청자
의 색과는 분명히 다른 푸른색으로 보였기 때문일 것이다.

이러한 푸른색의 차이는 청자 유약에서 기인한다. 즉 유약의 착색제로는 망
간과 티타늄이 있는데, 고려 청자는 중국 청자에 비해 망간의 성분이 약 5배 정
도 많아 독특하게 약간 회색 기운을 띠는 맑고 푸른색을 갖게 되었던 것이다.

12세기 중엽에는 색깔만이 아니라 독창적 기법인 상감법이 개발되어 자기
에 활용되었다. 상감청자는 상감 기법으로 무늬를 새기고 그 위에 비색 청자

유약을 발라 구워낸 청자다. 이는 무늬를 훨씬 다양하고 화려하게 넣을 수 있어 청자의 새로운 경지를 개척한 것이었다.

상감청자는 강화도로 천도한 13세기 중엽까지 주류를 이루었으나, 원 간섭기에 원과 지배층의 수탈로 퇴조해 갔다. 우수한 고려 청자의 발전에는 자기에 적합한 좋은 흙과 풍부한 연료가 전제되어야 한다. 이 조건에 부합한 곳이 전라도 강진과 부안이었다. 특히 전라도 강진은 장보고가 청해진을 운영할 때부터 자기를 만들었던 곳으로, 최고급 청자를 만들어 중앙에 공급하였다.

고려 말기에 원으로부터 북방 가마의 기술이 도입되면서 청자의 빛깔도 퇴조하여 점차 소박한 분청사기로 바뀌어 갔다.

청자의 새로운 경지를 개척한
상감청자, 상감운학문매병

4) 운명으로 완성한 인쇄문화

고려시대 기술학에서 가장 큰 성과의 하나는 인쇄술의 발달이었다. 이미 무신 집권기에 팔만대장경의 조판을 통해 높은 수준의 목판 인쇄술을 보여준 고려 인쇄술의 발전은 건국 초기부터 두드러졌다. 개경과 서경에는 도서관을 설치하고 많은 책들을 수집 보관하여 송에서조차 서책을 구입해 갈 정도였다. 원 간섭기에 이르면 지식 정보의 양이 폭주하고 향촌의 사대부들이 성장하면서 독서 수요층이 증가하여 많은 종류의 책을 찍어내야 할 상황이 전개되었다.

이전에 발달하였던 목판 인쇄는 한 가지 책을 대량으로 찍어내는 데에는 유리하지만 여러 품종의 책을 소량으로 찍어 내는 데에는 불리하였다. 따라서 고려에서는 일찍부터 다품종 소량 출판에 유리한 활판 인쇄술의 발달에 힘을 기울였고 후기에는 금속활자를 만들어 내기에 이르렀다.

고려의 금속활자 인쇄의 시작은 기록이 자세하지 않아서 정확히 알 수 없는데 11세기 기원설, 1102년설, 12세기 중엽설 등이 있다. 기록상으로는 몽골

『**상정고금예문**』　고려 인종 때 문하시랑평장사를 지낸 최윤의가 왕명으로 고금의 예문을 모아 편찬한 책으로 모두 50권이었다고 하며, 지금은 전하지 않는다. 고려 고종 때의 문신 이규보가 엮은 《동국이상국집》에서 이 책을 1234년(고종 21)에 금속활자로 찍어냈다는 기록이 있어 세계 최초의 금속활자본으로 추정된다. 강화도로 천도할 때 예관이 가져오지 못한 것을 최이가 금속활자로 다시 찍었다는 이 책을 《고금상정예문》이라고도 한다.

과 전쟁중이던 강화도 피난 시절에 금속활자로 인쇄되었다는 《상정고금예문》 (1234)이 최초로 인정되고 있다. 《상정고금예문》은 12세기 인종 때 최윤의 등이 지은 의례서로 강화도로 천도할 때 예관이 가져오지 못하여 최우가 보관하던 것을 최이가 강화도에서 금속활자로 28부를 인쇄했다. 이는 서양의 금속활자보다 220년이나 앞선 것이다. 그러나 이 책은 현재 전해지지 않으며, 그 대신 청주 흥덕사에서 간행한 《직지심체요절》(1377)이 현존하는 세계 최고의 금속활자본으로 인정받고 있다. 《직지심체요절》은 정확하지는 않으나 개항기 이후 프랑스로 유출되어 현재 프랑스 국립 도서관에 소장되어 있다.

금속활자 인쇄술의 발달은 목판 인쇄술과 청동 주조 기술의 발달, 인쇄에 적당한 잉크와 종이의 제조 등이 어우러진 결과였다.

그러나 이러한 고려의 금속활자 인쇄기술은 원의 굴욕적인 지배로 학문이 위축되면서 자연히 그 기능이 마비되었다. 그러다가 원이 중원에서 신흥 세력인 명에 의해 북쪽으로 쫓겨나고 고려의 성균관 정비 등 학풍이 진작되어 고려 조정에서 서적원을 설치(1392)하고 주자 인쇄 업무를 관장하는 영令과 승丞의 직책을 마련하면서 금속활자 인쇄술은 다시 발전하게 되었다. 이는 조선왕조의 금속활자 주조기술 발달에 큰 영향을 끼쳤다.

5) 맑고 투명한 불화

고려는 정부기관으로서 도화원을 만들고, 여기에 소속된 전문 화원들로 하여금 국가적 차원의 기록을 남기기 위해 그림을 그리게 하였다. 이들과 더불어 취미로 그림을 그리는 문인이나 승려들의 문인화도 발달하였다.

북(종)화와 남(종)화

북종화와 남종화는 중국의 화풍이다. 북종화와 남종화가 갈라진 역사적 배경은 멀리 남북조시대로 거슬러 올라간다. 200년에 걸쳐 계속된 남북조의 대립은 사상적 이념은 물론 화가들의 화풍까지 달라지게 하였다. 그러나 당시는 남북화의 관념이 뚜렷하지 않았고, 남북화론으로 갈린 것은 명나라 때 동기창·막시룡 등의 남종화파 화가들이 북종화파인 화원과 전문 화가들을 비판한 데서 비롯되었다.

북종화가 화원이나 직업적인 전문 화가들을 중심으로 경직된 선묘를 사용하여 그린 장식적이면서도 공식적인 그림을 의미하는 데 비하여, 남종화는 대체로 인격이 고매하고 학문이 깊은 사대부의 취미로서 수묵과 담채를 사용하여 그린 간결하고 온화한 그림이 많다.

뛰어난 화가로는 〈예성강도〉를 그린 이령과 그의 아들 이광필이 있으나 그림은 전하지 않는다. 다만 공민왕이 그렸다는 〈천산대렵도〉가 남아 있어 당시 그림이 원대 북화의 영향을 받았음을 알 수 있게 해준다. 한편 고려시대에는 불교를 국가 이념으로 삼았기 때문에 불화가 특히 유행하였다.

불화란 불교 회화를 줄인 말로, 좁은 의미에서는 예배 대상이 되는 본존불을 그린 그림을 말하며 넓은 의미로는 경전의 내용을 이해하기 쉽게 그린 모든 종류의 그림과 사찰 등 불교와 관련 있는 모든 구조물을 장엄하게 만드는 데 사용된 그림을 일컫는다.

고려시대의 불화는 당시 중국·일본 불화에 비하여 최고 수준의 것으로 알려져 있다. 짜임새 있는 구도, 단아한 형태, 찬란하면서도 절제된 색감, 호화로운 무늬 등 최고의 아름다움을 보여주는 걸작으로서 최근에는 세계적으로도 그 미적 가치를 인정받고 있다.

고려시대 불화는 주로 고려 후기에 발달하였는데, 왕실과 권문세족의 구복적 요구에 따라 많이 그려졌다. 이 시기의 불화는 극락왕생을 기원하는 아미타불도와 지장보살도 및 관음보살도가 많았는데, 김우문 등 도화원 화원들이 그린 〈양류관음도〉와 혜허의 〈관음보살도(양류관음도)〉 등이 유명하다. 〈양류관음도〉는 길이가 4미터가 넘는 대작으로 섬세하고 화려한 필치가 뛰어나다. 일본 센소지淺草寺에 소장되어 있는 혜허의 〈관음보살도〉 역시 뛰어난 묘사력 등으로 유명하다.

고려 시대의 귀족들은 불화를 소유하는 것을 영광으로 여겼고 이를 예배와 심미적 대상으로 여겼다. 고려 불화는 현재 국내외에 족자와 벽화로서 약 100여 점이 남아 있는 것으로 알려져 있는데, 대부분의 뛰어난 고려 불화들은 일본에 있다는 점이 아쉽다.

고려 불화는 아미타신앙의 경전을 압축·묘사한 관경변상도, 예배를 위하여 아미타신앙을 도상화한 존상도인 아미타불존상도, 염불중생을 서방극락으로 맞이해 가는 장면을 그린 아미타불래영도, 미륵사상을 표현한 미륵하생경변상도, 중생들의 온갖 고난을 구제하여 안락한 세계로 인도해 주는 구제자를 그린 수월관음도(관음보살은 관세음보살의 준말), 죽은 자의 죄를 구제하고 지옥에 떨어져 고통에 허덕이는 중생들을 인도하여 안락한 정토로 이끌어 준다는 지장보살도, 덕 높은 고승들을 그린 나한도, 금 같은 재료로 호화롭게 만든 사경에 금니로 경의 내용을 압축·묘사한 사경변상도 등으로 구분할 수 있다. 특히 불교 경전을 필사하거나 인쇄할 때 맨 앞장에 경전의 내용을 알기 쉽게 그림으로 설명한 사경변상도는 사찰과 고분의 벽화로 일부 전하는데, 부석사 조사당 벽화의 보살상과 사천왕상이 유명하다.

왼쪽은 국내에 남아 있는 고려불화 중 가장 대표적인 것으로서 부석사 조사당 벽화의 보살상과 사천왕상. 맨 오른쪽은 일본 다이토쿠지에 소장되어 있는 수월관음도

참고문헌

조명기, 1964,《고려 대각국사와 천태사상》, 동국문화사

이기백, 1968,《고려병제사연구》, 일조각

변태섭, 1971,《고려정치제도사연구》, 일조각

이기백, 1976,《한국사신론》(개정판), 일조각

이기백 편, 1981,《고려광종연구》, 일조각

동북아세아연구회 편, 1982,《삼국유사의 연구》, 중앙출판

변태섭, 1982,《고려사의 연구》, 삼영사

홍승기, 1983,《고려귀족사회와 노비》, 일조각

김충렬, 1984,《고려유학사》, 고려대 출판부

이희덕, 1984,《고려 유교정치사상의 연구》, 일조각

홍윤식, 1984,《고려 불화의 연구》, 동화출판공사

박용운, 1985,《고려시대사(상)》, 일지사

박용운, 1985,《고려시대사(하)》, 일지사

변태섭 외, 1986,《고려사의 제문제》, 삼영사

변태섭·신형식, 1986,《한국사통론》(개정판), 삼영사

허흥식, 1986,《고려불교사연구》, 일조각

김당택, 1987,《고려무인정권연구》, 새문사

문경현, 1987,《고려태조의 후삼국통일연구》, 형설출판사

한국정신문화연구원, 1987,《삼국유사의 종합적 연구》

하현강, 1988,《한국중세사연구》, 일조각

김남규, 1989,《고려양계지방사연구》, 새문사

민병하, 1990,《고려무신정권연구》, 성균관대출판부

이기백, 1990,《고려귀족사회의 형성》, 일조각

윤용혁, 1991,《고려대몽항쟁사연구》, 일지사

이정신, 1991,《고려무신정권기 농민·천민항쟁연구》, 고려대민족문화연구소

채상식, 1991,《고려 후기 불교사연구》, 일조각

이기백 외, 1993,《최승로 상서문연구》, 일조각

허흥식, 1994,《한국중세불교사연구》, 일조각

유창규, 1995,《고려무인정권연구》, 서강대출판부

목은연구회, 1996,《목은 이색의 생애와 사상》, 일조각

박경안, 1996,《고려후기 토지제도연구》, 혜안

홍승기, 1996,《고려태조의 국가경영》, 서울대출판부

신호철, 1997,《임연·염연정권연구》, 충북대출판부

이원명, 1997,《고려시대 성리학수용연구》, 국학자료원

한국역사연구회, 1997,《고려시대 사람들은 어떻게 살았을까》, 청년사

김무진·박경안·신숙정 편, 1998,《신편 한국사의 길잡이》, 혜안

송찬섭·홍순권, 1998,《한국사의 이해》, 한국방송통신대학출판부

신천식, 1998,《목은 이색의 학문과 인맥》, 일조각

이도학, 1998,《진훤이라 불러다오》, 푸른역사
도현철, 1999,《고려말 사대부의 정치사상연구》, 일조각
김갑동, 2000,《태조왕건》, 일빛
이재범, 2000,《슬픈 궁예》, 푸른역사
안주섭, 2003,《고려거란전쟁》, 경인문화사
임용한, 2004,《전쟁과 역사 2 −거란·여진과의 전쟁−》, 혜안
한영우, 2004,《다시 찾는 우리역사》(전면개정판), 경세원
최규성, 2005,《고려태조 왕건연구》, 주류성
이정훈, 2007,《고려전기 정치제도 연구》, 혜안
박종기, 2008,《새로 쓴 5백년 고려사》, 푸른역사
홍원기, 2001,《고려전기군제연구》, 혜안

4부
조선시대

개 관

조선朝鮮은 고려시대에 비하여 관료 체제가 정밀해진 시기였다. 동시에 왕권이 강화된 시기이기도 하다. 왕은 최고 명령권자로서 통치 체제의 중심을 이루었으며, 신하들은 왕권과 끊임없는 갈등과 대립 속에서 왕권과의 조화를 위하여 노력하였다.

조선 초기에는 고려 말에 수용한 성리학을 정치이념으로 하면서 훈구파에 의하여 관료 중심의 통치 체제가 성립되었다. 이를 바탕으로 권력집중을 방지하면서 행정의 효율성을 높이는 방향으로 정치구조가 정립되었다. 고려시대에 비하여 학연이나 혈연보다는 능력이 더욱 중시되었으며, 언로를 개방하여 독점적인 권력 행사를 견제하였다. 16세기에 들어서는 덕치를 강조하는 사림들이 정권을 장악하면서 학파를 이루고 붕당을 형성해 나갔다.

이런 과정에서 조선왕조는 고려사회에 비하여 한 단계 발전된 모습을 보여주며 중세사회에서 근세사회로 전환하여 갔다.

그러나 16세기 말 이후 왜란과 호란을 겪으면서 사회적 모순이 심화되고, 지배 계층은 모순을 해결하기보다는 성리학의 절대화를 통해 미봉책으로 덮으려 하였다. 정치에서는 붕당정치가 변질되고 그 폐단이 심화되면서 일당 전제화의 경향이 나타났다. 더구나 19세기에 접어들면서는 그마저 파탄되어 세도정치로 정치기강은 더욱 문란해졌다. 반면 사회적으로는 신분제의 해체, 경제적으로는 상공업의 발달, 문화적으로는 서민 문화의 발달 등 근대를 향한 새로운 움직임이 나타난 시기이기도 하다.

1. 조선의 건국과 통치 체제의 정비

1) 조선의 건국 이념을 확립한 정도전

이성계와 결탁한 신진 사대부는 고려 말 정치권력과 경제력을 독점한 권문세족을 비판하고 사회개혁을 추진하는 과정에서 조선왕조를 개창하였다.

고려 말의 요동 정벌과 관련하여 이성계는 자신의 야망을 충족시키기 위해서만이 아니라 신흥하는 명을 적대하는 것은 국가 장래에 불리하다고 판단하였다. 더구나 정벌 기간이 여름이라 우기雨期의 작전 차질과 군량미 부족도 문제였고, 왜구의 침입도 상당히 우려가 되는 상황이었다. 따라서 이성계는 신진 사대부들의 지지를 받아 요동 정벌 불가론을 건의하였으나, 묵살되고 고려군의 출병이 강행되었다. 마지못해 출병한 이성계는 위화도에서 좌군도통사 조민수 등과 논의하여 압록강 중앙에 있는 위화도에서 회군하였다. 그리고 우왕과 최영을 제거하고 조민수와 이색의 추천을 받아 우왕의 아들로 당시 아홉 살이었던 창왕을 옹립하였다. 이로써 고려왕조의 실권은 차츰 이성계에게 넘어가게 되었다.

창왕은 외조부가 권문세족 집안인 이림인데다 온건파 사대부인 이색의 추천으로 옹립된 것이어서 이성계는 곧 창왕도 폐위시키고 신종의 7세손인 공양왕을 옹립하였다. 이를 통해 이성계는 고려왕조의 모든 실권을 장악하였다. 당시 이성계의 휘하에는 급진적인 개혁을 추구한 성리학자 정도전을 비롯하여 조준, 권근 등의 사대부들이 참여하고 있었다. 이들은 이성계가 실권을 잡자 고려왕조로서는 개혁이 불가능하다고 생각하여 새 왕조를 창업하기 위한 개혁 사업에 착수하였다. 그 첫 번째 사업으로서 고려 말의 가장 심각한 사회문제였던 전제개혁을 단행하였다. 공양왕 2년(1390) 조준과 조인옥의 상소를 시작으로 옛 토지대장을 다 태워버렸다.

그러나 이러한 전제 개혁에 대하여 반대 세력의 저항이 만만치 않자, 이성계 일파는 완벽하게 장악한 군권을 행사하여 공양왕 3년(1391)에 과전법科田法을 공포하고 전제 개혁을 일단락 하였다. 이 개혁으로 전국에 토지가 재분배되면서 권문세족들은 자연히 몰락하여 중소지주로 떨어졌으며, 사대부와 같은 일반 관료들의 생계가 안정되었다. 또한 일반 농민들도 가혹한 신분 강제에서 벗어나 법정 조세액이 감소되면서 부담이 줄어들었다. 따라서 전제 개혁은 국가 재정과 민생 안정에 절대적인 기여를 하였으며, 이성계 일파가 백성들의 전폭적 지지를 획득하는 계기가 되었다. 그러나 이러한 전제 개혁은 신진 사대부 내에서 갈등을 불러왔다. 당시 사원 경제의 폐단 시정과 전제 개혁을 둘러싸고 온건 개화파들은 이견을 제시하였으며, 새 왕조 건설에 대해서는 절대적으로 반대하였다.

이에 정몽주 중심의 온건파 사대부들은 이성계의 낙마 사건을 계기로 반격을 가하였는데, 오히려 이성계의 아들인 이방원이 정몽주를 격살하면서 최고 집정 기구인 도평의사사를 장악하여 이성계를 왕위에 올리는 역성혁명易姓革命을 성공시켰다. 이로써 고려왕조가 무너지고 조선 왕조가 건국되었다 (1392).

조선을 건국한 태조 이성계는 고려의 그늘에서 벗어나 새로운 국가를 세웠다는 것을 강조하기 위하여 국호를 조선으로 정하고, 수도를 교통과 국방의 중심지인 한양으로 옮겼다. 한양에 도성을 쌓고 경복궁을 비롯한 궁궐, 종묘사직, 학교, 시장 등을 설치하여 도읍의 기틀을 삼았다.

건국 초, 고려의 흔적을 지우고 조선의 정치 사회적 안정과 왕권의 안정에 가장 크게 공헌한 인물로서 정도전을 들 수 있다.

그는 고려 말의 국가적인 시련과 사회적인 혼란을 수습하기 위한 대책으로서 양인을 근간으로 하는 국가를 건설하고 자주 국가를 확립하고자 했다. 이에 따라 다른 온건파 신진 사대부들과는 달리 《주례》를 기본 모델로 하여 성리학 사상을 정리하였다. 그는 고려 말의 혼란과 모순의 원인을 인간 사이의 윤리의 타락에서 찾아 윤리의 재건을 가장 시급한 문제로 파악하였다. 그리고 윤리를 실현하는 수단은 정치이며, 그 전제 조건으로서 경제 안정이 필요하다고 하였다.

또한 그는 상하·존비·귀천의 명분이 바로 서고 자기의 분수를 지키는 수분이 이루어지면 사회질서가 안정된다고 보았다. 이러한 수분守分을 할 수 있는 기본 조건인 윤리 도덕이 삼강오륜三綱五倫이며, 이를 통해 상하 질서가 확립된다고 보았다. 따라서 이를 실현하기 위해서는 성리학만이 유일한 정학正學이고 실학實學이라는 신념으로 불교를 비판하였다. 정도전에게 있어 불교란 현실을 부정하는 형이상학적 종교이며 출가를 장려하는 등 인류를 금수로 몰아넣는 이단이었다.

한편 통치 체제에서는 백성의 보호를 위해 지방 토호에 의한 자의적인 지배를 배제하고 중앙정부에 의한 전국적인 지배를 강화하는 중앙 집권 체제를 지향하고 이를 위한 중심으로서 군주를 꼽았다. 그는 군주가 최고의 통치권을 가지고 전국의 토지와 백성을 지배해야 한다고 하였지만 실질적인 통치권은 재상이 갖는 재상 중심 체제를 추구하였으며, 통치자의 전횡을 막기 위한 감찰권과 언론의 강화를 중시했다. 통치 윤리는 인정仁政과 덕치德治를 기본으로 하고 형벌은 보조적 수단으로 삼아야 한다고 주장하였다.

또한 민본정치의 실현을 위해서는 외적의 침략을 막아낼 수 있는 부국강병이 필요하며, 이를 위해 병농일치를 바탕으로 하는 국방 체제의 강화와 강력한 중앙군의 확립을 지향했다. 이를 이루기 위해서는 물질적 기초를 바탕으로 국가 재정이 확보되어야 한다고 생각하였다. 따라서 민생 안정을 위해 농업 생산력의 확대와 토지 소유 관계의 재조정이 필요하다고 보았으며 이는 전제 개혁을 감행하는 계기가 되었다.

이러한 개혁 사상을 가지고 있었던 정도전은 향리 집안 출신으로 아버지는 형부상서를 지낸 운경이었으나 어머니는 우연의 딸로서 노비의 피가 섞여 있었다. 이러한 출신 성분 때문에 고려 말 신진 사대부들 사이에서 따돌림을 당하기도 하였는데, 이것이 그를 급진파 사대부로 만든 하나의 배경이 된 것으로 이해되기도 한다. 아버지를 따라 개경으로 온 그는 이색의 문하에서 정몽주·이숭인·이존오 등과 함께 성리학을 배웠다. 공민왕 9년(1360)에 성균시, 공민왕 11년(1362)에 진사시에 합격하여 관계에 진출한 그는 1366년 부모가 연이어 죽자 고향인 영주로 내려가 3년간 여묘廬墓한 후 돌아와 이색이 대사성이 되자 성균박사가 되었다.

이인임이 집권한 후 친원정책으로 회귀한 후 원나라 사신이 와서 명나라를 칠 합동작전을 논의하려 하자, 이와 관련된 업무에 반대하다가 전라도 나

주목 거평부락으로 귀양을 갔다. 4년 후 유배 생활이 완화되었으나 관계에는 복귀하지 못하고 유랑 생활을 하면서 어려운 생활을 이어 나갔다.

1383년 함주 막사로 동북면도지휘사 이성계를 찾아가 세상사를 논하고 그와 인연을 맺었다. 다음 해에 관계에 복귀한 후 1388년 이성계가 위화도 회군을 단행하고 창왕을 세우면서 크게 출세하게 되었다. 조준 등과 함께 전제 개혁을 추진하는 과정에서 스승인 이색과 친우인 정몽주 등과 멀어졌다. 1389년 창왕의 폐위와 공양왕의 즉위에 큰 공을 세웠지만, 출신 집안이 미천하다는 이유로 반대 세력의 공격을 받아 다시 귀양을 갔다. 귀양은 풀렸으나 이성계가 낙마로 부상을 당하면서 이성계 세력을 제거하려던 정몽주에 의해 죽을 지경에 이르렀다. 그러나 이방원의 정몽주 살해로 위기를 벗어나 조선 건국과 함께 명실상부한 권력의 제 이인자로 떠올랐다.

개국 직후 17조목의 편민사목便民事目에 관한 태조의 교지를 지어 새 왕조의 국정 방향을 제시했다. 이어 개국공신 1등으로 정권과 병권을 장악하였다. 이어 명나라로 건너가 조선 건국의 당위성을 알리고, 여진족을 회유했으며, 병제개혁 및 조선왕조의 제도와 예악에 관한 기본구조를 세우는《조선경국전朝鮮經國典》등을 저술했다. 또한 태조가 세자로 책봉한 둘째 왕후 강비康妃의 소생인 방석의 교육을 담당하였다.

1394년부터는 수도 한양의 궁궐과 각 문의 이름을 짓고 수도의 행정 분할을 결정했으며 불교와 도교를 비판하고 성리학의 국교화를 주장했다. 또한 고려 역사를 정리한《고려국사高麗國史》를 서술하여 조선 건국의 정당성을 역사적으로 증명하고, 정치제도 등을 정리한《경제문감經濟文鑑》을 찬진하여 조선 건국의 기초를 닦아 나갔다. 한편《불씨잡변佛氏雜辨》을 지어 불교를 비판하고 성리학의 건국 이념화를 완성했다.

부국강병을 위한 영토 확대의 필요성에 따라 군사 지침서인《진도陣圖》를 저술하여 요동 공략을 주장하다가 명의 노여움을 사서 명에 입조하라는 압력을 받았으나 병을 핑계로 거부했다. 그의 요동 정벌 계획은 조준 등의 반대로 실현되지 못하였다.

1398년 요동 공략을 재추진하면서 재상 중심의 정치형태를 실현하기 위해

국명, 조선

새 왕조를 세워 고조선을 잇는다는 의미에서 나라 이름을 '조선'이라고 했다. 이는 고구려의 뒤를 이은 고려보다 훨씬 오래된 나라를 이었기 때문에 고려를 멸망시키고 조선을 세울 수 있었다는 합리화라고 볼 수 있다.

새 왕조의 이름과 관련해서는 다음과 같은 이야기가 있다. 이성계는 역성혁명을 반대한 세력들에 대한 조심성이라고나 할까, 즉위식을 치르고도 나라 이름은 그대로 고려라고 했다. 그런데 명에서 새로 세운 나라의 이름이 무엇인지를 물어 왔다. 나라를 새로 세웠다고 해 놓고서는 명에 계속 고려라고 하자니 명분이 마땅치 않았다. 이에 명에 '조선'과 '화령'의 두 가지 이름을 적어 보내면서 명이 추천한 이름을 쓰겠다고 했다. 조선은 앞서 얘기했듯이 고조선을 잇는다는 의미고, 화령은 이성계가 살았던 함경도 지역의 이름이다. 명에서는 만약 화령을 나라 이름으로 쓰게 했다가 그 지역과 만주에 대한 지배권을 주장할까 봐 조선을 추천했다. 물론 표면적 이유로는 조선이라는 이름이 아름답고 그 유래가 오래되었다는 점을 들었다.

왕자와 공신들의 세력을 무력화시키려 했으나 이방원 세력의 기습(왕자의 난)으로 살해되었다.

2) 조선의 국가 체제를 규정한 경국대전

정도전 세력을 제거하고 왕위에 오른 태종은 국왕 중심의 통치 체제를 정비하여 왕권을 강화하였다. 그는 도평의사사를 폐지하고 의정부를 설치하여 정치적 권한을 약화시키고, 모든 정치 업무는 의정부를 거치지 않고 6조에서 직접 왕에게 보고하고 왕의 재가를 받는 6조 직계제를 채택하였다. 또한 언론 기관인 사간원을 독립시켜 대신들을 견제하게 하고 왕실 외척과 종친들의 정치 참여를 제한하여 왕권을 안정시켰다.

한편 국가의 경제 기반을 안정시키고 군사력을 강화하기 위해 양전 사업과 호구 파악에 노력을 기울였다. 이를 위해 호패법을 실시하고 사원의 토지를 몰수하였으며, 억울한 노비들을 해방시켰다. 아울러 사병을 혁파하여 왕이 모든 군사 지휘권을 장악하면서 친위 군사를 확대하였다.

태종의 뒤를 이은 세종은 안정된 왕권과 경제력을 바탕으로 모범적인 유교 정치를 실현하였다. 집현전을 설치하여 정책 연구기관으로 육성하고, 태종과는 다르게 의정부의 재상에게 권한을 부여하는 의정부 서사제를 실시하여 훌륭한 재상들을 발탁하였다. 그러면서도 인사와 군사에 관한 일은 세종 자신이 처리함으로써 왕권을 유지하는 데에도 게을리하지 않았다. 세종은 청백리 재상을 등용하고 중요한 사항을 결정할 때는 백성의 여론까지 존중하는 왕도정치와 유교적 민본정치를 실현하기 위해 노력한 대표적인 군주였다.

세종이 죽고 병약한 문종과 나이 어린 단종이 연이어 즉위하면서 왕권은 크게 약화되고 정치의 실권은 황보인·김종서 등의 재상들에게 넘어갔다. 이에 세종의 둘째 아들 수양대군이 정변을 일으켜 김종서 등을 몰아내고 왕위에 오르니, 그가 세조다.

세조는 왕권을 강화하기 위해 다시 6조 직계제를 시행하였으며, 언관들의 활동을 견제하기 위해 집현전을 없앴다. 단종을 죽인 것에 대한 신하들의 반발이 심하자 경연을 폐지하였으며, 종친들을 정치에 참여시켜 왕권을 강화하였다. 그리고 국가의 통치 체제를 확립하기 위해 항구적으로 사용할 체계적인 법전을 편찬하고자 하였다. 이에 역대 법전과 각종 명령 등을 종합하여 《경국대전經國大典》을 편찬하기 시작하였으나, 끝맺지 못하였다.

성종은 건국 이후의 문물 제도 정비를 마무리 지었다. 집현전을 계승한 홍문관을 설치하고 경연을 활성화시켰다. 아울러 세조대에 시작된 《경국대전》의 편찬을 마무리하여 반포함으로써 이후 조선 사회의 기본 통치 방향과 이념을 제시하였다.

《경국대전》은 세조 6년(1460)에 먼저 〈호전戶典〉이 완성되었고 1446년에 편찬이 일단락되었으나, 보완이 계속되어 전체적인 시행은 미루어졌다. 예종 때 2차 작업이 이루어졌으나 예종이 죽음으로 다시 시행되지 못하였다. 성종 때에 수정을 마치고 1481년 마침내 완성되어 1485년부터 시행되었다.

반포 당시 〈예전禮典〉의 의식 절차는 《국조오례의國朝五禮儀》를 따르고, 〈호전〉의 세입과 세출은 이미 만들어진 대장인 〈공안貢案〉과 〈횡간橫看〉에 의거하도록 규정되었다. 형벌법은 《대명률大明律》과 같은 중국법이 〈형전刑典〉의 내용에 모순되지 않는 선에서 적용되었다.

《경국대전》은 6조의 직능에 맞추어 이·호·예·병·형·공의 6전으로 구성되었다. 조선의 행정 업무는 모두 6조에 집중되었으며, 6조는 필요한 규정을 국왕에게 재가받아 법조문화 되었는데, 이 가운데 영구히 시행해야 할 사항들을 편집하여 6개의 전典으로 엮은 것이다.

〈이전〉은 총 29항목으로 국가의 통치 기구, 조직 체제, 동반의 경·외관직, 아전·토관의 직제와 인사 고과 제도 등으로 구성되었다. 〈예전〉은 61항목으로 교육·문과와 잡과 시험 규정·외교·의례 등에 관한 내용으로 이루어졌으며, 〈호전〉은 30항목으로 재정·토지·조세·녹봉·공물·양전·토지 매매·상속 등에 대한 규정을 수록했다. 〈병전〉은 51항목으로 경외의 군사 기구와 무반직, 무과와 취재 규정, 번상 규정, 면역·급보, 성곽·역마·봉수 등의 규정을 수록했고, 〈공전〉은 14항목으로 도로·교량·관사·궁궐·원우에 대한 관리와 보수 규정 등과 도량형 및 경외 장공인에 대한 직종과 인원을 수록하였다. 마지막으로 〈형전〉은 28항목으로 크게 형법제와 노비 규정으로 구성되었다. 형법제는 형벌과 금령 및 재판 규정 등을 수록하였는데, 실질적으로 각종 형법은 《대명률》을 따르고, 〈형전〉에는 《대명률》에 없거나 혹은 다른 조항만 수록하였으므로 《대명률》을 함께 보아야만 조선의 형법을 이해할 수 있다. 노비 규정은 노비 상속·혼인·노비 신공과 추쇄·노비에 대한 형벌·소송 규정 등을 수록하였고, 부록으로 국초 이래 노비 소송에 관한 판례를 수집한 〈노비결송정한〉을 덧붙였다.

《경국대전》은 세조 때 이후로는 30여 년, 건국 초부터 치면 100년간의 법

왕의 하루

새벽 4~5시경 : 기상	새벽 6시경 : 왕실 웃어른께 아침 문안
7시경 : 아침 식사	8시경 : 아침 공부朝講
10시경 : 아침 조회(조참 또는 상참)	11시경 : 오전업무(보고받기·신료 접견)
정오~오후 1시경 : 점심 식사	오후 2시경 : 낮 공부晝講
오후 3시경 : 신료 접견	오후 6시경 : 저녁 공부夕講
오후 5시경 : 궁궐 야간 숙직자 확인	오후 7시경 : 저녁 식사
오후 8시경 : 왕실 웃어른께 저녁 문안	오후 10시경 : 상소문 읽기
오후 11시경 : 취침	

률 제정 사업을 바탕으로 완성된 법전이므로, 국왕을 정점으로 한 중앙 집권적 관료 체제를 뒷받침하는 통치 규범의 확립을 의미한다. 한편 이 법전은 당시 현존한 고유의 법을 집대성함으로써 중국 법의 무제한적인 침투를 방지하여 조선 고유의 사회 유지에 큰 영향을 끼쳤다. 따라서 《경국대전》은 조선사회가 지속되는 동안에는 최고 법전으로서의 지위를 유지하였으며, 여러 차례 법전의 개편을 거치면서도 갑오개혁으로 완전 폐지되기까지 조선사회에 가장 큰 영향을 끼쳤다.

3) 권위 앞에 선 여성, 때로는 자유롭게 때로는 분방하게

고려시대에서 조선 초기까지 여성의 지위는 일반적으로 낮지 않았다. 부모의 유산은 자녀들에게 골고루 분배되었으며, 태어난 차례대로 호적에 기재하여 남녀에 차별을 두지 않았다. 아들이 없을 경우에도 양자를 들이지 않고 딸이 제사를 받들었으며, 상복제도에서도 친가와 외가의 차이가 크지 않았다. 사위가 처가 호적에 입적하여 처가살이를 하는 경우도 적지 않았으며, 처가 재산을 물려받아 일가를 이루는 경우도 있었다. 또한 고려 지배 계층의 가장 큰 특혜인 음서도 사위와 외손자까지 해당되었다. 공을 세운 경우에도 친부모만이 아니라 장인·장모까지 역시 함께 상을 받았다. 여성의 재가는 비교적 자유로웠고, 그 소생도 사회적 진출에 차별을 받지 않았다. 여성들의 바깥 출입도 자유로웠으며, 여성이 남성을 선택해서 연애 결혼을 하는 경우도 적지 않았다.

이 같은 가정 내 여성의 지위 유지는 일부일처제를 바탕으로 한 처가살이가 많았기 때문에 가능하였다. 고려 말의 박유는 몽골과의 전쟁 이후 남자 수가 급격하게 줄어들었으니 첩을 두자고 주장하였다가 재상가는 물론 많은 부인들의 반발을 사 거리를 다닐 수 없을 정도였다.

이러한 경향은 성리학의 기본 질서가 확립된 조선 중기까지도 일정하게 영향을 끼쳤다. 따라서 조선 중기까지도 부계뿐 아니라 모계가 함께 영향을 미치는 형태가 남아 있었다. 혼인 후에도 남자가 여자 집에서 사는 처가살이가 상당히 존재했으며, 아들과 딸이 부모의 재산을 똑같이 상속받는 경우가 많았다. 물론 재산 상속을 함께 받는 만큼 의무인 제사도 형제가 돌아가면서 지내거나 책임을 분담하였다. 율곡 이이 집안의 재산을 나눈 분재기를 보면, 모든 형제가 남녀 구분 없이 거의 비슷하게 재산을 물려받았다.

우리가 일반적으로 생각하는 여성의 가정 내 지위 하락은 양란 이후 조선을 재건하는 과정에서 성리학적인 예절과 의식이 강조되면서 나타난 현상이었다.

그러나 조선왕조가 건국되면서부터 여성의 사회적 지위를 억압하려는 제도가 마련되기 시작하였다는 것은 부인할 수 없다. 특히 여성의 재가를 법적으로 제한하였는데, 성종 때는 삼종지도三從之道를 내세워 여성의 재가를 금지하는 법안을 공포하기도 하였다. 여성이 재가할 경우 재가 이전의 자녀와 재가한 집안의 자녀까지 과거의 문과 응시를 제한하고 관료로의 진출도 공식적으로 막았기 때문에 여성의 재가는 몹시 힘들어지게 되었다. 또한 여성들이 거리를 나돌아 다니지 못하게 하고, 불가피한 일로 외출할 경우에는 장옷으로 얼굴을 가리도록 하였다.

이처럼 여성들에 대한 억압이 심해져 갔음에도 불구하고, 조선 초기 여성들 중에서는 자유분방할 정도로 행동한 여성들이 있었다. 가장 대표적인 여성으로 어우동과 황진이를 들 수 있다.

어우동(어을우동於乙于同)은 지승문知承文 박씨의 딸로서 종실인 태강수泰江守의 아내가 되었으나 호색하여 외간 남자와 관계했다. 남편에게 소박당한 후에는 여종과 함께 여러 관리들 및 유생들을 가리지 않고 관계하는 방탕한 생활을 하였다. 여성의 성이 지극히 억압받던 봉건적인 성문화 속에서 어우동은 미풍양속을 어지럽힌다는 죄목으로 처형당할 수밖에 없었다. 따라서 어우동에 대한 역사적인 평가는 호색한 여자라는 것이 대부분이었으나, 당시 사회적으로 억압받던 여성의 저항으로 보는 견해도 있다.

이와 더불어 기생이라는 신분을 통하여 남성 위주의 조선사회에서 자신의 뜻을 당당히 밝히고 살았던 여성으로 황진이를 들 수 있다. 그녀는 스스로 자신과 박연폭포·서경덕을 일컬어 '송도삼절松都三節'이라 일컬을 정도로 자신감 있는 삶을 살았다. 어디를 가든 선비들과 당당히 대화를 나누고 뛰어난 한시와 시조를 지었다. 성격이 활달해 남자들과도 잘 어울리고 그들을 굴복

황진이의 시조

청산리靑山裏 벽계수碧溪水 | 야 수이 감을 자랑 마라
일도창해—到滄海ᄒ면 다시 오기 어려오니
명월明月이 만공산滿空山ᄒ니 수여간들 엇더리

청산 속에 흐르는 푸른 시냇물아, 멀리 흘러간다고 자랑 마라.
한번 넓은 바다에 다다르면 다시 청산으로 돌아오기 어려우니
밝은 달이 산에 가득 차 있는, 이 좋은 밤에 나와 같이 쉬어 감이 어떠냐?

동지冬至ㅅ 기나긴 밤을 한 허리를 버혀 내여
춘풍春風 니불 아레 서리서리 너헛다가
어룬님 오신 날 밤이여든 구뷔구뷔 펴리라

동짓달 긴긴 밤의 한가운데를 베어 내어,
봄바람처럼 따뜻한 이불 속에 서리서리 넣어두었다가,
정든 임이 오신 밤이면 굽이굽이 펼쳐내어 그 밤이 오래오래 새게 이으리라.

청산靑山은 내 뜻이오 녹수綠水 님의 정情이
녹수綠水 흘너간들 청산靑山이야 변호 손가
녹수綠水도 청산靑山을 못니겨 우러예어 가고

청산은 변함없는 나의 마음이고 잠시도 쉬지 않고 흘러가는 푸른 시냇물은 임의 정과도 같다.
물이야 흘러가더라도 산이야 변할 수 있으랴.
그러나 흐르는 물도 자기가 놀던 청산이 그리워 울면서 흘러가는구나.

시킬 정도였다. 30년간 벽만 바라보고 수도에 정진한 지족선사를 미색으로
시험해 굴복시키면서 조선사회 남성들의 이중성을 폭로하기도 하였다. 그녀
를 조선사회의 이중적인 성리학 질서에 당당히 도전한 여성의 표상으로 평
가하는 것도 이 때문이다.

4) 사회변화의 핵심, 조선의 경제제도

조선왕조는 고려 말의 파탄한 국가재정과 민생문제를 해결하고, 재정확충
과 민생안정을 위해 농본주의 경제정책을 내세웠다. 조선 건국을 주도한 신
진 사대부들은 중농정책重農政策을 표방하면서 농경지를 확대하여 농업생산력

을 증대시키고, 농민의 조세 부담을 줄여 농민생활을 안정시키려고 하였다.

한편 사회상황도 농업발전에 큰 영향을 끼쳤다. 조선 초기 왜구가 토벌되면서 연해안 지역의 개발이 촉진되었고, 전제 개혁으로 자영농이 증가하면서 농민의 생산 의욕도 증대되었다. 의학의 발달과 전쟁의 감소로 인구가 증가하였으며, 국가의 적극적인 권농정책 및 사대부층의 영농방법 개발로 농업생산력이 크게 향상되고 있었다.

밭농사에서는 조·보리·콩의 2년 3작이 널리 시행되었고, 논농사에서는 남부 일부 지방에서 벼와 보리의 이모작이 실시되었다. 특히 벼농사에서는 봄철에 비가 적은 기후 조건 때문에 마른 땅에 종자를 뿌려 일정 정도 자란 다음에 물을 대주는 건사리(건경법)가 이용되었고, 물이 찬 논에 종자를 직접 뿌리는 물사리(수경법)도 행해졌다. 더불어 남부 지방에서는 모내기 법이 고려 말에 이어 계속 실시되었으며, 밑거름과 덧거름을 주는 각종 시비법이 발달하여 해를 걸러 휴경하지 않고 매년 농경지를 경작함으로써 높은 생산력 증대를 가져왔다. 한편 가을에 농작물을 수확한 후 빈 농지를 갈아엎어 다음 해 농사를 준비하는 가을걷이 농사법이 점차 보급되어 갔다.

한편 조선 전기에는 고려 말에 유입된 목화가 거의 전국적으로 재배되었다. 이에 따라 무명 생산이 증대되어 삼베 옷 대신 무명 옷을 입는 백성들이 늘어났다. 이는 우리나라 의생활에 획기적인 변화를 가져왔다. 삼베는 겨울철에 적합하지 않았는데, 목화솜을 생산해 냄으로써 따뜻한 무명옷으로 겨울에도 따뜻하게 지낼 수 있게 되었다. 삼베를 대신하여 무명을 물품 화폐로 사용하는 경우도 늘어났다.

농업 생산력의 이러한 폭발적인 증대에도 불구하고 상공업에 대해서는 억압정책을 폈다. 이는 당시 사대부들이 물화의 수량과 종류를 국가가 통제하지 않고 자유롭게 내버려두면 사치와 낭비를 조장하게 되고, 농업이 피폐해져 빈부 격차가 커질 것을 우려했기 때문이다. 따라서 사회적으로도 사농공상士農工商의 직업적 차별을 두어 상공업자를 차별 대우하였고 특히 상업은 말업末業이라고 지칭할 정도였다.

상업에서는 개경의 시전 상인들을 한양으로 이주시켜 장사하게 하면서 점포세와 상세를 거두었다. 시전 상인들은 왕실이나 관청에 물품을 제공하는 대신 특정 상품을 판매할 수 있는 독점 판매권을 부여받았다. 지방에는 일부 상인들을 보부상으로 허용하여 최소한의 유통만 허락할 정도였다.

수공업은 관영 수공업 체제를 정비하여 전문 기술자들을 공장안에 등록시키고, 이들만을 서울과 각 관청에 소속시켜 활동하게 하여 국가와 지배계층이 필요한 최소한의 물품 생산을 담당하게 하였다. 따라서 수공업자들의 자유로운 경제 활동은 억압당하였다.

검약한 생활을 강조하는 유교적 경제관은 소비를 억제하여 도로와 교통 수단의 발달 역시 어려웠다. 자급자족적인 농업 중심의 경제를 강조하여 화폐 유통, 상공업 활동, 무역 등은 부진할 수밖에 없었다. 정부는 국가재정의 확충과 최소한의 유통을 위해 지화나 조선통보 같은 화폐를 만들어 유통시켰으나, 백성들의 입장에서는 쌀과 무명을 화폐로 사용할 정도로 유통 경제의 발달은 미약하였다.

조선왕조는 고려왕조보다 생산력이 대폭적으로 증가하였음에도 불구하고, 중농억상重農抑商을 바탕으로 하는 경제정책을 채택함으로써 봉건적 수탈 정책을 유지하였다. 이러한 입장은 전제 개혁에도 영향을 끼쳤다.

고려 말에 등장한 과전법은 국가의 재정 기반과 조선 건국에 참여한 신진 사대부 세력의 경제적 기반을 확보하기 위해 제정되었다. 과전은 경기 지방의 토지로 한정하여 수조권을 지급하였는데, 받은 사람이 죽거나 반역을 하면 국가에 반납하도록 정해져 있었다. 그러나 죽은 관료의 가족들이 수신전·휼양전 등의 명목으로 일부 토지를 세습하였고, 공신전도 세습하게 되면서 새로 관리들에게 나누어줄 토지가 부족해졌다. 이러한 문제를 해결하기 위하여 15세기 후반에 현직 관리에게만 수조권을 지급하는 직전법으로 바꾸었다.

국가로부터 수조권을 받은 자들은 스스로 그 해의 생산량을 조사하여 과전법의 경우 10분의 1을 농민에게 거두어 생활하였다. 이 과정에서 수조권을 가진 지배 계층이 세를 과다하게 거두어 농민들을 괴롭히는 경우가 많았다. 이를 시정하기 위해 성종 때 지방 관청에서 그 해의 생산량을 조사해서 세를 거두고 이를 수조권자에게 나누어주는 관수관급제를 실시하였다.

그러나 직전법으로의 변화와 관수관급제의 실시에도 불구하고 신진 관리에게 지급할 토지의 만성적인 부족 현상과 농민에 대한 양반 지배 계층의 수탈 증가로 16세기 중엽에는 과전법이 폐지되고 녹봉제로 전환되었다.

한편 조선왕조는 전제개혁 과정에서 고려 말 혼란기에 수탈당한 토지를 원래의 주인인 농민들에게 돌려주어 자영농민을 증가시켰고, 이러한 수취 체제의 원활한 운영으로 국가재정을 안정시킬 수 있었다.

수취 체제는 토지에 부과되는 조세, 집집마다 토산물이 부과되는 공납(공물), 호적에 등재된 정남丁男에게 부과되는 역인 군역과 요역 등으로 구성되었다.

조세의 경우에는 수확량의 10분의 1을 내는데, 1결의 최대 생산량을 300두로 정하고 매년 풍흉을 조사하여 그 수확량에 따라 납부액을 조정하였다. 이러한 조세제도를 좀더 체계적으로 운영하기 위해 세종 때에 토지의 비옥도와 풍흉의 정도에 따른 전분 6등법과 연분 9등법을 제정 실시하였다. 조세는 쌀이나 콩 등 곡식으로 납부하게 하고, 강이나 바다를 통해 운반하는 조운을 이용하였다.

공납은 각 지역의 토산물을 조사하여 중앙 관청에서 군현에 물품과 액수를 할당하면, 각 군현은 각 가호家戶에게 이를 다시 할당하여 거두었다. 공납은 각종 수공업 제품과 광물·수산물·모피·과실·약재 등이 대상이었다.

역은 16세 이상의 남자들에게 부과되는 군역과 요역으로 구성되었다. 군역에는 일정 기간 군사 복무를 위해 교대로 근무하는 정군正軍과, 정군이 복무하는 데 드는 비용을 보조하는 보인保人이 있었다. 양반·서리·향리 등은 관청에서 일하기 때문에 군역에 복무하지 않았다. 요역은 가호를 기준으로 정남의 수를 고려하여 뽑아 성·왕릉·저수지 축조 등의 공사에 동원하였다. 성종때에는 경작 토지 8결당 1인씩을 동원하고, 동원 기간을 1년 중 6일 이내로 제한하는 규정을 두었다.

이러한 경제제도 아래에서 양반은 과전, 녹봉과 자신 소유의 토지와 노비 등을 소유하며 풍요로운 생활을 영위하였다. 그들 대부분은 지주였으며 토지와 노비를 통해 수입을 올렸다. 조선 전기 양반의 토지소유 규모는 대략

육의전

고려 개경에 있던 시전을 한양으로 옮겨 설치하고 정부의 통제 아래 운영했는데, 차츰 한양이 번영하고 상업이 발전하자 전廛들은 각각 그 특성에 따라 경영 방식을 달리하게 되고 관청에 대한 어용적인 면에서도 두각을 나타내는 전이 생겨났다. 이들 가운데 경제적·사회적으로 확고한 위치를 차지한 여섯 종류의 전을 추려서 육의전六矣廛이라고 하였다.

육의전은 전에 국역을 부담시킨 임진왜란 이후에 설정된 것으로 추정되지만, 병자호란에서 청에 항복하고(인조 15, 1637) 청에 보낼 방물·세폐를 부담하게 된 이후부터라고 보는 견해도 있다. 1791년(정조 15) 채제공의 건의에 따라 금난전권을 제한하는 신해통공辛亥通共을 실시하였지만 육의전은 금난전권을 박탈당하지 않고 특혜를 누렸다.

이들에 대한 보호 조치는 개항 이후 무너지기 시작하여, 갑오개혁 이후에는 누구나 자유로운 상업 활동을 보장받았다. 조선후기 순조 때 발간된《만기요람》에 의하면 육의전은 선전(비단상점), 면포전(무명상점), 면주전(명주상점), 지전(종이상점), 저포전(모시, 베상점), 내·외어물전(생선상점)으로 구성되어 있었다.

200~300마지기 정도였는데, 2000마지기 이상의 토지를 소유한 대지주도 있었다. 대체로 논 한 마지기의 넓이는 200평 정도였다.

반면 농민들은 전제 개혁과 농업 기술의 발전으로 조선 건국의 초기 일정 기간 동안 어느 정도 생활이 안정되었으나, 지주전호제의 확대와 자연재해·고리대·세금 부담 등으로 자기 소유의 토지를 팔고 소작농으로 전락하였다. 이들은 지주에게 소작료로 수확의 반을 내는 병작반수제의 어려운 처지에 놓이면서, 결국 고향을 떠나 유리걸식하는 경우가 많아졌다.

5) 조선의 바깥, 명·일본과의 관계 정비

조선왕조는 건국 직후부터 영토확장정책을 적극적으로 추진하였다. 특히 만주 지역은 잃어버린 우리의 땅이라는 확고한 신념 아래 국토 확장과 대외 관계를 진취적으로 운영하였다. 고려 말 요동 정벌을 반대하는 위화도 회군으로 집권한 이성계와 지배계층은 요동 자체를 포기한 것은 아니었다.

정도전을 중심으로 추진된 요동 정벌은 명과의 대외 관계를 악화시키기도 하였는데, 태종 이방원의 집권으로 요동 정벌은 중단되고 말았다. 반면 명과의 관계는 급격히 호전되면서 문화 교류가 활발해졌다. 태종은 요동 정벌을 포기한 대신 남쪽 하삼도의 주민들을 대거 북방으로 이주시켜 압록강 이남 지역의 개발을 추진하였다. 이러한 사민정책은 성종 때까지 이어져 수만 호의 주민이 이주함으로써 함경·평안·황해도 지역의 개발이 가능해졌고, 남북 간의 인구 배치가 균형을 이루게 되었다.

압록강과 두만강 유역에 대한 영토확장정책은 세종 때 가장 활발하게 추진되었다. 세종 15년(1433)에는 최윤덕을 보내 압록강변의 여진족을 토벌하고, 그 다음 해에는 김종서를 두만강 유역으로 보내 여진족을 강 밖으로 몰아내었다. 그리고 함경도 두만강 연안에 6진, 평안도 압록강 유역에 4군을 설치하여 현재와 같은 국경선을 확정하였다. 그러나 조선왕조는 두만강과 압록강을 국경선으로 생각하지 않았으며, 기회가 된다면 그 북쪽의 땅도 회복하려는 강한 의지를 가지고 있었다.

조선왕조는 여진족에 대한 토벌정책과 병행하여 그들을 회유·포섭하는 정책도 병행하였다. 수복된 지역에는 토착민을 토관으로 임명하여 자치를 허락하였고, 귀화를 권장하였으며, 무역을 허용하였다.

한편 명과의 관계는 태종 이후 활발하게 진행되었다. 명은 과거 어느 왕조보다도 강경한 대외정책을 써서 주변 국가를 제후로 묶어 두려고 했으므로, 조선왕조도 사대정책을 유지하였다.

두 나라는 형식상 천자와 제후의 관계를 맺고, 조선에 새 왕이 즉위하면 천자의 승인을 받는 절차를 거쳐 인신印信(도장)과 고명誥命(임명장)을 받았으며, 명의 달력을 사용하였다. 이러한 절차를 책봉이라고 하였다. 그리고 명의 주요한 명절이나 우리가 필요한 경우 수시로 사신을 파견하여 조공朝貢(우리가 중국에 보내는 토산물)과 회사回賜(우리가 필요하여 받아오는 물품)를 실시하였다. 두 나라의 문화 교류가 활발해지자, 조선 사신은 다른 나라 사신들에 비하여 특별 대우를 받았다.

조선왕조가 명에 대해 사대정책을 취했다고 해서, 명의 속국이 된 것은 아니었다. 책봉 형식만 취했을 뿐, 명의 구체적인 내정 간섭을 받은 적은 없었다. 명에 대한 사대정책은 명을 둘러싼 주변 동아시아 국가들의 일반적인 외교 형식이었을 뿐이다. 따라서 사신의 교환 역시 기본적으로 정치적인 것이었지만, 내면적인 목적은 이를 통해 중국의 앞선 문화를 수입하고 물품을 교역하는 것이었다.

결국 명에 대한 사대 외교는 왕권의 안정과 국제적 지위 확보를 위한 자주적인 실리 외교였으며, 선진 문물을 흡수하기 위한 문화 외교인 동시에 일종의 공무역이었다.

조선왕조의 영토확장은 남쪽으로도 미쳤다. 조선 초기까지도 왜구의 침략으로 해안 지방은 하루도 편안하지 못하였으며, 백성들은 산 속으로 숨어 들어가 농사도 제대로 짓지 못하였다. 왜구의 침략은 식량 부족과 선진 문명에 대한 욕구에서 비롯되었다. 평시에는 대마도주가 토산품을 조공으로 바치고 회사품을 받아갔는데, 이것만 가지고는 욕구를 충족할 수 없자 물자가 풍부한 우리나라 해안 지역을 약탈한 것이다.

그러나 조선왕조의 국력이 신장되고 화약 무기 등의 개량으로 국방력을 강화하자, 왜구의 침략은 현저하게 감소되었다. 이에 따라 황폐해진 해안 지역이 다시 개발되고 농지가 확대되면서 국가 재정도 증대되었다.

침략과 약탈이 어려워진 왜구들과 그 배후 세력인 일본 호족들은 조선왕조에 대해 평화적인 무역 관계의 확대를 요구하였다. 조선왕조는 일본과의 선린을 유지하고 왜구의 재약탈을 방지하기 위해 이들의 요구를 승인하고 부산과 창원乃而浦을 개방하여 제한된 무역을 허용하였다.

그러나 일본 상인들은 조선의 통제 무역에 불만을 품고 밀무역을 하거나 해적으로 돌변하기도 하여 조선왕조는 일본 해적들에 대한 단호한 응징이 필요하다는 것을 깨닫고 세종 원년(1419) 이종무의 지휘 아래 왜구 소굴인 대마도를 소탕하였다. 이를 기해동정己亥東征이라고 한다. 이 당시 규슈 지역의 호족들이 총동원되어 대마도를 수호했기 때문에 조선군은 전도를 정복하지는 못했지만, 왜구의 약탈에 대해서는 큰 효과를 거두었다.

조선왕조의 강경한 태도에 놀란 대마도주가 수시로 토산물을 바치면서 무역을 애걸하자, 조선은 그들의 요구를 적당한 선에서 들어주기 위해 세종 8년(1426) 남해안의 부산포(동래), 내이포(창원), 염포(울산) 3포를 열어 무역을 허용하였다. 세종 25년(1443)에는 계해약조癸亥約條를 맺어 1년에 50척으로 무역선을 제한하였다.

이 밖에도 조선은 유구琉球(오키나와), 섬라暹羅(샴-태국), 자바(인도네시아) 등과도 문물을 교류하였다. 특히 유구와의 관계가 밀접하여 고려 말부터 사신 교류가 활발하였다. 유구는 17세기 초 일본의 사쓰마薩摩 번에 정복될 때까지 조선과의 교류를 활발하게 추진했다.

2. 조선 전기의 문화 지형

1) 세계를 묘사한 지도 편찬

조선왕조가 건국되어 중앙집권이 강화되면서 전국 각지의 자연과 인문 지리에 대한 조사가 심화되었고, 이를 토대로 지도와 지리지가 제작되었다.

태종 때에는 중국을 중심으로 세계에 대한 이해를 심화시키기 위하여 세계지도인 〈혼일강리역대국도지도〉가 만들어졌다. 〈혼일강리역대국도지도〉는 아라비아 지도학의 영향을 받아 제작된 원나라의 세계지도인 〈성교광피도〉와 〈혼일강리도〉를 합하여 조선과 일본을 첨가한 것이었다.

따라서 중국과 한국을 크게 그리고 유럽과 아프리카 등은 약소한 형태로 그렸으며, 아메리카 대륙은 아직 발견되지 않은 상태라 내용에는 빠져 있다. 이 지도에 그린 우리나라 부분은 이회가 제작하여 추가한 것이다. 지도의 원

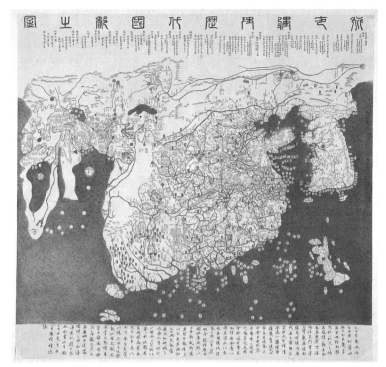

조선초 1402년(태종 2)에 권근·김시형·이회 등이 제작한 세계지도인 혼일강리역대국도지도. 일본 교토 류코쿠 대학 소장

본은 없어졌으며, 후대의 여러 종류의 모사본이 일본에 전해진다.

조선왕조에서 가장 먼저 작성된 우리나라 지도는 이회가 제작한 〈팔도도〉였다. 세종 때에는 정척이 새로 편입된 북방 영토를 실측하여 더욱 정밀한 〈팔도도〉를 만들었다. 그 후 정척과 양성지가 도, 주, 부, 군, 현 별로 실측 지도를 제작하여 세조 9년(1463)에 〈동국지도東國地圖〉를 완성하였다. 또한 우리나라에 현존하고 있는 〈조선팔도지도〉는 양성지의 지도를 후대에 모사한 것으로 추정되는데 한반도와 만주가 그려져 있고, 요하와 흑룡강이 강조되어 있는 것이 특징이다. 이는 당시 조선왕조가 만주를 미수복 지역으로 생각하였던 국토 관념을 반영한 것이다.

16세기에도 많은 지도가 만들어졌는데 그 중에서는 〈조선방역지도〉가 현존하고 있다. 지도 형태는 현재의 전국지도와 비슷하나, 만주 지역을 포함시키고 남쪽으로 대마도와 제주도를 그려넣어 15세기 국토 관념이 지속적으로 반영된 모습을 볼 수 있다.

이와 더불어 지리지의 편찬도 추진되었다. 세종 14년(1432)《신찬팔도지리지》가 완성되었으며, 이를 축소하여 단종 2년에 편찬된《세종실록世宗實錄》의 부록으로 넣었는데, 이것이 8권으로 구성된《세종실록지리지》다. 군현 단위로 연혁·인물·고적·호구·성씨 등 60여 가지의 다양한 항목으로 기록된 이 책은 이전 기록들보다 훨씬 풍부한 내용으로 채워져 있다.

이후 부국강병정책의 영향으로 군사적 요소들을 더욱 상세히 조사해서 편찬한 것이 성종 9년(1478) 양성지의《팔도지리지》인데, 지금은 남아 있지 않다. 남아 있는 것은 예종 원년(1469)에 각 도별로 조사된 내용 중 유일하게 경상도 지역에 대한 내용인《경상도속찬지리지》뿐이다.

《팔도지리지》에《동문선東文選》에서 뽑은 시문을 합하여 성종 12년(1481)에 《동국여지승람東國輿地勝覽》(50권)이 간행되었는데 반포되지 못하고, 성종 17년(1486)에 다시 증보되어《신증동국여지승람新增東國輿地勝覽》(55권)으로 간행되었다.

《신증동국여지승람》은 역대 지리지 가운데 가장 종합적인 내용을 담은 것으로 정치사와 제도사 연구는 물론 향토사 연구에 필수불가결한 자료로 높이 평가되고 있다. 책의 특징을 보면, 훈구파들이 편찬한 성종 때의《동국여지승람》은 부국강병을 추구하고 우리나라를 대국으로 보는 시각이 있었으나 중종 때 개찬된《신증동국여지승람》에는 김종직 등의 사림파가 주도하면서 부국강병을 거부하고 국토를 압록강과 두만강 이남 지역으로 한정하는 의식이 담겨 있다.

2) 나랏말 훈민정음 창제

우리나라는 일찍부터 한자를 쓰면서 한자의 음을 빌려 쓰는 향찰을 일부 사용하였다. 그러나 고유 문자가 없어서 우리말을 자유롭게 표현할 수 없어서, 일상적으로 쓰면서도 누구나 배우기 쉽고 쓰기 좋은 문자의 필요성이 대두되었다. 더구나 조선에서 사용하던 한자음이 지역에 따라 달랐기 때문에 그 혼

『동문선』

성종 9년(1478) 성종의 명으로 서거정·노사신·강희맹·양성지 등이 편찬한 활자본으로 된 130권 45책의 우리나라 역대 시문선집이다. 서거정 등이 편찬한 정편《동문선》외에, 중종 13년(1518)에 신용개·김전·남곤 등이 편찬한《속동문선續東文選》, 숙종 39년(1713) 송상기 등이 편찬한 신찬《동문선》이 따로 있다. 신찬《동문선》은 이전의 모든 내용을 다 모은 것으로 목록 3권, 정편 130권, 속편 21권으로 이루어져 있는데, 정편은 신라 때부터 조선 전기까지의 시문을 모은 것이고, 속편은 그 이후부터 숙종 때까지의 시문을 수집 정리한 것이다.

우리가 일반적으로 알고 있는 정편《동문선》은 가급적 모든 문체를 망라하여 많은 작품을 수록하려고 하였다. 문체의 종류만도 55종이나 되어 중국의《문선文選》39종보다 많으며,《속동문선》37종보다도 많다. 작가도 최치원의 신라 시대 인물부터 고려 시대를 거쳐 조선 초기 인물인 정도전, 권근 등 편찬 직전까지의 인물들까지 차례로 싣고 있다. 29명의 승려와 소수의 이름 없는 지은이를 포함하여 500여 명 가까이 실려 있는데, 그 가운데 한 작품만 실린 작가는 220여 명에 이른다. 전체의 약 4분의 1정도가 시로 구성되어 있으며, 그 나머지는 여러 가지 문장이다.

작품을 선정할 때 내용은 크게 문제 삼지 않았던 것으로 보인다. 최충헌 부자를 미화하고 찬양한 시문이 많이 실려 있고, 승려의 비명이나 탑명, 불교 교리를 설파한 원효의 불서 서문이 승려의 시들과 함께 실려 있기도 하다. 하지만 일연이나 보우 같은 선승들의 선시는 거의 한 편도 실려 있지 않다.

《동문선》은 관료 귀족의 미의식에 맞는 사륙변려체의 화려하고 숭엄한 글들이 대부분이며, 철저하게 상층 지배층 중심의 시문을 포괄적으로 담고 있다. 성현은 이 책을 보고 "이것은 정선한 것이 아니고, 유취한 것이다"라고 하였고, 조선 중기 실학의 선구자인 이수광은 "《동문선》의 채선 범위는 넓으나, 주선자의 좋고 싫어함에 따라 취사되었다"며 공평성의 부족을 비판하였다. 따라서 우리나라 시문을 모은 책으로서 최고의 가치를 지녔음에도 불구하고, 피지배층의 글이 거의 없거나 모을 생각조차 하지 않았다는 취사선택의 문제점을 지적당하고 있다.

란을 줄이고, 피지배층을 도덕적으로 교화시켜 양반 중심의 사회를 원활하게 유지하기 위해서도 문자가 필요했다. 이런 배경에서 우리 문자가 창제되었다.

우리 문자인 훈민정음은 조선 개국 후 높아진 민족 의식과 발달된 민본 사상을 배경으로 해서 창제되었다. 직접 창작한 사람들은 세종과 문종을 비롯한 왕자들이었고, 집현전 학자들은 글자를 제작할 때 보완과 해설 역할을 담당하였다.

훈민정음은 발음 기관 상형설을 바탕으로 천·지·인의 모습을 추가하여 제작되었고, 문자 조직은 역易철학의 원리를 응용하였다. 따라서 문자 구성 조직이 과학적일 뿐만 아니라, 어떠한 우리말도 원형에 가장 가깝게 마음대로 표현할 수 있다는 점에서 세계적으로 가장 뛰어난 문자의 하나라고 할 수 있다.

훈민정음은 기본 자음인 ㄱ, ㄴ, ㅅ, ㅁ, ㅇ은 발음기관의 모양을 형상화 하였고 그 소리는 각각 오행의 목木, 화火, 금金, 토土, 수水에 해당되도록 구성되었다. 여기에 역괘의 원리를 응용하여 28자의 자음을 만들었다. 또한 ·, ㅡ, ㅣ의 세 중성자는 각각 하늘, 땅, 사람의 모양을 본떴는데, 사람이 하늘과 땅의 중간에서 주인 노릇을 한다는 원리에 따라 중성자를 매개로 하여 초성자와 종성자를 조합하여 만들어졌다.

이렇게 과학적이고 철학적으로 형성된 훈민정음은 매우 훌륭한 글자였음에도 불구하고, 조선왕조의 대부분의 기간 동안 한자를 보조하는 기능에 머물렀으며, 심지어 언문으로 낮추어 불리기도 하였다. 이는 우리말의 어휘 속에 한자성어가 너무 깊숙이 침투해 있었고 한자를 쓰는 동아시아 문화권이 형성되었기 때문이다.

훈민정음은 한문책을 국문으로 풀이해서 백성들에게 널리 읽히도록 하는 수단으로 이용되었으며, 행정 실무를 맡은 서리들이 국가 시책을 백성들에게 이해시키는 데 이용되었고, 여성들이 문자생활을 영위할 수 있도록 하였으며, 한자음의 발음을 우리의 현실에 맞게 바로잡는 계기가 되었다.

3) 농민을 근본으로 세운 농서 편찬

조선 초기의 발달된 농업 기술을 정리하고, 이를 더욱 발전시키기 위하여 여러 농서들이 간행되었다. 대표적인 농서로는 관찬으로 편찬된《농사직설農事直設》과 사찬으로 편찬된《금양잡록衿陽雜錄》이 있다.

세종 12년(1430) 정초 등이 편찬한《농사직설》은 중국의 대표적인 농서인《제민요술齊民要術》,《농상집요農桑輯要》,《사시찬요四時纂要》를 참고해서 중국의 선진 농법을 받아들이면서도 우리나라 농부들의 실제 경험을 추가하여 정리한 농서. 이 책은 역사상 처음으로 우리나라의 기후풍토에 알맞은 독자적인 농법을 정리한 것이다. 또한 이 농서는 중국의 화북농법을 받아들인 것으로 조선 후기에 중국의 강남 농법을 받아들여 신속이 편찬한 《농가집성農家集成》(1655)이 나오기 전까지 조선의 영농 기본 지침서로서 사용되었다.

성종 때 강희맹은 관직에서 은퇴한 후, 금양(지금의 시흥) 지방에서 자신이 스스로 체험한 경기 지방의 농사 경험을 토대로 《금양잡록》을 저술하였다. 이 책에는 81종의 곡식 재배법이 자세히 설명되어 있어서 농민들에게 큰 도움이 되었다.

이 외에도 세조 때 양성지는 양잠에 관한 《농잠서農蠶書》와 목축에 관한 《축목서畜牧書》를 간행하고, 16세기 초에는 김안국이 《잠서蠶書》를 번역하여 《잠서언해蠶書諺解》라고 하여 농가에 보급하였다.

이와 같이 우리나라 입장에서 저술된 농서들이 등장하면서, 중국의 농서에 의존하는 경향이 사라지게 되었다. 자주적이고 독창적인 농법의 개발은 조선 시대가 이전의 고려 시대에 비해 농업 생산을 훨씬 증가시키는 데 큰 영향을 끼쳤다.

4) 조선 지식인의 정신을 표현한 백자

세종 시대에 접어들면서 퇴락한 상감청자 대신 청자 표면에 백토로 분장한 회청색 자기인 분청사기가 만들어졌다. 분청사기의 태토와 유약은 청자와 기본적으로 유사하지만, 백자 지향적인 조선왕조의 백자 문화가 백토분장이라는 표면 백자화 현상을 창조해낸 것이다. 이는 한국 도자기 사상 가장 한국적인 독자성을 창출한 것으로, 이 시기가 우리나라의 민족 문화를 완성시킨 세종 시대였기 때문에 나타난 현상이라고 할 수 있다.

분청사기의 장점은 누구나 쉽게 친근감을 느낄 수 있는 소박미와 구애받지 않는 무늬의 활달성과 대담한 추상성에 있는데 이는 한국인의 대범한 서정성을 잘 표현한 것이다. 분청사기는 상감청자의 뒤를 이었기 때문에 조선 초기까지는 고려의 여운을 남기고 있다. 분청사기의 제작 기간은 청자나 백자의 500여 년에 비하면 짧은 200여 년의 역사만을 가지고 있지만, 한국인의 심성을 가장 잘 표현한 독창적인 자기였다는 점에서 큰 의의를 갖는다.

분청사기의 뒤를 이어 유행한 자기가 백자다. 우리나라에서의 백자 생산은 고려 청자의 제작과 함께 시작되었으므로, 역사는 길었지만 생산 수량은 매우 적었다. 그러나 조선의 백자는 고려 백자의 전통이 이어진 것이라기보다는 중국 명나라 백자와의 상호 영향 하에서 출발하였다. 조선 백자의 생산 시점은 정확히 알 수 없으나,《세종실록》기록을 보면 1425년에 명明 인종의 사신이 종이와 더불어 백자를 요구한 것으로 보아, 이미 우수한 백자를 생산하고 있었음을 알 수 있다. 그러나 본격적인 생산은 16세기부터다.

세종 때에 이룩한 확고한 백자 생산 기술은 사신 왕래 및 공무역을 통하여 중국과 계속적인 영향을 주고받으면서 발전하였다. 조선왕조는 전국의 백자 장인 380명이 소속된 사옹원司饔院을 통해 봄부터 가을까지 광주 분원에서 많은 백자를 생산해 내었다.

백자 달 항아리. 기교 면에서는 번잡에서 초탈한 소박미를 갖추고 있어서 사람의 마음을 정적으로 이끄는 매력이 있다.

백자는 청자보다 깨끗하고 담백하며 순백의 고상함을 풍겨서 조선 선비들의 취향과 어울렸기 때문에 분청사기를 대신해서 조선의 대표적인 도자기가 되었다.

순백자 위주로 생산되던 백자는 양란을 거치면서 차차 청화백자가 유행하면서 형태도 다양해지고 안료도 청화, 철화, 진사 등으로 다채롭게 변화하였다. 조선 후기에는 백자가 민간에까지 널리 사용되면서 더욱 발전하였다.

분청사기

분청사기라는 용어는 1930년대 고유섭이 당시 일본인들이 사용하던 '미시마三島'란 용어에 반대해서 새롭게 지은 '분장회청사기粉粧灰靑沙器'를 간단하게 부르는 명칭이다. 이 분청사기는 14세기 후반부터 제작되기 시작하여 조선왕조의 기반이 닦이는 세종 연간을 전후하여 크게 발전·세련화되어 절정을 이루며, 조선 도자 공예의 독창적인 아름다움을 보여준다. 그러나 15세기 후반부터 경기 광주 일대에 백자를 생산하는 관요가 운영되면서 왕실과 관아에서 필요로 하는 자기의 공급은 광주분원廣州分院에서 맡게 되자, 관장제 수공업체로서 국가의 보호를 받지 못하게 된 분청사기의 생산은 점점 소규모화 되면서 민간용을 주로 생산하게 되었다. 이후 백자 생산이 계속 증가된 반면, 16세기 중엽 이후에는 분청사기의 생산이 급격히 줄어들었다. 따라서 임진왜란 이후에는 백자만이 남아 조선시대 도자기의 주류가 되었다.

분청사기는 청자나 백자에서는 볼 수 없는 자유분방하고 활력에 넘치는 실용적인 형태, 다양한 분장기법, 그리고 의미와 특성을 살리면서도 때로는 대담한 생략·변형을 통해 재구성한 무늬를 특징이라고 할 수 있다. 이러한 특징은 고려 시대의 유풍을 이어 불교적 요소와 지방적 특색을 반영한 것으로 보인다.

분청사기의 흥망성쇠는 대략 네 시기로 구분된다. 전기(발생기 : 1360~1420)는 고려청자 상감무늬의 퇴화된 여운과 그 변모 및 인화 기법이 발생한 시기고, 중기(발전기 : 1420~1480)는 상감·인화·조화·박지 등 다양한 기법의 분청이 생산된 시기며, 후기(쇠퇴기 : 1480~1540)는 상감·인화 기법이 쇠퇴하고 철화·귀얄·덤벙분청이 성행한 시기며, 말기(소멸기 : 1540~1600)는 귀얄·덤벙분청이 소멸된 시기다.

3. 거대한 두 위기, 왜란과 호란

1) 임진왜란

(1) 전쟁의 시작

조선은 건국 이후 명나라를 중심으로 하는 국제질서 속에서 오랜 기간 안정된 질서를 누렸다. '중국 중심의 세계질서'인 사대교린事大交鄰을 대전제로 하는 책봉-조공 관계 속에서 약 200년에 이르는 장기간에 걸쳐 외세의 위협에 시달리지 않으면서 내부 발전에 집중하였다. 사대교린정책은 중국과의 관계만을 의미하는 것이 아니었다. 북방의 여진이나 남방의 일본 또한 그 틀 속에 포함되는 것이었다. 조선은 명과 정치·외교·경제·문화 등 다양한 방면에서 교류하면서 여진의 위협에도 서로 협력하고, 일본과의 관계도 교린정

사대관계, 사대주의?

사대事大란 작은 나라가 큰 나라를 섬긴다는 뜻이다. 이 말대로라면 조선은 명나라의 지배를 받는 작은 나라가 된다. 그러나 사대관계란 이 당시의 외교관계를 표현하는 용어였다. 따라서 조선은 명나라에 복속된 것이 아니고, 당연히 내정 간섭도 받지 않았다. 그러나 형식적으로는 책봉과 조공의 절차가 수반되었다. 사신을 보내고, 사대 문서와 특산물을 바치고, 명의 연호年號를 사용하는 등 사대의 예를 행하였다. 또 국왕이 바뀌면 명의 황제로부터 인신印信과 고명誥命을 받아야 국왕의 지위를 인정받았다. 물론 조선에서의 왕위 계승은 이러한 절차와 상관없이 독자적으로 이루어졌다.

조선에서 보내는 사신은 정기사행과 특별사행이 있었다. 해마다 연말과 신년에 동지사(하정사), 황제의 생일에 성절사, 황태자의 생일에 천추사를 파견하는 1년 3사가 정기적 사행이었다. 특별한 사안이 생길 때는 사은사謝恩使·진위사陳慰使·주청사奏請使 등 특별사행을 파견하였다. 사실상 매년 3회 이상 사신이 파견되었으며, 이들은 소나 말, 비단, 종이, 과실, 해산물, 문방구 등 다양한 조선의 특산물을 가져갔다. 명나라는 이들 사신에게 답례 물품을 주었는데 이를 회사回賜라 하였다. 또 서적류, 의약류, 자기류, 비단류 등의 물품을 수입해 왔다. 이렇게 사행이 오가는 과정에서 조선은 중국의 선진 문화를 수입할 수 있었다. 특히 서적을 통한 중국 문화의 유입은 조선의 사회와 문화에 큰 영향을 끼쳤다.

책을 기조로 하면서 안정적인 관계를 유지하였다.

임진왜란은 평화로운 동아시아 세계질서를 일거에 뒤흔든 사건이었다. 이는 일본의 도요토미 히데요시豊臣秀吉가 품은 개인적인 욕망 때문에 일어난 갑작스런 사건은 아니었다. 오히려 당시 동아시아 정세의 변화는 어느 정도 이 같은 전쟁을 예고하고 있었다.

우선 요, 금, 원 등 북방민족들의 왕조가 지속적으로 흥기하면서 동아시아 질서의 중심이 되었던 요동 지역의 역사적 위상이 한족 왕조인 명의 등장으로 크게 약화되고, 특히 명대 후기에 요동 지역에 대한 관리가 부실해지면서 요동은 힘의 공백지대로 바뀌어 안정적인 동아시아 질서에 불안 요소가 되었다.

다음으로 명나라의 해금海禁정책에 따라 중국 연해 지역이 공백지대가 되면서 일본 왜구의 활동 범위가 크게 넓어졌고, 일본은 유구와 대만까지 경략할 수 있는 기반을 갖추게 되었다. 또한 포르투갈 상인을 통해 전해진 조총은 일본 전국시대의 내전 판도를 크게 바꿔놓는 한편 일본군의 전투력을 크게 향상시켰다.

마지막으로 책봉-조공 체제의 중심이 되었던 명나라 내부의 변화에 따라 책봉-조공 체제 자체가 안으로부터 무너져 가고 있었다. 조공을 통한 책봉 관계를 유지하기 위해서는 상사賞賜로써 책봉冊封을 유인하고 회사回賜로써 조공에 응해야 했는데, 거기에 들어가는 비용이 막대하여 만성적인 재정적자에 시달리던 명으로서는 더 이상 그 부담을 감당하기 어려워졌다. 반면에 조선을 비롯한 책봉-조공 체제 하의 여러 주변국들은 책봉-조공 관계에서 얻어지는 실리가 적지 않았기 때문에 오히려 확대하고자 하였다. 일본 또한 명과의 관계를 통해 얻을 수 있는 실리를 노리는 것은 당연하였다. 일본이 조선에 내세운 '가도입명假道入明'(조선에서 길을 빌려 명으로 들어간다)은 억지 명분만은 아니었다.

안정적으로 운영되던 조선의 통치체제는 16세기에 접어들면서 점차 문란해져갔다. 조선 전기의 주역이었던 공신들 가운데 특권세력이 사적인 이익을 과도하게 도모하면서 국가의 공적 질서를 무너뜨리고 있었다. 중앙의 집권 세력에 대응하는 지방 세력의 결집과 정치적 진출에 따라 이른바 '훈구'와 '사림' 간의 정치적 대결이 표면화되었으며, 이러한 정치적 갈등은 몇 차례의 '사화'로 비화되었다. 잇따른 정치적 대결에서 훈구가 승리하면서 국방이나 군역 문제에 대한 관심이 소홀해졌다. 일본과의 관계도 을묘왜변(명종 10, 1555) 이후 통교 관계의 명맥만 유지될 뿐 통상적인 외교 관계는 중단된 상태였다.

일본에서는 도요토미 히데요시가 전국시대의 오랜 혼란을 수습하고 통일을 이루었다. 그는 오랜 내전을 통해 세력을 축적한 다이묘大名들의 힘을 소진시켜 반란의 위협을 미연에 방지하기 위해 중국 대륙에 대한 침략전쟁을 추진하였다. 한편으로는 조선이나 명과의 교역을 활성화하려는 신흥 상업 세력의 요구가 내재해 있었다. 당시 일본은 조선에서 잇따라 소란을 일으켜 조선과의 교역이 단절된 상태였고, 명에서도 소란을 일으킨 탓에 조공 무역을 폐쇄당하여 교역은 큰 타격을 입고 있었다. 도요토미는 침략에 앞서 승려로 위장한 정탐꾼 등을 보내 조선의 정황과 산천에 대해 정보를 수집하였고, 일본군은 서양에서 도입한 총포를 개량한 조총鳥銃으로 무장하였다.

조선정부에서도 일본이 전쟁을 준비한다는 심상치 않은 정황을 포착하고 일본 정세를 파악하고자 황윤길黃允吉과 김성일金誠一을 사신으로 파견했는데, 이들은 돌아와서 상반된 보고를 하였다. 황윤길은 일본의 침공을 경계해야 한다고 하였으나, 김성일은 침략 가능성이 높지 않다고 하였다. 정부에서는 일본의 침공에 대비해 성곽을 구축하고 군비를 정비하라는 지시를 내렸으나, 몇 곳을 제외하고는 거의 성과가 없었다. 오히려 이러한 지시가 민폐를 불러온다고 하여 반대하는 논의가 거셌다.

선조 25년(1592, 임진년) 4월 13일 20여만의 일본군이 부산진을 공격해 옴으로써 전쟁이 시작되었다. 동래부사 송상현宋象賢이 전사하는 등 항전하였으나 부산성과 동래성이 함락되었고, 일본군은 충주와 수원·용인 등지에서 관군을 패퇴시키면서 파죽지세로 진격하여 5월 2일 한양에 이르렀다. 일본군이 부산에 상륙한 지 18일 만에 도성이 함락된 것이다.

관군의 대응이 변변치 못했던 것은 이유가 있었다. 당시 조선의 방위체제는 지역 단위의 소규모 전투에 알맞게 되어 있어서 장수가 군대를 동원하는 것이 원활하지 못했다. 또한 군역제도의 운영이 군역을 대신하여 돈을 내는 방식으로 변화하는 가운데 직업군인으로 구성된 군대는 조직하지 못한 상태였다.

충주에서 신립申砬이 패전했다는 소식을 들은 선조와 조정 대신들은 한양을 떠나 평양으로 피신했다가 전황이 불리하자 의주義州에 이르러 명나라에 구원을 요청하였다. 또한 임해군과 광해군 두 왕자를 함경도와 강원도로 보내 근왕병을 모집하게 하였다. 그 사이 일본군은 평안도는 물론 함경도 지역까지 진격하였고, 임해군을 포로로 잡기까지 하였다.

(2) 조선의 바다, 그 바다였던 이순신

전쟁 초기 잇따른 패배로 조선의 운명은 바람 앞의 등불과 같았다. 이때 전황의 결정적 변화를 가져온 것은 전라도 수군의 활약과, 의병의 활동, 명의 원병 파견 등이었다.

일본군의 전략은 원래 육군이 세 방면으로 북상하고, 수군은 남해와 서해를 돌아 전라도와 충청도의 곡창지대를 장악하고 물자를 조달해서 합세하는 것이었다. 그러나 일본 수군의 진출은 경상도에서 전라도 해안으로 넘어오다가 이순신李舜臣의 수군에 가로막혔다.

이순신은 조산보만호 겸 녹도둔전사의造山堡萬戶兼鹿島屯田事宜로 있을 때 여진족 토벌에서 빛나는 전공을 세운 바 있는 장수였다. 그는 유성룡의 천거로 1년 전 전라좌도수군절도사에 부임한 이래 왜군의 침략에 대비하여 좌수영左水營 (여수)을 근거지로 삼아 전선戰船을 제조하고 군비를 확충하는 등 일본의 침략에 대처하였고, 군량의 확보를 위하여 해도海島에 둔전屯田을 설치할 것을 조정에 요청하기도 하였다.

부산에 일본군이 상륙한 지 이틀 뒤 경상우수사 원균元均으로부터 왜선 350여 척이 부산 앞바다에 정박중이라는 통보에 이어 부산과 동래가 함락되었다는 급보가 들어왔다. 경상좌수사 박홍朴泓과 경상우수사 원균의 수군은 제대로 된 전투도 치르지 못하고 일본군에 제해권을 내주고 말았다. 당시 조선이 보유한 전선의 수는 모두 250여 척 정도였다. 경상도의 함대가 거의 괴멸된 상황에서 전라좌수사 이순신과 전라우수사 이억기李億祺 휘하의 수군만이 남아 있었다.

이러한 상황에서 이순신이 이끄는 수군은 5월 초부터 옥포(거제도)에서 처음 승리를 거두고, 이어 5월 말부터 6월 초에는 전라우수영 및 경상우수영과 합세하여 노량·사천·당포·당항포 등에서 대승을 거두었다. 이어서 6월 말에서 7월 초에 일본군이 총공세를 가하자 약간의 판옥선板屋船으로 일본 수군을 공격하면서 한산도 앞바다로 유인한 뒤 학익진鶴翼陣을 펼쳐 일제히 총통銃筒을 발사하는 등 맹렬한 공격을 퍼부어 층각선層閣船 7척, 대선 28척, 중선 17척, 소선 7척 등을 격파하고 대승을 거두었다.

가덕도 서쪽의 제해권을 완전히 장악한 이순신은 일본군의 교두보인 부산포를 공격하였다. 전라 좌·우도의 전선 74척, 협선 92척을 이끌고 8월 24일 좌수영을 떠나 가덕도 근해에 머물렀다가 9월 1일 부산포로 진격하였다. 부산포에 정박하고 있던 일본 수군에 맹공을 가하며 종일토록 교전하여 적선 100여 척을 격파하였다.

1593년 다시 부산과 웅천의 적 수군을 궤멸시키고, 남해안 일대의 적군을 완전히 소탕하여 한산도로 진을 옮겨 본영으로 삼았다. 그 뒤 최초로 삼도수군통제사三道水軍統制使가 되었다.

이듬해에는 명나라 수군이 내원來援하자, 죽도竹島로 진을 옮기고, 이어 장문포長門浦에서 왜군을 격파, 적군의 후방을 교란하고 서해안으로 진출하려는 왜군의 전진을 막아 이들의 작전에 큰 차질을 가져오게 하였다.

조선 육군이 제구실을 못하는 동안 이순신 함대의 활약으로 말미암아 해상권을 완전하게 확보할 수 있었으며, 결과적으로 전라도와 충청도의 곡창지대를 보전시켜 일본군의 군수작전을 좌절시킬 수 있었다. 이순신이 대승을 거둘 수 있었던 것은 탁월한 전략과 전술이 뒷받침되었기 때문이지만, 그 외에도 몇 가지 이유가 있었다. 우선 조총과 같은 단병短兵은 조선의 기술이 뒤떨어졌으나 대포 같은 장병長兵에서는 조선 화기의 성능이 더 뛰어났다. 고려 말부터 지속적으로 축적해 온 대포와 화약 기술 때문이었다. 또 선박을 만드는 조선술造船術도 일본보다 뛰어났다. 조선 수군의 주력 전함인 판옥선은 일본군 선박보다 튼튼하고 우수하였으며, 여기에다가 대포와 판옥선을 결합한 거북선까지 보유하고 있었다.

명나라와 일본 간의 강화회담이 진행되면서 전쟁이 소강 상태에 들어가자, 이순신은 이후의 전쟁에 대비하여 군사훈련, 군비확충, 피난민 생업의 보장, 산업장려 등에 힘썼다.

(3) 의병의 항쟁과 정유재란

육지에서도 6월 이후 전국 각지에서 의병義兵이 조직되고, 승군僧軍 등이 나서면서 상황이 조금씩 호전되기 시작했다. 전직 관리와 지방 사림들은 노비나 농민들을 모아 자기 고장을 지키기 위해 싸웠다. 이들은 조정에서 징집한 군인이 아니고 스스로 모여들어 충의忠義를 내걸고 나라를 위해 싸운 민병이므로 의병이라고 부른다. 의병들은 자기 지역의 지리에 익숙하고 자신들의 여건에 맞는 무기와 전술을 이용하여 싸웠다. 대체로 일본군과 정면으로 싸우기보다는 매복이나 기습 등의 게릴라 전술을 사용하였다. 의병장의 지휘 아래 유격전을 벌이면서 일본군의 보급로를 차단하고 빼앗겼던 지역을 곳곳에서 되찾았다.

이순신의 죽음에 대한 두 가지 기록

"사신史臣은 논한다. ······ 중국군과 노를 저어 밤새도록 나아가 날이 밝기 전에 노량露梁에 도착하니 과연 많은 왜적이 이르렀다. 불의에 진격하여 한참 혈전을 하던 중 순신이 몸소 왜적에게 활을 쏘다가 왜적의 탄환에 가슴을 맞아 선상船上에 쓰러지니 순신의 아들이 울려고 하고 군사들은 당황하였다. 이문욱李文彧이 곁에 있다가 울음을 멈추게 하고 옷으로 시체를 가려놓은 다음 북을 치며 진격하니 모든 군사들이 순신은 죽지 않았다고 여겨 용기를 내어 공격하였다. 왜적이 마침내 대패하니 사람들은 모두 '죽은 순신이 산 왜적을 물리쳤다'고 하였다. 부음訃音이 전파되자 호남湖南 일도一道의 사람들이 모두 통곡하여 노파와 아이들까지도 슬피 울지 않는 자가 없었다. 국가를 위하는 충성과 몸을 잊고 전사한 의리는 비록 옛날의 어진 장수라 하더라도 이보다 더할 수 없다. 조정에서 사람을 잘못 써서 순신으로 하여금 그 재능을 다 펴지 못하게 한 것이 참으로 애석하다."《선조실록宣祖實錄》31년 11월 27일(무신)

"유정劉綎이 순천順天의 적영賊營을 다시 공격하고, 통제사統制使 이순신이 수군을 거느리고 그들의 구원병을 크게 패퇴시켰는데 순신은 그 전투에서 전사하였다. 이때에 행장行長이 순천 왜교倭橋에다 성을 쌓고 굳게 지키면서 물러가지 않자 유정이 다시 진공하고, 순신은 진린陳璘과 해구海口를 막고 압박하였다. 행장이 사천泗川의 적 심안돈오沈安頓吾에게 후원을 요청하니, 돈오가 바닷길로 와서 구원하므로 순신이 진격하여 대파하였는데, 적선賊船 200여 척을 불태웠고 죽이고 노획한 것이 무수하였다. 남해南海 경계까지 추격해 순신이 몸소 시석矢石을 무릅쓰고 힘껏 싸우다 날아온 탄환에 가슴을 맞았다. 좌우左右가 부축하여 장막 속으로 들어가니, 순신이 말하기를 '싸움이 지금 한창 급하니 조심하여 내가 죽었다는 말을 하지 말라' 하고, 말을 마치자 절명하였다. 순신의 형의 아들인 이완李莞이 그의 죽음을 숨기고 순신의 명령으로 더욱 급하게 싸움을 독려하니, 군중에서는 알지 못하였다. 진린이 탄 배가 적에게 포위되자 완은 그의 군사를 지휘하니, 적이 흩어져 갔다. 진린이 순신에게 사람을 보내 자기를 구해준 것을 사례謝禮하다 비로소 그의 죽음을 듣고는 놀라 의자에서 떨어져 가슴을 치며 크게 통곡하였고, 우리 군사와 중국 군사들이 순신의 죽음을 듣고는 병영兵營마다 통곡하였다. 그의 운구 행렬이 이르는 곳마다 백성들이 모두 제사를 지내고 수레를 붙잡고 울어 수레가 앞으로 나갈 수가 없었다. 조정에서 우의정右議政을 추증했고, 바닷가 사람들이 자진하여 사우祠宇를 짓고 충민사忠愍祠라 불렀다."《선조수정실록宣祖修正實錄》선조 31년(1598) 무술 11월 1일(임오)

경상도 의령宜寧의 유생儒生 곽재우郭再祐는 사재를 털어 의병을 조직하여 낙동강을 따라 왕래하면서 일본군과 전투를 벌여 경상 우도의 여러 성을 수복하였다. 합천陜川의 정인홍鄭仁弘, 고령高靈의 김면金沔 등은 박성朴惺·곽준郭逡·곽단·권양權瀁·박이장朴而章 등과 같이 향병鄕兵을 모아 전 첨사僉使 손인갑孫仁甲을 장수로 하여 일본군과 싸워 무찔렀다. 수영군관水營軍官이었던 권응수權應銖는 신녕新寧에서 영천군수永川郡守 김윤국金潤國 등의 관군과 합세하여 싸웠으며, 정대임鄭大任·정세아鄭世雅·조성曺誠·신회申誨 등과 함께 신녕·안동 등 경상좌도 지역을 모두 수복하였다. 전라도 광주에서는 전 부사府使 고경명高敬命이 옥과玉果에서 일어난 유팽로柳彭老와 함께 6,000여 명의 의병을 일으켰으며, 남원南原의 안영安瑛·양대박梁大樸도 전 부사였던 나주의 김천일金千鎰 등과 의병을 일으켜 고경명과 합세하였다.

호서의 양성陽城에서도 홍언수洪彦秀 부자가 의병을 일으켜 경기와 이웃한 충청도 지역을 방어함으로써 일본군이 이 일대에 접근하는 것을 저지하였다. 충청도 옥천沃川에서는 전 제독관提督官 조헌趙憲이 홍주洪州에서 의병을 모은 신난수申蘭秀·장덕개張德蓋·처영·박춘무朴春茂 등과 함께 청주를 수복하였다.

이 외에도 평안도에서 전 의금부도사義禁府都事였던 조호익曺好益이, 충청도 지역에서 청주의 이봉李逢이, 영동永同에서 한명윤韓明胤이, 금산錦山에서 최경회崔慶會가 봉기했다. 전라도 보성寶城에서는 임계영任啓英이 의병을 일으켜 남원에서 최경회가 이끄는 의병과 합류하고 이어 장수·거창·합천·성주·개령 등지에서 왜적을 대파했다. 경상도 경주의 김호金虎·주사호朱士豪·최진립崔震立, 무계茂溪의 김준민金俊民, 함창咸昌의 정경세鄭經世, 예안 출신 유종개柳宗介 등이 각각 의병을 일으켜 일본군과 싸워 이겼다.

황해도 지역은 장응기張應祺·이정암李廷馣·박덕윤朴德胤·조광정趙光庭 등이 봉기하였다. 경기 지역에서 의병을 일으킨 우성전禹性傳 등도 관군 이상으로 활약하였다. 함경도 지역에서는 북평사北評事 정문부鄭文孚가 경성鏡城에서 의병을 일으켜, 일본군에 가담한 국경인鞠景仁 등의 반란을 평정하고 회령會寧을 수복하였으며, 길주吉州·명천明川 등지에서 일본군과 싸워 크게 이겼다.

그러나 희생도 컸다. 의병들은 호남으로 들어가는 길목인 진주나 금산 등지에서 일본군을 막기 위해 치열하게 싸우다가 몰살당하기도 하였다. 조헌趙憲 등은 금산성錦山城에서 왜적과 대치하여 항전하다가 700여 명이 전원 전사하였고(칠백의총七百義塚), 또한 두 번째 벌어진 진주성 전투에서는 3천여 명의 조선군과 6만여 명의 민간인이 10만여 명의 일본군과 싸워 진주성이 함락되고, 진주목사 서예원을 비롯하여 김천일, 최경회 등 대부분의 지도부가 남강에 투신하거나 전사하였다.

승려들의 활동으로는, 경상도에서는 원오原悟가 승군을 모아 활약했고, 묘향산에서는 휴정休靜이 승군 1,000여 명을 모아 각 도의 승려들도 궐기할 것을 호소하였다. 관동 승려 유정惟政, 호남 승려 처영處英, 뇌묵雷默도 각각 승병을 모아 활약하였다.

관군도 점차 전열을 정비하여 의병과 합세하면서 일본군의 기세를 꺾고 전세를 반전시켰다. 수군의 승리와 의병의 활약, 관군의 정비 등으로 전세가 반전될 무렵 명나라에서 파견한 구원군이 합류하였다.

명 조정은 조선이 망하면 명도 위험해진다는 인식 아래 조선 조정의 원조 요청을 받아들이는 형식으로 참전했다. 조승훈祖承訓이 이끄는 3,500명 가량의 명군이 압록강을 건넌 것은 1592년 6월 5일이었다. 명군은 7월 17일 벌어진 평양 전투에서 일본군에게 참패했다. 명 조정은 일본군이 예상보다 훨씬 강하다는 사실을 절감하고 화포 부대를 동원하기로 결정하였다. 12월 이여송李如松이 이끄는 4만 8천 명의 병력이 다시 들어왔다. 명군은 1593년 1월 평양 전투에서 승리했다. 평양성의 고니시 유키나가小西行長 부대는 남쪽으로 후퇴했고, 함경도에 진출해 있던 가토 기요마사加藤淸正 부대는 고립의 위기에 처했다. 그러나 일본군을 추격한 명군이 벽제관 전투에서 패하면서 전쟁은 교착 상태에 빠졌다. 명군은 평양으로 후퇴하여 일본군과 화의를 맺으려고 하였다.

이때 권율權慄은 명군과 합세하여 한양을 되찾고자 하였는데, 명군이 퇴각하자 행주산성에 웅거하고 있었다. 적은 수의 병력을 가지고도 일본군의 공격을 격전 끝에 물리쳤다. 이 전투는 부녀자들까지 참여하여 치마에 돌을 날라 '행주치마'라는 말이 나왔을 정도로 치열한 전투였다. 이 전투에서 거둔 승리는 김시민의 1차 진주성 전투, 이순신의 한산도 대첩 등과 함께 임진왜란의 3대 승리로 불린다.

조선과 명의 연합군의 반격에 힘이 빠진 일본군은 휴전을 제의하였으며 명 조정은 심유경沈惟敬을 통해 고니시와 강화 협상에 착수했다. 그 과정에서

일본군의 1차진로
일본군의 2차진로
명군의 진로
회의 때 일본군 주둔지역
조선의병의 주요활동지역

회령

의주

묘향산

평양

금강산

한양

충주

남원
염포
부산
명량
쓰시마
한산도
나고야

임진왜란 전황도

조선은 철저히 소외되었다.

일본군은 남해안 일대로 물러났지만 경상도 연해 지방에 왜성을 쌓고 방어 시설을 갖추기도 하면서 철수하지 않았고, 강화 협상은 시간만 끌었다. 전쟁도 아니고 평화도 아닌 상태가 1597년 일본군이 재차 도발할 때까지 계속되었다. 휴전 기간 중에 조선정부는 성곽을 보수하고, 훈련도감을 설치하여 삼수병三手兵을 양성하였으며, 지방에는 속오군束伍軍을 편성하는 등 재침에 대비하였다.

'명의 황녀를 천황의 후궁으로 줄 것', '조선 4도를 할양할 것', '감합무역을 재개할 것' 등 일본의 무리한 요구로 강화가 깨어지자, 일본군은 재차 대규모로 침략을 감행하였다. 이를 정유재란(선조 30, 1597, 정유년)이라고 한다. 그러나 전쟁에 대비한 조선과 명의 연합군에 의해 일본군의 북진은 직산에서 차단당하였고, 일본 수군이 원균의 함대를 궤멸시키면서 일시 장악하였던 남해안의 제해권도 삼도수군통제사로 복귀한 이순신에게 명량해전에서 대패하면서 빼앗기게 되었다. 수륙 양 방면에서 참패를 당한 일본군은 남해안으로 퇴각하였다가 도요토미의 죽음이 알려지면서 전격 철수하였다. 이순신이 이끄는 수군은 노량해전에서 퇴각하는 일본군에게 마지막까지 타격을 가하였다.

(4) 전쟁이 남긴 것

전쟁터였던 조선은 수많은 사람이 목숨을 잃었고, 농경지가 황폐해졌다. 기근과 질병에 시달렸으며 토지대장과 호적 등도 대부분 없어져서 국가 운영 자체가 마비에 빠질 정도였다. 전란이 종료된 지 50년이 지난 후에도 국가의 대장에 기록된 인구는 150만 명, 토지는 50여만 결에 지나지 않았다. 미

등록분을 감안하더라도 조선 초기에 비해 3분의 1에 불과할 정도였다. 심지어 구원군으로 온 명군에게마저 재물과 식량을 빼앗겼다. 일본군의 방화와 약탈로 인해 문화재의 손실도 매우 많았다. 그리고 수만 명이 포로로 잡혀가 나가사키의 포르투갈 상인에 의해 유럽 등지에 노예로 팔려갔다.

은폐되었던 사회 모순은 전쟁 과정에서 더욱 확연히 드러났다. 특히 정부와 양반 지배층의 무능이 드러나 권위가 땅에 떨어지게 되었다. 국왕 선조를 비롯한 지배층은 이를 무마하기 위해 전쟁을 승전으로 호도하였다. 선조를 따라 의주로 갔던 관원을 호성공신扈聖功臣으로 책봉하고, 전투에서 공을 세우거나 명군의 지원을 이끌어 낸 관원을 선무공신宣武功臣에 책봉했다. 또 전란중에 일어난 내란을 진압한 이들은 청란공신淸亂功臣이 되었다. 그러나 전쟁의 국면을 전환시키는 데 큰 역할을 했던 의병장들은 대부분 여기에서 배제되었으며, 김덕령金德齡의 경우처럼 역적으로 몰려 제거되기도 하였다.

반면 일본의 경우는 조선과의 전쟁이 문화적으로 성장하는 계기가 되었다. 활자나 그림, 서적 등을 약탈하였고, 강항姜沆 등과 같은 유명한 선비들과 우수한 인쇄활자공들을 포로로 데려가 일본의 성리학과 활자술이 비약적으로 발전하였다. 또 이삼평, 심당길과 같은 우수한 도공陶工을 데려가 일본의 도자기 산업이 크게 발전하였다.

전쟁의 무대였던 조선의 왕조는 그대로 유지되었지만, 임진왜란은 동아시아의 질서를 근본적으로 흔들어놓았다. 명나라는 만성적인 재정난에 시달리고 있었으며, 중앙정부의 통제력이 약화되면서 성장한 지방의 독립 군벌 세력에 의지하여 변경과 연안의 치안을 유지했으나 군벌 세력의 하나였던 이자성李自成에 의해 북경을 함락당하고 멸망하였다. 이 틈을 타 누르하치가 여진족을 통일하고 요동 지역에 진술하여 후금後金을 건국하였다. 이어 홍타이지가 국호를 청淸으로 바꾸고, 이자성을 토벌한다는 명목으로 북경을 점령하였으며, 점차 대륙 전체를 정복하여 중국 대륙의 새로운 주인이 되었다. 일본의 경우도 임진왜란에 참전한 영주들의 세력이 약화되었고, 참전하지 않았던 도쿠가와 이에야스德川家康가 세력을 고스란히 보존하여 정권을 장악하였다. 이에야스는 에도江戶에 막부幕府를 세우고 쇼군將軍의 지위에 올랐다.

(5) 상처 입은 민중을 쓰다듬은 허준

"우리나라 서적으로서 중국에 들어가 출판한 것이 매우 드무나 홀로《동의보감東醫寶鑑》25권이 널리 유행하고 있다. 그 판본이 아주 정묘하였다. 내 집에는 이 책이 없어 매양 우환이 있을 때는 이웃 사방으로 빌리고 했더니 금번에 이 책을 보자 꼭 사고 싶었으나 말굽은 닷 냥을 변통하기 어려워 하염없이 돌아온다."

1780년 연암 박지원朴趾源은 자신의 중국 견문기인《열하일기熱河日記》에다 이렇게 적었다.

고려 말부터 조선 초에 걸쳐 향약鄕藥을 이용한 의학이 뿌리를 내렸다. 향약이란 조선 산천에서 자라는 약재藥材를 가리키는데, 향약의 사용은 종래의 중국 약재를 대체함으로써 좀더 많은 사람들이 의학의 혜택을 받을 수 있게 되었다. 향약을 이용하는 의학의 전통은 고려 후기인 13세기에 편찬된《향약구급방鄕藥救急方》에서 출발한다. 이 책은 향약을 이용하여 긴급한 병세에 처방할 수 있는 방법을 담고 있었다. 몽골이 침입할 당시 강화도의 피난처에서 간행된 책이다.

조선에 들어와서도 향약 의서의 편찬이 활발하게 이루어졌다. 정종定宗 때는《향약제생집성방》이라는 30권짜리 의서가 편찬되었는데, 이 책은 338개의 증세에 대한 2,803개의 처방이라는 방대한 내용을 담고 있었다. 또한 세종 때에는《향약채취월령》이라는 책이 편찬되었는데, 전국 각지에서 생산되는 약재의 약명, 산지, 성질 등을 정리한 것이었다.

마침내 1433년 세종 15년에는 이러한 향약 의서 편찬들을 통해 향약 의학의 전통을 확립시킨《향약집성방鄕藥集成方》이 편찬되기에 이르렀다.《향약집성방》은 우리나라 고유의 의서 10종과 중국 역대의 의서를 합해 모두 160여 종에 이르는 의서의 처방을 인용하여 우리나라에서 구할 수 있는 약재를 이용하는 치료법을 정리한 것이었다. 그리고 세종 때 편찬된《의방유취醫方類聚》는 266권으로 이뤄진 방대한 책으로, 중요한 의학 서적 내용을 분류해 같은 것끼리 묶어 각종 증세에 따라 그 처방을 달아놓은 것이다.《의방유취》는 1443년 세종이 편찬을 명한 이래 김예몽金禮蒙과 유성원柳誠源 등이 중심이 되어 오랫동안 가다듬은 끝에 1477년(성종 8)에 이르러서야 간행되었다. 이러한 의학적 성취는 허준許浚이 책임지고 편찬한 《동의보감》이 탄생할 수 있었던 밑바탕이 되었다.

허준이 《동의보감》을 편찬하라는 선조의 명을 받은 것은 임진왜란이 소강 상태에 들어가 있던 1596년의 일이었다.

《동의보감》

> "요즘 중국의 방서를 보니 모두 자잘한 것을 가려 모은 것으로 참고하기에 부족함이 있다. 너는 마땅히 온갖 처방을 덜고 모아 하나의 책으로 만들어라." (《동의보감》 서문, 이정구)

선조는 이 명령을 내리면서 사람의 질병이 조섭을 잘 못해 생기므로 수양을 우선으로 하고 약물 치료를 다음으로 할 것, 처방이 너무 많고 번잡하므로 요점을 추리는 데 힘쓸 것, 국산 약 이름을 적어 백성들이 쉽게 알 수 있도록 할 것 등을 당부하였다.

임금의 명을 받은 허준은 양예수楊禮壽·이명원李命源·정작鄭碏·김응탁金應鐸·정예남鄭禮男 등과 더불어 편찬에 착수하였다. 이듬해 일어난 정유재란으로 일시 중단되었던 편찬 작업은 1601년 무렵 재개되었다. 이때부터는 거의 허준 개인에 의해 작업이 이루어졌으며, 1608년 선조의 승하에 책임지고 유배 갔다가 돌아와서도 작업을 멈추지 않고 끝내 완성하였다. 1610년 광해군에게 바쳐진 이 책은 1613년 11월에 인쇄 간행되었다.

《동의보감》은 14년이라는 기간 동안 《의방유취》, 《향약집성방》, 《의림촬요醫林撮要》를 비롯하여 중국측 의서 86종을 참고하여 편찬한 책으로, 내과에 관계되는 내경편內經篇 4권, 외과에 관한 외형편外形篇 4권, 유행성병·급성병·부인과·소아과 등을 합한 잡병편 11권, 약제학·약물학에 관한 탕액편湯液篇 3권, 침구편鍼灸篇 1권, 목차편 2권 등 모두 25권으로 구성된 백과전서百科全書다.

허준은 양반 가문의 서자로 태어나 의학에 몰두하였다. 유희춘柳希春의 《미암일기眉巖日記》에는 1569년(선조 2) 유희춘 자신이 이조판서 홍담洪曇에게 허준을 내의원에 천거해 주도록 부탁하였고, 1573년(선조 6)에 정3품 내의원정에 올랐다고 기록하였다. 한편《양천허씨세보》에는 1574년(선조 7) 의과에 급제하였다고 되어 있는데, 어쨌든 파격적인 승진 가도를 달렸던 것만은 틀림없다. 1575년부터 어의 안광익安光翼과 함께 선조를 진료하기 시작했으며, 1578년 내의원첨정이 되었다. 1587년 10월에는 태의 양예수楊禮壽 등과 함께 선조를 진료하여 건강이 좋아지자 호피虎皮를 상으로 받았다.

허준이 두각을 나타낸 것은 1590년 광해군의 두창痘瘡을 치료하면서였다. 이 일로 허준은 정3품 당상관인 통정대부의 품계를 받았다. 1596년에는 다시 광해군의 병을 고치면서 종2품의 가의대부嘉義大夫에 제수되었고, 임진왜란이 끝난 뒤에는 1604년 호성공신扈聖功臣 3등에 책록되어 종1품 숭록대부의 품계를 받았다. 1606년 오랫동안 차도가 없던 병세가 호전되자 선조는 허준을 양평군陽平君에 봉하고 정1품 보국숭록대부를 제수하였으나, 대간臺諫들의 반대로 보류되었다. 1615년 허준이 죽은 뒤 정1품 보국숭록대부 작위가 추증되었다.

이처럼 허준은 의학 한 분야에 매진함으로써 신분을 뛰어넘어 최고의 지위에 이르렀다. 선조와 광해군 두 임금의 총애를 받았지만, 죽는 날까지 질병 퇴치를 위해 노력을 아끼지 않았다는 점에서 그의 생애는 더욱 의미가 있다. 허준은《동의보감》의 편찬을 마친 뒤에도 의서 저술 작업을 그치지 않았다.《구급방救急方》을 언해한《언해구급방諺解救急方》2권,《창진집瘡疹集》을 개정하여 언해한《언해두창집요諺解痘瘡集要》2권, 노중례盧重禮의《태산요록胎産要錄》을 개편하여 언해한《언해태산요집諺解胎産要集》을 비롯하여《벽역신방辟疫神方》,《신찬벽온방新纂辟瘟方》 등을 저술하였는데, 그의 작업이 주로 각종 의서의 언해에 집중되었던 것은 그 작업의 목적이 어디에 있었는지를 보여준다.

2) 정묘·병자 호란

(1) 청과 존재감으로 맞선 전쟁

《연려실기술燃藜室記述》에는 인조가 청 태종에게 항복하던 날의 광경이 이렇게 묘사되어 있다.

"30일 임금이 세자와 함께 남색의 군복을 입고 서문을 통해 나갔다. 청 태종은 일찍이 마전포麻田浦에 진을 치고, 단을 마전포의 남쪽에 설치하여 9층의 계단을 만들고, 누런 막과 누런 일산을 펴 놓고, 성대하게 병갑兵甲과 깃발을 진열하고, 수하의 정병 수만 명으로 네모지게 진을 치게 하고는 우리나라 임금으로 하여 금 백 보 가량을 걸어서 삼공과 육경을 인솔하여 삼배구고두三拜九叩頭의 예를 평 지에서 행하도록 하고, 또 앞에 나아가 삼배고두하게 하고…… 파할 때에 우리 나라 임금에게 돈피 갖옷 두 벌을 주니 임금이 그 한 벌을 입고 사례로 뜰에서 삼배를 하였다.…… 저녁에 임금에게 서울로 돌아가도 좋다고 하므로 삼배를 하고 나오니,……"

1637년 1월 30일, 인조는 의장도 거둔 채 50여 명의 시종을 거느리고 남한 산성을 나와서 삼전도三田渡로 나갔다. 인조는 청나라 태종이 진을 친 남쪽에 설치된 단壇에 나아가 북쪽의 청 태종을 향하여 세 번 절하고 아홉 번 머리를 조아리는 삼배구고두三拜九叩頭의 예를 평지에서 행하였다. 이후 주연酒筵에 참 여하였다가 창경궁으로 돌아왔다.

조선의 임금이 외국에 항복한 것은 건국 이후 250년 만에 처음으로 겪는 사건이었다. 더구나 그 항복의 대상은 평소 교린의 대상이며 우리의 신복臣 僕으로 여겼던 여진족이었으므로 여기에서 받았던 정신적 충격은 적지 않은 것이었다.

임진왜란 이후 동아시아 세계에는 많은 변화가 일어났다. 명은 여진족이 성장하여 후금을 건국하고 명을 압박하자 상당한 위기감을 느끼고 조선에도 도움을 요청하였다. 당시 조선은 선조의 뒤를 이어 광해군이 즉위하여 전후 복구사업에 매진하고 있었다. 피폐해진 산업을 일으키고, 양전 사업과 호적 정리를 하는 등 이전대로 국가의 수입을 늘리려고 노력하였다.

한편, 세력이 커지고 있던 후금과 쇠퇴해 가는 명나라 사이에서 실리적 외 교 노선을 취했다. 1618년 누르하치가 무순撫順을 점령하자 명 조정은 누르하 치를 제압하기 위해 원정군을 구성하면서 조선에도 파병을 요구했다. 임진 왜란 때 원군을 보냈으니 이번에는 조선에서 원군을 보내야 한다고 하면서 2 만의 병력을 요구한 것이다. 반면 후금은 자신들의 목표는 다만 명나라일 뿐이며, 명과 협력하지만 않는다면 조선을 침략하지 않겠다는 의사를 밝혔다.

광해군은 전후 피해 복구가 끝나지 않았음을 들어 명의 요구를 거부했다. 또 후금에는 임진왜란 때 도움을 받았기 때문에 명의 요구를 거절하기 힘들다는 점을 설득했다. 이러한 광해군의 태도는 '명나라는 부모의 나라며 구원해준 은혜를 갚아야 한다'는 의리론을 내세운 조정 신료들의 격렬한 반대에 부딪혔다. 결국 광해군은 강홍립姜弘立을 사령관으로 하는 1만 3천여 명의 군대를 파견할 수밖에 없었으나, 이러한 사실을 후금에 알리는 것도 잊지 않았다. 1619년에 벌어진 '심하深河 전투'에서 조선군은 누르하치의 군대와 제대로 싸워보지도 못하고 참패했다. 강홍립을 비롯한 생존자들은 항복하여 후금에 억류되었다. 광해군이 강홍립에게 "중국 장수의 말을 그대로 따르지 말고 패하지 않을 방도를 강구하는 데만 힘을 쓰라"고 밀명을 내렸다는데, 이것이 사실이라면 그것은 대세가 후금으로 기울어지고 있지만 명나라를 무시할 수도 없는 상황에서 후금과의 충돌을 피하려는 광해군의 전략적 선택이었을 것이다. 이러한 광해군의 선택은 명나라와 후금 양쪽에서 명분을 얻으면서 조선의 피해를 최소화하는 결과를 가져왔다. 이후에도 광해군은 계속되는 명의 원조 요구를 묵살했으며, 사신을 보내기도 하고 첩자를 보내기도 하면서 명과 후금의 동향에 촉각을 곤두세웠다. 다시 전쟁의 참화를 입지 않기 위한 생존술이었다.

인조반정을 일으켜 광해군을 내쫓은 서인-남인 연합세력이 가장 크게 문제 삼은 것은 임금의 몸으로 어머니를 유폐하고 동생을 죽여 강상綱常의 질서를 어지럽혔다는 것과 더불어 그가 선택한 외교 노선이 명과 맺은 군신의 의리를 저버리고 임진왜란 때 구원해준 명의 은혜를 배반했다는 점이었다. 결국 인조반정은 '명분'과 '의리'를 내세운 서인-남인 세력이 '실리'를 추구한 광해군과 북인 정권을 몰아낸 정변이었다.

인조반정 후 조선은 친명배금親明背金의 외교 노선을 천명하였다. 이는 당시 대륙의 정세를 도외시하고 철저히 명분만을 내세우는 태도였으며, 결국 전쟁을 불러왔다. 반정 후 논공행상에 불만을 가지고 반란을 일으켰던 이괄李适의 잔당이 후금으로 도망쳐 인조가 부당하게 즉위한 것을 호소하는 사건이 일어나자 후금은 인조 5년(1627)에 광해군의 복수를 명분으로 내세우며 침략했다. 실제로는 명과의 대결에 앞서 배후 위협을 제거하고 부족한 물자를 조달하기 위한 목적을 가진 침략이었다. 주력 부대는 선천을 거쳐 안주 방면으로 남하하는 한편 일부 병력은 압록강 하구의 가도椵島에 주둔한 명의 모문룡毛文龍 부대를 공격하였다. 누르하치를 야만인이라 얕보며 방비에 힘쓰지 않았던 조선은 무력하게 국경을 내주었고, 인조는 강화도로 피난하고 소현세자는 전주로 피신하였다.

평안도의 정봉수와 이립 등이 의병을 일으켜 후금의 배후를 공략하자 후금군은 황해도 평산에 머물렀다. 조선 조정도 서둘러 강화 교섭에 나섰다. 조선과 후금이 '형제의 맹약'을 맺는 것으로 강화가 성립되었다. 이때 조선은 명과의 관계가 부자父子 관계로 지속되어 왔다는 점을 주장하여 명과 적대하지 않는다는 조항을 강화조약에 집어넣는 것으로 의리론을 관철시키기도 하였다(정묘호란).

1632년 후금은 조선에 두 나라의 관계를 군신 관계로 바꿀 것을 요구하고, 명과의 전쟁에 필요하다며 황금과 백금 각 1만 냥, 말 3000필, 병력 3만 명을 요구하는 등 강압적 자세를 취했다. 이에 조선에서는 반청론이 다시 들끓었다. 조선에서는 1633년부터 남한산성과 강화도에 성을 쌓고 식량을 비축하는 등 유사시에 왕족과 관료들이 피난할 대책을 마련하였다.

인조 14년(1636) 2월, 조정은 후금에서 보내온 국서를 거부하고 사신으로 온 용골대龍骨大를 구금하였다. 국호를 청淸으로 바꾼 태종 홍타이지는 12월 10일 12만 명의 대군을 이끌고 압록강을 건넜다. 청의 군대는 임경업林慶業이 지키고 있던 백마산성을 우회하여 불과 10여 일 만에 한양에 이르렀다. 인조는 14일 왕족들을 강화도로 보내고 다음 날 자신도 피난하려 했으나, 이미 청군에 의해 길이 막혔으므로 남한산성으로 피신하였다.

결국 이조판서 최명길崔鳴吉 등이 청군을 접대하는 동안 왕과 세자는 몰래 궁을 빠져 나와 남한산성으로 피했다. 남한산성에는 군사 1만 3천과 50일치 식량밖에 준비되어 있지 않았다. 다시 강화도로 탈출하려는 시도도 실패했다. 청 태종은 20만의 군사로 남한산성을 에워싸고 각지에서 올라온 조선군을 패퇴시켰다. 포위된 산성 안에서 굶주림과 추위에 떨면서도 강화해야 한다는 주장과 목숨을 걸고 싸워야 한다는 주장을 두고 격렬한 논쟁이 벌어졌다. 인조는 1월 초부터 강화를 제의했지만, 청은 인조가 직접 청 태종의 진영에 와서 항복할 것과, 척화斥和를 주장한 사람들을 압송할 것을 요구했다. 1월 21일에 강화도마저 함락되자 조선은 청에 대해 신하의 예를 행할 것, 세자를 볼모로 보낼 것, 명나라와 단교하고 명나라를 공격할 때 원병을 파견할 것 등 청이 내건 조건을 받아들여 항복하고 말았다. 인조는 삼전도三田渡(송파)에서 평민의 옷을 입고 청 태종에게 삼배구고두례三拜九叩頭禮의 굴욕을 겪어야 했다(병자호란).

청나라는 소현세자昭顯世子와 봉림대군鳳林大君 등 두 왕자와 김상헌金尙憲 등의 척화론자들은 물론 수많은 백성들을 인질로 데려갔다. 그 가운데 평양서윤 홍익한洪翼漢과 교리 윤집尹集, 오달제吳達濟는 심양瀋陽에 가서도 끝내 항복을 거부하다 죽었다. 이들은 뒷날 삼학사三學士라고 하여 김상헌과 더불어 의리명분을 지킨 충절의 상징이 되었다.

병자호란은 임진왜란과는 달리 비교적 짧은 기간에 걸쳐서 일어났다. 정묘호란을 포함하더라도 국토가 황폐한 데까지 이르지는 않는 등 전쟁의 피해가 상대적으로 크지 않았다. 그럼에도 불구하고 과거에 오랑캐라고 여겼던 여진족이 세운 청나라에 굴욕적으로 항복하였다는 사실은 그 파장이 매우 컸다. 책봉-조공 체제로 질서지어진 중화세계에서 이질적인 존재로 여겼던 오랑캐에게 사대의 예를 행한다는 것은 성리학을 신념으로 삼고 있던 조선의 양반 사대부들로서는 받아들이기 힘든 변화였다.

그러므로 국왕을 포함한 집권층은 현실적으로는 청의 강압적인 요구에 순응하면서도, 언젠가는 오랑캐를 정벌하여 명의 복수를 실현한다는 '복수설치론', '북벌론'을 제기하였고, 동시에 내수외양론內修外攘論을 내세워 오히려 현실적인 북벌정책의 추진을 저지하고 사회통제를 강화함으로써 지배체제의 위기를 타파하고자 하였다. 효종과 윤휴尹鑴의 북벌론이 실제로 북벌까지 염두에 둔 것이었다면, 송시열宋時烈·송준길宋浚吉 등 내수외양론을 동반한 북벌론은 현실의 지배체제 속에서 정치적 주도권을 유지해 가려는 정치적 수단이었다.

(2) 주화(主和)와 척화(斥和)

정묘호란으로 형제 관계를 맺었던 청나라가 군신 관계를 요구해 오자 이에 대한 대응을 둘러싸고 조선 조정의 논의는 크게 주화론과 척화론으로 갈라졌다. 주화론은 외교적 교섭을 통해 문제를 해결하자는 것으로서 주로 인조반정을 주도한 이귀李貴나 최명길 등 공신들이 주장하였다. 반대로 김상헌·조경趙絅·정온鄭蘊 등 소장파 관인들은 무엇보다 옳은 길을 추구할 것을 주장하면서 적극적으로 싸울 것을 요구하였다.

최명길과 김상헌의 대립으로 요약되는 주화와 척화의 갈등은 청군에 포위당한 상태에서도 격렬한 논쟁으로 전개되었다. 과연 막강한 적군의 공격에 굴복하고 화친하는 현실적인 길을 택할 것인가, 아니면 죽음을 무릅쓰고라도 적에게 항복하지 않고 당당하게 항전할 것인가는 한가한 선택의 문제가 아니었다. 선택에 따라 생사가 갈리는 절박한 문제였다.

당시의 상황에서는 논쟁의 중심에 있던 최명길과 김상헌 가운데 어느 누가 옳다 그르다 명백하게 단정지을 수 없었다. 이들의 주장은 각자의 정치세력과 사상의 차이를 반영하는 것이었다. 최명길은 인조반정을 주도한 공신세력을 대표하였고, 김상헌은 사류士類의 대표자였다. 최명길은 현실과 괴리된 명분을 부정하는 현실주의적 주장을 내놓았고, 김상헌은 철저하게 의리론義理論을 바탕으로 하는 명분론을 내세웠다. 최명길의 주장은 의리를 저버리고 오랑캐에게 굴복한다는 비난을 받을 수 있었고, 김상헌의 주장은 세력의 강약과 백성들의 고통은 도외시한 채 명분에 목숨을 버리는 융통성 없는 주장이었다. 최명길은 "비록 만고의 죄인이 될지라도 반드시 임금이 망할 것을 알면서 그대로 있을 수 없다"고 하면서 청과의 화의를 주장하였으며, 죽음을 무릅쓰고 청나라 군대에 뛰어드는 것을 주저하지 않았다. 그렇다고 명에 대한 사대 의리를 부정하지도 않았다. 뒷날 청나라에서 명을 정벌하기 위해 조선에 파병을 요구했을 때에도 두 차례나 청나라에 직접 가서 요구를 받아들일 수 없음을 밝히고 옥에 갇히기까지 하였다.

김상헌은 명분을 지킬 것을 강력하게 주장하면서 화의를 추진하는 것이 궁극적인 해결책이 될 수 없음을 역설하고 단식과 자결 기도를 통해 척화론을 견지하였다. 그는 1640년 12월 청나라에 끌려갔다가 1645년 2월 돌아올 때까지 소신을 굽히지 않고 당당한 태도를 보여서 청나라 사람들도 그 기개에 감탄하였다.

최명길의 방안은 현실적으로 선택할 수 있는 최선의 방안이었으나, 명나라와의 의리를 지킨다는 명분을 잃게 되는 것이었다. 김상헌의 주장은 현실과 괴리된 명분론에 치우쳤으며 전란을 불러오는 원인이 되기도 했으나, 이러한 친명의리론이 전후 복수설치론이나 북벌론으로 이어지면서 사대부의 공론을 이끌게 되자 오히려 현실 정치의 주도권을 장악하게 되었다. 당시의 집권 세력은 자기 정체성을 확보하는 춘추의리론이나 복수설치론 등을 강조함으로써 자신들이 져야 할 패전의 책임을 회피하는 한편, 나아가 이러한 논리를 정권 장악의 수단으로 삼아 자신들의 집권을 합리화하고 체제를 유지하였다.

(3) 소현세자의 못다 핀 개국의 꿈

호란에 대한 조선 지배층의 대응 방식이 기본적으로 성리학적 명분론을 바탕으로 하고 있는 주화론이나 척화론만 있었던 것은 아니었다. 비록 대세는 척화론을 내세우는 세력이 정치적 주도권을 쥐어가는 방향으로 흘러갔지만, 청과 맺어진 관계가 새로운 방향으로 전개될 가능성도 있었다. 가능성에 그치고 말았지만 소현세자가 청에 머물면서 새로운 관계에 적응해 갔던 모습은 뒷날 조선사회 내부에서 자생적으로 형성되는 개국론의 싹이었다고 할 수 있다.

1645년 6월 27일 소현세자의 졸곡제가 있었던 날 《인조실록》에는 그의 죽음이 다음과 같이 묘사되어 있다.

> "세자는 본국에 돌아온 지 얼마 안 되어 병을 얻었고, 병이 난 지 수일 만에 죽었는데, 온몸이 전부 검은 빛이었고 이목구비의 일곱 구멍에서는 모두 선혈이 흘러나오므로, 검은 천으로 그 얼굴 반쪽만 덮어 놓았으나, 곁에 있는 사람도 그 얼굴빛을 분변할 수 없어서 마치 약물에 중독되어 죽은 사람과 같았다."

실록의 이 기록은 소현세자의 죽음이 독살이었다는 주장의 근거가 된다. 세자가 처음 병을 얻었을 때 어의의 진단은 학질이었다. 병자호란 뒤 청나라에 인질로 끌려가 8년 동안 건강하게 지냈던 34세의 세자가 귀국한 뒤 2개월 만에 갑자기 죽었다는 것은 무언가 석연치 않다. 학질, 즉 말라리아는 오한과 발열이 반복되고 땀과 갈증이 심해지며 주기적인 발작 증세와 함께 심하면 사망에 이르기도 하는 병이다. 온대 지역의 말라리아는 열대형과 달리 어린이나 노약자가 아니면 급사하는 경우가 매우 드물다. 또한 한방에서도 침구와 약처방을 통해 학질을 치료할 수 있었다. 소현세자의 경우도 침과 소시호탕과 같은 탕약이 처방되었다. 그러나 세자의 증상은 오히려 악화되어 갔다.

세자가 학질 진단을 받은 것이 4월 23일이었는데, 계속되는 처방과 치료도 소용없이 26일 오시午時에 창경궁 환경당歡慶堂에서 사망했다. 불과 4일 만이었다. 너무나 갑작스러운 죽음이었다. 더욱이 세자의 염습에 참여한 종실 진원군 이세완李世完은 실록의 기록처럼 심상치 않은 시신의 상태를 목격하였다.

의문은 또 있다. 소현세자의 치료를 담당했던 이형익李馨益은 평소 소현세자 내외를 무함했던 인조의 애첩 조소용의 친정에 출입하던 자로, 3개월 전에 의관에 특별 채용되었다. 《인조실록》의 편찬자도 이 점에 의혹을 제기하였다.

갑작스러운 세자의 죽음을 대하는 인조의 태도는 더욱 이상했다. 통상 치료를 담당한 의원에 대한 처벌은커녕 오히려 두둔했을 뿐 아니라, 장례를 치를 때도 그 예법이 세자의 지위에 걸맞지 않게 간소하게 치러졌다.

이러한 몇 가지 의혹을 근거로 소현세자가 독살되었다고 주장하는 견해에서는 그 죽음의 배경이 소현세자가 조선과 청의 외교 관계를 중재하는 과정에서 빚어진 국왕 인조의 세자에 대한 오해와 반목이었다고 말한다.

병자호란의 패배와 함께 소현세자는 부인 강빈, 아우 봉림대군과 함께 청나라에 인질로 끌려갔다. 소현세자 일행이 머문 곳은 심양이었다. 1637년 4월 심양에 도착한 소현세자 일행은 소현세자를 비롯한 왕실 가족, 세자시강원과 세자익위사의 관리, 사역원 역관, 선전관, 의관 등 200여 명에 달했다. 이들은 새로 지은 심관瀋館에서 생활했다. 심관은 양국 간의 각종 연락 사무나 세폐와 공물의 조정, 포로를 중심으로 한 민간인 문제 등을 처리하는 일종의 대사관 같은 기능을 했다. 심관의 좁은 공간은 언제나 사람들로 넘쳐났고 청과 본국으로부터 지원을 받았지만 물자는 넉넉지 않았다. 더구나 많은 조선인들이 청에서 노예처럼 부려지는 것을 지켜볼 수밖에 없었다.

소현세자는 조선과 청의 원만한 관계를 위해 그 나라 고관들과 친분을 맺었다. 부인인 세자빈 강씨는 영리하고 사업 수완이 좋아 청과의 무역이나 둔전屯田 경영에 참여하여 재력을 비축하였으며, 이를 바탕으로 조선인 포로를 구출해 냈다.

청나라에서는 점차 세자를 각별하게 대우했지만, 청은 소현세자를 통해 조선으로부터 군사적·경제적 지원을 요구하였고, 조선에서는 세자가 이를 적정선에서 무마해주기를 바랐다. 양측의 입장을 조율하기란 쉽지 않은 일이었다.

한편 소현세자는 오랜 인질 기간을 통해 청의 힘을 직접 지켜보았고, 청나라 군대를 따라 북경에서 머무는 동안에는 독일인 신부 아담 샬과 접촉하여 천주교와 서구 문물을 접하기도 했다. 명나라 때부터 활동했던 아담 샬은 청 세조에게도 신임을 받아 천문 관측을 담당하는 흠천감欽天監의 책임자가 되었다. 소현세자는 천주당과 문연각文淵閣에서 그와 만남을 가졌다. 아담 샬은 세자에게 서양의 천문학을 소개하였으며, 각종 천주교 서적과 관측기구 등을 선물하였다. 아담 샬은 세자를 통해 조선에 천주교를 선교하고자 희망하였으며, 소현세자는 귀국한 뒤에 조선에서 서양과학 서적을 간행하겠다고 약속하였다. 북경에 머문 지 두어 달이 지난 1644년 11월 26일 소현세자는 볼모에서 풀려났으며 1645년 2월 18일 서울에 도착하였다. 그는 청나라의 정세를 정확하게 파악했고 새로운 문물에도 적극적이었다. 그러나 세자의 이러한 태도는 청에 대한 복수론이 지배하고 있던 조선 조정에 전혀 통용될 수 없었다. 인조는 청나라에 대한 세자의 태도에 의구심을 가지고 있었으며, 춘추의리론·명분론에 기대 정치적·사상적 기반을 구축하고 있던 서인 세력에게도 세자는 부담스러울 수밖에 없었다.

소현세자는 고난 속에서 쌓아온 경륜과 포부를 펼쳐볼 틈도 없이 갑작스러운 죽음을 맞았다. 소현세자의 불행은 그것으로 끝나지 않았다. 강빈 또한 임금을 독살하려 했다는 혐의로 사약을 받았으며, 소현세자의 세 아들 중 두 아들은 제주도 유배중 병으로 요절하였다.

4. 왜란과 호란 이후, 조선의 길

1) 믿음의 길, 선린의 길 조선통신사

임진왜란 이후 조선과 일본의 관계는 단절되지 않았다. 임란 직후부터 강화講和와 끌려간 사람들의 송환, 막부 쇼군의 습직 축하, 일본 내부 사정 파악 등을 목적으로 사절이 파견되었다. 1607년(선조 40)부터 파견된 세 차례의 사절은 회답겸쇄환사回答兼刷還使라는 명칭으로 파견되었다. 전쟁중 일본으로 끌려간 사람들을 데려오는 등 전후 처리가 사행의 주된 임무였다. 그리고 1609년(광해군 1) 기유약조己酉約條를 체결함으로써 대마도를 매개로 한 일본과의 국교는 정상화되었다. 1636년 정식 통신사행이 파견된 이래 1876년 개항 이전까지 조선에서는 12차례의 통신사를 일본에 보냈고, 대마도에는 별도로 50여 차례의 문위행問慰行을 보냈다. 일본의 막부로서도 통신사행은 쇼군의 권위를 대내적으로 과시하는 기회가 되었다.

임진왜란의 침략을 당했음에도 불구하고 서둘러 관계를 정상화한 것은 점차 구체화되고 있던 북방 여진의 위협을 고려하여 일본과의 관계를 안정시켜야 할 필요가 컸기 때문이다.

통신사행의 규모는 대체로 400~500명선에 달하고, 체재 기간은 6~12개월에 이르러 연행사를 능가하였다. 사행은 서울을 출발하여 용인이나 이천, 충주, 문경을 거쳐 안동-영천-경주를 거치는 노선이나 대구-밀양을 거치는 노선을 통해 동래에 도착하였다. 동래에서 도항에 필요한 각종 물품과 인원을 점검하고 안녕을 기원하는 제의를 거행한 뒤, 통신사 일행은 기선 3척과 짐 싣는 복선 3척을 동원하여 일본으로 출발하였다. 이들은 미리 대기하고 있던 대마선단의 호위를 받으며 대마도로 향했다.

대마도에서 접대를 받은 통신사 일행은 시모노세키下關를 통과하여 해로를 따라 이동하면서 각 번에 들러 연회에 참석하고 통과하는 지역마다 일본의 학자, 문인 들과 교류하였다. 통신사 일행은 방문하는 곳마다 서화·시문 등 많은 작품을 남겼는데, 그것이 화려한 행렬도를 그린 병풍·회권繪卷·판화 등 다양한 형태로 전해진다. 오사카에서는 조선에서 동원한 배 대신 여러 다이

통신사 행로도

묘들이 제공한 배로 갈아타고 요도우라淀浦에 상륙하여 육로로 교토 혹은 에
도에 이르렀다. 조선전기에는 교토에 쇼군이 있었기 때문에 교토가 종점이
었지만, 조선 후기에는 에도江戶(지금의 도쿄)에 있었기 때문에 목적지가 에
도가 되었다. 통신사에 대한 일본의 대접은 매우 융숭하여 총경비가 은 100
만 냥에 달했고 33만 명의 인원과 7,600두의 말이 동원되었다.

　통신사행에 참여한 조선인들은 장기간의 힘든 여정을 거쳐야 했고, 일본
으로서도 막대한 비용을 부담해야 했지만 통신사는 양국 관계를 평화적으로
유지하는 데 크게 기여하였다. 그러나 17세기 후반 이후 청 중심의 동아시아
질서가 정착되고, 막부의 권위도 안정되면서 통신사의 위상에 변화가 왔다.
1709년 아라이 하쿠세키新井白石가 통신사 접대 관련 의례를 변경하였고, 18세
기 후반 이후에는 통신사 파견을 연기해줄 것과 사행의 최종 목적지를 대마
도로 변경해줄 것을 요구하였다. 결국 1811년의 마지막 통신사는 외교 의례
를 에도가 아닌 대마도에서 거행하였다. 이후 통신사는 더 이상 파견되지 않
았고, 19세기 후반 양국 관계는 새로운 변화에 직면하였다.

　한편 일본은 임진왜란 전부터 '일본국왕사'를 조선에 파견해 왔으나 임란

이후에는 상경을 허락하지 않아 매년 의례적으로 8송사를 동래부에 파견하였다. 특별한 외교 사안에 대해서는 차왜差倭를 수시로 파견하여 처리하였다. 일본 측의 조일관계는 왜관倭館을 통해 이루어졌다. 왜관은 대일 교섭의 일선 창구이자 조일 중계무역의 전진기지였다. 1734년(영조 10) 무렵 왜관에는 약 1,700명의 일본인이 상주하였다. 왜관의 일본인들은 자신들의 요구를 관철하기 위해 동래부東萊府에 몰려가 집단 항의를 하기도 하였다. 일본은 왜관을 통해 조선 관련 정보를 조직적으로 수집하기도 했다.

조선에서는 왜관의 일본인과 조선인 사이의 불법적인 교류나 정보의 유출을 막고, 집단 행동과 밀무역을 규제하고자 하였다. 1678년(숙종 4)에는 왜관을 초량으로 이전하여 통제를 강화하고, 1683년에는 왜관에서 지켜야 할 금제禁制를 규정한 계해약조癸亥約條를 맺기도 했다. 1747년(영조 23)에는 왜관 문제를 전체적으로 관리하기 위해 비변사에 왜관구관당상을 설치하기도 했다.

일본과의 교류는 통신사나 왜관과 같이 정부 차원에서만 이루어지는 것은 아니었다. 중국과의 외교와 무역에는 막대한 양의 은이 소비되었고, 이를 위해 국내 은광을 개발함은 물론 일본 은을 들여왔다. 청나라의 생사生絲는 조선 상인을 통해 일본으로 들어가고 일본의 은은 다시 조선 상인을 거쳐 중국으로 유입되는 구조 속에서 청과 조선 그리고 일본은 은을 매개로 연결되었다. 예를 들어 1670년(현종 11) 당시 조선 상인은 북경에서 은 60냥에 생사 100근을 구입하여 왜관에 160냥을 받고 판매했다. 이러한 과정을 통해 막대한 양의 일본 은이 조선에 유입되고, 그것이 팔포八包 무역을 통해 청으로 다시 유출되는 무역 구조가 형성되었다.

2) 사행의 길, 문명의 길

청에 굴복한 조선은 새로운 책봉-조공 관계를 수립해야 했다. 형식적으로는 조공의 대상이 명에서 청으로 바뀐 것에 지나지 않았지만, 청을 중화 질서의 이질적 존재로 인식해 왔던 조선으로서는 적응하기 힘든 변화였다. 청의 강압에 어쩔 수 없이 순응하면서도 '복수설치'를 부르짖으며 청에 대한 적개심을 드러내는 이율배반적인 관계를 이어갈 수밖에 없었다. 그러나 청이 중원을 장악하면서 조선에 대한 견제가 완화되었고, 조선 역시 청과의 관계를 현실적으로 인정하면서 양국의 관계는 장기간의 안정기에 접어들었다.

교통과 통신이 발달하지 않았던 시대에 중국과의 외교에서 가장 중요한 역할을 담당한 것은 정기, 부정기적으로 파견된 사신들이었다. 조선 전기에 명나라로 파견된 사신은 조천사朝天使라 했는데, 후기에는 청나라의 도읍인 연경燕京(북경)에 파견되었다고 해서 연행사燕行使로 불렀다. 조천朝天이 천자에게 조회한다는 뜻이므로, 청나라에 파견되는 사절을 연행사로 부른 것은 청나라의 황제를 천자로 인정하지 않는다는 의미가 담겨 있었다.

연행은 크게 정기적인 연행인 절행節行과 부정기적인 연행인 별행別行으로 구분되었다. 절행에는 동지에 파견되는 동지사冬至使가 있었고 정월 초에 파견되는 정조사正朝使, 황제의 생일에 파견되는 성절사聖節使, 황후의 생일에 파견되는 천추사千秋使가 있었다. 이 가운데 천추사는 폐지되고 조공을 바칠 목적으로 파견되는 세폐사歲幣使가 새롭게 생겼다가 나중에는 모두 동지사 하나로 통합하였다.

조선과 청나라가 맺은 외교 관계의 특수성 때문에 초기에는 사절의 왕래가 잦았으나 양국 관계가 안정되면서 사행의 횟수는 점차 줄어 조선의 경우 18세기 후반 이후로는 대체로 연평균 두 차례 정도의 사행만 파견하였다.

연행사는 매년 10월 말이나 11월 초순에 출발하여 그해 12월 안으로 연경에 도착하여 40~60일 동안 머문 뒤 2월중에 출발하여 3월 말이나 4월 초순에 귀국하는 것이 보통이었다. 연행을 떠나는 사절단의 구성은 정사正使·부사副使·서장관書狀官이 각 1명이었고 대통관大通官 3명, 압물관押物官 24명 등 약 30명으로 구성되었다. 이외에도 자벽군관自辟軍官 또는 자제군관子弟軍官이라 하여 정사나 부사가 자기 자제나 친지를 수행시키기도 하였다.

연행 길은 정사, 부사, 서장관 같은 고위 관료라 하더라도 매우 힘든 노정의 연속이었다. 조선의 사신 일행이 도성을 출발하여 여러 곳을 지나면서 연회와 유람을 즐기고 소회를 시로 남기는 등 압록강을 건너기까지는 한 달 이상이 걸렸다. 사행에 참여하는 전체 인원이 200명이 넘었고, 때로는 300명이 넘기도 하였다. 국경을 넘나들 때마다 이들이 지닌 물품이나 문서를 점검하고 단

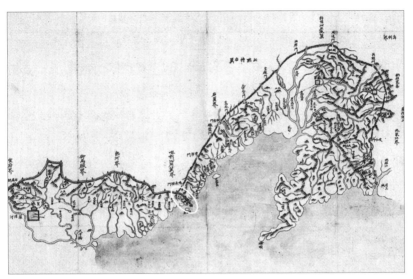

연행 노정 지도

속하는 데에 들어가는 시간도 만만치 않았다. 연행을 통한 대청무역이 활발해
지면서 의주부에서는 관련 인원과 물자를 일일이 점검해야 했고, 따라서 17세
기에서 18세기로 넘어갈수록 평안도에서 체류하는 기간이 늘어났다.

압록강 위화도에서 기생들의 말타기, 활솜씨를 관람하고 마지막 연회에
참석한 사신들이 압록강을 건너 중국측 관원과 처음 마주치게 될 책문까지
는 무인지대에서 2~3일 노숙을 했다. 책문에서 북경까지는 다시 멀고도 광
활한 길을 두 달 가까이 지나야 했다. 마침내 북경에 도착하여 공식 외교 업
무를 수행하고 남는 시간에 사신들은 주변을 유람하거나 중국측 관료, 학자
들과 교제를 하였으며 때로는 서양 문물을 접하기도 했다. 북경에서 대략 40
일 전후하여 머문 뒤에 갔던 길을 되밟아 돌아오기까지 대략 5개월 가량의
기간이 소요되었다. 때로는 사행중에 병들거나 사망하는 경우도 있었다.

연행은 조선과 청의 외교 관계를 유지하는 공식적인 통로였고 선진 문물
의 수용이나 무역을 통해 조선에게도 문화나 경제적으로 많은 이익을 제공
하는 역할을 담당하기도 했다.

특히 17세기 후반부터 18세기 후반 사이에 서명응徐命膺·홍대용洪大容·박지

원朴趾源·박제가朴齊家·이덕무李德懋·유득공柳得恭·김정희金正喜 등 많은 학자들이 연행사 또는 자제군관으로 청에 가서 강희康熙·건륭乾隆 시대의 새로운 학술 및 학풍을 도입하고 천주교와 서양 학문에 관한 서적을 들여왔다.

이들은 또 여행 기간에 보고 들은 청나라의 역사·문화·사회·사상·풍속·풍물 등을 기록한 가사·기행문·일기 등을 남김으로써 국제 정치적 안목과 더불어 새로운 문화 정보를 전달하는 역할을 하였다. 박지원이 청나라 고종의 칠순 잔치를 축하하여 파견된 연행을 따라 고종의 피서지인 열하熱河에 다녀와서 지은 《열하일기熱河日記》는 그 대표적인 예다. 청의 문물을 직접 경험한 이들은 조선사회가 낙후되어 있음을 절감하고, 이를 타개하기 위해서는 청나라의 문물을 배워야 한다는 북학론北學論을 제기하기도 하였다.

그런데 청으로 가는 조선 사신들은 많은 은을 준비해야 했다. 청 내지에서 지불해야 할 각종 경비뿐만 아니라 상인이나 역관들의 무역 자금도 필요했기 때문이다. 역관들은 통역이 주 업무였지만 무역에 참여할 수 있는 특권도 누리고 있었다. 그 대가로 사행에 필요한 경비의 일부인 공용은公用銀을 부담해야 했다. 공용은은 주로 청나라의 내부 사정을 파악하기 위한 문서의 구입이나 정보 수집, 교제 등에 들어갔던 비용을 말한다.

역관이나 사상私商들은 필요한 은을 개별적으로 다 확보하기가 어려웠기 때문에 중앙이나 평안도의 관청과 군영으로부터 은을 빌려서 사행에 참가하였다. 예컨대 1720년 동지사행에는 3만 냥, 1725년의 사은사행에는 무려 7만 냥의 관은官銀이 대출되었다. 이렇게 빌린 은은 국내 인삼을 청에 판매하고 청의 물화를 일본과 국내 시장에 판매하여 거둔 수익으로 갚아야 했다.

원래 역관들은 인삼 80근을 여덟 포에 나누어 넣어가 거래를 하는 이른바 팔포 무역에 참여하였다. 그런데 인삼 채취량이 줄자 정부는 인삼 1근을 은 25냥으로 환산해 모두 2천 냥의 은으로 무역을 하게 했다. 이는 뒷날 홍삼으로 다시 대체되지만 결국 오랫동안 청과의 외교와 무역을 물질적으로 뒷받침한 것은 바로 은이었으며, 앞에서도 언급했듯이 이는 다시 일본과 연계되어 있었다고 할 수 있다.

3) 변경을 넘어 경계를 인식하다 : 백두산정계비

1712년(숙종 38) 조선과 청나라 사이에 백두산 일대의 국경선을 표시하기 위한 비석이 백두산 기슭에 세워졌다. 당시 압록강과 두만강을 사이에 두고 조선과 청나라 양국의 주민들이 내왕하면서 때때로 충돌을 일으켜 문제가 되었다. 1685년에는 백두산 부근을 답사하던 청나라 관원들이 압록강 건너 삼도구三道溝에서 조선 채삼인採蔘人들의 습격을 받은 사건이 큰 문제가 되었으며, 1690·1704·1710년에도 두만강과 압록강 건너에서 중국인들이 우리나라 사람들에게 살해되는 일이 생겨 청의 항의가 있었다. 1711년 청나라의 오라총관烏喇摠管 목극등穆克登이 압록강 대안 현지에 와서 조선의 참핵사參覈使와 함께 범법월경 현장을 직접 조사하였다. 그리고 이듬해에는 청나라에서 이러한 범법월경 사건들을 문제삼아 백두산에 올라가 국경을 정하려는 계획이 진행되었다.

청은 1712년 2월, 목극등을 장백산長白山(백두산)에 보내 변경을 사정查定하려 하니 협조해 달라는 공문을 조선정부에 보냈으며, 4월에는 목극등 일행이 두도구頭道溝에서 압록강을 거슬러 올라와 후주厚州에 도착하였다. 조선정부에서는 접반사接伴使 박권朴權이 함경감사 이선부李善溥와 함께 가서 혜산진에서부터 산간험지를 10일간이나 강행군하여 5월 15일 백두산 천지天池에 이르게 되었으며, 일행은 정상에서 내려와 동남쪽으로 4km 지점인 2,200m 고지 분수령에 정계비를 세웠다.

정계비는 백두산 정상에서 동남쪽으로 내려와서 두 물이 사람 인人자 모양으로 흐르는 분수령 위의 호랑이가 엎드린 모양 같은 바위를 그대로 비석 받침대로 삼고 높이 약 67cm, 폭 약 45cm 정도의 규모로 세웠다. 비에는 머리에 '대청大淸'이라는 두 글자를 크게 쓰고, 그 밑에 작은 글씨로 "오라총관 목극등이 황제의 뜻을 받들어 변경을 답사하여 이곳에 와서 살펴보니 서쪽은 압록이 되고 동쪽은 토문土門이 되므로 분수령 위에 돌에 새겨 기록한다. 강희 55년(1716, 숙종 42) 5월 5일"이라고 세로로 새겼으며, 청의 수행원으로 필첩식筆貼式 소이창蘇爾昌, 통관通官 이가二哥와 조선 관원 6명의 이름도 함께 새겼다.

비석의 건립을 통해 조선과 청나라는 양국의 국경을 명확히 하고 이를 명

문화하였다. 이후 조선은 백두산 남쪽 지대를 조선의 영토로 확보하게 되었으나, 뒷날 비문의 해석을 둘러싸고 논쟁이 벌어지기도 하였다. 특히 간도지역의 귀속문제와 관련하여 '토문의 동쪽'이라는 구절의 해석이 문제가 되었다. 토문을 두만강으로 보느냐, 송화강의 한 지류인 토문강으로 보느냐가 문제였다. 정계비 설립 당시 조선의 인식은 토문강과 두만강을 동일하다고 인식하고 있었다.

1860년을 전후로 하여 조선인들이 세도정치의 수탈을 피해 간도 지역에 흘러들어가 살았는데, 조선 말에 이르러 1881년(고종 18) 청나라가 길림장군吉林將軍 명안銘安, 흠차대신欽差大臣 오대징吳大澂을 보내 간도 개척에 착수하자, 1883년 조선측은 어윤중魚允中·김우식金禹軾을 보내 정계비를 조사하게 하고, 1885년 9월에 안변부사 이중하李重夏, 종사관 조창식趙昌植을 보내 조선의 영토임을 주장하였으나 아무런 해결을 보지 못하였다. 조선에서는 정계비 설립 이후 170여 년 동안에 계속 토문강을 두만강이라고 인식하였으나, 간도에 조선인들이 많이 이주하여 살고, 또 청나라의 힘이 많이 약해지자 송화강의 한 지류로 토문강이 있음을 근거로 '동위토문'의 해석을 문제삼으며 간도에 대한 영유권을 주장하였다.

그 뒤 1909년 일제는 남만철도의 안봉선安奉線 부설 문제로 청나라와 흥정하여 남만주에 철도부설권을 얻는 대가로 자의로 간도 지방을 넘겨주고 말았으며, 이 백두산정계비는 1931년 9월 만주사변이 일어난 직후 없어지고 말았다.

5. 조선후기 개혁의지와 실학사상의 등장

1) 미완의 개혁, 대동법

공물貢物을 바치는 공납제도에서 방납防納이 크게 성행하였다. 일반 민은 고을 단위로 부과된 특산물을 중앙의 해당 관청에까지 현물로 내야 했는데, 운송 과정의 불편함 때문에 대신 현물을 납부해주고 중간에 수수료를 취하는 방납인防納人에게 공물의 납부를 맡기고 방납가防納價를 내는 방식을 택하게 되었다. 그런데 여기에 관리와 아전들이 개입하여 이권을 챙기게 되면서 방납가가 원래 정해진 공물 액수보다 월등히 많아졌기 때문에 오히려 세금 부담이 더욱 가중되는 방납의 폐단이 발생하였다. 당시 권세가의 하인이나 중앙 관청의 서리胥吏 등은 지방에서 바친 공물에 흠집이 있다는 식으로 퇴짜를 놓았다. 그런 다음 다시 준비할 공물을 방납인에게 본래 공물 가격보다 턱없이 높은 가격으로 구해서 바치게 했다.

17세기 초반 이후 조정에서는 방납의 폐단을 없애기 위해 각 지역의 토산물을 현물로 바치는 대신 토지 결수를 기준으로 쌀을 내게 하는 법제인 대동법大同法을 마련하였는데, 팔도 전역에 시행되는 데에는 100년 가까운 시간이 걸렸다. 대동법의 시행에 그만큼 많은 방해가 있었던 것이다.

백성들의 공납 부담을 줄여 주기 위해서는 우선 잘못된 공안貢案을 개정해야 한다는 주장이 제기되었다. 특히 연산군 때 크게 늘어난 공물의 양을 줄이자고 하였다. 임진왜란이 끝난 이후인 1605년에 공안 개정이 이루어졌지만 백성들의 공납 부담을 대폭 줄이지는 못하였다. 이에 따라 아예 현물 대신 쌀을 납부하는 공물 작미법作米法이 논의되었다. 수취한 쌀을 재원으로 궁중과 관청에 필요한 물품을 조달하는 방식이었다.

임진왜란이 한창이던 1594년, 유성룡의 건의에 따라 전국의 토지에서 결結당 미米 2두씩 징수하는 임시 변통의 공물 작미를 실제로 시행하였다. 그런데 결당 산정한 쌀 액수가 너무 적어서 궁중과 관청에 필요한 물품을 사기에 부족하였다. 이 때문에 시장 상인에게 필요한 물품을 구매할 때 억지로 싼 가격으로 팔게끔 할 수밖에 없었고, 이에 상인들이 반발하였다. 또한 지방 군현의 경비로 할당된 몫이 없었기 때문에 필요한 재원을 다시 거두는 폐단이 나타났다. 이에 따라 곧바로 공물 작미는 폐지되었다. 하지만 공물 작미는 제도적으로 공물의 현물 납부 방식을 폐지하고 쌀로 대신한 최초의 경험이었고, 광해군 즉위년(1608)에 실시한 경기도 선혜법의 선구가 되었다.

1608년 이원익李元翼의 주장에 따라 대동법의 첫 단계인 경기도 선혜법이 시행되었다. 경기도 선혜법은 공물, 진상, 방물을 포괄하였고, 지방 군현의 재원으로 쓸 몫으로 2두를 책정하였으며, 전체적으로 1결당 미米 16두를 수취하는 것이었다. 그리고 방납인을 물품 조달업자인 공인貢人으로 지정하여 공물가貢物價와 역가役價를 지급하였다. 이들이 공물가를 받고 물품을 필요로 하는 관청에 조달할 책임을 지게 하였다.

인조반정 직후인 1623년에는 전라도와 충청도, 그리고 강원도에서 대동법이 실시되었다. 그런데 인조대에 시행된 대동법은 대토지소유자와 방납을 통해 이득을 보는 자들의 끈질긴 반대로 2년 만인 1625년에 혁파되었다. 효종대에 들어와 김육金堉의 적극적인 주장에 따라 1651년에 충청도에서, 1658년(효종 9) 전라도에서 다시 대동법이 실시되었다. 1677년(숙종 3)에는 경상도에서, 1708년(숙종 34)에는 황해도에서도 대동법이 시행되었다. 평안도와 함경도를 제외한 전국에 대동법이 시행되기까지 100년이 걸렸다. 대동법 실시를 반대하는 사람이 너무나 많았고, 지역별로 여건이 달랐기 때문이다.

사실 대동법과 같이 현물을 쌀로 대신하는 방식의 공물 납부는 이미 대세를 이루고 있었다. 이른바 사대동私大同이었다. 사대동은 공물과 진상, 지방 경비 등을 포함한 인민들의 부담액 총액을 산정하고, 이를 지역의 총 결수結數로 나누어 결당 부담액을 부과하는 방식이었다. 부과의 기준이 전결田結이었기 때문에 원리는 대동법과 같았다. 실제로 17세기 초반부터 경상도 선산, 상주, 안동, 전라도 순천 등지에서 실시되었고, 점차 전라도 옥과, 충청도 당진, 태안 등지로 확산되었다. 1639년에는 경상감사 이명웅李命雄의 청으로 도道 전체에 사대동이 실시되었고, 1647년에 이르면 하삼도下三道 즉 경상도·전라도·충청도에 사대동이 실시되지 않는 고을이 없다고 할 정도였다. 대동법이 전국적으로 실시될 수 있는 기반은 이미 50년 전에 마련되어 있었던 것이다.

대동법에 따라 백성들이 봄과 가을에 반씩 나누어 내야 할 대동세는 미米를 납부하는 것이 원칙이었다. 그런데 미米를 납부하기 어려운 지방에서는 미 대신 소미小米, 면포綿布, 마포麻布 등으로 대신할 수 있었다. 예컨대 충청·전라·경상·황해의 4도에서는 연해읍沿海邑과 산군山郡을 구별하여 각각 미米 혹은 포布로 상납하게 하였다. 나아가 상평통보의 유통이 활성화된 뒤에는 동전으로 납부할 수도 있었다.

이렇게 징수한 쌀과 포·전의 일부는 유치미留置米라 하여 지방 군현의 창고에 남겨 놓고 군현의 지출에 사용하였고, 나머지 대부분은 상납미上納米로서 조운漕運에 의해 중앙으로 운송하여 선혜청宣惠廳에서 관리하였다. 선혜청은 대동법에 관련된 일을 관장하도록 신설된 관청이었다. 선혜청에서는 징수한 대동미를 가지고 물종에 따라 지정된 공인貢人들에게 공물가를 지급하고 이들에게서 필요한 물품을 조달받아 각 궁방·관청에 공급하였다.

대동법을 실시하면서 현물로 내던 공물을 쌀로 통일하여 징수하고, 과세 기준도 종전의 가호家戶에서 토지 결수로 바꾸었다. 토지를 가진 농민들은 1결당 미 12두(처음에는 16두)만 납부하면 되었으므로 종전의 공납제에 비해 훨씬 부담이 가벼워졌고, 무전無田 농민이나 영세 농민은 일단 이 부담에서 벗어날 수 있었다.

2) 개량에 그친 균역법

임진왜란을 겪으면서 종전의 5위五衛가 제구실을 발휘하지 못하자 조선에서는 훈련도감訓鍊都監을 설치하고 삼수병三手兵을 양성하였으며, 필요에 따라 총융청摠戎廳·수어청守禦廳·금위영禁衛營·어영청御營廳 등 군영軍營을 설치하였다. 군역軍役에서 제외했던 천인도 속오군束伍軍에 편성하면서 군역 대상자로 끌어들였다. 그리고 농민이 모두 군인이 되는 방식을 바꾸어, 선발하여 군인으로 편성하는 상비병제로 전환하였다. 백성들은 직접 병사 노릇을 하는 대신 1년에 한 번씩 군포軍布 즉 면포綿布 2필을 내는 경제적 부담을 지게 되었다. 양반들은 군역의 부담에서 빠져 있었기 때문에 군역은 곧 양역良役이었다.

그런데 군포의 부담은 일률적이지 않았다. 군역의 종류에 따라 면포의 수량이 달랐다. 어떤 경우는 2필이고, 어떤 경우는 3필을 내야 했다. 게다가 한 집에 아버지와 아들 형제 등 군포를 부담해야 할 대상자가 3~4인일 경우 1년에 내야 할 군포는 6~8필에 달했다. 큰 부담이었다. 이러한 부담을 감당하지 못하고 도망해버리면 이웃이나 친척들이 부족한 군포를 대신 내야 했다(인징·족징). 심지어 무덤에 누운 백골에게도 군포를 내게 하는 백골징포, 입가가 누런 어린 아이에게도 군포를 거둬가는 황구첨정이 횡행하였다.

사정이 이러했으므로 양인들은 어떤 수단을 쓰든지 군역에서 빠져나가려고 애를 썼다. 향리에 뇌물을 주고 군역에서 빠져나간다든지, 호적을 고쳐 군역 대상자에서 빠지거나, 공명첩空名帖을 사는 등 양반 신분을 얻어 부담에서 벗어나려고 하였다.

군역의 부담이 양인에게 집중되면서 발생한 폐단은 더 이상 내버려둘 수 없는 문제가 되었다. 17세기 중반 이후 18세기 중반에 이르기까지 양역良役을 변통變通하기 위한 논의가 계속되었다.

양역의 폐단을 개선하기 위한 변통의 방안은 다양한 형태로 제기되었다. 양역 문제를 보는 시각과 개선의 범위에 따라 논의는 크게 소변통론과 대변통론으로 구분된다. 우선 소변통론은 양정良丁의 부족을 폐단의 원인이라고 보고 양정을 확보하는 각종 수단을 강구하자는 방안이었다. 예컨대 군역을 지지 않는 양인을 찾아내거나, 군사 숫자를 줄여 군사비 지출을 절감하거나, 군영을 혁파하여 아예 군액을 없애는 방안까지 제시하였다. 현재의 군포 부담을 2필에서 1필로 절반을 줄여주는 감필론減匹論은 소변통론에서 나온 유력한 개선 방안이었다. 문제는 군포를 1필로 줄였을 때 절반으로 줄어든 군포 수입을 보충할 수 있는 대체 방안이 무엇인지, 이때 발생하는 재정상의 난점을 어떻게 해결할 것인지였다. 부족한 재정을 보충하는 방안을 보완하여 마련된 것이 균역법均役法이었다.

한편 대변통론은 양인만 군역을 부담하는 양역良役 자체를 철폐하자는 주장이었다. 군역의 부담을 지지 않는 양반층에게도 군포를 부담시키자는 것이 주요한 내용이었다. 여기에서 나온 대표적인 방안이 호포론戶布論, 구전론口錢論, 유포론儒布論, 결포론結布論 등이었다. 호포론은 호戶를 부과 단위로 하여 상민호뿐 아니라 양반호兩班戶에게도 포布를 징수하자는 것이고, 결포론은 호가 아닌 토지에 군역세를 부과하여 비용을 충당하자는 주장이며, 구전론은 군포를 폐지하고 장정 1인당 얼마간의 전화錢貨를 징수하자는 주장이었다. 놀고 있는 양정良丁을 적발하고 양반자제와 유생儒生에게도 군포를 징수하자는 주장이 유포론儒布論 또는 유포론游布論이었다. 이러한 대변통론은 면역을 신분의 상징으로 여기는 양반층의 격렬한 반대로 시행될 가능성이 거의 없었다.

숙종 후반에 이르러 대다수의 관료들은 가장 현실적으로 시행할 수 있는 양역 변통의 해결 방안이 감필론이라는 것에 동의하게 되었고, 수십 년에 걸친 논쟁은 결국 영조 때에 이르러 1750년 균역법의 시행으로 정리되었다.

1750년(영조 26) 영조는 창덕궁 홍화문弘化門에 직접 나와서 여러 신하와 한 성부의 백성들에게 양역 변통良役變通의 의견을 묻는 행사를 펼쳤다. 이미 시행 이 확정된 감필減匹이라는 방향의 양역 변통 논의를 마무리짓는 행사였다. 이 해 7월 균역청(원명은 균역절목청均役節目廳)이 설치되었고, 군포 2필을 1필로 경감한다는 왕명이 선포되었다.

균역법의 시행에 따라 반으로 줄어든 군포 수입은 결작미結作米와 어염선 세漁鹽船稅, 은여결세隱餘結稅, 선무군관포選武軍官布 등을 통해 보충하였다. 결작미 는 평안도와 황해도를 제외한 전국의 전결田結에 1결당 쌀 2두(혹은 돈 2전錢) 를 부과 징수하는 것이었고, 어염선세는 종래 왕실에 속해 있던 것을 정부재 정으로 돌린 것이며, 은여결세는 전국의 탈세전을 적발하여 수세하는 것이 었다. 선무군관포選武軍官布는 양민이면서도 교생·원생을 칭탁하는 등 여러 방 법으로 군포 부담에서 벗어났던 사람들을 선무군관으로 편성하여 합법적인 지위를 인정해주는 대신 포를 거둔 것으로, 균역법의 실시에 따라 전국에서 24,500명이 선무군관에 편입되었다.

균역법은 양반에게 군역을 부과하지 않는 신분적 특혜를 계속 주면서 일 반 농민의 군포 부담을 반감시킨 것이었다. 균역법 실시 직후 농민의 부담 이 훨씬 가벼워진 것은 사실이지만 균역법에서 정한 원칙이 제대로 지켜지 지 않으면 군역 부담은 다시 많아질 수밖에 없었다. 군정軍政을 맡고 있는 지 방 향리, 군현 수령, 군문軍門 등에서 제멋대로 운영할 경우 그 피해는 고스란 히 양인들에게 다시 돌아가게 되어 있었다.

법제상으로 토지를 가진 농민이 부담하는 세금은 영정법永定法에 따른 전세 田稅 결당 4두, 삼수미 1두 2승, 대동미 12두, 균역법 시행에 따른 결작미 2두 등 19두 2승으로, 1결당 수확량을 200두로 잡을 때 10분의 1에 못 미치는 부 담이었다. 그러나 지방마다 다르게 설정되어 있던 각종 부가세와 수수료 부 담이 적지 않았으며, 농사를 짓지 않아 수확이 없는 토지에도 세금을 매기는 백지징세白地徵稅나, 관리 개인의 공금 유용을 채워넣기 위해 세금에 덧붙여 거 두는 도결都結 따위의 폐단은 농민들의 생활을 고달프게 했다.

전체적으로 전세 그리고 대동세와 관련된 전정田政, 양역과 관련된 군정軍政, 그리고 환곡과 관련된 환정還政 등 삼정三政이 군현 단위 총액제의 원리에 따라 운영되면서 여러 가지 문제를 야기하였다. 군현에 부과되는 각종 세금의 액수가 지역의 실정이나 조건의 변화에 상관없이 일정한 액수로 고정되면서 지역에 따라 내야 하는 세금의 액수가 그것을 부담해야 하는 민의 수보다 많아지는 문제가 발생하였고, 이 경우 부담은 고스란히 세금을 부담하는 양민에게 돌아갔다. 대동법이나 균역법과 같은 개선 조치를 통해 법제상의 세금 부담은 점점 경감되어 갔지만, 실제 양민들의 처지는 크게 나아지지 않았다.

3) 경직된 토지제도의 개선 노력

농사를 짓는 농민들에게 토지는 무엇보다 중요한 생산수단이었다. 그러나 양반 지주층의 토지 집적이 점차 확대되어 가는 상황에서 일반 농민이 자신의 토지를 소유하기란 쉽지 않았다. 토지소유를 둘러싼 빈익빈 부익부 현상은 갈수록 가속화되었으며, 18세기 중엽에 이르면 상품화폐경제의 발달과 맞물려 토지 자체도 상품화됨으로써 토지소유의 불균형은 더욱 심화되어 갔다. 이러한 사회현상을 심각한 문제로 인식하고 이를 해결하고자 토지문제에 주목하고 그에 대한 개선 방안을 제안하는 학자들이 등장하였다.

한백겸韓百謙은 기전설箕田說을 통해 평양의 유적에서 기자정전箕子井田의 존재를 확인하고, 정전제와 같은 토지제도가 현실에서 시행될 수 있는 가능성을 제시하였다. 유근柳根과 허성許筬도 기자정전의 존재에 동조하였다. 이와 같은 논의는 주로 동인·남인 계통의 인물들에 의해 지지되고 발전되어 갔다. 대토지소유자들의 토지겸병이 광범위하게 전개되고 농업 문제가 심각해져 가는 상황에서 기자정전을 근거로 한 토지개혁론이 적극적으로 주장될 수 있었다.

유형원柳馨遠은 《반계수록磻溪隨錄》을 저술하여 국가제도 전반에 대한 구상을 정리하면서 토지가 천하의 큰 근본이며 법도가 확립되느냐 문란해지느냐는 근본인 토지문제에 달려 있다고 보고 토지개혁의 중요성을 강조하였다. 그는 농민과 학생, 선비, 관리 등에게 고루 토지를 나누어주고 토지를 기준으로 조세와 역역力役을 거두면 민생을 안정시키고 국가를 부강하게 할 수 있다고 보았다. 그의 주장은 토지의 국가 공유를 전제로 하는 균전론均田論이었다.

이익李瀷 또한 농민 중심의 토지소유를 지향하는 주장을 내놓았다. 농민들이 생산에 필요한 최소한의 토지를 확보하도록 매매가 불가능한 영업전永業田을 설정하고, 이외의 토지에 대한 매매를 허용하면 부자는 자식에게 재산을 나누어주거나 팔아서 토지가 줄고, 빈민은 최소한의 영업전을 확보함으로써 토지의 균등한 분배가 실현될 수 있다고 주장하였다. 토지 매매의 제한, 곧 한전限田을 통한 균전均田의 실현을 추구한 것이었다.

이때에는 현실적으로 궁방전宮房田, 아문둔전衙門屯田, 양반兩班·호세가豪勢家의 전장田莊 등 토지겸병이 확대되는 가운데 사회모순이 심화되어 가면서 서인西人 내부에서도 이 같은 문제를 부당하게 보는 논자들은 개혁을 생각하고 있었다. 한태동韓泰東이나 박세당朴世堂, 정제두鄭齊斗 등 소론少論에 속하는 논자들은 각각 정전제의 원리에 따른 토지 분배나 민에 대한 항산恒産 곧 토지의 보장, 한전론限田論과 같은 방안을 통해 토지소유의 불균형을 해소해야 한다고 보았다.

토지겸병의 확대는 물론 상품화폐경제의 발달과 맞물려 농촌사회의 분해가 촉진되고, 토지를 둘러싼 사회적 갈등이 더욱 심각해지면서 토지문제의 해결에 대한 관심은 더욱 커졌다. 소론의 서명응徐命膺과 그 손자인 서유구徐有榘는 정전제의 원리에 따라 계묘수민計畝授民하는 토지 분배가 좋은 방법이라고 생각하였고, 특히 서유구는 정전제의 시행을 목표로 한전론이나 둔전론屯田論과 같은 단계적 실천 방안을 제기하기도 하였다. 심지어 서인 노론의 인사들 가운데서도 양응수楊應秀·홍대용洪大容·박지원朴趾源·홍길주洪吉周와 같은 이들은 각기 정전제나 균전제, 한전제, 경자유전耕者有田의 원칙에 따른 토지분배를 주장하기도 하였다.

유형원과 이익으로 이어지는 남인 계통의 토지개혁론은 정약용丁若鏞에게 계승되었다. 정약용은 여전론閭田論이라는 새로운 차원의 개혁방안을 제기하였는데, 이는 다른 토지론이 자립적 소농경제의 수립을 목표로 한 것과는 달리 토지국유화를 통한 마을 단위의 공동농장 설치, 농업생산의 집단화를 통한 농업문제의 해결을 구상하였다. 또한 토지개혁의 현실적인 실현을 위한 장기적이고 점진적인 방안으로 국유의 토지 및 사들일 수 있는 토지부터 조성하여 자영농민의 육성을 목표로 하는 정전제井田制를 시행하며, 지주 경영의 경우에도 정전井田의 원리에 따라 토지를 대여할 것을 제론하기도 하였다.

이러한 다양한 토지개혁에 대한 제안들은 당시 토지소유를 둘러싼 사회적 갈등이 심화되어 가는 상황에서 절실하게 요청되는 것이었지만, 사실상 정전제 같은 형태의 토지개혁의 현실적 가능성을 부정한 주희朱熹의 견해를 절대적 근거로 삼는 서인·노론 중심의 논자들이 정치적 주도권을 장악하고 유지해 가는 한, 토지개혁에 대한 논의는 실현되기 어려웠다.

4) 신분의 틀을 다시 생각하다

조선사회는 양반, 중인, 상민, 노비의 네 계층으로 분화된 신분제 사회였다. 그 가운데 양반은 관리이자 지주인 최고의 지배 신분으로 조선사회에 군림하는 존재였다. 그러나 임진왜란 이후 계속된 사회변화의 결과 양반층 내부에 분화가 일어나 몰락해서 농업, 상업, 수공업에 종사하는 사람이 생겨나기도 하였고, 경제적으로 성장한 상민과 천민 중에는 양반 행세를 하는 자도 흔해졌다. 신분이 재력을 좌우하던 것이 거꾸로 재력이 신분을 좌우하는 세상으로 바뀐 것이다. 양반 생활의 근간이 되는 노비들도 도망을 쳐서 노비 숫자가 크게 줄었다. 이렇게 신분제는 서서히 무너져 갔다.

탕평책이 좌절되고 세도정권이 들어서면서 세도가문을 위시한 일부 집단을 제외한 다수의 양반들은 정치권력에서 소외되어 몰락의 길을 걸었다. 서울의 양반만이 제대로 양반 행세를 할 수 있었고, 향촌에 거주하는 양반들은 문중 조직을 강화하면서 위세를 유지하려 했지만 명맥을 유지해 가기도 급급하였다. 관직을 얻지 못한 양반들은 자작농의 지위나마 유지하면 다행이었고, 소작농이 되거나 상인이나 수공업자로 전업하여 생계를 이어가는 경우도 생겨났다. 이름만 양반일 뿐 일반 백성과 별 차이가 없는 처지로 떨어진 이들이 바로 잔반殘班이었다.

양반층 내부의 분화에 따라 몰락한 양반이 늘어나면 양반의 숫자가 줄어야 할 텐데 양반의 숫자는 오히려 갈수록 늘어났다. 양민들이 합법적으로나 불법적으로 신분을 상승시키면서 양반 인구가 급증하였다. 양민이 떳떳하게 양반이 될 수 있는 방법은 여러 가지가 있었다. 예를 들면 납속책納粟策과 공명첩空名帖이 있는데, 납속책이란 군량을 보충하기 위해, 또는 흉년에 백성을 구제하기 위해 조정에서 곡물과 돈을 받고 일정한 특전을 주는 제도였다. 일부 노비들은 납속책을 통해 천인 신분에서 벗어날 수 있었으며, 평민 가운데는 많은 돈을 내고 관직을 얻는 자도 있었다. 공명첩은 이름이 적히지 않은 관직 임명장인데, 바치는 곡물의 양에 따라 직급을 정해 나누어 주기도 하였다. 원래는 임진왜란 때 군량을 모으기 위한 임시 방편으로 실시하였지만, 전쟁이 끝난 후에도 재정 형편이 어려울 때마다 수시로 시행되어 양반 수가 늘어나는 데 큰 역할을 하였다.

한편 불법적인 방법으로 신분 상승을 꾀하는 경우도 많았다. 호적에 유학幼學이라 기재하고 양반 행세를 하는 자들이 많았는데, 19세기에 들어가면 전체 주민의 반이 넘는 수가 양반인 경우도 있었다. 또 족보를 위조하거나 과거 합격증인 홍패를 위조하여 양반으로 변신하기도 하였다.

순조 7년에 평안도의 강서·순천·박천·영변·덕천·운산 등의 고을에서 자신들이 전주 이씨라고 칭하는 사람들이 갑자기 늘어났다. 평안도 관찰사 이면긍李勉兢이 각 고을의 수령에게 사건을 조사하도록 한 결과 166명의 사람들이 모두 가짜 족보를 가지고 있었던 것으로 밝혀졌다. 모두 가짜 족보를 만들어서 파는 사람들로부터 돈을 주고 산 것이었다.

박지원이 지은《양반전》에도 평민에게 족보를 팔 처지에 몰린 몰락 양반이 등장한다. 관곡을 꾸어 먹고 갚을 길이 없던 정선의 한 양반이 마을의 부자에게 족보를 판다는 내용이다.

양반은 이제 감히 쳐다보지도 못할 높은 신분을 가리키는 말이 아니라 누구나 스스럼없이 부를 수 있는 일반적인 호칭이 되어 갔다. 이와 같은 양반층의 자기 분화, 신분 상승에 따른 양반 인구의 급증으로 인해 양반들은 예전처럼 권위를 내세우기 어려워진 것이다.

신분제의 변동은 중간층인 서얼과 중인에게서도 나타났으며, 노비들도 예외는 아니었다. 서얼은 양반의 양인 첩이나 천첩의 소생으로 인구가 적지 않았으나, 서얼 금고禁錮라는 제한 조치에 따라 전문 기술직 이외의 벼슬길이 법제적으로 막혀 있었다. 이들은 통청通淸 운동을 지속적으로 전개하여 18세기 후반부터는 점차적으로 홍문관, 예문관 등 출세가 보장되는 노른자위 관직인 청요직淸要職에까지 진출할 수 있었다. 정조 때 유득공柳得恭, 박제가朴齊家, 이덕무李德懋 등은 서얼 출신으로서 규장각의 검서관檢書官에 등용되기도 하였다. 그리고 1851년(철종 2)에는 '신해통공' 조치를 거쳐 서얼에 대한 법적 차별이 완전히 폐지되기에 이르렀다.

신분 차별 폐지를 요구하는 운동은 기술직 중인에게서도 일어났다. 조선 초기에는 의관, 역관 등 전문 기술직에 종사하는 가문이나 신분이 따로 있지 않았으나, 17세기 중엽 이후로 그 직업이 세습되면서 중인이라는 특수 계급 집단이 형성되었다. 이들은 법제적으로 문·무과 응시가 가능하고 관직 진출에 제한이 없었으나, 실제로는 서얼과 마찬가지로 청요직 임용이 막혀 있었다. 중인들도 대대적인 상소운동을 벌여 허통을 요구했으나 실패로 돌아갔다. 그러나 경제적으로 여유가 있는 중인들은 양반들과 어울려 시사詩社를 조직하여《소대풍요昭代風謠》·《해동유주海東遺珠》와 같은 시집을 편찬하기도 하고, 《연조귀감掾曹龜鑑》·《호산외기壺山外記》·《희조일사熙朝軼事》와 같이 중인과 관련한 저술 활동을 통해 자신들의 위상을 높여 갔다.

최하층 신분인 노비는 한때 전체 인구의 절반 가까이 늘기도 했지만, 18세기 이후 그 수가 뚜렷하게 감소하였다. 노비들은 신분의 굴레를 벗기 위해 안간힘을 썼다. 평민들처럼 공명첩을 사들여 신분을 상승시키기도 하고, 속전贖錢을 바치고 노비 신분에서 벗어나기도 하였다. 그러나 대부분의 노비들은 '도망'을 통해 예속을 벗어났다. 도망한 노비는 산 속에 들어가 화전민이 되거나, 궁방전宮房田에 투속하거나, 광산이나 도시로 흘러들어가 임금 노동자로 생계를 이어갔다.

또한 정부에서는 노비 인구를 줄이기 위해 어머니가 비婢인 경우에만 그 자식을 노비로 만들고, 나머지는 양인으로 되게 하는 노비종모법奴婢從母法을 시행하였다. 이 제도는 1669년(현종 10)에 실시되어 여러 차례 시행과 폐지를 반복하다가 1731년(영조 7)에 정착되었다.

노비제도는 19세기에 들어 더 이상 존속시키기 어려울 정도로 큰 변화에 직면하였다. 정부는 1801년(순조 1) 내수사 노비와 중앙 각 기관 소속 노비의 명부를 불살라 버림으로써 66,000여 명의 공노비를 해방시킨 것이다. 노비들의 저항 속에서 효과도 없는 노비 추쇄를 계속하기보다 이들을 양인으로 만들어 세금을 거두는 편이 더 낫겠다는 정부의 판단에 따른 것이었다. 나머지 공노비는 1894년 갑오경장 때 해방되었는데, 이때 사노비도 세습제가 폐지되어 노비제도는 역사의 뒤안길로 사라지게 되었다.

5) 혼으로 매듭진 대동여지도

대동여지도大東輿地圖는 1861년(철종 12)에 제작된 우리나라의 전국지도로 1864년(고종 1)에도 다시 간행하였다. 대동여지도는 지도에 축척을 명시한 약 1 : 162,000정도의 축척지도이며, 경위선표식經緯線表式 지도다. 남북은 22단段(1단은 120리)으로 나누고, 다시 각 단을 6치 6푼의 폭幅(1폭은 80리)으로 하여 횡절橫折하도록 해서 이합離合이 자유로운 절첩식折疊式 지도다. 각 첩은 가로 20.1cm, 세로 30.2cm인데, 22첩의 지도를 상하로 연결하면 한 장의 전국지도가 된다. 지도 전체를 펼쳐 이으면 세로 6.6m, 가로 4.0m나 된다.

《대동여지도》는《청구도靑丘圖》와 달리 글씨를 가능한 한 줄이는 대신 현대 지도의 범례에 해당하는 '지도표地圖標'라는 방법을 고안하여 기재 내용을 기호화하여 표기했다. 산천山川·해도海島·영아營衙·읍치邑治·성지城池·진보鎭堡·역참驛站·창고倉庫·목소牧所·봉수烽燧·능침陵寢·방리坊里·고현古縣·고산성古山城·도로 등 14개 항목 22종의 기호가 표시되어 있다. 지도표를 명확하게 예시하고, 도로를 나타낸 직선상에 10리마다 점을 찍어 거리를 표시하는 등 도로망·산천의 본지本支가 훨씬 세밀해졌으며, 산맥의 표시 방법도 진보되어 있다. 백두산에서 이어지는 대간大幹을 가장 굵게 나타냈으며, 다음으로 대간에서 갈라져 나가 큰 강을 나누는 정맥正脈을 굵게 그리고, 정맥에서 갈라져 나가 큰 내를 이룬 줄기를 그 다음으로 굵게 표시하는 등 산줄기의 위계에 따라 굵기를 달리했다.

《대동여지도》는 서양 지도학의 영향을 받지 않고 동양의 전통적인 도법을 이어받아 집대성한 것이다. 위치 설정에서 중강진中江鎭 부근이 북쪽으로 약

《대동여지도》와 지도표

간 치우쳐 있고, 울릉도가 남쪽으로 내려온 것을 제외하면 오늘날의 지도에 손색이 없을 정도로 정확하다. 또 《청구도》에 비하면 산세와 하계망河系 網이 훨씬 더 자세하고 사용하기에 편리하도록 되어 있다. 김정호金正浩는 전국을 한 장의 지도로 만들어 쉽게 볼 수 있도록 하기 위해 다시 약 90만분의 1 소축척전도인 《대동여지전도》를 목판본으로 간행하였다.

김정호는 황해도 봉산鳳山 또는 토산兔山에서 출생하였으며, 평민이었으나 지리학에 정진하여 일생을 정밀한 지도와 지리서를 만드는 일에 바쳤다.

유재건劉在建의 《이향견문록里鄉見聞錄》에 따르면 김정호는 어려서부터 여지학輿地學, 즉 지리학에 열중하여 널리 제가諸家의 도지圖志를 비교 연구하였다고 한다.

김정호는 30여 년간의 각고 끝에 1834년(순조 34) 《청구도》 2첩을 완성하였다. 이후 1857년(철종 8)에 전국 채색 지도인 《동여도》, 1861년(철종 12)에 《대동여지도》를 완성하여 교간校刊하였다. 김정호가 제작한 이 지도들은 모두 우리나라 전체를 그린 전도全圖였다. 김정호는 조선 후기에 민간에서 활발하게 제작되었던 전국지도, 도별지도와 국가에서 제작한 군현지도를 결합하여 군현지도 수준의 상세함을 갖춘 대축척 전국지도를 제작하였다. 특히 《대동여지도》는 조선시대에 만들어진 가장 정확하고 정밀한 과학적 실측지도로 평가된다.

또한 지리지 편찬에도 힘써 《동여도지東輿圖志》(1834~1844), 《여도비지輿圖備志》(1853~1856), 《대동지지大東地志》(1861~1864) 등을 펴냈다. 이 가운데 《동여도지》와 《대동지지》는 지역 단위로 지역의 특성을 기술하는 지역별 지지와 강역·도로·산천 등의 주제별 지리항목을 결합시킨 지리지로서 종전의 지리지나 읍지에서 예를 찾기 힘든 독특한 구성을 취하고 있다.

특히 《대동지지》의 내용은 각종 지리지와 군현읍지, 그리고 기타 내외 서적을 광범위하게 참고하였는데, 지지의 편찬에 필요한 자료들은 최한기崔漢綺를 통해 얻었을 것으로 추측된다.

김정호가 《대동여지도》 같은 정밀한 지도를 제작할 수 있었던 것은 그만큼 그러한 지도의 제작이 가능한 토대가 갖추어져 있었기 때문이다. 조선은 일찍이 천문학이 발달하여 서울을 0도로 하는 경위도 기준을 가지고 있었으며, 정조 때에는 그동안 축적된 자료를 바탕으로 8도 관찰 소재지의 위도를 결정하였다. 《대동여지도》의 제작에도 이러한 성과가 반영된 것으로 보인다. 또한 동양의 전통적 지도 제작 기법은 물론 정상기鄭尙驥가 고안한 일종의 축척 기준인 백리척百里尺을 지도 제작에 이용하였다.

19세기 중반의 조선에서 《대동여지도》와 같은 지도가 제작될 수 있었던 것은 김정호 개인의 집념과 노력의 결실이기도 하였지만, 한편으로는 주변의 지원은 물론 공식적인 요청에 따른 것이었다. 병조판서를 지낸 신헌申櫶의 다음과 같은 기록을 통해 추측해볼 수 있다. "비변사나 규장각에 소장되어 있는 지도나 옛날 집에 좀먹다 남은 지도들을 널리 수집하여 증거로 삼고, 이를 서로 대조하고 또 여러 지리서들을 참고하여 완벽한 지도를 만들고자 노력하였다. 나는 이 작업을 김군 백원(김정호)에게 위촉하여 완성하였다"(《대동방여도》 서문). 비변사나 규장각의 자료는 신헌이나 김정호가 공식적인 절차를 거치지 않고 사적으로 참고할 수는 없었을 것이다.

《대동여지도》의 제작과 관련하여 김정호는 30여 년간 전국 각지를 두루 답사하면서 실측에 의해 만들었으며, 이를 위해 백두산만도 17여 회나 올라갔다고도 전해지는데, 당시의 교통 사정과 김정호 개인의 재정 형편으로 볼 때 전국을 모두 답사했다고 보기는 어렵고, 앞서 언급한 여러 가지 자료들을 참고하여 보충·수정한 것으로 보인다.

또 흥선대원군에게 《대동여지도》를 바쳤다가 그 정밀하고 자세함에 놀란 조정 대신들이 나라 기밀을 누설시킬 우려가 있다는 혐의로 판각을 압수·소 각하고, 김정호 부녀가 모두 옥에 갇혀 옥사했다는 이야기도 있는데,《청구 도》나《대동여지도》는 물론 목판의 일부도 전해지는 것을 볼 때 이는 모두 와전이다. 실제로 전국을 돌아다니며 실측하여 지도를 완성했다거나, 오로 지 김정호 개인의 사사로운 작업이었다거나, 심지어 지도를 만들었다는 죄 로 옥사했다는 이야기들은 일제강점기 때의 교과서인《조선어독본》5권에 실려 있는데, 김정호의 노력과《대동여지도》의 가치를 조선에서는 몰라주고 일본만이 알아주었다는 내용이다. 이때 잘못 전해진 사실들이 오랫동안 김 정호와《대동여지도》의 진실을 호도하였다.

6) 새로운 돌파구, 통상개국

"누구나 그 나라가 부강하기를 바라지 않는 사람은 없다. 그러면 부강해지는 방법을 어느 누가 남에게 사양하겠는가? 이제 배로써 통상하려면 …… 다만 중 국만이 그 대상이 될 수 있을 듯하다. …… 토정 이지함은 일찍이 다른 나라의 상선 수척과 통상하여 전라도의 빈곤을 구하고자 하였으니, 그의 탁견은 가히 아무도 따를 수 없는 것이다. …… 다만 중국 배하고만 통상하고 해외의 여러 나라와 통상하지 않는 것은 역시 일시적인 임시 변통이요 정론定論이 아니다. 국력이 점점 강해지고 백성의 직업이 안정된 다음에는 마땅히 차례로 통해야 할 것이다."(《북학의》)

박제가는 부국강병의 방법을 개국 통상에서 찾았다. 그는 중국과의 통상 을 통해 선진문물을 수입하고 상공업을 진흥시켜야 한다고 주장하였다. 그 는 이러한 생각을《북학의北學議》에 남겨놓았다.

18세기 조선의 지식인들은 서세동점의 세계적인 추세를 직접 체험한 것은 아니었지만 인접한 청나라를 통해서 그 변화의 분위기를 감지하고 있었다. 연행사에 참여하여 청나라에 가서 청나라의 문물을 직접 체험한 지식인들 가운데는 종래의 성리학적 사유만을 가지고서는 변화의 흐름을 받아들일 수 없다는 것을 알았다. 그리하여 화이론·명분론을 근거로 청과의 현실적 관계를 부정하고 소중화 사상을 통해 이념적 자존·독립을 추구했던 집권 세력과는 다른 생각을 가진 일부 집단이 형성되었다. 특히 서인-노론 내부에서 그러한 움직임이 나타났다. 홍대용, 박지원, 박제가와 같은 사람들은 모두 연행의 경험이 있으며, 그 과정에서 청나라의 문물, 서양 문물을 접하고 받은 충격을 고스란히 조선사회의 현실과 비교하여 조선사회가 직면한 변화를 어떤 방향으로 해결할 것인가를 고민했다. 이들의 결론은 북학北學이었다. 곧 청나라든 서양 학문이든 배워서 고칠 것은 고치자, 화이론·명분론의 허울은 벗어버리자는 것이었다.

전환의 시기에 직면한 조선사회 지배층·지식층의 대응 방향은 대략 세 가지로 나타났다. 우선 집권 세력은 기존의 체제·사상을 그대로 유지하자는 입장으로 정통 성리학을 이념적 기반으로 삼으면서 절대적으로 지켜야 할 가치는 주자학·중화임을 고수하였다. 다음으로 기존 체제를 부정하지 않으면서도 어느 정도의 제도 개선을 통해 변화에 대처하자는 입장과 대대적인 제도개선이 필요하다는 보수적인 입장이 있었다. 마지막으로 변화에 대처하기 위해서는 기존의 체제·질서를 전면적으로 바꿀 필요가 있다고 생각하는 사람들이 있었다. 이들은 주자학을 극복하기 위해 주자학 이전의 고전유학에 주목하면서, 그 경전을 근거로 토지개혁론을 비롯한 각종 제도개혁을 모색하는 개혁안을 구상하였다.

변화에 대응하는 이러한 방식 가운데 문제 해결의 길을 내부에서만 찾는 것이 아니라 외부 세계에서도 찾으려고 한 것이 이른바 북학파라고 할 수 있다. 이들은 박제가의 경우처럼 외국과의 교류, 곧 개국 통상까지 생각하고 있었다. 이러한 사유는 훗날 개화파로 연결되었다. 북학론의 사유는 서양 문명을 거부감 없이 수용하고 문호 개방을 적극 고려하는 개화론적 사유와 연결되고, 북학론의 지향이 조선의 부국강병이었던 것처럼 개화파의 지향은 조선국가의 자강이었다.

그러나 서학의 형태로 천주교가 전래되고, 외부 세계와의 접촉이 본격화되면서 이러한 움직임에 대한 반응은 대개 단호한 거부였다. 척화비의 건립이나 단발령에 대한 격렬한 반발 등 외부 세력이나 외국 문화·문물은 배척의 대상이었다. 실제로 천주교와 같은 서양의 종교·사상은 언제든지 조선의 지배층이 구축해 놓은 성리학적 질서를 무너뜨릴 수 있었다. 예를 들어 천주교의 신분관은 신분제로 서열화된 조선의 사회질서를 위협할 수 있었다. 실제로 황사영黃嗣永 백서帛書 사건만 하더라도 중국에 있는 서양 선교사들에게 중국 황제를 통해 조선 국왕에게 압력을 넣으라거나, 프랑스 군함과 군대를 끌고 와 조선 국왕에게 천주교를 인정하도록 압박할 것을 요청하는 내용의 서신을 보내려고 한 것을 통해 왕조적 질서의 절대성을 벗어나는 사유의 변화를 볼 수 있다.

한편 서구 세력의 접근이라는 변화를 무시할 수도 없고 기존의 체제에서 누리고 있는 기득권도 포기하기 어려운 부류들은 동도서기론과 같은 절충론에 기대기도 하였다. 예를 들어 곽기락郭基洛, 윤선학 등이 올린 개화상소에는 삼강오륜은 도道이며, 선박이나 농기계와 같이 편리민국을 위한 것은 기器라고 규정하는 동도서기론의 입장이 드러나 있다. 서양의 공화제와 같은 정치제도는 받아들이지 않으면서 생활에 편리한 서양의 선진기술은 수용하자는 논리였다.

아무튼 북학파-개화파처럼 새로운 세계사의 흐름을 일찌감치 읽어내고 그 물결을 타고자 하는 움직임이 없었던 것은 아니다. 이들은 바깥의 움직임에는 민감했지만, 오히려 안에서 일어나는 변화의 조짐에는 소홀하였다. 변화의 중심에 서서 주인공이 되고자 했지만 자신들이 이끌려 했던 '어리석은 백성'들은 믿지 못했다. 반면 이들이 본받고자 했던 외세에 대해서는 순진할 만큼 믿음이 컸다. 이러한 사유 방식은 이들이 종종 친청파니 친일파니 친미파니 친러파가 되었던 이유이기도 하다.

6. 조선 후기의 정치 현실

1) 세상과 더욱 멀어진 이념, 성리학

성리학은 고려 말 원나라 과거제도의 영향과 고려-몽골 지식인들의 교류를 통해 도입된 이래, 조선 건국의 이념적 기반이 되고 조선 초기 문물제도를 갖추어 나가는 바탕이 되었다. 이어서 공신 중심의 특권세력인 훈구와 지방에 근거를 둔 사림세력 간의 정치적 대결 과정에서 사림들은 그들의 사상적 토대인 성리학에 대한 이해를 심화시켜 갔다. 16세기 중엽에는 성리학에 대한 이론적 탐구가 심화되었고, 그 가운데서도 특히 심성론心性論과 관련한 연구가 학문의 중심 내용으로 자리잡았다.

인간 심성에 대한 집중적인 탐구는 사단칠정四端七情 논쟁을 통해 살펴볼 수 있다. 유교에서 사단四端은 인의예지仁義禮智의 단서가 되는 측은惻隱·수오羞惡·사양辭讓·시비是非의 네 가지 마음을 가리키며, 칠정七情은 희喜·로怒·애哀·구懼·애愛·오惡·욕欲 등 일곱 가지 감정을 가리키는데, 모두 마음의 작용을 설명하는 개념이다. 이황李滉은 사단과 칠정을 엄격히 구분하고 사단은 이理가 발한 것으로 순수하게 선하지만, 칠정은 기氣가 발한 것으로 선과 악이 섞여 있다고 보았다. 이러한 견해를 이기호발설理氣互發說이라고 한다. 이에 비해 이이李珥는 사단이 칠정 속에 포함되며, 모두 기가 발하는 것이고 이理는 거기에 타는 것이라고 하였다. 또 사단은 이理 가운데 선한 것만을 가려낸 것으로 보았다. 이이의 견해는 이기겸발설理氣兼發說이라 한다. 이는 결국 인간의 마음이 작용하는 과정에서 도덕적 본성을 어떻게 실천으로 연결시킬 수 있는가의 문제였다.

이황과 기대승奇大升 사이의 논변으로 시작한 사단칠정 논쟁은 이후 수세기 동안 지속적으로 전개되었다. 조선의 유자들은 이외에도 인심도심설人心道心說이라든지 인성人性·물성物性의 동이同異에 관한 논쟁 등 인간 심성의 문제를 집중적으로 탐구하였고, 이런 학문 경향은 조선에서 전개된 성리학의 큰 특징이 되었다.

이처럼 조선의 건국과 제도정비, 학문의 발달에서 성리학은 중요한 위치를 차지하였다. 그러나 임진왜란과 병자호란을 겪으면서 성리학의 역할은 다시 달라지게 되었다. 국가적 위기를 겪고 그것을 극복해 가면서 향후 조선 사회를 어떻게 이끌고 나갈 것인가를 두고 정치세력의 분화와 대립 갈등이 심화되었으며, 이는 학문·사상에서도 마찬가지 양상을 보여주었다.

양란 후 지주제는 더욱 확대되었으며, 부세제도나 신분에 따른 국역체제의 모순이 더욱 심화되었다. 이 시기 관료·학자 들의 당면과제는 이 문제를 해결하는 것이었다. 17세기 조선의 사상계는 그 해결 방안을 둘러싸고 크게 두 가지 흐름으로 분화되었다. 주자와 주자학을 절대 신봉하고 그 인식틀 속에서 현상을 타개하여 체제를 유지하려는 정통주자학의 입장과, 주자학의 범주를 넘어선 범유교汎儒敎 내지는 노장사상이나 서학까지 포괄하는 새로운 사상을 모색하는 가운데 현실 극복의 논리와 방법을 추구하는 입장이었다.

그 밖에도 주화론과 척화론의 대립, 북벌론, 예론, 사회개혁을 둘러싼 다양한 형태의 논의가 여러 층위에서 전개되었다.

한편 현실정치에서는 청나라에 맞서 춘추의리春秋義理를 내세우고 화이론華夷論에 기대어 청나라를 오랑캐라고 멸시하며 척화론斥和論을 주장하여 병자호란을 초래하고 삼전도三田渡의 굴욕을 자초했던 세력이 오히려 이후의 정국에서 주도권을 쥐게 되었다. 이들 집권세력은 정권 유지의 이념적 근거로 의리론·명분론·화이론을 결합시킨 소중화론小中華論을 내세워 자신들의 정치적 입지를 강화하고, 한편으로는 강상론綱常論이나 오가작통제五家作統制와 같은 이념적·제도적 장치들을 동원해 사회통제를 강화하였다. 그리고 이를 바탕으로 노론일당전제화老論一黨專制化를 집요하게 추구하였다.

서인-노론 세력은 자신들이 학문적으로도 주자도통朱子道統의 유일한 계승자임을 자임하면서 주자학만이 학문의 절대·유일한 기준이라는 주자절대주의朱子絶代主義로 학문·사상을 통제하였다. 현실의 정국이 노론일당전제로 흘러가게 되면서 사상·학문에 대한 태도는 더욱 경색되고, 주자학 일변도의 분위기가 팽배해졌으며, 마침내 주자학에서 벗어나는 주장을 펼칠 경우 사문난적斯文亂賊으로 몰아 처벌하기에 이르렀다. 예를 들어 윤휴尹鑴와 박세당朴世堂은 각각 〈중용주해中庸註解〉《사변록思辨錄》을 통해 주자와 다른 경전 해석을 제기했는데, 정통주자학자들은 이들을 사문난적으로 지목하였다.

특히 송시열宋時烈은 주희-김장생-이이-송시열 자신으로 이어지는 학문적 정통, 곧 도통道統을 자부하면서, 주자의 현실 인식과 그 개선 방안을 조선의 현실에 그대로 적용해야 마땅하다는 초역사적인 사유를 보여주었다.

이러한 정통주자학의 입장은 18세기 전반 한원진韓元震에 의해 더욱 강화되었다. 그는 이 시기 식자들이 현실문제의 해결과 관련하여 양명학이나 노장학, 서학에 대해 관심을 가지거나 현실에 대해 구체적인 개혁론을 내놓는 분위기를 '사문斯文'의 위기로 받아들이고, 주자학 이외의 학문·사상은 모두 이단사설異端邪說로 규정하고 주자의 교설만을 신봉해야 한다고 하였다.

서인-노론이 주도한 이러한 사상의 경색과 일방주의는 정치운영에서도 반대세력을 용인하지 않는 일당전제주의를 추구하는 방향으로 전개되었다. 그것은 당시 조선사회를 둘러싼 대내외적 변화의 분위기를 외면하거나 억제하면서 최소한의 제도개선을 통한 기존의 체제·질서 유지에 초점을 맞춘 채 현실과 점점 괴리되어갔다.

그러나 한편으로는 주자와 주자학을 상대화하고 고대 경전에 대해 주자의 해석에 얽매이지 않고 독자적인 해석을 제출하는 유연한 사유와 학문 태도, 당파간의 갈등 내지 당파 자체의 해소를 지향하는 탕평정치, 조선사회가 당면한 제반 현실에 대한 적극적인 개선방안의 제출 등 사회변화를 수용하는 또 다른 움직임이 존재하였다.

2) 붕당과 당쟁의 격화

"붕당朋黨이란 이름이 생긴 지는 벌써 오래다. …… 옛적 구양수의 글을 보면 붕당이란 멀리 당우唐虞와 은殷·주周 때부터 시작되었다고 한다. …… 그런데 온 나라 사람들이 전부 붕당에 참여해서 둘·셋·넷으로 나뉘어 200여 년의 오랜 세월을 지나도록 그릇됨과 올바름과 거스름과 순리의 분별이 합당하지 못하고 정해진 의론을 세울 수 없었던 것은 붕당을 든다면 오직 우리 조선을 들 수 있다. 또 이것은 고금의 붕당을 통틀어서 더없이 크고 더없이 오래고, 더없이 말하기 어려운 것이라 하겠다." (이건창李建昌,《당의통략黨議通略》원론原論)

조선왕조의 정치에서 붕당이 등장하게 된 것은 훈구와의 정치적 대결에서 끝내 승리한 사림士林이 정치 주도권을 장악하면서였다.

선조 8년(1575) 사림세력이 동인과 서인으로 분화하게 된 것은 훈구세력의 정치적 잔재를 어떻게 청산할 것인가를 둘러싼 갈등 때문이었다. 명종대 이래 정권에 참여해 왔던 선배 사림들은 과감한 개혁에 소극적이었던 반면, 정계에 새로 진출한 후배 사림들은 철저한 원칙을 내세우며 훈구세력의 중심인 척신

戚臣들을 정계에서 배제하고자 하였다. 이때 명종비의 동생인 외척 심의겸沈義謙은 박순朴淳, 정철鄭澈, 김계휘金繼輝, 윤두수尹斗壽 등 기성 사림의 신망을 받았는데, 김우옹金宇顒, 이발李潑, 이산해李山海, 유성룡柳成龍 등 신진 사림의 지지를 받던 김효원金孝元과 대립하였다. 이들의 대립은 전랑銓郎의 임명을 둘러싸고 표면화하여 심의겸 등은 서인, 김효원 등은 동인으로 불리게 되었다. 대립의 과정에서 대개 이황과 조식曺植, 서경덕徐敬德의 문인은 동인이 되고, 이이와 성혼成渾의 문인은 서인이 되어 정치적 파벌은 학맥과 밀접한 연관을 가지게 되었다.

동인과 서인이 분화된 후 정국은 동인이 주도하였는데, 1589년 전주 사람 정여립鄭汝立이 역모를 준비한다는 고발로 관련자들을 처벌하는 과정에서 서경덕과 조식의 문인들이 피해를 입게 되었다(기축옥사). 이 사건 이후에도 동인의 세력은 계속 유지되었으나 정철鄭澈이 광해군을 세자로 책봉하기를 건의한 건저의사건建儲議事件이 일어나자 서인에 대한 처리를 둘러싸고 동인 내부에서 온건파와 강경파가 갈리게 되었다. 이로 인해 동인은 이황의 문인이 중심이 된 남인南人과 조식의 문인이 중심이 된 북인北人으로 분열·대립하였다.

남인이 주도하던 정국은 임진왜란이 끝난 뒤 남인이 전쟁의 책임을 지고 실각하자 전쟁 당시 의병을 주도했던 북인이 집권하게 되었다. 광해군은 당시 동아시아의 국제정세를 주시하면서 명과 후금 사이에서 중립외교를 전개하여 또다시 전란에 휩싸이는 위험을 피하고자 하였다. 광해군의 지지세력인 북인은 전란으로 인한 피해를 극복하기 위해 대동법의 시행을 추진하고, 은광을 개발하는 등 전후 복구사업에 힘썼다. 북인은 전란으로 흐트러진 사회기강을 재정비하는 데 많은 성과를 올렸다. 그러나 북인은 취약한 정치적 기반에도 불구하고 서인과 남인 등을 배제한 채 정권을 독점하려 하였다. 광해군도 불안정한 왕위를 지키기 위하여 선조가 뒤늦게 얻은 적자인 영창대군을 살해하고, 선조의 계비인 인목대비를 유폐하여 도덕적 비난을 받았으며, 궁궐을 복구하는 등 무리한 토목공사를 벌여 재정의 악화와 민심의 이탈을 불러왔다. 남인과 서인은 북인의 독주에 반발하여 서인이 주도하고 남인이 지지하는 가운데 무력을 동원하여 광해군과 북인을 몰아냈다(인조반정).

반정에 성공한 서인과 남인은 광해군과 북인정권의 중립외교를 비판하고 명에 대한 의리명분론을 강화하면서 반청反清의 입장을 분명히 하였다. 그 결과 병자호란을 초래하였다. 전란을 겪은 뒤에도 주화主和·척화斥和의 정치적 대립이 계속되었으나, 인조 말엽부터 송시열宋時烈 등 서인 사림이 정국을 주도하면서 척화론과 의리명분론이 대세를 이루었다. 특히 효종대에는 명나라에 대한 의리를 지켜 청나라에 복수해야 한다는 복수설치復讐雪恥의 명분을 내세운 북벌론이 등장하기도 하였다.

현종대에는 서인이 주도권을 쥐고 남인 일부 세력과 연합하여 공존하는 구도가 유지되었으나, 두 차례의 예송禮訟이 발생하여 서인과 남인 사이의 대립이 격화되었다. 예송은 인조의 계비인 자의대비慈懿大妃가 아들인 효종과 며느리인 인선왕후仁宣王后가 죽었을 때 어떤 상례喪禮를 따라야 하는지를 둘러싼 전례典禮 논쟁이었다. 이는 효종의 왕위계승에 대한 정통성과 관련된 문제이기도 하였다. 효종이 죽은 뒤 일어난 1차 예송에서는 왕과 사대부의 예가 다를 것이 없다는 서인의 주장이 받아들여졌다. 즉 효종은 맏아들이 아니므로 그에 맞는 예법을 적용하면 된다는 것이었다. 그러나 인선왕후가 죽은 뒤 일어난 2차 예송에서는 왕가의 예는 사대부와 다르다는 남인의 주장이 받아들여졌다. 즉 효종은 맏아들이 아니지만 왕위를 계승했으므로 맏아들에 해당하는 예법을 적용해야 한다는 것이었다. 그 결과 서인이 약화되고 남인이 정국을 주도하게 되었다.

남인의 우세 속에 서인과 공존하는 정국은 숙종 초 경신환국庚申換局이 일어나기까지 유지되었다. 이후 여러 차례의 환국을 거치면서 서인과 남인은 정치적 부침을 거듭하였고, 정국의 주도권을 둘러싼 각 당파간의 정치적 분쟁이 격렬해졌다. 이러한 상황을 완화하려는 노력은 영조대에 이르러 탕평론蕩平論으로 나타났으며, 정조대에 이르기까지 탕평을 내세운 정치운영이 이루어졌다.

3) 정치 균열의 조율, 탕평책

탕평론은 당쟁의 폐단에 대한 양반 지배층 일각의 자각의 산물이었다. 17세기 내내 반정反正과 분당分黨, 환국換局과 처분處分이 반복되고 당쟁이 격화하면서 양반 지배층들은 함께 망할지도 모른다는 위기의식을 공유하게 되었다. 지배체제 자체의 유지를 위해서도 지배층 내부의 갈등과 대립은 적정한 수준에서 제어해야 한다는 인식이었다.

한편으로는 이 시기의 경제발전과 사회변동에 수반해서 성장하는 새로운 사회계층들, 반대로 몰락·실세失勢해 가는 양반층, 농촌사회에서 밀려나 유민이 된 광범한 농민층 등이 표출하는 정치적 기대와 불만은 새로운 정치이념과 정치 운영방식, 새로운 정치질서의 확립을 요구하였다.

잘 알려져 있듯이 탕평론의 경전적 근거는 《상서尚書》〈주서周書〉의 홍범편洪範編이다. 여기에는 유교의 정치원리와 경세이론이 포괄적으로 집약되어 있다. 한마디로 왕도정치王道政治의 실현이다.

탕평론을 이론적으로 정리한 이는 박세채朴世采다. 박세채 이전에 이미 이이가 양시양비론兩是兩非論에 입각한 조제보합론調劑保合論을 내놓은 바 있으며, 이귀李貴나 최명길崔鳴吉, 윤선거尹宣擧 등도 파붕당론破朋黨論을 제안하였다. 붕당간의 갈등이 가져오는 문제를 인식하고 이를 해결하려는 여러 견해의 영향을 받으면서, 박세채는 당파간의 갈등과 대립이 격심해져 가는 현실의 정치적 모순을 군주권의 강화를 통해 해결하고자 황극탕평론을 제안하였다. 박세채의 탕평론은 주자학의 의리론을 벗어나지 않으면서도 그것이 현실과 괴리되어 발생하는 폐단을 제거하고자 한 것이었다.

박세채는 황극皇極을 왕도王道의 실현을 위해서는 왕권을 높이고 이를 중심으로 군신君臣 상하가 대공지정大公至正하고 무편무당無偏無黨한 정치를 펴야 한다는 의미라고 풀이하였다. 주자가 홍범에 나타난 수신적修身的 요소에 주목하여 황극을 군주의 도덕적 책임을 강조하는 방향으로 풀이하여 군주권 견제의 논리로 활용한 것과 달리, 또 서인-노론들이 주자의 논리를 그대로 받아들인 것과 달리, 박세채는 경세적 측면에 주목하여 군주권 강화를 바탕으로 한 왕도정치의 실현이라는 탕평의 논리를 통해 주자학 정치론의 모순, 현실정치의 난맥상을 극복하려 한 것이다.

한편 박세채의 탕평론은 현실정치에 적용될 때 조제론調劑論의 전통을 계승하는 것이었다. 그는 인조대의 인재 등용 방식을 본받아 서인과 남인의 인재를 함께 정치에 참여하도록 해야 한다고 주장하였다. 인재를 등용할 때 시비

是非 분별分別의 대상은 색목色目 전체가 아니라 색목 안에서 '권간權奸'만을 구분하여 배제해야 하고, '어질고 능력있는 인재'賢能可用者는 골라내어 등용해야 한다는 것이었다. 이 경우 현실적으로 색목과 인재 등용이 연계될 가능성이 상존하였는데, 박세채는 인재 등용의 기준을 당색간의 안배가 아니라 국가와 민생의 안정을 위한 대변혁·대경장을 추진할 수 있느냐의 여부에 둠으로써, 인재 등용 과정에서 당색을 배제하고자 하였다.

이처럼 붕당을 배제한 인재의 등용은 대변혁·대경장 추진의 전제가 되고, 이렇게 뽑힌 인재들이 대경장 추진의 주체가 되는 것이었다. 따라서 박세채의 황극탕평론은 단순한 정국 운영방안이 아니라 대변혁·대경장과 연계된 국가구상의 단계적 구성이라고 볼 수 있다.

조제론은 '재능에 따른 인재의 등용'을 주장한다는 점에서 당색간의 안배를 통한 세력균형에 초점을 맞추는 조정론調停論과 구별된다. 조제론과 조정론은 현실적으로 존재하는 붕당을 인정하면서도 궁극적으로 붕당 타파를 지향한다는 점에서는 공통점이 있지만, 조정론은 그 논리와 방법에서 붕당 긍정론을 벗어나지 못하는 반면 조제론은 파붕당을 실현할 수 있는 논리와 전망, 곧 변통론과 연계되어 제기된다는 점에서 붕당 타파가 가능한 논리라고 할 수 있다.

박세채가 송시열과 마찬가지로 주자학과 주자주의를 강조하면서도 주자의 붕당론을 부정하고 탕평론을 제안한 것은 이와 같이 현실을 인식하는 시각의 차이에서 비롯된 것이었으며, 그에 따라 송시열과 정치적 입장을 달리하게 되었던 것이다.

탕평론은 주자학 내부에서 태동하고 주자학의 정치원리인 붕당론을 끝내 벗어나지 못했다는 점에서 한계가 있지만, 어쨌든 당파간의 생사를 건 극한 대결을 피하고 정치적 안정을 도모했다는 점에서 그 정치적 의의를 부정할 수 없다. 더욱이 박세채가 탕평론을 변통론과 연계하여 제기함으로써, 탕평 본래의 의미, 곧 붕당의 완전한 타파·소멸에 대한 전망을 제공하였다는 점에서, 이는 주자학적 정치론의 현실적 한계를 극복하려는 시도이기도 하였다.

영조·정조 연간 정책으로 발현된 탕평책 또한 박세채가 제안한 탕평론을 근거로 삼고 있었다. 영조대 탕평정치의 이론가인 조현명의 양시양비론兩是兩非論, 호대쌍거론互對雙擧論, 분등론分等論, 원경하의 군자소인君子小人 병용론 등도 모두 조제론의 범주에 들어간다. 엄격히 말하면 현실적으로 존재하는 붕당의 존재를 묵인한 가운데 타협의 방안으로 제시된 것이라 할 수 있다. 이는 결국 탕평의 외피를 쓴 붕당론이라 할 수 있다. 탕평책을 주도한 정치세력이 '탕평당'이라는 또 다른 붕당이 될 수 있는 근거다.

정조대의 탕평론은 붕당론의 성격이 더욱 강하다. 이른바 '의리탕평'이라는 것은 '탕평'보다는 '의리'에 초점이 맞추어져 있으며, 그 '의리'란 종래 붕당들이 저마다 내세웠던 그 '의리'다. 노론세력이 노골적으로 '군자당'임을 자임하고 주자의 붕당론만이 진정한 탕평론이라고 내세웠던 것처럼, 소론은 소론대로, 남인은 남인대로 자신들이 군자당임을 내세웠던 것이다. 다만 노론의 경우, 사림은 모두 군자이므로 그 안에서는 조제가 가능하다는 이이의 조제론마저도 거부하고 다른 당파를 모두 배제하려 한 반면, 소론이나 남인들의 경우 다른 당파도 군자당임을 인정하고 군자당 간의 조제, 곧 탕평에 동의했다는 차이가 있다. 탕평론자들이 당색의 경계를 넘어서 분포하고 있는 당시의 정치현상을 여기에서 설명할 수 있다. 탕평책이 실시되었지만 붕당은 남아 있었기 때문이다. 바로 이러한 탕평론의 한계는 19세기 세도정치가 탕평정치와 자리를 바꾸어 등장할 수 있었던 이유이기도 했다.

4) 시대가 구속한 여성, 시대를 움직인 여성

유교 본래의 이론에는 남존여비의 관념은 없었으나, 성리학이 정리되면서 음양의 개념이 도입되고, 여성에게는 음의 역할이 부여되었다. 음양은 자연의 이치이므로 여성이 양보하고 순종하는 것은 자연의 이치라는 차별적인 여성관이 성립되었다.

조선사회에선 이러한 성리학적 여성관과 부계 중심의 종법질서가 결합하여 점차 여성의 권리가 축소되고 상례나 제례, 재산상속 등에서 차별을 받게 되었다. 예컨대 상례에서 외조부모와 처부모에 대한 차별, 장자 중심 제사 상속 관행의 확대에 따라 부모 제례에서 제외, 재산상속에서 제외, 과부의 재가금지 및 재가녀 자손에 대한 금고, 족보 기재 대상에서 제외 등 조선 초기까지도 어느 정도 보장되었던 여성에 대한 여러 가지 권리들이 축소되거나 소멸되었다.

또한 성리학의 윤리규범이 정착되면서 일상생활에서 여성에 대한 규제도 점차 많아지고 강화되었다. 예를 들면 여성들의 사찰 출입 규제, 전통신앙을 음사淫祀로 규정하여 행사 참여를 규제, 여성의 외출복장 및 이동수단에 대한 규제, 내외법의 시행 등 여자들의 일상생활 규범을 세세히 규정하고 이를 위반하면 엄하게 처벌하기도 하였다.

조선시대 여성들은 자신의 신분과 경제적 처지에 따라 일과 생활에 차이가 있었다.

평민이나 노비층 여성들은 육아와 가사를 책임지면서 옷감을 짜서 옷을 자급자족하고 세금을 충당하였다. 그리고 농삿일은 마땅히 해야 할 일상적인 일이었다. 농사 일정은 종자 준비, 밭갈이, 곡식 심기, 김매기, 수확 등인데, 여성들은 이 가운데 주로 김매기를 담당했다. 김매기는 농사의 성패를 가른다고 할 만큼 농사에서 차지하는 비중이 큰 과정이었다. 이앙법이 보급되면서 김매기에 필요한 노동력이 점차 줄어들었지만, 김매는 시기를 잘 맞추어야 했으므로 집중적인 노동력의 투여가 필요하였다. 여성들은 또 종자의 선별을 위해 키질을 한다거나, 종자를 씻어내는 작업에 참여하기도 하였다.

여성들이 해야 하는 중요한 생산활동은 길쌈, 곧 옷감을 짜는 일이었다. 옷감은 옷을 해입는 재료일 뿐 아니라 화폐의 역할을 하였기 때문에 옷감 짜기는 아주 중요한 일이었다. 그리고 이 옷감 짜기는 여성의 역할로 규정되어 있었으며, 평민이나 노비층 여성들이 그것을 주로 담당하였다. 비단, 면포, 베와 같은 옷감은 의복을 자급자족하는 것과 군포軍布 등 세금을 내는 데 쓰였다.

양반층 여성들의 경우는 자기 집안의 경제적 처지나 지위에 따라 상층 양반 여성들의 경우 가정관리 외에 직접적인 생산활동에는 거의 참여하지 않았다. 이들이 담당하는 일은 봉제사奉祭祀와 접빈객接賓客이 주된 것이었다. 봉제사란 제사를 모시는 것이고, 접빈객은 집에 드나드는 손님을 대접하는 일이다. 후대로 갈수록 제사의 비중이 커지면서 이를 책임진 종부宗婦들의 부담은 커져 갔다. 시제와 차례를 포함하여 기본적으로 1년에 10회 이상의 제사를 준비해야 했다. 빈객을 어떻게 대접하느냐는 집안의 대외적 품격을 책임지는 일이었다. 집안의 경제적 여건에 따라 너무 박하지도 않고 너무 과하지도 않게 손님을 접대하는 것이 여성들이 가장 신경 써야 할 부분이었다. 양반의 손님 접대는 사회관계망을 형성하는 중요한 행위였기 때문에 이 또한 여성이 부담해야 할 쉽지 않은 역할이었다. 토지와 노비 등 양반들의 재산을 관리하는 것 또한 남성보다는 여성의 역할이었다.

한편 하층 양반 여성의 경우는 가사뿐 아니라 남편의 출세를 위해 옷감짜기나 삯바느질 등으로 생계를 책임지기도 하였다.

이 밖에 궁녀나 기생, 의녀, 무녀 등 전문성을 가진 특수직에 종사하는 여성들이 존재하였다. 궁녀는 무수리부터 상궁에 이르기까지 궁궐에서 일을 하는 모든 여성을 가리킨다. 이들은 일정한 신분 이상이 되면 품계가 주어지는 여성 관원이었다. 종9품에서 정5품 상궁까지가 궁인의 품계고, 정1품에서 정4품까지는 후궁에게 주어지는 품계였다. 궁녀들은 의식주에 관계되는 모든 일을 담당하였다. 의복의 제작과 목욕 시중, 청소, 다과나 수라, 빨래, 염색 등 온갖 일을 맡아 했다. 이들은 궁인이 갖추어야 할 기본적인 교육을 받았다. 일반 궁녀가 상궁의 지위에 오르려면 30년 이상 걸렸다. 왕의 승은을 입으면 곧바로 상궁으로 승진하였지만, 후궁이 되려면 자식을 낳아야 했다. 승은을 입지 못한 궁녀는 처녀로 늙어야 했다.

기녀가 처음부터 가무의 기예를 익힌 특수직 여성만 가리키는 말은 아니었다. 의약이나 침선 등 전문적인 기술교육을 받은 여성들도 처음에는 모두 기녀로 불렸다. 그러나 시대가 내려올수록 기능직 기녀의 역할보다는 사대부나 변경의 군사들을 위한 매춘의 역할이 커지면서 창기의 개념으로 변화되었다. 기녀의 신분은 천인으로 대부분 관비였다.

의녀는 부인들의 치료를 위해 필요한 여성 의료인이었다. 성리학적 윤리 규범의 정착에 따라 내외법이 엄격해지면서 여성들은 남성 의원을 기피하였고, 이에 의녀를 두어 여성들을 치료하게 된 것이다. 의녀 교육이 본격적으로 실시된 것은 혜민국이 의녀 교육을 담당하면서부터였다. 의녀 교육 과정에서 중도 탈락할 경우 본래의 천역으로 돌아가야 했다. 의녀는 환자의 증세를 관찰하거나 침을 놓기도 했으나, 증세의 판단이나 처방은 남성 의원이 담당했다. 의녀는 궁녀를 체포하거나 수사할 때 수사관 역할을 담당하기도 했으며, 나중에는 양반가 여성 범죄자로까지 수사 범위가 확대되었다.

무녀는 동서 활인원에 소속되어 국가의 무속 행사를 담당했던 전문직업인이었다. 이들은 유교가 갖는 종교로서의 한계를 보완하는 역할을 하였다. 무녀는 《목민심서》에 "세 집이 있는 마을에도 모두 무녀가 있다"고 표현될 정도로 민간에 널리 퍼져 있었다. 그만큼 이들에게서 걷는 세금인 무세의 비중도 만만치 않아서 무세 폐지 논의가 종종 무산될 정도였다.

양반층 여성들은 성리학적 여성관에 따라 효부·열녀가 되기를 강요받았다. 그러나 여성들이 한글을 배우고 독서를 통해 지식을 습득하면서 자의식이 고양되었다. 여성 독서 인구의 급증은 17세기 말 이후부터 활성화되기 시작한 소설의 유통 및 간행에 힘입은 것이었다. 여성 독자의 비중이 커지자 소설의 내용에서도 여성 주인공의 역할이 점차 커지고, 《박씨부인전》처럼 여성이 주인공인 소설도 등장하였다.

여성들은 독자뿐 아니라 작가로도 등장하였다. 잘 알려진 정조의 어머니 혜경궁惠慶宮 홍씨洪氏뿐 아니라, 윤지당允摯堂 임씨任氏나 삼의당三宜堂 김씨金氏를 비롯한 십수 명의 여성 작가들이 다양한 내용의 저작을 남겼다. 저작의 내용도 다양해서 술·음식·옷 만들기 등 생활백과사전이나 태교·육아법을 비롯하여 심지어는 성리설이나 제문·묘지명과 같이 유학자의 문집에 실릴 만한 학문적인 내용으로 구성된 문집도 있었다.

상품화폐경제의 발달에 따라 여성들의 경제활동도 활발해지고 경제력을 갖춘 여성들도 등장하였다. 양인 이하의 여성들은 여인전女人廛이라 하여 시전에서 직접 점포를 운영하기도 하였고, 그 가운데는 김만덕金萬德처럼 거상巨商으로 성장한 경우도 있었다.

천주교의 전래는 유교적 가치관을 거부하는 여성들을 등장시켰다. 천주교를 접하고 신자가 된 여성들 가운데는 독신을 고수한다든가, 집에서 가출하여 여성들만의 신앙공동체를 만들기도 하였다.

18세기 후반부터 여성들은 성리학적 윤리규범이라는 사회적 굴레를 벗어나 인격을 자각하고, 저작활동이나 경제활동에 활발히 참여하고, 천주교 등 신앙활동을 통해 봉건적 지배체제에 저항하기도 하는 등 독립적인 사회구성원으로 성장하는 싹을 틔우고 있었다.

참고문헌

전해종, 1970, 《한중관계사연구》, 일조각
차문섭, 1973, 《조선시대 군제연구》, 단국대 출판부
한영우, 1973, 《정도전 사상의 연구》, 서울대 한국문화연구소
최승희, 1975, 《조선초기 언관 언론연구》, 서울대 한국문화 연구소
정만조, 1977, 〈조선후기의 양역변통론에 대한 검토〉, 《同大論叢》 7
김길환, 1980, 《조선조유학사상연구》, 일지사
김옥근, 1980, 《한국토지제도사연구》, 대왕사
이성무, 1980, 《조선초기 양반연구》, 일조각
한영우, 1981, 《조선전기 사학사연구》, 서울대출판부
손인주, 1982, 《조선시대 여성교육연구》, 성균관대 출판부
김태영, 1983, 《조선초기 토지제도사연구》, 지식산업사
정석종, 1983, 《조선후기 사회변동연구》, 일조각
한영우, 1983, 《조선전기 사회경제연구》, 을유문화사
김옥근, 1984·1987·1988, 《조선왕조재정사연구》 Ⅰ·Ⅱ·Ⅲ, 일조각
윤용출, 1984, 《조선후기의 요역제와 고용노동》, 서울대 출판부
이태진 편, 1985, 《조선시대 정치사의 재조명》, 汎潮社
김영주, 1986, 《조선시대불화연구》, 지식산업사
윤국일, 1986, 《경국대전연구》, 북한 과학백과사전출판사
이호철, 1986, 《조선전기 농업경제사》, 한길사
민성기, 1988, 《조선 농업사연구》, 일조각
이은순, 1988, 《조선후기 당쟁사연구》, 일조각
장학근, 1988, 《조선시대 해양방위사》, 창미사
김용숙, 1989, 《조선조 궁중풍속연구》, 일지사
박주, 1989, 《조선시대 정표정책에 대한 연구》, 일조각
정두희, 1989, 《조선 성종대 대간연구》, 한국연구원
이존희, 1990, 《조선시대 지방행정제도연구》, 일지사
한국역사연구회 19세기정치사연구반, 1990, 《조선정치사 1800-1863》 상·하, 청년사
이범직, 1991, 《한국중세 예사상 연구》, 일조각
이찬, 1991, 《한국의 고지도》, 범우사
이성무 외, 1992, 《조선후기 당쟁의 종합적 검토》, 한국정신문화연구원
한우근, 1993, 《유교정치와 불교》, 일조각

손승철, 1994,《조선시대 한일관계사 연구》, 지성의 샘
허선도, 1994,《조선시대 화약병기사연구》, 일조각
김성윤, 1997,《조선후기 탕평정치 연구》, 지식산업사
이경식, 1997,《조선전기 토지제도연구》, 일조각
이철성, 1997,〈부세제도의 문란과 삼정개혁〉,《한국사》 32, 국사편찬위원회
장병인, 1997,《조선전기 혼인제와 성차별》, 일지사
정연식, 1997,〈양역변통론과 균역법의 시행〉,《한국사》 32, 국사편찬위원회
최소자, 1997,《명청시대 중·한관계사 연구》, 이화여대 출판부
최윤오, 1997,〈광작과 지주제〉,《한국사》 33, 국사편찬위원회
박광용, 1998,《영조와 정조의 나라》, 푸른역사
한국여성연구소 여성사연구실 지음, 1999,《우리 여성의 역사》, 청년사
김종원, 1999,《근세 동아시아관계사 연구》, 혜안
이상태, 1999,《한국 고지도 발달사》, 혜안
지두환, 1999,《태조대왕과 친인척》, 역사문화
지두환, 1999,《정종대왕과 친인척》, 역사문화
한명기, 1999,《임진왜란과 한중관계》, 역사비평사
박주, 2000,《조선시대의 효와 여성》, 국학자료원
정성일, 2000,《조선후기대일무역》, 신서원
박원호, 2002,《명초조선관계사연구》, 일조각
서인원, 2002,《조선초기 지리지 연구》, 혜안
송찬섭, 2002,《조선후기 환곡제개혁연구》, 서울대 출판부
임민혁, 2002,《조선시대 음관연구》, 한성대 출판부
최승희, 2002,《조선초기 정치사연구》, 지식산업사
김준석, 2003,《조선후기 정치사상사 연구》, 지식산업사
정호훈, 2004,《조선후기 정치사상 연구》, 혜안
김용흠, 2006,《조선후기 정치사 연구 I》, 혜안
역사학회 편, 2006,《전쟁과 동북아의 국제질서》, 일조각
한국사연구회 편, 2008,《새로운 한국사 길잡이(상)》, 지식산업사

5부
문호개방과 근대화

개 관

19세기 서구열강은 동아시아 각 국에 불평등한 문호개방을 강요했다. 청, 일본, 조선은 문호개방을 강요당한 시기와 목적이 달랐다. 서구는 조선을 무력시위 정도로 개항시키려고 했으나 대원군 정권의 완강한 저항을 받고 물러갔다. 동아시아에서 서구열강 간에 힘의 공백이 있었던 시기였기에 가능했다. 그 사이 일본은 서구적 문명개화정책과 팽창정책을 추진하면서 조선에 통상을 요구했다. 조선은 1876년 강화도조약을 맺어 세계자본주의체제로 편입되었다.

문호개방은 했지만 조선에서는 청일전쟁 전까지 전통적인 조공체제와 서구가 주도하는 조약체제가 공존했다. 1880년대 조선정부는 동도서기론에 기초한 양무론적 개화정책을 추진했다. 정부의 개화정책에 반발해 구식 군인들이 임오군란을 일으켰다. 임오군란을 계기로 청은 조선의 내정과 외교에 간섭하면서 식민지적 속방화 정책을 폈다. 이에 반발해 젊은 문명개화파가 1884년 갑신정변을 일으켰지만 실패로 돌아갔다. 조선정부도 청의 간섭에 저항해 자주권을 회복하려고 했지만 성공하지 못했다. 청의 정치적 보호 속에 청과의 무역 비중이 급증하면서 일본과 청의 갈등이 고조되었다.

조선후기 이래 해체되어 가던 봉건체제는 개항으로 새로운 국면을 맞았다. 곡면穀綿교환체제로 재편되면서 종래 일국 단위의 수급구조가 교란되었다. 양반지주제가 도로 강화되고 관리의 탐학은 더욱 심해졌다. 봉건제 모순을 타파하고자 1894년 동학농민전쟁이 일어났다. 농민군이 승승장구하여 전주성을 점령하자 이를 계기로 청·일 양국 군대가 출동했다. 일본은 한편으로 경복궁 쿠데타를 일으켜 친일적인 갑오정권을 내세우고, 다른 한편으로 청일전쟁을 도발했다.

청일전쟁으로 전통적 조공체제가 완전히 붕괴되었다. 서구는 청의 영토분할경쟁을 본격화했고, 일본은 동아시아에서 러시아의 남하를 저지하려는 열강에 편입하며 국제적 위상을 정립했다. 조선은 양무론적 개화정책에서 벗어나 제도, 사상까지 근대적으로 변혁할 필요를 느꼈다. 누가 근대화 개혁을 주도하는가에 따라 자주화에 대한 입장이 달랐다. 문명개화파를 위시한 개혁관료가 주도한 갑오개혁은 서구와 일본을 모델로 지주적 입장에서 근대화를 추진했지만 외세의존적인 개혁이었다. 아관파천 후 정국을 주도하게 된 고종은 황제권을 강화하면서 변법론적 근대화정책을 추진했다. 개혁자금을 조달하기 위해 부정부패한 방법까지 동원한 부정적 측면이 있지만 강력한 황제권을 바탕으로 자주권을 수호할 수 있는 물적 토대를 구축하는 놀라운 성과를 거두었다.

1. 개항과 흔들리는 동북아시아 질서

1) 불평등 조약에 의한 개항

18세기 말 영국을 위시한 서유럽 국가에서 산업혁명이 일어났다. 종래 중계무역은 기계로 대량생산한 면직물 등을 판매하는 제조무역으로 전환되었다. 서구열강은 값싼 원료와 식량공급지·상품시장을 독점적으로 확보하기 위해 식민지 확대에 열을 올렸고, 전 세계를 서구중심적인 무역체제로 재편했다.

전통적으로 동아시아에서는 중국 중심의 조공무역체제가 운용되다가 19세기 들어서서 서구열강이 주도하는 자본주의적 세계무역체제로 편입되었다. 동아시아 각국이 문호개방을 강요당한 목적과 시기에는 각기 차이가 있다.

19세기 당시 서구열강의 눈에 비친 중국은 4억 명의 인구와 거대한 영토를 보유한 매력적인 시장이었다. 하지만 19세기 초까지 영국의 대중국 면직물 수출액보다 차·비단·도자기의 수입액이 많았다. 영국은 이 심각한 무역적자를 해소하고자 인도에서 재배한 아편을 중국으로 수출했다. 중국정부는 아편으로 인한 폐해와 은 유출을 막고자 아편을 폐기처분했고, 영국은 이를 빌미로 1840년 아편전쟁을 도발했다. 1842년 영국은 난징 조약을 맺어 홍콩을 할양받고 상하이 등 주요 5개 항구를 개항시켰다.

일본을 개항시킨 나라는 아시아로 진출할 전초기지를 필요로 한 미국이었다. 미국은 캘리포니아 금광을 개발하고 대륙횡단철도를 건설하며 태평양 연안으로 진출하면서 아시아까지 세력을 확장하고자 했다. 미국은 1844년 중국과 통상조약을 맺은 이래 포경선 피난처, 무역선 연료를 저장하는 저탄소, 식량을 보급하는 기항지가 필요했다. 1853년 미국 페리 함대가 무력시위를 벌여 1854년 미·일 화친조약을 맺어 일본을 개항시켰다. 조약은 하코다테函館 등 2개 항구를 개항하고 식량·연료·식수 공급, 난파선 구조, 최혜국 대우 등을 보장하는 불평등한 것이었다.

조선 근해에서도 19세기 초부터 영국, 프랑스, 미국 등의 서양선박들이 출몰하기 시작했으나 적극적으로 통상조약을 요청하기 시작한 것은 1860년대 중엽부터다. 조선중기 이래 들어온 천주교(서학)가 성리학적 세계관을 부정하고 신분과 계급을 초월한 평등사상을 유포시키자 양반 유생층이 반발했다.

조선 내에서는 봉건체제의 근간인 양반지주제가 흔들리면서 양반 중심의 지배질서가 위기를 맞고 있었다. 농업생산력의 발달로 상품화폐경제가 발달하고 농민층 분해가 진전되면서 신분제가 동요했다. 19세기 외척 중심의 세도정치로 삼정三政이 더욱 문란지면서 이에 저항하는 홍경래의 평안도전쟁을 위시해 충청·경상·전라 삼남지방에서 농민항쟁이 잇달았다.

국내외적 위기가 심화되어 가던 1863년, 고종이 12세의 나이로 즉위하고 그의 아버지 흥선 대원군이 섭정으로 실권을 장악하였다. 대원군은 국내외 위기를 수습하고 봉건적 왕권의 재건을 목표로 일련의 개혁정책을 폈다. 정치적으로 세도정치기 실권을 행사하던 비변사를 혁파해 외척세력인 안동 김씨 세력을 제거하고, 붕당의 온상이던 600여 개의 서원 가운데 47개소만을 남기고 모두 철폐했다. 지지 기반이 취약했던 대원군은 사색당파, 신분, 귀천을 불문하고 관리를 임용했다. 특히 삼군부三軍府를 최고 군사기관으로 삼아 자기세력으로 삼았다. 왕실권위 상징인 경복궁도 중건하였다.

경제적으로는 민란의 원인을 삼정문란에서 찾고 수세제도를 개선하고자 했다. 이서층의 농간을 막고자 고리대로 변질된 환곡제 대신 농민들의 공동출자로 운영되는 사창제社倉制를 실시했다. 양반에게는 군포를 징수하는 호포

제戶布制를 실시해 세수를 확대했다. 하지만 경복궁 중건사업과 군비확장을 위해 원납전願納錢이라는 기부금을 징수하고, 당백전當百錢을 발행하고, 청전淸錢이라는 악화를 유통시키면서 물가가 급증했다.

대외적으로 대원군은 그의 부인인 민씨가 천주교 신자인 것을 묵인할 정도로 관용적이었다. 러시아는 1860년 베이징 조약으로 연해주를 차지하면서 국경을 접하며 1864년과 1865년 조선에 접촉을 시도하였다. 대원군은 러시아를 경계했다. 천주교 신자인 남종삼을 통해 프랑스 신부 베르뇌 주교에게 프랑스가 러시아의 남하를 막아줄 것을 요청했다. 베르뇌 주교는 정치문제에 선교사가 간섭하지 않는다는 로마 교황청의 입장을 내세워 거절하였다. 그 즈음 러시아는 조선이 통상교섭을 거절하자 더 이상 요청하지 않았다. 러시아의 위협이 사라졌다고 느끼면서 천주교에 대한 대원군의 태도가 돌변했다. 서원철폐로 양반유생층 사이에 악화된 여론을 무마하고자 그들의 천주교 탄압 요구를 받아들였다. 1866년 조선정부는 척화를 내세우면서 천주교도를 대대적으로 탄압해 9명의 프랑스 신부와 8천여 명의 국내 신도들을 처형했다(병인사옥).

이를 전해들은 프랑스는 그해 조선에 병인사옥의 책임을 묻고 통상조약 체결을 요구하면서 동양함대 7척과 1천 명의 군사를 파견하여 강화도를 점령하였다. 치열한 전투 끝에 한 달여 만에 조선군은 프랑스군을 격퇴했다(병인양요). 프랑스군은 퇴각하면서 관청과 민가를 불태우고 왕실 서적을 약탈했다.

같은 해 1866년 5월 평안도 철산에 미국 서프라이즈 호가 조난당했다. 본래 조선은 전통적으로 "고의성 없이 멀리서 곤경에 처해 온 사람들에게는 의식주를 제공하여 잘 돌려보내어 우리의 도리를 다한다"는 정신을 가지고 있었다. 이에 따라 곤경에 빠진 서프라이즈 호를 구조해서 중국으로 돌려보냈다. 하지만 같은 해 7월 홍수로 물이 불어난 대동강을 따라 평양에 온 미국 제너럴셔먼 호는 단순히 조난당한 상선이 아니었다. 조선 관리를 납치하고 노략질을 하는 등 의도적으로 횡포를 부리며 통상을 요구했다. 조선군과 평양의 군중은 대동강물이 줄어들어 제너럴셔먼 호 선체가 강에 박혀 빠져나가지 못하는 틈을 타서 선원 전부를 살해하고 선체를 불태워버렸다.

제너럴셔먼 호 사건이 발생한 지 5년이나 지난 1871년, 미국은 이를 구실로 조선과 통상을 맺으려고 했다. 일본에 이어 아시아 시장으로 진출하는 전초기지로 삼으려 한 것이다. 미국이 군함 5척과 1,200명의 군대를 거느리고 강화도에 침입해 초지진, 덕진진 등을 점령하였다. 조선군은 광성진 전투에서 완강히 저항했으나 350명이 사망하고 20명이 다쳐 전사자 3명, 부상자 8명에 불과한 미국군에 한 시간 만에 패배했다. 광성진 전투 후 미국은 조선이 자신들의 군사력에 놀라 저자세로 통상교섭에 나서리라 예상했다. 하지만 오히려 대원군은 전국적으로 척화비를 세우는 등 배외의식을 더욱 고조시켰다. 21일 가량을 기다려도 조선정부는 통상교섭에 나서지 않았다. 미국은 애당초 전면적 무력행사보다 군사력을 과시하는 정도의 무력시위를 통해 개항을 시키려 했기 때문에 아무런 성과 없이 물러갔다(신미양요).

프랑스와 미국 함선이 물러가자 대원군은 오랑캐를 물리쳤다고 의기양양해하며 척화정책을 더욱 굳게 하였다. 대원군의 통상거부정책이 가능했던 것은 조선군이 결사항전한데다가 동아시아에서 서양열강 사이에 힘의 공백이 생긴 시기였기 때문이다. 프랑스는 베트남 침략에, 미국은 서부개척과 중국시장에, 영국은 인도내란 수습과 중국과의 교섭에 여념이 없었고, 러시아는 극동아시아에 전력을 기울이지 않았다. 이들 서구열강은 무력시위 정도로 통상 개방 시키려 했으나 조선이 완강히 저항하자 더 강제하지 않으며 조선 개항이 늦어졌다.

일본은 1854년 조슈와 사쓰마 번 같은 세력이 존왕양이론尊王攘夷論에 입각해서 개항을 인정하려고 하지 않았다. 이들은 한편으로 천황의 권위를 이용해서 막부정치를 개혁하려는 공무합체公武合體(공은 조정, 무는 막부)운동을 전개하였다. 다른 한편으로 서구열강과 국지적으로 무력 충돌했다가 처참하게 보복공격을 당하면서 강력한 서구 군사력을 체험했다. 이를 계기로 개항반대세력은 막부정치를 반대하면서도 서구적 문명개화정책을 적극 수용하게 되었다. 1867년 12월 9일 이들이 주도하여 왕정복고 쿠데타를 일으켜 메이지 천황을 내세우고 근대화 개혁을 단행했다. 이른바 메이지 유신이다.

일본정부는 대내적으로 서구적 근대화정책에 착수하는 동시에, 대외적으로 대륙으로 진출하고자 조선개항에 전력투구했다. 마침 동아시아에서는 서구열강끼리 중국을 놓고 서로 견제하느라 만주와 조선에 전적으로 힘을 뻗치지 않아 힘의 공백이 생긴 시기였다. 국내 안정을 위해 일본정부는 메이지유신으로 인해 특권을 상실한 불평 무사들의 관심을 해외로 향하게 했다. 서구열강은 일본이 자신들을 대신하여 조선의 문호를 개방시켜주기를 바라며 일본의 침략주의를 적극적으로 지지했다.

일본은 조선개항에 자신들이 당한 서구의 포함외교砲艦外交 방식을 모방했다. 마침 조선에서는 1873년 강경하게 통상거부정책을 취하던 대원군이 최익현의 탄핵상소를 계기로 실각하고, 고종이 직접 정치일선에 나서게 되었다. 일본은 전통적인 조·일 관계에서 사용하지 않던 '천황'이나 '칙勅'과 같은 용어를 사용하면서 고의적으로 조선을 자극했다. 조선정부는 무례하게 외교관례에 어긋난 용어를 사용한 일본과의 통상을 거절했다. 일본은 이 통상거부를 빌미로 1875년 9척의 군함을 출동시켜 부산에서 무력시위를 감행하였다. 뒤이어 운요오 호를 강화도 해역에 출동시켜 조선의 발포사격을 유도하였다. 이 사건을 계기로 조선과 일본은 1876년 강화도조약(병자수호조규)을 체결했다.

조선정부로서는 강화도조약을 근대적 조약으로 체결한 것이 아니었다. 근대 국제법에 어두운 조선은 기존의 동아시아 국제질서인 교린관계를 회복할 목적과 일본을 통해 서구문물을 받아들이려는 의도에서 강화도조약을 맺었다. 일본과 통상하면 아편이나 천주교가 수입되지 않을 것이라고 보고 국내 여론을 설득하려고 했다. 일방적 영사재판권이나 무관세무역은 종래 왜관에서 행해지던 외교관행이었다.

반면 일본정부는 형식적으로는 전통적 외교형식인 '조규'를 포방했지만 내용상 근대 국제법적 질서를 수립하여 자국의 세력을 확장하고자 했다. 강화도조약은 일본이 서양열강

강화도조약 체결 장면

에게 강요당했던 내용을 고스란히 담은 불평등조약이었다. 편무적으로 치외법권을 인정케 하고 해안측량권 등을 관철시켰다. 더욱이 통상장정으로 항구세와 수출입 상품에 관세를 부과하지 않게 했다.

형식상 강화도조약은 전통적 교린관계의 회복처럼 보였으나, 실질적으로는 세계 자본주의체제에 불공평하게 편입되는 결과를 낳았다. 이후 무관세 규정의 폐단을 깨달은 조선정부는 이를 개정하고자 노력하였다. 1882년 미국과 맺은 통상조약과 1883년 조·일 통상장정 및 해세 규칙에서 약간의 관세권과 곡물수출 금지권을 얻었다. 하지만 그 대가로 더욱 심각한 내지통상을 허용하였다.

2) 문호개방을 둘러싼 갈등 : 임오군란과 갑신정변

강화도조약 체결 후 조선정부는 서구문명과 세계의 동향을 살피기 위해 일본에 1876년 1차 김기수, 1880년 2차 김홍집을 대표로 하는 수신사를 파견하였다. 특히 2차 사절단 대표 김홍집은 귀국 후 일본의 발전상을 보고하면서 《조선책략》을 소개했다.

이후 조선정부는 개화정책을 본격적으로 추진하면서 서구열강과 통상조약을 체결했다. 1880년대 조선정부가 개화정책을 추진한 목표는 왕권강화와 부국강병이었다. 서구의 종교, 제도, 사상은 배척하되 과학기술은 특히 군사력 증강 중심으로 수용하는 양무론적 개화정책이었다. 이러한 정책방향은 전통사상에 대한 자긍심에서 발로한 동도서기론적 세계관에 기초한 것이

《조선책략》

원명은 사의조선책략私擬朝鮮策略으로 1880년 청나라 양무파 관료 황준헌이 지었다. 《조선책략》은 변화하는 국제정세 속에서 조선이 취해야 할 대내외정책 방향이 담긴 제안서였다. 대내적으로 서양의 제도와 기술을 배워 자강하고 대외적으로 러시아의 남침을 막으려면 친중국親中國, 결일본結日本, 연미국聯美國하여 세력균형을 유지해야 한다는 내용이었다. 이 책은 고종을 비롯한 조선집권층이 개화정책을 추진하는 데 큰 영향을 주었다.

었다. 동도서기론란, 전통적 동양제도와 이데올로기인 도(道)는 유지하되 도를 담는 그릇인 기(器) 즉 서구문물은 수용한다는 것이다. 종교·이데올로기·사상과 같은 형이상학적 도(道)와 기술·산업과 같은 형이하학적 기술(器)은 분리를 할 수 있어서 동양적인 제도·이데올로기와 서구적인 과학기술을 결합시킬 수 있다고 믿었다.

정부의 개화정책에 대해 경상도 유생 이만손 등은 1881년 영남만인소를 올려 반대했다. 이를 시발로 전국 유생들이 잇달아 상소를 올려 위정척사를 주장했다. 정부는 이를 단호하게 억압했다.

고종은 새로운 정세에 적합하게 행정기구와 군대의 개혁에 착수하였다. 1880년 청의 제도를 참작하여 통리기무아문을 설치했다. 군사제도 면에서는 종래 5군영을 2영(무위영·장어영)으로 축소하고 1881년 4월 신식군대인 100여명의 별기군을 창설하였다. 별기군의 창설 교관은 일본인이었다.

초기 조선정부가 서구의 문물을 수용하는 통로는 일본과 청이었다. 우선 일본에 1881년 대규모 시찰단(신사유람단)을 파견하여 발전 상황을 자세히 견문하도록 하였다. 조준영·박정양·어윤중·홍영식 등의 위원과 수행원, 통역, 하인까지 62명은 4개월 동안 일본의 도쿄와 오사카를 중심으로 일본 각지를 돌아다니면서 행정기관을 비롯하여 군사·교육·공업 등을 살폈다. 시찰단은 귀국 후 외국서적들을 소개한다든지 《한성순보》를 간행하는 등 계몽활동을 하였다. 청에는 1881년 9월 신식무기 제조법과 조련법을 배워오게 할 목적으로 김윤식을 비롯한 영선사 일행 69명을 파견하였다. 원래는 기간을 1년으로 잡았으나 이듬해 임오군란으로 반 년 일찍 귀국하였다.

개화정책을 시행한 지 불과 1년 반이 지난 1882년, 개화정책에 불만을 품은 임오군란이 일어났다. 별기군은 급료와 군복 등 모든 면에서 기존의 구식군대보다 대우가 훨씬 좋았다. 폭동은 별기군에 비해 형편없는 대우를 받던 구식군인이 급료미에 불만을 품고 시작되었지만 대원군이 가담하고 서울시민이 가세하면서 정변으로 확대되었다. 고종이 직접 정치일선에 나서서 개화정책을 추진하면서 구식군인을 홀대했다. 재정이 부족한 정부는 구식군인의 급료를 13개월이나 지급하지 못했다. 게다가 1882년 7월 급료로 지급한

신식군인과 구식군인의 모습

녹봉미에 선혜청 담당 관리가 몰래 겨와 모래를 섞은 사건이 일어났다. 이를 발단으로 군인들이 녹봉미 수령을 거부하며 폭동을 일으켰다. 총기를 탈취하여 일본공사관을 습격하고 궁궐로 쳐들어가 고위관료를 살해했다. 구식군인이 살던 왕십리·이태원 일대의 도시빈민들도 폭동에 가세했다. 개항 이후 쌀의 대일본 수출이 증가하면서 쌀값이 앙등하여 하층민 생활이 어려워졌기 때문이다. 위협을 느낀 고종이 대원군에게 전권을 위임하자 대원군은 군인들이 원하는 대로 통리기무아문과 별기군을 없애고 자신의 무력기반인 삼군부를 복설했다. 고종은 은밀히 영선사로 중국에 가 있던 김윤식 등을 통해 청에 원병을 청했다.

청은 강화도조약 이후 일본세력이 조선에서 확대되는 것을 지켜보면서 조선으로 진출할 기회를 노리고 있었다. 이에 고종의 요청을 받아들여 기꺼이 군대를 파견하여 임오군란의 책임자로서 대원군을 지목하여 납치하고 무력으로 군란을 진압했다. 결국 한 달여 만에 임오군란은 막을 내렸다.

임오군란을 계기로 청은 위안스카이 등이 지휘하는 군대를 서울에 주둔시키고 조선에 적극적으로 간섭하기 시작했다. 본래 동아시아의 전통적인 국제질서인 조공체제는 의례적이고 형식적 관계여서 중국은 조공국의 내정과 외교에 간섭을 하지 않았다. 하지만 19세기 이래 서구열강과 불평등하게 근대적 조약을 맺은 청은 과거 조공국과의 형식적 관계를 실질적 종속관계로 만들려는 식민지적 속방화屬邦化 정책을 취했다. 조선과 〈조·청 상민수륙무역장정〉을 체결해서 조선이 청의 속방이라는 규정을 명시하고 청의 예속국임을 명문화했다. 다음으로 치외법권을 인정케 하고 서울과 양화진을 개방하고 청나라 상인에게 내지통상권을 허용했으며 연안어업권·연안무역권·청군함의 연안항해권까지 허용하면서 일본보다 더 유리한 조건으로 통상관계를 맺었다. 이를 계기로 청 상인이 본격적으로 서울로 진출했다.

청은 임오군란의 수습 과정에도 개입했다. 일본은 임오군란으로 공사관이 불탄 책임을 조선에 물어 터무니없이 많은 배상금 50만 원과 피해자 유족보상금 5만 원을 요구했다. 청은 조선으로 하여금 일본에게 일방적인 손해배상을 하도록 차관을 빌려주면서 조선과 일본 간의 제물포조약을 주선하였다. 1882년부터 1894년 사이 일본에서 들여온 차관이 60만 원인 데 비해 청에게 빌린 차관은 153만 원이었다. 청은 차관의 형태로 자본을 수출하여 채권국과 채무국 관계로 경제적으로 조선을 종속시키려고 했다.

또한 조선 내의 일본세력을 견제하고 조선의 종주국으로 외교주도권을 갖기 위해 서구열강과의 조약체결도 권장하였다.

조선정부에 정치경제적 간섭을 하는 청에 대해 고종을 위시해 그의 지지를 받는 김윤식과 민영익 같은 양무론적 개화파는 서구열강들의 침투를 막아주는 보호막으로 생각했다. 조공책봉체제를 전통적인 의미로 수용하여 조선이 중국의 속방임을 인정하는 것은 자주권을 침해당하는 것이 아니라고 보았다. 오히려 조공체제에 속하는 것이 각국으로 하여금 조선을 쉽게 넘볼 수 없게 만든다고 믿었다. 전통적인 국제질서의 형식을 빌어 조선의 자주화를 추구한 것이다. 청이 내정간섭을 통해 조선을 식민지적 속방으로 삼으려 하는 것은 경계했지만 조공체제 자체를 부정한 것은 아니었다.

반면 조선정부가 추진하는 양무론적 개화론에서 벗어나 문명개화론을 지지하는 세력이 생겨났다. 김옥균·홍영식·박영효 등은 동도서기론적 세계관에서 이탈했다. 이들 문명개화파는 부국강병을 이룩하려면 서구 과학기술과 같은 형이하학적인 기器만을 수용할 것이 아니라 서구적 제도·사상·이데올로기·종교(기독교) 같은 도道까지 전면적으로 받아들여야 한다는 변법론적 개화론을 주장했다. 대외적으로는 청의 조공체제에서 벗어나 근대적인 국제질서에 입각한 조약체제를 지향했다. 임오군란 이후 확대되는 청의 내정간섭을 배제하고 근대적 국제질서에 입각해 조선의 독립을 추구했다. 대내적으로도 일본의 메이지 유신을 본받아 급속하게 서구적 근대화를 추진하려고 했다. 문명개화파는 외세를 끌어들여서라도 정권을 장악해 문명개화정책을 펴고자 하였다.

갑신정변의 무대가 된 우정국

김옥균을 위시한 개화파들이 미국에 도움을 청했으나 거절당했다. 그후 일본에 접근해 조선에 주둔하고 있는 청군과 양무론적 개화파 세력을 타도할 방침을 세웠다. 일본은 임오군란 이래 조선에서 청에 대한 열세를 만회하고자 지원을 약속했다. 때마침 1884년 8월 베트남을 둘러싸고 청·프랑스 전쟁이 벌어지자 조선에 주둔하던 청군 3,000명 중 절반이 철수하여 베트남 전선에 투입되었다.

마침내 1884년 12월 4일 문명개화파가 우정국 낙성식 축하연에서 자체 군사력 50여 명과 일본 공사관 경비 120여 명으로 갑신정변을 일으켰다. 갑신정변 14개조 정강에 의하면 정치적으로 청과 관계를 단절하고 입헌군주제적 정치구조를 수립하려고 했다. 경제적으로 농·상공업을 육성하여 국력을 진흥시키고, 병력을 강화하여 자본주의 국가를 수립하려고 했다. 하지만 구체적인 방안은 제시하지 못했다. 지주제는 온존시킨 채 근대적인 조세제도로 개혁해서 탐관오리나 중간 이서층의 농간을 없애고자 하였다.

청은 고종을 위시한 양무론적 개화파의 요청으로 거사 후 3일째 갑신정변을 진압했다. 조선인은 문명개화파가 일본군을 끌어들인 것에 분개하여 일본공사관에 돌을 던지고 불을 질렀다. 일찍이 일본에 반대하여 임오군란을 일으킨 바 있던 서울시민들이 가세한 것이다.

문명개화파는 개항 이후 서울시민 사이에 쌀 유출로 인해 물가가 상승하면서 널리 확산된 배일의식을 고려하지 않았다. 도리어 백성들이 자신들의 우국충정은 몰라주고 조선의 근대화를 도와주려는 일본을 배척한다면서 백성들을 무지하고 어리석다고 원망하였다. 갑신정변은 대중들로부터 철저히 외면당한 채 외세의 힘을 빌려 서구적 근대화를 도모한 미숙한 정치개혁운동이었다.

청·일 양국은 이 사건을 계기로 양국 군대의 철수와 파병할 때 사전 통보할 것을 담은 톈진 조약을 체결했다. 갑신정변의 실패로 청의 내정간섭은 더

욱 심해졌다. 조공이라는 명분을 앞세워 전통적 의미가 아닌 근대 제국주의
적 침략야욕을 노골적으로 드러냈다. 조선의 제도개혁, 서구문물 수용정책
등에 일일이 간섭하며 자주권을 침해했다.

 고종을 위시한 조선정부는 한편으로는 서구열강과 근대적 조약을 맺어 주
권국가로서 국제사회의 일원이 되기를 바라면서도 다른 한편으로는 전통적
조공체제 하에서 청과의 사대와 친청정책은 유지되기를 원했다. 즉 조공체
제라는 형식에서 벗어나려는 것은 아니지만, 전통적 조공체제와 달리 청이
조선의 자주권을 침해하는 것에 대해서는 견제하고자 했다.

 조선정부는 자주권을 지키
기 위해 다음과 같은 정책을
폈다. 첫째, 서구열강 중 조선
이 주권국가임을 인정한 일본
과 미국에 수신사(1882)와 보
빙사(1883)를 파견하였다. 둘
째, 두 차례에 걸쳐 조·러 밀약
을 맺어 러시아세력을 끌어들
여 청과 일본을 견제하려는 외

1883년 미국에 파견된 보빙사 일행

교정책을 썼다. 셋째, 김윤식과 같은 친청세력을 배제하고 국왕의 역할을 증
대할 수 있는 내무부를 궐내에 두어 국방업무, 왕실업무, 외교정책까지 주도
하였다. 넷째, 조선의 독자적인 해군을 창설하려고 노력했다. 다섯째, 갑신
정변 후 청이 주도적으로 가설한 전신사업인 인천~서울~의주 사이의 서로西
路 전선사업과 별도로 조선정부의 독자적 기술과 재정으로 서울~부산 사이
의 남로南路 전선사업(1888), 서울~원산 간의 북로北路 전선사업을 추진해 가
설하였다. 이 밖에도 청·일을 제외한 국가인 프랑스와 미국에서 대규모 차
관교섭을 벌여 청의 경제적 종속에서 벗어나고자 노력했다.

 이러한 노력에도 청일전쟁 이전까지 청의 간섭을 배제하는 것은 실패했
다. 1880년대 동아시아 국제질서는 전통적 조공체제와 근대적 조약체제가
동거하는 상태였다. 문명의 표준이나 가치기준도 재래의 중화질서, 왕도정

치에서 서구적 만국공법, 주권, 부강으로 전환되는 과도기이면서 이것들이 동시에 병존했다. 조선정부의 국제관계 역시 전혀 이질적인 두 패러다임이 공존하고 있었다.

3) 동학농민전쟁, 반봉건과 반외세 투쟁

조선후기 이래 봉건적 사회신분과 생산관계가 일치하던 양반지주제가 흔들렸다. 이앙법 등 생산성을 높이는 기술을 적용하고, 담배·인삼 등 상품작물을 재배하여 수익을 극대화시켜 나가는 서민출신의 경영형 부농이 성장했다. 농업경영으로 부를 축적하는 서민지주들에 의해 양반지배질서가 해체되던 상황에서 개항되었다.

일국 단위의 자급자족체제에서 싹트던 자본주의적 맹아가 개항으로 새로운 국면을 맞았다. 쌀·콩과 같은 곡물, 금·홍삼·우피 등의 원료를 저가로 수출하고 영국제 면포를 위시한 외래 공산품을 고가로 수입하는 곡면穀綿교환체제로 재편되었다. 쌀·콩과 같은 곡물은 주로 일본으로 수출하여 일본정부가 저곡가정책을 취할 수 있게 했다. 일본은 자본주의 초기에 상품의 가격경쟁력을 갖추기 위해서 저임금을 유지해야 했다. 일본정부는 기업이 저임금을 유지하도록 곡물을 대량으로 수입하는 저곡가정책을 폈다. 조선의 곡물 수출량은 일본의 산업화가 진전될수록 급증하여 식량공급지로 자리매김하게 되었다.

반면 조선에서는 일본에 대한 곡물의 대량유출로 일국 단위의 곡물 수급구조가 교란되었다. 개항 전까지 상업용 밭농사 위주인 경영형 부농에 비해 논농사 위주인 양반지주가 상대적으로 수익성이 떨어졌다. 하지만 개항으로 쌀수출이 급증하면서 상황이 역전되었다. 쌀이 수출상품이 되면서 대토지를 소유한 지주제가 강화되었다. 관리들도 곡물 수출에 열을 올렸다. 임오군란에서 보듯 하급관리까지 쌀에 모래를 섞어서 차익을 남기는 사태가 벌어졌다.

쌀 수출량이 증가할수록 국내의 쌀 부족은 심각해졌다. 쌀값이 살인적으로 폭등했다. 1883년부터 1894년 사이에 서울을 비롯한 경인지방이 7배, 기타 지방도 2~3배씩 올랐다. 쌀값 폭등으로 물가가 급등하고 곡물 구매층인 빈농이나 도시빈민이 반발했다. 이에 외국인 특히 일본인에 대한 반감이 커져갔다. 개항으로 서민들의 생활이 갈수록 어려워졌고, 성장가도에 있던 경영형 부농은 위축되고, 약화되던 양반지주제는 도로 강화되었다. 해이해진 정치기강 속에서 쌀값의 시세차익을 노린 관리들의 탐학은 더욱 심해졌다.

세도정치로 문란해진 삼남지방에 농민봉기가 잇달았던 1860년 몰락한 양반 최제우가 동학을 창도했다. 동학에서는 하늘天主(한울)을 섬겼다. 현재 세계先天는 천주님이 대리인(천자 → 왕)을 통해 세상을 다스렸으나 어지러워져서 종말이 가깝고 곧 새로운 태평성세後天가 도래한다고 보았다. 새로운 세상은 천주님이 직접 인간세계에 강림하여 사람이 천심天心을 깨달으면 그가 곧 하늘이 된다고 하였다. 앞으로 다가올 세계는 천심이 인심이며 하늘과 사람이 하나 되어 사람을 하늘처럼 섬기는事人如天 세상이라는 것이다. 나도 하늘이고 너도 하늘이니 너와 내가 같은 평등세상인 지상천국을 건설하려면 천지가 개벽해야 한다고 주장했다.

동학이 농민들 사이에 급속하게 퍼져가자 정부는 1864년 혹세무민의 죄로 최시형을 처형했다. 개항 이후 쌀값 폭등으로 인해 농촌사회가 곤궁에 빠질수록 동학은 한층 호소력을 띠며 농민들에게 전파되었다. 여기에 조직력이 뛰어난 2대 교주 최시형을 비롯한 교단 지도자의 활약으로 경상·전라·충청 삼남지방과 강원, 황해도까지 동학 교세가 날로 확장되었다.

문제는 개벽을 성취하기 위한 방안이었다. 동학교도 내에서는 두 갈래로 입장이 나뉘었다. 하나는 작위적으로 노력한다고 개벽되는 것이 아니라 시운이 바뀌어야 이상세계가 도래한다고 보는 무위이화無爲而化 입장이었다. 교도들이 성실과 공경으로 열심히 기도하고 포교에 열중하다 보면 운수가 바뀔 것이라는 종교적 태도를 취했다. 충청도를 중심으로 교주 최시형과 그의 제자 손병희를 비롯해 교권을 가진 동학교단의 공식입장이기도 했다. 이를 북접이라고 불렀고 동학의 합법화를 목표로 했다.

다른 하나는 개벽의 시운이 도래할 때까지 기다릴 것이 아니라 적극적으로 나서서 하루라도 빨리 이상사회가 되도록 만들자는 사회참여적 입장이었다. 전라도 일대 중간 지도자급인 서장옥·전봉준·김개남·손화중 등이 주축이었다. 교단중심인 충청도보다 남쪽이라고 해서 남접이라고 불렀다. 당시 동학에 가입한 교도들은 현실사회에 불만이 많은 농민들이었다. 이들은 비 교권파로서 동학조직을 통해 현실에 참여하여 사회적 불만을 해결하고자 했다. 이들이 무엇보다 관심을 가졌던 것은 종교적 해결보다는 탐관오리의 숙청, 봉건적 신분차별, 물가상승으로 인한 배외주의, 지주제 철폐 같은 현실적이고 정치적인 사안이었다.

정부가 동학교도를 심하게 탄압하자 고종 29년(1892) 교주 최시형이 전라도 삼례읍에서 교조신원운동을 전개하였다(삼례집회). 교조신원운동은 동학을 창도한 교조 최제우가 억울하게 죽었으니 그 억울함을 풀어달라는 것이다. 동학을 합법화시켜 달라는 종교적 공인운동이었다. 삼례집회에 이어서 1893년 2월 동학교도 대표 40여 명이 광화문 앞에서 3일 동안 엎드려 교조신원을 청원했다. 동학대표에게 위임한 교조신원운동이 실패로 돌아가자 1893년 3월 충청도 보은에서 재차 교조신원운동을 벌였다. 무려 2만 명이나 되는 동학교도가 모인 보은집회에서는 애초에 교단 측이 의도한 종교운동 차원을 넘어선 정치적 색깔의 구호가 등장했다. 같은 시기 전라도 금구에서도 서장옥·전봉준 등 남접 지도자를 위시한 수천 명이 모여 훨씬 강력한 정치적 성향의 집회를 열었다(금구집회). 돌로 성을 쌓고 지방관 탐학과 일본에 의한 물가폭등을 비난하는 구호를 적은 깃발을 꽂으며 직접 현실문제를 해결하고자 하였다. 이에 당황한 정부와 종교탄압을 두려워한 교주 최시형 측이 서둘러 합의하고 동학교도들을 해산시켰다. 보은·금구 집회를 계기로 동학의 현실참여파들은 교단의 미온적인 태도에 더욱 불만을 갖게 되었다.

전라도는 곡창지대로서 다른 지방보다 소작인 비율이 높았다. 미곡 상납액이 압도적으로 많고 지방관의 세금독촉 역시 매우 혹독해서 농민의 원성이 심하였다. 전라도 고부 군수 조병갑은 대표적 탐관오리였다. 황무지를 개간시킨 후 강제로 세금을 징수하고, 부친의 송덕비를 세운다는 명목으로 1,000냥을 징수하였으며, 농민들을 동원해서 만석보를 쌓고 물을 사용하는 대가로 수세水稅를 징수했다. 대동미를 징수할 때에도 농민들로부터 질 좋은 상등품을 걷고 국가에 상납할 때는 질 낮은 하등품으로 바꾸어 차액을 횡령하는 등 갖은 수단을 동원해서 착복하였다. 문제는 이러한 부정부패가 조병

갑만이 아니라 당시 지방관들이 흔히 쓰던 방법이었다.

전봉준을 비롯한 고부 일대의 동학 남접지도자들은 1894년 2월 위기에 처한 나라를 지키고 곤궁에 처한 백성들을 구한다는 목표를 가지고 고부관아를 공격하였다. 고부를 점령한 농민군은 정부에 조병갑의 학정을 시정하고 외국 상인의 침투를 금지하라는 13개조의 요구사항을 제시하였다. 정부는 안핵사 이용태를 파견하여 사태의 전말을 조사하게 했으나, 이용태는 사건은 제대로 조사하지도 않고 농민봉기 주동자를 색출하고 탄압하는 데 주력했다. 이에 격분한 전봉준과 농민군이 인근 동학접주들에게 통문을 돌렸다. 연락을 받고 모인 만여 명이 넘는 동학교도와 농민들이 백산을 점령하였다. 농민 대부분은 곤봉이나 죽창을 들고 일부는 각 관아의 군기고에서 탈취한 화승총과 칼, 창을 들고 주변 관청을 속속 점령하였다. 농민군이 황토고개에서 전라 감영군 700여 명과 보부상 600여 명과 맞붙어 싸워 이겼다. 이에 놀란 정부가 홍계훈을 대장으로 한 군대를 파견했으나 농민군에게 대패했다. 농민군은 여세를 몰아 전주를 점령하고 1894년 6월 초 전라도를 완전히 장악하였다.

정부는 전주 함락 보고를 받고 크게 놀라 강경책과 온건책을 양면으로 구사했다. 한편으로 청에 농민군을 진압할 병력을 요청하고, 다른 한편으로 동학농민군 지도자 전봉준과 협상을 벌였다. 마침내 6월 11일 농민군은 청·일 양국의 개입 없이 정부의 내정개혁 약속을 믿고 해산하였다(전주화약).

농민군이 기세등등하게 전주성에서 자진 철수한 후 전라감사 김학진의 협력을 얻어 전라도 53개 군에 자치행정기구(집강소)를 두고 개혁정책을 추진하였다(폐정개혁). 농민군은 집강소를 통해서 "묵고 쌓인 원통하고 분한 기운을 다 풀어버리려고" 하였다. 집강소는 지방관헌과 대등한 처지에서 그들을 감시하고 농민을 대변하였다. 전봉준은 김개남과 더불어 집강소 전체를 지휘하는 대도소大都所를 맡았다. 전봉준이 전주에서 전라도 전체와 전라우도를 지휘하고 김개남이 남원에서 전라좌도를 관장하였다.

폐정개혁안은 조세수취, 봉건지주제, 신분제, 일본에 대한 경계, 토지문제를 중심으로 했다. 근대적 행정·국방·재정에 대한 정치구상은 포함되지 않았지만 농민군 행동은 봉건지배층에 대한 정면 도전이었다. 양반층을 중심

<폐정개혁안>

1. 도인과 정부 사이에 오래 끌어온 혐오의 감정을 씻어버리고 모든 행정에 협력할 것.
2. 탐관오리는 그 죄목을 조사해 내어 일일이 응징할 것.
3. 횡포한 부호들을 엄벌할 것.
4. 부랑한 유림과 양반은 응징할 것.
5. 노비문서는 불태워버릴 것.
6. 칠반천인의 대우는 개선하고 백정 머리에 쓰는 평양 립은 벗겨버릴 것.
7. 청춘과부는 재가를 허락할 것.
8. 무명잡세는 모두 거둬들이지 말 것.
9. 관리의 채용은 지벌地閥을 타파하고 인재를 등용할 것.
10. 외적과 상통하는 자는 엄징할 것.
11. 공사채公私債를 막론하고 기왕의 것은 무효로 돌릴 것.
12. 토지는 평균하게 나누어 경작케 할 것.

으로 한 봉건지배층은 농민군 진압에 앞장서고 농민들은 집강소를 통한 개
혁운동을 크게 환영했다.

농민개혁에 대한 소문이 퍼지면서 이에 동참하는 지역이 전라도만이 아니
라 교단 측의 영향 하에 있던 경상도, 충청도 등지로 확산되었다. 각처의 농민
군이 봉기해 지방관아를 습격하였다. 하지만 전봉준이 지휘하는 농민군 본부
가 내리는 지침에 따라 각 지역 집강소가 일사분란하게 폐정개혁을 벌인 것
이 아니었다. 지도부의 성향과 현지 사정에 따라 상당히 독자적으로 이루어졌
다.

한편 조선정부는 전주화약 전에 농민군을 진압하기 위해 청에 병력을 요
청한 바 있다. 청은 1894년 6월 육군 3,000명과 군함 2척을 파견해 아산만에
상륙했다. 일본도 텐진 조약을 내세워 거류민 보호라는 명목을 내세워 청의
2배가 넘는 육군 7,000명과 군함 7척의 병력을 끌고 인천에 상륙했다.

청·일 양국 군대가 도착했을 때 이미 조선정부는 농민군과 전주화약을 맺
어 수습국면으로 들어간 상황이었다. 조선정부가 양국에 군대 철수를 요구
했으나 일본이 거부했다. 오히려 일본은 현 조선정부가 정치를 못해 농민전
쟁이 일어났으므로 내정을 개혁해야 한다는 구실로 7월 23일 대원군을 앞세

워 경복궁을 침입했다. 이 쿠데타로 친일적 인사를 주축으로 하는 새 정부를 구성하였는데 형식적으로는 대원군 섭정이었지만 실질적으로는 조선을 일본 영향 하에 두려는 것이었다. 따라서 실권은 친일 성향의 문명개화파를 비롯한 개혁관료들이 장악했다. 이른바 갑오정권이다. 경복궁 쿠데타 직후 7월 25일 아산만 앞바다에서 일본군이 청군을 습격하면서 청일전쟁이 시작되었다.

대원군으로서는 문명개화파의 정치노선에 동의하여 정계에 복귀한 것이 아니므로 개화파 정부에서 의결한 법안을 거부하기 일쑤였다. 문명개화파도 대원군을 거치지 않고 고종의 재가를 받았다. 이에 점차 정치에서 소외된 대원군이 정국의 주도권을 장악하고자 했다. 우선 고종을 폐위시키고 손자인 이준용을 왕위에 앉히려고 하였다. 그리고 청일전쟁에서 청의 승리를 확신하여 평양에서 일본군과 전투를 벌이는 청군에게 밀서를 보냈다. 마지막으로 동학농민군에게도 8월 25일 밀지를 보낸다. "일본을 이기기 위한 창의에 다 같이 참여해서 우리의 망해 가는 나라를 붙들어 일으켜라"면서 농민군의 궐기를 부추겼다.

동학농민군 역시 경복궁 쿠데타로 친일정권이 들어서고, 청·일 양국 군대가 한반도에서 전쟁을 벌이는 것을 주목하고 있었다. 대원군이 밀서를 보낸 정치적 의도를 정확하게 파악한 전봉준은 그의 종용에도 불구하고 즉각 봉기하지 않았다. 한 달가량 금구에 머물면서 각지의 농민군지도자와 연락을 취했다. 마침내 1894년 10월 동학농민군은 일본군을 물리치는 것을 일차 목표로 하여 재봉기하였다. 2차 봉기에는 전라도, 경상도, 충청도는 물론이고 1차 봉기에 소극적이었던 손병희를 비롯한 북접지도자들까지 참가하였다. 남·북접의 영향권 하에 있던 강원, 황해도 지역까지 합세한 거국적인 농민군대였다.

전봉준이 이끄는 20여만 명의 농민군은 서울로 올라오면서 일본군과 수차례 전투를 벌였다. 하지만 동학농민군은 죽창이나 화승총 따위의 전근대적인 무기를 가진데다가 훈련도 제대로 못 받은 민병이었다. 머릿수를 앞세운 전면전이나 인해전술 같은 전술로는 근대적 과학무기로 무장한 일본군을 무찌르기에 역부족이었다. 농민군이 공주 우금치에서 결정적으로 패배해 논

압송되는 전봉준

산, 금구, 태인으로 퇴각하였다. 집강소 시기에 핍박받았던 양반층들은 농민군이 퇴각 기미를 보이자 각지에서 민보군, 의병이라는 이름으로 진압에 나섰다. 일본군은 농민군을 추격하여 철저히 색출하고 학살하였다. 결국 전봉준을 비롯한 많은 농민군 지도자들이 붙잡혀 처형당하고 농민군은 해산당했다.

이렇듯 갑오동학농민전쟁은 반봉건·반외세 반일 변혁투쟁이었다. 근대적 평등사회와 일제를 몰아내려던 동학농민전쟁은 실패했으나 나라와 백성을 구하기 위해 의롭게 봉기한 농민군의 전통은 활빈당, 영학당 등으로 계승되었다. 농민군의 개혁요구는 갑오정권에 의해 일정하게 수용되어 정치에 반영되었다.

2. 청일전쟁 이후 동북아시아의 질서재편과 근대개혁

1) 전통적 동북아시아 질서의 종막, 청일전쟁

1894년 동학농민전쟁을 빌미로 출병한 청·일 양국군은 한반도에서 충돌했다. 청과 일본 모두 서구와의 불평등조약에 의한 무역적자를 조선에서 만회하고자 했다. 강화도 조약 이후 일본이 조선무역을 독점하다가 임오군란 이후 청의 비호 하에 조선으로 화교가 본격적으로 진출하면서 대청무역 비중이 급증했다. 1885년 조선 수출액에서 청이 19%(일본 81%)였으나 1892년이 되면 45%, 1893년 49%로 급격히 신장했다.

1880년대까지 청·일 양국이 조선으로 수출하던 주요 품목은 서양 면제품이었다. 그 중 옥처럼 곱다고 옥양목이라고 불린 영국제 면제품이 인기였다. 옥양목이 맵시는 좋지만 내구성이 떨어지고 가격이 비싸서 상류층이 소비했다.

청·일 양국 모두 자국의 산업자본이 미숙했으므로 서구제품을 수입해서 되파는 중계무역 위주였다. 임오군란 이전까지 일본상인이 옥양목을 독점수입하여 차익을 챙겼지만 청 상인이 들어오면서 상황이 바뀌었다. 영국자본이 투자한 인도공장에서 만든 면제품은 동아시아 물류중심지인 상하이에서 집산되었다. 일본 상인은 영국제 면제품을 상하이에서 나가사키로 재수입하고 이를 다시 조선으로 수출했다. 반면 청 상인은 상하이에서 수입함으로써 경유지를 한 단계 줄여 상품가격을 낮출 수 있었다. 게다가 자금이 풍부하고 상거래에 신용이 있던 청 상인은 상품대금을 외상으로 나누어 내는 방식으로 판매하여 유리한 운영을 했다. 반면 일본 상인은 영세하고 한탕주의적 투기 성향이 강했다. 일수이자나 은행대출로 자금을 조달했기 때문에 현금거래를 원했다. 청 상인의 활약으로 이제 조선은 청의 무역적자를 메우는 귀한 시장이 되었다.

일본정부는 한편으로 가격경쟁에서 밀리는 중계무역 대신 제조업을 지원했다. 자금지원과 세금혜택을 통해 제조업을 육성시켜 오사카·고베를 중심으로 일본 면제품을 생산하는 방직·방적 산업을 일으켰다. 서양기계를 수입해 일본에서 만든 막베는 품질은 옥양목에 뒤졌지만 가격이 저렴했다. 옥양목 1필 값이면 막베 2~3필을 살 수 있었다. 소비층이 상류층에서 중간층으로 확대되면서 시장규모가 커졌다. 1882년까지 일본 상인이 일본 면제품을 취급하는 비중은 10%에 불과했으나 점차 급증하여 1890년 이후에는 80%가 넘었다.

일본정부는 다른 한편으로 청과의 전쟁을 준비했다. 전통적 조공체제에 묶여 있는 조선을 분리·독립시켜 일본의 영향권 하에 두려는 목적이었다. 일본은 1894년 7월 23일 경복궁 쿠데타를 일으켜 친일정권을 세우고 이틀 뒤 충남 아산과 성환에서 청군을 공격하여 해전과 육전에서 승리하였다. 9월 15일 일본군은 평양에 주둔중인 청 군대를 포위 공격했다. 모두의 예상을 뒤엎고 3일 만에 평양을 점령하여 조선정부와 열강을 놀라게 했다. 갑신정변 이래 전쟁을 준비해온 일본은 계속 승승장구하여 1895년 2월 청 해군의 근거지인 웨이하이웨이, 산둥 반도, 만주 뉴좡을 점령하였다. 청은 일본에 강화를 요청하지 않을 수 없었다.

성환전투에서의 승리를 기념하여 용산에 개선문을 세우고 기념식을 벌이는
일본군

일본이 청일전쟁에서 승리하면서 동북아시아의 국제정치 지형에 커다란 지각변동이 일어났다. 청일전쟁을 계기로 조공체제는 명실상부하게 완전히 파탄났다. 청일전쟁 후 일본은 청에게 조선이 '자주독립국'임을 확인하고 종주권을 포기시켰다. 승리의 대가로 타이완, 펭호 열도만이 아니라 러시아가 이익범위로 여기는 랴오둥 반도까지 차지하고 2억 냥이라는 막대한 전쟁배상금을 받는 것 등을 골자로 하는 시모노세키 조약을 체결했다. 이 조약은 만주를 영향권 하에 두려는 러시아의 이해를 정면으로 침해하는 것이었다.

뒤늦게 제국주의 대열에 뛰어든 러시아는 부동항을 획득하고자 했다. 세계적으로 발칸 반도, 인도 등지로 남하하려고 했으나 영국의 견제로 실패했다. 이에 러시아는 1891년부터 시베리아 횡단철도를 건설하면서 만주로 세력을 뻗히고자 했다. 러시아로서는 시베리아 횡단철도가 완성될 때까지 만주와 한국의 현상유지를 원했다. 일본이 시모노세키 조약으로 만주이권을 독차지하려고 하자 러시아는 조약이 너무 가혹하다면서 대일 간섭을 주도했다.

독일은 1893년 러·불 군사동맹을 맺은 프랑스가 독일에게 보불전쟁에 대해 복수하는 것을 막고자 했다. 러시아가 동아시아에 집중할 경우 독일의 동부국경에 가해지는 러시아 위협에서 해방될 수 있었다. 게다가 중국 양쯔강 유역을 '이익권'으로 하고 있는 영국과 러시아의 대립을 조장할 수 있었다. 독일은 표면적으로는 러·불 양국에 우호를 표시하면서 삼국간섭에 동참하였다.

프랑스는 러시아와 동맹관계에 있을 뿐 아니라, 러시아의 시베리아 횡단철도에 소요되는 방대한 건설비용도 프랑스 자본이었다. 프랑스로서는 할 수 없이 러·불 동맹과 시베리아 철도에 대한 투자, 동아시아 식민지 획득, 긍극적으로 러시아를 유럽정세로 끌어들이기 위해 삼국간섭에 참여했다.

동상이몽으로 뭉친 러·불·독 삼국이 개입함으로써 일본의 랴오둥 반도 진출은 좌절되었다(1895.4). 청일전쟁 패배로 청이 일본에게 질 정도로 '종이 호랑이'라는 것이 만천하에 드러나자 서구열강은 본격적으로 중국영토 분할경쟁에 돌입했다. 1897년 11월 독일의 자오저우膠州 만 점령을 시발점으로 같은 해 12월 러시아가 랴오둥 반도의 뤼순을 점령하고, 영국과 프랑스는 각각 양쯔강 이남과 광저우 지역에 대한 이권을 독점했다. 미국도 1898년 미·서전쟁을 벌이며 필리핀을 식민지로 삼고 중국시장에 본격적으로 진출하고자 했다.

삼국간섭으로 랴오둥 반도의 점령 계획은 실패로 돌아갔지만 일본은 막대한 배상금을 받아내고 타이완 등을 식민지화하면서 동아시아에서 유일하게 제국주의 국가로 발돋움하게 되었다. 이후 일본은 조선과 만주로 진출하고자 러시아와의 전쟁을 준비하기 시작했다. 러시아가 삼국간섭을 계기로 본격적으로 만주로 세력을 확장하자 영국은 동아시아에서 러시아의 남하를 저지할 필요를 느꼈다. 일본은 러시아의 남하를 저지하려는 열강 간의 역학관계에서 일익을 담당하면서 국제적 위상을 정립해 나갔다.

2) 관료가 주도한 갑오개혁

조선은 청일전쟁으로 조공체제에서 벗어나 '독립'했으나 '독립'이 근대적 자주권을 확보했다는 뜻은 아니었다. 청의 패배로 양무운동이 실패라는 것이 자명해졌다. 이제 과학, 산업과 같은 서구기술의 수용만이 아니라 전통적인 제도, 사상까지 근대적으로 변혁할 필요가 절실해졌다. 그러나 근대화 개혁의 주도세력이 누구인가에 따라 자주화를 향한 노력은 달랐다.

먼저 근대적 제도개혁을 주도한 것은 문명개화파를 위시한 개혁관료였다. 갑신정변(1884) 실패 후 10년이 지나서야 문명개화파는 일본군이 일으킨 경복궁 쿠데타 덕분에 정권을 잡았다. 갑오정권에 참여한 세력은 문명개화파는 물론 행정전문 관료까지 포함한 개혁관료였다. 이들 중에는 김윤식과 같이 1880년대에는 양무론적인 근대화에 참여했지만 국제정세의 변화에 따라 문명개화파가 주도하는 전면적인 제도개혁에 동조하게 된 관리도 있다.

1894년 7월 23일부터 1896년 2월 11일 아관파천까지 개혁관료 주도로 실시한 근대적 내정개혁을 갑오개혁이라고 한다. 개혁관료는 김홍집을 수반으로 하는 최고 권력기관인 군국기무처를 설치하였다. 의회적 운용방식과 군사정권적 속성을 발휘하여 불과 일 년 반 동안 561개나 되는 근대적 법안을 결정하고 공포하였다.

갑오개혁으로 조선사회는 제도상 커다란 변화가 일어났다. 대외적으로 청과의 종속관계에서 벗어났다. 청의 연호를 사용하지 않고 종주권을 부인했다. 전통적 조공책봉체제로부터의 '독립'이었다.

정치적으로 '군민공치君民共治'를 내세우며 전제적인 왕권을 제한하고자 했다. 내각이 정치적 주도권을 가지고 왕실을 정치에서 제외시켰다. 정무를 관장하는 의정부와 왕실 업무를 처리하는 궁내부를 구별했다. 재정 면에서도 왕실재정(궁내부)과 의정부 재정을 분리시켰다. 재정의 단일화로 각 관부의 회계는 내각인 탁지부 소관으로 일원화해서 경제적으로도 왕실이 내각의 통제를 받게 했다.

관리임용에서도 과거제를 폐지하고 관리는 각 아문별로 선발케 하였다. 그 결과 종래 양반, 상민, 문반, 무반의 차별이 없어졌다. 지방제도도 종래의 군현제를 폐지하고 전국을 23부 337군으로 개편하였다.

삼정문란과 같은 조세문제를 해결하기 위해 행정과 세무를 분리시켰다. 종래 지방관이 수취하던 세무업무를 독립시키고자 탁지부 산하에 세금징수를 관장하는 관세사와 징세사를 두었다. 하지만 이는 봉건적 양반지주제 문제에는 전혀 손을 대지 않은 지주 입장에서 추진한 개혁방향이었다. 행정기관이 갖고 있던 사법권도 독립시키고자 했다. 군수의 1심 재판 관할은 기존처럼 유지하되 지방재판소, 개항장 재판소와 순회재판소, 고등재판소를 설치하였다.

경제면에서는 지세의 금납화를 실시했다. 은본위 화폐제도를 채택했으나 현실적으로는 은이 부족하여 은화를 발행하지 못하였다. 대신 외국화폐 특히 일본은화를 혼용할 수 있도록 하였다. 이는 일본은화의 유통을 허용하면서 화폐를 남발하여 화폐가치가 유동적인 조선에서 일본상인의 경제적 침투를 용이하게 만드는 결과를 가져왔다. 도량형의 개정과 통일도 추진했다.

특히 가장 주목할 것은 사회면이다. 양반과 상민의 차별을 없애고, 백정, 광대 등 천민신분의 폐지와 함께 공·사노비 제도를 혁파하여 신분제도를 완전히 철폐했다. 죄인을 처벌할 때 고문이나 연좌제를 폐지했다. 과부의 재가 허용, 조혼 금지 등 봉건적인 사회질서 전반을 대수술하는 내용이 담긴 근대적인 개혁이었다.

반면 일본의 간섭이 가장 심한 분야가 군사제도였다. 갑오정권은 국가주권을 지킬 물적 기반인 군사력을 약화시켰다. 개악하여 대부분의 군인을 무장해제시키는 바람에 1895년 전국에 남아 있는 군사는 고작 4천여 명의 친위군에 불과하였다. 갑오정권은 독자적인 무력기반 없이 일본군에 의지할 수밖에 없게 되면서 자율성을 침해당했다.

이와 같이 갑오개혁은 전통적 국가질서를 개혁하고 서구와 일본을 모델로 근대화를 추진하였다. 지주적 입장에서 갑신정변과 동학농민전쟁에서 제기한 정치, 경제, 사회 문제를 해결하려는 내적 자율적인 면이 있다. 하지만 정권 성립부터 일본에 의존하고 일본세력의 침투가 용이하도록 군사력을 약화시킨 타율적인 면을 내포하고 있다. 결국 갑오개혁은 정권의 태생적 한계로 인해 자주권을 침탈당한 근대화 개혁이었다.

더구나 갑오정권 내내 동학농민전쟁과 청일전쟁으로 국내외 정세가 어수선한 상황이었다. 국내 지지기반이 취약한 갑오정권은 개혁 내용을 일반인에게 제대로 알리지 못했다. 결국 갑오개혁은 법으로만 공포되고 사회질서로 자리잡지 못하였다.

고종을 위시한 국왕세력은 갑오개혁으로 왕실의 권한이 급속히 축소되자 이를 되찾고자 노력했다. 1895년 4월 삼국간섭으로 일본이 러시아를 비롯한 서구열강에게 휘둘리는 약점이 드러났다. 고종·명성황후를 위시한 국왕세력은 미국과 러시아 세력을 끌어들여 일본과 친일적인 갑오정권을 견제하고자 하였다. 이에 일본은 외교관, 군인, 정치 낭인들을 동원하여 1885년 10월 8일 경복궁을 습격하여 주도적으로 친러정책을 추진하는 명성황후를 살해하였다(을미사변).

일본의 행동에 위협을 느낀 고종은 이듬해 1896년 2월 11일 새벽 러시아

공사관으로 피신하였다(아관파천). 그리고 갑오내각 대신들을 역적으로 규정하고 포살령을 내렸다. 총리대신 김홍집, 농상공부 대신 정병하는 순검에게 체포되어 끌려가던 도중 광화문에서 군중들이 던진 돌에 맞아 죽고, 탁지부 대신 어윤중은 고향으로 내려가는 길에 용인에서 살해되고, 나머지 관료는 일본으로 망명했다. 이로써 문명개화파를 비롯한 개혁관료가 주도한 갑오개혁은 막을 내리고 고종이 근대화 개혁을 주도해 나가기 시작했다.

한편 서재필은 문명개화파로 갑신정변 때 미국으로 망명했다. 미국 국적을 취득한 그는 갑오정권의 초청을 받아 미국인 고문 자격으로 1895년 말 한국에 돌아왔다. 하지만 귀국 후 얼마 안 되어 아관파천으로 갑오내각이 무너졌다.

고종 역시 근대화 개혁을 추진했다. 그는 대내외에 문명국임을 선전하는 언론의 중요성을 알고 있었기에 서재필이 국문과 영문으로 신문을 발간하도록 재정 지원을 해주었다. 조선정부의 후원으로 서재필은 1896년 4월부터 《독립신문》을 발간할 수 있었다. 이후 1896년 7월 서재필을 고문으로 추대하고, 정부 고위관료가 참여하여 독립협회를 결성하였다.

경운궁 대안문(현 대한문) 앞의 군중. 민민공동회로 추정되는 집회 장면이다.

젊은 문명개화론자, 일본 유학생 출신, 개신유학자 등이 독립협회에 가담하면서 독립협회는 계몽단체·정치단체로 성격이 바뀌었다. 독립신문은 주로 서구적 문명개화를 지향했다. 서구적 자유, 민주, 평등 사상과 일본의 신문명을 찬양하고 전통 유교문화와 중국을 야만시했다. 독립협회는 갑오정권과 마찬가지로 관료의 근대화 주도, 이상적인 정치체제로서 입헌군주제를 지향했다. 1898년 10월에는 만민공동회를 개최하여 입헌군주제로의 전환을 건의했다. 이러한 독립협회의 정치활동은 대한제국 황제권에 대한 도전으로 비추어졌다. 마침내 1898년 12월, 독립협회는 고종황제 폐위와 공화정

건설이라는 무고를 받아 강제해산 당했다.

3) 고종황제가 주도한 광무개혁

고종은 1896년 2월 아관파천을 감행해 갑오정권을 해산시킨 후 정국을 주도했다. 고종도 동학농민전쟁과 갑오개혁을 겪으며 1880년대 양무론적 개화정책을 추진했을 때보다 더 과감한 개혁의 필요성을 느꼈다. 국제적으로 청일전쟁 이후 만주와 한반도를 둘러싼 열강 간의 갈등이 고조되고 있었다. 서로 이권을 차지하려고 경쟁하면서 치열하게 견제하던 시기였다.

고종은 한편으로 내정개혁을 주도해 근대화를 추진하고, 다른 한편으로는 주권을 확고하게 하고자 했다. 1896년 2월~1904년 2월까지 고종이 주도한 근대화정책을 대한제국의 연호를 붙여 이른바 광무개혁이라고 일컫는다. 고종은 독일의 빌헬름 2세처럼 자신이 실권을 장악하고 국가주도형 근대화를 이루고자 하였다. 실제로 이 시기에 그는 역대 조선국왕을 통틀어 가장 많은 권력을 쥐고 근대화 개혁을 추진하였다. 광무개혁은 구본신참舊本新參을 표방하였으나 내용을 보면 서구적 제도화를 허용하는 변법론적 근대화정책이었다. 왕권을 침해하지 않는 한 갑오개혁 때 수립한 근대적 제도를 대부분 계승했다.

반면 갑오개혁 때 약화된 왕권은 무소불위의 황제권으로 강화시켰다. 국호를 대한제국으로 하고 연호를 광무라 하고 왕을 황제로 격상했다. 황제가 된 고종은 육·해군 통솔 및 입법·사법·행정의 권한과 선전포고 및 조약체결에 관한 모든 권한을 가져 통치권이 황제에게 집중되도록 규정하였다. 의회를 두지 않음은 물론 황제권을 제한할 어떤 제도적 장치도 없었다.

재정 면에서도 갑오개혁 때는 왕권을 뒷받

프러시아식 정장 차림의 고종황제

대한국 국제(《구한국관보》, 1898년 8월 22일)

제1조 대한국은 세계만국의 공인된 바 자주 독립한 제국이니라.

제2조 대한국의 정치는 이전은 오백년 전래하고 이후는 만세 불변할 전제정치이니라.

제3조 대한국 대황제께옵서는 무한한 군권을 향유하시나니 공법에 말한 바 자립정체이니라.

제4조 대한국 신민이 대황제가 향유하신 군권을 침손할 행위가 있으면 그 하고 안 하고를 물론이고 신민의 도리를 잃은 자로 인정할지라.

제5조 대한국 대황제께서는 국내 육해군을 통솔하시어 편제를 정하시고 계엄·해엄을 명하시니라.

제6조 대한국 대황제께서는 법률을 제정하시어 그 반포와 집행을 명하시고 만국에 공공한 법률을 본받으시어 국내 법률도 개정하시고 대사大赦·특사特赦·감형·복권을 명하시나니 공법에 말한 바 자정율례自定律例이니라.

제7조 대한국 대황제께서는 행정 각 부서의 관제와 문관의 봉급을 제정 또는 개정 하시고 행정상 필요한 각 항 칙령을 발하시나니 공법에 말한 바 자치행리自治行里이니라.

제8조 대한국 대황제께서는 문무관의 출척·임면을 행하시고 작위·훈장 및 기타 영전의 수여 또는 체탈 하시나니 공법에 말한 바 자선신공自選臣工이니라.

제9조 대한국 대황제께서는 각 조약국에 사신을 파송 주찰케 하시고 선전강화 및 제반 조약을 체결하시나니 공법에 말한 바 자견사신自遣使臣이니라.

침하는 왕실재정이 정부의 통제를 받아 형편이 악화되었다. 반면 대한제국기에는 황실 돈을 관리하는 궁내부 내장원이 재정에 대한 실권을 가지고 각종 잡세를 부활시켰다. 농상공부 소관인 홍삼 제조, 광산·둔토·철도 관리, 수륜시설 징수와 탁지부 소관의 어업, 소금·선박세의 징수가 궁내부 관할로 이관되었다. 외국인에 대한 백동화 주조권의 특허도 수입원이었다. 심지어 매관매직, 뇌물, 철도부설권과 관련된 불법 커미션 등 부정한 방법까지 자행하면서 수입을 늘려 황실재정은 현저히 개선되었다. 이렇듯 광무개혁은 전제적 황제권을 강화하고 개혁자금을 조달하고자 부정부패한 방법까지 용납한 부정적 면을 가졌다.

하지만 강력한 황제권을 바탕으로 국방력 증강, 상공업 육성, 교육에 힘쓴 긍정적 면도 있다. 광무개혁이 주력한 것은 국가의 자주성을 실질적으로 밑받침하는 물적 토대였다. 광무개혁은 8년이라는 짧은 기간 동안 국방, 산업,

교육 그리고 기술면에서 놀랄 만한 성과를 거두었다.

우선 국방력을 강화시켰다. 중앙군으로서 국왕을 호위하는 친위대, 시위대, 호위대를 창설하거나 증설하고, 지방군을 진위대로 통합했다. 갑오개혁 때 4천여 명까지 줄어든 병력을 지방군 18,000명, 중앙군 4,000여 명으로 증가시켰다. 국방비는 1년 예산의 36~38%를 유지했다. 군함과 신식무기를 사들이며 군비를 확충하였다. 증강된 군대는 각 도 및 한·중 국경지대에 배치하였다. 북간도에 관리를 파견하여 북간도 이주민을 보호하고 토문강 이남 지역을 영토로 편입하고자 노력하면서 자주국방의 의지를 폈다.

다음으로 근대적인 사업을 육성했다. 근대기술을 도입하고 상공업 진흥을 위해 기계를 사들이고 관영공장을 설립하였다. 섬유회사, 인쇄소, 철도회사, 한성전기주식회사, 정미소, 사기제조소, 벽돌공장, 무기제조소, 유리공장 등을 세우거나 민간회사의 설립을 지원하였다. 당시 최신기술인 철도의 부설도 시도했다. 서북철도국을 설치하여 프랑스에게 허가해준 경의선 철도부설권을 되사들여 자력으로 철도를 부설하고자 했다. 고종이 출자해서 미국과 기술제휴로 전기회사를 세우고 개신교 선교사들로 하여금 서양식 병원을 설립하게 했다.

뿐만 아니라 대한제국은 서울 정비사업을 벌여 근대적 도시계획을 추진하였다. 도로와 하천을 정비하여 넓은 신작로를 만들고 경운궁, 독립문과 같은 서양식 건축물을 축조하였다. 탑골공원, 독립공원 등 대중이 모일 수 있는 공원도 조성했다.

산업진흥을 위한 교통, 통신 사업에도 깊은 관심을 기울였다. 경인선이 개통되자 물품이 유통되기 용이하도록 서울역 인근인 용산에 관영 공장지대를 만들었다. 서대문과 청량리 홍릉 간에 당시로서는 최첨단 교통기관인 전차선로를 부설하여 서울은 동양에서 교토 다음으로 전차가 다니는 도시로 변모하였다. 전화를 가설하고 우체업무를 전국적으로 실시했다.

이 밖에 생활양식에서도 서구적 표준을 수용했다. 가령 을미사변 직후 시행된 단발령에 대한 대중적 반감을 의식해 광무개혁 초기에는 단발령을 철회했다. 그러다 1902년 고종 스스로 단발령을 내리고 관복을 양복으로 바꾸도록 하였다. 실업과 기술교육을 행하는 근대적 교육기관들도 설립했다. 고종이 자금을 댄 사립학교가 많이 생겨났고 국비로 일본에 유학생을 대거 파견하였다.

대외적으로는 약소국이던 대한제국은 한반도에서 일본의 독주를 견제하고 러시아, 미국, 프랑스 등과 관계개선을 도모했다. 대한제국이 문명국임을 인정받아 열강 사이에서 세력균형을 통해 독립이 보전되기를 열망했다. 열강은 문명화를 빌미삼아 개발이라는 명목으로 철도부설권, 금광채굴권, 삼림채벌권 등 각종 이권을 균점 침탈했다. 열강은 한 나라가 이권을 차지하면 다른 나라도 유사시 대한제국을 도와준다면서 서로 더 큰 이권을 달라며 대한제국 관리를 멱살다짐하거나 외부대신의 뺨까지 때리며 압박을 가했다.

미국에게 경인철도 부설권을 주었는데 미국은 얼마 후 일화 170만 엔을 받고 일본에 양도했다. 프랑스에게도 경의철도 부설권을 비롯한 이권을 양여했다가 도로 대한제국이 돈을 주고 되돌려받았다. 대신 프랑스 기술과 차관을 빌어 한국 주도로 철도를 부설하고자 했다. 하지만 일본, 미국, 영국 등의 훼방으로 성공하지 못하고 러일전쟁 후 일본에게 빼앗겼다. 경부철도 부설권은 1894년 경복궁 쿠데타 직후 일본이 강제로 체결한 약속에 의해 일본에게 넘어갔다. 이 밖에도 전국 각지의 막대한 금광채굴권이나 삼림채벌권을 미국, 일본, 영국, 러시아, 프랑스, 독일 등에게 빼앗겼다.

대한제국은 만국공법을 준수하는 국제사회의 구성원임을 서구열강에게 알리기 위해서도 노력했다. 국제분쟁을 평화적으로 해결하기 위한 국제기구인 만국평화회의, 적십자회의, 국제재판소 등에 가입하여 적극적으로 참여했다. 그 성과로 1902년 벨기에가 조선의 영세중립화를 지지하고 찬성한 바 있다. 하지만 러일전쟁을 앞두고 1904년 1월 23일 대한제국은 독자적으로 국외중립을 선언했으나 주위 열강들에게 무시당하고 강제로 한일의정서를 체결해 일본과 동맹을 맺게 되었다.

참고문헌

안병태, 1982, 《한국근대경제와 일본제국주의》, 백산서당

한국역사연구회, 1991, 《1894년 농민전쟁연구》, 역사비평사

김도형, 1994, 《대한제국기의 정치사상연구》, 지식산업사

동학농민혁명기념사업회, 1997, 《동학농민혁명과 농민군지도부의 성격》, 서경문화사

이윤상, 1997, 〈고종과 대한제국의 개혁〉, 《실패한 개혁의 역사》, 역사비평사

김용섭, 2000, 《한국근현대농업사연구》, 지식산업사

강만길, 2000, 《한국 자본주의의 역사》, 역사비평사

김기혁, 2000, 《동아시아 세계질서의 종막: 조선, 일본과 중화제국, 1860~1882》, 혜안

서인한, 2000, 《대한제국의 군사제도》, 혜안

이태진, 2000, 《고종시대의 재조명》, 태학사

연갑수, 2001, 《대원군집권기 부국강병책 연구》, 서울대학교출판부

최문형, 2001, 《한국을 둘러싼 제국주의 열강의 각축》, 지식산업사

현광호, 2002, 《대한제국의 대외정책》, 신서원

왕현종, 2003, 《한국 근대국가의 형성과 갑오개혁》, 역사비평사

김윤희, 이욱, 홍준화, 2004, 《조선의 최후》, 다른 세상

최문형, 2004, 《국제관계로 본 러일전쟁과 일본의 한국병합》, 지식산업사

박은숙, 2005, 《갑신정변 연구》, 역사비평사

이지원, 2005, 《세계 속의 한국의 역사와 문화》, 혜안

역사비평 편, 2006, 《역사용어 바로쓰기》, 역사비평

이은희, 2006, 《21세기를 여는 한국사》, 화신문고

현광호, 2007, 《대한제국과 러시아, 그리고 일본》, 선인

6부
민족의 수난과 항일운동

개관

청일전쟁 후 한반도와 만주를 둘러싸고 열강 간의 갈등이 고조되다가 일본은 영국·미국의 지지를 받으며 1904년 러일전쟁을 일으켰다. 일본은 러시아의 남하를 저지한 대가로 한국 보호국화를 국제적으로 승인받았다. 세계적으로 제국주의 열강 간의 식민지 경쟁이 치열해지면서 후발 제국주의국가인 독일은 북아프리카, 발칸 반도 등지에서 영국과 프랑스 식민지의 재분할을 시도했다. 영국과 프랑스는 이를 저지하기 위해 러시아를 끌어들여 러일전쟁 후에도 계속되는 러·일 간의 긴장해소를 주선했다. 이 속에서 국제적으로 일본의 한국병합이 용인되면서 한국이 일제의 식민지로 전락했다.

한국인은 일본의 국권침탈에 저항했다. 실력양성을 통한 국권회복운동과 무력으로 저항하는 의병전쟁을 일으켰다. 의병전쟁은 1907년 군대해산을 계기로 전국적으로 확산되었다. 일본은 남한대토벌작전으로 이를 탄압했다.

일본은 국권강탈 후 조선총독부를 설치했다. 조선총독부는 1910년대 무단통치를 실시하면서 정치·경제·사회 각 방면에서 식민지적 구조의 기초를 닦았다. 폭압적 무단통치 아래 국내에서는 비밀결사단체를 결성해 독립운동을 전개했고 국외에서는 간도와 연해주에서 무장독립기지를 건설했다.

제1차 세계대전이 발발하자 일본은 영국의 동맹국임을 내세워 중국에서 이권을 확장하고, 전쟁으로 공백이 된 아시아 각 국으로 수출하면서 급성장했다. 전후 미국이 민족자결주의를 제창하자 한국인은 이에 희망을 걸고 거족적으로 3·1독립운동을 일으켰다. 하지만 실제 민족자결주의는 패전국에만 적용되었다. 일본은 국제 여론을 의식해 '문화정치'를 표방하며 친일파를 양성하는 민족분열책을 썼다. 3·1 운동 후 조선인은 민주공화제를 지향하는 임시정부를 수립했다. 독립운동의 방략으로 무장투쟁, 외교론, 실력양성운동이 다양하게 제기되었다.

전후 서구열강은 패전국을 철저히 응징하는 한편, 경제복구를 위해 무한경쟁을 벌이며 생산성 향상에 주력했다. 이는 공급과잉을 낳아 대공황이 일어났다. 이를 해결하고자 각 국은 블록경제를 공고히 했다. 일본은 엔 블록을 구축하기 위해 만주사변, 중일전쟁 같은 군국주의적 침략을 도발했다. 조선총독부는 대공황으로 파탄난 농촌에 농촌진흥운동을 벌여 전통적 풍습을 말살했다. 아울러 일·선·만 블록을 구상하며 북한에 일본 독점자본을 유치해 공업화했다. 중일전쟁 후 전쟁이 장기화되자 조선을 병참기지화 했다. '내선일체內鮮一體'를 내세워 민족말살정책을 펴면서 조선의 물적·인적 자원을 총동원했다. 전쟁이 확대되자 국외에서는 민족주의 세력과 사회주의 세력이 힘을 합치는 민족통일전선운동이 활발해졌다.

1. 러일전쟁 이후 국권피탈과 주권회복운동

1) 외교권 박탈과 자강운동

일본은 삼국간섭으로 랴오둥 반도를 차지할 기회를 놓쳤지만, 대외적으로 동아시아에서 러시아 남하정책을 저지할 수 있는 군사력이 있음을 과시했다. 삼국간섭 후 러시아는 중국에서 의화단 운동이 일어나자 동청철도를 보호한다는 구실로 만주에 대병력을 진주시켰다. 그리고 의화단 운동이 일단락된 후에도 군대를 철수하지 않았다. 인도와 티베트 확보에 힘을 쏟고 있던 영국은 러시아의 만주점령에 대응하기 위해 일본으로 하여금 영국의 극동정책을 대리 수행케 할 것을 결정하였다. 그 결과 1902년 영일동맹이 체결되었다.

미국은 1898년 필리핀을 식민지화한 후 이를 거점으로 만주 진출을 본격화하면서 1899년 문호개방정책을 선언했다. 미국으로서는 러시아가 만주 폐쇄를 획책하며 태평양으로 진출하려는 것을 못마땅했다. 미국은 만주에서 러시아와 일본이 상호 견제를 통해 세력균형을 유지하는 상태에서 자국이 진출할 여지가 마련되기를 원했다. 이를 위해 영국과 협력해서 일본을 지원했다.

영국과 미국은 일본이 러시아 남하를 막는 대가로 한국을 일본보호국으로 넘겨주는 것을 허용했다. 영국과 미국은 일본이 '문호개방' 원칙을 준수하여 만주에서 서양국가들의 상업적 활동을 보장할 것이라고 믿었다. 이에 두 국가는 일본의 러일전쟁 비용 19억 8,400만 엔 중 12억 엔을 빌려주었다. 일본은 영·미의 외교적 후원과 군비 지원 하에 러시아의 동아시아 침투를 막는 극동의 헌병으로서 러시아에 대항했다.

일본은 1904년 2월 8일 선전포고 없이 랴오둥 반도 뤼순의 러시아 기지를 기습 공격했다. 전쟁 도발 후 일본은 대한제국정부의 국외중립 선언을 무시하고 한일의정서 체결을 강요하였다(1904.2). 일본군은 세계 최강의 육군으로 불리던 러시아군과의 전투에서 악전고투를 면하지 못했으나 7~8개월 간의 격렬한 공방전 끝에 1905년 1월 뤼순을 점령하고 3월에는 펑톈에서 대승을 거두었다. 일본은 러시아 발틱 함대가 블라디보스토크로 가는 동해에서 전투를 준비하기 위해 1905년 2월 동해의 전략상 요지인 독도를 강제로 빼앗아 시마네 현에 귀속시켰다. 러시아 발틱 함대는 영국의 훼방 때문에 8개월이나 걸려 간신히 1905년 5월 대한해협에 도착했다. 발틱 함대가 대한해협에 도착하자마자 이 지역 지리에 익숙하고 수개월 동안 사전준비를 해온 일본해군에게 전멸당했다.

일본은 동북아시아에서 군사적으로 승리하였지만 군비조달이 여의치 못해 병기나 탄약 부족으로 전쟁을 계속할 능력이 없었다. 러시아에서도 1905년 1월 22일 '피의 일요일'사건을 계기로 러시아 1차 혁명이 일어났다. 미국은 비밀리에 일본과 가쓰라·태프트 밀약(1905.7.29)을 맺었다. 만주의 '문호개방'을 전제로 미국의 필리핀 권익을 인정하고 일본의 한국 권익을 인정하는 내용이었다. 밀약을 맺은 상태에서 미국 루스벨트 대통령이 중재하여 러·일 양국은 1905년 9월 포츠머스에서 러·일 강화조약을 맺었다.

일본은 러일전쟁을 치르는 대가로 영국, 미국, 러시아로부터 한국에서의 특수이익 즉 보호권을 국제적으로 인정받고 1905년 11월 17일 일본은 을사조약(제2차 한일협약)의 체결을 강행하였다. 이토 히로부미伊藤博文는 일본군을 출동시켜 조약에 반대하는 한규설을 끌어내고 이완용, 이지용, 이근택, 이하영, 권중현 등 이른바 을사오적의 찬성을 받아 고종에게 조약승인을 강제했다. 조약에 따라 한국은 외교권을 박탈당하고 내정을 일본통감이 맡게 되었다. 조약 성립 직후 미국을 위시해 한국과 수교한 모든 나라가 공사관을 철수하고 한국을 떠났다.

을사조약을 전후하여 서울과 지방도시의 자산가, 문명개화파, 개신유학자들은 무장투쟁보다는 문화적·경제적 실력양성을 통한 국권회복운동을 전개하였다. 이들은 대한자강회, 대한협회, 서우학회, 기호흥학회, 호남학회 등의 정치 사회단체를 결성해 활동하고 당시 중국과 일본을 통해 유입된 서구의 사회진화론을 수용했다. 사회진화론은 자연계만이 아니라 사회에도 진화론을 적용하여 근대사회를 약육강식과 적자생존의 원리가 지배하는 시대로 파악하는 논리였다. 미개사회가 문명화되어야만 만국공법이 지배하는 국제사회에서 자주독립국가로 생존할 수 있다는 것이다. 이러한 사회진화론은 제국주의 국가의 침략을 양 국가의 실력차이에서 온 결과로 받아들이게 함으로써 제국주의적 침략을 정당화시켰다.

사회진화론을 받아들인 지식인층은 한국이 일본 보호국으로 전락한 것이 실력 탓이라 여기고 제국주의 침략에 맞서기보다는 실력양성에 힘써야 한다고 보았다. 실력양성 즉 스스로 강해지는 자강운동은 문명화를 전제로 한 교육계몽과 산업발달을 중심으로 전개되었다. 학교를 세우고 《황성신문》, 《대한매일신보》, 《제국신문》, 《만세보》 등의 신문을 발간하여 사회계몽 기사와 정치적 논설을 실었다. 을사조약 이후 교육을 통한 애국적 인재 양성을 목적으로 전국에 3천여 개의 사립학교가 세워졌다. 한국사와 한국어를 연구하며 민족의식을 고취하는 국학운동도 활발해졌다. 한국과 외국에서 근대 민족국가의 성립을 주도한 영웅에 대한 위인전을 발간하였다.

2) 한국병합으로 치닫는 국제정세와 의병전쟁

20세기 초 제국주의 열강 간의 식민지를 둘러싼 경쟁은 전 세계적으로 더욱 치열해져 갔다. 후발 제국주의국가 독일은 북아프리카와 발칸 반도 등지에서 프랑스와 영국이 독차지한 식민지를 재분할하고자 했다. 러시아가 동아시아에서 일본과 전쟁을 벌이는 동안 유럽에서는 러·불 동맹이 위기에 빠졌다. 프랑스와 영국은 독일에 대항해 1904년 영·불 협정을 맺었다. 러일전쟁 후에도 만주에서는 러시아와 일본의 긴장 상황이 지속되고 있었다. 동아시아에서 영국과 동맹을 체결한 일본에 비해 동맹세력이 약했던 러시아는 남만주를 포기했지만 이제 북만주와 몽골까지 그 권익이 불안한 지경에 놓이게 되었다. 이렇듯 러시아를 동아시아에 묶어 두고 있던 일본과의 갈등을 중재한 것이 바로 영국과 프랑스였다. 영·불 협정의 두 주역인 영국은 영·일 동맹으로 일본을, 프랑스는 러·불 동맹으로 러시아를 각각 맡아 러·일 협약을 추진했다.

영국과 프랑스의 중재로 러시아와 일본의 긴장을 해소하려는 외교작업이 1907년 진행되면서 국제적으로 일본의 지위가 동아시아에서 공고화되어 갔다. 같은 시기 고종은 1907년 6월 헤이그에서 열리는 만국공법회의에 을사조약이 무효임을 알리는 밀사를 파견했다(헤이그 밀사사건). 국제적으로 영·불이 러·일을 자기 진영으로 끌어넣어야 하는 상황에서 고종의 밀사는 묵살당할 수밖에 없었다. 일본은 1907년 7월 1차 러·일 협약으로 포츠머스 회의에서 합의한 '보호권'에서 한국에 대한 지배를 더 강화할 수 있었으나 러시아 등의 열강이 '병합'까지 용인한 것은 아니었다.

헤이그 특사 3인. 왼쪽부터 이준, 이상설, 이위종

일본은 보호국화에서 한 발 더 나아간 지배권을 국제적으로 묵인받은 후 헤이그 밀사사건을 빌미로 고종을 강제퇴위시키고 정미조약(제3차 한일협약)을 체결하였다. 이와 함께 러일전쟁 이래 꾸준히 감축하여 8,800명밖에 남지 않은 한국군대를 완전히 해산시키고 한국인의 무기 소지를 금하였다. 동시에 한국 내정권을 장악하였다. 각 부의 차관 자리에는 일본인 관리가 다수 임명되어 이른바 차관정치가 시작되었다. 일본인 관리는 차관 이하 각 요직은 물론 권력의 말단까지 침투했다. 게다가 1712년 백두산 정계비가 선 이래 한·중 국경분쟁지역으로 되어 있던 만주 간도지역을 1909년 만주 안봉선(안둥~펑톈) 철도 개설권을 받고 넘겨주었다.

이 같은 일본의 식민지화에 무력으로 저항하는 의병전쟁이 일어났다.

1905년 을사보호조약을 계기로 을사의병이 궐기했는데 지도층은 대개 유교를 숭상하는 전직관료로서 전투력이 미약했다. 지역적으로도 삼남지방이 중심이었다.

의병전쟁이 한층 고양되어 활기를 띤 것은 1907년부터다. 대한제국의 기간부대였던 서울 시위대와 지방 진위대 군인들이 군대해산에 반대하여 무장봉기를 일으켰다. 해산군인의 가담은 의병의 사기와 전투력을 크게 높였다. 유생과 농민을 중심으로 한 의병부대에 평민 의병장이 많이 나타났다. 참여자들도 농민 외에 상인, 광산노동자, 머슴, 포수 등 각계 각층의 인사들이 참여하였다. 지역적으로도 전국적인 확산을 보여 경상, 강원, 경기, 황해, 전라, 함경도 국경지대까지 의병전쟁이 일어났다. 일본 통계에 따르면, 1907년부터 1909년까지 의병과 일본군 교전횟수는 3,500여 회에 이르고 전투에 참가한 의병은 15만 명에 이르렀다. 특히 1908년은 의병전쟁의 절정기로 2천여 회의 전투에 연인원 8만명이 참가하였다. 의병의 전술도 다양해져서 300~400명에 달하는 비교적 큰 병력으로 적을 공격하는가 하면 금방 10명 내외의 소수병력으로 분산해 자취를 감추는 등 민간인의 협조로 노련한 게릴라 전법을 구사하였다.

일본은 의병전쟁을 진압하기 위해 군대와 경찰을 증강하였다. 1908년 한국인을 헌병보조원으로 채용하여 감시체제를 강화하고 1909년 9월부터 남한대토벌작전을 대대적으로 벌였다. 의병이 근거지로 삼을 만한 촌락과 가옥에 대해 닥치는 대로 방화, 약탈, 폭행을 자행하였다. 사방을 샅샅이 수색하여 조금이라도 혐의가 있으면 죽이고 불을 질렀다. 이러한 악랄한 탄압으로 1909년 말 국내 의병전쟁은 점차 약화되고 의병은 무대를 만주(간도)와 연해주로 옮겨 독립군에 가담하였다.

한편 협약을 통한 러·일의 만주 분할균점은 미국의 불만을 샀다. 애초 미국이 러일전쟁에서 일본에 우호적이었던 것은 일본이 만주 문호개방을 표방했기 때문이다. 러일전쟁 후 만주에서의 자유로운 상업활동을 예상했으나 일본은 적대적인 러시아와 타협하여 만주이권을 양분하고 통상을 폐쇄했다. 일본은 남만주에서, 러시아는 북만주에서 특수이익을 독점했다. 미국은 만주철도 중립화안을 제안하면서 만주의 문호개방을 적극적으로 요구했다.

미국의 항의에 맞닥뜨린 일본은 러시아와 미국의 결합을 저지하고, 러시아와의 협약을 더욱 공고히 할 필요성을 느꼈다. 이를 위해 1909년 10월 이토 히로부미가 하얼빈을 방문했다. 안중근이 이를 알고 하얼빈 역에서 이토를 저격하는 데 성공했다.

미국의 강경한 만주 문호개방 요구에 대응하여 러·일 양국은 1910년 7월 제2차 러일협약을 체결했다. 러시아는 러일전쟁 후 인정한 일본의 '한국보호' 수준을 넘어서서 '한국병합'과 남만주지역을 이권지역으로 삼는 것을 인정하였다. 대신 일본은 북만주에서의 러시아 권익을 존중하였다. 요컨대 일본은 만주문제를 러일전쟁에서 표방한 '문호개방'이라는 방식으로 해결하지 않았다. 북만주의 실권자인 러시아와의 타협을 통해 만주를 남북으로 분할해서 서로의 세력권을 확정 승인하는 방식으로 처리하였다.

일본이 하얼빈을 경계로 러시아와 만주를 양분하여 소위 '균형잡힌 적대관계'를 형성했다. 미국으로서는 불만스러웠지만 세계적으로 영·불의 적극적인 지원을 받는 러·일 간의 동아시아 협상체계를 수용할 수밖에 없었다. 영국이 주도하는 국제질서 속에서 일본은 러시아와의 전쟁과 협상을 통해 한국을 보호국에서 식민지로 병합하는 것을 공인받았다. 이러한 국제정세 속에서 1910년 8월 22일 한국병합에 관한 조약을 체결하고 8월 29일 이를 발표하여 한국은 일본 식민지로 전락했다.

3) 총과 칼로 다스린 조선총독부의 무단통치

일본은 국권강탈 이후 식민지 최고기구로서 조선총독부를 설치하고 조선사회를 급속히 식민지 구조로 재편했다. 조선총독은 일본 내각 총리대신과 동격으로 육·해군 대장 중에서 선발되었으며 일본정부의 통제를 받지 않고 오직 천황의 명령만을 받았다. 조선에서 입법권·행정권·사법권·군사통수권을 한 손에 쥔 '조선의 전제군주'가 된 셈이다.

총독 밑에 정무총감과 치안을 담당하는 경무총감을 두고, 지방은 도-부-군-면의 행정체계를 갖추었다. 경제침탈기구로 철도국, 통신국, 세관, 임시토지

조사국을 두었다. 대외적으로 식민통치에 조선사람도 참여한다는 명분을 내세우며 총독의 자문기관으로서 조선인으로 구성된 중추원을 만들었다. 정무총감이 이 중추원의 의장을 맡고 의원은 일본이 임명했다. 이는 대한제국 때의 황족이나 친일고관을 우대하고 회유하기 위한 기관으로서 유명무실한 기구였다.

광화문이 헐린 뒤의 조선총독부 청사(상)
한국강점 직후의 조선헌병대 사령부(하)

1910년부터 3·1운동이 일어날 때까지 조선총독부는 폭압적인 무단통치를 실시하였다. 이 시기를 무단통치기로 부르는 까닭은 헌병경찰제도와 태형령 같은 무력을 동원하여 통치했기 때문이다. 군 헌병이 치안을 맡는 헌병경찰제도는 병합 이전에 만들어졌는데, 1907년 의병전쟁이 각지에서 치열해지자 한국치안을 담당한다는 명목으로 헌병과 경찰을 통합하여 전국의 경찰업무를 장악하였다. 의병토벌과 정보탐색에 주력하면서 군사·행정·사법까지 맡았다. 의병토벌의 주구로서 조선인 부랑유민 4,065명을 모집하여 헌병보조원으로 채용하고 이들로 하여금 반민족적 임무를 수행하게 하였다.

병합 이후 지방까지 헌병분견소, 헌병파출소를 설치하고 순사주재소, 순사파출소를 두어 전국 방방곡곡에 헌병과 순사를 배치하였다. 헌병과 순사 밑에는 조선인 중에 무뢰배를 모집해서 헌병보조원과 순사보로 배속시켰다. 그들은 사기, 강도, 강간 같은 악행을 허용받는 대신 독립운동을 탄압하기 위한 밀정으로 활약했다.

헌병경찰에게는 첩보 수집, 의병 토벌, 검사업무 대리, 어업단속, 즉결심판권, 민사쟁송 조정권 등을 포함해 일본어 보급, 농사개량, 세금징수, 산림감독, 전염병 예방조치, 묘지매장 단속 등의 행정업무에 이르기까지 막강한 권한이 주어졌다. 이들은 법적 수속과 정식 재판을 거치지 않고 멋대로 조선인에게 벌금, 태형, 구류 등의 처벌을 가할 수 있었다. 그래서 식민지 시기가 한참 지나서도 부모들이 우는 아이를 달랠 때 종종 "순사가 온다"는 말을 할 정도로 헌병경찰은 무서운 존재였다. 일반 관리나 교사들에게도 제복을 입히고 칼을 차고 다니게 하여 조선인을 위압하였다.

일본은 대외적으로는 야만적이고 미개한 조선의 '문명화'를 식민정책방침으로 표방하면서도 1912년 봉건적이고 야만적인 체벌형인 조선 태형령을 부활시켰다. 팔을 좌우로 벌려 형틀 위에 엎드리게 하고 양 손과 다리에 수갑을 채운 뒤 옷을 벗기고 볼기에 매질을 하는 것이 태형이다. 태형령은 3·1운동 후 국제적 비난을 받았다. 조선총독부는 이를 의식해 1920년 3월 폐지했다.

아울러 조선총독부는 을사조약 이래 조선을 식민지 수탈에 적합한 경제구조로 재편하는 작업에 착수했다. 먼저 화폐정리사업에 나섰다. 당시의 화폐제도는 광무정권의 부정부패와 이를 등에 업은 일본의 농간으로 인해 극히 문란해진 상태였다. 일본은 한국금융을 지배하기 위해 1904년 재정고문으로 온 메가타 다네타로目賀田種太郎의 지휘 하에 이른바 〈구 화폐 정기교환에 관한 건〉(1905.1)을 공포하고 1905년 7월부터 실시하였다. 한국의 화폐본위를 일본과 동일하게 만들고 백동화·엽전을 무효화하여 교환·회수 했는데 액면가로 바꿔주지 않고 동전의 질에 따라 등급을 나누었다. 이때 한국상인이 소유한 화폐를 낮은 등급으로 판정하는 경우가 많았다. 이렇게 한국상인에게 불리하게 화폐의 교환비율을 적용하자 이를 거부하여 교환하지 않는 경우도 많았다. 그 결과 한국상인의 손에 축적되었던 화폐자본은 하루아침에 소멸되었다. 조선은행, 식산은행, 금융조합이라는 식민지 금융제도를 성립시키면서 일본 상업자본은 한국의 금융시장을 지배하게 되었다.

일본은 일찍부터 근대적 운송망 구축에 착수했다. 특히 철도 부설은 경제적 침투만이 아니라 군사적 지배를 확실히 하는 데 중요한 의미를 가졌다. 1899년 경인선, 1901년 경부선 그리고 러일전쟁 시기 군용으로 속성공사를 감행했던 경의선이 1906년에 완공되었다. 당시 경부선과 경의선 부설공사는 일본의 자금 여력을 훨씬 웃도는 공사였다. 이토 히로부미는 이를 위해 일본

각지를 돌면서 "조선에 철도가 놓이면 대륙을 향한 우리의 꿈에 한 발짝 다가가게 된다"며 일본인의 애국심에 호소하여 자금모집에 성공하였다. 철도부설에 필요한 막대한 토지와 노동력은 거의 무상이나 다름없이 한국에서 약탈하였고 농민을 강제부역 형식으로 동원시켰다. 한국인에게 철도는 건설과정에서의 폭력과 강제성으로 원망과 저주의 대상이었지만 일본인에게 조선철도는 일본과 조선을 하나의 교통체계로 묶는 대륙진출의 꿈이었다. 이렇게 부설된 철도는 전통적인 조선의 유통망을 교란시켰다. 상업중심지는 일본인이 거주하는 철도역을 중심으로 새롭게 재편되고 재래의 포구중심지는 쇠락했다. 철도 부설 이후 급부상한 대표적인 도시가 대전, 목포, 신의주 등이다. 상권은 한 도시 내에서도 철도역 인근으로 이동했다.

이 시기 일본이 무엇보다 중점을 둔 것은 농업정책으로, 인구의 대부분을 차지한 한국 농민에게 가장 큰 영향을 미쳤다. 농업정책은 크게 토지조사사업과 농업을 식량·원료의 공급지에 적합한 구조로 개편하는 작업으로 나눌 수 있다.

먼저 토지조사사업은 1910년부터 1918년까지 시행되었다. 근대적 토지소유제도를 확립한다는 명목으로 토지소유권, 토지가격, 지형 및 지목을 조사했다. 토지조사사업의 목적은 총독부의 재원 증대였다. 지세제도를 전면적으로 개편해 지가에 따른 지세산정, 토지소유자의 지세부담 등의 원칙을 채택하면서 지세 징수액이 약 2배나 증가하였다. 이러한 재원은 식민지 재정의 주요 기반이 되었다.

토지조사사업 과정에서는 많은 문제가 야기되었는데, 특히 국유지 조사에서 소유권 귀속을 둘러싸고 많은 분쟁이 일어났다. 한말 국유지로 편입된 궁장토와 역둔토의 경우 일반 민유지와 달리 소유권의 귀속이 불분명한 예가 많았다. 이것들은 토지소유의 증거가 불충분하다는 이유로 대부분 개인의 소유권이나 경작권을 인정받지 못하고 국유지로 편입되었다. 토지조사사업으로 막대한 토지와 삼림지가 국유지로 편입되면서 총독부 자산이 크게 증가했다.

총독부는 지주의 소유권만을 유일한 배타적 권리로 확정하면서 지세 산정 과정에서 50%의 고율 소작료를 공식적으로 인정해 주었다. 이로써 일본은

토지를 측량하는 일본인

양반을 비롯한 구 지주층을 농업정책의 협력자로 포섭하여 식민지 지주제의 기반을 마련하였다. 대대로 경작해 오던 세습적 경작인은 일체의 토지권리 (경작권)를 상실하고 계약소작인으로 전락하였다. 소작농만이 아니라 자작 농과 자소작농도 몰락했다. 토지조사사업 이후 불과 3.1%의 지주가 경작지 의 50.4%를 소유할 정도로 토지소유는 극단적으로 불균등해졌다. 토지조사 사업은 배타적 토지소유권만을 인정하고 이를 자유롭게 유통할 수 있게 하 여 지주자본가의 투자활동과 금융자본의 대부활동을 원활하게 만들었다. 이 를 노린 일본 금융자본이 한국에 침투했다.

토지조사사업과 함께 주목할 것이 산림 탈취정책이다. 농촌에서 산림은 연료, 목재, 비료, 식물 등의 채취원으로 중요하다. 이러한 산림은 말 그대 로 무주공산이거나 마을, 집안의 공유지인 경우가 많았다. 1908년 삼림법으 로 증빙문서를 제출케 하고 기한 내에 제출하지 않는 것은 국유로 만들었다. 1911년에는 삼림령을 공포해 일반 농민의 삼림 이용을 단속했다. 농민은 마 을공유림을 잃어버리게 되었고, 총독부는 국유화한 산림을 일본 독점자본이 나 국가기관에 불하하였다.

두 번째 농업정책은 식민지적 식량·원료 공급지로 만드는 작업이었다. 조 선총독부가 중점을 둔 것은 쌀, 면화, 누에고치, 소 등이었다. 조선의 재래농업은 나름대로의 경영구조를 가지고 있고 토착품종은 우리의 기후와 풍토에 맞는 것들이다. 그러나 이제 모든 것이 하루아침에 배제되었다. 조선농업은 오로지 일본으로의 식량, 원료 공급이라는 목적을 위해 강제로 재편되었다. 일본인의 입맛에 맞는 식량과 일본산업에 필요한 원료를 생산하게 한 것이다.

쌀의 경우, 농업지도를 명목으로 벼 수확과 가공에 이르는 전 과정을 일일이 간섭하고 감시했다. 재래품종 대신 일본인이 좋아하는 조신력早神力 등 몇 가지 제한된 품종을 억지로 보급시키고 일본식 농법을 강요했다. 면화와 누에고치는 일본 방직산업에 필요한 작물이었다. 1910년대 일본경제의 중심산업은 면방직과 생사로서 수출의 원료로 면화를 필요로 했다. 조선총독부는 재래품종 대신 강제로 미국산 육지면을 재배시켰다. 누에고치도 일본의 주요 외화획득원이었다. 조선총독부는 개량잠종, 누에 사육에 필요한 개량 뽕나무를 강압적으로 대량 보급시켰다.

조선총독부의 이런 정책 시행에 모두 행정력, 경찰력이 동원되었다. 재래품종의 모판이나 면화를 재배하지 않거나 보리나 콩을 심은 밭은 헌병과 순사들이 발로 밟아 부러뜨리고 다니면서 육지면과 뽕나무의 재배를 강요하였다. 조선농업을 지도한다는 명목으로 관의 지시에 따라 못줄을 대고 정사각형으로 모내기를 하지 않으면 모를 밟아버리고 뽑아버렸다. 나라를 빼앗기고 난 후 칼을 찬 헌병, 순사와 면서기가 마을을 휘젓고 다니며 새로운 품종을 강요하는 것은 1910년대 농촌에서 흔히 볼 수 있는 모습이었다.

4) 1910년대 국내 비밀결사와 해외 독립기지의 구축

(1) 국내

철통 같은 일제 무단통치의 감시망 하에서 1910년대 국내 민족운동은 비밀결사가 주류를 이루었는데, 한말에 조직된 항일비밀결사인 신민회와 맥을 같이했다. 일본은 1910년 12월 안악사건, 105인 사건을 조작하여 반일 민족세력을 뿌리뽑고자 했다. 그러나 이후 더 다양한 형태의 비밀 민족운동단체가 결성되었다.

1910년대 독립운동의 근대국가 건설방안은 대한제국을 회복하려는 안과 공화국을 건설하려는 안으로 나눌 수 있다. 대한제국의 회복을 추구한 단체로는 임병찬이 주도한 독립의군부(전남)와 채응언(황해, 평안도)의 의병활동이 있다. 공화국을 목표로 한 단체는 대한광복단(대구), 조선국권회복단(경상도), 조선국민회(평안도) 등으로, 주로 도시의 중산층, 교사, 학생, 유생 등 지식인 중심이었고 종교단체와 깊은 연관을 맺고 있었다.

1910년대의 비밀결사는 연원으로 보면 크게 한말의 의병전쟁계열과 자강운동계열로 나눌 수 있다. 의병전쟁계열의 비밀결사로는 1912년 호남 유림이 독립군 양성을 위한 무기구입과 군자금 모집을 위해 조직한 풍기광복단, 1915년 문경유생들이 조직한 민단조합, 1916년 이증연의 비밀결사 등을 들 수 있다. 자강운동계열로는 1914년 평양 대성학교 학생이 중심이 된 기성볼단, 1913년 대구의 조선국권회복단, 1915년 경성의 교사와 지식인, 청년이 중심이 된 조선 산직産織 장려계, 1915년 함남 단천의 기독교인을 중심으로 한 단천자립단, 1915년 경북 영주군의 영주대동상점, 1913년 평양 숭의여교 교사 황애덕이 중심이 된 송죽회, 1910년대 사립학교 교사들이 중심이 되어 애국창가집을 편찬·배포한 투쟁을 꼽을 수 있다.

의병계열과 자강운동계열을 통합한 비밀결사도 나타났다. 대표적으로 대한광복회를 들 수 있다. 1913년 풍기광복단(의병전쟁계열)과 1913년 대구의 조선국권회복단(자강운동계열) 중 일부 인사들이 1915년 7월 함께 결성한 단체로 한말 의병장 허위의 제자인 박상진이 주도하였다. 이들은 만주의 독립군기지에서 혁명군을 양성하고 적당한 시기에 무력투쟁으로 독립을 쟁취하는 것을 목표로 했다. 척사이념이나 복벽주의를 탈피하고 건국이념으로서 공화주의를 표방하였다.

이 밖에 1917년 평양 숭실학교와 평양신학교 출신자, 재학생, 교사가 중심이 되어 결성한 조선국민회가 있다. 주도자는 장일환·강석봉·서광조·백세빈 등인데, 장일환이 1914년 9월 하와이 국민회의 지도자인 박용만을 만나 긴밀한 협의 하에 조직했다. 조선국민회는 국내 비밀결사이면서 하와이 국민회나 하와이 국민군단과 관련을 맺으며 이 조직의 국내지부 역할을 했다. 미국만이 아니라 중국지역으로 기반을 확대하기 위해 안둥현, 베이징에 통신원을 배치하였다. 이외에도 1915년 선명당, 1916년 충청도 일대의 흠치교 비밀결사, 1916년 청림교 비밀결사, 1917년 평양의 조선국민회 등이 있었다.

(2) 국외

1910년대 헌병경찰의 가혹한 탄압으로 국내 독립운동이 큰 제약을 받자 많은 애국지사들이 만주와 연해주 지방으로 망명하였다. 그 중에서도 간도는 일본침략이 상대적으로 미약하고, 한말부터 우리 교민이 많이 이주한 지역으로 접경지역이다. 독립운동가들은 간도를 독립기지로 구축하여 독립군을 양성한 후 적당한 시기에 일본군과 전쟁을 벌이고 국경을 넘어 빼앗긴 국권을 되찾고자 했다. 즉각적인 독립전쟁을 목적으로 하는 것이 아니라 앞으로 일어날 전쟁에 대비해 인적·물적 자원을 축적해 독립역량을 강화하려는 것이다. 가령 일본이 러시아나 미국과 전쟁을 벌일 경우를 대비하여 이를 이용하려는 전략적인 성격을 띠었다.

최초로 개척한 지역은 북간도 지역이었다. 북간도는 19세기 후반 이래 함경도 농민들이 대거 이주해 상당 규모의 한인사회가 형성되어 있었다. 이 한인 농촌을 상대로 하여 근대적 교육과 문화적 자강운동을 보급하여 독립운동의 근거지로 전환하였다. 이상설·이동녕은 용정에 서전서숙(1906), 김약연은 명동촌에 명동학교(1908)를 설립하고 민족교육을 실시하였다. 이를 토대로 1909년 한민자치회(→ 1910년 3월 한민교육회 → 1910년 10월 간민교육회 → 1913년 1월 간민회 → 1914년 3월 간민회 강제해산)가 조직되었다.

또한 대종교의 서일이 북간도에서 중광단(1911년)을 조직하였는데 후에 북로군정서로 확대 발전되었다. 이 군단은 김좌진을 사령관으로 하여 수천 명을 모집해서 군사훈련을 시켜 북간도에서 가장 강력한 군단이 되었다.

서간도는 처음부터 독립운동의 근거지로 건설할 계획으로 국내에서 대대적인 이주가 이루어졌다. 105인 사건으로 탄압을 받은 이시영, 이회영의 6형제와 이상룡, 김창환 등이 유하현 삼원포에 자치체로 경학사(1911년)를 세웠다. 이를 모체로 신흥강습소(1919년 신흥무관학교로 개칭)를 설치하였다. 1913년 경학사를 계승한 단체로 부민단이 조직되었다. 부민단은 1919년 한족회로 발전하여 상해임시정부가 수립되었을 때 대표를 파견하였다. 한족회는 군정부의 기능을 갖는 서로군정서로 개편되었다.

중국과 러시아의 접경지역인 북만주 지역 밀산에도 독립운동기지가 건설되었다. 이상설은 이승희와 협의하여 1909년 중국령 밀산부 봉밀산 일대에 토지를 구입하고 농민들을 이주시켜 한인촌을 건설하고 한민학교를 세웠다. 후에 홍범도가 독립군을 이끌고 들어와 우리동무회라는 청년단체를 조직하고 한민학교 교장·교감, 밀산무관학교 교관으로 활약하였다.

러시아령 시베리아 연해주 지방에서는 독립운동기지인 신한촌이 건설되었다. 신한촌에서는 1911년 12월 실업과 교육의 권장·장려를 표방하며 러시아 당국의 인가를 받은 합법적이고 대중적인 한인조직 권업회가 창립되었다. 권업신문을 발행하고 교육활동을 벌이면서 러시아 당국의 행정기능을 대행하였다. 러시아는 한인들의 러시아화를 도모하면서 권업회를 권장했고, 한인들은 권업회를 통해 경제적 안정과 교육, 문화적 함양을 통한 지위향상을 추구했다. 그러나 독립군을 양성하여 독립전쟁을 궁극적 목적으로 하였던 독립운동가들은 권업회의 활동에 불만을 품었다. 1913년 이상설, 이동휘를 비롯한 이동녕, 이종호, 정재관 등 권업회의 중심인물이 블라디보스토크에서 대한광복군정부를 수립하고 독립군을 조직하여 무장투쟁을 계획했다. 이들은 제2의 러일전쟁이 일어나면 조선이 독립될 가능성이 있다고 예상하며 러시아를 후원했다. 하지만 제1차 세계대전에서 러시아와 일본이 동맹관계를 맺으면서 제2의 러일전쟁을 일으키려는 노력은 수포로 돌아갔다. 이 밖에도 1917년 러시아 혁명의 영향을 받아 1918년 이동휘가 한인사회당(1921년 고려공산당으로 개명)을 결성하는 등 많은 단체들이 활동했다.

미국에서 민족운동은 한인교민이 많이 거주하는 하와이에서 시작되었다. 미국본토에서도 교민이 많은 샌프란시스코가 중심이 되어 1905년 공립협회 등이 조직되었다. 1908년 스티븐스 암살사건을 계기로 재미한국인의 단결이 공고해지면서 1909년 국민회(뒤에 대한인국민회로 개명)를 조직하였다. 초기에는 박용만이 중심이었으나 1915년 이후 이승만이 단체를 주도하였다. LA에서도 안창호가 1913년 조직한 흥사단 활동이 활발하였다.

중국 관내지역에서는 상하이가 반일독립운동의 주요무대가 되었다. 상하이는 미국이나 유럽으로 가는 교통요충지로 각 국의 외교기관이 상주해 외교활동의 효율성을 기대할 수 있었다. 제국주의 열강 간의 균형이 유지되는 조계지였으며, 동아시아 민족해방운동세력과의 국제연대 가능성이 기대되는 지역이었다. 신해혁명(1911)의 성공에 고무된 애국운동가들이 쑨원孫文을 동경하여 상하이로 모여들었다. 독립운동단체로는 1912년 대종교의 신규식, 박은식, 조소앙 등이 주도하여 조직한 동제사가 대표적이다. 동제사는 초기에는 한인유학생을 돌보고 보조하는 단체였으나 점차 반일독립운동단체로서 정치적 성격을 강화했다. 1914년 말에는 신한혁명당이 결성되었다. 신한혁명당은 한편으로 제1차 세계대전에서 서구열강을 대상으로 외교활동을 벌이고 다른 한편으로 국내 독립운동세력과 연계해 무장투쟁을 일으키는 독립운동을 지향하였다. 이들은 대한제국의 부흥을 목표로 삼았다. 1918년 겨울 여운형, 김규식, 이광수 등이 상하이에서 상해고려교민친목회를 결성하였다. 이 단체는 1919년 임시정부 수립과 함께 산하단체로 편입되어 상해대한인민단으로 개편되었다. 학생조직으로 1915년 상해한인유학생회가 결성되었다.

이 밖에도 1917년에는 신규식 중심의 공화주의 세력과 이상설 등의 만주, 노령지역 입헌군주제 세력이 연합하면서 1917년 대동단결선언이 이루어졌다. 이 선언에서 제1차 세계대전의 국제정세 변화를 감안하여 공화정체의 국민국가 건설을 목표로 하였다. 이는 임시정부 수립을 위한 모체가 되었다. 제1차 세계대전이 종결되면서 공화주의 노선이 정립되었다. 신한청년당은 세계대전의 전후처리를 위해 파리 강화회의가 열린다는 소식을 듣고 한국의 독립 문제를 제출하기 위해 김규식을 대표로 파견했다. 아울러 국내외에 반일운동의 전개를 독려하여 3·1운동이 일어나는 데 영향을 미쳤다.

2. 제1차 세계대전 이후 일제 민족분열정책과 독립운동의 분화

1) 제1차 세계대전의 승전국 일본과 워싱턴 체제의 제동

20세기 초 후발 식민지 획득을 둘러싸고 후발 제국주의국가인 독일과 이에 대응하는 영국·프랑스가 북아프리카, 발칸 반도에서 첨예하게 대립했다. 영국과 프랑스가 동아시아에 발이 묶인 러시아를 일본과 중재시킨 후 발칸 반도로 끌어들이면서 삼국협상(영국·프랑스·러시아)과 삼국동맹(독일·오스트리아·이탈리아) 간의 갈등이 더욱 깊어졌다. 1914년 사라예보 사건을 계기로 그해 7월 오스트리아가 세르비아에 선전포고를 했다. 삼국협상국과 삼국동맹국 간의 선전포고와 참전이 이어지면서 초유의 대전쟁이 시작되었다.

영국은 동아시아에서 자국 상선을 보호할 목적으로 동맹국인 일본에게 제한적 지원 요청을 했다. 중국해에서 활동하는 독일의 순양함을 격퇴해 달라는 것이었다. 이에 대해 일본은 영일동맹을 앞세워 전면적 참전을 결의하고 1914년 8월 독일에 전면개전을 선언했다. 하지만 일본은 유럽전선으로 병력을 파견한 것이 아니라 아시아에서 자국세력을 확장하는 데 군사를 동원했다. 먼저 독일의 중국근거지인 칭다오_{青島} 점령에 나섰다. 중국이 중립을 선언했으나 일본은 이를 무시했다. 일본은 중국에서 자신의 세력을 굳힐 절호의 기회로 보고 산둥 반도의 권익을 확보하는 데 열중했다. 1915년 일본은 중국의 위안스카이 정권에게 중국내 독일이권의 계승을 비롯한 일본의 특수권익을 강요하는 21개 사항을 요구하여 대부분을 인정받았다. 일본은 중국 북방군벌정부에게 1917년부터 18년까지 총 1억 4,500만 엔의 경제차관을 공여했다. 중국만이 아니라 괌, 사이판 등 남양제도의 독일 군사기지를 점령하면서 동아시아에서 세력을 넓혔다.

일본이 중국에서 세력을 확대시키면서 독일이권만 침탈한 것이 아니라 영국 등 서구열강의 시장도 잠식해 나갔다. 뿐만 아니라 유럽에서 수입이 끊겨 공백이 된 아시아 국가로도 일본제품의 수출이 급증했다. 특히 중화학공업 제품을 중심으로 한 군수물자의 수출은 기존의 미약했던 일본 중화학공업에 큰 자극을 주었다. 수입대체 중화학공업화가 진전되면서 국산화가 진전되었다. 제1차 세계대전으로 일본은 경공업 중심의 산업구조에서 조선업, 철강업, 방적업, 전력 등이 비약적으로 발전하고 중화학공업이 급속도로 발달하였다. 국제수지도 1914년 11억 엔의 채무국에서 1920년 28억 엔의 채권국이 될 정도로 큰 폭의 흑자로 돌아섰다. 1915년부터 5년간 일본의 경상수지는 무려 35억 5,900만 엔의 흑자를 냈다.

제1차 세계대전으로 일본과 뒤늦게 참전한 미국이 전시호황을 누리며 독점자본주의로 비약했다. 반면 제1차 세계대전으로 유럽 교전국은 엄청난 희생을 치렀다. 전후 휴전조건을 정하는 파리 강화회의에서 일본은 승전국으로서 대표를 파견했다. 미국은 일본이 전시에 중국에서 획득한 권익을 재고하려고 했다. 그러나 일본은 영·불·이·러로부터의 지지와 파리 강화회의 불참 등을 내세우며 강경한 태도로 자국의 권익을 관철시켰다.

이에 서구열강은 미국의 주도로 1921년 11월부터 열린 워싱턴 회의에서 일본이 중국에서 권익을 확대하는 상황에 대해 느슨하게나마 제동을 걸었다. 해군군축조약으로 군함의 건조량과 톤수 등에서 일본은 미·영의 60%로 결정했다. 이로써 일본의 국제적 지위가 이류제국임을 분명하게 하였다. 영국도 전쟁중에 일본이 중국에서 세력을 확대하면서 자국 이해를 침해당하고 있었다. 따라서 워싱턴 회의에서 조인된 영·일·미·불 4국조약으로 영일동맹을 폐기하기로 결정했다. 서구와의 갈등 속에서도 일본의 국제적 지위는 여전히 확고했다. 일본은 제1차 세계대전중에 수립된 사회주의국가 소련의 영향력이 동아시아로 확산되는 것을 막는 역할을 맡았다.

워싱턴 회의에서 결정된 군축비율에 대해 일본내 군부세력이 반발했다. 하지만 일본 정치권은 정당정치가 본격화되면서 서양과의 협조체제를 중시하는 정책을 취했다. 일본정부는 워싱턴 체제라는 국제질서의 틀 안에서 평화외교를 유지하면서 경제적으로 이미 획득한 권익을 보호하고 공고화하는

데 집중했다. 군사적으로는 양적으로 축소하되 질적으로 무기를 비롯한 군수시설을 향상시켜 나갔다.

2) 3·1운동

제1차 세계대전이 장기화되면서 전쟁중단, 차르 전제정치 타도, 프롤레타리아 집권을 외치는 러시아 혁명이 성공해 소비에트 연방국가가 수립되었다. 소련은 단독으로 독일과 휴전협정을 맺고 전쟁에서 이탈했다. 자본주의를 부정하고 공산주의를 제창하는 소련은 식민지 독립운동에 반제국주의 성격을 강화시켰다. 제국주의적 국제질서를 전복하려는 소련이 식민지 민족운동에 새로운 희망으로 떠오르며 공산주의는 전 세계로 급속히 파급되었다.

이에 대응해 자본주의 진영의 미국 윌슨 대통령이 식민지 제 민족의 자결을 의미하는 민족자결주의를 제창했다. 힘에 바탕을 둔 국제질서인 군국주의·제국주의가 후퇴하고, 정치에서 윤리성을 중시하는 인도주의·평화주의·민족자결주의 시대가 온다는 믿음을 확산시켰다. 과거의 비밀외교를 지양하고 국제여론에 입각해 국제분쟁을 수렴, 공개적으로 논의하는 공식적인 국제기구인 국제연맹을 창설하자고 주창했다.

3·1 만세시위행진 군중에 호응하는 시민들

미국과 소련이 지향하는 체제는 전혀 달랐으나 기존 제국주의적 국제질서에 대한 쇄신을 외친다는 점은 공통되었다. 이러한 국제정치관의 변화는 국내에도 영향을 미쳤다. 조선 독립운동가들은 1919년 1월부터 열리는 파리 강화회의에서 한국문제가 거론되어 독립되기를 희망하면서 3·1운동을 일으켰다. 민족자결주의에서 제시한 이상주의적 국제질서를 신뢰하면서 일본의 강도 같은 침략행위를 평화적인 방법으로 국제여론에 호소하고자 한 것이다.

때마침 고종의 승하를 둘러싸고 일제가 독살하였다는 소문이 퍼졌다. 일제의 강압적 식민정책과 차별정책에 대한 반발로 3·1운동은 거국적 운동으로 승화하였다. 전국 218개 군에서 2백여만 명의 주민이 총 1,500여 회의 시위를 벌인 3·1운동은 조선민족의 거족적인 독립의지를 보여주었다.

처음 독립선언서를 작성하고 종교조직을 통해 시위를 촉발한 주체는 33인의 대표였다. 이들은 비폭력·무저항을 주장하며 시위 주도를 포기하고 곧바로 자수했다. 이렇게 되자 일사분란하게 시위를 주도할 지도부가 부재한 상황이 되었다. 이후 3·1운동은 대중의 자발적인 참여로 전국적으로 확산되고 일상화되었다. 참여층도 농민이 50% 이상을 차지하고 지식인, 청년, 학생, 상공업자 등 각계각층이 총체적으로 참여했다. 태극기가 민족의 상징물로 확고히 자리매김했고 애국가를 부르고 각종 유인물이 시위를 선전하고 선동했다. 투쟁 형태도 동맹파업, 예금인출, 면사무소와 헌병주재소 습격 등 무력저항으로 발전하였다. 일본은 군대, 헌병, 경찰을 모두 동원하여 시위자에 대해 발포, 살육, 고문, 방화 등 무자비한 방법으로 탄압했다.

3·1운동은 제1차 세계대전 이후 등장한 이상주의와 국제정세의 변화에 영향을 받아 일어났다. 한민족은 3·1운동으로 대외적으로 독립 의지를 표출하고 대내적으로 자유와 평등을 이념으로 하는 근대적 민족해방 의지를 확인할 수 있었다. 이러한 역사적 경험은 한국 근대민족운동의 토양이 되었다.

그런데 윌슨의 민족자결주의와 국제적 이상주의는 유럽 특히 패전국 문제를 해결하는 데 국한되고, 승전국에 대해서는 적용되지 않았다. 파리 강화회의의 목적도 기본적으로 유럽에서 전쟁과 관련된 문제를 해결하는 데 있었다. 이 회의에 일본이 승전국으로 참가하는 상황에서 조선 독립운동가들이 독립을 청원하는 것은 원천적으로 차단되었다. 파리 강화회의에 대한 기대가 컸던 만큼 조선인의 서구열강에 대한 실망도 커졌다. 이후 독립운동방략을 두고 운동노선이 갈라지게 되었다.

3) 조선총독부의 '문화통치' 표방

3·1운동 후 일본은 대외적으로 무단통치와 폭력적 운동진압에 대해 국제여론의 비판을 받았다. 제1차 세계대전 이래 중국을 둘러싸고 일본과 미국을 위시한 서구열강 간의 긴장이 지속되는 상황에서 조선통치에 대한 야만적 실상이 해외언론에서 폭로되자 일본은 이를 무마해야 했다.

아울러 조선총독부는 조선인의 독립의지를 잠재우고 보다 안정적이고 지속적인 통치를 위한 정책기조 변화의 필요성을 느꼈다. 1919년 9월 조선총독으로 취임한 사이토 마코토齋藤實는 '문화 창달과 민력의 충실'을 시정방침으로 하는 이른바 '문화통치'를 내세웠다. '문화'란 제1차 세계대전이 과학과 산업화 위주의 물질적인 문명을 강조하는 가치관이 압도한 결과 일어난 것으로 파악하면서 이를 비판하고 문명보다 심오한 정치, 경제, 사회적인 면을 상징하는 용어였다.

문화통치를 내세우며 조선총독부는 몇 가지 개량적인 조치를 취했다. 언론·출판·집회·결사를 제한적으로나마 허용하고, 식민통치에 민의를 반영한다며 지방제도를 개정했다.

언론·출판 허용조치에 따라 《동아일보》, 《조선일보》 등의 신문과 《개벽》, 《신생활》, 《조선지광》 등의 잡지가 발행되었다. 출판물들은 어디까지나 식민지 통치질서와 공안을 해치지 않는 선에서 허용되었다. 이를 위반할 경우에는 언제든지 발간정지 및 폐간되었다. 일본의 의도야 어찌되었든 신문·잡지의 발행은 조선인의 의사소통과 여론조성에 도움을 주었다. 이는 열악한 상황에서 일본에 저항한 출판관계 종사자들의 노력의 산물이기도 했다.

조선총독부는 조선인에게도 의회의 설립과 참정권을 허용할 것처럼 선전하였다. 참정권의 부여라는 명분 아래 지방행정기관인 도, 부, 면에 정책의 결기기관이 아닌 자문기관으로서 도 평의회, 부 협의회, 면 협의회와 교육기관에 둔 학교 평의회를 설치했다. 도 평의회의 경우 소위 학식과 명망이 있는 친일파로 도지사가 임명했다. 부·면 협의회의 경우 일본인과 조선인 지주가 많은 전국 24개 지정면에서는 선거를 했고 나머지 2,500개의 보통 면에서는 모두 군수가 지명하였다.

선거를 통한 선출을 허용한 지정면의 경우, 선거자격을 보면 조선인은 부나 면에 5원 이상의 세금을 납부한 자들이었다. 1920년의 경우 일본인 45명중 1명이 부·면 협의회 회원이 되었으나 조선인은 2,800명에 1명꼴로 회원이 될 수 있었다. 결국 지방의회에 참여할 수 있는 계층은 재조선 일본인과극히 일부의 조선인 지주 및 자본가에 불과하였고 대다수의 조선인은 배제되었다. 이러한 협의회는 자문기구였기 때문에 실질적 권한이 없지만, 비공식적인 '힘'으로 작용하였다. 일본은 조선인 신문의 발행이라든가 조선인 일부에게나마 지방협의회에의 참여를 허용한 것이 대단한 은전이나 되는 것인양 국내는 물론 세계에 선전했다.

'문화통치'의 진정한 의도는 민족분열정책에 있었다. 조선총독부는 조선인내부에 일본에 동조하는 친일파들을 구조적으로 만들어 내려고 했다. 안정적인 식민지배를 위해 협력자인 일부 친일파들에게 특혜를 주고 대다수 사람들에게는 극심한 탄압과 수탈을 가하는 분리통치였다. 자치제 훈련이라는총독부 정책은 실제로는 친일파 양성책이었다.

외견상 1910년대와 같이 학교 선생들이 칼을 차고 수업하는 것을 폐지하고 헌병은 보통경찰로 이름을 바꾸었다. 하지만 경찰력은 전보다 강화되었다. 아래의 〈표〉에서 보듯이 경찰의 숫자나 유지비용은 3·1운동 직전에 비해1920년 3배 이상 증가했다. 독립운동을 탄압하기 위한 특별고등경찰제도를만들었고 1925년에는 〈치안유지법〉을 공포하여 사상통제와 사상운동에 대한 탄압을 더욱 강화하였다. 교육에서도 일본인과 조선인의 동등한 교육을표방했지만 조선인 아동학령의 18%만이 취학하는 데 그쳤다.

〈표〉 3·1운동 전후 경찰병력 비교

구 분	1918	1920
경찰관서	751개소	2,746개소
경찰관수	5,402명	20,134명
경찰경비	약800만원	2,394만원

김운태, 1999, 《일본제국주의의 한국통치》, 박영사, 252~253쪽.

한편 제1차 세계대전으로 일본경제가 급속하게 발전함에 따라 농촌에서 도시로 노동력이 대거 이동하면서 농촌이 황폐해졌다. 조선에서 쌀을 공급받았지만 수요를 따라가지 못했다. 세계적으로도 전쟁으로 곡물가격이 폭등하면서 1918년 일본 쌀값이 급등하기 시작했다. 쌀값이 오르자 상인들은 쌀을 매점매석하며 쌀값의 앙등을 부채질했다. 1918년 1월 일본의 쌀값은 1가마에 23원 53전이었는데 12월에는 40전 58전으로 크게 올랐다. 1918년 7월부터 9월까지 일본내 대부분의 대도시와 중소도시에서 폭동이 일어났다. 나중에는 농촌과 탄광으로까지 파급되어 미곡 상인들의 집을 때려부수는 등 폭력화하였다. 총 참가자가 70여만 명을 넘고 검거자만 8,200명이나 되는 자연발생적인 '쌀소동'이었다.

일제는 일본내 쌀값 안정을 위해 조선에서 식량증산을 강행하였다. 제1차 세계대전으로 급성장한 일본의 과잉자본을 조선의 대규모 관개시설과 경지 정리를 중심으로 한 농업부분으로 투자하려는 목적도 있었다. 수리조합, 금융 조합 등을 통하여 고리대로 더 높은 이윤을 취하려 한 것이다.

1920년부터 15년 동안 시행된 산미증식계획은 토지개량과 수리시설 확충을 통해 쌀을 최대한 증산하고 조선농민의 쌀 소비수준을 최소로 억제하여 가능한 한 많은 쌀을 일본에 공급하는 데 목적이 있었다. 생산량 증대를 위해 금비라고 일컫는 화학비료 사용을 적극적으로 장려했다. 이는 일본 대기업인 조선질소비료공장 등의 상품판매시장을 확대하는 정책으로, 그 결과 조선농업은 벼농사 위주로 단작화되고 자연재해와 경제변동에 극히 취약해졌다.

이 시기 조선의 쌀 생산과 수출, 소비량은 다음 표와 같다. 산미증식계획으로 토지개량, 일본 품종화, 화학비료 사용 증가, 수리시설 설치 등 기술 향상으로 생산량은 평균 100~120% 증가했다. 그런데 일본으로 쌀 이출은 300~400%로 생산량을 훨씬 웃돌았다. 생산량이 늘었지만 증산된 쌀보다 훨

〈표〉 1910~30년대 조선의 쌀 생산량, 이출량, 소비량

연 도	생산고 (만석)	일본 이출량 (만석)	조선인 1인당 쌀 소비량(석)	일본인 1인당 쌀 소비량(석)
1912~1916평균	1,230	106	0.72	1,089
1917~1921평균	1,410	220	0.69	1,130
1922~1926평균	1,450	434	0.59	1,126
1927~1931평균	1,580	661	0.50	1,127
1932~1936평균	1,700	876	0.40	-

안병태, 1982, 《한국근대경제와 일본 제국주의》, 백산서당, 294쪽.

씬 더 많은 쌀이 일본으로 빠져나가는 '기아수출'이었다. 조선인 1인당 쌀소비량은 일본인 소비량의 절반에도 못 미쳤고 이는 1910년대보다 줄어든 것이었다. 조선인은 쌀 대신 만주에서 수입한 값싼 조를 먹었다.

군산항의 미곡 유출 모습

더욱이 산미증식계획은 철저하게 지주 중심이었다. 소작농은 지주에게 수확량의 50%에 해당하는 고율 소작료는 물론이고 여기에 화학비료비, 곡물운반비, 농기구대, 종자대, 지주가 물어야 할 지세, 수리시설을 이용한 대가인 수세水稅까지 부담하였다. 명절에는 지주나 중간관리인인 마름에게 과중한 선물도 바쳐야 했다. 소작인의 부담은 수확량의 거의 7~8할에 달하였다.

이렇게 불리한 소작마저도 1910년대 토지조사사업 이래 계약기한이 불안정하였다. 해마다 소작계약을 다시 체결해야 했다. 1935년 동양척식주식회사의 경우 소작기간이 1년인 경우가 70%로 가장 많았고, 1~3년도 12.8%, 4~5년은 10.6%였다. 소작기한이 지나면 언제라도 소작지에서 쫓겨날 수 있는 불안한 상태였다.

산미증식계획의 일환으로서 토지개량을 위한 수리시설 가운데 수리조합에 의한 것이 전국 약 150여 개였다. 수리조합의 혜택을 받는 몽리지역 농민들은 상당한 액수의 수세, 수로보수비 등 공과금을 조합에 내야 했다. 수리조합비는 수확 상황이나 쌀값 변동과 상관없이 높게 책정된 경우가 많아 중소지주나 자작농이 조합비를 물지 못하고 대지주에게 토지를 헐값으로 파는 일이 많아졌다. 결국 농민에게 이익을 주어야 할 수리시설이 도리어 이로 인해 자작농과 자소작농이 몰락하고 소작농으로 전락하게 만드는 결과를 초래했다. 1919년 소작농은 전체 농가의 1/3(37.6%)에서 1930년 1/2(46.5%)로 대폭 증가했다.

농민들은 고율의 소작료와 과중한 수리조합비의 부담 속에서 생존을 위한 절박한 상황에 몰려 소작권을 부지하고자 온갖 애를 쓰든가 아니면 사활을 걸고 소작쟁의를 일으켰다. 이 시기 소작쟁의의 가장 큰 원인은 소작권의 박탈이동으로서 전체의 60%를 차지했고 소작료 인하가 그 다음으로 18%였다. 소작쟁의는 3·1운동 이후부터 일어나기 시작하여 1930년을 전후하여 최고조에 달하였다.

4) 1920년대 독립운동노선의 분화

(1) 국내

3·1운동 후 1920년대 독립운동세력은 세계사조와 맞물려 자유주의, 자본주의, 사회주의, 공산주의, 무정부주의를 실천논리로 수용하면서 분화되었다. 식민지에서 탈출하기 위한 민족해방운동의 논리로 여러 사상을 수용했으나 그 저변에 흐르는 것은 민족주의였다. 각자의 처지에 따라 독립운동방략으로서 정치투쟁, 무장투쟁, 외교론, 실력양성론 등을 다양하게 제기하고 실천했다.

1907년 이래 국내에서는 무기소지 금지로 무장해제 상태였다. 3·1운동으로 독립에 대한 열망이 얼마나 강렬한가를 확인할 수 있었지만 이를 군사적 힘으로 표출할 기반은 극히 취약했다. 일본이 1920년대 소위 문화통치를 내걸자 국내세력은 한말 자강운동을 계승하여 1920년대 전반에 실력양성운동을 벌였다.

실력양성운동은 언론·출판을 통한 문화운동, 물산장려운동, 민립대학설립운동, 사회단체를 통한 계몽운동으로 전개되었다. 물산장려운동은 1923년 민족 스스로의 힘으로 공장을 세우고 거기서 만든 물품을 국민 모두가 애용해서 민족기업을 보호 육성하자는 운동이었다. 처음에는 민족주의자들은 물론 공산주의자들도 거국적으로 참여하였다. 그러나 점차 국산품 애용으로 누가 이익을 보느냐면서 민족이라는 미사여구로 계급의식을 마비시킨다면서 이탈하는 세력이 생겼다. 물산장려운동은 불과 1년 만에 침체 상태에 빠졌다.

1924년 민립대학설립운동이 일어났다. 일본의 차별교육에 맞서 조선인에게 고등교육을 시키자는 취지였다. 전국적으로 모금운동이 전개되었지만 이 역시 헌금 과정에 대한 불신과 조선총독부의 방해로 크게 효과를 거두지 못했다. 조선총독부는 1924년 경성제국대학이라는 명칭으로 개교하여 조선인의 고등교육열을 무마시키면서도 총독부의 관리 하에 둘 수 있게 했다. 경성제국대학의 설립으로 민립대학설립운동은 사그라졌다.

실력양성운동은 신교육 보급과 민족자본 육성 그리고 전근대적인 의식과 관습 탈피를 통해 문화적·경제적으로 실력을 갖추며 서구적 근대화를 이루고자 했다. 즉 근대화를 일차적 민족과제로 삼았다. 이는 근대화라는 면에서 상당히 의미가 있지만 당시 조선이 식민지임을 고려할 때 독립운동과 거리를 두고 식민지체제 내에서 탈정치화할 소지가 많았다. 1920년대 후반 실력양성운동을 내세운 사람들 중에 '독립' 대신 자치를 주장한 자치운동론이 대두된 것도 이러한 성향의 귀결이었다.

1917년 러시아 혁명이 성공한 후 소련은 약소민족의 독립운동에 대한 원조를 약속하였다. 조선의 독립운동에 냉담하였던 서구국가들에 비해 소련의 약속은 독립운동가들에게 반가운 것이었다. 1920년대 많은 공산주의단체들이 소련 및 일본유학생들을 중심으로 조직되었다. 서울청년회(1921), 북성회(1923.1, 1924년 북풍회로 개칭), 신사상연구회(1923.7, 1924년 화요회로 개칭)가 있다. 1925년 4월 조선공산당(화요파·북풍회파·상해파 공산주의 그룹)과 고려공산청년동맹(당외 서울파 공산주의 그룹)이 결성되었다. 당시 각 국의 공산당은 모스크바에 있는 코민테른의 지도와 승인을 받아야 했다. 1926년 4월 조선공산당이 코민테른으로부터 정식승인을 받으면서 조선 사회주의운동은 통일되었다.

1920년대 중반 무렵 중국과 만주지역에서는 민족운동세력 간에 '유일당운동'이 전개되었다. 이 운동은 민족운동세력을 하나로 묶어 항일전선에서 그 역량을 효율적으로 운영하려는 움직임이었다. 국외에서의 유일당운동의 영향으로 국내에서도 신간회와 같은 민족통일전선운동이 진행되었다. 1927년 1월 결성된 신간회는 비타협적 민족주의세력과 사회주의세력이 협동한 결과였다. 민족주의세력은 친일적인 자치운동에 대한 적극적인 대응책으로

원산 총파업

신간회 결성에 나섰고 사회주의세력은 민족협동전선을 구축하기 위해 함께했다. 신간회는 민족유일당의 매개 형태로 합법적 범위 내에서 창립되었다. 신간회는 각 지방을 순회하면서 강연회를 열어 조선총독부의 식민지 배정책에 구체적으로 대항하고, 노동쟁의·소작쟁의·동맹휴학 등과 같은 비타협적 운동을 지도하였다. 대표적인 활동으로서 원산노동자 총파업(1929), 광주학생의거(1929), 단천 농민조합사건(1930)을 들 수 있다. 그 결과 신간회는 군단위 지방지회 141개 소와 4만 명의 회원을 가진 조직으로 성장했다.

신간회 세력이 커지자 총독부의 탄압이 강화되었다. 신간회 내부에서도 사회주의세력이 해소론을 들고 나왔다. 이는 소련의 코민테른 지시에 의한 것이었다. 1920년대 말 세계적으로 경제위기가 확산되자 코민테른은 1928년 〈12월 테제〉를 내렸다. 코민테른은 사회주의 혁명시기가 도래했다고 판단하며 민족협동보다는 계급혁명을 일으킬 것을 명령했다. 즉 지식인 중심으로 민족주의세력과 연합전선을 펴는 데서 벗어나 노동자·농민을 포섭하는 계급정당으로 공산당 재건을 요구했다. 신간회의 사회주의세력은 코민테른의 지도노선에 따라 민족주의진영과 결별하고 투쟁방침으로 전환하면서 일방적으로 해소를 결의하였다. 결국 신간회는 1931년 5월 해산되었다. 비록 신간회운동이 4년 만에 중단되었지만 민족주의세력과 사회주의세력이 민족해방투쟁을 위해 함께 연합전선을 폄으로써 이후 국외에서 좌우합작운동이 일어날 수 있는 기반을 조성했다는 점에서 중대한 의미를 갖는다.

(2) 국외

제1차 세계대전 후, 동아시아에서 일본이 전쟁중에 차지한 이권으로 인해 국제갈등이 조성되었다. 소련은 피압박 약소민족의 해방투쟁에 대한 후원을

> **〈대한민국임시헌장〉(1919년 4월 11일)**
> 제 1조 대한민국은 민주공화제로 한다.
> 제 2조 대한민국은 임시정부가 임시의정원의 결의에 의하여 이를 통치한다.
> 제 3조 대한민국 인민은 남녀·귀천 및 빈부의 계급이 없고 일체 평등하다.
> 제 4조 대한민국 인민은 종교·언론·저작·출판·결사·집회·통신·주소이전·신체 및
> 소유의 자유를 향유한다.
> 제 5조 대한민국 인민으로 공민 자격이 있는 자는 선거권 및 피선거권을 가진다.
> 제 6조 대한민국 인민은 교육·납세 및 병역의 의무를 가진다.
> 제 7조 대한민국은 신의 의사에 의하여 건국한 정신을 세계에 발휘하며 인류의 문화
> 및 평화에 공헌하기 위하여 국제연맹에 가입한다.

공약하였다. 이러한 국제정세의 변화와 긴장을 독립의 호기로 보고 독립운동가 사이에서는 민족해방운동의 총본부로 정부를 세워야 한다는 인식이 확산되었다. 지속적인 민족해방운동의 전개와 외교활동을 수행하기 위한 대표기구, 독립 후의 국가건설을 준비하려는 것이었다.

임시정부는 국내와 연해주, 상하이 등지에서 추진되었다. 상해정부가 중심이 되어 상하이에 정부를 두기로 하고 블라디보스토크 정부를 흡수하여 입법기관을 형성했다. 한성정부의 법통을 계승하여 행정부를 조직하여 임시정부를 수립했다(1919.4.13). 임시정부는 3권분립에 기초한 민주공화국으로 대통령중심제와 내각책임제를 절충하였다. 대통령은 이승만, 국무총리는 이동휘가 선임되었다. 활동의 중점은 민족운동의 통할과 외교에 두었다. 본국과 만주와의 연락을 위해 연통제를 실시하고 교통국을 설치하였다.

임시정부 초기에는 파리 강화회의, 태평양회의와 같은 국제회의에서 독립을 보장받고 국제연맹에 가입하는 것을 목표로 하였다. 그러나 국제사회는 승전국 일본의 식민지인 조선 독립에는 관심이 없었다. 일본은 국제질서에 순응하면서 중국대륙에서 경제적 권익을 보존하는 정책을 취했다. 따라서 임시정부를 비롯한 조선의 독립운동세력이 기대하듯 동아시아에서 열강 간의 갈등이 표면화하거나 국제사회에서 독립을 인정받는다는 것은 모두 수포로 돌아갔다. 차선책으로 미국, 소련, 중국 등 각 국으로부터 개별 승인을 받

는 것을 목적으로 열강에 대한 외교활동을 펼쳤다. 미국에서는 구미위원부의 이승만이 의회를 통해 조선문제에 대한 관심을 높이기 위한 선전과 로비를 벌였다.

공산주의 사조는 연해주 지역에서 가장 먼저 수용했다. 러시아 혁명 성공 후 소련이 약소민족의 해방 원조를 공언하면서 공산주의 사상이 확산되었다. 한말 자강운동에 참여했던 이동휘를 중심으로 1918년 6월에 상하이에서 한인사회당(상해파)을 세웠다. 이들은 민족해방을 우선과제로 삼았다. 이와 별도로 러시아 이르쿠츠크에서 일찍부터 러시아로 이주하여 귀화한 한인들을 중심으로 하는 이르쿠츠크파 공산당이 형성되었다. 이르쿠츠파 공산당은 노농소비에트 건설을 주목표로 했다. 1920년 이동휘 주도로 소련과 교섭하여 한·소 공수동맹을 체결하고(1920) 40만 불을 지원받았다.

3·1운동 후 서·북간도를 중심으로 무장투쟁단체가 결성되면서 활동이 활발해졌다. 서간도에는 서로군정서와 대한광복군총영, 북간도 지역에서는 국민회군, 대한군정서(일명 북로군정서), 대한독립군, 대한군무도독부, 의군부 등의 독립군이 대표적이었다. 독립군 군비조달, 무기구입, 군사훈련에 필요한 자금은 만주, 연해주, 국내 동포가 헌납했다. 독립군은 무기를 대부분 제1차 세계대전 중 시베리아에 출병한 체코 군대에서 구입하였다. 군사훈련은 북간도의 사관연성소와 서간도의 신흥무관학교 등지에서 받았다.

국내외의 고양된 독립의지를 가지고 1919년 8월부터 독립군은 국내진입작전을 본격화했다. 독립군의 국내진입작전을 선도한 인물은 홍범도였다. 홍범도가 이끄는 대한독립군의 봉오동 전투(1920.6), 김좌진이 지휘하는 대한군정서와 홍범도가 인솔한 대한독립군·대한국민군 연합부대의 청산리 전투(1920.10)에서는 대승을 거두었다. 일본군은 4월 참변(1920.4)을 벌이며 연해주 일대의 한인사회를 유린하고 '경신참변'(간도 대학살, 1920. 10~1921.5)을 일으켜 간도 일대의 한인 3,500명~1만여 명을 살해하여 항일독립운동세력을 초토화시켰다.

독립군은 청산리 전투를 끝내고 일본군의 탄압을 피해 연말에 소련과 만주의 국경지대인 밀산에 집결하여 10개 독립군 단체가 대한독립군단을 결성하였다. 이들은 소련의 약소민족 해방 원조의 약속을 믿고 수십만 동포가 살고 있는 연해주의 자유시(알렉세예브스크 Alekseyevsk)로 들어갔다. 독립군이 자유시로 집결하자 지휘권을 둘러싸고 한인 공산주의 운동세력 간에 주도권 쟁탈전이 벌어졌다. 소련 공산당이 일방적으로 이르쿠츠크파의 자유대대를 비호하여 분열을 조장하

상해 프랑스조계 임시정부 청사 앞에서 임시정부 요인들

면서 자유시 참변(1921.6)이 일어났다.

한편 초기 임시정부는 이러한 무장투쟁세력을 포괄하는 능동적인 방침을 수립하지 못하였다. 임시정부가 힘을 쏟던 외교활동은 성과를 보지 못하고, 무장투쟁세력은 4월 참변, 경신참변, 자유시참변 등으로 크게 타격을 입으면서 임시정부의 영향력이 약화되었다. 운동노선을 둘러싸고도 갈등이 일어났다. 임시정부의 초대 대통령 이승만이 외교활동에만 주력하는 데 불만을 품은 사회주의계열의 인사들이 적극적인 무장투쟁노선을 주장했다. 1921년 초 이동휘, 김규식, 안창호 등 임시정부 초기 지도자들이 줄줄이 임시정부를 떠났다. 이를 조정하기 위해 1923년 국민대표회의가 소집되었다. 국민대표회의에서는 임시정부 조직만 개조하자는 개조파, 완전 해체 후 새정부를 구성하자는 창조파, 임시정부를 그대로 유지하자는 현상유지파가 엇갈려 결론을 내리지 못한 채 개조파와 창조파가 상하이를 떠나버렸다. 이후 임시정부는 여러 차례 헌법을 바꾸면서 상당 기간 침체에 빠졌다.

이 시기 독립운동에서 특이한 위치를 차지하는 것이 의열단이다. 김원봉이 주도하여 1919년 11월에 만주 지린 성에서 창단하였다. 무정부주의에 기초한 이 단체는 독립운동의 방법으로서 암살파괴를 내세웠다. 대중 일반을 자극하여 일본봉기를 촉발하는 것을 목표로 하였다. 의열단은 1925년에 들어서면서 독립운동의 여건과 형세가 변했다고 판단하고 대중투쟁과 군사운

동을 결합하는 노선으로 전환하였다. 1925년 김원봉을 비롯한 핵심단원들은 중국 황포군관학교에 입학하였다. 1926년 계급타파와 토지평균 등을 최고이 념으로 하는 강령을 발표하면서 '혁명정당'으로 전환하고 통일적인 민족협동 전선운동을 추진하였다.

3. 대공황 이후 일제의 민족말살정책과 항일세력 결집

1) 대공황과 전체주의 대두

제1차 세계대전 후 각 국은 전쟁재발을 방지하기 위해 이상주의적 평화체 제 구축을 외쳤다. 하지만 실제 전후처리는 승전국의 현실적 이익과 패전국 에 대한 철저한 응징이었다. 패전국에 대한 조치는 가혹한 배상금, 영토축소 및 분할, 해외식민지 포기 등 보복적 성격을 띠었다. 중부와 동유럽에서는 과거 러시아, 독일, 오스트리아-헝가리, 오스만투르크 제국 영토에서 새로 독 립한 수많은 국민국가가 형성되면서 과거질서가 해체되었다.

전쟁으로 유럽 교전국 쌍방의 생산시설이 파괴되고 소비 행태가 교란되었 다. 전후 유럽 각 국은 전전의 경제체제를 복구하는 데 전력을 다했다. 국내산 업을 보호하기 위해 무역장벽을 쌓기 시작하고 생산성을 회복하고자 했다.

유럽 이외의 지역에서는 전쟁중 유럽으로 수출할 공산품과 농산품을 생산 하기 위해 설비를 증가하고 재배지를 확장했다. 전후 유럽은 유럽대로 비유 럽은 비유럽대로 수요를 고려하지 않고 생산량을 증대시키는 데 주력했다. 생산재와 소비재 분야에서도 서구열강은 앞다투어 생산성을 향상시켰다. 각 국이 경쟁하면서 기술진보가 가속화되었다. 화학, 자동차, 항공 부문 등이 생산재에서 놀랄 만큼 생산성이 향상되었고 경제적 효율성이 상승되었다. 기술발전으로 소비재 산업을 포함한 다양한 분야에서 산업투자가 촉진되었 다. '보이지 않는 손'이 공급과 수요를 저절로 해결할 것이라는 신념이 만연 한 가운데 각 국은 기술발달에 힘을 쏟았다. 그 결과 1920년대 중반부터 농 산물이 과잉 공급되면서 가격이 급락했다. 농업국의 소득감소와 경기위축으 로 국제수지가 악화되면서 공산품 구매력이 감소되었다. 세계무역이 위축되고 공산품의 설비과잉과 투자과잉으로 이어졌다.

1929년 10월 24일 미국의 주식폭락으로 세계경제가 혼란에 빠졌다. 대공황은 전 세계로 확산되었다. 농산물 값의 폭락으로 식료품 재고가 증가하고 국제무역이 침체되고 은행이 파산하고 실업자가 급증했다. 경제가 불황에 빠지면서 정치적 붕괴가 나타났다. 대공황을 극복하기 위해 미국은 고전적인 자유방임주의를 버리고 국가가 경제에 적극 개입하는 뉴딜 정책을 실시했다. 영국과 프랑스처럼 광대한 식민지를 가진 국가들은 보호무역주의를 채택하고 경제블록을 공고히 하면서 공황을 타개해 나갔다. 국내시장이 좁고 식민지가 없거나 적은 독일, 이탈리아, 일본은 상품판로가 막히면서 군국주의적 팽창주의로 경도되면서 군비증강과 대외침략에 나섰다.

1914년 이래 일본 대외투자의 대부분은 중국으로 향했다. 1920년대 일본이 유럽열강들과의 협조관계를 중시한다고 해서 중국에서의 경제적 팽창을 포기한 것이 아니었다. 이미 1920년에 일본의 만주 이권은 남만주는 물론이고 북만주 하얼빈까지 진출할 정도로 상당히 진척되었다. 일본은 중국 북방 군벌인 동삼성東三省의 실력자인 장쭤린張作霖을 지지하면서 경제적인 세력신장을 도모했다. 1920년대 만주에서 일본의 경제적 침투는 조선과 만주의 철도연결, 관세통일, 무역에서 상호의존 증대 등 여러 측면에서 한반도와 관련하며 진행되었다.

중국에서는 5·4운동(1919) 이래 민족운동이 고양되었다. 중국정부가 1926년 7월부터 북방군벌세력을 타도해 중국을 통일하려는 움직임이 시작되었다. 1928년 6월 9일 장제스蔣介石 국민당정부가 베이징에 입성하고 그 해 12월 장쭤린의 아들인 장쉐량張學良이 국민당정부에 합류하면서 통일정권이 출현했다. 통일과 함께 중국은 그동안 열강에게 잃었던 권익을 회복하고자 했다. 국민당정부는 1928년부터 1930년에 걸쳐 각 국과의 교섭을 통해 관세자주권을 회복하는 데 주력하였다. 서구열강은 1928년 중국의 관세자주권을 승인했다. 문호개방을 주장하는 미국은 물론이고 영국이나 프랑스도 자국의 이해를 해치지 않는 범위에서 중국의 국민혁명을 인정하였다. 국제여론에 밀려 일본정부는 중국에서 누렸던 관세특례 등의 이권을 열강 가운데 가장 나중인 1930년에 포기했다.

일본군부는 유화적인 일본정부의 외교정책에 불만을 품었다. 관동군을 위시한 급진적 군부세력은 평화외교로는 일본이 기대한 것을 충분히 획득할 수 없다고 생각했다. 이러한 인식 하에 만주를 중국에서 분리시키는 만주분리정책을 추진했다. 이는 1929년 대공황을 겪으면서 더욱 가속화되었다. 일본군부는 경제공황으로 야기된 국내 모순을 밖으로 분출시켜 1931년 9월 18일 만주사변을 일으켰다. 일본 최대의 투자처이며 원료 상품 시장인 만주를 독점하기 위해서였다. 이듬해 1932년 일본은 괴뢰정부인 만주국을 수립했다.

2) 1930년대 전반 조선총독부의 통제정책

1931년 조선총독으로 부임한 우가키 가즈시게宇垣一成는 대공황을 타개하기 위해서 일본은 중화학공업·정밀기계공업 지대로, 조선은 경공업지대로, 만주는 농업지대로 하는 '일선만 경제블록'이라는 지역분업체제를 구상하였다. 일본경제를 고도화시키고, 조선을 경공업지대로 배치해서 일본의 경제체제로 끌어들여야한다고 생각했다. 이러한 '일선만 블록' 노선을 추진하기 위해 선행되어야 할 것이 식민체제의 안정이었다.

'농촌진흥운동'은 조선총독부가 1930년대 최소한의 체제안정책으로 시행한 운동이었다. 1920년대까지 조선총독부의 농업정책은 벼농사 위주의 단작농업으로 재편시키면서 생산량 증대에 중점을 두었다. 이로 인해 조선농업은 경제적 변동에 매우 취약하였고 지주중심의 정책이었으므로 농민의 몰락을 가속화시켰다. 세계적 불황에 직면하여 1928년을 기점으로 쌀 값이 폭락했다. 몇 달 사이에 쌀 값과 누에고치 값이 절반 이하로 떨어졌다. 고정액인 수리조합비 등에 대한 금융 부담이 증가하자 소수의 대지주를 제외하고 자작농은 물론 중소지주까지도 자신들의 경제적 기반을 유지하기 힘들어졌다. 소작쟁의가 전국적으로 확대되었다. 발생건수가 해마다 증가하고, 1920년대 쟁의의 중심이던 농민운동은 1930년대가 되면 사회주의의 영향 아래 혁명적 농민조합운동으로 전개되었다.

조선총독부는 1920년대 말 대공황으로 조선농업이 파탄나면서 사회주의

세력이 농촌으로 침투하는 것을 막기 위해 '농촌진흥운동'을 전개했다. 식민지배체제를 유지하려면 8할이 소작농인 조선농민의 생활을 최소한으로나마 안정시켜야 했다.

우선 조선총독부는 구래의 두레조직이 지닌 자치성을 이용해서 촌락별로 농촌진흥회를 조직하였다. 농촌진흥회는 향약을 일제에 순종하는 내용으로 바꾸었다. 즉 국가(일본)에 충성하는 덕행상권, 외래불량자가 잠입할 경우 관청에 신고하는 풍속개선, 관청의 지시에 잘 따르는 산업장려, 월례회로 만나 마을사무를 의논하고 실천하는 공공봉사, 과실을 저지른 사람을 쫓아내고 관청에 고발하는 과실상규로 개악시켰다.

조선총독부는 식민지라는 구조적 모순에서 발생하는 조선의 농촌문제를 농민들의 개인적이고 사적인 '풍속', '습관', '정신태도'의 문제로 돌렸다. 농촌이 피폐하고 가난한 것은 농민들이 게으르고 풍속이 그릇된 탓이라고 주입시켰다. '심전개발운동'이란 명목으로 농민들의 생활태도를 개선하고 '정신수양'을 도모한다면서 색깔옷 장려, 금주금연, 단발 장려, 도박금지, 관혼상제 간소화, 미신타파 등 전통적인 풍습을 말살하게 만들었다. 총독부가 농민에게 '자력갱생'을 하라면서 일상생활에까지 침투하여 간섭했다.

심전개발운동을 일선에서 지도한 것은 '중견인물'이었다. '중견인물'은 각 고을별로 자작농이나 자소작농 출신의 20대 청년들이었다. '중견인물'은 총독부의 후원 아래 집단 연수기간을 거쳐 농촌지도자로서 가사, 가정, 영농 등 모든 부문을 알선 지도하면서 농촌진흥회를 이끌게 하였다. 총독부는 '중견인물'들을 일본견학을 보내면서 일제를 선망하고 동경하게 만들었다. 이들 '중견인물'은 농촌진흥운동만이 아니라 1940년대까지의 황국신민화정책의 최일선 담당자로서 활동했다.

총독부는 생활태도 개선만이 아니라 빚을 갚도록 강제로 저축을 장려했다. 저리 자금융통을 통해 농가 고리대를 정리하게 했다. 이와 함께 소작권 보호를 위해 최소한의 법적 보호를 시행했다. 지주들의 반대를 누르고 소작농을 법적으로 보호하는 〈소작쟁의 사법조정제도〉(1932.12)와 〈농지령〉(1934)을 공포하였다. 소작지 임대차 기간의 3년 하한선을 정하고 소작권의 상속을 인정하여 물권적 효력을 인정했다. 또한 마름 등 중간층의 수탈을 규제하고 지주 마음대로 소작계약을 갱신하지 못하도록 했다. 1939년에는 더욱 강력한 소작료 통제령을 내렸다. 이렇게 지주들에게 약간의 양보를 하게 하면서 농민들을 식민체제로 포섭했지만, 소작쟁의의 조정을 지주·자본가·금융인들에게 맡겼기 때문에 지주 측에 유리한 결과를 초래했다. 그래도 농민들은 농지령을 통해 조금이나마 보호를 받을 수 있게 되었다. 농촌진흥운동을 통한 개선대책은 일정하게 성과를 거두어 1930년대 전반기 농촌생활은 비교적 안정되고 향상되었다. 하지만 조선총독부가 농민의 일상까지 속속들이 통제하면서 사적 생활영역으로 식민성과 근대성이 침투해 들어가게 되었다.

한편 우가키 총독의 '일선만 블록' 구상은 일본정부의 공식적인 식민지 개발정책으로 기획된 것이 아니었다. 일본정부는 우가키 총독의 구상을 묵인하는 정도였으므로 정부 차원의 자금투자가 보장되지 않았다. 이 정책의 실현에는 막대한 자금이 필요했기 때문에 우가키 총독은 일본내 독점자본을 유치하기 위해 치안유지, 전력공급체계 확보, 토지가격 통제, 보조금 지급, 일본 본토에 적용중인 중요산업통제법과 공장법의 적용 회피 등을 강구했다. 조선 각 지역 상공회의소 역시 일본 대자본의 유인책을 모색하였다.

그 결과 1930년대의 '조선공업화'는 일본 독점자본이 주도하게 되었다. 조선총독부는 만주수출을 촉진하기 위해 관리와 무역업자와의 회합을 주선하는 등 발빠른 대응을 보였다. 조선인 자본가도 일본자본이 진출을 꺼리거나 일본 대자본의 하청, 일본산업의 물자판매 담당으로 활발하게 진출했다. 조선인 기업의 만주진출은 대개 일본 대자본에 기생하여 종속적으로 이루어졌다. 조선인 자본가들이 '이등신민'으로 일본인화하는 것이 사업성공의 전제조건이었다. 이들은 1920년대 민족기업 육성이라는 실력양성운동으로 성장한 조선인 자본가였다. 즉 애국심에 호소한 물산장려운동이나 신생활운동 같은 민족적 대중운동의 덕을 보아 성장하였다. 이들은 '힘은 곧 돈'이라는 실력양성론의 이율배반성을 내재화하면서 1930년대가 되면 일본의 도움 없이는 힘을 기를 수 없는 기생자본가가 되었다.

3) 중일전쟁 이후 전시총동원체제

일본 내에서는 1936년 극우 황도파 청년장교들이 일으킨 2·26사건을 진압한 후 통제파가 정국의 주도권을 장악하였다. 통제파는 대규모 군수산업을 확충하여 군비를 증강하였다. 1935년 이래 일본은 만주에 이어 화북을 중국에서 분리하여 엔 블록에 흡수하려고 했다. 즉 만주에서 충분하게 확보할 수 없는 석탄, 철, 공업염 등 중요물자를 화북에서 얻어 엔 블록을 강화하고자 했다.

중국 국민당정부와 공산당은 1936년 12월 시안 사건을 계기로 항일을 공동목표로 제2차 국공합작을 체결하였다. 중국 측의 이러한 변화를 눈치채지 못하고 침략전쟁을 준비하던 일본은 1936년 1월 런던 군축회의에서 탈퇴하고 그해 12월 워싱턴 조약을 폐기하는 한편, 히틀러가 이끄는 독일에 접근하였다. 같은 해 독일과 일본은 반소·반코민테른을 목적으로 하는 독·일 방공협정을 체결하고 파시즘 진영으로 결집하였다.

1937년 7월 일본은 중일전쟁을 일으켰다. 중국군이 국공합작으로 맞서 항일 민족해방전쟁을 전개하면서 전쟁은 교착 상태에 빠졌다. 예상과 달리 전쟁이 장기화되고 유럽에서 제2차 세계대전이 발발하면서 일본은 전쟁물자 조달에 심각한 타격을 받았다. 일본군의 수요는 증가하고 수송은 차단되었다. 게다가 1940년 가을 미국이 대일무역 금지를 한층 강화하면서 일본의 물자동원계획은 크게 차질을 빚었다. 1941년 12월, 일본이 미국 하와이 해군기지를 기습공격하면서 전선은 동남아시아 및 태평양으로 확대되었다.

조선총독부는 증가하는 식량수요에 대응하기 위해 1939년부터 다시 미곡증산계획을 실시하였다. 식량유통에 개입해 〈조선 미곡 배급 조정령〉을 반포하여 식량소비를 통제했다. 식량사정 및 재정이 점점 곤란해지자 1940년부터 공출제도를 실시했다. 쌀은 물론이고 보리를 비롯한 잡곡, 면화, 놋쇠그릇, 철(솥·농기구·철로), 가마니 등에 이르기까지 공출대상이었다. 소학교 학생은 관솔 채취에 동원되었다. 1942년부터는 공출량을 할당하여 강제공출을 단행하였다. '부락 책임 공출제', '사전할당 공출제'등으로 강제성을 높였다. 농촌진흥회에 광범한 권한을 주어 '중견인물'이나 마을대표인 이장이 농가마다 공출량을 할당하여 강탈해 갔다.

1936년 8월 우가키 총독의 뒤를 이어 부임한 미나미 지로南次郎 총독은 일본의 대륙침략정책에 호응하기 위해 '선만일여鮮滿一如'와 '내선일체內鮮一體'를 내세웠다. '선만일여'를 앞세워 대륙병참기지화를 시행하였는데, 조선에 대해서는 일본이 대륙으로 나아가는 병참기지라면서 전쟁에 필요한 지하자원과 전력, 병참물자를 조달케 했다. 화학, 광산기계, 피혁, 선박, 철도차량, 항공기, 석유, 금속 등 중화학 공업시설이 만주와 가까운 북한지역에 집중적으로 들어섰다. 일본내 식량공급과 관련된 도정업은 인천, 군산, 목포 등 쌀 생산지를 배경으로 한 항구에 집중되었고 소비와 정치의 중심지인 경인지방에는 기계공업과 방직공업을 모아놓았다.

일본의 통치목적에 적합하게 식민지 조선에 공업시설을 이식한 식민지 공업화였다. 이를 통해 미쓰이, 미쓰비시, 노구치 등 조선에 진출한 일본 독점자본이 성장했다. 기형적 식민지 공업구조를 물려받은 한국은 해방 후 분단과 함께 한층 어려운 여건에 놓이게 되었다.

일본은 물적자원만이 아니라 인적자원을 총동원했다. 전쟁 장기화로 전쟁을 수행할 인적자원이 극심하게 고갈되었다. 조선총독부는 '내선일체'를 내세워 황국신민으로서 천황을 위해 전쟁에 앞장서게 되면 장차 일본국민으로 대접받을 것이라는 환상을 심어주었다. 실제로는 미나미 총독 스스로도 내선일체를 내선평등과 혼동하거나 오해해서는 안 된다고 할 정도로 기만적인 수사였다.

황국신민화정책으로 일제는 1938년 국가총동원법을 적용하였다. 조선인으로 하여금 조선인임을 잊고 '피와 살과 뼈까지' 황국신민화시켜 전쟁인력으로 차출하려는 목적이었다. 국민생활을 통제하는 조직으로 국민정신총동원 조선연맹(1938.8)을 결성했다. 이 연맹은 전국을 단위로 도, 부, 군, 읍, 면, 동, 리 연맹 등의 지방연맹과 각 직장연맹으로 조직했다. 각 지방연맹 밑에 10가구를 단위로 '애국반'을 만들고 세대주를 반원으로 삼았다. 애국반은 정기적으로 매월 1회 반상회를 열어 일장기 게양, 신사참배, 일본 천황의 궁성에 대해 절하기, 일본어 항상 사용하기, 방공방첩, 애국저금 등을 강요하였다. '근로보국 주간', '저축보국 주간', '황실에 대한 보은감사 주간' 등의 주간

> **〈황국신민서사〉**
> 1. 우리는 황국신민이다. 충성으로써 군국君國에 보답하련다.
> 2. 우리 황국신민은 신애협력信愛協力하여 단결을 굳게 하련다.
> 3. 우리 황국신민은 인고단련 힘을 길러 황도를 선양하련다.

행사를 만들어 실천을 강요하였다.

1937년 3월에는 〈조선교육령〉을 개정하여 조선어 과목을 폐지하고 일본어 상용을 강제했다. 소학교 저학년부터 조선어를 사용하면 엄한 처벌을 받게 하였다. 일본식 성과 이름으로 바꾸게 하는 창씨개명은 1940년 2월부터 실시하였다. 창씨개명을 안 하면 식량과 기타 물자의 배급대상에서 제외하고, 학교 입학을 허락하지 않고, 행정기관에서 사무취급을 거부해서 조선식 성명으로 우송된 우편물, 화물수송을 금지하는 등 일상생활 전반에 걸쳐 막대한 탄압이 가해졌다. 하는 수 없이 약 80%의 조선인이 개명에 응했지만 조선인에게 창씨개명은 오욕이었다. 이에 대한 반항으로 조선총독 미나미 지로南次郎를 겨냥하여 그의 형이라는 의미로 '미나미 다로南太郎'로 바꾸기도 하고, 조상이 물려준 성을 바꾸었으니 '단군 자손이 개자식이 되었다'는 의미로 '이누코 구마소犬子熊孫'라고 짓기도 했다.

총독부는 〈황국신민서사〉와 황국신민 체조를 만들어 아침마다 각종 의식 또는 신사참배를 할 때 제창하게 하여 조선인의 뇌리에 박히게 만들었다. 신사참배를 강요하여 1939년에는 서울과 나남, 부여에 신궁을 세웠다. 매월 1일을 애국일로 정하고 전 국민에게 신사참배와 일장기 게양을 의무화하였다. 매일 아침 6시에는 사이렌을 울려 천황이 사는 동쪽을 향해 참배를 올리게 했다. 역사적으로도 일본은 조선의 민족성을 근원적으로 말살하기 위한 이론으로서 일선동조론日鮮同祖論을 주장하였다. 일본민족과 조선민족이 같은 조상에서 나왔다는 동조동근同祖同根사상이었다.

이처럼 '내선일체'를 주장하여 조선민족임을 말살하는 정책을 시행하면서 조선인을 강제로 전쟁인력으로 동원하였다. 〈육군 특별 지원병령〉(1938.2)을 실행해 18,000명 가량의 청년들이 일본군에 지원했다. 말단 관리들에게

징병제를 선전하는 시가행진

는 책임수를 할당하여 강제로 지원병에 응하게 만들었다. 1943년 10월 학도지원병제도를 실시해 전문학교 및 대학생 4,500명이 현역으로 전쟁터로 끌려갔다. 표면상 자의에 의한 지원이었으나 학도병에 지원하지 않는 자는 휴학처분 후 징용을 결정하는 등 갖은 수법으로 지원을 강요했다. 1944년 태평양 전쟁이 막바지에 다다르자 일본은 마침내 징병제를 실시하여 패망할 때까지 약 26만 명을 강제입대 시켰다.

현역병 못지않게 광범위하게 가혹한 피해를 준 것이 노무동원(징용)이다. 1939년 국민징용령의 실시로 조선인은 침략전쟁의 수행을 위한 노동력으로 강제동원되었다. 모집, 징용, 보국대, 근로동원이라는 명목으로 강제징용된 조선인 노동자들은 일본, 사할린, 남양 지역으로 보내졌다. 이들은 탄광에 제일 많이 보내졌고 금속광산, 토목공사, 군수공장, 비행장 건설, 군수 탄약운반, 전시복구사업 등에 투입되어 많은 사상자를 냈다. 징용노동자는 군대식으로 편성되어 군대와 같은 규율로 통제되었다. 도주를 막기 위해 공사장 주변은 고압전류가 흐르는 철조망으로 둘러싸였고, 군사기밀에 관한 공사일 경우 기밀 유지를 이유로 공사가 끝난 후 집단학살이 자행된 예도 있었다. 평양의 미림비행장에서는 노동자 800명을 4년 동안 혹사시키다 공사가 끝날 무렵 집단학살했고, 쿠릴 열도로 징용된 5,000명의 노동자 역시 역시 기밀누설의 방지를 핑계로 학살했다. 오키나와 섬에 끌려간 조선인노동자 1,700여 명은 배에 태워진 채 미국의 폭격 앞에 내던져져 전원 사망했고 미군이 섬에 상륙할 무렵에는 조선인노동자를 모두 동굴에 가두어 학살하였다.

특히 일본은 중일전쟁 이후 국가적 성병대책으로 군위안소를 광범하게 설치했다. 일본으로 하여금 국가가 관리하는 성노예인 '위안부' 외에 성적 접촉을 금지하여 성병을 예방하려는 목적이었다. 이미 일본은 시베리아 출병 (1918) 당시 전사자보다 많은 수의 일본군이 성병에 걸려 본국으로 송환된 바 있고 1937년 난징 대학살 때는 일본군의 중국인 무차별 강간으로 격렬한 반일운동에 부딪힌 경험이 있었다. 이에 일본군 수뇌부는 군인의 성적 욕구를 충족시키면서도 '위생'적인 종군위안부를 창설했다. 천황의 신민이 될 아들을 낳아 바칠 '신성한 의무'를 가진 일본 여성은 동원할 수 없다며 처음에는 직업적 매춘부인 일본인 공창을 동원하였다. 그러나 전쟁 확대로 수요가 급증하자 조선총독부는 조선인 민간여성을 취업이나 교육을 빙자한 사기, 납치, 유괴로 강제연행을 했다. 그리고 끌려간 여성을 군수품 1호로 중국, 동남아시아, 일본으로 보내 성노예로 부리는 만행을 저질렀다. 일본에 동원된 군 위안부의 수는 적게는 8만 명, 많게는 20만 명으로 추정된다.

국내에서는 중학생은 물론이고 소학교 학생도 근로동원에 동원하여 군사시설의 공사에 참여시켰다. 일본은 전쟁노동력으로 약 7백만 명의 조선인과 전투인력으로 50만 명의 조선청년을 강제동원했다. 조선사회 전 분야에 걸친 일본의 횡포로 국내 조선인은 해방 후 민족국가 건설에 대비할 만한 한 치의 여유도 없었다.

4) 손을 잡은 좌우세력과 건국준비

(1) 국내

1931년 신간회 해산 후 국내 민족주의자들의 운동이나 사회주의자들의 독립운동은 국내에 발붙일 기반을 크게 상실했다. 1928년 코민테른 강령에 따라 사회주의세력은 신간회를 해소했다. 계급정당을 재건하기에 앞서 우선 혁명적 대중조직으로 농민조합과 노동조합을 건설하고 이 조직을 기초로 당을 재건하려고 했다. 그런데 1920년대와 달리 농민조합, 노동조합, 학생조직은 합법적 단체가 아닌 비밀지하조직으로 결성하고, 운동노선도 소작쟁의, 노동쟁의, 동맹휴학 같은 방식에서 벗어나 식민지 통치기관에 직접 대항하는 정치투쟁을 벌였다. 이러한 비밀지하조직운동은 조선공산당의 재건운동과 연계된 것이었으나 모두 무산되었다.

신간회 해산 후 민족주의세력은 문자보급운동과 브·나로드 운동을 전개하였다. 1931년 동아일보 편집국장 이광수의 주도 하에 '배워야 산다'면서 일어난 브·나로드 운동은 러시아 지식인들이 1870년경 '민중 속으로'라는 슬로건을 내걸고 전개한 계몽운동의 영향을 받은 것이다. 주최 측은 농민에게 문자와 숫자를 가르쳐주는 것 외에 정치적 선전이나 사상은 금지하여 탈정치화시켰다. 즉 조선농촌의 곤궁 원인을 식민정책이라는 구조적인 문제가 아닌 농민들 개개인의 무지에서 비롯된 것이라고 보는 면에서는 당시 조선총독부가 전개하던 농촌진흥운동에 동조하는 성격을 띠었다. 이러한 개량주의적 운동은 1920년대 일제 지배를 인정하고 그 속에서 조선인의 지위를 향상시키자는 자치론과 유사한 논리구조를 가진 체제내적 운동이었다.

1937년 중일전쟁이 발발한 이후 자치론자들은 물론 개량주의적 민족운동가들 상당수가 일본의 황국신민화정책에 동조했다. 일본은 이들을 앞세워 침략전쟁을 미화하고 찬양하게 하였다. 정계, 교육계, 언론계, 문화예술계, 종교계 등 각 분야에서 명망있는 인사들이 수많은 친일단체를 조직하고 이 활동에 앞장섰다. 이들은 대동아전쟁의 정당성과 일본군 필승을 소리높이 외쳤다. 창씨개명을 하고 일본말을 쓰면서 천황을 위해 학병과 정신대로 전쟁터에 나가는 것이 식민지적 '차별로부터 탈출'할 수 있는 길이라고 주장했다. 일본의 협박과 회유에 의해서만이 아니라 일부 지식인들은 자발적으로 내선일체의 논리를 내면화했다. 해방 이후 새로운 국가 건설과정에서 이러한 인적인 식민잔재의 청산문제는 민족적 과제가 되었다.

(2) 국외

1930년대 들어서서 중국관내 임시정부 유지세력은 독자적인 방안을 찾아 한국독립당이라는 정당체를 결성하였다. 한국독립당은 이동녕을 비롯한 임시정부 핵심세력과 흥사단의 안창호가 주축이 되었다. 1931년 조소앙의 삼균주의를 수용하여 좌우노선을 절충하는 건국방략을 마련하였다. 이는 민족주의·민주주의 성격, 대일투쟁방법으로서 민중적 항일투쟁과 무력적 파괴의 제시, 토지와 대생산기관을 국유로 하는 사회주의적 성격을 띠었다. 김구

는 한국독립당 산하에 비밀단체인 한
인애국단을 조직하고 적극적으로 테
러 투쟁을 전개하였다. 도쿄에서 히
로히토 천황을 공격한 이봉창 의거
(1932.1)와 상하이 훙커우 공원에서
시라카와 요시노리白川義則 대장 등을
살상한 윤봉길 의거(1932.4) 후 임시
정부는 국내외의 신망을 되찾았다.

의거 후 체포되는 윤봉길 의사

의거를 계기로 중국 국민당정부의 후원도 받게 되었다.

한편 파벌적 분열을 극복하려는 민족통일전선이 활발히 전개되었다. 1935
년 7월 임시정부를 고수하려는 일부 인사를 제외한 대부분의 인사들이 결집
해 민족혁명당을 창건하였다. 당 노선으로는 조소앙의 삼균주의를 받아들였
다. 정치·경제·교육의 평등을 전제로 한 민주공화국의 건설이었다. 민족혁
명당을 조직하면서 임시정부의 해체를 요구하자 김구, 이동녕 등 임시정부
를 고수해온 세력들은 이에 불응하였다. 대신에 4개월 후 임시정부를 고수하
는 세력을 중심으로 1935년 11월 새로운 정당인 한국국민당을 창립하였다.
이렇듯 중국에서는 민족혁명당과 한국국민당의 양당체제를 취하고 있었다.

중일전쟁 이후 민족협동의 필요성 속에서 1940년 5월 민족주의 정당끼리
통합해 한국독립당을 결성했다. 한국독립당은 한국국민당, (재건)한국독립
당, 조선혁명당 등 우파 3당이 합당한 것이다. 한국독립당은 정부기구로 임
시정부를 운영하고 군대로 한국광복군을 결성했다. 이로써 당(한국독립당),
정(임시정부), 군(광복군) 체계가 확립되었다. 한국독립당은 김원봉의 민족
혁명당과 양대 정당으로 병립했다.

태평양전쟁의 발발로 정세가 급박해지자 중국 국민당정부는 조선의 독립
운동세력에 통합을 요구하였다. 그동안 임시정부를 부인하던 민족혁명당은
1942년 임시정부에 합류하였고, 1942년 이후 임시정부는 명실상부하게 중국
내 독립운동세력의 구심체가 되었다.

이 과정에서 중국 국민당은 대외적으로는 한국독립운동단체들의 파벌 종

식을 위해 노력한 듯 보이지만 내부적으로는 운동세력의 분열을 조장하거나 화합을 저해하였다. 중국 국민당은 독립운동 지원자금을 임시정부와 민족혁명당에 나누어서 지원하였다. 대부분의 자금은 임시정부에게 돌아갔지만 자금 일부를 민족혁명당에 배분함으로써 분열을 조장했다. 게다가 국민당 지도부는 임시정부를 공식적으로 승인하지 않았다. 여기에는 장차 조선이 일본으로부터 독립한 이후를 염두에 두고 조선을 중국의 영향력 하에 두어 과거와 같은 종주권을 어떤 방식으로든 행사하려는 의도가 숨어 있었다. 중국은 연합국들에게 조선독립운동의 분열상을 강조하고, 일본이 조선인을 종속적 위치에서 교육시켜 조선인은 독립국가를 경영할 만한 능력을 갖추지 못했다는 부정적인 인식을 심어주었다. 한말 이래 일본이 조선식민지화를 합리화하기 위해 서구열강을 향해 조선을 왜곡시켜 전달한 것처럼 중국 역시 자신들의 조선정책을 위해 조선독립운동단체에 대한 정보를 의도적으로 왜곡해서 전달했다. 그 결과 미국을 위시한 연합국은 종전 후 조선인이 독자적으로 국가를 건설할 능력이 없다고 인식하게 되었다.

만주에서는 독립군 부대들이 1920년대 초 경신참변과 자유시 참변을 겪은 후 만주를 중심으로 재통합운동을 추진하였다. 남만주를 중심으로 한 압록강 대안지역에서 임시정부 직속의 참의부(1923)가 결성되었다. 지린 성과 펑톈 성 일대에는 정의부(1925), 북만주에는 연해주에서 돌아온 신민부(1925)가 조직되었다. 이 세 단체는 일종의 자치정부로서 민정과 군정을 겸하면서 그곳 동포를 관할하다가 1929년 4월 정의부를 주축으로 국민부로 통합되었다.

1929년 12월 남만주 지역의 자치행정기관인 국민부와 무장조직으로서 군사임무를 전담하는 조선혁명군을 영도하는 조선혁명당이 창립되었다. 조선혁명군은 철저한 무장폭력투쟁노선을 견지하였다. 제일의 투쟁목표를 민족독립국가 건설에 두고 국내진입작전과 함께 국내 대중과 연대하여 총궐기한다는 방략을 주요 투쟁전략으로 삼았다. 조선혁명군은 1934년까지 대체로 반공적 성향을 띤 민족주의세력이 주도했다.

1931년 만주사변이 일어나자 중국 측의 항일무장세력인 구 동북군벌계의 중국의용군과 공동투쟁을 벌였다. 한·중 연합군을 편성하여 다양하게 항일무장투쟁을 벌였다. 일본의 토벌정책과 초토화 작전에 맞서 중국 국민당과 연계된 중국인 의용군과도 한·중 항일동맹회(1935.9)를 조직하여 연대투쟁을 벌이고, 중국 공산당 만주조직에서 영도하는 동북인민혁명군(동북항일연군으로 개편)과도 함께 싸웠다. 조선혁명군은 특정 이념에 얽매이지 않고 폭넓게 연대하면서 1930년대 말까지 활동했다. 그러나 일본군의 대공세로 독자적 활동이 불가능해지자 중국공산당계 동북항일연군과 합류하거나 고군분투하다가 대부분 희생되었다.

북만주 지역에서는 1930년 7월 민족주의 및 반공적 성향을 띤 인사들이 한국독립당을 창립했다. 한국독립당은 독자적으로 항일투쟁을 벌이기보다 중국항일군과 연대하여 교전단체로 인정받고자 하였다. 중국관내에 있던 김구와 의열단을 이끌던 김원봉 등은 중국 국민당정부의 협조로 한인청년들을 중국 군관학교에 입학시켜 군사교육을 받을 수 있게 되었다. 중국 군관학교에서 군사훈련을 받게 하여 무장투쟁의 기반과 입지를 강화할 수 있게 되자 만주의 독립군 요원들이 관내로 이동했다. 한국독립당의 사령관과 간부인 이청천, 조경한, 오광선, 김창환 등이 중국관내로 이동하여 군사교육을 받았다. 주요 성원이 만주를 떠나면서 한국독립군은 해체되고, 만주에 남은 한인들은 중국공산당 만주조직이 이끄는 항일부대에 참가하였다.

중국 동북지방에서도 한인들은 이미 1920년대 전반기부터 공산주의운동을 벌였다. 1928년 12월 코민테른이 '일국일당 원칙'을 내세우면서 만주에서는 중국공산당 조직만 인정했다. 1930년 4월부터 8월 사이에 조선공산당 각 파 만주총국은 조직을 해체하고 중국공산당 만주조직에 가입하였다. 1930년 당시 만주지역 공산당원의 85%가 한인이었다. 한인들은 '중국혁명'에 참가하는 것이 '조선혁명' 즉 조선의 독립과 민족해방의 길이라는 신념으로 반제투쟁에 참가하였다. 그러나 1935년까지 중국인의 배타주의와 중국공산당의 좌편향 정책으로 중국공산당 내 한인세력은 위축되었다.

코민테른이 1935년 반파시즘 통일전선의 결성을 채택하였다. 1935년 8월 1일 중국공산당 중앙위원회는 국민당에 내전중지와 거국적 국방정부의 구성을 제안하였다. 이듬해 12월 시안 사건 발생 이후 제2차 국공합작이 성사되면서 각 당파와 민족, 계층을 망라한 항일연합군이 조직되었다. 이후 만주지역 무장투쟁은 새로운 국면을 맞이하였다. 1936년 1월 중국공산당 만주조직은 '동북항일연군'을 재편성하였다. 한인들은 동북항일연군 제1로군에 특히 많이 편입되었다. 동북항일연군 제1로군에는 한인 간부가 많아 사실상 독립군의 성격을 띠었다.

이 중 백두산 지역의 동북항일연군 제1로군 2군 3사(사장 김일성)가 중심이 되어 1936년 5월 조선광복회를 결성하였다. 조선광복회는 남만주와 한반도 북부지역이 연계된 항일민족통일전선 조직이었다. 1940년 말부터 일본 군경과 만주군의 토벌로 인해 군사활동이 어려워지자 연해주로 이동하였다. 이들은 소련군 동북항일연군 교도려로 편제되었다. 1945년 8월 초 소련의 대일선전포고로 교도려의 한인들이 작전에 참가했고 9월경 소련군을 따라 귀국하였다.

중국 화북지방에서 활약하던 독립운동가들은 1942년 민족통일전선으로 조선독립연맹(속칭 연안파)을 결성하고 휘하에 500여 명의 조선의용군을 거느리고 중국공산당과 연합하여 항일전쟁에 참가하였다. 마오쩌둥과 함께 대장정에 참가한 김무정을 비롯하여 김두봉, 최창익 등이 중심이 되었다. 대부분 중국에서 황포군관학교나 대학을 다닌 고급지식인들이었다. 이들은 최전방에서 중국공산군과 함께 대일전에 참가하여 큰 공을 세웠다. 임시정부와 조선독립동맹은 1940년대 지속적으로 연락을 취하였다. 1944년에 들어서서 통일전선을 모색하였으나 회의가 개최되기 전에 해방되었다. 해방 후 소련군에 의해 무장해제를 당한 후 한국에 입국하지 못하고 만주에 머물다가 후일 북한으로 들어가 인민군에 편입되었다.

참고문헌

김도형, 1994,《대한제국기의 정치사상연구》, 지식산업사

구대열, 1995,《한국국제관계사연구》1·2, 역사비평사

이종범·최원규, 1995,《자료 한국근현대사 입문》, 혜안

이승렬, 1996,〈일제하 조선인 자본가의 '근대성'〉,《한국의 '근대'와 '근대성'비판》, 역사비평사

김진균·정근식·강이수, 1997,《근대주체와 식민지 규율권력》, 문학과학사

宮田節子 저, 이형랑 역, 1997,《조선민중과 황민화정책》, 일조각

강만길, 1999,《20세기 우리역사》, 창작과 비평사

김운태, 1999,《일본 제국주의의 한국통치》, 박영사

정태헌, 2000,〈1930년대 조선인 유산층의 친일논리와 배경〉,《한국근현대사와 친일파문제》, 아세아문화사

국사편찬위원회, 2001,〈1930년대 이후 해외 독립운동〉,《한국사50 전시체제와 민족운동》, 국사편찬위원회

강정숙, 2002,〈일본군 '위안부' 제도와 기업의 역할〉,《역사비평》60

김영희, 2003,《일제시대 농촌통제정책 연구》, 경인문화사

김재용 편, 2003,《친일문학의 내적논리》, 역락

권태억, 2004,〈1910년대 일제 식민통치의 기조〉,《한국사연구》124

방기중 편, 2004,《일제 파시즘 지배정책과 민중생활》, 혜안

역사학연구소, 2004,《함께 보는 한국근현대사》, 서해문집

한영우, 2004,《다시 찾는 우리역사》, 경세원

이지원, 2005,《세계 속의 한국의 역사와 문화》, 혜안

방기중 편, 2006,《식민지 파시즘의 유산과 극복의 과제》, 혜안

이은희, 2006,《21세기를 여는 한국사》, 화신문고

이지원, 2007,《한국 근대 문화사상사 연구》, 혜안

최문형, 2007,《러시아의 남하와 일본의 한국침략》, 지식산업사

전상숙, 2009,〈파리강화회의와 약소민족의 독립문제〉,《한국근현대사연구》50

권태억, 2007,〈1920~1930년대 일제의 동화정책론〉,《한국사론》53

김정인, 2009,〈기억의 탄생 : 민중 시위문화의 근대적 기원〉,《역사와 현실》74

이태훈, 2010,《일제하 친일정치운동 연구 : 자치·참정권 청원운동을 중심으로》, 연세대학교 박사학위논문

7부
해방과 새로운 국가건설

개 관

1945년 8월 15일 해방이 되었다. 해방이란 일제의 압제에서 벗어났다는 사실을 넘어, 자주적이고 민주적인 새로운 국가를 건설할 수 있게 되었음을 의미하였다. 한국인들은 한말 이래 근대화사업을 완성하지 못한 채, 식민지에서 그것을 경험하면서 자주적인 국가건설을 열망하였다. 또한 전쟁을 동반한 일본의 파시즘적 사회구조를 경험하면서 민주적 사회질서에 대한 여러 가지 구체적인 전망을 세웠다. 해방 직후 한국인들이 원했던 한국사회의 식민지적 지배구조의 청산과 낡은 봉건적 질서의 해체라는 바램은 자주적이고 민주적인 국가의 건설로 수렴되고 있었다. 그렇지만 동시에 해방 전부터 구축되기 시작한 한반도를 둘러싼 미국과 소련의 요구에도 대응해야 하는 이중의 과제에 직면했다. 미국과 소련의 38선 획정과 양쪽 군대의 한반도 분할점령 상태가 계속되면서 해방이 곧바로 자주독립국가의 수립으로 이어지지 못한다는 것이 분명해졌다. 분단으로 인해 자주적인 통일민족국가의 수립이 좌절되고 남북간 이데올로기 대립이 격화되는 속에서 한국인들은 전쟁을 치렀고 이후 분단사회 속에서 살아야 했다.

이 시기 한국사회의 변동 양상을 이해하려면 '해방'과 '분단', 그리고 체제를 고착시킨 주체를 이해하는 것이 필요하다. 한국인의 일본에 대한 무장활동을 비롯한 민족해방운동이 저변에 있었지만 그래도 해방을 결정적으로 가능하게 했던 것은 세계 제2차 대전에서의 연합국의 승리였다. 따라서 카이로 회담이나 모스크바 삼상회의 같은 연합국 수뇌부의 회담에서 38선의 획정이나 신탁통치 같은 한국 운명과 관련된 중요한 사안이 결정되었다. 또한 미군정과 소군정의 대한정책은 한반도에서 어떤 정치세력이 권력을 잡는가와 밀접히 관련되어 있었다. 이처럼 외적 요인이 주된 결정력을 가졌던 것은 분명하나, 한 국가와 민족의 구성원들이 외적 요인들을 내부적으로 수렴하여 역사를 이끌어갔다는 점에서 한국인의 다양한 국가건설을 둘러싼 선택에 중점을 둘 필요가 있다.

1948년에 세워진 남북의 대한민국과 조선민주주의인민공화국 정부는 자신들이 한국사의 정통성을 갖고 있음을 강조하였다. 양측 모두 자신들이 추진했던 정책들과 국가건설 방향이 더 올바르다고 주장하는 입장에서 이 시기 역사를 서술하고 있다. 여기서는 양측의 분단적 시각을 넘어서기 위해서 당시 한반도를 둘러싼 외적 조건들과 한국인들의 새로운 국가건설을 위한 방향에 대한 이해를 전제로 하여, 분단에 이르는 외부와 내부 상황에 주안점을 두어 서술한다. 또한 한국전쟁이 끝난 후 1950년대 사회는 남북이 상호 대치하면서 서로의 체제를 정비하는 시기였다. 분단된 남한과 북한의 정치·사회·경제·문화의 전 부문에 걸쳐 새로운 사회의 기본 틀을 마련해 갔다는 점에 주목하고자 한다.

1. 광복과 동상이몽의 두 외세

1) 좌우가 힘을 합쳐 건국을 준비하다 : 건국준비위원회

갑작스럽게 찾아온 해방이라 한국인들 중에 이 상황을 사전에 준비하였던 사람은 얼마 되지 않았다. 해방 직후 여운형은 미리부터 해방을 준비한 이런 소수 가운데 한 명이었다. 그는 신속하게 국내치안을 유지하고 일본으로부터 행정권을 인수받기 위한 활동을 시작했다. 1945년 8월 15일 밤 여운형은 자신이 1944년에 결성한 건국동맹을 모체로 해서 8월 28일 건국준비위원회(이하 건준)를 발족시켰다. 위원장은 여운형, 부위원장은 안재홍이 맡았다.

건준은 치안 확보, 건국사업을 위한 민족 총역량의 일원화, 교통과 통신, 금융과 식량대책을 강구할 목적으로 조직에 착수하였다. 일차적으로 8월 16일 감옥을 열어 정치경제범을 석방하였다. 3만명의 투옥인 중 대다수가 정치사상범으로서 남한에서 1만 6천 명, 북한에서 1만 명이 석방되었고, 이들은 서울의 건준과 각 지방의 지부나 여러 기구에서 활동하였다. 또한 많은 사람들에게 건준의 구성 사실을 알렸다. 여운형은 휘문중학교 교정에서, 안재홍은 경성방송을 통해 건준의 결성과 치안권 인수 사실을 알리는 연설을 했다. 이

해방으로 출옥하는 독립투사들

연설에서는 경비대와 정규군의 편성, 식량확보의 중요성, 통화 및 물가의 안정, 정치범 석방과 총독부의 한국인 직원에 대한 대책, 일본인에 대한 안정 문제 등을 언급하였다.

8월 25일에는 〈선언〉과 〈강령〉을 발표하였다. 여기서 건준은 총독부가 위임한 치안유지의 틀을 넘어 '건국 준비'라는 '완전한 독립과 진정한 민주주의의 확립'이 이루어지는 '새로운 국가의 건설'을 향해 나갈 것임을 선언하였다. 강령은 ① 완전한 독립국가의 건설을 기함, ② 전 민족의 정치적·사회적 기본요구를 실현할 수 있는 민주주의 정권의 수립을 기함, ③ 일시적 과도기에 있어서 국내 질서를 자주적으로 유지하여 대중생활의 확보를 기함 등 세 가지를 채택했다. 이 세 가지 항목은 새롭게 만들어 나갈 국가의 모습에 대한 기본적인 합의였다.

이러한 국가를 만들어 나기 위해 위해 건준은 진보적 민주주의 세력의 결집을 강조하였다. 중앙 건준 간부들은 주요 현안인 친일파 민족반역자 처리 문제나 토지문제에 대한 견해에서 일치하지는 않았지만, 대체로 친일파 민족반역자를 배제한 진보적 민주주의를 지향하였다. 건준 1차 부서는 위원장 여운형, 부위원장 안재홍, 총무부장 최근우, 재무부장 이규갑, 조직부장 정백, 선전부장 조동호, 무경부장 권대석 등이었다. 조선건국동맹 계열, 신간회 계열과 장안파 조선공산당 계열 등이 통합적으로 구성되었다.

건준에 대한 지지도는 매우 높았다. 지방에서도 중앙조직의 지시를 받거나 독자적으로 지부를 결성하여 1945년 8월 말에는 전국에 145개 지부가 결성되었다. 건국에 대한 국민의 열망이 반영되어 중앙과 지방 모두 좌우가 힘을 합쳐 새로운 국가건설을 추진하고자 했던 것이다.

전국적인 지위를 확보하였지만, 건준은 스스로 과도기적 조직으로서의 위치를 분명히 했다. 그들은 '전 조선 민족의 총의를 대표하여 이익을 보호할 만한 완전한 새 정권이 나오고 확립되기까지의 일시적 과도기'에 자주적으로 조선치안을 유지하고 새 정권 수립의 산파 역할을 하겠다는 사명을 표명하였다.

건준의 활동을 보자. 북한지역에서는 지방치안대가 소련군의 지지를 받아 활동이 고무되었으나, 9월 이후 남한에서는 미군정이 일본을 비호하는 태도를 보여 치안대는 일본인의 본국 귀환통로지역을 중심으로 움직이는 정도였다. 식량조사위원회는 시급하게 조달해야 할 식량의 조사와 그 대책을 수립하는 일을 하였다. 일본인들이 자료를 소각하고 식량을 몰래 빼가는 것을 막기 위해 식량사찰대를 조직하여 부정유출을 방지하였다. 북한에서는 이 조직이 점차 행정을 대체해 가기도 했다.

9월 초 건준은 크게 변화하였다. 감옥에서 나온 새로운 인물들이 속속 건준에 합류함에 따라 건준 내에 좌파와 우파가 집결하여 세력을 확립하면서 좌우 대립 양상이 나타나기 시작했다. 그러다가 좌익이 주도권을 쥐자 우파 간부가 탈퇴하고 간부진은 총사퇴를 하였다. 이에 전체회의에서 부위원장을 우파의 대표격이던 신간회계의 안재홍에서 좌파 변호사 허헌으로 바꾸는 등 집행부가 교체되었다.

이후 안재홍은 국민당을 설립하여 중경임정을 중심으로 정부를 수립하고 건준은 초계급적·초당파적 입장을 견지하는 통일전선으로 남아야 한다는 입장을 밝혔다. 이는 9월 6일 진행된 건준의 조선인민공화국 수립과는 다른 입장이었다.

건준은 경기여고 강당에서 약 1천여 명이 참석한 가운데 〈조선인민공화국 임시조직법〉을 통과시킨 다음 조선인민공화국(이하 인공)의 수립을 선포했다. 그 결과 10월 7일 건준은 공식적으로 해체하였다. 건준을 해체하고 인공 수립으로 방향을 전환한 이유는 첫째 곧 상륙할 미군에게 중앙정권기관의 존재를 인식시키고, 둘째 건준 내에서 힘을 키워 가던 좌익세력이 미군 상륙에 즈음한 우익의 움직임을 견제하고 자신들의 주도권을 관철시키기 위해서였다. 건준이 해체되고 조선인민공화국이 수립됨에 따라 대부분의 건준 지부들은 인민위원회로 명칭을 바꾸어 활동을 계속했다.

건국준비위원회의 선언과 강령(1945년 8월 28일)

전후문제의 국제적 해결에 따라 제국주의 일본의 속박으로부터 벗어나게 되었다. 그러나 조선민족의 해방은 다난한 운동사상에 있어 겨우 새로운 일보를 내딛었음에 불과하나니, 완전한 독립을 위한 허다한 투쟁은 아직 남아 있으며, 새 국가의 건설을 위한 중대한 과업이 우리 앞에 놓여 있다. 그리고 차제에 우리의 당면 임무는 완전한 독립과 진정한 민주주의의 확립을 위하여 노력하는 데 있다. (중략) 그러므로 본 준비위원회는 우리 민족을 진정한 민주주의적 정권에 재조직하기 위한 새 국가건설의 준비기관인 동시에 모든 진보적 민주주의적 제 세력을 집결하기 위하여 각층 각계에 완전히 개방된 통일기관이요, 결코 혼잡한 협동기관은 아니다. 왜 그런고 하면, 여기에는 모든 반反민주주의적 반동세력에 대한 대중적 투쟁이 요청되는 까닭이다. 과거에 그들은 일본 제국주의와 결탁하여 민족적 죄악을 범하였고, 금후에도 그들은 해방조선을 그 건설도중에서 방해할 가능성이 있나니, 이러한 반동세력 즉 반민주주의적 세력과 싸워 이것을 극복 배제하고 진정한 민주주의의 실현을 위해서는 강력한 민주주의 정권을 수립해야 할 것이다. 이 정권은 전국적 인민대표회의에 선출된 인민위원으로 구성될 것이다. 그동안 해외에서 조선해방운동에 헌신하여 온 혁명전사와 그 집결체에 대해서는 적당한 방법에 의하여 전심적으로 맞이하여야 할 것은 물론이다. 그리하여 전 조선 민족의 총의를 대표하여 이익을 보호할 만한 완전한 새 정권이 나와야 하며 이러한 새 정권이 수립되기까지의 일시적 과도기에 있어서 본 위원회는 조선의 치안을 자주적으로 유지하여 한 걸음 더 나아가 조선의 완전한 독립국가 조직을 실현하기 위하여 새 정권을 수립하려는 한 개의 잠정적 임무를 다하려는 의도에서 아래와 같은 강령을 내세운다.

강령
1. 우리는 완전한 독립국가의 건설을 기함.
2. 우리는 전 민족의 정치적 경제적 사회적 기본요구를 실현할 수 있는 민주주의 정권의 수립을 기함.
3. 우리는 일시적 과도기에 있어서 국내 질서를 자주적으로 유지하여 대중생활의 확보를 기함.

건준은 해방과 동시에 새로운 국가를 건설하고자 하는 열망을 반영하여 항일투쟁세력이 결집하고 '완전독립국가'의 건설을 목표로 정부를 수립하기 위해 만든 기관이었다. 그러나 각 정치세력 간의 정부 구상 차이를 수렴하지 못한 채 연합을 성취하지 못하였다. 우파의 탈퇴와 인공의 설립 이후 좌우가 갈라졌지만 건준의 주도세력은 좌우파의 갈등을 극복하려는 연합세력으로서 좌우합작을 통한 국가건설이라는 원칙을 실현하고자 지속적으로 노력하였다.

2) 미국과 소련 한반도를 점령하다 : 미소의 지배정책과 미소군정

해방은 태평양전쟁의 종결과 더불어 이루어졌다. 이는 조선 해방이 전쟁의 전후처리문제와 긴밀히 연결되어 있음을 의미하는 것이었다. 따라서 태평양전쟁의 전개 과정은 한반도의 운명에 큰 영향을 미칠 수밖에 없었다.

1945년 2월 얄타 회담에서는 소련이 남부 사할린의 반환, 쿠릴 열도의 할양, 외몽골의 현재상태 보호 등을 연합국으로부터 보장받고, 유럽의 전쟁이 끝난 2~3개월 내에 일본과의 전쟁에 참전할 것을 결정하였다. 1945년 8월 미국의 원폭투하에 자극받은 소련이 참전하였다. 소련은 만주를 공격하는 한편 웅기·나진·청진을 점령하면서 계속 남진하였다. 원폭투하와 소련참전으로 일본은 마침내 무조건 항복을 요구한 포츠담 선언을 수락하여 태평양전쟁은 끝나고 조선은 해방을 맞이하였다.

일본이 패전을 선언한 시점에서 소련군은 일본 관동군을 수월하게 제압하면서 빠르게 남진했던 데 비해, 미군은 류큐에 머물러 있어 한반도 진주가 상대적으로 늦어졌다. 미국은 소련에 미소 양군이 일본군의 무장해제와 항복을 받을 경계선으로 북위38도선을 제의하였고, 소련은 이를 받아들였다. 국제적 이해관계에 따라 일본의 패전과 함께 조선은 식민지배에서 벗어났지만 동시에 연합군에 의해 한반도의 분할이 결정되었다. 하지만 이 분할은 얄타 회담에서 연합국이 임시정부 수립과 일정 기간의 신탁통치를 합의한 기초 위에서 이루어진 것이어서 원칙적으로는 임시 경계선에 불과했다. 그러나 이후 미국과 소련의 이해관계에 따른 대립과 국내 정치세력들 간의 갈등으로 임시정부 수립과 신탁통치가 실시

일본군의 무장해제를 위해 미·소 양군이 진주하여 그어진 38선

되지 않았고 38선은 분단선이 되고 말았다.

여기서 미국과 소련의 대한정책이 어떠했는가를 살펴보자. 제2차 세계대전 직후 미국이 취한 동북아정책의 핵심은 변혁을 추구하는 동북아를 미국이해에 맞게 세계자본주의권 내로 편입시키는 것이었다. 그 핵심은 소련의 동북아 태평양 지역 확장을 봉쇄하는 위치라는 군사적 중요성을 가진 한반도가 소련의 영향권으로 들어가지 않도록 하는 데 있었다. 소련은 전쟁 직후 자국의 복구사업에 급했기 때문에 한반도 문제에 적극 나서지는 않았으나, 소련과 국경을 마주한 한반도에 우호적인 국가를 수립하는 것은 매우 중요한 일이었다. 이런 점에서 두 나라는 각기 자국의 점령지역에 자신들과 협력할 세력을 키우고, 사회경제체제 역시 자국과 같은 방향으로 재구성할 것을 정책으로 삼았다.

이러한 한반도 상황에 대한 미소의 인식과 조선인들의 주체적 조건에 의해 두 군정의 모습은 매우 달랐다. 38선 이남에 진주하여 조선총독부의 항복을 받은 미군정은 인공이나 중경임시정부 등 한국인들의 어떠한 정부조직도 주권기관으로 인정하지 않았다. 그 대신 태평양 방면 육군총사령부의 명의로 "북위 38도 이남의 조선영토와 조선인민에 대한 통치의 전체 권한은 당분간 본관의 권한 하에 시행된다"고 포고하고 바로 군정을 실시하였다. 패전국의 점령지에서 군정을 실시한다는 입장을 표명한 것이다. 또한 이 포고문에서는 조선총독부의 행정기구와 관리를 그대로 유지하겠다는 방침을 밝혀 조선인들로부터 반발을 불러일으켰다. 특히 미군정은 좌익이 영향력을 행사하고 있는 인민공화국을 인정하지 않았으며, 지방 인민위원회를 부인하고 해체하려 하였으며 이에 응하지 않을 경우 경찰력을 동원하였다. 곳곳의 인민위원회가 습격을 당하고 위원장 등이 체포되었다.

38도 이북에 진주한 소련군은 스스로를 '해방군'으로 규정하고 일본의 군인과 경찰관, 행정관을 억류하는 한편 각지에서 친일세력을 제거하고 있던 인민위원회를 인정하였다. 나아가 각 도마다 인민위원회를 결성하여 행정권을 이양했다. 북한지역은 8월 함경북도 인민위원회를 시작으로 하여 황해도·평안남도·평안북도·함경북도 등 이북5도 인민위원회가 결성되었고, 1946년 2월

9일에는 북조선 임시인민위원회가 수립됨으로써 통치체제가 안정되었다.

　미군정과 소군정의 통치방식에는 차이가 있었는데, 이를 통치구조, 친일파에 대한 조치, 귀속재산 처리, 토지문제 해결방안 등 당시 사회구조의 변동과 관련된 주요 사항을 중심으로 비교해 보자.

　우선 통치구조에서 보면, 미군정은 남한내 유일한 통치자로서 정치·경제·사회·문화 등 제반 분야에 대한 정책을 수립하고 시행하는 주체가 되었다. 그에 비해 소군정은 조선인이 운영하던 인민위원회를 인정하고 조선인의 활동을 후원하는 입장을 취했기 때문에 표면적으로 정책을 수립하고 시행하는 주체로 나서지는 않았다. 그렇지만 자국의 이해관계와 정책 방향을 관철시키기 위해 조선인들과 주요 사안에 개입하여 정책 방향에 결정적인 영향력을 행사하였다. 결국 이 시기 남한과 북한에서 진행된 주요 정책은 미군정과 소군정의 영향력 하에서 시행되었다고 보아도 무리는 없다.

　소군정과 북한 쪽의 인민위원회는 과거 친일행위를 한 이들에게 단호한 조치를 단행했다. 그에 비해 미군정은 일제강점기의 총독부 지배기구를 그대로 유지하는 방침을 세웠고 경찰이나 행정인력을 행정과 통치를 위한 기능적 인력으로 우대하면서 미군정 기구의 핵심 구성원으로 활용하였다. 이런 인력 등용방식 때문에 많은 조선인들은 미군정이 친일파를 옹호하여 이들로 하여금 다시 세력을 확대할 수 있는 기회를 제공한다며 비판하였다.

　각 정치세력과의 관계에서 양 군정은 자국과 적극적으로 협력할 세력을 양성하고자 했다. 미군정은 좌익을 배제하고 우익을 등용하는 인사정책을 기본으로 하였으므로 한민당 등 우익세력이 미군정에 대거 참여할 수 있었다. 1947년 무렵 신탁통치 문제와 관련하여 이승만을 비롯한 우익의 미소공위 반대가 치열해지자, 미군정은 중간파에 속하는 중도우익세력을 활용하여 입법의원을 수립하는 등 우익세력 중심으로 정치질서의 재편성을 꾀했다. 그러나 미군정은 그들이 추진하던 단독정부의 수립방침을 중도우익이 반대하자, 이승만을 중심으로 하는 단정세력을 지원하며 대한민국정부 수립으로 방향을 선회하였다. 우익 중심의 정치세력 재편이라는 정치적 방향은 미국이 전후 대한정책의 기본 목표를 대소 반공국가의 건설에 두었다는 것과 밀접하게 관련되어 있었다.

소군정은 인민위원회 구조 자체를 인정하면서도 그 안에서 김일성을 중심으로 한 사회주의 계열을 지원하였다. 이는 인민위원회에 부위원장으로 참여한 조만식 등의 조선민주당 계열과 심각한 갈등을 빚는 요인이 되었다.

군정 시기에 경제구조의 재편성과 관련된 주요 정책이 시행되기도 했다. 여기에는 특히 토지개혁 문제와 중요산업의 처리문제 등 경제구조의 기초를 형성하는 문제가 포함되어 있었다. 대표적으로 살펴볼 수 있는 '귀속재산'문제를 보자. 귀속재산은 일본총독부 재산과 본국으로 돌아가는 일본인이 가져갈 수 없는 모든 일본인의 개인 재산을 총칭하는 것이었다. 즉 일본제국주의와 연결된 재원인데, 해방전 여러 민족해방세력들은 대부분 "주요 산업과 광산, 철도 공공시설"의 국유화를 주장하였다.

미군정은 일본의 항복협정과 연합군 총사령관 맥아더의 일반명령 제1호에 따라 귀속재산 처리에 대한 권리를 떠맡았다. 대공장과 공공시설부터 기타 가정용품과 예술품에 이르기까지 이들 재산을 관리하기 위해 적산관리처를 설립하였다. 미군정은 1947년 12월 현재 농장들과 10만 채의 주택, 13,461개의 상회와 가게, 12,647개의 공업회사들이 포함된 귀속재산을 한국정부에 넘기기 위해 보유하였는데, 1948년 이후 대한민국정부는 이를 민간에 판매하였다. 소군정이 관할하는 북한지역의 북조선임시인민위원회에서는 1946년 8월 일본인과 민족반역자 소유의 산업·교통·운수·통신·은행 등 당시 북한지역의 공장과 기업소의 90%에 달하는 기업을 무상몰수하여 국유화하였다.

당시 대다수 한국인들이 관심을 두고 실시를 요구한 토지개혁 자체는 미군정이나 소군정 모두 추진하는 정책이었다. 소군정과 북조선인민위원회는 1945년 말 소작제 3·7제 투쟁을 통해 소작농민의 의식을 고양시키면서 농민조직을 강화하였다. 그 기반 위에서 1946년 3월 토지개혁을 전격 추진하였다. 그 결과 지주계급이 청산되고 북조선공산당에

대한 농민의 대중적 지지가 강화되었다. 미군정은 3·1제의 소작료제 실시와 소작조건 개선조치(1945.10.5)를 시행함과 더불어 귀속토지 불하방안을 검토하기도 하고(1945.9~1946. 중반), 식량문제를 해결하기 위한 식량공출정책을 실시하다가(1946. 중반~1948.2), 점령 말기에 귀속농지를 불하함으로써 토지개혁의 필요성을 분명히 하였다(1948.3~1948.8). 이 두가지 경제정책의 방향은 미소의 국가운영 기조와 연결된 것으로서 남북한의 정치경제구도에 영향을 미쳤다.

3) 누구에 의한, 누구를 위한, 어떤 국가를 만들 것인가?

해방으로 국내외 민족해방운동에 참여했던 여러 세력들은 자신들이 세웠던 국가건설방략을 펼쳐볼 수 있게 되었다. 건준과 인공을 장악한 여운형 계열이나 조선공산당 등이 미리 세력을 확대하고 있는 가운데 국외의 대한민국 임시정부세력, 이승만 같은 미주지역 활동가들, 소련과 함께 들어온 항일무장투쟁세력, 중국에서 활동하던 화북독립동맹세력이 속속 국내로 들어왔다. 이들은 이승만이나 임시정부, 한민당 등의 우익과 조선공산당으로 대표되는 좌익, 그리고 좌우합작을 주장하는 중도좌파와 중도우파의 중간파로 나눌 수 있다. 이들이 제기한 당면한 국가건설방략은 상당히 많은 부분에서 공통점이 있기는 하나, 사회개혁의 방향이나 신탁통치 문제, 분단 문제 등에서는 입장을 달리하였다.

우익의 대표적인 인물인 이승만은 미국에서 진행되었던 독립운동을 대표하는 인물이었다. 미국정보부의 도움을 받아 귀국하였던 시점은 미군이 점령한 직후로, 인공과 한민당이 서로 갈등하고 있었다. 인공과 한민당이 이승만을 협력세력으로 끌어오려 하던 상황 속에서 그는 여러 정파의 연합을 강조하며 초당파적 영수임을 자처했다. 이승만과 가장 긴밀하였던 단체는 독립촉성중앙협의회(이하 독촉)였다. 1945년 10월 23일 독촉은 한민당, 국민당, 조선공산당을 비롯한 각 정당 및 단체 2백여 개가 모여 구성한 정당사회단체협의회의 성격으로 출범하였다. 그러나 친일파와 민족반역자의 처리문제를 둘러싸고 갈등이 확대되면서 조선공산당이 탈퇴하는 등 좌우협의체라는 성격은 크게 약화되고 이승만을 중심으로 한 우익의 중심기관이 되고 말았다.

한민당은 중경 임시정부 지지와 인공 타도를 선언하며 창당되었다(1945. 9.16). 초기에는 진보적 양심세력 등 다양한 세력이 참여했다. 그렇지만 주요 세력이 8·15 이전의 민족개량주의세력을 계승하였고 지주나 기업가 등 상층세력이 많아, 곧 보수 친일세력의 집결체가 되었다. 주로 유지나 명사들의 모임이었고 대중적 기반과 지방조직이 취약하였다. 이들은 미군정에 적극 협력하여 군정청의 요직과 검찰, 경찰을 장악하였다. 초기에 이들은 중경 임정을 추대하는 운동을 벌였으나 점차 소극적이고 부정적인 입장으로 바뀌었고, 일부 시기를 제외하고는 이승만의 '반탁' 단독정부 노선에 동조하였다. 일체의 민족협동전선과 친일파 처단, 그리고 근본적인 토지개혁을 반대한 한민당의 정책은 처음부터 인공 타도와 중경 임시정부 추대라는 목표를 분명히 한 것을 제외하고는 모호했다.

임시정부세력은 미국의 인정을 받지 못해 집단이 아닌 개인 자격으로, 이승만보다 늦은 1945년 11월 23일에 입국하였다. 중경 임시정부를 대표하는 김구와 한독당은 '임정법통론'을 내세워 임정이 정부수립의 대표를 맡아야 한다는 입장을 내세우고 비상국민회의(1946.2.1), 국민의회(1947.2.14) 등을 통해 정국을 주도하고자 하였다.

남한지역의 좌익정치세력은 해방 직후 건준과 인공에서 시작해서 1947년 9월 한국문제가 UN으로 이관되기 전까지는 비교적 대중적인 영향력이 컸다. 이들은 자신들이 정세 주도권을 잡을 수 있다는 낙관적인 전망 하에 미소의 협조에 기초하여 통일국가를 건설할 수 있다고 생각하였다. 그래서 초기에 미군정 정책에 반대하면서도 직접 공격은 삼간 채 협력하여 인공의 기정사실화와 행정권 이양을 희망하였다.

좌익을 대표하는 조선공산당(이하 조공)은 당조직을 결성한 후 신속히 각종 대중단체의 조직에 착수하여 1945년 11월과 12월에 노동조합전국평의회(전평), 전국농민조합총연맹(전농), 전국청년단체총동맹(청총), 국군준비대, 학병동맹 등 계급계층별로 조직을 완료하였다. 조공은 해방 직후 〈8월 테제〉

를 발표하여 한국 혁명은 부르주아민주주의혁명이어야 한다고 주장했다. 여기서는 일본세력 완전히 몰아내기, 모든 외래자본의 세력권 결정과 식민지화 정책의 절대 반대, 토지혁명 또는 토지문제의 혁명적인 해결을 핵심정책으로 삼았다. 특히 토지문제의 해결방안은 일제와 민족반역자 그리고 대지주의 토지를 보상없이 몰수하고, 조선인 중소지주의 토지는 자기 경작토지 외의 것은 몰수하여 농작자의 노력과 가족의 인구수 비례에 의거하여 분배하는 방침을 세웠다. 이 과정에서 조선의 전 토지를 국유화한다고 천명했다.

북한지역의 좌익세력은 소군정이라는 보호막 아래서 남한의 조공보다 좀 더 유연한 입장을 취하였다. 특히 초기에는 영국과 미국 등의 진보적 역할을 인정하여 협력하고, '반일'을 목적하는 각 당파, 각 단체, 각 계층을 총망라하여 대동단결로 단일한 민족통일전선을 결성해야 한다고 강조하였다. 제국주의의 잔재를 일소하고 봉건적 유제를 해결함으로써 생산력을 성장시키는 토지개혁을 포함한 일련의 민주주의혁명을 추진하는 것을 일차 목표로 삼았다. 이들의 견해는 1946년 들어 시행된 토지개혁과 노동법령, 남녀평등 조치, 중요산업의 국유화 조치 같은 민주개혁으로 실현되었다.

전반적으로 보아 초기에는 대부분의 세력들이 좌우에 관계없이 협력하여 일제잔재의 청산과 새로운 정부의 구성에 합의하였다. 이를 주도한 것이 여운형이나 안재홍 등의 중간파였다. 그런데 신탁문제를 둘러싸고 좌우가 대립하면서 이들의 입지가 줄어들었다. 그러다가 미소공위가 결렬되고 단독정부를 수립하려는 움직임이 등장하면서 좌와 우로 나뉘었던 세력들 가운데 통일정부를 지향하는 세력이 별도로 모이게 되었다. 이들은 극단적인 대립을 지양하며 통일전선운동을 추진하였지만 하나의 세력으로 묶이지 못한 채 각기 활동하였다.

대표적으로 김규식과 신민족주의를 주장한 안재홍의 국민당, 사회민주주의를 표방한 원세훈의 고려민주당, 여운형 탈퇴 이후의 좌우합작위원회, 좌우합작7원칙을 지지한 한민당 탈당세력 등이 여기에 속한다. 정치적으로는 미군정과 협조하는 입장이었으며, 각기 중도적 입장의 좌파와 우파들이 합작을 추진하고자 하였다. 이들은 혁명적이지는 않지만 개혁을 급속하게 실시하고자 하였다.

미소공위와 관련해서는 중도우파는 먼저 미소공위에 참가하여 임시정부를 수립한 후 신탁통치 반대 노선을 취하자는 입장이었다. 이후 이들은 남북연석회의를 기점으로 한 우익의 분화 과정에서 단독정부 참여세력과 통일운동세력으로 분리되었다. 1946년 3월 안재홍의 국민당은 한독당과 합당하고, 김규식은 남북협상파를 이끌었다. 이들 중도우파는 미군정이 추진하는 중도파 중심의 남한정계 개편구상과 맞물려 좌우합작운동을 펼쳤으나 극좌·극우세력의 반대와 견제로 성공하지 못하였다.

중도좌파로는 인민당과 신민당 계열을 들 수 있는데, 공산주의자가 많았던 인민당과 신민당은 1946년 중반 조공과 3당이 합당하여 남로당을 구성함으로써 당 자체가 와해되었다. 남로당에 합류하지 않은 인민당과 신민당 인사는 사회노동당으로 모였다가 근로인민당을 결성했으나 여운형 피살 후 구심력을 잃고 군소정당으로 되고 말았다. 조선인민당과 근로인민당은 일제말건국동맹을 기반으로 1945년 11월 12일 창당되었다. 근로대중을 중심으로한 전 민족의 완전해방을 기본이념으로 하고 계획경제의 확립을 주장했다. 또한 일제잔재와 반동분자만을 제외한 진보세력 및 보수세력과 제휴하여 애국적인 지주와 자본가까지 포괄한 전 인민을 대표하는 대중정당을 표방하였다. 극좌와 극우를 동시에 경계하였으며, 통일전선의 의의를 망각하고 내분이 일어나면 외부로부터의 압력을 불러와 독립국가의 실현이 지연될 것이라고 경고하였다. 남조선신민당은 1942년 중국 옌안에서 활동하던 화북조선독립동맹을 모태로 한 것으로 1945년 12월 북한에 들어와 본부를 평양에 두고 활동하면서 1946년 2월 남한에 독립동맹 경성특별위원회를 설치하였다. 그 후 신민당으로 재발족하고 1946년 7월 남조선신민당을 설치하였다. 이들은 무산계급이 양심적인 일부 유산계급과 통일전선을 결성해야 한다는 연합성 신민주의를 제창하였다. 신민당은 인적 구성에서 지식인 비중이 컸고 일반대중과의 직접 연계는 적었다. 북한의 신민당은 1946년 8월 북조선공산당과 합당하였고, 남조선신민당도 3당합동으로 남로당이 되었다. 3당합당에 반대한 백남운 등 신민당 '대회파'는 사회노동당을 거쳐 근로인민당에 합류하였다.

2. 신탁통치 논쟁과 단독정부의 수립

1) 찬탁인가? 반탁인가?

해방후 정세변화에 가장 큰 변수가 된 것
이 모스크바 삼상회의의 결정이었다. 이를
계기로 아직 분명하게 세력으로서 자리잡지
못한 우익이 세력화하였고 정세는 좌익과 우
익의 대립국면으로 전환되었다.

연합국은 제2차 세계대전 이후의 처리문
제를 토의하기 위해 모스크바 삼상회의를 열
었다. 미국·영국·소련의 외상이 모인 이 자
리에서 한반도 문제는 첫째 민주주의 원칙
아래 독립국가를 건설하기 위해서 임시 조선
민주주의정부를 수립하고, 둘째 임시정부의
수립을 원조하기 위한 미소공동위원회를 설
치하며, 셋째 미국·영국·소련·중국 등 4개
국 정부가 공동관리하는 최장 5년간의 신탁
통치를 실시할 것 등이 결정되었다. 이는 5
년 후 수립될 조선정부를 자국의 영향권 아
래 두고자 한 미소의 타협물이기는 했으나,
식민지였던 한반도 지역의 독립을 위한 방안
이기도 했다.

모스크바 삼상회의 결정이 국내에 알려지
자 모든 세력이 신탁통치안에 반대하였다.

신탁통치를 둘러싼 갈등. 위는 반대데모, 아래는 지지
데모

신탁통치는 한국인들의 민족감정으로는 받아들이기 어려운 방안이었다. 삼
상회의 결정을 소련이 주장했다고 보도한 국내언론 때문에 반탁 움직임은

반소운동으로 연결되었다. 이 움직임을 주도한 것은 김구 등의 임정세력으로서, 신탁을 반대하고 이를 임시정부를 추대하는 운동으로 연결시켰다. 이에 비해 좌익은 삼상회담의 결정이 제대로 전달된 이후 삼상회의 결정을 '전면적으로 지지'한다는 입장을 표명했다.

삼상회의 결정이 정부수립 문제보다 신탁 여부를 둘러싼 논쟁으로 전환되면서 각각의 입장을 지지하는 지지대회가 잇달아 일어나고 서로 충돌하면서 상대를 매국노로 모는 극단적인 양상까지 보였다. 이로 인해 1월 16일부터 열린 미소공동위원회 예비회담은 난항을 겪을 수밖에 없었다.

좌우 분열이 커지면서 민족국가의 건설이 미소간의 합의 이전에 민족 내부 갈등으로 어려워졌다고 판단한 좌우의 통일전선세력은 좌우가 대단결을 이뤄야 한다는 좌우합작운동을 추진하였다. 이들은 현실적으로 임시정부 수립에서는 삼상회의의 결의를 받아들이되, 민족감정상 용납하기 어려운 신탁문제는 민족의 자주적 노력으로 해결한다는 입장으로 의견을 모았다. 1946년 정초에 시작된 한민당·국민당·공산당·인민당의 좌우 4당회의는 건준 이후 최초의 좌우합작운동이었다. 그러나 인민당이 제안한 중경임정, 인민공화국, 각당각파를 망라한 건국회의를 통한 임시정부의 수립 의견과, 중경임정 측이 주장하는 임정을 계승하는 과도정권을 수립할 비상정치회의 소집으로 의견이 나뉘었다. 이와 더불어 신탁문제에 대한 입장 차이를 해결하지 못한 채 좌우 양측의 통일전선은 무산되었다.

삼상회의의 결정을 실행하기 위해 미소공동위원회가 개최되었다 (1946.3.20). 그 결과 1946년 4월 18일 미소공위에서 공동성명 5호를 발표했다. 공동성명 5호는 모스크바 삼상회의 결의 4개 항 중 제1항의 임시정부 수립의 목적을 지지하고, 제2항 정당사회단체와의 협의에 대한 미소공동위원회의 결의를 고수하며, 제3항에 표시한 방책(원조 또는 신탁)에 관한 제안을 작성하는 데 협력한다는 내용의 〈선언〉에 정당 또는 사회단체를 대표하여 서명하는 민주주의 제 정당과 사회단체들과 공동위원회가 협의하기로 한다는 것이 주 내용이었다. 지금까지 반탁운동을 전개했어도 삼상회의 결의에 지지를 표명한다는 과거는 불문에 붙이고 임시정부 수립의 협상대상으로 삼겠다는 것이었다.

　그러나 〈5호 성명〉에 대한 입장 차이로 인해 좌익과 우익의 대립은 더 커졌다. 조선공산당, 우익 합작파, 이승만과 한민당은 찬성했으나 김구 중심의 임정세력과 민주의원 원로들은 공위와 협력하여 정부를 수립하는 것은 신탁통치에 대한 굴복이라면서 기존의 입장을 고수하였다. 극우의 반탁투쟁은 신탁통치의 성격이나 내용, 기간 또는 그것이 4대 국에 의해 폐기될 가능성과는 별개로, 임시정부 구성원의 자주적 능력에 따라 신탁통치가 유명무실해질 수도 있다는 점을 고려하지 않았다. 이는 중경임시정부를 추대하려는 운동 또는 반소반공운동이었기 때문에 미소공동위원회의 임시정부 조직활동과는 서로 부딪힐 수밖에 없었다.

　이 와중에 공동위원회와 협의정당 단체에 대한 문제 때문에 미소공위가 결렬되었다. 첫째 모스크바 삼상회의 결정의 수락과 찬탁·반탁 문제를 연계하느냐의 여부를 둘러싸고 미소의 입장이 달랐다. 미국은 우익의 참가를 이끌어내기 위해 공동위원회 참석과 찬탁문제를 분리하였는데, 소련은 반탁을 주장하는 단체와 개인의 초청에 반대했다. 둘째 정당단체의 수와 성질에 대한 문제였다. 미국 측이 제출한 남한 측의 20개 초청대상 단체 및 정당에는 좌익정당 연합체인 민주주의민족전선(이하 민전) 소속 정당단체가 셋뿐이고, 삼상회의 결정에 반대하는 우익측 연합체인 민주의원 소속 17개 정당단체를 포함시키는 등 좌익을 배제하는 구성이었다. 소련측이 제출한 대상에는 우익단체가 포함되지 않았으며, 소련은 남한측 단체가 파괴적 폭력단체일 뿐이라는 입장을 취했다. 그 외에도 38도선의 철폐문제와 남북한 경제적 통일문제 등 미소간의 입장 차이가 지속되면서 제1차 미소공동위원회는 결렬되었다(1946.5.6).

　결국 신탁과 반탁의 쟁점을 둘러싼 좌우 대립은 임시정부의 수립이라는 과제를 뒤로 미룬 채 미소공위의 결렬을 가져왔다. 그 후 미군정은 미소공위의 새로운 재개를 준비하면서 세력배치를 조정하고자 했다. 그 하나로 좌익에 대한 탄압을 본격화하였다. '정판사 위조 지폐사건'을 시작으로 공산당 기관지를 정간시키고 조선공산당 지도자들을 검거하고자 하였다. 이러한 미군정의 공세에 대응하여 조선공산당은 미국에 대한 타협적 자세에서 공세적이고 비판적 입장으로 선회하여, 대중적 압력과 투쟁을 통해 미소공위의 합의를 이끌어내려는 방향으로 전환하였다.

조공은 격심한 물가고와 식량난으로 고조된 노동자들의 불만을 이용하여 '9월 총파업'을 일으켰다. 여기에는 25만 명이 넘는 노동자와 기타 대중들이 참여하여 전신·전화·해운·교통·운수·신문·기타 산업기관이 10여 일간 마비되는 지경까지 이르렀다. 노동자들은 미가폭등으로 인한 식량위기와 저임금과 저열한 생활 속에서 미군정의 정책에 불만이 고조되어 있었던 것이다. 그런 와중에 미군정의 노동운동 탄압 등으로 분위기가 좋지 않던 대구지역 시위에서 경찰 발포로 1명이 사망하는 사건이 일어났다. 이 사건을 계기로 노동자들의 파업은 인민항쟁적 투쟁으로 확대되었다. 각지에서 수백 수천 명의 농민과 시민들이 경찰서와 군청, 지서, 읍면사무소를 습격하였다. 대구 경북지역을 중심으로 한 이 항쟁에 300여만 명이 참가하여 300여 명이 사망하고, 3,600명이 행방불명되었으며 26,000여 명이 부상하고 15,000여 명이 체포되었다. 이 10월 인민항쟁은 한국 근현대사의 민중항쟁 가운데에서 갑오농민전쟁, 3·1운동과 더불어 가장 큰 항쟁으로 평가된다. 좌익에 대한 탄압과 민중항쟁의 확대라는 상황은 신탁을 둘러싼 좌우 갈등, 미군정과 좌익 간의 갈등을 더 심화시켜 좌우대립은 더 극대화되어 갔다.

2) 한 민족, 두 개의 국가 : 대한민국과 조선민주주의인민공화국

미국과 소련이 군정을 실시하는 동안 남한과 북한의 정치적·사회경제적 상황이 달라지고 38선은 형식적 경계선에서 국경으로 변해 갔다. 미소공동위원회의 결렬로 미국과 소련이 서로 협의하고 여러 정당사회단체들이 논의하여 정부를 수립한다는 방침은 곧바로 실현되지 못했다. 그 결과 한국의 정부수립 문제는 미국과 소련, 남한지역과 북한지역이 따로 추진하는 방향으로 흘러갔다.

이는 제1차 미소공위가 결렬된 이후 좌우익 진영이 각각 분열된 것과 관련이 있다. 우익 반탁운동 진영은 두 가지 입장으로 나뉘었다. 우선 1947년 전반에 걸쳐 임정계 한국독립당 원로들은 중경임정 추대운동을 추진하면서 단정수립을 목표로 이승만·한민당과 치열한 주도권 싸움을 벌였다. 이승만·한민당, 김구와 임시정부계는 모스크바 협정의 폐기와 중도파 타도라는 점에서 이해관계를 같이하였다. 그러나 이승만과 한민당은 선거에 의한 남한단정 수립을, 임정계는 임정법통론에 의한 정부수립을 최고 목표로 삼았다. 이로 인한 양자의 갈등은 미소공위의 재개와 함께 심화되었고, 그 결과 1947년 후반 우익진영의 대의체적 기구는 중경임정의 국민의회와 이승만의 한국민족대표자회의로 갈라졌다.

좌파도 남로당의 창당과 더불어 중도좌익세력과 남로당으로 갈렸다. 이들은 미소공위의 재개에 대해서는 공통 입장을 취했으나 미군정과 우익에 대한 태도를 달리했다. 남로당은 우익과 중도파는 물론 남로당에 비판적인 사회주의자들까지 적으로 돌리고 좌익혁명정권을 세우기 위해 좌경적 대중투쟁을 하부에 지시하였다. 이들은 1947년 들어 당세 확장과 각종 대회나 집회 등 합법적 정치투쟁을 통해 공위 재개에 대비하는 한편, 좌익계 인물 검거와 우익단체의 파괴테러에 대한 대응책으로 3·22파업 같은 비합법투쟁을 병행하였다. 중도좌파는 미군정과 중도우익에 협력하고 미소공위를 통한 정부수립이라는 입장을 계속 유지하였다.

동시에 미군정도 남한만의 단독정부 수립을 준비하였다. 1947년 7월 미소공위 결렬이 기정사실화되면서 미군정은 모스크바 결정을 통한 한국문제 해결에 실패했음을 인정하고, 대안으로서 남한만의 단독정부 수립의 불가피성을 상부에 요청하였다. 점차 미국은 남한의 정치적 불안정과 경제적 피폐, 주한미군의 철수문제를 고려하면서 한국군의 양성과 경제원조를 중심으로 하는 정책을 마련하는 방향으로 기울어졌다.

1946년 들어서 북한지역에서는 공산주의자들의 위치가 확고해졌다. 1946년 초 김일성을 위원장으로 하는 북조선임시인민위원회가 행정의 중심으로 자리잡았다. 이들은 토지개혁(1946.3.5)을 비롯한 일련의 사회개혁을 실시하였다. 정당활동에서는 조선노동당 북조선분국을 독립시켜 북조선노동당을 따로 결성함으로써 독자적인 정책결정에 힘을 실었다(1946.9.28). 뿐만 아니라 행정체계로서 정착한 인민위원회구조를 바탕으로 정식으로 북조선 인민위원회를 체계화하고(1947.2.22), 조선인민군을 창설하였다. 새로운 국가권력의 내용이 정비되기 시작한 것이다. 또한 토지개혁을 거친 이후 조선 공산당의 영향력이 강화되면서 그에 반대하던 세력들의 상당수가 북한을 떠나 대거 남하하였다. 이는 북한지역에서는 상대적으로 정세가 안정되고 조선공산당이 추진하는 정책이 순조롭게 진행될 수 있는 환경이 조성된 것을 의미하는 한편, 남한지역에서는 극우세력이 확대되면서 좌우 대립이 더 심각해질 것임을 암시하였다. 반면에 북한지역에서 진행된 일련의 사회개혁은 그동안 대부분의 정치세력이 동의했던 것인 만큼 토지개혁을 비롯한 개혁에 대한 요구가 남한 내에서도 크게 일어나는 계기가 되었다.

남한에서는 '단독정부'의 수립을 공개적으로 천명하는 입장이 등장하였고 전체적인 정세는 그런 방향으로 흘러갔다. 이승만은 1946년 6월 3일 〈정읍발언〉을 통해 남한만의 단독정부를 수립하자고 제기하였다. 그는 미소간 냉전이 심화되고 미소공위에 의한 한반도 통일이 무산될 것을 확신하였고, 제1차 미소공위가 실패한 후 누구보다 명확한 단정론을 펴기 시작했다. 단정론은 모스크바 회담의 일방적 폐기와 반탁운동, 자신이 주도하는 정권수립을 의미하였고, 한민당을 비롯한 극우세력이 이를 지지하였다. 1947년 3월 트루먼 독트린으로 미소의 대립구도가 최종적으로 분명해지면서 단정론은 현실 가능성이 높아져 갔다.

미국은 2년간 모스크바 삼상회의 결정을 실천하기 위한 방안을 추진했으나 조선독립문제는 진전되지 못하였다고 평가하고, 조선문제를 유엔총회에 상정하였다. 소련이 반대하였으나 유엔은 조선임시위원단의 설치와 신탁통치를 거치지 않는 독립, 유엔감시 하의 남북 총선거를 통한 통일방안을 가결하였다. 하지만 소련이 위원단의 입북을 거부하자 유엔은 '가능한 지역만에서의 총선거'를 가결했다(1948.2.26).

이에 따라 38도선 이남만의 선거가 실시되었다(5.10). 선거후 국회에서 헌법이 제정되고(7.17) 정부수립이 선포되어(8.15) 이승만을 대통령으로 하는 대한민국이 성립되었다. 이후 북한에서는 남북협상에 근거한 총선거의 실시를 명분으로 한 선거가 진행되었다. 그 후 헌법을 채택하고 최고인민회의 대의원 선거를 실시하여(8.25) 조선민주주의인민공화국을 수립하였다(9.9). 이로써 남과 북에는 두 개의 국가가 수립되어 완전한 분단체제가 형성되었다.

3) 좌우를 넘어 민족을 하나로 : 좌우합작운동, 남북연석회의

1948년 두 개의 국가가 수립됨에 따라 한반도의 분단은 확고해졌다. 이는 미소의 이해관계를 비롯한 좌익과 우익세력의 심각한 대립이 초래한 결과였다. 이들 사이에서 좌와 우를 넘어 지속적으로 좌우세력의 합작을 통해 국가를 수립하고자 한 세력들이 있었다. 앞서 본 중간파들이다.

1946년 5월 제1차 미소공위가 결렬된 후 좌익과 우익 가운데 중간파들이 좌우합작을 제안하였다. 그 대표자들인 김규식·여운형·원세훈의 회동을 시작으로 좌우합작 논의가 본격화되었고, 좌우합작의 원칙에 관해 상당한 의견 접근을 보았다. 그동안 우익과 좌익간의 화해를 주선하려는 노력도 진행되었다.

이에 대해 우익인 한독당과 신한민족당은 공식적으로 지지를 표명했으나 좌우합작에 대해 비판하거나 친일파 민족반역자 배제에 대한 반대의 목소리도 높았다. 이승만과 한민당은 애매한 입장을 취했다. 좌우합작이 성공하여 임시정부가 수립될 경우 극우세력은 세를 잃고 몰락하게 될 것이라고 생각하면서도 국민여론을 감안하여 좌우합작에 반대하지는 못했다. 조선공산당 등의 좌익은 민전 결성 이후 중도파를 용납하지 않으려 했고, 미소공위를 재개하려면 삼상결의를 반대하는 세력을 고립시켜야 한다는 입장이었기 때문에 초기에는 적극 지지하지 않았다. 그러나 삼상회담 결의 지지라는 좌우합작 원칙에 대해서는 동의하는 입장이었다.

초기의 좌우합작운동은 급속히 진행되었다. 좌우 양측에서 각각 5명씩 선정하여 좌우합작위원회를 구성하였다. 7월에 이르러 김규식과 여운형을 공동대표로 하는 좌우합작위원회 양측 대표의 예비회담 공동성명서가 발표되었다. 이후 민전과 그 산하 정당단체, 대한독립촉성국민회, 좌우합작촉성회 등이 8·15기념행사를 추진하기로 기획하는 등 분위기가 무르익었다. 그러나 1차 정식회담이 본격화될 무렵부터 좌우합작운동은 결렬되기 시작했다. 여운형이 테러를 당했고, 조공의 박헌영은 평양에서 돌아와 합작운동 반대를 표명하였다.

이때 좌익인 민전은 좌우합작 5원칙을, 중도우익은 좌우합작 8원칙을 제안하였다. 이 두 입장은 남북통일의 선거와 정부수립, 친일파 징치, 정치·경제·사회 등의 사회개혁 추진을 비롯하여 미소공위의 재개와 그를 통한 통일정부의 수립이라는 점에서는 공통점을 가지고 있었다. 그러나 우익의 8원칙에는 임시정부 구성에 친일파를 배제해야 한다는 내용이 없었고 토지개혁 등 사회개혁안이 모호하였다. 민전의 5원칙은 기존 좌익의 주장과 조선공산당이 미국의 탄압에 대해 새롭게 수립한 '신전술'에 따른 것이었다. 이 두 입장은 좌우합작을 말하였으나 각기 자신들의 입장을 강하게 드러내는 데 머물렀다. 좌우합작운동은 7월 말부터 중지되었다.

좌우합작의 결렬은 한국인 정치세력들 간의 갈등 때문이기도 하지만, 상당 부분 미군정의 정책에도 원인이 있었다. 미군정은 중간파를 기용하여 좌우합작세력을 부상시키고 있었으나, 좌우합작이 실현될 수 있는 조건을 파괴하였다. 좌우합작이 이루어지려면 공산당의 동의와 참여가 절대적이었으나, 미군정은 좌익을 분열시키

통일정부 수립을 위해 남북연석회의에 참석하러 떠나는 김구 일행

좌익 측이 제시한 좌우합작 5원칙(1946.7.27)

첫째, 조선의 민주독립을 보장하는 삼상회의 결정을 전면 지지함으로써 미소공위의 속개촉진운동을 전개하여 남북통일의 민주주의 임시정부 수립에 매진하되 북조선 민주주의 민족전선과 직접 회담하여 전국적 행동통일을 기할 것.

둘째, 토지개혁(무상몰수, 무상분배) 중요산업 국유화, 민주주의 노동법령 및 정치적 자유를 위시한 민주주의 제 기본과업 완수에 매진할 것.

셋째, 친일파, 민족반역자, 친파쇼, 반동 거두들을 완전히 배제하고 테러를 철저히 박멸하며, 검거 투옥된 민주주의 애국지사의 즉시 석방을 실현하여 민주주의적 정치운동을 활발히 전개할 것.

넷째, 남조선에 있어서도 정권을 군정으로부터 인민의 자치기관인 인민위원회에 즉시 이양토록 기도할 것.

다섯째, 군정 고문기관 혹은 입법 창설에 반대할 것.

우익 측이 제시한 좌우합작 8원칙

첫째, 남북을 통한 좌우합작으로 민주주의 임시정부 수립에 노력할 것.

둘째, 미소공동위원회의 재개를 요청하는 공동성명을 발표할 것.

셋째, 소위 신탁문제는 임정 수립 후 동 정부가 미소공위와 자주독립정신에 기초하여 해결할 것.

넷째, 임시정부 수립 후 6개월 이내에 보통선거에 의한 전국 국민대표회의를 소집할 것.

다섯째, 국민대표회의 성립 후 3개월 이내에 정식 정부를 수립할 것.

여섯째, 보통선거를 완전히 실시하기 위하여 전국적으로 언론·집회·결사·출판·교통·투표 등의 자유를 절대 보장할 것.

일곱째, 정치·경제·교육의 모든 제도 법령은 균등사회 건설을 목표로 하여 국민대표회의에서 의정할 것.

여덟째, 친일파, 민족반역자를 정치하되 임시정부 수립 후 즉시 특별 법정을 구성하여 처리케 할 것.

여운형, 김규식 등이 제시한 좌우합작 7원칙

1. 모스크바 삼상 결정에 의한 남북통일의 임시정부를 속히 수립하기 위하여 노력할 것.
2. 미소공위의 재개를 적극 추진시킬 것.
3. 토지는 무상록을 유상으로 몰수하여 농민에게 무상으로 분여할 것.
4. 친일파, 민족반역자를 처단하되 합작위원회에서 이 안을 작성하여 입법기관에 회부, 검토시 시행할 것.
5. 남북을 통하여 피검된 애국정치가의 석방을 기하는 동시에 일체의 테러를 근멸할 것.
6. 입법기관의 설치 및 운영 방법을 좌우합작위원회에서 작성할 것.
7. 언론·출판·집회·결사의 자유를 보장할 것.

고 공산당을 약화시켜 파괴하려는 목적으로 좌우합작을 지원했다. 또한 중간파 세력은 좌우합작을 실현시키기 위해 미군정과 경찰 내의 친일파를 숙청하고 극우세력의 테러를 금지할 것을 요구하였다. 그러나 미군정은 이를 외면하였다.

이렇게 민전의 5원칙과 우익의 8원칙의 대립으로 난항에 빠지기도 하였으나, 8월부터 여운형이 김규식과 함께 합작운동을 다시 전개하였다. 9월부터 공산당과 미군정, 좌우합작위원회가 좌우합작의 움직임을 보이기 시작했다. 좌우합작위원회는 조속히 미소공위가 재개되어 임시정부가 수립되기를 바랐고, 미군정은 공위 재개 외에 입법기관의 설치에서 정통성을 확보한다는 목적이 있었다. 공산당은 미군정의 탄압을 약화시키려는 의도를 가졌다.

좌우합작의 움직임은 좌우합작위원회의 합작 7원칙의 합의로 이어졌다. 삼상회의의 결정에 따른 남북의 좌우합작과 민주주의 임시정부의 수립, 미소공위 속개, 토지개혁을 비롯한 사회개혁의 추진, 입법기구에서 친일파 민족반역자의 처리, 좌우의 테러활동 즉시 제지, 합작위원회의 입법기구에 관한 대안마련, 언론·집회·결사·출판·교통·투표의 자유 절대보장의 내용이었다.

이는 좌익과 우익세력들이 그동안 대립해 오던 몇 가지 쟁점들을 담고 있었다. 특히 당시 주요 현안이던 토지문제는 첫째 국유·국영, 둘째 경자유전, 셋째 유조건 몰수(자기 생활에 필요한 자작농의 토지는 예외) 및 체감매상을 당하는 자의 생계 고려, 넷째 대지주의 재생 방지를 원칙으로 삼고, 무상분배의 경우 소유권은 농민에게 있으나 매매와 상속은 국가가 제한을 둔다고 하였다. 이 토지개혁방안은 여러 세력의 거부와 반대에 봉착했다. 북한지역에서 진행된 무상몰수·무상분배 방식의 토지개혁에 비하면 우익의 입장을 대변한 것이었으나 미군정은 7원칙을 좌익 편향이라고 평가하였다. 7원칙에 대해 비상국민회의와 한민당은 반대, 이승만은 부정적인 반응을 보였고, 김구는 확고한 지지를 표명하였다. 이런 주요 현안에 대해 입장 차이로 7원칙은 수용되지 못하고 좌우합작은 힘을 발휘하지 못했다.

1947년 좌우합작파는 각각 우파와 좌파에서 떨어져나와 하나의 독자세력을 형성하고 통일정부수립운동을 전개했다. 남한만의 단독정부 수립의 움직임이 일자 '분단'의 위기를 심각하게 받아들이기 시작한 것이다. 제2차 공위가 재개되자 중도파는 미소공위의 협의대상에서 친일파를 배제할 것을 주장하여 이승만·한민당 등 극우세력과 대립하였다.

한국문제가 유엔에 이관되면서 이들의 움직임은 더 빨라져 정당협의회를 구성하고 민족자주연맹을 결성하여 남북지도자회의 소집과 통일정부수립운동을 전개하였다. 1947년 10월 발기인회를 연 민족자주연맹은 중도 좌우파를 망라하여 결속함으로써 나중에 좌우익과 합작할 수 있는 역량을 만들고자 하였다. 중도파 단체인 합작위원회와 시협, 중도파 정당사회단체들의 협의체로서 중도파를 거의 망라한 민족자주연맹은 미군정으로부터 지원을 받았지만, 원칙적으로는 미소 양군의 철퇴, 자주국가 건설방안으로서 남북요인회의의 개최를 주장하였다.

1948년 2월 민족자주연맹은 남북요인회담의 개최를 요망하는 서한을 김구·김규식 명의로 북한의 김일성과 김두봉에게 보내기로 결의하였다. 김구는 2월 10일 〈삼천만 동포에게 읍고함〉을 발표하여 통일된 자주독립국가 건설을 위한 자신의 심경을 피력하였다.

북한은 3월 25일 방송을 통해 전조선 정당사회단체 대표자 연석회의의 개최를 제의하고 김구와 김규식을 초청하였다. 이에 통일독립운동자협의회가 결성되었고, 정당사회단체들이 연석회의 지지성명을 내는 등 통일 분위기가 고조되는 가운데 1948년 4월 남북연석회의가 개최되었다. 연석회의에서는 남한의 단선·단정 반대와 미소 양 군대의 철수를 합의하였다. 이 연석회의에 대해서는 단독정부 수립 반대와 평화통일의 가능성을 열어놓은 첫 시도로서 높이 평가하기도 하며, 김구·김규식이 북한의 의도에 이용당했다는 평가도 있다. 어쨌든 이러한 시도에도 불구하고 남한과 북한에서는 각각의 정부가 수립되었다.

중도노선 정치인들은 분단의 위기에서 극좌·극우의 극한 대립을 지양하고 민족의 정치적 역량을 결집하여 민족생존권을 주장하는 민족자결권을 요구하는 수밖에 없었다. 이들은 남북분단이 필연적으로 전쟁을 불러올 것이라고 인식했다. 단정이 수립되면 38선이 실질적으로 고정되어 국토가 둘로 나뉘고 민족은 분열되며 체제간 대립이 일어나 그 후에는 전쟁이 일어날 것이라 예상한 것이다.

4) 내전에서 국제전으로

한국전쟁은 이미 남한과 북한의 정부수립과 더불어 가능성이 예측된 사건이었다. 따라서 이를 이해하기 위해서는 단지 1950년 6월 25일의 사건으로서가 아니라, 해방 이후 전개된 한반도의 상황과 국제관계를 시야에 넣고 살펴보는 것이 필요하다.

한국전쟁은 왜 일어났을까? 이 질문은 한국전쟁을 둘러싼 주요 쟁점을 형성해 왔다. 한국전쟁이 끝나고 나서 양측은 냉전적 시각과 남북한 정권의 정치적 목적에 맞춰 이 전쟁을 평가하였다. 한편에서는 공산주의의 침략성을 부각시키고, 다른 한편에서는 자본주의의 공세적 확장에 초점을 맞췄다. 그런데 1960년대 베트남 전쟁을 거치면서 세계체제 속에서 미국의 의도에 대한 새로운 인식이 생겨나기 시작했다. 미국은 소련을 비롯한 공산국들의 세계혁명에 맞서 자유민주주의세계를 지키고자 한 것일까, 아니면 베트남 전쟁과 같이 자유민주주의의 수호라는 명분하에 제3세계에 자신들의 이해관계를 관철하려 한 것일까라는 질문이 일어났다. 또한 1970년대 미국이 보유한 미군정 관련 문서나 제2차 세계대전중의 회담자료, 전후 미국의 아시아정책 구상 문서들이 공개되면서 한국전쟁의 원인은 미국의 공세적 봉쇄정책에 있었다는 수정주의적 입장이 제기되었다. 이와 비슷한 경과로서, 소련 내의 기밀자료들이 해제되면서 소련이 북한정치에 결정적으로 개입했으며 한국전쟁에서의 책임도 크다는 점이 본격적으로 드러났다.

그런 한편 한국인들 사이의 갈등으로 인한 내전적 성격도 중요시된다. 1948년 이후 남한지역은 내전 상황으로 돌입하고 있었다. 1946년 9월 총파업과 10월 인민항쟁은 정치상황을 매우 혼란스럽게 하였다. 그리고 1948년 유엔감시 하의 총선거를 앞두고 4월 3일 제주도에서 봉기가 일어났다(제주 4·3사건). 4·3사건은 부분적으로는 단선과 단정에 반대하는 좌익 측의 선동이 원인이었으나, 그 밑바탕에 있던 해방 이래 누적되어 온 억압적 통치체제

에 대한 분노가 폭발한 것이었다. 미군정은
군대를 파견하여 제주도 항쟁을 진압하였다.
이때 피해를 당한 사람들이 1만 명에서 8만
5천 명까지 이른다는 이야기가 돌았고, 최근
제주도의회 특별위원회에서는 1만 4천 명이
넘는 무고한 민간인이 희생되었다고 잠정 집
계하였다.

4·3사건의 무차별 진압 후 살아남은 제주도민들이 산
에서 내려와 폐허가 된 집터로 돌아오는 모습

　그런데 그해 10월 제주도 토벌군으로 파견될 예정이었던 여수주둔 제14연
대가 제주도 인민의 학살을 거부하며 반란을 일으켰다. 반란군은 여수와 순
천 일대를 장악하며 세력을 확대하였기 때문에 이를 '여순반란사건(여순사
건)'이라고 부른다. 반란군은 유혈사태 끝에 진압당했고 반란군과 그 동조
세력들은 지리산 등 산악지대로 피신했다. 산악지대로 들어간 좌익세력들
은 대한민국의 내부 붕괴를 시도하는 본격적인 유격투쟁을 벌여나갔다. 한
편 정부는 군대반란이라는 상황을 해결하기 위해 대규모 숙군조치를 취했고
군대 내에서는 좌익이 사라지게 되었다. 무장유격투쟁은 1949년에 들어서도
지속되었다. 이러한 남한지역의 내전적 상황은 조선민주주의인민공화국 정
부가 무력적 '통일정책'을 수립할 가능성을 점칠 수 있게 한 요인 중 하나였
다. 그 결과 조국통일과 남한인민의 해방이라는 명분을 걸고 북한은 1950년
6월 25일 휴전선을 넘어 전쟁을 일으켰다. 이후 내전은 국제전으로 확대되
었다.

　우선 실질적인 전투의 시작이라는 면에서 한국전쟁의 전개 과정을 살펴보
자. 북한 인민군은 1950년 6월 25일 전쟁을 시작하였고 매우 빠르게 남하하
여 9월 초에는 경상북도의 낙동강에 전선이 형성되었다. 이제 대구 이남지
역만이 남한의 관할지역으로 남게 되었다. 그러나 10~11월경에 유엔군의 인
천상륙작전이 성공하고 전선은 평안북도와 함경북도 등 북부지방으로 이동
하는 역전이 일어났다. 이를 다시 뒤집은 것이 1951년 1월경에 시작된 중국
군의 참전이었다. 이른바 '1·4후퇴'로 불리는 유엔군의 후퇴로 인해 전선은
1951년 5월 즈음 중부지방으로 교착되었다. 이런 교착을 지속하다가 1953년

피난민들과 군인들로 붐비는 대전역 앞

7월 27일 현재의 휴전선으로 휴전협정을 체결하여 현재에 이르렀다.

이 과정에서 한국전쟁은 국제전으로 확대되었다. 소련은 전쟁 준비 과정에서 북한정권과 긴밀한 협의를 하였으므로 전쟁 발발부터 당사국이었다. 중국도 자국의 안전을 위해서라는 명분을 내세워 1951년 1월에 참전하였다. 미국은 전쟁이 일어난 6월 25일 유엔을 통해 한국전쟁에 개입하였다. 유엔 안전보장이사회는 미국의 뜻에 따라 북한이 평화를 파괴하고 있으며 적대행위를 즉각 중단하고 북한군을 38도선 이북으로 철수시키라는 결의를 하였다. 그리고 6월 27일 미 공군이 활동을 시작하여, 7월 초에 한반도 제공권을 장악하였다. 전쟁이 일어난 지 1주일이 되지 않아 주일미군이 한반도에 상륙하였고, 유엔군으로서 호주, 캐나다, 뉴질랜드, 영국이 참가한 영연방 사단, 터키 여단, 그리고 벨기에, 콜롬비아, 에티오피아, 프랑스, 그리스, 룩셈부르크, 네덜란드, 필리핀, 남아프리카 공화국, 태국의 10개 국이 소규모 육·해·공군을 파견하였다. 미국은 유엔 최초의 집단안보 조치라는 국제적 성격을 유지하기 위해 가능한 한 많은 국가들에게서 인적·물적 지원을 끌어들이려고 노력하였다.

한국전쟁은 국제전과 내전이라는 양면성과 더불어 한국인들의 삶과 사회변동이라는 측면에서 좀더 다각적인 의미를 지녔다. 우선 전쟁 과정에서 이루어진 점령지역에서의 조치들은 이 전쟁이 남한과 북한의 사회체제와 개혁방향의 대립이기도 했음을 보여준다. 북한 인민군은 점령지역에서 인민위원회를 복구하고 선거를 실시하였으며, 토지개혁과 현물세 강제징수 조치를 취했다. 이에 비해 북한지역을 점령한 남한과 유엔군은 모든 상황을 전쟁 이전으로 원상회복시키고 공산주의체제를 해체하고자 했다.

또한 민간인들은 전쟁으로 인해 많은 피해와 어려움을 겪었다. 특히 한국전쟁기의 민간인 학살 문제는 전쟁의 도덕성 문제를 제기하는 사안이었다.

남한 경찰이 학살을 주도한 '보도연맹사건'으로 경기도 평택 이남지역에서 10여 건 20만 명이 사망했다. 북한군이 남한을 점령하면서 진행한 인민재판과 처형 과정에서도 10만 명의 공무원과 경찰, 지주들이 사망했다. 또 북한군 후퇴시 대전형무소에서 7천여 명이 학살되었다. 이에 대한 남한군의 보복으로서, 북한군에 도움을 주었다고 판단되는 이들에 대한 '부역행위'를 처리하기 위해 동네마다 공안위원회가 설치되어 1950년 11월까지 5만 5천 명이 체포되었으며, 이들은 대개 5년형 이상의 처벌을 받았다. 유엔군과 한국군이 북진할 때 북한지역에서도 학살이 일어났다. 대표적으로 신천에서 3만 5천 명이 사망했다. 그리고 한국군은 빨치산 활동지역이었던 전남 함평과 경북 문경과 대구, 경남 함양·산청·거창·충무 지역에서 주민 5만 명을 학살했다. 1951년 봄 무렵에는 미군의 무차별적인 폭격으로 민간인이 대거 학살되는 사건이 곳곳에서 일어났다. 이런 쌍방에 의한 민간인 학살문제는 전쟁 후부터 현재까지 전쟁의 도덕성과 인권에 대한 새로운 인식을 불러일으키는 사안들이다.

경제적으로 보면 전쟁수행자금의 동원 때문에 농민들은 어려움을 겪었다. 1951년 9월 실시된 〈임시토지수득세법〉이 대표적인 예다. 이승만정부는 전쟁으로 인한 국가경제의 불안정성을 조정하고자 토지수익에 대한 세금을 물납으로 통합하여 통화의 팽창을 방지하고 양곡정책을 원활히 수행하기 위해 이 법을 제정하였다. 그런데 이로 인한 세금이 매우 과중했다. 게다가 1950년에 제정된 유상분배방침을 채택한 〈농지개혁〉에 따라 농민들은 1년 생산량의 45%를 지가와 현물세로 내야 하는 처지였는데, 전쟁에 대한 부담이 농민에게 전가되었던 것이다.

한국전쟁은 한국사회 변동의 갈림길이었다. 전쟁으로 인한 인구의 이동 때문에 가족이 해체되고, 관습처럼 남아 있던 신분제도 의미가 사라지고 말았다. 한 지역에서 벌어진 이념을 외피로 쓴 갈등의 표출로 지역의 공동체성은 거의 깨져버렸다. 이런 양상들은 기존 사회의 기반을 뒤흔들어놓았다. 그 한편으로는 파괴로부터 복구를 해야 한다는 열망도 불러일으켰다.

3. 1950년대의 남북한 사회

1) 반공과 반자본주의의 '이데올로기' 시대

휴전으로 전쟁이 중단된 이후의 시기를 남북한 모두 '이데올로기' 시대라 부를 수 있다. 양측은 전쟁의 원인을 상대방에게 돌리며 체제를 안정화시키려는 방향의 정책들을 내세웠다. 엄청난 인명의 손실과 자연의 파괴로 인한 농업생산력의 저하, 공장시설의 파괴로 인한 공업생산력 저하 등으로 피폐해진 민중들의 삶을 회복시키고 힘을 하나로 모으지 않는 한 체제를 유지할 수 없었기 때문이다.

이승만정권은 체제유지와 내부통합을 위한 이데올로기로서 '반공', '반일', '북진통일'을 내세웠다. 북진통일정책은 미국이 추진하던 지역통합전략에 반대하고 격렬한 반일 기조를 유지하면서, 미국의 지속적인 원조를 이끌어내어 정권을 공고화하기 위한 방안이었다. 이 과정에서 한미상호조약을 체결하고 대규모의 경제·군사원조를 획득했다. 대소 전진기지로서의 한국의 지위를 이용하여 일본에 대한 의존을 최소화하려는 국가전략이었다. 따라서 반공주의와 반일주의는 상호 보완 기능을 하였다.

반공주의는 또한 체제안정을 내세우면서 민중억압책으로 기능했다. 1948년 12월 1일 〈국가보안법〉이 공포·시행되었는데 이는 1948년 10월의 여순사건을 계기로 제헌의회가 남한의 좌익세력을 제거할 의도로 서둘러 제정한 것이었다. 일제의 치안유지법을 모체로 구성된 이 법은 일제 잔재를 청산하지 못한 채 반공·반통일·반민중적 성격을 그대로 가지고 있었다. 그 후 정권의 독재강화로 국가보안법은 확대, 강화되어 오늘에 이르렀다. 이 법의 시행에 의해 반미나 반정부적인 입장의 정치와 언론 활동, 개인적이고 우발적인 언동까지도 처벌받았다. '국제연합 조선위원단'의 보고에 의하면, 국가보안법의 시행으로 1949년 한 해 동안만도 118,621명이 검거·투옥되었고 같은 해 9~10월에 132개 정당과 사회단체가 해체되었다.

국가보안법은 좌익제거라는 명목으로 이승만정권의 정권 유지와 강화에 크게 기여하였다. 대표적으로 진보당사건을 들 수 있다. 이승만 대통령은

1954년 4사5입 개헌으로 장기집권의 길을 열었으나 1956년 대선에서 진보당의 조봉암 후보가 등장하여 이를 위협하였다. 이에 이승만정권은 1958년 진보당사건을 벌여 진보당의 조봉암·박기출·김달호·윤길중 등 10여 명을 국가보안법 위반혐의로 검거하였다. 조봉암은 1심에서 징역 5년을 선고받았으나 대법원에서 사형이 확정되어 1959년 7월 31일 사형당했다.

재판받는 조봉암

진보당사건의 핵심은 진보당의 자유민주주의와 평화통일론이 이승만정권이 추진하던 일민주의와 북진통일론에 대립되었던 것에 있었다. 1950년대 자유민주주의 이데올로기는 반공이데올로기에 종속되어 있었다. 그렇기 때문에 진정한 '자유'를 원하는 국민들의 요구는 정권을 위기로 몰아갔다. 민주적이고 평화적인 방법으로 통일을 이루자는 '평화통일론'은 지배이데올로기로 통합을 추진하는 데에 위협요인이 되었다. 그리고 대중민주주의에 기초한 계획경제론과 복지사회건설론 등을 내세우는 진보당의 사회민주주의적 입장은 이승만정권의 독점적이고 배제적인 경제운용방식과 대립되었다. 진보당사건은 이러한 민중지향적 경향성을 배제하기 위한 이승만정권의 조치였다.

전쟁 이후 북한 내에서는 사회주의적 지향이라는 제한적인 틀 내에서이기는 하지만, 당 내부에서 여러 정파가 국가의 사회주의적 개조 방향을 둘러싸고 논쟁이 벌어졌다. 이는 자본주의에 대응하는 사회주의체제의 구축을 의미하는 것이었다.

이 논쟁은 정치투쟁이기도 하여, 이 과정에서 김일성 세력은 연안파 무정, 소련파 허가이, 남로당 박헌영 등의 주요 경쟁세력을 제거하고 권력기반을 강화하였다. 남로당 숙청은 한국전쟁의 결과에 따른 책임과 대중들의 잠재된 불만을 잠재우는 데 한몫했다. 한국전쟁 과정에서 일어난 중요한 변화 중 하나는 국내 토착세력을 견제하면서 당내에서 주류파를 형성한 연안계와 소련계 등 해외출신들이 밀려났다는 점이었다. 전후 복구 건설 과정의 기본방향을 둘러싸고 중공업을 중시하는 당지도부와 원조를 제공하는 측인 소련의 경공업과 농업 및 중공업 균형발전론, 연안파의 경공업 중시론이 부딪혔다. 이 논쟁은 중국과 소련이라는 사회주의권 강대국과의 관계 조정 과정이었다. 논쟁 과정에서 매우 급속한 집단화와 사회주의화가 진행되었다. 이전에 세웠던 '반제 반봉건 민주혁명' 등 자본주의적 요소들의 유지 및 확대 정책과는 매우 달랐다. 이는 사회주의 역량의 강화를 통한 경제의 성장만이 통일역량의 강화로 이어진다는 인식에 기반한 것이었다.

또한 전쟁에서 '미제국주의'와의 대결로 모든 부문이 거의 초토화된 상황이었으므로 반미의식이 매우 높아졌다. 이는 전후 복구 과정에 대중을 동원하고 사회통합과 정치적 안정을 유지하는 이데올로기로 기능하였다. 그러나 1955년 이후 소련이 제기한 평화공존론의 영향으로 북한은 '평화통일론'을 공식노선으로 채택했다. 휴전 이후 북한의 전략이 "모든 것을 북반부 민주기지의 혁명역량을 강화시키는 데 주력"하는 것이었기 때문이다. 북한은 경제건설 우선주의에 입각해서 군사비를 낮게 억제하고자 했고, 방위부담을 덜기 위해 중국군도 주둔하도록 하였다. 인민군을 집단화가 진행되는 농촌에 배치하거나 현역부대를 경제건설에 투입하기도 했다. 이런 북한의 평화통일론은 북한으로 강제 납북되었거나 자진 월북한 남한 출신의 중간파 정객들이 자율적으로 평화통일을 위한 정치적 움직임에 나설 수 있도록 공간을 허용한 것에서도 의미가 있었다.

이 시기 북한경제는 내부적으로 거의 시장을 철폐하는 등 자본주의적 요소를 제거한 상태였다. 그러면서도 남한에 대해 다양한 주체들의 정치회담을 제의하고 정치와 경제의 분리원칙에 입각한 경제교류를 제안했다. 당시 북한 측이 제안한 남북경제 교류안은 북한 사회주의 역량을 활용한 남한경제 재건안이었다. 남북 공동시장의 상설화, 남북 공동무역회사의 설립 등 남한 시장경제에 맞추는 제안도 있었다. 이는 북한 사회주의가 남한 자본주의보다 양적으로도 질적으로도 우위에 있다고 인식했기 때문이다.

그러나 이런 분위기도 1956년 8월 종파사건 이후 사라졌다. 김일성에 대해 친소파와 친중파들은 중공업 우선주의의 경제정책과 개인 숭배문제를 제기하며 비판의 목소리를 높였는데, 이러한 상황은 1958년 3월 당대표자회의에서 김일성세력의 반대파 숙청으로 일단락났다. 이 사건을 계기로 복구건설사업의 방향을 둘러싼 당내 반발을 제거하게 되어 김일성 중심의 핵심지도부가 연안파·소련파와의 갈등을 정리하고 이후 독자노선을 추구하는 정치적 기반을 만들었다. 이른바 '반종파투쟁'으로 불린 이 사건은 특정 인물로 한정되지 않고 여타 부문으로 확산되었다. 이런 일련의 과정에서 '주체'의 확립문제가 등장했다. 이 시기에는 '주체'와 '조선혁명'을 강조하는 사상사업의 방향을 제시하는 것으로 국한되었지만 이후 권력과 체제의 중심으로 확대되는 개념이 등장하게 된다.

2) 전후 남북한의 경제의 변화

전쟁으로 인해 남북한 지역 모두 경제적 토대가 심각하게 파괴되었다. 전후 남북은 휴전선을 경계로 하는 분단체제를 인정하면서 전쟁재해를 빨리 복구하고 파괴된 경제를 다시 재건하여 대중생활을 안정시키고, 국가경제의 기틀을 마련해야 하는 과제를 안고 있었다.

남한은 전쟁 전에 기획된 농지개혁과 귀속기업체 불하 등 경제구조를 크게 개편할 정책을 수행하고 새로운 경제정책의 수립 및 경제복구와 경제안정화를 위한 자원을 마련하고자 했다.

특히 농지개혁과 귀속기업체 불하는 남한경제의 토대를 형성하는 것이었다. 1950년 헌법규정사업으로서 〈농지개혁법〉이 제정되었는데, 이 법은 순수한 전답만을 대상으로 하여 농가당 3정보까지 자경 내지 자영을 광범위하게 허용함으로써 대상농지는 대폭 축소되었다. 정부는 지가증권으로 지주에게서 토지를 유상으로 매입하며, 지주에게는 지가증권으로 귀속기업체를 불하받도록 허용하여 지주의 자본가화를 유도하였다. 토지를 분배받는 농가는 평년작의 15%를 5년간 균등하게 나눠 정부에 상환해야 했고 농지는 지가상환 때까지 소유권에 대한 제한이 행해졌다. 농지개혁은 전쟁 때문에 곧바

농지개혁법 농지상환증서

로 실행하지 못하다가, 1951년 경북지역부터 시작하였다. 이로써 소작제는 사라졌다. 그러나 농지개혁 이후에도 농민들의 삶은 여전히 어려웠다. 전반적인 농가의 영농규모는 영세해졌고, 농민경제 안정화를 위한 생산·유통·금융 면에서의 보호조치가 이루어지지 않았기 때문이다. 그래서 많은 농가들은 지가상환이 어려웠고, 심지어 분배받은 농지를 팔아버려 소작제가 부활하는 현상까지 일어났다. 토지를 판 지주들은 대부분 군소지주여서 보상금으로 직업을 전환하는 것도 생계를 꾸리는 것도 어려웠다.

귀속기업체의 관리와 처분 문제는 상공업의 소유구조를 어떤 방향으로 가져갈 것인가를 결정하는 문제였다. 이승만정부는 1949년 〈귀속재산처리법〉을 제정하여 국민경제적으로 대단히 중요하다고 판단되는 일부 업종을 제외한 기업은 모두 민간에 불하하는 것을 원칙으로 하였다. 사적 기업을 기초로 한 경제구조를 지향한 것이다. 이는 미군정에서부터 이어져 온 기조였고, 미국이 한국경제에 미치는 영향과 관련되어 있었다.

전쟁 후 남한 경제에서 차지하는 미국의 영향력은 여전히 컸고, 특히 미국의 원조는 이를 더욱 강화하였다. 미국과 유엔은 전쟁중에는 점령지역 행정구호 원조, 전쟁 후에는 전후복구와 경제안정을 위한 원조를 실시하였다. 1945년부터 1961년까지 미국의 원조총액은 약 100억 달러였고, 그 중 경제원조가 약 31억 달러였다. 원조는 자금의 도입에 그치지 않고, 미국은 원조를 감독하는 기구로 한미합동경제위원회(CEB)와 경제조정관실(OEC) 등을 통해 원조물자의 가격과 분배, 원조자금의 사용에 대해 결정하는 등 한국 경제정책의 수립에 막대한 영향을 미쳤다.

따라서 이승만정부의 경제정책 기조는 미국의 요구에 큰 영향을 받았다. 미국은 자유경제정책을 표방하면서 경제안정화정책과 긴축정책을 요구하였다. 재정과 금융을 긴축함으로써 방대한 군사·경찰비로 인한 악성 인플레를 억제하고, 경제적 투자와 융자를 억제하고, 조세수탈과 저미가·저임금정책을 강행하고, 경제 분야의 자유경쟁을 꾀하고 관영기업체를 민영화하고 경영을 합리화하는 이 방침은 1950년대 경제정책의 기조로 실현되었다.

그런데 이런 원조의 도입과 한국정부의 원조자금 활용 과정에서 여러 문제가 발생하였다. 우선 원조의 쓰임새가 문제였다. 원조액의 약 70%는 군사원조로서 주한미군과 국방군의 군사력을 증강하기 위한 무기, 탄약, 함선, 기타 군수용 기자재로 제공되거나 군사비로 전액 소비되었다. 또 원조는 식량 중심으로, 1956년에서 1961년까지 모두 2억 3백만 달러어치의 미국 잉여농산물이 유입되었다. 또한 정부가 원조물자를 소수의 기업에게 독점적으로 배당해주었기 때문에 기존 중소기업들이 도산하였고 원료공급 농가는 타격을 받았다. 도입물자는 식량, 면화, 설탕원료 등으로 국내에서 생산 가능한 것들도 있었다. 면화의 경우는 국내에서도 생산량이 많았지만 값싼 면화의 도입으로 생산을 포기해야 했다. 이후 한국은 면화 100% 수입국이 되었다. 또한 원조에 따라 소득작물 수가 감소되어 쌀의 단작화가 더욱 진행되었다. 수요를 넘어선 농산물의 도입으로 농산물 가격은 지속적으로 떨어졌고, 농민들은 생계를 위협받기에 이르렀다. 농촌에 고리채를 확산시켰고, 농촌에서 살기 어려워진 농민들은 이농하기 시작했고 농촌실업자군은 늘어가는 등 농촌파탄이 이어졌다. 그런데 이승만정부는 이 미국잉여농산물을 팔아 화폐로 적립하고, 대금의 10~20%를 미국 쪽에 지급하는 한편 나머지 80~90%는 국방비로 전입하였다.

전후의 공업구조는 이런 귀속재산의 불하와 원조경제의 운용 과정에 의해 재편성되었다. 전쟁으로 국민경제 전반이 파괴되고 유통구조가 해체된 직후, 일정 지역에서 생산되는 원자재를 사용하여 국내시장을 상대로 한 중소기업이 비교적 광범하게 생겨났다. 그런데 귀속재산의 불하 과정에서 특권적으로 대기업이 형성되고, 원조경제체제로 들어서면서는 원조와 재정·금융·외환 등이 대기업 중심으로 운용되었다. 그 결과 대외의존적인 독점 재벌기업체제가 형성되었고, 이는 중소기업의 몰락을 촉진했다. 1950년대 소비재산업 중 제당업은 44개 업체 중 2개 대기업이 총 출하의 91%를 차지했고, 비누는 98개 업체 중 1개 대기업이 49%를, 고무신은 48개 업체 중 9개 대기업이 78%를 차지하였다. 공업부문에서의 대외의존도도 매우 높았다. 1962년 9월 이후 1년간 제조업에 사용된 원료총액 약 175억 원 가운데 수입원료가 112억으로 63.7%가 수입에 의존하였다. 국내 제조업의 30%를 차지한 섬유산업은 79%가 수입에 의존하는 상태였다.

전쟁이 끝나고 난 후 북한은 전쟁으로 인한 폐허를 복구하는 일부터 시작했다. 북한지역에서는 중화학공업생산이 매우 줄어든 상태였다. 수송의 30%, 전력 26%, 연료 11%, 야금 10%, 화학 22%가 줄었으며, 농촌에서도 관개시설과 하천 제방이 파괴되어 37만 정보의 농토가 피해를 입었다.

이에 비해서 북한지역에서는 사회갈등이 일어날 소지가 매우 줄었다. 북한의 사회주의적 방향에 반대하는 지주와 자본가 계층이 대부분 남한 쪽으로 넘어갔고 부농이나 중농은 물적 기반이 파괴되었으며, 대부분의 농민은 가축과 농업용구를 잃어버려 전 농가호수 중 빈농이 40%로 늘어났다. 그리고 전쟁 중 국영농장이 확대되거나 소거리와 같은 공동 이용이나 경영이 늘어나는 등 사회주의적 요소가 확대되었다.

이런 배경 하에서 북한의 전후복구 건설노선이 수립되었다. 1953년 8월 조선노동당은 전후복구 건설노선으로서 '중공업 우선의 경공업·농업의 동시발전 노선'과 농업협동화를 기반으로 한 3개년 계획을 수립하였다. 이들은 전후복구는 인민의 생활개선만이 아니라 방어력과 자립기반을 확립하여 통일의 토대를 구축하는 투쟁이어야 한다고 주장하였다. 북한은 1956년까지 공업과 농업부문에서 어느 정도 전쟁 전 수준을 회복했다고 발표하였다.

1956년 이후 북한정권으로서는 정치적으로든 경제적으로든 독자적인 노선을 추구하던 때였다. 이른바 8월 종파사건으로 불리는 당시의 주요 쟁점은 다음과 같았다. 지도부가 중공업을 우선하고 경공업과 농업의 동시발전을 주장한 것에 비해, 반대파들은 인민생활의 안정화를 위해서는 소비재의 공급이 절실하므로 경공업 우선 발전이 필요하며, 소련과 중국 등에서 제공받은 막대한 원조로 쌀이나 천 같은 소비품을 구입할 것을 주장하였다. 이 문제는 원조로 들어온 자금을 어떻게 사용할 것인가를 둘러싼 대립이기도 했다. 북한에서 전쟁후 원조가 차지하는 비중은 매우 컸다. 1954년 34%, 1955년 21.7%, 1956년 16.5%로 점차 줄어들기는 했지만 상당한 비중이었다. 이에 비해 북한 내부에서 조달되는 예산은 대부분 의식주나 사회문화비, 국방비에 쓰였다. 상대적으로 전후 복구건설 투자부문에서 원조의 비중이 컸다. 즉 원조는 대부분 중공업을 위시한 기간산업분야에 집중되었고, 제철과 제강, 발전소, 방직공장의 복구와 견방직 공장과 트랙터 수리공장 등의 신설에 사용되었다. 이때 체코, 헝가리, 동독, 루마니아 등이 공장의 신설을 원조하였다. 이처럼 원조가 주로 중공업 부분에 사용되었기 때문에 문제가 제기된 것이다.

농업부문에서 일어난 가장 큰 변화는 1953년에 실시한 농업협동화였다. 이는 전쟁으로 인해 농토가 황폐화되고 노동력이 부족해졌으며, 전후 전체 농가의 40%가 영세농가로 몰락하고 축력과 농기구의 파괴 상태도 심각하였기 때문에 그 대책으로서 제기되었다. 전후 농촌복구의 방향을 개인영농의 안정화보다는 농업협동화를 통한 집단적 안정화로 설정하였던 것이다. 이 정책은 심각한 논쟁을 불러일으켰다. 공업수준이 낮고 현대적 농기계가 없어 생산력이 낮은 상태에서 농업협동화는 어렵다는 반대론과, 남북통일 후에 전국적으로 반제반봉건 민주혁명이 승리할 때까지 북한의 혁명을 진전시켜서는 안 된다는 시기상조론도 있었다. 그러나 김일성 세력은 현재 담당할 혁명역량이 준비되었을 때 사회주의적 개조를 지연시킬 수 없다는 정치우선의 입장에서 이를 추진했다. 농업협동화는 1954년부터 일부 지역에서 시범 운영한 후 1955년부터 본격 실시하고 1958년 8월에 완수하였다. 이때 각 협동조합을 리단위로 통합하는 운동이 벌어져 3,843개의 협동조합으로 정비되었다.

개인상공업의 협동화도 진행되었다. 중요산업의 국유화 이후 개인상공업의 비중은 농업에 비해 낮았다. 전쟁 전에도 기업가나 상인집단은 수가 매우 적었지만 전쟁 후 사정은 더욱 나빠졌다. 기업 활동 분야도 정미소, 대장간, 소규모 식료품가공업 정도였다. 더욱이 농업협동화의 진전에 따라 개인상공업자는 사적 시장에서 연료나 곡물을 구입할 수 없게 되어 그 존립 기반이 줄어들었다. 이런 조건 하에서 북한정권은 1954년부터 개인상공업을 생산협동조합으로 개조하기 시작하였고, 1957년 9월 생산협동조합의 세 가지 형태를 제시하였다. 1형태는 생산수단은 유지하고 상호부조형태로 공공기금을 조성하고 수익을 분배하는 형태, 2형태는 생산수단과 기금을 공동 관리 출자하고 노동량과 투자량에 따라 소득을 분배하는 반半사회주의 형태, 3형태는 생산수단과 자산을 협동적으로 소유하고 노동량에 따라서만 분배하는 사회주의 형태로 나뉘어 진행되었는데, 1형태는 점차 사라지고 모두 3형태로 바뀌었다.

이로써 북한에서는 국가관리의 협동조합체제가 구축되었다. 농업협동조합의 생산물은 협동조합 형태나 국영 상업망을 통해 판매되었다. 개인상공업 분야의 협동화는 1959년 8월에 완성되었다. 생산부문의 협동화와 함께 1946년 농민은행이 설립되고 1958년 4월에는 신용협동조합 업무가 시작되면서 생산·유통·금융 부문의 협동화 사업이 완료되었다. 협동화가 완료된 기반 위에서 1959년 4월을 전기로 '천리마 작업반 운동'이 적극 추진되어 농업생산력의 확충이 빠르게 진행되었다.

3) 미국문화의 유입과 '자유부인'의 상징

전쟁을 겪으면서 사람들은 '실존'의 위기를 경험하였다. 전쟁 속에서 존재의 소멸인 죽음을 수없이 경험했던 사람들은 생존을 위한 본능을 끊임없이 일으켜야 했다. 포로로 잡힌 이들은 총살과 이념적 전향 사이에서 선택을 강요받았다. 전쟁으로 인한 파괴와 대규모의 이동, 육체적·정신적 상처로 인한 가족의 고통과 해체의 위기, 전쟁 후 겪는 현실의 위기는 일상생활을 송두리째 바꿔놓았다.

전쟁의 후유증은 사회 각 분야에서 나타났다. 봉건적 질서는 붕괴되었고 전통적인 가치관과 윤리의식은 혼란에 빠져버렸다. 젊은이들의 정신적 공황 상태, 이념만 난무하는 정당들에 대한 환멸과 냉소, 매춘의 확대, 길거리로 내몰리는 아이들의 모습이 전쟁 이후 남한사회가 겪은 일반적인 상황이었다. 이는 자신을 '실존'하게 하는 것이 무엇인가를 갈구하는 움직임으로도 나타났으며, 한편에서 그것을 찾아내지 못한 사람들은 가치기준을 찾지 못한 채 현실을 망각하기 위한 '놀자'는 분위기에 빠져버렸다. 사회현실에 대한 '무관심'은 무질서와 아노미 현상을 일으켰고 가치규범은 파괴되었으며, 지식인들은 방향을 찾지 못하고 자아분열되어 갔다.

전쟁 이후 대중적으로 유포되던 미국문화는 전쟁기의 억압과 전후의 궁핍에 시달리던 사람들에게 최소한의 욕구를 충족시키고 위안을 주었다. 현란

한 모습을 지닌 미국의 '모더니티'는 절대적인 매혹의 대상이자 동시에 한국인들에게는 치욕과 열등감을 느끼게 해주는 존재였다. 이미 1920년대부터 일상적이고 대중적인 차원에서 카페나 댄스홀, 영화관과 쇼윈도 등 첨단 패션과 대중문화의 첨병으로서 미국은 매혹의 대상으로 인식되고 있었다. 해방 이후 미국과 직접 접촉하고 한국전쟁을 거치면서 만난 미국은 막대한 부와 세계 최우위의 군사력을 가졌으며, 38선 이북 '공산세력'과의 대결에서 몸 바쳐 '자유'와 '민주주의'를 지켜낸 존재로 그 위력을 실감시켰다.

특히 영화와 대중가요를 통해서 미국의 가치관이 급격하게 유입되었다. 미군이 방송국을 접수하고 AFKN 방송을 시작하면서 전해준 팝음악은 젊은이들 속에 매우 빠르게 수용되었다. 국내가요에서도 〈벤조를 울리며 마차는 간다〉, 〈아리조나 카우보이〉, 〈럭키서울〉과 같이 미국이나 서양의 풍경을 상상하며 형상화하거나 불필요하게 외래어를 넣는 노래가 유행했다. 또한 이 시기 사교춤은 '춤바람'으로 불리며 향락적이고 소비적이라는 비판을 받았지만, 개화한 도시인으로 행세하려면 꼭 배워야 할 '교양'으로도 받아들여졌다.

미국문화의 유입으로 인한 가치의 변화에 따라서 새로운 윤리를 만들어내야 한다는 인식이 커져갔다. '자유' '휴머니즘' '민주주의' '전통' 등에 대한 새로운 이해와 전망을 만들어 가야 할 시점이었다. 그런 만큼 이 주제는 사회적 논쟁을 불러일으켰다. 이런 상황을 잘 보여주는 것이 소설과 영화로 만들어진 《자유부인》을 둘러싼 논쟁이었다.

《자유부인》은 1954년 《서울신문》에 연재된 소설이었다. 이는 사회지도층인 교수부인의 춤바람과 외도, 서구식 댄스홀을 드나들며 프리섹스의 코드로 읽히는 춤을 추는 여주인공의 모습과 더불어 미국문화의 유입 속에 사치와 향락, 도덕적 타락이 흘러넘치던 전쟁이후의 서울을 묘사하였다. 이 작품은 단행본 출판 당시 초판 3000부가 매진되는 기록을 올렸으며, 영화로 만들어져 13만 명을 동원할 정도로 인기가 있었다. 뿐만 아니라 이 소설과 영화는 당시 지식인들의 논쟁을 불러일으켰다. 당시 미국문화의 유입, 새로운 문화와 윤리의 수립, 그리고 전통에 대한 이해 문제 등이 주요 이슈였다.

이 소설과 영화가 인기를 끈 것은 교수부인의 춤바람과 외도를 생생하게 묘사한 선정성 때문이기도 했지만, 전쟁의 참혹함과 궁핍에서 벗어나지 못한 사람들에게 호화로운 상류층의 일상을 보여주며 당시 최고의 유행어였던 '자유'를 테마로 한 점, 또 누구나 알고 있고 비판하던 국회의원의 부정부패와 계 열풍 등의 시사적인 문제들을 직접 다뤘다는 점도 있었다. 즉 이는 당대 지배층과 지식인들이 생각하는 가족과 민족, 국민, 국가 등에 대한 이상적인 상이 무엇인가를 보여주는 텍스트이기도 했다.

작가는 주인공이 느끼는 자유를 허영과 방종에서 비롯된 부정적인 것으로 몰아갔으며, 결국 남편에게 돌아오는 것으로 끝을 내어 전통적인 가부장제로의 복귀로 결말지웠다. 여성의 외출과 사회진출을 성적 방종과 도덕적 타락, 일탈과 동일시하여, 여성들의 사회적 노동이 확대되는 양상을 전반적으로 비하하는 시각을 지닌 이 작품은 '자유'의 의미가 무엇인지도 논하지 않은 채 방종과 동일시해 버렸다. 이는 '공산주의로부터의 자유'를 제외한 다른 자유에 대한 논의를 불온화하였던 분위기와 연결되어 있다. 특히 "자유와 방종이 혼돈되어 사회질서가 파괴될 우려가 있을 경우는 민주주의를 잠시 무시해도 좋다"는 말처럼 양심의 자유를 비롯한 언론·출판·집회·결사의 자유는 반공이라는 틀 속에서 유보되었다. 그런 논의 속에서도 《자유부인》은 대중 특히 여성들에게는 욕망을 대리만족시켜주는 역할을 하였다. 주인공의 사회진출과 외도는 봉건적 억압 속에 있던 여성들에게 일종의 해방감을 부여하였던 것이다.

《자유부인》 논의는 지식인들에게는 '아메리카니즘'으로 상징되는 새로운 가치들에 대한 논의를 활성화시켰다. 당시 지식인들에게도 '아메리카니즘'으로 대표되는 서구문화는 동경과 모방의 대상이었다. 미국은 한국의 우방이며 혈맹이고 세계에서 가장 자유롭고 부강하며 선진적인 문화를 가진 나라이며 민주주의의 상징으로 인식되었다. 미국적인 것 또는 서구적인 것은 근대적인 것 또는 현대적인 것이고 배워야 할 것이란 의식이 형성되었다. 한편으로 GI 문화의 무조건 수용과 그에 대한 굴종과 아부에 대한 반감이 일어났다. 한미간 행정협정 체결을 촉구하거나 미국문화의 양면성에 대해 주목하고 균형감 있게 수용하자는 자각도 생겨났다. 미국의 민주주의와 인도주의·

개인주의에 관심을 기울인 것은 미국에 대한 균형적 시각의 확보를 위해 필요한 것이었다.

한국전쟁 이후의 1950년대는 한국인들이 처음으로 '자유'나 '휴머니즘' '민주주의' 등의 용어가 가지는 의미와 가치를 스스로 논의할 수 있는 장이 마련된 시기였다. 지식인들의 광범한 담론의 장이었던 《사상계》에서는 '개인'과 '개인의 자유' 같은 자유주의 가치에 관한 특집을 싣고 이를 적극적으로 옹호하기도 했다. 소설이나 비평에서도 '실존' 문제를 주요 테마로 삼았다. 그런데 반공 이데올로기가 지배하는 지적 풍토에서 이런 자유민주주의는 반공의 명분으로밖에는 쓰이지 못했다. 레드컴플렉스와 니힐리즘적 사조도 영향이 컸다. 반공과 민족주의를 등치시키는 가치체계를 생산하기도 했다. 또는 체제 대결의 냉전적 현상을 현실적으로 이해하여, 대미의존과 군사적 봉쇄와 반공을 우선시하는 사고로서 한국의 안보를 미국에 의존하는 대미의존적 인식을 일반화시키기도 했다. 그런 한편에 '민주'와 '민중'에 대해 새롭게 모색하는 움직임도 생겨났다. 자유와 민주주의가 갖는 보편성을 부각시키면서 그것이 공산주의보다 우월하다고 주장하는 입장도 있었으며, 남한사회 속에서 민주주의의 보편적 원리를 실현해야 한다고 주장하면서 이승만정부를 '독재'라고 공격하기도 했다. 이는 새롭게 들어온 가치가 사회 속에 정착하면서 사회의 구조적 부패에 대해 인식하고 그것을 풀어가야 할 주체로서 '민중'을 적극적으로 인식하게 되었음을 의미한다.

참고문헌

브루스 커밍스 지음, 김주환 옮김, 1986, 《한국전쟁의 기원》 상·하, 청사
정해구, 1988, 《10월인민항쟁사연구》, 열음사
서중석, 1991 《한국현대민족운동연구 1》, 역사비평사
서중석, 1996 《한국현대민족운동연구 2》, 역사비평사
한국생활사박물관 편찬위원회, 2004, 《한국생활사박물관 12(남북한 생활관)》, 사계절
박태균, 2005, 《한국전쟁》, 책과함께
서동만, 2005, 《북조선 사회주의체제 성립사》, 선인
권보드래 외, 2009, 《아프레걸 사상계를 읽다》, 동국대학교출판부
한국현대사학회 엮음, 2013, 《한국 근현대사 강의》, 한울아카데미

8부
남북한 사회의 재편

개 관

1960년대 초반은 남북한의 구조가 재편되는 시기였다. 4·19혁명 당시 민주주의의 회복에서 시작된 국민들의 요구는 민주주의의 질곡으로 작용해 온 반공과 반공을 지탱해 온 외세와 분단구조를 문제 삼고, 그를 극복하기 위한 방안으로서 통일문제를 제기하였다. 그러나 국민들의 혁명 열기와 달리 군은 20만 감군설과 자주·민주·통일 운동에 심각한 위기의식을 느끼고 반혁명 쿠데타를 일으켰다.

한편, 미국은 공산주의 세력의 팽창을 막기 위해 일본을 아시아 자본주의의 중심 국가로 육성할 계획을 세우고, 한국에게는 일본과의 관계를 개선할 것을, 일본에게는 한국의 경제개발에 지원자 역할을 할 것을 요구하였다. 1949년 중국이 공산화된 후 미국은 한국·미국·일본을 단일한 정치적·경제적·군사적 동맹체로 묶는 지역통합전략을 추구하였다. 1965년 체결된 한일협정과 한미일 삼각방위협정은 이러한 지역통합전략의 실현을 의미하였다.

당시 사회주의 노선을 둘러싼 중소 갈등과 쿠바 사태로 인한 북소관계의 악화, 문화혁명기 중국의 북한에 대한 압박 등으로 중국·소련과 거리를 두면서 독자노선을 표방한 북한은 동아시아 자본주의 국가들 간의 경제적·군사적 유대가 더욱 긴밀해지자 위기의식을 느끼기 시작하였다. 사회주의 동맹국가들의 지원을 기대하기 어려운 상황에서 북한은 김일성 중심의 단일지도체제를 수립하고, 경제-국방 병진노선을 추진하여 군사력을 강화함으로써 이 위기국면을 돌파하고자 하였다.

1970년대 초 동아시아는 닉슨 독트린과 미중수교로 대변되는 데탕트(긴장 완화) 시대로 진입하였다. 미국과 중국의 긴장완화정책은 반공·반미 주의와 분단구조를 통해 성장한 남북한 정권을 위협하였다. 남북적십자회담의 개최, 7·4남북공동성명 발표 등 표면적으로는 긴장완화정책에 부응하는 듯했지만, 남북한 양 정권은 유신체제·유일체제라는 보다 철저한 사회통제와 강력한 통치시스템을 구축함으로써 긴장완화라는 세계질서에 역행하였다.

1980~90년대 이후 남북한에는 다시 변화의 바람이 불고 있다. 민주화와 개혁개방의 바람이었다. 남한의 국민들은 광주항쟁과 6월항쟁을 거치면서 민주화 없는 산업화는 국민에게 행복을 가져다 줄 수 없다는 사실을 깨달았다. 또한 경제개발은 근대화의 하나의 필요조건에 불과한 것이지 근대화의 충분조건이 될 수는 없고, 경제가 성장하면 민주주의는 저절로 주어지는 것이 아니라 오직 국민들의 투쟁을 통해서만 얻어질 수 있다는 사실을 깨달았다.

북한에 부는 개혁개방의 바람은 내부적인 동력에 의한 것이 아니라 사회주의 국가의 몰락과 자본주의 국가의 공세라는 외부적인 동력에 의해 강제되었다. 현재 북한은 중앙집권체제를 분권화하여 효율적인 경제시스템을 만들고, 비국영 부문을 활용하여 시장을 활성화하며, 미국을 비롯한 주변 국가들과 전향적인 관계 개선을 함으로써 국제정세의 변화에 대응해야 하는 숙제를 안고 있다.

1. 변화와 격변의 시간

1) 미완의 혁명, 4·19

1960년 3월 15일은 제4대 대통령·부통령 선거일이었다. 여러 후보들이 난립했지만, 선거는 민주당과 자유당의 부통령 후보 대결로 압축되었다. 민주당의 대통령후보 조병옥이 지병으로 사망하여 자유당의 대통령후보 이승만에 대적할 만한 인물이 사라진 상태에서 누가 부통령이 될 것인지에 대한 관심이 높아지고 있었다. 이승만은 80세가 넘은 고령이었고, 자유당은 이승만 유고시 그의 역할을 이을 부통령 당선에 총력을 기울였다. 하지만 자유당의 부통령후보 이기붕은 대중적인 인기가 없었고, 자유당의 실정으로 민주당 부통령후보 장면의 인기가 치솟고 있었다.

선거를 보름 앞둔 2월 28일, 대구의 고등학생들이 거리로 뛰쳐나와 "학생을 정치에 이용하지 말라"고 외치기 시작하였다. 학생들은 왜 이렇게 분노한 것일까? 2월 28일은 대구에서 민주당 선거유세가 있는 날이었다. 학생들이 민주당 선거유세에 참가할 것을 우려한 자유당정권은 일요일임에도 불구하고 초·중·고등학교 학생들을 등교시키고 기말시험을 치르게 하였다. 분노한 학생들은 학교가 아닌 거리로 뛰쳐나가 그들의 생각을 국민들에게 전했다. 그날 이후, 서울·수원·대전·부산 등에서 연이어 학생들의 시위가 일어났다.

자유당정권은 민주당 후보의 당선을 막기 위해 최인규 내무부장관의 지휘 아래 ① 4할 사전투표, ② 3인조, 5인조 반공개 투표, ③ 자유당 완장부대 동원, ④ 유령유권자 조작 및 대리투표, ⑤ 안이 훤히 다 들여다보이는 내통식 기표소 설치, ⑥ 투표함 바꿔치기, ⑦ 야당 참관인 축출, ⑧ 개표시의 혼표, 환표, ⑨ 득표수의 조작발표 등 부정선거를 위한 만반의 준비를 갖춰놓았다. 선거 당일인 3월 15일 오전 6시 투표가 시작되자마자 부정선거 양상이 속속 드러나기 시작하였다.

민주당 마산지구당은 이러한 상황에서 선거를 계속하는 것이 무의미하다고 판단하고 오전 10시 '선거 포기선언'을 하였다. 이 소식을 접한 시민과 학생은 민주당사 주변에 모여 부정선거 규탄시위를 벌이기 시작하였다. 시민들이 속속 모여들자 기마경찰이 출동하여 시위대를 저지하였다. 이 과정에서 8명이 사망하고 70명이 부상당하였으며 다수의 행방불명자가 발생하였다. 이날 이후 마산에는 행방불명자의 사체가 집단 유기되었다는 풍문이 떠돌았고, 이러한 풍문은 마산시민들을 극도로 흥분시켰다.

혼란스러운 정국 속에서도 정부는 이승만이 89%, 이기붕이 79%의 절대적인 지지로 대통령과 부통령에 당선되었다고 발표하였다. 그러나 국민들 가운데 이 발표를 믿는 사람은 없었다.

4월 11일, 그동안 행방불명되었던 마산상업고등학교 학생 김주열의 시신이 마산 앞바다에 떠올랐다. 오른쪽 눈에 최루탄이 박힌 처참한 모습이었다.

4월 18일에는 고려대학교 학생 3천 명이 국회의사당 앞에 모여 재선거를 요구하는 연좌시위를 벌였다. 경찰의 동원에 부담을 느

마산 앞바다에 떠오른 김주열의 시신

낀 정부는 정치깡패들을 동원하여 귀
가하는 고려대학교 학생들을 습격하
였다. 도끼와 망치로 무장한 테러로 1
명이 죽고 수십 명이 부상당한 이날
의 사태는 다음 날 학생들이 총궐기
하는 직접적인 배경이 되었다.

4월 19일 전국의 학생들이 부정선
거를 규탄하기 위해 궐기하였다. 서
울에서만 10만 명이 시위에 참여하였
다. 시위대는 세종로를 거쳐 이승만
대통령이 있는 경무대로 향하였다.

경무대 입구로 몰려온 시위학생을 향해 경찰이 발포하는 현장(상)
4·19 시위 모습(하)

오후 1시 30분 경무대로 향하는 시위대를 향해 경찰이 일제히 발포하면서 21
명이 사망하고 172명이 부상당하였다. 대도시에는 이날 오후 5시를 기해 계
엄령이 선포되었다.

경찰의 무차별 발포에 대한 충격이 가시기도 전에 정부는 시위대의 배후
에 공산주의자들이 있다고 발표함으로써 국민들을 경악시켰다. 발포 책임자
처벌과 재선거 요구에 머물렀던 시위대의 요구는 이제 이승만정권의 퇴진으
로 모아지고 있었다. 김주열에서부터 4월 19일 전국적으로 100여 명이 넘는
희생자를 낸 상황을 지켜본 국민들은 이 모든 사태가 개인의 문제가 아니라
독재정권을 연장하고자 하는 권력층 전체의 문제임을 깨달았다. 계엄령에도
굴하지 않고 국민들은 4월 26일 이승만정권 퇴진을 위한 전국적인 시위를 계
획하였다.

4월 26일 오전 10시 반 이승만 대통령은 시민대표와 회담한 자리에서 "국
민들이 원한다면 하야하겠다"는 뜻을 밝혔다. 이 성명을 통해 이승만은 자신
의 하야와 재선거, 이기붕의 공직 사퇴를 발표하였고, 이 내용은 라디오 방송
으로 전국에 전달되었다.

이후의 정국 운영은 허정 외무부장관이 맡았다. 허정 과도정부의 임무는
새로운 정부가 구성될 때까지 정국을 수습하고 국민이 원하는 국정개혁의

이승만의 하야 소식을 반기는 학생 데모대

기반을 만드는 것이었다. 그러나 과도정부는 처벌을 잔학행위를 자행한 자로만 국한하고, 반공주의를 확고히 견지하며, 정치개혁을 비혁명적 방법으로 단행하겠다는 방침을 밝혔다. 기존 질서의 틀 내에서 혁명을 수습하고자 한 것이다. 이승만정권을 견제하지 못한 책임은 민주당에게도 있으므로 즉각 의회를 해산하라는 요구도 있었다. 그러나 허정 과도정부는 독재정치의 원인을 자유당의 문제, 대통령중심제의 폐해로 돌리고 6월 15일 대통령중심제를 내각책임제로 전환하는 개헌안을 통과시켰다.

1960년 7월 29일 한국 최초의 양원제인 참의원·민의원 선거가 치러졌다. 선거결과는 민의원 233명 중 175명, 참의원 58명 중 31명의 당선자를 낸 민주당의 압승이었다. 4·19 직후여서 자유당에 맞서 싸운 민주당의 이미지가 극대화되었다. 중간파 정치세력인 혁신계의 활약이 기대되었지만 이들은 국민에게 자신들을 알릴 시간적인 여유를 갖지 못하였고, 그것은 선거 참패로 귀결되었다.

정권을 잡은 민주당은 윤보선을 대통령으로 선출하고 새로운 출발을 다짐하였다. 그러나 민주당의 권력독점은 권력 내부의 갈등을 전면화시켰다. 지주세력을 기반으로 한 구파와 신흥자본가세력을 기반으로 한 신파는 총리 임명을 놓고 충돌하였다. 구파인 윤보선 대통령계가 신파의 장면 총리 카드를 수용함으로써 내부 갈등은 봉합되었지만, 민주당 앞에는 더 큰 숙제가 놓여 있었다.

4·19를 통해 분출된 국민들의 혁명 열기는 자유당정권의 몰락으로도 수그러들지 않고 정치·경제·사회·문화 모든 영역으로 확장되고 있었다. 국민들은 정치적으로는 반민주 행위자와 부정선거 관련자에 대한 처벌과 각 계급 계층의 민주주의적인 권리의 보장을 요구하였다. 경제적으로는 부정축재자를 처리하고 미국과의 대외관계에서 자주성을 확보할 것을 요구하였다. 대학생들은 커피 안 마시기, 양담배 안 피우기 운동 등을 벌이기도 하였다.

한편, 5월 11일에는 6·25전쟁 당시 민간인 학살이 발생하였던 거창 신원면에서 피학살자 유족들이 국군의 민간인 학살에 동조한 신원면장 박영보를 생화장한 충격적인 사건이 발생하였다. 이 사건을 계기로 전국에서 민간인 학살 진상 규명에 대한 요구가 봇물처럼 터져나왔다. 전쟁 당시 민간인들을 빨갱이로 몰아죽인 사건에 대한 진상 규명 요구였다.

12월 국민들의 전폭적인 지지 아래 반민주행위자공민권제한법, 부정선거관련자처벌법, 부정축재자특별처리법, 특별재판소 및 특별검찰부 조직법 등의 4대 개혁입법이 의회에서 통과되었다. 그러나 민주당정권은 반민주행위자와 부정선거관련자 및 부정축재자 처리에 미온적이었다. 3·15부정선거 관련자 48명을 구속하였지만,

국회의장석을 점거한 4·19 부상자들

시경국장 이강학을 제외한 나머지 관련자들은 모두 무죄 처리하였다. 부정축재자는 조사조차 착수하지 못하였다. 이에 4·19 부상자들은 "혁명완수법을 제정하라!"고 외치며 국회의장석을 점거하고 농성을 벌이기도 하였다.

장면정권은 민주당의 집권으로 민주주의는 정상 궤도에 올랐다고 보고, 경제발전에 박차를 가하였다. 국토개발사업을 추진하고, 경제개발5개년계획을 추진하여 실업자를 구제하고, 균형잡힌 국토개발과 경제발전을 이루겠다는 원대한 포부도 밝혔다. 그러나 문제는 자금이었다. 장면정권은 미국의 원조와 군 20만 감축으로 이 문제를 해결하고자 하였다. 미국은 원조의 전제조건으로 경제정책 문서의 제공, 환율 및 금리의 현실화 등을 내걸었고, 한국측이 이를 수용하여 1961년 2월 8일 한미경제협정이 체결되었다.

국민들은 한미경제협정을 경제자주권에 대한 심각한 훼손으로 받아들였다. 언론은 협정을 '제2의 을사조약'으로 보도하였고, 17개 정당과 사회단체는 즉각적인 반대투쟁에 나섰다. 장면정권은 이를 북의 지시, 공산주의의 준동으로 지목하고, 3월 8일 데모규제법과 반공법 추진을 발표하였다. 국민들은 "2

가자 북으로! 오라 남으로! 판문점에서 만나자!

대 악법 통과되면 4월혁명 끝장이다"라고 주장하며 장면정권에게 맞섰다.

혁신계와 일부 학생들은 분단구조를 해체하기 위한 적극적인 행동에 나섰다. 학생들은 북한 측에 5월 중순 남북학생회담을 열자고 제안하였다. 통일운동의 열기가 달아오르면서 "이남 쌀, 이북 전기", "가자! 북으로, 오라! 남으로, 판문점에서 만나자"라는 구호가 시위 현장에 등장하기도 하였다.

이러한 요구들은 반공이라는 미명 하에 정치적 반대세력을 억압하고 미국과의 종속적인 관계를 형성하며 민주주의 발전을 왜곡시켜 온 분단구조에 대한 근본적인 문제제기였다. 장면정권은 현행 분단구조와 한미관계의 틀 안에서 이 문제를 처리하고자 하였으나, 국민들은 그 틀을 넘어 자주·민주·통일을 위한 혁명의 길로 나아가고자 하였다. 한미경제협정과 2대 악법 반대 투쟁, 남북학생회담은 그 분수령이었다. 비록 완성되지는 못하였지만 자주·민주·통일은 이후 한국사회 변혁운동의 좌표가 되었다.

한편, 국민들의 혁명 열기와 달리 군은 20만 감군설과 자주·민주·통일 운동에 심각한 위기의식을 느끼고 있었다. 분단구조를 통해 성장해온 군은 비밀리에 반혁명의 길을 모색하였다.

2) 혁명에 대한 반동 5·16쿠데타

1961년 5월 16일 군대가 탱크를 몰고 서울 시내로 들어왔다. 군의 집단행동을 주도한 인물은 김종필·김형욱 등 육사 8·9기생들이었다. 오래 전부터 군부 내의 인사적체와 고위급 장성들의 무능력을 비판하며 정군을 주장하였던 이들은 박정희를 지도자로 옹립하고 쿠데타를 일으켰다.

국민들은 의아한 표정으로 군인들을 바라보았다. 전쟁이 일어난 것도 아닌데 왜 군대가 도심에 진주했을까? 군부는 자신들의 집단행동에 대해 "군부가 궐기한 것은 부패하고 무능한 현 정권과 기성 정치인들에게 이 이상 더

국가와 민족의 운명을 맡겨둘 수 없
다고 단정하고 백척간두에서 방황하
는 조국의 위기를 극복하기 위한 것"
이라고 설명하였다. 군의 정치개입에
대한 국민들의 의혹에 대해서는 "시
급히 혁명과업을 완수하고 최단시일
내에 참신하고 양심적인 정치인들에
게 정권을 이양한 후, 쾌히 군 본연의
임무로 돌아가겠다"고 선언하였다.

박정희와 쿠데타 주도 세력

전쟁 전 13만에 불과했다가 전쟁 이후 70만 대군으로 급성장한 군은 이미
국방이라는 군 본연의 임무뿐 아니라 전후재건사업과 국영기업체의 파업수
습, 주택건설, 경제부처 운영에 이르기까지 한국 사회의 여러 부문에 영향력
을 확대하고 있었다. 그리고 이 영향력의 확대는 급기야 정치문제에 대한 직
접 개입으로 나타났던 것이다.

쿠데타가 일어나자 장면정권에 비판적이었던 윤보선 대통령은 쿠데타를
묵인하였다. 장면 수상은 수녀원으로 피신한 후 미국에 도움을 요청하였으
나, 미국은 직접적인 태도 표명을 유보한 채 민심의 향배를 예의 주시하였
다. 5월 18일 육사생도들의 지지 행진을 계기로 민심이 군부세력에게 기울
기 시작하였다. 사태가 여기에 이르자, 장면은 수녀원을 나와 구금되었던 국
무위원들과 함께 내각 총사퇴를 발표하였다.

이후 입법·사법·행정의 모든 국가 업무는 5월 19일 군인들이 조직한 국가
재건최고회의가 맡았다. 6월 6일 공포된 국가비상조치법에 의하여 국가재건
최고회의는 새 정부가 구성될 때까지 최고통치기관의 지위를 부여받았다. 6
월 10일 국가재건최고회의의 직속기관으로서 대북·대민 정보수집과 수사권
을 가진 중앙정보부(국가정보원의 전신)가 탄생했다.

기성 정치인과 장면정권에 환멸을 느끼고 있던 국민들은 쿠데타 세력에게
기대를 갖기 시작하였다. 쿠데타 세력은 기성 정치세력과 연결되어 있지 않
았고, 국민들은 전후재건사업을 지원하고 4·19 당시 이승만의 발포 명령을

거부한 군에 대해 호감을 갖고 있었다. 게다가 쿠데타 세력은 장면정권이 추진하지 못한 조치들을 과감히 추진하고 있었다. 혁명재판소를 설치하여 최인규 등 부정선거 관련자, 이정림·이병철·최태섭 등 부정축재자를 줄줄이 소환하였고 농민들의 시름이 되어 온 농어촌 고리채를 전면 탕감하였다. 국민들은 이러한 조치들을 '혁명'으로 받아들였다.

팻말을 목에 걸고 끌려다니는 깡패들

군부는 대대적인 풍기 단속에도 착수하였다. 자유당정권의 독재정치를 위한 행동대 역할을 도맡았던 정치깡패들을 비롯해 2천여 명의 깡패를 체포하였다. 군인들은 깡패들에게 "나는 깡패입니다. 국민들의 심판을 받겠습니다"라는 플랜카드를 들고 거리를 행진하도록 하였다.

이러한 조치들과 함께 군부는 1962년 3월 16일 정치활동정화법을 발표하여 구정치인 4,374명을 적격 심사하고 부적격 판정을 받은 정치인의 정치활동을 6년간 금지하겠다는 뜻을 밝혔다. 부정부패에 연루된 정치인뿐 아니라 쿠데타 세력에게 도전할 가능성이 있는 모든 사람에게 족쇄를 채우려는 계획이었다. 비록 반대여론에 밀려 정치활동을 금지당한 인물들은 1963년 2월 27일 현재 268명으로 축소되었지만, 이 법안으로 15개 정당과 283개 사회단체가 해산명령을 받았다.

뒤이어 4·19혁명 당시 자주·민주·통일 운동에 앞장섰던 혁신계와 학생들이 구속되어 장기 복역했고, 6·25전쟁 당시 군인의 민간인 학살문제를 제기한 피학살자유족회 간부들은 용공 혐의로 재판을 받았다.《민족일보》사장 조용수와 사회당 당수 최백근은 사형에 처해졌다. 쿠데타 세력은 부정선거 관련자 및 부정축재자의 처벌이라는 칼날 뒤에 진보적인 인사들에 대한 대대적인 검거와 처형이라는 칼날을 숨기고 있었던 것이다.

한편, 군부의 집권기간이 길어지자 미국은 정권을 하루빨리 민정에 이양하라는 압력을 가하였다. 압력이 거세지자 박정희는 1963년 12월 대통령선

함석헌, 〈5·16을 어떻게 볼까?〉(《사상계》 1961년 7월호)

5·16쿠데타 직후 대부분의 지식인들은 "우리가 바라던 혁명이 실현되려 하고 있다"고 하며 쿠데타에 우호적인 입장을 취하였다. 그러나 함석헌만은 쿠데타에 대해 처음부터 비판적인 시각을 갖고 있었다. 그는 왜 처음부터 5·16쿠데타를 반대했을까? 그의 말을 들어보자.

"나 보기에 걱정은 이 혁명에 말이 없는 것이다. 국민이 겁이 나게 해가지고는 다스리기는 쉬울지 몰라도 혁명은 못한다. 내 이상이 아무리 좋아도 총을 들면 정치가 아니다. 선의의 독재란 말들을 하지만 그것은 내용 없는 빈 말이다. 선의인데 독재가 어떻게 있을 수 있으며, 독재인데 어떻게 선일 수 있을까? 정말 정치가는 민중을 맘대로 말을 하게 하는 사람들이다. 먼저번 학생혁명에서 믿은 것이 정의의 법칙, 양심의 권위, 도리였다면 이번에 믿은 것은 총알이다. 이에 감격은 없고 두려움만이 있는 것이다. 요점은 혁명의 주체가 누구냐 하는 데 있다. 혁명은 민중의 것이다. 민중만이 혁명을 할 수 있다. 군인은 혁명 못한다. 민중 내놓고 꾸미는 혁명은 참 혁명이 아니다. 반드시 어느 때 가서는 민중과 버그러지는 날이 오고야 만다. 지배자로서의 본색을 나타내고야 만다. 그리고 오래 속였으면 속였을수록 그 죄는 크고, 그 해는 깊다."

거를 실시하여 당선된 정치세력에게 권력을 이양하겠다고 발표하였다. 국가재건최고회의는 1962년 12월 대통령제와 국회단원제를 골자로 하는 개헌안을 국민투표에 부쳤다. 이 개헌안에 의해 1963년 12월 대통령선거가 실시되었다. 대통령선거는 박정희와 윤보선의 팽팽한 맞대결 구도였다. 쿠데타 세력에게 우호적이었던 여론도 정작 박정희가 예편하여 선거에 출마하자, 민주당 지지와 쿠데타 세력 지지로 양분되었다. 박정희는 15만 표 차이로 어려운 승리를 거두었다.

1960년대 국민들의 열망은 민주화·산업화로 모아지고 있었다. 오랜 식민지 경험을 거친 국민들은 "한국인의 정부가 수립되었으니 보다 많은 민주주의적 권리를 누리고 싶다", "우리도 선진국처럼 잘 살아보고 싶다"고 생각하였다. 국민들의 민주화 요구는 4·19혁명으로 분출된 바 있었다. 하지만 박정희정권은 민주주의적 방식이 아니라 쿠데타로 집권하였기 때문에 국민의 '민주화' 요구를 적극적으로 수용할 수 없었다. 이에 박정희정권은 한국에게 시급한 과제는 민주화가 아닌 산업화이고, 한국과 같은 후진국은 신진국과 달리 민주화와 산업화를 동시에 추진할 수 없으므로 먼저 산업화를 추진하여 민주화의 기반을 마련해야 한다는 '한국적 근대화'를 제창하였다. 그리고 급속한 산업화를 달성하기 위해 경제개발계획을 추진하였다. 그동안 민주화 논의 속에서 한 번도 분리된 적이 없었던 민주화와 산업화의 분리이자, 민주화 없는 산업화의 추진이었다.

경제개발계획을 위해서는 계획을 효과적으로 달성할 수 있는 시스템, 계획 추진을 위한 자금, 개발전략이 필요하였다. 박정희정권은 우선 경제기획원을 만들고, 경제기획원장을 부총리로 임명하여 경제부서를 지휘할 수 있는 권한을 부여하였다. 그리고 경제개발계획을 추진하기 위한 자금을 미국에게 요청하였다. 1949년 중국이 공산화된 후 미국은 공산주의 세력의 팽창을 막기 위해 일본을 아시아 자본주의의 중심국가로 육성할 계획을 세우고, 한국에게는 일본과의 관계를 개선할 것을, 일본에게는 한국의 경제개발에 지원자 역할을 할 것을 요구하였다. 1965년 6월 22일 한일협정 체결로 이 문제는 일단락되었다.

〈표〉 한일기본조약 체결 전후 대일무역의 변화

연도	수입				수출			무역수지
	수입액	원료	기계류	시설재	수출액	식료품	원재료	
1960	60,408	22.3	11.1	0	18,975	31.4	46.6	-41,433
1961	68,537	25.5	18.8	0	21,587	23.8	58.2	-46,950
1962	109,171	32.8	29.8	0	23,474	49.2	34.4	-85,697
1963	103,978	34.4	38.2	1.0	25,480	33.2	51.5	-78,098
1964	86,072	23.3	22.8	6.0	39,153	45.4	38.5	-46,919
1965	143,737	28.5	17.9	3.7	45,695	48.2	36.5	-98,042
1966	247,543	28.9	19.4	23.1	66,274	48.1	39.3	-181,269
1967	343,907	33.3	32.3	9.1	78,325	41.1	47.3	-265,582
1968	547,807	27.3	28.8	21.9	93,863	31.2	38.9	-453,944
1969	640,744	44.5	40.2	7.7	118,093	28.4	24.7	-522,651

※ 비고 : 수출수입액과 무역수지의 단위는 천 달러고, 그 외는 %다.

한국은 일본의 자본과 기술, 설비를 도입하여 저렴한 노동력으로 신발, 가발, 섬유 등의 제품을 생산한 후 세계시장에 판매하는 수출주도산업화 전략을 추진하였다. 일본의 자본과 기술이 들어오면서 경제개발계획은 눈에 띄는 성

〈표〉일본의 식민지배 기간과 보상금 액수 비교

국 명	지배기간	보상금 액수
미얀마	3년	3억 달러
인도네시아	3년	3억 달러
인도	3년	3억 달러
필리핀	4년	8억 달러
한국	36년	3억 달러

※ 한국에 대한 보상금은 그나마 보상금이 아닌 독립축하금 명목으로 지급되었다.

과를 내기 시작하였다. 그러나 일본의 자본과 기술을 활용한 이러한 산업화 방식은 한국경제를 일본의 자본과 기술에 다시 종속시키는 결과를 낳았다.

또한 한일 정부 간의 경제협력관계는 긴밀해졌으나, 식민지배와 강제징병과 징용, 정신대에 대한 사과와 배상 문제가 논의되지 않은 채 협정이 종결됨으로써 한일관계는 과거청산을 통한 한국과 일본 국민 간의 진정한 우호와 협력 관계로 나아가지 못하였다.

한편, 쿠데타가 일어난 직후 대한양회의 이정림, 삼성물산의 이병철, 한국유리의 최태섭 등이 부정축재 문제로 줄줄이 소환되었다. 이들은 "이후에는 환골탈태하는 마음으로 사재를 털어 정부의 개발계획을 뒷받침하겠다"고 선언하고 전국경제인연합회를 조직하여 군부정권의 산업화에 앞장섰다. 개발자금이 부족했던 박정희정권은 국가주도의 산업화 정책을 추진하면서 대기업들을 개발계획의 파트너로 삼았고, 저가 공세로 세계시장을 공략하기 위해 저임금에 기반한 수출주도 산업화 전략을 추진함으로써 저임금-저곡가 구조가 정착되었다. 이는 산업화 정책의 파트너인 대기업에게는 더 많은 특혜를, 농민과 노동자에게는 더 많은 고통을 전가하게 된 근본적인 원인이었다.

베트남 파병은 경제개발을 위한 돌파구인가? 군사독재를 위한 수단인가?

5·16쿠데타 직후 미국은 군부세력에 대한 승인을 망설였다. 박정희, 유원식, 김종필 등 쿠데타 핵심 인물들의 좌익 경력 때문이었다. 박정희는 조선공산당의 후신인 남조선노동당 군대 총책임자였고, 유원식은 일제 시기 대표적인 아나키스트였던 유림의 아들이었으며, 김종필은 미군정기 대표적인 반미군정 시위였던 '국립서울대학설치안 반대운동'을 주도한 인물이었다.

일본 중심의 지역통합전략에 사활을 걸고 있던 일본정부는 메이지 유신을 근대화의 모델로 삼은 일본 육사 출신 박정희가 미국의 승인을 받을 수 있도록 적극적인 지원을 아끼지 않았다. 박정희는 이에 화답하여 일본과의 관계 개선에 나서는 한편, 좌익세력이라는 미국의 의심에서 벗어나기 위해 미국에 베트남 파병을 제안하였다.

한국은 미군을 제외한 오스트레일리아, 뉴질랜드, 태국, 필리핀, 타이완, 스페인 등 6개 국의 파병병력 총합의 약 3배에 달하는 5만 명의 대부대를 파견하였다. 한국군의 전투 수당은 다른 나라 군대의 1/4에 불과했고 파병 인원이 컸던 만큼 희생자도 많았으나 파병군인들의 상황과 희생자 수는 언론에 거의 보도되지 않았다. 단지 베트남을 통한 경제적 이익만 부각되었을 뿐이다.

베트남 파병은 외화획득 수단이 없던 한국에게 외화벌이의 중요한 수단이었다. 참전으로 얻게 된 군납 기회 또한 수출의 중요한 돌파구가 되었다. 하지만 병력을 파견하지 않았던 일본이 베트남 특수로 가장 많은 돈을 벌어들였고, 단 20명의 병력만 파견했던 대만과 한국의 외화소득액이 비슷했다는 점을 생각한다면 과연 베트남파병으로 한국이 얻은 것은 무엇인지 궁금해진다.

박정희정권은 전쟁을 겪은 국민들에게 '공산주의 처단'과 '자유민주주의 수호'를 참전 명분으로 내세웠고, 반공과 자유민주주의의 선봉장으로서 국가의 역할을 강조하였다. 이 과정에서 독재권력이 강화되고 다양한 내부의 목소리는 억압되었다. 북한은 '공산주의 처단'을 내세운 미국의 개입과 한국의 참전, 일본의 부활에 예민하게 반응하였다. 베트남 다음으로 북한이 전쟁 표적이 될 것이라는 위기의식도 높아졌다. 남북관계는 급격히 얼어붙었다.

베트남 파병은 한국 내부적으로는 민주주의를 위축시키고 한국을 군사주의가 횡행하는 사회로 만들었다. 그리고 대외적으로 미국과의 관계는 돈독해진 반면, 남북관계는 경색되는 결과를 낳았다. 남북한의 긴장이 고조되는 가운데 남북한 정권은 서로 경쟁하듯 군비강화에 주력하였다. 민주주의가 배제되고, 군사력과 대민통제력이 강화되는 구조는 남북한 정권이 독재체제로 나아가는 기반이 되었다.

3) 김일성 단일지도체제의 확립

북한정권 수립 초기 북한의 지배그룹은 김일성이 이끄는 항일빨찌산파, 박헌영의 국내파, 김두봉의 연안파, 허가이의 소련파의 4파 연합으로 구성되었다. 1950년대 박헌영의 숙청과 8월 종파사건을 거치면서 국내파, 연안파, 소련파가 차례로 몰락하였고, 1950년대 후반에는 김일성의 항일빨찌산파만이 유일한 정치세력으로 남게 되었다. 1958년 북한은 공식적으로 종파 청산을 선언하였다.

1961년 9월 조선노동당 제4차대회에서는 당 핵심지도부를 구성하는 중앙위원회 부위원장 5명 중 4명, 11명의 정치위원 중 6명, 85명의 위원 중 37명이 항일빨찌산 관련 인사로 채워졌다. 항일빨찌산 출신들이 정치 전면에 등장한 것이다. 이는 경제건설에 대한 자부심을 배경으로 하고 있었다. 전후 경제건설 노선을 둘러싸고 벌어진 갈등구조에서 항일빨찌산파는 국민들의 전후복구·경제자립 열망에 힘입어 "중공업 우선, 경공업-농업 동시발전 노선"을 강력히 추진하였다. 1960년대까지 북한은 남한경제를 앞지르면서 급속히 성장하였고, 연평균 10%를 넘는 경제성장률은 항일빨찌산파에게 정치적 정당성을 부여해주는 힘이 되었다.

김일성이 이끄는 항일빨찌산파가 정치 전면에 등장하는 과정은 항일빨찌산 활동에 대한 교육 및 김일성에 대한 개인숭배 작업과 궤를 같이하였다. 이미 1958년 조선노동당 조직에 '김일성 동지의 혁명활동연구실'이 만들어졌고, 김일성의 항일활동 경험과 사상을 학습하는 학습체계가 정비되었다. 주교재는《김일성저작집》과《항일빨찌산 참가자들의 회상기》였다.

국민들은 항일빨찌산들의 모습 속에서 사회주의 건설의 모범적인 인간형을 찾았고, 그 과정에서 유격대의 최고지도자 김일성의 이미지는 실상보다 크게 부각되었다. 또한 북한의 모든 생활과 사업의 지침은 "위대한 수령 김일성 동지께서……교시하시었다"로 시작되는 김일성 저작 학습을 통해 김일성의 언어로 국민들에게 전달되었다. 이러한 반복적인 학습 속에서 국민들은 조선민주주의인민공화국과 김일성을 동일시하게 되었다. 국가의 역할이 강력한 사회주의체제에서 국가의 성과는 김일성의 성과로, 김일성의 언어는 국가를 움직이는 지침으로 상호 작용하면서 김일성은 점점 더 절대적인 존재가 되어 갔다.

한편, 주체사상이라는 말이 공개적으로 등장한 것은 1962년 12월《노동신문》이다.《노동신문》은 "주체사상은 우리 당의 근본원칙이고, 자립적 민족경제노선은 주체사상을 반영한 방침"이라고 하였다. 1965년 김일성은 인도네시아 방문 여정에서 주체사상을 다음과 같이 정의하였다. "사상에서의 주체, 정치에서의 자주, 경제에서의 자립, 국방에서의 자위", 이것이 우리당이 일관되게 견지하고 있는 입장이라는 것이다. 이처럼 처음 등장 당시의 주체사상은 마르크스·레닌 주의의 주체적인 해석과 창조적인 적용이라는 입장에 머물러 있었다.

각 국의 상황이 사회주의 종주국인 소련과 달라 소련이 적용했던 마르크스·레닌 주의를 각 국의 사회주의 건설에 도식적으로 적용할 수 없다는 문제의식은 소련을 제외한 사회주의 국가 모두가 안고 있는 고민이었다. 주체사상도 전일적인 체계를 갖추기 전이었기 때문에 마르크스·레닌 주의와 주체사상은 사회주의 건설의 지도이념으로 공존하였다. 1960년대 전반까지는 사회주의 건설의 방향에 대한 치열한 이론적 모색과 함께 사회주의 건설을 둘러싼 다양한 논의들이 분출되고 있었다.

이는 정치경제 분야뿐 아니라 사상문화 분야에서도 마찬가지였다. 1965년 경 사상문화를 담당하고 있던 김도만·고혁·허석선 등은 김일성의 항일빨찌산 활동에 집중된 혁명전통 연구를 한국사 전반과 다양한 항일운동으로 확대하려고 하였다. 이들은 민족의 자랑스러운 역사와 문화유산을 내세우고, 다양한 혁명전통과 실학파 인물들로부터 사회주의 국가발전의 교훈을 얻으려고 하였다. 그 결과 자연스럽게 항일빨찌산 회상기 학습의 빈도는 대폭 줄어들고, 김일성을 중심으로 한 항일빨찌산의 혁명전통을 강조하는 분위기가 약화되었다. 이는 기존에 강조해 온 김일성 중심의 항일혁명전통의 수립과 김일성을 유일지도자로 옹립해 갔던 분위기에 역행하는 흐름이었다.

이 갈등은 결국 1967년 5월 '갑산파 사건'으로 표출되었다. 항일빨찌산파로 묶이지만, 항일빨찌산파는 김일성 휘하의 항일무장투쟁세력과 이들과 연합해서 항일무장투쟁세력의 국내진공작전을 도운 갑산지역의 사회주의세력으로 나뉜다. 갑산파는 이들 갑산지역의 사회주의세력을 말한다. 갑산파 사건은 항일무장투쟁세력과 갑산지역 사회주의세력 간의 당권경쟁 속에서 갑산지역 사회주의세력이 숙청당한 사건이었다. 이 과정에서 당의 사상문화 분야를 맡아 온 박금철, 대남공작총책 이효순, 과학교육부장 허석선, 당비서 김도만, 내각부수상 고혁 등이 숙청되었다.

이들은 1950년대 권력투쟁 과정 속에서 일관되게 김일성을 지지했으나, 1967년 봉건사상과 부르주아 사상을 유포하고 가족주의와 지방주의를 유포시켰으며 유일사상을 위배했다는 명목으로 숙청되었다. 비판자들은 갑산파의 대부인 박금철이 당간부들에게 봉건서적인 《목민심서》를 필독서로 읽게 하였고, 당 역사연구소가 그가 항일운동을 했던 함경남도 갑산에 생가를 꾸며주었으며, 연극 〈일편단심〉에서 부인의 수절을 형상화했다고 비판하였다. 여러 가지 명목이 있었지만 이들의 숙청 이유는 유일사상에 도전하는 행동을 했기 때문이다.

김일성은 특히 영화 〈내가 찾은 길〉에 대해서, 항일혁명가들을 김일성의 지도를 받지 않고 박헌영·최창익 등 1950년대 종파투쟁 과정에서 숙청된 인물들의 영향을 받은 것으로 형상화한 점을 신랄하게 비판하였다. 그동안 높이 평가되어 온 실학도 '봉건사상'으로 평가절하되었다. 그 자리에는 김일성의 항일혁명전통과 주체사상이 다시 자리를 잡았다. 이후 북한 지도부는 "사상에서의 주체, 정치에서의 자주, 경제에서의 자립, 국방에서의 자위"로 표현된 주체사상을 체계화하는 작업과 그것을 김일성의 사상으로 만드는 작업을 동시에 추진하였다.

주체사상은 김일성 1인에 의해 만들어진 것이 아니라, 마르크스·레닌 주의를 북한 현실에 적용하기 위해 고민했던 수많은 사람들의 문제의식이었다. 주체사상은 북한 사회주의 건설 과정의 문제의식을 포괄하는 것이었기 때문에 1960년대 전반까지는 '우리당의 혁명사상'으로 표현되었다. 그러나 1960년대 후반, 주체사상은 우리당의 사상이 아니라 김일성 개인의 사상으로 변모하였다. 김일성 개인의 탁월한 문제의식에서 창조된 '김일성 동지의 혁명사상'으로 탈바꿈한 것이다.

이는 다시 북한의 '유일한 사상'으로 옹립되는 과정을 거쳤다. 유일사상체계를 확립하는 문제는 갑산파가 숙청된 후 공개적으로 제기되었다. 1967년 7월 북한은 마르크스·레닌 주의를 대신하여 김일성 사상을 북한의 '유일한 사상'으로 선포하고, '당의 유일사상체계 확립 10대 원칙'을 마련하여 모든 사업과 생활의 지침으로 삼도록 하였다.

김일성에 대한 우상화 작업도 본격화되었다. 도처에 동상이 세워지고 김일성이 가는 곳마다 사적비, 사적관, 현지지도 교시판들이 만들어졌다. 1967

만경대

년 5월 1일에는 사회주의국가와 제3세계 국가에서 80명의 대표단을 초청하여 김일성 생가가 있는 만경대와 평양시내 공장 및 협동농장을 관람하도록 하였다.

김일성 우상화는 김일성뿐 아니라 김일성 가계 전체의 우상화로 확대되었다. 김일성의 생가인 만경대와 그가 활동한 백두산 밀영과 더불어 김일성의 아버지 김형직이 일제 시기에 활동한 평남 강동군 봉화리와 압록강 유역의 중강도 성역화 대열에 포함되었다. 김일성 가족의 일대기를 그린 기록영화가 만들어지고, 여성동맹은 김일성의 어머니 강반석의 모범을 따라 배우기 위한 토론을 조직하였으며, 김일성의 아버지 김형직에 대한 추모행사가 대대적으로 열렸다. 그 이전까지 김일성에 대한 우상화가 항일무장투쟁에 대한 학습을 통해 자연스럽게 체득되도록 하는 방식을 취했다면, 1967년부터의 김일성 우상화는 김일성의 행동 하나하나에 대한 찬양과 교시 암송을 특징으로 하는 전면적인 것이었다.

김일성 단일지도체제의 확립과 주체사상의 유일사상화는 북한을 둘러싼 내외적 환경변화에 북한이 대응하는 방식이기도 했다. 1960년대 초까지 소련 및 중국과 긴밀한 관계를 형성하였던 북한은 1960년대 초에는 소련과, 1960년대 중반에는 중국과 마찰을 겪게 되었다. 북한이 소련을 불신하게 된 직접적인 계기는 쿠바 사태였다.

1959년 쿠바에 피델 카스트로, 체 게바라가 중심이 된 혁명이 일어났다. 미국인 소유 재산에 대한 동결과 국유화 조치로 쿠바는 미국과 적대적인 관계가 되었다. 미국은 CIA를 통한 반혁명 공작과 함께 미주기구(OAS)로부터의 축출을 비롯한 경제봉쇄와 군사봉쇄를 단행하였다. 쿠바는 소련에게 도움을 청하였고, 1962년 9월 쿠바는 소련과 무기원조협정을 체결하여 소련의 핵미사일을 도입하고자 하였다. 쿠바의 요청으로 핵미사일을 실은 소련 선단이 쿠바 영해에 진입하기 직전, 미국은 정치적 협상을 통해 핵미사일을 쿠바에 배치하지 않기로 소련과 합의하였다. 소련은 12월에 쿠바에서 공격용 무기도 철거하였다고 미국에 통고하였다.

이 사태를 지켜본 북한은 큰 충격에 휩싸였다. 소련이 쿠바의 요청을 저버리고 미국과의 협상에 응했기 때문이다. 쿠바 사태는 미국의 지원을 받는 남한과 군사적으로 대치하고 있던 북한에게 소련이 국익을 위해서라면 동맹국의 요청을 거절할 수도 있고 적국인 미국과 협상을 벌일 수도 있음을 보여준 중대한 사건이었다. 북한은 "소련이 쿠바 및 다른 혁명적 인민들을 배반하였다"고 비난하였다.

쿠바 사태가 벌어진 1962년 가을부터 북한과 소련의 관계는 크게 악화되었고, 이후 북한은 경제건설과 더불어 국방력을 강화하기 시작하였다. 경제-국방 병진노선이었다. 쿠바 사태는 주변 정세에 대한 북한의 위기의식을 증폭시켰고, 자주국방의 필요성을 절감시켰다. 북한은 이제 스스로의 힘으로 스스로를 방위할 수 있는 능력을 가져야만 했다.

1956년 2월부터 소련공산당 20차대회에서 소련은 "전쟁은 피할 수 있다"고 주장하고 미국과의 협조를 통한 평화공존 방향을 제시하였다. 또한 스탈린의 개인숭배를 비판하는 한편, 중국과 북한도 개인숭배의 오류를 범하고 있다고 지적하였다. 중국은 "자본주의가 존재하는 한 전쟁의 위험성은 남아 있다"고 주장하며 소련의 태도를 타협적이라고 비판하였다. 소련과 중국의 관계 악화 이후 북한은 중국의 입장을 지지하였다.

하지만 중국과 북한의 관계도 순탄하지는 않았다. 1965년 베트남전에 대한 대응을 마련하기 위해 소련·중국·북한 지도자들과 모임을 가졌을 때 중국은 전쟁 확대를 막기 위해 사회주의 진영이 공동대응을 해야 한다는 소련의 제안을 거부하였다. 중국은 6·25전쟁에서 중국이 북한을 도와주었듯이 북한도 북베트남을 지원해야 한다고 주장하고, 남한이 남베트남을 지원하는 상황에서 북한이 북베트남을 지원하지 않는 것은 기회주의라고 비판하였다.

또한 문화혁명이 일어나자 중국은 북한에게 중국의 사회주의노선에 따를 것을 강요하였다. 북한은 이를 단호하게 거부하였다. 이에 문화혁명의 선동대인 홍위병들은 김일성을 사회주의 혁명원칙을 따르지 않는 수정주의자라고 몰아붙였고, 북한은 중국을 사회주의 원칙에 집착하는 교조주의자라고 비판하였다. 양자의 관계는 악화일로를 걸었다.

중소갈등, 북소·북중 관계의 악화라는 사회주의권의 동향과는 달리 한일 간에 한일협정이 조인되고, 한미일 간에는 상호방위협정이 체결되는 등 동북아시아 자본주의 국가들 간의 경제적·군사적 유대가 더욱 긴밀해졌다. 이는 북한의 위기의식을 가중시켰다. 사회주의 동맹국의 지원을 기대할 수 없는 상황에서 북한은 김일성 중심의 단일지도체제를 강화하고, 경제-국방 병진노선을 추진함으로써 이 위기국면을 돌파하고자 하였다.

김일성 단일지도체제는 미약하게나마 존재하고 있던 북한 내부의 다른 목소리를 축출하였다. 북한지도부 내에서 김일성 비판세력이 청산되었다는 사실은 동시에 북한사회의 정치적인 역동성도 함께 사라졌음을 의미하였다. 숙청작업이 진행된 1967년은 경이로운 성장을 거듭하던 북한의 경제건설 속도가 둔화되는 시점과도 맞물린다. 경제건설의 속도는 둔화되는데 경제-국방 병진노선으로 국방비 부담은 엄청나게 늘어나게 되면서 국민들은 더욱더 허리띠를 졸라매야 하는 상황으로 내몰렸다. 결국 정치세력의 단일화는 정치와 경제의 변화가 절실했던 시점에 북한사회가 견제와 비판의 동력을 잃고 경직되는 결정적인 계기가 되었다. 1960년대 김일성 단일지도체제의 확립은 1970년대 유일체제 등장의 사전 징후였다.

2. 숨쉬기 힘든 군사형 사회

1) 유신체제와 유일체제

미국 대통령 닉슨은 1969년 7월 25일 괌에서 그의 새로운 대아시아정책인 닉슨 독트린을 발표하였다. 그 내용은 첫째, 미국은 앞으로 베트남 전쟁과 같은 정치군사적 개입을 피하고, 둘째, 강대국의 핵에 의한 위협의 경우를 제외하고는 내란이나 침략에 대하여 아시아 각 국이 스스로 그에 대처하여야 하며, 셋째, 아시아 국가들에 대한 원조는 경제중심으로 바꾸며 다수국 간의 협조방식을 강화하여 미국의 과중한 부담을 피하고, 넷째, 5~10년 이후의 장래에는 아시아 국가들이 스스로 안전보장을 위한 군사기구를 만들기를 기대한다는 것이었다.

이는 미국이 베트남전의 패배를 사실상 인정하고, 앞으로는 직접적인 군사개입을 통해서가 아니라 경제적인 지원과 아시아 국가들 간의 상호협조를 통해 사회주의 방어시스템을 만들어 가겠다는 의사였다. 베트남에 대한 미국의 대규모 군사개입은 미국 내의 인플레이션을 격화시켰고, 미국뿐 아니라 세계적인 반전운동에 부딪히며 미국의 이미지를 실추시켰다. 미국은 실추된 미국의 이미지를 회복하고, 데탕트(평화공존) 시대를 선도하고자 하였다.

한편, 사회주의 이념논쟁과 국경분쟁으로 중소갈등이 격화되는 가운데 중국은 미국과의 관계개선을 통해 새로운 지역질서를 구축하고자 하였다. 미국의 대아시아 정책 변화와 중국의 대미정책 전환으로 인해 아시아 정세는 크게 변화하기 시작하였다. 중국과 미국은 1971년 핑퐁 외교를 통해 6·25전쟁 이후의 오랜 적대관계를 청산하고 1972년 2월 정식으로 국교를 맺었다. 이와 더불어 중국은 유엔에 가입하고, 타이완을 대신하여 "중국을 대표하는 유일한 국가"의 지위를 획득함으로써 세계 강대국으로서의 위상을 정립하였다.

미국과 중국은 한반도에 대해서도 남한 혹은 북한만을 인정해 온 기존의 정책을 버리고, 남북한 유엔 동시가입과 교차승인을 추진하였다. 이른바 '두 개의 한국정책'이었다. 베트남전에서 수세에 몰리고 있던 미국은 한국에 배치된 주한미군을 철수하고 인도차이나 반도에 병력을 추가 배치하고자 하였다. 남한은 주한미군 감축에 강하게 반발하였고, 북한은 유엔 동시가입은 분단을 고착화시키는 것이라며 반대의사를 명확히 하였다. 그러나 남북한 모두 미국과 중국의 입장을 무시할 수는 없었다.

1971년 8월 남한의 대한적십자사와 북한의 조선적십자회는 남북한의 이산가족들을 찾기 위해 '남북적십자회담'을 개최하기로 합의하였다. 이후 남북한 고위 인사들이 수차례에 걸쳐 비밀리에 남북한을 서로 방문한 후, 이후락 중앙정보부장과 김영주 북조선노동당 조직지도부장이 서울과 평양에서 동시에 '7·4남북공동성명'을 발표하였다.

이 성명에서 남북은 통일의 원칙으로 첫째, 외세에 의존하거나 외세의 간섭을 받음이 없이 자주적으로 해결하여야 한다. 둘째, 서로 상대방을 반대하

7·4남북공동성명을 발표하는 이후락 중앙정보부장

는 무력행사에 의거하지 않고 평화적 방법으로 실현하여야 한다. 셋째, 사상과 이념 및 제도의 차이를 초월하여 우선 하나의 민족으로서 민족적 대단결을 도모하여야 한다고 밝힘으로써 자주·평화·민족대단결이라는 통일의 3대 원칙을 내외에 천명하였다. 양측은 상호 중상비방과 무력도발을 금지하고, 다방면에 걸친 교류를 실시할 것에도 합의하였다. 그리고 이러한 합의사항을 추진하고 남북 사이의 문제를 해결하며 통일문제를 논의하기 위해 이후락 중앙정보부장과 김영주 북조선노동당 조직지도부장을 위원장으로 하는 '남북조절위원회'를 운영하기로 하였다.

표면적으로는 긴장완화정책에 부응하는 듯했지만, 미국과 중국의 긴장완화정책은 정권유지를 위해 분단구조를 활용하고, 반공·반미 이데올로기를 정적 탄압의 도구로 이용해 온 남북한 정권을 긴장시켰다. 남북한 양 정권은 보다 철저한 사회통제와 강력한 통치시스템으로 지역의 긴장완화를 돌파할 필요성을 느꼈다. 데탕트라는 세계질서에 역행하는 유신체제와 유일체제의 시작이었다.

유신체제는 1972년 12월 27일 발효된 유신헌법에 의해 등장한 강권적인 통치 시스템이었다. 유신은 이미 1969년경부터 준비되었다. 1969년은 국민들의 장기집권에 대한 불만이 높아지고 수출주도산업화 과정에서 희생된 노동자·농민의 생존권 요구가 분출되었으며, 경공업 중심의 수출정책이 한계에 봉착한 시기였다. 박정희정권은 프랑스·스페인·대만 등에 실무진을 파견하여 드골 헌법과 독재자들의 통치방식을 조사하기 시작하였다.

데탕트가 무르익어 가는 1971년부터 박정희정권은 단계적인 조치를 통해 유신체제를 구축하기 시작하였다. 첫 단계는 1971년 12월 6일 취해진 국가 비상사태 선언이었다.

두 번째 단계는 '비상계엄령'이었다. 박정희정권은 1972년 10월 17일 오후

5시를 기해 국회를 해산하고 정당 및 정치활동을 중지시키는 등 현행 헌법의 기능을 일부 정지시켰다. 그리고 효력이 정지된 일부 헌법 조항을 비상국무회의가 대신 수행하도록 하였다. 비상국무회의는 헌법개정안을 마련할 것이며, 개정된 헌법안에 의해 연말 이전에는 헌정질서가 회복될 것이라고 발표하였다. 비상국무회의가 마련한 유신헌법안은 11월 21일 국민투표를 거쳐 확정되었다. 국민의 대표로서 입법활동을 하던 국회와 정치활동을 하던 정당의 기능을 마비시키고, 대통령이 임명하는 비상국무회의가 입법·정치활동을 전담하게 된 것이다.

국가 비상사태 선언(1971.12.6)을 알리는 호외

세 번째 단계는 1972년 12월 27일 공포된 '유신헌법'이었다.

유신헌법은 국민이 직접선거로 대표를 선출할 수 있는 권리를 원천적으로 차단하고, 대통령 중임조항을 철폐함으로써 영구집권의 길을 열었다. 대통령에게는 국민의 기본권을 제한할 수 있는 초법적인 권한을 부여하여 독재정치를 단행할 수 있는 기틀을 놓았으며, 지방자치는 통일 이후로 연기되었다. 이렇게 유신헌법은 삼권분립, 견제와 균형, 국민참여라는 의회민주주의의 기본 원칙을 전면 부정하고 대통령에게 모든 권력을 집중하였다.

한편, 유일체제가 법제화된 것도 1972년이었다. 김일성정권은 구헌법을 폐지하고 '조선민주주의인민공화국 사회주의헌법'을 제정하면서 국가권력 구조를 수령 중심으로 재편하였다. 내각과 최고인민상임위원회를 국가운영의 양대 중심기관으로 하였던 구헌법과 달리, 신헌법에서 주석은

유신헌법 공포식

국가주권을 대표할 뿐 아니라 행정·군사 분야에서 최고책임을 지는 국가운영의 중심으로 규정되었다.

김일성이 가지고 있던 직함은 이를 상징적으로 말해준다. 김일성은 조선노동당 중앙위원회 총비서, 국방위원회 위원장, 정치국 상무위원회 상무위원으로서 북한권력을 움직이는 당·정·군 모두에서 최고의 지위를 갖고 있었다. 후계자인 김정일 또한 당·정·군에서 최고 지위를 계승하였다. 특히 김정일은 국방위원회 위원장과 조선인민군 최고사령관을 맡아서 북한의 무력을 직접 관장하고 있다.

유일체제는 "수령의 사상을 지도적 지침으로 하여 혁명과 건설을 수행하며 수령의 사상과 명령, 지시에 따라 전 당조직, 전국 각지역, 전 국민이 하나와 같이 움직이는 체제"를 말한다. 곧 권력이 수령 1인에게 집중되고, 수령을 중심으로 전체 사회가 하나의 시스템으로 조직되며, 힘과 이데올로기, 사회문화적인 정서가 이를 뒷받침하는 일원적인 체제다. 유일체제의 중심에는 최고 권력자인 수령이 있고 수령은 절대적인 권력을 갖고 있었다.

유일체제는 촘촘하게 짜여진 북한의 사회조직을 기반으로 하고 있다. 북한은 모든 주민이 근로단체와 주민조직에 가입되어 있다. 북한 국민들은 각종 시위와 한 치의 오차도 없는 매스게임과 카드섹션, 실제 전투 상황을 방불케 하는 군사훈련에 수시로 동원되면서 수령을 중심으로 한 유일체제를 몸으로 익힌다. 휴전선을 마주보고 대치하고 있는 남북한의 군사적 대결구도와 한미일 간에 형성되어 있는 상호방위협정은 북한 국민들에게 실제적인 위협으로 작용하면서 일상적인 긴장감을 갖게 하는 요소였다. 이때 위협에 맞서 적과 싸우는 국가의 구심점으로서 수령은 국가와 일체화되었다.

유일체제가 주민의 일상에까지 파고든 것은 1974년 무렵부터였다. 1974년 발표된 유일사상 10대 원칙에서는 김일성의 교시가 더욱 절대화되었다. 김정일이 만든 유일사상 10대 원칙은 김일성 교시를 신조로 받들고, 무조건 따르도록 강조하였다.

김정일은 이를 위하여 당조직과 주민조직을 통한 대규모 강습회를 조직하였다. 강습회는 곧이어 내부의 토론으로 이어졌고, 이 과정에서 유일사상 10

> **당의 유일사상체계 확립 10대 원칙(김정일 작성, 1974)**
>
> 1) 위대한 수령 김일성 동지의 혁명사상을 온 사회를 일색화하기 위하여 몸 바쳐 투쟁해야 한다.
> 2) 위대한 수령 김일성 동지를 충성으로 높이 우러러 모셔야 한다.
> 3) 위대한 수령 김일성 동지의 권위를 절대화하여야 한다.
> 4) 위대한 수령 김일성 동지의 혁명사상을 신념으로 삼고 수령의 교시를 신조화하여야 한다.
> 5) 위대한 수령 김일성 동지의 교시 집행에 무조건성의 원칙을 철저히 지켜야 한다.
> 6) 위대한 수령 김일성 동지를 중심으로 하는 전 당의 사상의지적 통일과 혁명적 단결을 강화하여야 한다.
> 7) 위대한 수령 김일성 동지를 따라 배워 공산주의적 풍모와 혁명적 사업방법, 인민적 사업작풍을 소유하여야 한다.
> 8) 위대한 수령 김일성 동지가 안겨준 정치적 생명을 귀중히 간직하며, 수령의 크나큰 정치적 신임과 배려에 높은 정치적 자각과 기술로써 충성으로 보답하여야 한다.
> 9) 위대한 수령 김일성 동지의 유일적 지도 밑에 전당·전국·전군이 한결같이 움직이는 강한 조직규율을 배워야 한다.
> 10) 위대한 수령 김일성 동지가 개척한 혁명위업을 대를 이어 끝까지 계승하며 완성해 나가야 한다.

대 원칙은 주민들의 일상생활 규범으로 작동하기 시작하였다.

이 강습회는 과거의 강습회들과는 질적으로 달랐다. 중앙당이나 지방당의 간부들을 대상으로 하였던 기존의 강습회와 달리 새로운 강습회는 중앙당이나 지방당의 간부들뿐 아니라 전국 전 분야의 당원들을 대상으로 하였다. 강습 기간은 종전의 5일에서 15~20일, 길게는 30일로 대폭 늘어났다. 강의 방식도 예전에는 강의 중심이었다면 새로운 강습회는 일방적인 강의와 집단토론을 병행하였다. 예를 들면 하루 강의하고, 다음 날 집단토론을 하는 방식이었다.

김정일은 대규모 강연회에 그치지 않고, 이 체계를 일상 속에서 정례화하였다. 예를 들어 수요일 강습시간에는 실무기술을 위주로 강습을 진행하고, 금요일에는 노동이나 군사학습을 진행하며, 토요일에는 당 정책과 혁명역사를 위주로 한 정치학습을 진행하는 식이었다. 쉴새없이 학습을 하고, 10대 원칙에 근거한 토론과 자기비판이 이어지는 것이다. 이 과정에서 유일사상

10대 원칙은 일상의 규범으로 자리잡았다.

이러한 조직화가 가능했던 배경에는 주민 5명당 1명꼴로 조직된 당원 시스템과 1970년 중반부터 꽉 짜여진 당 생활체계가 있었다. 1960년대부터 시작되어 각 조직단위별로 일상적으로 수행되는 당 생활총화제도(일종의 생활평가)는 처음에는 문제가 있는 당사자들을 비판하거나 형식적인 모임에 불과했다. 그러나 1970년대 중반부터는 사정이 달라졌다.

김정일은 1970년대 중반부터 당기관의 모든 사람들이 생활 전반을 털어놓고 평가하도록 하였다. 1970년대 후반이 되면 모든 당원은 규범화된 당 생활에 참가하여 전혀 생활의 여유가 없게 되었다. 모든 당원들은 당 생활에서 회의, 강연, 학습, 군사훈련 등에 빠짐없이 참가하여야 하였고, 당과 다른 생각을 할 여지가 없이 일체화된 의식구조를 갖게 되었다.

젊은 시절의 김정일

그 선봉에는 김정일 휘하의 3대혁명소조원들이 있었다. 의욕적으로 추진해 온 경제개발계획이 목표치를 달성하지 못하자, 북한정부는 사상·기술·문화의 3대 혁명을 강화하기로 결정하였다. 사상문화적 각성과 과학기술적 진전을 통해 난국을 타개하자는 취지였다. 1973년 2월 김정일은 3대혁명소조운동을 발기하였고, 김정일의 지도에 따라 대학을 갓 졸업한 젊은 청년들 20~30명이 한 조를 이루어 공장과 기업소, 협동농장에 파견되었다.

이들은 사상문화적 훈련과 기술혁신을 결합시켜 속도감 있게 경제건설을 추진하고자 하였다. 이때 가장 중요한 것은 사상적 지침이었다. 김일성은 1974년 유일사상 10대 원칙을 만들고 이를 3대혁명소조운동의 지침으로 삼았다. 3대혁명소조원들은 3대 혁명이라는 국가적 사업의 달성 과정에서 유일사상 10대 원칙을 군중에게 전파하는 기수 역할을 하였다.

유신체제와 유일체제는 다음과 같은 공통점을 갖고 있었다. 첫째, 두 체제는 박정희와 김일성이라는 1인 절대권력에 기초해서 성립한 독재체제였다. 둘째, 유신체제와 유일체제는 체제에 대한 대중의 절대적인 지지를 끊임없이 강요하고, 반복적으로 확인하는 억압적인 체제였다. 셋째, 체제에 대한

북한에서는 왜 후계자 문제를 중요시할까?

막강한 권력을 행사하던 스탈린이 죽자 소련에서는 개인숭배 비판과 스탈린 격하운동이 일어났다. 소련의 새로운 실권자 흐루시초프는 중국의 마오쩌둥과 북한의 김일성의 행보에 대해서도 "개인숭배의 위험이 있다"고 지적하고, 개인숭배 비판을 요구하였다. 스탈린의 측근이었던 흐루시초프의 이러한 행동은 중국과 북한을 긴장하게 만들었다. 이후 두 나라는 후계자 문제를 심각하게 고민하기 시작하였다.

후계자 문제를 먼저 공식화시킨 것은 중국이었다. 문화혁명 과정에서 린뱌오가 후계자로 지목되었다. 그는 마오쩌둥과 함께 문화혁명을 주도하고, 마오쩌둥 개인숭배를 소리 높여 외친 인물이었다. 그러나 중국의 후계자 구도는 1971년 마오쩌둥의 동지이자 후계자였던 린뱌오가 반란을 일으키고, 마오쩌둥이 후계자로 선택한 화궈펑이 마오쩌둥 사후 실각함으로써 파란을 거듭하였다.

이러한 사태는 북한정권을 아연실색하게 만들었다. 정권 수뇌부는 소련 사례를 통해 후계자 문제를 잘못 처리하면 자신들이 오히려 비판의 대상이 될 수 있다는 사실을 깨달았다. 또한 철저한 충성심을 가진 후계자를 선택하더라도 준비되지 못하면 실각할 수 있다는 사실을 중국 사례를 통해 알게 되었다. 후계자는 수령에 대한 무한한 충성심을 가진 자 중에서 선발하되, 오랜 기간을 거쳐 당과 국가기구, 군 모두를 장악할 수 있도록 만반의 준비를 해야만 했다.

이에 김일성에 대한 무한한 충성심을 갖고 있고, 항일무장투쟁 과정에서 혁명원로들의 애정을 듬뿍 받으며 성장한 김정일이 후계자로 지목되었다. 김정일 후계체제가 공식적으로 공포된 것은 1980년 10월 조선노동당 제6차 대회였다. 그러나 1960년대 후반부터 김정일은 사상, 문화, 정치, 군사, 조직의 모든 분야를 두루 섭렵하며 후계자로서의 기반을 다졌다. '준비된' 후계자가 되기 위한 훈련 과정이었던 셈이다.

반대를 불온시하고, 적에 동조하는 행위로 간주함으로써 내부의 민주성과 다양성을 억압하였다. 넷째, 두 체제는 남북의 적대적인 관계를 매개로 형성되고, 발전하였다. 유신체제는 7·4남북공동성명을 준비하기 위해 남한의 고위 당국자가 북한을 방문하는 과정에서 목도한 북한의 고도성장에 대한 위기의식을 바탕으로 성립하였고, 유일체제는 한미일 삼각방위체제의 형성에 대한 위기의식을 바탕으로 형성되었다. 이러한 의미에서 두 체제는 이념적으로는 달랐지만, 거울을 보듯 상당히 닮아 있었다.

1972년 남북한은 7·4공동성명에 합의하였다. 자주·평화·민족대단결의 원칙 아래 함께 통일을 위해 노력한다는 발표는 분단구조 속에 신음하고 있던 남북한 국민들을 열광하게 하였다. 그러나 7·4남북공동성명을 발표한 직후, 남북한 정권은 유신체제와 유일체제를 구축하였다. 남북한 지도부는 통일을 위해서는 상대를 압도할 수 있는 안정된 체제를 갖추어야 한다는 점을 강조하였고, 이를 위한 국민총화의 단결을 소리 높여 외쳤다. 유신체제와 유일체제는 통일을 위한 방안으로 선전되었다.

남북한 정권은 또한 상대방에게 승리하기 위해서는 경제적 우위를 점해야 한다는 점을 강조하였다. 북한에서는 6·25전쟁기 미국의 폭격을 상기시키면서 "미제를 복수할 기세로 증산"하자고 선동하였고, 남한에서는 "일하며 싸우고, 싸우며 일하자"고 국민들을 독려하였다. 남북한 정권은 겉으로는 자주와 평화, 민족대단결을 내세우면서, 안으로는 상대방을 극복, 제압하는 방식으로 통일을 달성하고자 하였다. 이것이 7·4공동성명에도 불구하고 분단구조가 더욱 강화된 이유다.

2) 경제성장의 빛과 그림자

박정희정권은 '한국적 근대화'를 표방하였다. '한국적 근대화'란, 선진국은 400년에 가까운 산업화와 민주화의 경험을 갖고 있으나 한국과 같은 후진국이 선진국을 따라잡기(catch-up) 위해서는 산업화와 민주화를 동시에 달성할 수 없다, 먼저 압축적인 산업화를 추진하여 민주화가 꽃필 수 있는 기반을 만들어야 한다는 것이었다. 이는 쿠데타로 집권하여 국민의 민주화 열망을 수렴할 수 없었던 박정희정권의 통치 이데올로기였다.

당시 국민들에게는 민주화와 산업화에의 열망이 공존하고 있었다. 식민지를 경험한 한국인들은 서구와 같은 자유와 민주주의를 향유하고 싶어했고, 일본의 침략으로 수탈적인 근대화를 경험한 한국인들의 마음 속에는 잘 살고 싶어하는 열망이 잠재되어 있었다. 그러나 이승만정권과 장면정권은 국민들의 이러한 열망을 충족시켜주지 못하였다.

서구와 같은 민주주의 사회와 산업화의 길은 험난하고 지난한 과정을 거칠 것으로 예상되었기 때문에 국민들 대다수는 큰 문제의식 없이 산업화를 먼저 추진하겠다고 한 박정희정권의 이데올로기에 동의하였다. 게다가 쿠데타 세력은 반민주 행위자에 대한 특별법과 고리채 정리사업을 통해 민심을 얻고 있었다. 국민들은 군사정권이 표방했듯이 압축적인 산업화를 추진한 후에는 민주화 정책을 추진하리라 믿어 의심치 않았다.

그러나 서구의 근대화 과정에서도 알 수 있듯이 근대화는 산업화와 더불어 몇 가지 조건을 충족시킬 때 달성될 수 있다. 첫째는 국민들이 중앙과 지방, 일상의 정치에 참여하는 민주주의의 확산이다. 둘째는 국민들에게 삶의 풍요와 안정을 안겨줄 수 있는 지속가능한 성장이다. 셋째는 정치적 민주주의와 경제적 산업화의 내용을 뒷받침할 수 있는 합리적인 가치체계의 확산이다. 이를 통해 국민들은 봉건적이고 척박한 삶에서 벗어나 근대적이고 풍요로운 삶을 향유하게 되는 것이다.

과연 이 근대화의 세 가지 조건 중 하나인 산업화만을 선택하고, 자본가 중심의 급속한 성장지상주의를 추구한 한국의 근대화는 어떤 결과를 낳았을까?

한국은 농업중심 사회에서 공업중심의 사회로 빠르게 변모하였다. 아래 〈표〉에서도 볼 수 있듯이 6·25전쟁 직후인 1953년 한국의 산업은 농림·어업이 중심이었다.

〈표〉 한국의 생산구조 (국내총생산 기준, 단위 : %)

구분	농림어업	광공업		건설전기 가스수도	서비스업	정부대민 서비스	공업구조	
		전체	제조업				경공업	중화학공업
1953	47.3	10.1	9.0	2.6	40.0	-	78.9	21.1
1960	36.8	15.9	13.8	4.1	43.2	-	76.6	23.4
1970	26.6	22.5	21.0	6.6	34.8	9.4	60.8	39.4
1980	14.7	29.7	28.2	10.1	36.0	9.5	46.4	53.6
1990	8.7	29.7	29.2	13.7	38.2	9.7	34.1	65.5
1997	5.7	25.9	25.7	16.9	40.1	11.2	22.8	77.2

그러나 경제개발계획 등 정부의 산업화정책이 추진됨에 따라 전체 산업에서 농림어업이 차지하는 비중은 점차 낮아지고, 공업의 비중이 커졌다. 1970년대까지는 섬유를 중심으로 하는 경공업이 중화학공업의 생산액을 앞섰으나, 1970년대부터 추진한 중화학공업화의 성과가 본격적으로 나타나는 1980년대에는 정유·제철·조선 등의 중화학공업 생산액이 경공업을 앞지르기 시

작하였다.

한국의 고속성장은 '한강의 기적'이라는 칭송을 받았다. 1950년대 4%대에 불과하던 한국의 연평균 경제성장률은 1960~70년대 8%에 육박하였다. 한국은 대만, 홍콩, 싱가포르와 함께 세계경제를 선도하는 아시아의 네 마리 용으로 불리며 전 세계의 주목을 받았다. 1963년부터 1979년까지 한국의 경제성장률은 7.36%로서 같은 기간 일본의 8.81%, 미국의 3.02%, 캐나다의 4.95%와 비교할 때 상당히 높은 기록이었다.

그러나 외형적 성장의 열매는 국민들에게 고르게 분배되지 못하였다. 산업화 정책의 파트너였던 자본가들에게는 고도성장의 달콤한 과실이 주어졌지만, 노동자·농민들에게는 "국익을 위해 조금더 허리띠를 졸라매 달라"며 고통과 인내가 강요되었다. 지금은 파이가 작아 나눌 여력이 없지만, 파이가 커지면 모든 국민에게 파이를 고루 나누어줄 것이라는 핑크빛 약속과 달리 국가는 빈곤 탈출에 성공했음에도 불구하고, 노동자·농민은 빈곤의 늪에서 헤어날 수가 없었다. 빈익빈 부익부는 심각한 사회문제로 대두되었다.

산업화 단계에 들어선 많은 국가들은 자본가보다 약한 지위에 있고, 급속한 성장 속에서 희생되기 쉬운 노동자들을 위해 헌법에 근로기준법과 노동3권(단결권·단체교섭권·단체행동권)을 보장하고 있다.

근로기준법을 통해 노동자들은 과도한 노동시간과 열악한 근로환경에서 벗어날 수 있고, 노동3권을 통해 자본가들의 부당한 요구에 맞서 자신들의 이익을 지킬 수 있다. 그러나 군사정권 시절에는 법으로 보장된 노동자의 최소한의 생존권도 지켜지지 않았다.

1969년 11월 평화시장 재단사 전태일은 다음과 같은 탄원서를 대통령에게 보냈다. "일반공무원의 노동시간은 주 45시간이지만, 15세 시다공의 노동시간은 98시간입니다. 1일 15시간의 작업시간을 1일 10~12시간으로 단축해주십시오. 1개월 휴일 2일을 늘려서 일요일마다 쉬기를 원합니다. 절대 무리한 요구가 아님을 맹세합니다. 인간으로서 최소한의 요구입니다." 아무리 탄원서를 올려도 노동 현실이 개선되지 않자 그는 1971년 11월 3일 "근로기준법을 보장하라! 내 죽음을 헛되이 말라!"고 외치며 자신이 평생을 일해 온 평화

근로기준법과 노동3권

근로기준법은 "모든 국민은 인간답게 살 수 있는 권리를 가진다"는 헌법정신에 의거하여 근로조건의 기준을 정함으로써 노동자의 기본적인 생활을 보장하고, 국민경제가 균형 있게 발전할 수 있도록 하기 위해 제정되었다. 근로기준법에 의하면 노동자의 노동시간은 하루 8시간 기준으로 한 주 48시간을 기준으로 하고, 사용자와 노동자의 협의에 의해 연장할 수 있지만 60시간을 넘을 수 없다. 근로조건은 사업주와 근로자가 동등한 지위에서 자유의사에 의하여 결정하고, 양자는 이를 단체협약으로 약속하여 충실히 이행해야 한다. 사용자는 폭행과 협박 등 개인의 의사에 반하는 행동을 통해 노동을 강요해서는 안 되며, 국적·신앙·사회적 신분을 이용하여 부당한 대우를 해서도 안 된다. 이는 최저기준이므로 사업주 임의로 변경할 수 없고, 노동자들에게도 이 내용을 주지시켜야 한다.

노동자의 권익은 위의 근로기준법과 더불어 노동3권, 곧 노동자와 사용자 대표들이 교섭할 수 있는 단체교섭권, 힘을 합하여 권리를 주장할 수 있는 단결권, 노동조건이 부당하거나 교섭된 내용이 지켜지지 않을 경우 파업해서 노동하기를 거부할 수 있는 단체행동권을 통해 보장된다. 또한 국가는 근로기준법과 노동3권이 잘 지켜지는지 감시·감독할 의무를 가진다.

평화시장의 다락방 작업장(1970)

시장에서 분신자살하였다. 박정희정권이 고도성장의 가속페달을 밟고 있었던 그때, 국가의 성장 드라이브, 자본가들의 이윤추구욕에 밀려 인간의 기본적인 권리인 생존권조차 박탈당한 노동자들은 법에 보장된 노동자들의 기본권을 보장받기 위해 목숨을 내던져야 했다.

기술력이 빈약했던 한국은 세계시장에 진출하면서 가격경쟁력을 앞세운 수출정책을 적극적으로 추진하였다. 가격경쟁력을 높이기 위해 자본가들은 시설투자비·임금·이윤 중 임금을 줄이는 방식으로 대응하였고, 정부는 저임금에 기반한 수출주도 산업화 정책을 추진하기 위해 저곡가정책을 유지하였다. 저임금 구조를 유지하기 위해서 노동자의 생활필수품 중 가장 큰 비중을 차지하는 쌀값을 낮추고자 했기 때문이다. 저임금-저곡가 구조가 형성된 것이다.

이렇게 한국의 고도성장은 노동자·농민의 희생을 바탕으로 이루어졌다. 자본가들은 상품을 팔아서 많은 이익을 남겼지만 그 이익을 노동자·농민과 나누려고 하지 않았고, 빈익빈 부익부는 심화되었다. 국가는 산업화정책의 파트너인 자본가의 이윤을 보장하기 위해 노동자들의 기본권 침해에 대한 감시·감독의 임무를 소홀히 했다. 또한 저임금정책의 희생양이 되고 있던 농민들의 생활안정을 위한 추가조치들을 마련하지 않았다. 국가운영의 주역인 정부와 자본가, 노동자와 농민 사이에는 "정부가 하는 말은 콩을 메주로 쑤어도 안 믿는다", "한국에서는 노블리스 오블리제(noblesse oblige : 사회적 지위에 상응하는 도덕적 의무)를 기대할 수 없다", "한국의 노동자들은 정부와 사업주에게 우선 반대부터 하고 본다" 등 신뢰와 협조가 아닌 갈등과 반목, 불신의 관계가 형성되었다.

21세기 한국사회는 세계화의 물결 속에 어떻게 대처해 나갈 것인가 하는 과제를 안고 있다. 군사정권은 근대화의 양대 과제인 산업화와 민주화 중 산업화만을 선택적으로 강화해 왔다. 산업화와 민주화를 분리시키는 군사정권의 정책 속에서 한국사회는 산업화에서 발생하는 문제를 사회적 합의 속에서 해결하지 못함으로써 더 큰 갈등의 요소를 안게 되었다. 이때 노동자·농민·자본가·정부의 오랜 불신관계는 화합과 협조를 통해 21세기를 맞이해야 할 한국사회에 큰 짐이 되고 있었다. 이는 1980년대 민주화운동이 폭발적으로 터져나오는 배경이 되었다.

3) 금지의 시대, 저항의 문화

박정희정권은 유신 이후 정권에 대한 국민들의 반감이 강해지자 통제를 더욱 강화하였다. 막걸리를 마시고 술김에 "김일성정권도 이보다는 낫겠다"라는 발언을 한 사람이 반공법으로 구속되자 '막걸리반공법'이라는 신조어가 생겨나기도 하였다.

유신헌법이 공표된 이후에는 긴급조치가 제1호부터 제9호까지 발동되었다. 특히 긴급조치 1호는 "대한민국의 헌법을 부정, 반대, 왜곡 또는 비방하는 일체의 행위를 금지한다. 대한민국 헌법의 개정 또는 폐지를 주장, 발의,

제안 또는 청원하는 일체의 행위를 금지한다. 유언비어를 날조 유포하는 일체의 행위를 금지한다. 앞의 1, 2, 3항에서 금지한 행위를 권유, 선동, 선전하거나 방송, 보도, 출판, 기타 방법으로 이를 타인에게 알리는 일체의 언동을 금지한다.

연세대학교 캠퍼스에 진주한 무장군인

이 조치를 위반한 자와 이 조치를 비방한 자는 법관의 영장 없이 체포, 구속, 압수, 수색하며 15년 이하의 징역에 처한다. 이 경우에는 15년 이하의 자격정지를 아울러 부과할 수 있다. 이 조치를 위반한 자와 이 조치를 비방하는 자는 비상군법회의에서 심판 처단한다"는 무시무시한 조항들로 가득 차 있었다. 박정희정권은 이렇게 유신에 대한 일체의 논의를 금지하였다.

긴급조치 위반에 걸린 사람들은 사법부의 심사도 받지 않고 바로 구속되었다. 1974년부터 1979년까지 구속된 사람은 무려 1,086명에 달하였다.

긴급조치 위반에 걸린 사람들은 주로 대학생들이었다. 연행된 대학생들은 감옥에 갈 것인지, 군대에 갈 것인지 결정해야만 하였다. 입대는 자발적인 선택이 아니라 "어차피 가야 할 군대, 감옥에 가느니 차라리 군대에 가자"라는 심정으로 한 어쩔 수 없는 선택이었다. 사람들은 이를 '강제징집'이라고 불렀다. 연행된 아들이 군에 갔다며 다음 날 집으로 옷이 배달되는 웃지 못할 사례도 있었다. 강제징집된 대학생들은 집중감시와 구타의 대상이 되었고, 이는 군의문사 사건의 배경이 되기도 하였다.

박정희정권의 국민통제는 정치활동에 대한 탄압에 그치지 않고 교육과 일상생활 곳곳에 이르기까지 확대되었다. 1974년부터는 국민윤리, 국사, 교련 등이 새 학과로 독립되어 학생들이 배워야 할 필수과목이 되었다. 국민윤리 수업시간에는 북한과 관련된 반공교육이 주를 이루었다. 항일무장투쟁을 한 김일성과 북한의 지도자 김일성은 다른 인물이라는 '김일성 가짜설'도 국민윤리 시간에 반드시 학습하게 되는 내용이었다. 국사 시간에는 충군애국을 한

학도호국단 발단식(1975.7)

인물들이 강조되었다. 화랑의 계율 중 임전무퇴가 가장 강조되었고, 백의종 군한 이순신과 일제에 맞서 목숨을 바 쳤던 유관순의 숭고함이 추앙되었다. 교련 시간에는 전쟁에 대비한 군사훈 련을 하였다. 남학생들은 비상시에 총 을 들고 전선에 나갈 수 있도록 제식훈 련을 하였고, 여학생들은 기본적인 사 열과 함께 유사시에 부상자들을 간호할 수 있도록 삼각대 및 붕대 매는 법 등 을 훈련했다. 1975년부터 고등학교와 대학교에는 학도호국단이, 사회에는 민 방위대가 결성되어 언제 있을지 모르는 북한의 도발에 대비하도록 하였다.

사람들의 일상은 통제와 애국교육, 훈련으로 가득 찼다. 학생들은 매일 오 전 학교에 등교하면 "우리는 민족중흥의 역사적 사명을 띠고 이 땅에 태어났 다"로 시작하는 〈국민교육헌장〉을 암송하였다. 저녁 5시에는 애국가가 울려 퍼지고 국기강하식이 시작되었다. 이때 모든 국민, 모든 차량들은 일제히 하 던 일을 멈추고 국기가 있는 곳을 향해 우향우, 좌향좌 하여 가슴에 손을 얹 고, 국기에 대한 맹세를 암송했다. "나는 자랑스러운 태극기 앞에 조국과 민 족의 무궁한 영광을 위하여 몸과 마음을 바쳐 충성을 다할 것을 굳게 다짐합 니다." 밤이 되면 야간통행금지로 밤 12시부터 새벽 4시까지는 아무도 길에 다닐 수 없었고, 곳곳에 검문소가 설치되어 수상한 사람들을 단속하였다. 경 찰은 언제나 수상해 보이는 사람들 누구에게나 신분증 제시를 요구하였고, 신분증이 없는 사람은 경찰서까지 임의동행해야만 하였다.

그것으로 끝나는 것이 아니었다. 매월 15일 2시에는 민방위훈련이 있었 다. 사이렌이 울리면 국민들은 모두 공습을 대비해 몸을 숨겨야 했다. 교실 에 있는 학생들은 책상 안으로, 길가에 있던 행인들은 담벼락 뒤로 몸을 숨겼 다. 15일 저녁 8시가 되면 어김없이 등화관제훈련이 실시되었다. 선생님들 은 "만약 너희들이 불을 켜면, 그 불빛을 표적 삼아 북한전투기가 폭격을 가 한다"는 점을 강조하였다.

국민교육헌장　우리는 민족중흥의 역사적 사명을 띠고 이 땅에 태어났다. 조상의 빛난 얼을 오늘에 되살려 안으로 자주 독립의 자세를 확립하고, 밖으로 인류 공영에 이바지할 때다. 이에 우리의 나아갈 바를 밝혀 교육의 지표로 삼는다. 성실한 마음과 튼튼한 몸으로 학문과 기술을 배우고 익히며, 타고난 저마다의 소질을 계발하고, 우리의 처지를 약진의 발판으로 삼아 창조의 힘과 개척의 정신을 기른다. 공익과 질서를 앞세우며 능률과 실질을 숭상하고, 경애와 신의에 뿌리박은 상부상조의 전통을 이어받아 명랑하고 따뜻한 협동 정신을 북돋운다. 우리의 창의와 협력을 바탕으로 나라가 발전하며, 나라의 융성이 나의 발전의 근본임을 깨달아 자유와 권리에 따르는 책임과 의무를 다하며, 스스로 국가 건설에 참여하고 봉사하는 국민정신을 드높인다. 반공 민주 정신에 투철한 애국 애족이 우리의 삶의 길이며, 자유 세계의 이상을 실현하는 기반이다. 길이 후손에 물려줄 영광된 통일 조국의 앞날을 내다보며 신념과 긍지를 지닌 근면한 국민으로서, 민족의 슬기를 모아 줄기찬 노력으로 새 역사를 창조하자.

학생들은 또한 초등학생부터 고등학생까지 반공 글짓기와 반공 표어 짓기, 반공 포스터 그리기를 연례행사처럼 치렀다. "때려잡자 김일성 물리치자 공산당"처럼 북한에 대한 적개심에 불탈수록, "간첩 잡는 아빠 되고, 신고하는 엄마되자"(서울특별시 공인 표어), "오빠는 반공, 누나는 방첩"처럼 북한에 대한 경계심이 철저할수록 좋은 표어로 평가받았고, 북한이 금수와 같이 잔인하고 극악한 존재로 묘사될수록 좋은 글, 좋은 포스터로 평가를 받았다. 실제로 어린이들이 가장 즐겨보았던 만화영화, 김청기 감독의 〈똘이장군〉에서 북한 사람들은 하반신은 사람이고, 상반신은 늑대인 금수와 같은 존재로 묘사되었다.

군사정권은 국민들의 행동과 용모도 통일하고자 하였다. 남자 중고생들은 머리카락을 3cm 이상 기를 수 없었고, 여중생들은 귀밑 1cm의 단발머리를 해야 했으며, 여고생들은 머리를 양 갈래로 땋되 어깨길이 이상으로 기를 수 없었다. 여름엔 흰 셔츠에 남색 혹은 검정색의 하의를, 겨울엔 남색 혹은 검정색 상하의와 코트를 입어야 했다. 교복도, 가방도, 신발도 정해진 색깔 외에 입거나 신을 수 없었다. 학생들만이 아니었다. 미니스커트와 장발 단속은 흔히 볼 수 있는 길거리 풍속도였다.

강제로 이발당하는 장발족

경찰들은 줄자를 들고 다니면서 무릎 20cm 이상의 치마를 입은 여성들을 풍기문란으로 단속하였다. 머리를 길게 기른 남자들은 장발족 단속에 걸려 노상에서 머리카락을 잘리기도 하였다.

군사정권은 국민들의 행동의 다양성을 인정할 수가 없었다. 행동의 다양성은 곧 사고의 다양성을 낳을 것이고, 군사정권과는 전혀 다른 방식으로 한국사회의 나아갈 길을 모색할 가능성이 있기 때문이었다. 그러므로 군사정권은 국민들이 정권이 제시하는 방향이 아닌 다른 방식으로 행동하고 사고하는 것을 철저히 통제하고자 하였다. 정권 운영의 민주성이 사라질수록 통제는 더욱더 강화되었다.

서적과 노래도 금지의 영역에서 제외될 수 없었다. 사회주의 서적은 물론이고, 정치를 풍자하거나 사회를 비판하는 서적은 모두 금서 리스트에 올라 출판과 판매, 소지가 금지되었다. 불심검문을 받았을 때 금서를 소지하고 있는 사람은 구속을 면할 수 없었다. 노래도 금지의 표적이 되었다. 김추자가 부른 〈날 보러 와요〉는 김추자의 손짓이 북한의 남침을 유도한다는 허무맹랑한 이유로, 신중현이 작곡한 〈거짓말이야〉는 정부 정책을 불신하게 한다는 이유로 금지곡 명단에 포함되었다. 모든 대중가요 가수들은 음반을 낼 때 맨 뒤에 〈파란마음 하얀마음〉(동요), 〈시장에 가면〉과 같은 건전가요를 수록해야 했다. 퇴폐 향락적인 음악을 들은 후에는 반드시 건전가요를 통해 정서를 순화해야 한다는 군사정권의 발상 때문이었다.

정치적인 발언이 차단된 상태에서 사람들은 이를 문화적인 방법으로 조롱하고, 비판했다. 통기타 하나를 들고 음유시인처럼 시대를 노래했던 통기타 문화, 장발단속에도 불구하고 어깨까지 머리를 치렁치렁 길렀던 장발족들, 풍기를 문란하게 한다고 정부가 금지한 미니스커트를 입고 다니는 여성들. 이들은 정부가 가위를 들고 머리를 자르고, 자를 들고 치마 길이를 잰 후 유치장에 감금해도 자신들의 행위를 멈추지 않았다. 이는 국가가 국민들 개개인을 자신이 원하는 방향으로 통제하고 싶어했지만, 국가가 정한 틀 안에 들어가고 싶어하지도, 들어갈 수도 없었던 국민들의 모습을 그대로 보여주고 있었다.

3. 오늘의 남북한

1) 남한에 부는 민주화의 바람

1978년 12월 12일 제10대 국회의원 총선거에서 제1야당인 신민당이 여당보다 1.1% 더 득표하였다. 표 차이는 근소했지만, 정권이 국민의 일상을 통제하고 있는 상황에서 이러한 선거결과는 변화에 대한 국민들의 갈망을 보여주었다. 1979년 5월 3일 신민당 경선에서 김영삼은 국민들의 여망을 이어받아 "민주주의를 회복하겠다"는 포부를 내세우며 총재경선에 출마하여 신민당 총재로 당선되었다. 심상치 않은 신민당의 동향에 박정희정권은 김영삼의 총재직을 정지시키고 의원직을 박탈하였다. 이에 항의하여 12·12 총선에서 당선된 신민당 의원 66명 전원이 국회의원직을 사퇴하였다.

사퇴를 표명한 국회의원 중 정권에 비판적인 인물들의 사표만 수리될 것이라는 얘기가 퍼지자, 김영삼의 정치적 고향인 경남지역이 술렁이기 시작하였다. 1979년 10월 16일 부산대학교 학생 5,000여 명이 "유신정권 물러가라", "정치탄압 중단하라"는 구호를 외치며 시위를 벌였고, 저녁에는 부산시내 중심가로 진출하여 "독재타도, 유신철폐"의 반정부 구호를 외치며 격렬한 시위를 벌였다. 10월 17일 저녁 시민들이 합세하면서 충무파출소·한국방송공사(KBS)·서구청·부산세무소 등이 파괴되고 경찰차량도 파손되었다.

경찰력만으로는 진압이 어렵다고 판단한 정부는 10월 18일 0시를 기해 부산에 비상계엄령을 선포하고 계엄군을 투입하여 1,058명을 연행하고 66명을 군사재판에 회부했다. 계엄해제를 요구하며 시위를 벌이는 부산의 시민·학생들은 계엄군에 의해 진압되었으나 시위는 더욱 확산되어 마산지역에서 마산대학교와 경남대학교 학생들을 신두로 민주공화당사·파출소·방송국을 타격하는 등 격렬한 시위가 전개되었다. 10월 19일에는 마산수출자유지역의 근로자와 고등학생들까지 합세하여 시위는 더욱 격렬해졌다. 10월 20일 정부는 마산 및 창원 일원에 위수령을 발동하여 505명을 연행하고 59명을 군사재판에 회부하는 등의 강경책으로 대응하였다.

강경책으로 처리되긴 하였지만, 박정희정권 내부에서는 강경론을 폈던 차지철 경호실장과 유화조치가 필요하다고 주장한 김재규 중앙정보부장 사이에 심각한 대립이 있었다. 차지철의 견제로 진퇴 위기에 몰린 김재규는 10월 26일 차지철과 박정희를 살해하였다. 아무도 예상치 못한 갑작스런 독재자의 죽음이었다.

현장검증하는 김재규

국민들이 충격에 휩싸여 있을 때 군부가 먼저 움직이기 시작하였다. 1979년 12월 12일 계엄사령부 합동수사본부장이었던 전두환 소장은 노태우 제3사단장, 정호용 특전단장, 황영시 제1군단장 휘하의 군병력을 동원하여 항명쿠데타를 단행하였다. 이들은 과연 누구일까? 왜 쿠데타를 일으켰을까?

당시 군부 내 온건파였던 정승화 육군참모총장은 유신헌법을 개정하고 정권을 민간정부에 이양한 후, 군은 군 본연의 임무로 돌아감으로써 국민들의 신뢰를 회복해야 한다는 입장을 취하였다. 그러나 박정희에 대한 충성심이 강한 정치군인들로서 군부 내의 강경파였던 전두환·노태우·정호용·박준병 등은 유신헌법의 고수와 군정 연장을 주장하며 유신헌법 폐기에 강력히 반대하였다. 이들 신군부가 쿠데타를 일으킨 것이다.

그러면 국민들은 왜 쿠데타 사실을 알아채지 못했을까? 전두환은 박정희 시해사건을 조사하는 계엄사령부 합동조사본부장의 지위를 이용하여 국가원수 시해사건에 정승화 육군참모총장이 연루되었다는 명분을 내세웠다. 국민들은 육군참모총장이 대통령 시해사건에 연루되었다는 사실에 놀랐을 뿐

쿠데타가 일어났다는 사실을 전혀 알아차리지 못하였다.

한편, 1980년 봄 전국의 공장과 학원에서는 군부독재를 끝내고 민주화를 이루고자 하는 국민들의 열망이 분출되었다. 민정이양의 로드맵을 제시할 것을 주장하는 평화적인 시위였다. 하지만 군부는 5월 18일 0시를 기해 "확대된 소요사태"를 이유로 비상계엄령을 전국으로 확대하였다. 모든 정치활동과 더불어 집회와 시위가 금지되었다. 정치적 발언은 일체 허가되지 않았으며, 언론은 사전검열을 받아야만 했다. 각 대학에는 휴교령이 내려졌다.

5월 18일 10시 무렵 전남대 정문 앞에서 200여 명의 전남대 학생들과 학교를 점령하고 있던 공수부대원들 사이에 첫 충돌이 발생했다. 3시 무렵에는 충정로와 금남로 시내 곳곳에 배치된 공수부대원들이 학생과 시민을 무차별 구타하고 연행하기 시작하였다. 항쟁 3일째가 되는 5월 20일 오후 20만여 명의 인파가 금남로에 모여 계엄군과 생명을 건 격렬한 백병전을 전개하였다. 오후 7시가 되자 수백 대의 차량이 금남로에 모여들어 합류하면서 광주항쟁은 전면적인 민중봉기로 발전하였다.

5월 21일 시위대는 "도지사는 유혈사태에 대해 공개 사과할 것", "계엄군은 21일 정오까지 철수할 것"을 요구하며 계엄군이 점령하고 있는 전남도청으로 진격했다. 금남로 일대의 인파는 5만으로 불어났다. 오후 1시 공부수대가 일제히 발포를 시작하였고 순식간에 50여 명이 사망하는 참극이 발생했다. 병원마다 부상자가 넘쳐났다.

유혈사태에 충격을 받은 광주시민들은 스스로를 무장하기 시작하였다. 광주 인근지역의 무기고에서 무기를 가져와 공수부대원들과 맞섰다. 오후 5시 무렵 시민군은 계엄군 임시본부인 전남도청을 공격

광주민주화항쟁

하였고, 계엄군은 광부 외곽으로 후퇴하였다.

5월 22일 관료, 관료, 변호사, 종교인 등이 중심이 된 '5.18수습대책위원회'가 결성되어 계엄군과 협상을 시작하였다. 대책위의 협상안은 "사망자들에게 씌워진 '폭도'의 누명을 벗기고 희생자들의 명예를 회복시켜 달라"는 것과 "사후보복을 금지하라"는 것이었다. 그러나 계엄군은 "무기를 반환하고 무조건 투항할 것"을 요구하였다. 결국 협상은 결렬되었고, 5월 27일 새벽 4시 계엄군의 '도청소탕작전'이 시작되었다. 최후까지 남아서 도청을 지켰던 157명의 시민들은 4시간 만에 모두 사살, 혹은 연행되었다.

신군부는 쿠데타로 권력을 장악한 후 국민들의 동향을 예의 주시하였다. 전 국민을 상대로 전쟁을 할 수는 없었다. 신군부의 집권을 용인받기 위해서는 군부 재집권의 명분이 필요했다. 신군부는 전국의 시위가 소강상태에 접어든 5월 18일 "확대된 소요사태"를 빌미로 계엄령을 전국으로 확대하고, 전국의 민주화 요구를 '광주'라는 한 지역에서 폭발시킴으로써 군부 재집권의 명분을 얻고자 하였다. 광주항쟁을 진압한 직후인 1980년 5월 31일 국가보위비상대책위원회는 입법·사법·행정의 3권을 장악하였고, 전두환은 상임위원회 의장으로 취임하여 권력을 장악하였다.

전두환정권은 광주항쟁 이후 정치적 반대자들의 정치활동을 중지시키는 〈정치풍토쇄신특별조치법〉, 3~5인이 모여도 집회신고를 해야 하는 〈집회 및 시위에 관한 법률〉, 신군부에 대항하기 위한 노동자·농민·학생의 연대활동을 막는 〈제3자개입금지법〉 등 각종 법령을 제정하였다.

폭력배를 소탕한다는 명목으로 정치적 반대세력을 포함한 4만 명을 삼청교육대에 입소시켜 군사훈련을 방불하는 훈련과 고된 노동, 정신교육을 시켰다. 9시 뉴스에는 어김없이 전두환 대통령의 담화가 발표되었고, 언론에는 '보도지침'을 내려 언론사가 보도해야 할 내용과 보도하지 말아야 할 내용을 지정해주었다. 신군부를 반대하는 학생과 교수, 언론인들은 대학과 언론사를 떠나야만 했다.

그러나 억압과 통제만으로 국민들을 지배할 수는 없었다. 전두환정권은 1983년부터 올림픽과 아시안게임을 유치하고 중고등학생의 교복과 두발을 자율화하였으며, 야간통행금지를 해제하고 해직교수와 제적학생, 해직언론인들의 복권을 허용하는 등 '유화정책'을 추진하였다. 정치활동 규제가 해제되자, 김영삼·김대중을 고문으로 하고 해금자를 주축으로 신한민주당이 창당되어 1985년의 총선을 준비하기 시작하였다.

노동운동계에는 1985년 대우어패럴 노동조합에서 파업이 발생하자, 구로지역에 있는 10여 개 사업장 2500여 노동자들이 대우어패럴 노동조합에 대한 탄압에 맞서 연대투쟁을 전개하였다. 30여 노동자가 구속되고 1천여 명이 해고되었지만, 노동자들은 노동운동단체를 만들어 결집하였다.

대학생들은 1984년 학원자율화 조치를 계기로 학도호국단 조직을 해체하고 총학생회를 재건하였다. 대학생들은 총학생회를 중심으로 대학생들의 자유를 억압하던 '졸업정원제'를 폐지하기 위해 투쟁하는 한편, 민주화운동에 앞장섰다.

1985년 2월 12일 총선에서는 신민당이 제1야당으로 부상하면서 대통령 직선제 개헌을 요구하기 시작하였고, 재야세력도 '민주통일민중운동연합(민통련)'을 조직하여 억눌렸던 국민들의 민주화 요구를 수렴해 나갔다.

1987년 1월 서울대 학생 박종철이 수배된 선배를 숨겨준 혐의로 치안본부 남영동 대공분실에 끌려가 고문을 받다 사망한 사건은 성장하고 있던 민주화운동세력을 하나로 결집시켰다. 국민들의 진상규명 요구가 거세지자, 치안본부는 수배학생의 소재를 묻기 위해 "책상을 탁 쳤더니, 갑자기 박종철이 억하고 죽었다"고 발표하였다. 이 발표는 온 국민의 분노를 폭발시켰다. 부검을 맡았던 서울대 의대 황적준 교수가 박종철의 몸에 검은 멍과 타박상 등 전기고문과 물고문의 흔적이 있었다고 양심 선언하였다. 1987년 2월 7일 '고 박종철군 추모대회'에는 6만여 명이 모여 "고문철폐 독재타도", "독재타도 민주쟁취"를 외쳤다.

국민들은 더 이상 독재정권을 용인해서는 안 된다는 사실에 공감하고 있었다. 민주주의를 회복시키기 위해서는 대통령 직선제 개헌을 통해 정권을 교체해야 한다고 생각했다. 이러한 사회분위기를 감지한 전두환 대통령은 4월 13일 자신의 임기 내에 개헌은 없으며, 현 유신헌법을 고수하겠다는 4·13

6월항쟁(서울역 광장)

호헌조치를 발표하였다.

4·13호헌조치에 대한 반대 여론이 전국적으로 확산되었다. 대통령 직선제를 쟁취하기 위해 학생들이 거리로 뛰쳐나왔고, 국민들이 합세하면서 "호헌철폐 독재타도"의 함성이 연일 거리를 뒤덮었다.

통일민주당과 재야세력은 '호헌반대 민주헌법쟁취 국민운동본부(국본)'를 결성하고 국민들의 민주화운동을 주도하였다.

국민운동본부는 6월 10일 '박종철 고문살인 은폐조작 규탄 및 민주헌법쟁취 범국민대회'를 개최하였다. 이날 잠실체육관에서는 민주정의당 전당대회가 열려 차기 대통령 후보를 선출하였다. 만약 호헌조치가 철폐되지 않는다면 이날 선출된 민주정의당 노태우 대표가 전두환 대통령의 뒤를 이어 자동적으로 대통령이 될 것이었다.

6월 9일, 다음 날로 예정된 범국민대회를 앞두고 약 1천여 명의 연세대 학생들이 학교 앞에서 시위를 하던 중 이한열 학생이 경찰이 쏜 직격 최루탄을 맞고 뇌사상태에 빠지는 사건이 발생했다.

고 이한열 추모 군중(시청앞 광장)

박종철에 이은 이한열의 희생으로 국민들의 분노가 폭발하였다. 6월 10일부터 연인원 100만 명이 시위에 참여하여 "호헌철폐 직선쟁취"를 외쳤다. 87년 6월항쟁이 시작된 것이다.

6월 24일 청와대에서 전두환 대통령과 통일민주당 김영삼 대표의 회담이 있었다. 두 사람은 현 정국의 수습을 위한 방안을 논의했으나, 결국 회담은 결렬되었다. 6월 26일 국민평화대행진에는 전국 33개 도시 4개 군읍 등 270개 지역에서 150만 명이 시위에 참가하였다. 온 국민들이 시위에 동참하여 경찰의 치안통제를 무력화시켰다.

국민들의 기세에 놀란 전두환정권은 "정국이 안정되지 않는다면 정부로서는 비상한 조치를 강구할 수밖에 없다"며 군 동원 가능성을 내비쳤다. 그러나 작전통제권을 가지고 있던 미국은 "군부개입과 폭력시위 모두를 반대한다"는 성명을 발표하고, 전두환정권에게 국민들과의 타협점을 찾을 것을 촉구하였다. 6월 29일 민주정의당 노태우 대통령 후보가 국민이 원한다면 여당 후보인 자신이 대통령직선제를 수용하겠다는 6·29선언을 발표하였다. 이로써 오랜 군사독재는 막을 내리게 되었다. 민주화를 위해 싸운 국민들의 승리였다.

광주항쟁 이후 국민들은 잃어버리고 있던 많은 것들을 돌아보게 되었다. 근대화는 경제적인 수준에서 지속적인 성장 및 산업화와 정치적인 수준에서 참여의 확대 및 민주화, 사회적인 수준에서 합리적인 가치체계의 도입 및 확산을 의미한다. 경제개발은 근대화의 하나의 필요조건일 뿐, 근대화의 모든 것이 될 수는 없었다. 군사정권의 경제개발은 서구의 경험을 통해 축적되어 온 근대화의 다른 가치들을 모두 훼손시키는 '성장제일주의'일 뿐이었다. 경제성장이 모든 가치에 우선하면서 인간적인 삶, 민주주의, 환경, 복지와 같은 의미 있는 가치들이 완전히 무시되었다.

국민총생산(GNP)은 급성장했지만, 사람들은 독재 하에 신음했다. 경제성장은 국민 모두를 행복하고 풍요롭게 하기 위한 것이 아니라 독재를 유지시키기 위한 수단, 곧 '개발독재'에 불과했기 때문이다. 광주항쟁과 6월항쟁은 안정과 성장을 내세우며 독재정권을 유지하기 위해 수단과 방법을 가리지 않았던 신군부에 맞서 우리가 원하는 근대화는 그런 근대화가 아니라고, 민주화가 살아 있는 근대화라고 목숨을 바쳐 외친 숭고한 항쟁이었다.

군사정권은 서구의 근대화를 우리가 압축적으로 달성하기 위해서는 민주주의의 기반이 될 경제성장을 먼저 이루어야 한다고 주장하였다. 하지만 경제성장이 달성되어도 민주주의는 오지 않았다. 광주항쟁과 6월항쟁은 민주화와 산업화는 분리되어서는 안 되며, 분리되었다고 하더라도 경제가 성장하면 민주주의는 저절로 주어지는 것이 아니라 오직 국민들의 투쟁을 통해서만 얻어질 수 있다는 사실을 가르쳐주었다.

광주항쟁은 미국에 대한 환상을 깨뜨리는 계기가 되었다. 당시 국군의 작전통제권은 전적으로 미국에게 있었다. 미국의 묵인, 방조, 지원이 없었다면 국군병력은 광주로 이동할 수 없었다. 미국은 병력파병을 승인했을 뿐 아니라 항공모함 코럴시 호를 필리핀에서 부산으로, 미드웨이 호를 일본에서 한국으로 급파하였다. 당시 평택의 미군 공수부대원은 광주항쟁이 조기에 수습되지 않는다면 미군 공수부대원들이 출동할 계획이었다고 증언하였다.

광주항쟁이 진행중이었던 5월 23일 호딩 카터 미국무성 대변인은 5월 23일 "카터 행정부는 한국에서 안보와 질서의 회복을 지원하기로 하는 한편, 정치적 자유화에 대한 압력을 늦추기로 하였다"고 하였다. "한국인은 들쥐와 같아서 어떤 지도자가 나와도 따를 것"이라고 말한 적이 있던 주한미군 사령관 위컴은 1980년 8월 7일 서울주재 미국기자들을 불러놓고 "전두환 국보위 상임위원장이 한국의 새로운 지도자가 될 경우 미국은 그를 지지할 것"이라고 말했다. 1970년대 민주화운동의 수호자로 인식되었던 미국이 신군부의 지지자로서 광주항쟁을 승인·지원했다는 사실은 한국인들이 미국의 존재를 다시 생각하는 계기가 되었다.

광주항쟁과 6월항쟁은 또한 국가권력의 폭력적인 성격을 드러내주었다. 6월항쟁에서 경찰은 최루탄을 쏘고 몽둥이를 내리쳤으며, 광주항쟁에서 국군은 국민을 향해 심지어 총을 겨누었다. 왜 국민의 안보를 책임져야 할 경찰과 군인이 전쟁에서나 볼 수 있는 방법으로 국민들을 진압하고 무참히 살해하는가? 국가는 어떤 존재이고, 안보는 누구를 위한 안보이며, 경제성장과 국가발전은 과연 누구를 위한 것인가?

광주에서의 학살, 박종철·이한열의 죽음은 단지 전두환과 노태우라는 권력지향적인 군인에 의한 범죄가 아니라 국가에 의한 조직적인 범죄이자, 국가에 의한 인권침해사건이었다. 광주에서 국군이 국민에게 총을 겨눌 수 있었던 이유, 6월항쟁에서 신군부가 병력을 동원해 시위를 진압하려고 했던 이유는 전쟁을 통해 강화되어 온 국가의 폭력성이 제거되지 않았기 때문이다. 만약 국가의 폭력성이 제거되지 않는다면, 권력자들은 안보와 사회불안을 빌미로 국민들에게 또 폭력을 사용할 것이다. 광주항쟁과 6월항쟁은 국가와 민족이란 그 자체로 정당성을 가진 존재가 아니라 국민이 참여하여 민주화시켜야 할 대상이란 사실을, 그렇지 않으면 국가와 민족은 권력자에게 전유되어 국민을 탄압하는 도구로 활용될 수 있음을 국민들에게 깊이 각인시켰다.

광주시민들이 항쟁기간 동안 가장 많이 불렀던 노래는 애국가였고, 가장 많이 사용한 시위용품은 태극기였다. 사망자들의 관에는 태극기를 덮었고, 사람들은 국군에 저항할 때마다 태극기를 휘둘렀다. 광주시민들은 스스로를 시민군이라고 불렀고, 광주시민들에게 '애국'은 태극기를 내걸고 국군에게 대항하는 것이었다. 1987년에는 전두환정권의 호헌조치를 철폐하는 것만이 국민들의 권리를 되찾을 수 있는 행동이었다. 광주항쟁과 6월항쟁을 거치면서 국민들은 국가를 국민의 것으로 만들기 위해서 그들 스스로 나서야 한다는 사실을 깨닫게 되었다.

2) 북한에 부는 변화의 바람

1989년 사회주의 종주국 소련이 무너졌다. 뒤이어 폴란드, 유고를 비롯한 동유럽 국가들이 사회주의 노선을 포기하였다. 현실 사회주의의 몰락이었다. 이제 지구상에 남은 사회주의 국가는 북한을 비롯하여 중국과 베트남, 쿠바 등 소수에 불과했다.

현실 사회주의가 몰락하기 전 세계는 냉전冷戰중이었다. 전쟁과 같은 열전熱戰은 없었지만, 소련을 중심으로 한 사회주의 국가들과 미국을 중심으로 한 자본주의 국가들은 서로 외교관계와 교역을 중단하였다. 사회주의 국가들은 사회주의 국가들과 자본주의 국가는 자본주의 국가들과만 외교관계를 맺었다. 1990년대 들어서면서 자본주의 국가들과 사회주의 국가들의 수교가 활발해졌다. 한국도 적국으로 간주하였던 러시아, 중국, 베트남과 차례로 수교를 맺었다.

소련 및 동유럽 사회주의 국가의 몰락과 중국의 개혁개방은 북한에 엄청난 충격과 경제적 손실을 가져왔다. 소련과 동유럽 사회주의 국가의 몰락으로 북한은 석유와 식량을 비롯한 물자를 수입할 수 있는 통로를 상실했다. 북한은 소련 및 동유럽 사회주의 국가의 몰락과 사회주의 국가들의 개혁개방정책에 대해서 현실 사회주의 국가들의 국가운영에 결함이 있었고, 사회주의를 몰락시키려는 수정주의자들의 배신행위가 이러한 몰락을 촉진하였다고 주장하였다.

북한은 한중수교와 한러수교에 특히 예민하게 반응하였다. 한미일 삼각방위체제가 해체되지 않은 상황에서 북한의 오랜 우방이었던 러시아와 중국까지 한국과 수교를 맺자, 북한은 자신이 적들에게 포위되어 있다는 위기의식을 가지게 되었다. 위기를 해결하기 위해 북한은 내부적으로는 '우리식 사회주의' 건설노선을 고수하고, 식량난·경제난 등에 대해서는 허리띠를 졸라매는 '고난의 행군'으로 대응하는 한편, 지금까지 반대해 온 남북한 UN 동시가입을 추진하고, 다른 사회주의 국가들처럼 개혁개방정책을 추진하는 등 변화하는 세계정세에 부응하기 위해 분투하였다.

북한 정책변화의 관건은 미국과의 관계개선이었다. 미국은 세계경찰의 역할을 하는 초강대국이자, 유엔 대표로 휴전협정을 조인한 휴전협정의 당사자였다. 미국과의 적대관계를 개선하지 않는 한, 북한의 개혁개방과 자구 노력은 실패할 가능성이 많았다. 북한의 우려는 현실로 다가왔다. 1992년 미국이 북한의 '핵무기 개발 의혹'을 제기함으로써 이 주장을 둘러싸고 북한과 미국 사이에 외교적 마찰과 군사적 대립상태가 계속되었다. 북한은 미국이 북한을 적대시하면 '자위'를 위해 핵개발을 할 수밖에 없다는 핵개발 카드를 들고 '벼랑끝 외교'를 펼치며 미국과 맞섰다.

북한의 요구는 휴전협정을 평화협정으로 전환하고, 북한과 수교를 맺어 국가로 인정함으로써 북한의 안전을 보장하라는 것이었다. '악의 축'에서 국제사회의 인정을 받는 '정상적인 국가'로 인정받고자 한 것이다. 북한은 또한 북미관계를 획기적으로 개선시킴으로써 미국의 대북 경제제재를 완화하고 오랜 경제난에서 벗어나고자 하였다.

북한은 1980년대 전반만 해도 정전협정을 평화협정으로 이행하기 위한 북미 직접 협상을 주장하면서 그 선결조건으로서 주한미군의 철수를 요구하였다. 그러나 최근에는 주한미군 철수문제를 협상의 전제조건으로 고집하지 않겠다는 태도변화를 보였다. 그 대신 북한이 요구한 것은 현 체제의 보장이었다.

미국은 소련 몰락 이후 동북아시아에서 미국의 주도권을 유지하기 위해 대북관계 개선에 적극적인 입장을 보였다. 클린턴 행정부는 북한과의 관계를 연착륙시키고 핵위기를 관리하여 북한을 개혁개방의 무대로 끌고나오겠다는 방침을 세웠다. 1994년 10월 제네바에서 〈북미기본합의서〉가 조인됨으로써 북한의 '핵위기'를 둘러싼 양측의 줄다리기는 막을 내리는 듯했다. 〈북미기본합의서〉에서는 북한이 중수로 핵발전소의 건설을 포기하는 대신 미국이 주선하는 국제컨소시엄이 북한에 경수로 발전소를 제공하고, 북미관계를 개선하기로 하였다.

그러나 차기 행정부였던 부시 행정부는 클린턴 행정부의 연착륙정책을 대북강경책으로 선회하였다. 경수로 발전소 제공 약속은 지켜지지 않았으며 미국은 북한을 이라크·이란과 함께 3대 '악의 축'으로 규정하였다. 악의 축과 타협은 없으며, 핵카드를 포기하지 않는다면 일전도 불사하겠다는 준 선전포고가 이어졌다. 미국의 악의 축 발언은 대미관계뿐 아니라 남북 화해무드를 일시에 냉각시켰다.

대북화해를 주장해 온 김대중이 대통령에 당선되면서 그간 소원했던 남북관계는 급물살을 타고 개선되었다. 김대중정권은 북한의 무력도발을 허용하지 않는다, 남한은 흡수통일을 시도하지 않는다, 남한은 화해와 협력을 추진한다는 햇볕정책(Engagement Policy) 기조를 천명하였다. 이솝 우화에서 비롯된 이 정책은 긴장과 갈등, 극복과 제압의 논리가 아니라 화해와 협력, 신뢰와 공존을 바탕으로 남북한 관계를 풀어나가겠다는 의지의 표현이었다.

그 결과 김대중 대통령과 김정일 국방위원장은 2000년 6월 남북정상회담을 갖고, 6·15남북공동선언을 발표하였다. 남북한은 북한의 연방제와 남한의 남북연합제의 공통점을 바탕으로 민족자주의 입장에서 통일을 추진하기로 하고, 이산가족 상봉, 비전향장기수 북송, 남북교류의 활성화를 통해 신뢰

관계를 구축하기로 합의하였다. 이후 이산가족 상봉, 비전향장기수 북송과 함께 남북교류협력사업이 활발하게 추진되었다. 그러나 정치군사적인 대립을 완화시킬 수 있는 남북한 간의 합의와 더불어 국제환경 개선이 이루어지지 않았기 때문에 남북관계는 정권의 변화, 북미관계의 변화에 따라 부침을 거듭하고 있다.

한편, 중국은 한국과 경제관계를 확대하고 외교관계를 맺었지만, 다른 한편으로는 북한과 오랜 동맹관계의 틀을 유지하고 있다. 중국은 정치경제적 힘을 바탕으로 동아시아 사회주의의 맹주 역할을 자임하면서 북한을 경제적으로 원조하고 밀접한 정치군사적인 관계를 지속하고 있다. 중국은 북한, 러시아와 연대하여 동아시아 한미일 자본주의 동맹에 대응하고, 소련 몰락 이후 동아시아 질서가 미국에 의해 일방적으로 재편되는 것을 견제하고자 하였다.

소련이 몰락하면서 북한과 러시아 사이의 동맹관계는 정치·경제·군사 모든 방면에 걸쳐 현저히 약화되었다. 소련의 몰락은 특히 북한경제에 치명적인 타격을 주었다. 북한정권 수립의 강력한 지원자이자 오랜 동맹이었던 소련은 북한의 전후재건 과정에 막대한 원조를 지원하였고, 석유 같은 핵심 에너지원의 공급처였다. 최근 러시아는 동아시아에서 축소된 입지를 만회하기 위해 대북 접촉을 강화하고 있고 북한 또한 경제난 해결을 위해 러시아와의 관계 회복을 바라고 있다.

일본의 상황은 더욱 복잡하다. 한중수교, 한러수교, 북미협상, 남북정상회담 등 동아시아 국가들 간의 관계개선이 발 빠르게 진행되면서 일본도 적대관계를 형성하였던 북한과의 관계를 개선하기 위해 북한과 협상을 시작하였다. 2002년 9월 17일 고이즈미 총리와 김정일 국방위원장 간에 북일정상회담이 개최되면서 북일관계는 급물살을 탈 것으로 예상되었다. 그러나 갑자기 불거진 일본인 납치문제로 대북여론은 급격히 악화되었다. 그러나 동아시아에서의 영향력 확대와 자국의 안보 문제 때문에 일본도 북한과의 관계 개선 문제를 더 이상 미룰 수만은 없는 상황이다.

현재 미국은 북한문제를 한국·북한·미국·일본·중국·러시아 6자회담의 틀 안에서 조절하려고 하고 있다. 중국과 러시아, 일본 또한 자국의 안보를 강화하고, 동아시아에서 자국의 영향력을 확대하기 위해 6자회담의 틀 안에서 각축을 벌이고 있다. 미국의 대북정책 목표는 북한의 개혁개방이고, 북한대미정책의 목표는 평화협정 체결과 체제보장이다. 양자는 서로 다른 목표를 추진하는 과정에서 6자회담의 틀을 활용하는 한편, 직접협상을 통해 충돌과 대립, 타협과 절충을 계속해 가고 있다.

1990년대 이후 북한의 경제위기는 심각한 상황이다. 1950~60년대 높은 경제성장 속도를 자랑하며 남한보다 앞선 경제력을 자랑하던 북한은 1970년대부터 경제성장의 둔화세를 보이다가 1990년 이후에는 계속 마이너스 성장을 보이고 있다. 가뭄과 수해로 인해 식량공급에 막대한 차질이 빚어지면서 식량난이 발생하였다.

북한지도부는 1993년 12월 최고인민회의에서 제3차 7개년 계획의 실패를 공식 인정하고 1994년부터 3년간을 완충기간으로 설정하였다. 6·25전쟁 이후 추구해 온 "중공업 우선, 경공업 농업 동시발전"이라는 경제정책 기조를 '농업·경공업·무역제일주의'로 전환하고 '의식주' 문제를 우선적으로 해결하기 위해 필사적으로 노력하였다. 특히 소련과 동유럽 사회주의 국가의 몰락으로 인한 곡물수입 감소와 석유 수입의 차질로 공장가동률이 낮아지면서 화학비료의 절대적인 부족현상을 겪었다. 계속되는 수해와 가뭄, 곡물수입 감소와 화학비료의 부족은 악순환을 거듭하면서 식량문제를 악화시켰다.

북한은 경제위기와 식량난의 원인을 사회주의 국가의 붕괴와 자본주의 국가의 봉쇄, 자연재해라는 외부적 요인으로 돌리고 있지만, 국제사회는 북한 식량위기의 원인을 '자립적 민족경제'를 추구하면서 나타난 폐쇄적인 경제운영과 군사력 강화에 치중해 온 정책이 국민생활에까지 위기를 불러온 것으로 보고 있다.

북한은 자립적 민족경제와 계획경제의 틀을 고수하고, 점진적으로 개방정책을 확대하는 것으로 경제위기를 타개하려고 하였다. 그리고 경제위기를 타결하기 위해서라도 북미관계 개선과 평화협정 체결 등 미국과의 포괄적 관계개선이 하루빨리 이루어져야 한다는 입장이다. 그러나 미국은 북한이 개방과 통상, 교역과 투자를 자립적 민족경제를 보완하는 방법으로 활용하고, 핵개발 및 군사력 강화라는 기본틀을 고수하는 이상 북한과의 관계개선은 없다는 입장을 고수하고 있다.

북한은 부분적으로 개방정책을 추진하고 투자유치를 하고 있으나, 한편에서는 선군정치를 표방하며 핵개발과 위성발사를 통해 군사적 능력을 과시하고 '사회주의 강성대국론'을 제창하고 있다. 미국은 북한사회의 변화를, 북한은 북한체제의 인정을 촉구하면서 양자 간의 합의점은 쉽게 찾아지지 않고 있는 상황이다.

그렇다면 중국, 베트남과 같은 사회주의 국가는 국제환경 변화에 어떻게 적응하면서 개혁개방정책을 추진해 왔는가? 북한보다 앞서 개혁개방정책을 추진한 중국과 베트남 사례를 통해 북한 개혁개방의 방향을 살펴보자.

중국과 베트남 개혁개방정책의 특징은 첫째, 분권화와 관료기업가의 형성을 들 수 있다. 소련 및 동유럽 사회주의 국가들과 달리 중국과 베트남은 정치적 민주주의 없는 시장자유화, 재산권의 사유화를 추진하였다. 방법은 관료가 기업가의 역할을 대신하면서 투자와 재투자, 공적 지출을 증대하고, 인사고과 등을 통해 관료들의 지역별 경쟁을 허용하는 방식이다.

둘째, 비국영부문을 확대하는 정책이다. 소련과 동유럽 사회주의 국가들이 국영기업의 개혁에 중점을 두었던 것과는 달리, 중국은 비국영부분의 성장정책을 추진하였다. 중국과 베트남은 비용이 많이 드는 국영기업의 개혁을 포기하는 대신 비국영부문의 성장을 개혁의 모범사례로 추진하였다. 국영기업의 높은 임금과 보조금은 유지하되, 농업부문의 잉여노동력을 비국영부문과 서비스업으로 흡수하면서 개혁을 위한 재정적 부담을 덜었다. 이에 중국과 베트남의 비국영부문은 1978년의 22%에서 1990년대 57%로 증가하였고, 시장의 역할이 확대되었다.

셋째, 국제환경의 개선이다. 중국이 개혁개방에 적극적으로 나선 데는 핑퐁외교로 표현되는 미국과 중국의 오랜 교류가 있었다. 미국과 전쟁을 치른 베트남도 미국과의 관계개선을 통해 세계경제에 진출할 수 있는 발판을 마련하였다. 미국의 테러 지원국 명단에 포함되면 투자유치와 무역을 확대한다고 해도 높은 관세율과 경제봉쇄 속에서 수출이 원천적으로 불가능하기 때문이다.

넷째는, 경제를 활성화하기 위한 인프라의 구축이다. 중국과 베트남은 경제성장을 통해 얻은 국부國富를 인프라 구축에 쏟아부었다. 적극적으로 투자를 유치하고 무역을 확대하기 위해서는 무엇보다도 사회기반시설이 갖추어져야 하기 때문이다.

세계정세가 급격히 변화함에 따라 북한에는 변화의 바람이 불고 있다. 그러나 북한이 세계무대로 나오기 위해서는 중국과 베트남이 경험했듯 많은 과제를 해결해야만 한다. 중앙집권체제를 분권화하여 효율적인 경제 시스템을 구축하고, 비국영부문을 활용하여 시장을 활성화하고, 미국을 비롯한 주변국가와의 관계개선을 위해서도 많은 노력을 기울여야 할 것이다. 그리고 그러한 노력에 남한이 가교 역할을 해야 할 것이다.

3) 경제성장과 민주화를 넘어

6월항쟁은 정치의 민주화뿐 아니라 사회 모든 분야의 민주화를 촉진시켰다. 6월항쟁으로 정치적 억압이 완화되자 노동자들이 움직이기 시작하였다. 6월항쟁으로 대통령직선제가 쟁취되었지만, 노동자들에게 그것은 자신의 생활과는 괴리된 정치적 요구일 뿐이었다. 7월 5일 울산에서 현대엔진 노동자들이 민주노조를 결성한 것을 시작으로 7, 8, 9월 전국 각 사업장에서 민주노조 건설운동이 불꽃처럼 타올랐다. 울산에서 시작된 노동자투쟁은 부산, 마산, 창원, 거제 등의 경남 공업지대와 전국 공단지대로 확산되었다.

노동자들의 요구사항은 임금인상, 어용노조 퇴진, 근로조건 개선 등이었다. 노동자들은 경제성장을 위한 희생을 요구하며 군사정권이 보장하지 않은 노동자들의 기본권을 스스로 보장받고자 하였다. 7, 8,

현대중공업 농성 파업(1989.3)

9월의 노동쟁의 건수는 3,311건, 쟁의 참가자는 1,225,830명에 달하였다. 대규모 사업장의 75%가 노동쟁의에 참가하였다. 한국 역사상 최대 규모이자 세계에서도 보기 드문 대규모 노동자투쟁이었다. 노동자들은 노동자들의 권리를 보호하기 위해 1990년 전국노동조합협의회(전노협)를 발족시켰다. 이는 이후 민주노동조합총연맹으로 발전하였다.

사상, 교육, 문화, 예술 분야의 민주화도 촉진되었다. 총학생회 조직을 재건한 대학생들은 1987년 8월 19일 충남대학교에서 모여 전국대학생대표자협의회(전대협)를 조직하고, 전두환정권을 반대하는 연판장을 돌렸다. 사건이 터질 때마다 시국성명을 발표해 온 교수들은 1987년 7월 21일 성균관대학교에서 '민주화를 위한 전국교수협의회' 창립총회를 열었다. 문인들은 민주화운동의 구심점이었던 자유실천문인협의회를 확대하여 1987년 9월 17일 민족문학작가회의를 결성하였으며, 1988년에는 민족문학을 지향하는 문인들과 미술, 영화, 연극, 음악 등에 종사하는 예술인들 1,200명이 모여 '한국민족예술인총연합(민예총)'을 결성하였다. 노동, 학술, 문화예술 분야는 달랐지만, 이들은 자기 분야의 민주화뿐만 아니라 사회의 자주, 민주, 통일을 위해 노력하고, 상호 연대할 것임을 선언하였다.

이러한 조직적인 힘과 사회민주화를 위한 끊임없는 노력을 통해 금지 영역들이 하나둘 무너지기 시작하였다. 먼저 표현의 자유와 일상적 민주주의가 확대되었다. 〈아침이슬〉과 같은 금지곡 500곡과 판매금지된 도서 431종이 해금되었다. 이제 국민들은 골방에서가 아니라 거리에서 자신들이 부르고 싶은 노래를 자유롭게 부르고, 보고 싶은 책을 마음대로 볼 수 있게 되었다. 다음으로는 정치적 억압 속에서 표현되지 못하였던 다양한 가치들이 존중받게 되었다. 경제성장주의에 밀려났던 생태와 생명, 남성우월주의에 반대하는 여성주의와 젠더 정치의 문제의식, 다수자의 폭력에 희생되었던 소수자의 목소리들이 그 다양성을 인정받으며 사회에 공존하게 되었다. 분권화 요구가 지방자치제로 수용됨으로써 지역과 자치의 문제의식이 확대되었다. 이렇게 민주주의가 지속적으로 확대되기 위해서는 그 바탕이 되는 정치의 민주화가 꾸준히 진행되어야 했다.

1987년 12월 16일, 16년 만에 국민의 직접투표에 의한 대통령선거가 실시되었다. 민주정의당의 노태우 후보가 유효투표수의 36.6%의 득표를 얻어 대통령에 당선되었다. 통일민주당의 김영삼 후보는 28.0%, 평화민주당의 김대중 후보는 27.0%, 신민주공화당의 김종필 후보는 8.1%의 지지를 얻었다. 야당의 분열로 군부정권을 종식시키지는 못했지만 1988년 4월 26일 실시된 국회의원선거에서는 역사상 최초로 '여소야대' 국회가 탄생하였다. 4·26총선으로 탄생한 여소야대 국회는 국민들의 개혁 열망을 수용하여 행정부를 견제하고 악법들을 고쳤으며 5공화국 비리를 단죄하였다.

1988년 11월 국회에는 '5·18광주민주화운동진상조사특별위원회', '제5공화국에 있어서의 정치권력형 비리조사특별위원회'가 설치되었다. 특별위원회는 청문회를 열어 광주사태 책임, 정경유착과 일해재단 비리, 1980년 언론통폐합에 대한 진상을 조사하고 규명하기 위한 활동을 전개하였다. 청문회는 TV로 생중계되어 노무현과 같은 청문회 스타를 탄생시켰고, 전두환·이순자 전 대통령 부부는 여론의 지탄을 받고 백담사로 유배생활을 하기도 하였다.

이에 여당인 민주정의당은 여소야대 국면을 타개하기 위해 민주정의당·통일민주당·신민주공화당의 3당합당을 추진하였다. 1990년 2월 9일 거대여당인 민주자유당이 탄생하였다. 1987년 선거에서 패배한 김영삼의 정권획득 의지, 김종필의 권력참여 욕구, 정치적으로 수세에 밀린 노태우정권의 입장이 맞물린 결과였다. 3당합당으로 민주화와 개혁은 타격을 입었고, 김대중과 평화민주당은 고립되었다. 반면, 노태우정권은 3당합당을 통해 자신감을 회복하고, 1990년 한러수교, 1991년 남북한 UN 동시가입, 1992년 한중수교를 연이어 달성하는 등 전향적인 대외정책을 추진하였다.

1992년 대통령선거를 앞둔 5월 19일 김영삼이 민주자유당의 대통령 후보로 선출되었다. 그리고 12월 18일 대통령선거에서 김영삼은 42.0%의 지지를 얻어 33.8%를 얻은 김대중을 누르고 대통령에 당선되었다. 이 선거에서는 재계1위인 현대그룹의 정주영도 국민당 후보로 대통령선거에 출마하여 16.3%의 지지율을 기록하였다. 비록 선거에는 패배하였지만, 국가의 비호 아래 성장해 온 기업, 기업가가 정권획득에 도전한 의미심장한 사건이었다.

선거에 패배한 김대중 후보는 정계은퇴를 선언하였다.

　김영삼 대통령은 5·16쿠데타 이후 최초의 민간인 대통령이었다. 김영삼 정권은 문민정부를 표방하면서 정권 초기 빠른 속도로 개혁정책을 추진하였다. 먼저 대대적인 숙군사업을 벌여 성역으로 간주되었던 군부를 민간정부의 통제 하에 두었다. 이를 위해 박정희정권기부터 조직되어 5, 6공화국의 요직을 차지하고 실세로 군림했던 군 내 사조직 하나회를 제거하였다. 민간인의 보안사찰까지 담당해 온 기무사의 권한을 축소시켰으며, 차세대 전투기 수주 과정을 조사하여 비리에 연루된 군부 핵심들을 구속하였다. 또한 공직자윤리법을 개정해 9만 명의 공직자 재산을 등록하게 하고, 등록된 고위공무원의 재산을 공개하도록 하였다. 1993년 8월에는 금융실명제를 전격적으로 실시하여 정계, 관계, 재계의 불투명한 금융거래 관행을 깨고자 하였다.

　　　　1995년에는 전두환·노태우 전임 대통령이 구속되었다. 민주당 박계동 의원이 수천억 원대의 대통령 비자금을 폭로했기 때문이다. 조사 결과 노태우 전대통령은 5천 억, 전두환 대통령은 9천 억의 통치자금을 불법조성한 것으로 밝혀졌다. 이들이 12·12쿠데타 및 광주학살의 책임자로 밝혀짐에 따라 내란

전두환·노태우 전 대통령 구속

수괴혐의가 추가되었다. 1997년 4월 대법원은 전두환 무기징역, 노태우 17년의 원심을 확정했다.

　김영삼 대통령의 개혁은 문민정부로서 국민의 개혁요구에 부응하고자 한 것이었다. 그러나 국회를 무시한 채 대통령의 막강한 권한에 의존해 추진되었던 개혁은 문민독재라는 비판을 받았고, 권력획득을 위해 정치색이 다른 세력들이 공존함으로써 개혁정책은 금융실명제 이후 일관되게 추진되지 못하였다. 그 결과 정경유착의 표본인 한보비리사건 및 아들 김현철의 국정개입 등 일련의 사건으로 심각한 정치적 위기에 직면했으며, 집권 말기에 발생한 IMF 사태로 엄청난 국민적 비판을 받았다.

　1997년 IMF 관리 상황에서 치러진 대통령선거에서 김대중이 40.3%의 지

지를 얻어 대통령에 당선되었다. 김대중은 대한민국 수립 이후 첫 여야 정권교체를 실현한 대통령이었다. 1998년 취임하여 김종필의 자유민주연합과 공동정부를 구성한 김대중 대통령은 '국민의 정부'를 표방하고, '민주주의와 시장경제의 병행발전'을 국정지표로 삼았다.

김대중정권이 먼저 해결해야 할 과제는 외환위기를 극복하고, IMF 관리체제에서 하루빨리 벗어나는 일이었다. 1998년 국민총생산(GDP)은 -6.9%의 성장률을 기록하였다. 기업의 도산이 속출했고 노동자들은 일자리를 잃었다. IMF 사태의 원인은 김영삼정권이 정경유착구조 속에서 무리하게 세계화를 추진하면서 기업들이 국가를 믿고 무분별하게 외채를 끌어다 쓴 데 있었다. 외채상환 기간이 갑자기 몰아닥치자 국가가 부도가 난 것이다.

김대중정권은 IMF가 요구한 자본시장 자유화, 노동시장 유연화 등을 수용하여 신자유주의 경제개혁을 추진하였다. 한국통신, 포항제철, 한국전력, 한국중공업, 가스공사, 담배인삼공사 등의 공기업이 민영화되어 외국자본에 팔려나갔고, 기업 구조조정이 추진되면서 대량해고가 속출하였다. 결국 2001년 8월 한국은 IMF에서 빌린 돈을 모두 갚아 IMF 위기에서 벗어났지만, 주식시장의 1/3이 외국자본의 지배 하에 놓였고, 국민들은 안정적인 직업을 얻지 못하고, 비정규직의 불안한 고용상태에 시달리고 있다.

한편, 김대중정권은 대북포용정책을 견지하여 얼어붙은 남북관계에 돌파구를 마련하고자 하였다. 2000년 6월 13일에서 15일 김대중 대통령은 평양에서 김정일 국방위원장과 남북정상회담을 갖고 〈6·15남북공동성명〉을 발표하였다.

분단 이후 첫 남북정상회담이었다. 김대중 대통령은 신뢰와 공존이라는 햇볕정책 기조가 동아시아의 평화에 기여했다는 평가를 받아 노벨 평화상을 수상하였다.

김대중정권은 의문사진상규명위원

6·15남북정상회담

회 설치, 민주화운동 관련자 명예회복 및 보상 등에 관한 법률 제정, 국민기초생활법 제정, 여성부 신설, 정보통신(IT)산업 기반정착 등 인권과 복지분야에서 진일보한 정책을 펴기도 하였다.

그러나 김대중정권 또한 임기 말 대통령의 두 아들과 측근의 비리로 도덕성에 타격을 받아 국민의 신뢰를 상실했고, 여소야대 국면에서 소수정권의 한계로 인해 정치개혁 역시 지지부진했다. 외환위기를 극복하는 과정에서 빈부격차가 벌어졌고, 노동조건은 악화되었으며, 지역감정과 지역분열 또한 극복하지 못하였다.

한국은 1960년 1인당 국민소득이 63달러에 불과했다. 당시 한국의 1인당 국민소득은 아시아, 아프리카의 극빈국 수준이었다. 식민지 경험과 분단, 전쟁을 겪은 한국에서 경제성장과 민주화는 기대하기 어려운 과제처럼 여겨졌다. 그러나 지금 한국은 제3세계 후진국 중 고도의 경제성장과 정치적 민주화를 성공적으로 달성한 대표적인 사례로 손꼽히고 있다. 세계은행의 발표에 의하면 2006년 현재 한국은 현재 명목상 국내총생산(gross domestic product, GDP) 8,880억 달러로 185개 국 중 13위를 차지하였고, 민주화와 시장자율화를 평가한 베텔스만 지수에서는 119개의 개발도상국 중 8위에 링크되었다.

1980년대 중반까지 한국사회는 국가가 정치·경제·사회·문화 전 분야를 주도하고 압박하는 사회였지만, 1987년 6월항쟁과 그 이후의 민주화 과정을 통해 국가는 점차 정치·경제·사회·문화 분야의 주도권을 국민에게 이양하였다.

1987년 노동자들은 국가와 자본의 결합 속에서 일방적으로 희생을 강요당했던 과거의 사슬을 끊고 당당히 국가경제 운영의 한 주체임을 선언하였다. 이들은 전국노동조합협의회를 발족하고, 국가-자본에 맞서 노동의 시대를 열어가겠다는 포부를 밝혔다. 1992년 현대그룹 회장 정주영은 국민당을 창당하고 대통령선거에 출마하였다. 당시 재계서열 1위였던 현대그룹 회장의 출마는 그간 국가의 비호 속에 성장해 온 자본의 역사에 종지부를 찍고, 본격적으로 자본의 시대를 열어가겠다는 자본가들의 의지를 반영하고 있다. 1987년 이후 기업은 민주화·자유화·개혁개방이라는 조건을 적극적으로 활용하며 국가의 규제와 국민의 감시에서 벗어나 자신의 입지를 구축하였다.

노동과 자본의 성장이었다.

국가-자본-노동 3자간의 균형은 오랜 기간 유럽 자본주의 사회를 안정화시켜 온 틀이었다. 유럽사회는 노사정 협의회를 통해 국가경제 현안을 논의하고, 상호 양보와 타협을 통해 국가경제를 안정적으로 운영하고자 끊임없이 노력하였다. 예를 들면, 국제경기가 안좋을 때 자본가들은 노동자들에게 수출목표치를 달성하기 전까지 임금을 동결해줄 것을 요구하고, 노동자들은 수출목표치가 달성되면 임금을 인상시켜줄 것을 요구하며, 국가는 양자 간의 협상을 보증하고, 만약 어느 일방이 약속을 이행하지 않을 경우 막대한 벌칙금을 부과하는 등 강력한 제재조치를 취하는 방식이다.

한국은 1997년 외환위기(IMF) 이후 기업과 기업 운영방식이 국가운영을 주도하는 사회로 변모하였다. 국가-자본-노동의 3자 균형관계가 깨지고 자본 우위의 사회가 된 것이다. "기업이 망하면 국가가 망한다"는 인식은 외환위기를 겪으면서 한국인들에게 깊숙이 각인되었다. 기업의 경쟁력을 국가경쟁력과 동일시하고, 그러한 논리가 사회적으로 공인되고 있는 것이다. 그 결과 한국사회는 경영자인 CEO를 국민 대표자의 이상적인 역할모델로 설정하고, 노조활동을 기업경영의 방해물로 간주하며, 경쟁력이 없는 것을 곧 부도덕한 것으로 간주하는 자본의 시대로 진입하였다.

하지만 자본의 시대는 국민의 행복을 보장해줄 수 없다. 기업이 국가경제에 큰 영향을 미치기는 하지만, 기업의 부는 모든 국민에게 돌아가지는 않기 때문이다. 기업이 국가권력과 유착하면 공익성을 대변해야 할 국가는 기업의 이익을 대변하게 되고, 국민들을 위해 쓰여야 할 세금은 기업의 이익을 위해 유출된다.

국가는 기업의 운영원리로 운영될 수 있는 영역이 아니다. 국가는 국가 구성원 모두의 행복을 추구해야 하고, 노동자도 기업가도 국민의 일 구성원일 뿐이기 때문이다. 정치사회의 민주화를 통해 국민들은 기업에게는 이윤추구라는 조직의 목적을 수행하되 정치사회 공동체에 더 책임을 지도록 요구해야 한다. 노동자들이 안정적인 고용기반 하에서 성실히 일할 수 있는 사회를 만들어야 한다. 자본의 시대를 견제하고, 국가가 국민 모두의 행복을 추구하는 공적 역할을 할 수 있도록 지지할 수 있는 버팀목은 정치와 시민사회의 역할에 있다. 우리 모두는 유권자이며 노동자이며 주민이며 학부모이며 자신의 귀중한 삶을 선택해야 할 존엄한 인간이며, 타인의 고통과 억울함에 책임을 져야 할 공동체의 구성원이기 때문이다.

참고문헌

박태순·김동춘, 1991,《1960년대의 사회운동》, 까치
역사문제연구소 편, 1994,《한국정치의 지배이데올로기와 대항이데올로기》
장을병 외, 1994,《남북한 정치의 구조와 전망》, 한울
한국정신문화연구원 편, 1999,《1970년대 전반기의 정치사회 변동》, 백산서당
이종석, 2000,《새로 쓴 현대북한의 이해》, 역사비평사
한국역사연구회 4월항쟁연구반, 2001,《4·19와 남북관계》, 민연
정창현, 2002,《인물로 본 북한현대사》, 민연
이병천 엮음, 2003,《개발독재와 박정희시대》, 창비
한국민족운동사학회 편, 2003,《장면과 제2공화국》, 국학자료원
최장집, 2005,《민주화 이후의 민주주의》, 후마니타스
한국학중앙연구원 편, 2005,《1980년대 한국사회 연구》, 백산서당
김동춘, 2006,《1997년 이후 한국사회의 성찰》, 길
박태균, 2006,《우방과 제국 : 한미관계의 두 신화》, 창작과비평사
서중석, 2007,《한국현대사 60년》, 역사비평사

찾아보기

연 표

한국사	동양사	서양사
기원전 수십만 년 전 구석기문화 시작 1만 년 전후 중석기문화 전개 8천 년 이후 신석기문화 개시 2333년 고조선 건국 1000년경 청동기문화 형성 4세기경 철기문화 보급 3세기 초 연의 동진, 고조선 침공 194년 고조선, 위만 집권 108년 고조선 멸망, 한사군 설치 57년 신라 건국 37년 고구려 건국 18년 백제 건국	기원전 10만 년경 중국, 구석기문화 전개 9000년경 중동지역, 농경 시작 3500년경 메소포타미아 문명 발생 2500년경 인더스 문명 시작 　　　　황하문명 시작 1800년경 함무라비왕, 메소포타미아 통일 　　　　법전 편찬 1750년경 중국, 상 건국 1500년경 아리아인, 인도 진출 　　　　중국, 은 건국 1100~800년경 오리엔트 각지에 철 제련술 보급 1000년경 주 건국 9~8세기경 아시리아의 오리엔트 통일 770년 주의 동진, 춘추시대 전개(~481) 671년 아시리아, 오리엔트 통일 600년경 석가 탄생 551년경 공자 탄생 546~525년 페르시아, 오리엔트 재통일 403년 전국시대 시작(~221) 334~331년 알렉산드로스의 아시아 원정 　　　　페르시아제국의 붕괴 331년 인도 마우리아 왕조 전개 300년경 일본, 야요이시대 전개(~기원후 　　　　300년경) 221년 진, 중국 통일 213년 유교경전 분서 사건 발생 202년 한 건국(~기원후 220) 162년 한-흉노 화친 성립 138년 장건, 서역 원정 119년 염철전매 징수, 오수전 제정 97년 사마천, 《사기》 저술	기원전 3000년경 이집트 문명 시작 　　　　미노아 문명 시작 1600년경(~1200) 미케네인, 그리스 후기 청동기 문화 주도(미케네 문명 시작) 1500년경 히타이트족, 철기 사용 1200년경 도리아인의 이동. 미케네 문명 붕괴. 　　　　그리스의 암흑기 전개 900년경 그리스, 폴리스 형성 9~8세기경 그리스, 암흑기 극복 　　　　페니키아인, 북아프리카 식민지 　　　　카르타고 건설 7세기 중엽 스파르타, 메세니아인들의 반란 　　　　진압 594~593년 아테네, 솔론의 개혁 509년 로마, 왕정 붕괴, 공화정 수립 507년 아테네, 클레이스테네스의 민주개혁 492~479년 페르시아, 세 차례 그리스 침공 479년 델로스 동맹 450년경 로마, 12표법 제정 431~404년 펠로폰네소스 전쟁 430년 헤로도토스, 역사 저술 264~202년 로마-카르타고, 포에니 전쟁 113년 티베리우스 그라쿠스의 '토지개혁법' 73~71년 스파르타쿠스의 노예 봉기 60년 로마, 제1차 삼두정치 43년 로마, 제2차 삼두정치 30년 로마 내란 종식, 헬레니즘세계 정복 완료 27년 로마, 제정 성립 4년 그리스도 탄생

3년 고구려, 국내성 천도
14년 백제, 위례성에서 한성으로 천도

8년 왕망, 신 건국(~23)
25년 광무제 즉위, 후한조 성립
45년 인도, 쿠샨왕조 성립
48년 흉노 남북 분열, 남흉노 한에 내항
59년 왜 노국왕, 후한에 사절 파견
67년 불교, 중국 전파
105년 채륜, 제지법 발명
166년 로마 사절, 중국 입국
184년 황건적의 난

96 로마, 5현제시대(~180)

194년 고구려, 진대법 실시
209년 고구려, 환도성 천도

220년 한, 구품관인법 제정
226년 사산 왕조, 페르시아 건국
239년 야마타이코쿠 여왕 히미코, 위에 사절
　　　파견
280년 진, 중국 통일 완성
4세기 일본, 다이카 조정의 통일

235년 로마, 군인황제시대

260년 백제, 16관등과 공복 제정

313년 고구려, 낙랑군 멸망시킴
314년 고구려, 대방군 멸망시킴

303년 디오클레티아누스 황제기 기독교 대박해
313년 밀라노 칙령, 크리스트교 공인

316년 5호16국시대(~439)
317년 동진 건국(~419)

357년 안악 3호분 묵서명
365년 백제 근초고왕, 마한 복속
371년 백제 근초고왕, 고구려 공격
372년 백제, 동진과 통교
　　　고구려, 불교 전래, 태학 설립
373년 고구려 소수림왕, 율령 반포
384년 동진 마라난타, 백제 불교 전래
400년 고구려 광개토왕 남정
405년 백제, 일본에 한학 전달
408년 덕흥리고분 묘지명

325년 니케아 공의회
330년 로마제국, 콘스탄티노플 천도

376년 게르만족, 대이동 개시
395년 로마제국, 동서 분리

427년 고구려, 평양 천도
433년 나제동맹 결성

420년 중국 남조, 송 건국(~479)

410년 반달족, 로마 약탈

458년 고구려 묵호자, 신라에 불교 전파
469년 신라 자비마립간, 왕경 방리구획
475년 고구려, 백제 한성 공격
　　　백제, 웅진 천도

439년 북위, 중국 북부 통일, 남북조시대 전개

451년 칼케돈 공의회

481년 고구려, 신라 공격, 7성 점령

478년 왜왕 무, 중국 남조에 사절 파견

485년 북위, 균전제 시행

476년 서로마제국 몰락

490년 백제, 중국 남조와 통교 재개
494년 고구려, 부여 멸망
502년 신라, 우경 실시
503년 신라 지증왕, 국호와 왕호 획정
　　　영일냉수리신라비
509년 신라, 동시전 설치
512년 신라, 우산국 정벌
520년 신라 법흥왕, 율령 반포
521년 무령왕, 중국 양으로부터 책봉
523년 백제 무령왕 지석
524년 울진봉평신라비
526년 백제 무령왕비 지석
527년 신라, 불교 공인
532년 신라, 금관가야 복속
536년 신라, 연호 사용
538년 백제, 사비성 천도
552년 백제, 왜에 불상과 경론 보냄

481년 메로빙조 전개(~751)
486년 프랑크왕국 건국

529년 유스티니아누스 법전 완성

537년 콘스탄티노플 성소피아성당 건립

552년 돌궐제국 성립
557년 우문 각, 북주 건국(~581)

561년 창녕신라척경비		
562년 신라, 대가야 멸망		
567년 백제 창왕명사리감		
568년 황초령비·마운령비 건립	570년 무함마드 탄생	
577년 부여 왕흥사지 목탑 사리기	581년 수 건국(~618)	
	589년 수, 중국 통일	
591년 경주 남산신성비	593년 쇼토쿠태자 섭정(~622)	
	605년 중국, 대운하 건설	606년 비잔틴제국, 페르시아와 전쟁
	607년 오노노이모코, 수에 사신으로 파견	
	610년 무함마드, 이슬람교 창시	
612년 고구려, 살수대첩	618년 당 건국(~907)	
	622년 헤지라	
	629년 현장, 《대당서역기》 집필	
	630년 '정관의 치' 전개(~649)	
	일본, 견당사 최초 파견	
	631년 네스토리우스교 선교사, 중국 장안 포교	
	638년 이슬람, 예루살렘 정복	
639년 익산 미륵사지 서석탑 사리기		
642년 고구려 연개소문, 영류왕 살해		
신라 김춘추, 고구려에 군사 요청		
645년 당, 고구려 공격(안시성 전투)	645년 일본, 다이카개신	
646년 고구려, 천리장성 완공		
647년 신라, 첨성대 건립		
648년 김춘추, 당에 백제 협공 요청	653년 당, 《오경정의》 완성	
660년 백제 멸망		
661년 백제 부흥운동 전개		
662년 고구려 연개소문, 당군 대파	663년 백제 부흥 파견 왜군, 백강에서 대패	
668년 고구려 멸망	668년 당, 고구려 멸망, 안동도호부 설치	
669년 당, 안동도호부 설치		
670년 검모잠, 고구려 부흥 운동	671년 당 의정, 인도 구법 여행	
672년 신라, 당군 격파	672년 일본, 임신의 난 발생	
674년 안압지 완성		
676년 신라, 삼국 통일		
의상, 부석사 창건		
681년 대왕암		
682년 국학 설치		
685년 9주 5소경 편성		
698년 발해 건국		
	701년 일본, 다이호율령 성립	
	710년 일본, 나라 헤이조쿄 천도(나라시대)	
	711년 사라센, 서고트왕국 멸망	
	이슬람군, 에스파냐 정복	
719년 감산사석조미륵보살입상	712년 당 현종 즉위, '개원의 치' 전개(~741)	
720년 감산사석조아미타불입상	오노야스마로, 《고사기》 저술	
722년 신라, 정전 지급	720년 《일본서기》 관찬	
723년 신라 혜초, 《왕오천축국전》 저술		732년 프랑크왕국, 이슬람세력 격파
	743년 일본, 간전영년사재법 마련	
751년 신라, 불국사·석굴암 중창 시작	751년 중국 당, 탈라스전투 패배	751년 카롤링왕조 전개(~987)
	755년 안사의 난 발생(~763)	
756년 발해, 상경용천부 천도		
762년 발해 사신, 일본 동대사 예불 참석		
768년 신라, 대공 각간의 난 발생		
771년 성덕대왕신종 주조		771년 카롤루스 대제, 프랑크왕국 통일
		775년 십일조의 일반화
780년 신라, 김지정의 반란		780년 카롤링왕조의 화폐개혁
788년 신라, 독서삼품과 설치	794년 일본, 교토 헤이안쿄 천도(헤이안 시대)	
		800년 샤를마뉴, 서로마황제 대관식
802년 신라, 해인사 창건	805년 사이초, 당에서 귀국, 일본 천태종 창시	
	806년 구카이, 일본 진언종 창시	

819년 신라, 곳곳에서 초적 흥기
822년 신라, 김헌창의 난 발생
828년 신라 장보고, 청해진 설치
834년 신라, 백관의 복색 제도 공포
838년 신라, 김양의 반란
846년 신라, 장보고의 반란

888년 신라, 《삼대목》 편찬
889년 신라, 원종·애노의 난 발생
900년 견훤, 후백제 건국
901년 궁예, 후고구려 건국

918년 왕건 고려 건국
926년 발해 멸망
936년 고려, 후삼국 통일
938년 탐라국 조공
940년 역분전제 실시
943년 태조, 훈요십조 남김
945년 왕규의 난
956년 노비안검법 시행
958년 과거제 실시
960년 백관의 공복 제정

976년 전시과 실시
983년 전국에 12목 설치
991년 중추원 설치
992년 국자감 설치
993년 제1차 거란침입(서희의 외교 담판)
996년 철전(건원중보) 주조
1009년 강조의 정변
1010년 제2차 거란침입
1011년 초조대장경 제작 시작
1018년 제3차 거란침입
1019년 귀주대첩
1020년 거란과 강화
1024년 아라비아 상인의 고려 입국
1044년 천리장성 완성

1068년 최충, 구제학당 건립
1076년 전시과 개정
      관제 개혁

1086년 의천, 교장도감 설치, 교장 조판

1097년 주전도감 설치
1102년 해동통보 주조
1107년 윤관, 여진 정벌, 동북 9성 축조
1112년 혜민국 설치

1126년 이자겸의 난
1135년 묘청의 서경 천도 운동
1145년 김부식, 《삼국사기》 수찬

1170년 무신정변
1173년 동북병마사 김보당의 난
1174년 서경유수 조위총의 난
1176년 망이·망소이의 난
1179년 경대승 도방 설치
1184년 이의민 정권 장악

875년 중국, 황소의 난 (~884)

894년 일본, 견당사 폐지

907년 당 멸망, 5대10국시대 시작(~979)
916년 거란 건국

935년 일본, 쇼헤이·덴교의 난 발생

946년 거란, 국호 요 변경(~1125)

960년 송 건국(~1279)

1017년 후지와라미치나가의 섭정

1037년 셀주크투르크제국 건국
1051년 일본, 전9년의 역 발생

1069년 왕안석, 신법 시행

1083년 일본, 후3년의 역 발생
1084년 사마광, 《자치통감》 저술
1086년 시라카와상황, 인세이(원정) 시작

1115년 여진족, 금 건국(~1234)
1125년 금, 요 멸망
1127년 북송 멸망, 남송 시작(~1279)

1185년 일본, 헤이지(평씨) 멸망

825년 바이킹, 영국 침략
829년 잉글랜드왕국 성립

843년 베르됭 조약, 프랑크왕국 분할
870년 메르센조약, 프랑크왕국 분열

919년 독일, 작센왕조 전개(~1024)

960년 폴란드왕국 건국
962년 오토1세, 신성로마황제 대관

987년 프랑스, 카페왕조 시작(~1328)

1024년 독일, 살리왕조 전개(~1125)

1054년 크리스트교 동서 분열
1066년 노르만족, 영국 정복, 노르만왕조 시작
      (~1154)
1077년 카노사의 굴욕

1086년 영국 토지대장 둠즈데이북 정립
1096년 십자군원정(~1270)

1138년 독일, 호엔슈타우펜왕조 전개(~1254)
1154년 영국, 플랜태저넷왕조 전개(~1399)
1163년 프랑스, 노트르담성당 건축 시작

	1187년 이집트 술탄살라딘, 예루살렘 탈환	
	1191년 이슬람교도, 인도 북방 침입	
	1192년 일본 가마쿠라막부 성립(~1333)	
1193년 김사미의 난		
1196년 최충헌 집권		
1198년 만적의 난		
	1206년 칭기즈칸, 몽골 통일	1204년 제4차 십자군, 콘스탄티노플 약탈
	1209년 몽골, 서하 정벌, 위구르 복속	
1219년 최우 집권	1223년 몽골, 러시아 침공	1215년 영국, 대헌장 제정
		1226년 프로이센, 독일기사단 창단
		1230년 튜턴기사단, 프로이센 정복
1231년 제1차 몽골침입		
1232년 강화 천도	1232년 일본, 조에이시키모쿠 공포	
1234년 《상정고금예문》 금속 활자 주조		
1236년 이규보, 《동국이상국집》 지음		
고려대장경 제조 시작		
1238년 몽골군, 황룡사 전소		1241년 신성로마제국, 한자동맹 성립
1249년 최항, 정권 승계		1254년 신성로마제국, 대공위시대 시작(~1273)
		1259년 한자동맹 흥기
	1260년 쿠빌라이칸, 연호 설립, 관제 정비	1265년 영국, 의회 탄생
1270년 개경 환도		
삼별초, 대몽 항쟁 개시	1271년 원제국 성립(~1368)	
1274년 여원연합군의 제1차 일본 원정	1274년 마르코폴로, 쿠빌라이칸 알현	
1278년 녹과전 지급	1279년 남송 멸망	1279년 마르코폴로, 중국 여행(1290 귀국)
1285년 일연, 《삼국유사》 집필		
1287년 이승휴, 《제왕운기》 편찬		
		1291년 스위스연맹 탄생
		1299년 마르코폴로, 《동방견문록》 출판
		영국, 모범의회 소집
	1302년 오스만제국 건국	1302년 프랑스, 삼부회 성립
		플랑드르 수공업자 봉기
1304년 안향 주장, 국학 대성전 설치		1307년 파리 수공업자 봉기
1309년 소금전매제 시행		1309년 교황, 아비뇽 유폐
1314년 만권당 설치	1314년 원대 최초의 과거 시행	1315년 유럽 대흉작(~1317)
		1321년 단테, 신곡 완성
	1333년 일본, 가마쿠라막부 종결	1333년 이븐바투타, 인도 · 중국 여행
	1336년 일본, 남북조의 대립	1337년 백년전쟁(~1453)
	1338년 일본, 무로마치막부 성립(~1573)	
1342년 이제현, 《역옹패설》 지음		1347년 유럽, 흑사병 유행(~1351)
		1349년 영국, 노동자조례 마련
		1351년 영국, '노동자법' 제정
1356년 원 연호 사용 중지	1356년 중국, 홍건적의 난 시작	1356년 신성로마제국, 황금문서 발표
쌍성총관부 회복		
1359년 홍건적의 침입		1358년 프랑스, 자크리 봉기
1363년 문익점, 원에서 목화씨 도입		
1366년 전민변정도감 설치		
	1368년 원 멸망, 명 건국(~1644)	
	1369년 티무르왕조 성립(~1508)	
1370년 명의 연호 사용		
1374년 공민왕 피살		
1377년 화통도감 설치		1377년 영국, 인두세 부과(~1381)
《직지심체요절》 인쇄		1378년 교회 대분열
		1381년 와트 타일러 봉기
1388년 위화도 회군		
1389년 박위, 대마도 정벌		
1391년 과전법 제정		
1392년 고려 멸망, 조선 건국	1392년 남북조의 통일	
1394년 한양 천도		
정도전, 《조선경국전》 편찬		
1395년 경복궁 · 종묘 조성		
《천상분야열차지도》 각석 제작		

1396년 경복궁 궁성 축조	1397년 명, 《대명률》 간행 일본, 금각사 건립	1397년 덴마크·노르웨이·스웨덴 합병(칼마르동맹)
1398년 제1차 왕자의 난, 정종 즉위		
1399년 개성 환도		
1400년 제2차 왕자의 난, 태종 즉위 사병 혁파	1400년 베트남, 쩐왕조 멸망	1399년 영국, 랭커스터 왕조 성립(~1471)
1401년 신문고 설치		
1402년 호패법 실시 《혼일강리역대국도지도》 제작	1402년 명, 영락제 즉위	
1403년 주자소 설치	1403년 북평, 북경으로 개칭	
	1404년 일본, 명과 통상조약 체결	
1405년 한양 재천도 창덕궁 준공	1405년 명, 정화의 남해 원정(~1433)	
1411년 한양 5부 학당 설치		
1412년 시전 설치		
1413년 8도 지방 행정 조직 완성 호패법 실시		
1416년 4군 설치		
1419년 대마도 정벌		
1420년 집현전 확장		
1421년 종묘 영녕전 창건		
1429년 《농사직설》 편찬		1429년 잔다르크, 영국군대 격파
1434년 6진 설치 앙부일구 및 자격루 발명 《삼강행실도》 간행		1438년 독일, 합스부르크가 통치 시작
1441년 측우기 제작		
1443년 훈민정음 창제		
1444년 전분6등 연분9등 공법 제정		1445년 프랑스, 상비군 창설
1446년 훈민정음 반포		
1447년 안견, 〈몽유도원도〉 완성		1450년 구텐베르크, 활판 인쇄 개시
1451년 김종서 등, 《고려사》 개찬		
1452년 《고려사절요》 편찬		
1453년 계유정난, 수양대군 권력 장악	1453년 오스만제국, 비잔틴제국 멸망	1454년 로디화약, 이탈리아 세력 균형
		1455년 영국, 장미전쟁(~1485)
1456년 사육신 단종복위 추진		
1459년 《월인석보》 간행		1461년 프랑스 루이 11세의 절대왕정 기반 수립
1463년 홍문관 설치		
1466년 과전법 폐지, 직전법 실시		
	1467년 일본, 오닌의 난 발생(~1477), 전국시대 개막(~1568)	
1474년 《국조오례의》 완성		
1478년 홍문관 설치		
1481년 서거정 등, 《동국여지승람》 찬진		
1484년 창경궁 건축		
1485년 《경국대전》 반포		1485년 영국, 튜터왕조 전개(~1606)
		1487년 러시아, 모스크바대공국 성립
		1488년 바르톨로뮤디아스, 희망봉 발견
		1492년 콜럼버스, 아메리카 항로 개척
1493년 성현, 《악학궤범》 완성		1494년 이탈리아 전쟁 개전(~1559)
1498년 무오사화 상평창 설치		1498년 바스코 다 가마, 인도 항로 개척
	1502년 이란, 사파비왕조 시작(~1736) 명, 《대명회전》 완성	
1504년 갑자사화		
1506년 중종반정		
1510년 3포왜란		
1512년 임신약조		1513년 마키아벨리, 《군주론》 발표
1516년 주자도감 설치		1516년 토머스모어, 《유토피아》 완성
		1517년 루터의 종교개혁 시작
1519년 현량과 실시 기묘사화		1519년 마젤란, 세계일주 항해 시작(~1521) 코르테스, 멕시코 원정
1530년 이행 등, 《신증동국여지승람》 편찬		1524년 독일, 농민전쟁(~1525)

한국	중국·일본	서양
		1532년 에스파냐, 잉카제국 침략
		1533년 피사로, 잉카제국 정복
	1533년 인도, 무굴제국 창건(~1857)	1534년 영국, 종교개혁
		1536년 영국, 국교회 성립
		칼뱅의 종교개혁
		1540년 예수회 공인
1543년 주세붕, 백운동서원(소수서원) 건립		1543년 코페르니쿠스, 지동설 발표
1545년 을사사화		1545년 트리엔트공의회 개최(~1563)
1547년 정미사화		
1555년 을묘왜변		1555년 아우크스부르크 종교회의
1559년 사단칠정 논쟁 시작(~1566)		
황해도, 임거정의 난 발생		1562년 프랑스, 종교전쟁(~1598)
1561년 이지함, 《토정비결》 저술		1566년 네덜란드, 독립전쟁
1568년 이황, 《성학십도》 완성	1568년 일본, 오다 노부나가 집권	1571년 레판토 해전
	1573년 일본, 무로마치막부 멸망	
1574년 안동 도산서원 건립		
1575년 동서 분당		1581년 네덜란드 독립
이이, 《성학집요》 지음		1588년 영국, 에스파냐 무적함대 격파
1589년 정여립 모반 사건(기축옥사)	1590년 도요토미히데요시 집권(전국시대 종결)	1589년 프랑스, 부르봉왕조 성립(~1830)
1592년 임진왜란 발발	1592년 도요토미히데요시, 조선 침략	1590년 포르투갈, 타이완 도착
한산대첩		
1593년 행주대첩		
1597년 정유재란 발발		
1598년 노량해전		1598년 프랑스 앙리4세, 낭트칙령 공포
		1600년 영국, 동인도회사 설립
	1601년 마테오리치, 북경 도착	
1603년 《조선왕조실록》 복간 시작	1603년 도쿠가와 이에야스, 에도막부 수립(~1867)	1603년 영국, 스튜어트왕조 성립(~1714)
		1604년 네덜란드, 동인도회사 창설
		1607년 영국인, 북아메리카 버지니아 식민지 건설
1608년 경기도에 대동법 실시		1608년 프랑스인, 북아메리카 퀘벡 건설
1609년 기유약조 체결	1609년 네덜란드, 일본 히라도에 상관 설치	
1610년 창덕궁 중건		
1613년 허준, 《동의보감》 완성	1613년 일본, 영국선박 입항, 통상 시작	1613년 러시아, 로마노프왕조 시작(~1917)
	1616년 여진족, 후금 건국(~1636)	
1617년 경덕궁(경희궁) 건립 시작	일본, 나가사키·히라도로 외국무역 한정	1618년 독일, 30년전쟁 시작(~1648)
1619년 조선, 만주에 군대 파견	1619년 명·후금, 심하 전투	
1623년 인조반정		
1624년 이괄의 난		
1626년 호패법 시행		
남한산성 축성		
1627년 정묘호란		1628년 영국의회, 권리청원 제출
	1630년 일본, 금서령 반포	1632년 갈릴레오, 지동설 발표
	1635년 일본, 삼근교대제 운영	
1636년 병자호란	1636년 후금, 청으로 국호 변경(~1912)	
1637년 인조, 삼전도의 치욕	1639년 에도막부, 쇄국정책 발표	
		1642년 영국, 청교도혁명(~1649)
		1643년 프랑스, 루이14세 집권(~1715)
1645년 소현세자, 청에서 과학·천주교 관련 서적 전래	1644년 명 멸망, 청의 중원 입관(중국 통일)	1648년 베스트팔렌조약
		1649년 영국, 찰스1세 처형, 공화정 시작
1653년 하멜, 제주도 표착		1651년 크롬웰, 항해조례 공포
시헌력 채택		홉스, 《리바이어던》 발표
1654년 나선정벌		
1658년 제2차 나선정벌	1657년 에도 대화재 발생	
1659년 호서지방에 대동법 실시		

1660년 남인·서인 예송논쟁	1661년 정성공, 대만 공략, 네덜란드 세력 축출	1660년 영국, 스튜어트왕가 복귀
1662년 제언사 설치		
		1667년 네덜란드, 상속전쟁(~1668)
		1670년 러시아, 라진의 난
1674년 북한산성 수축		1672년 루이14세, 네덜란드 침공
1678년 상평통보 주조·유통		
1680년 경신환국(남인 실각)		
		1685년 낭트 칙령 폐지
		1687년 뉴턴, 《프린키피아》 출판
	1688년 문화의 전성기, 겐로쿠시대 개막(~1703)	1688년 영국, 명예 혁명
1689년 기사환국(서인 실각)	1689년 청, 네르친스크 조약 체결	1689년 영국, 《권리장전》 제정
		1690년 로크, 《시민정부론》 발표
1694년 갑술환국(남인 실각)		
1696년 안용복, 독도에서 일본인 축출		1701년 프로이센 성립
		에스파냐, 왕위계승전쟁(~1714)
1708년 대동법 전국 시행		
1712년 백두산정계비 건립		1713년 영국, 스코틀랜드 합병
	1720년 일본, 금서령 완화	
1725년 탕평책 실시	1723년 청, 기독교금지령 공포	
1728년 이인좌의 난		
		1730년 위트레흐트 조약, 유럽 세력균형
1742년 탕평비 건립		1740년 오스트리아, 왕위계승전쟁
1744년 《국조속오례의》 완성		
1746년 《속대전》 완성		
1750년 균역청 설치, 균역법 실시	1750년 청, 티벳 반란 평정	
1751년 정선, 《인왕제색도》 완성		
1755년 나주 괘서 사건	1757년 청, 광주항으로 외국무역항 제한	1756년 유럽, 7년전쟁(~1763)
1760년 청계천 준천		
1763년 조엄, 대마도에서 고구마 전래		1762년 루소, 《사회계약론》 발표
1770년 《반계수록》 간행		1769년 와트, 증기기관 개발
《동국문헌비고》 완성		
1776년 규장각 설립		1773년 보스턴차사건
		1776년 아담스미스, 《국부론》
1778년 박제가, 《북학의》 편찬		미국, 독립선언
1782년 외규장각 완성	1782년 청, 《사고전서》 완성(1772~)	
1784년 이승훈, 천주교 전래		
1785년 《대전통편》 완성		
1786년 서학 금지	1787년 일본, 간세이의 개혁	1788년 미국, 13개주 독립
		1789년 프랑스혁명 발발, 인권 선언
1790년 안정복, 《동사강목》 간행		
1791년 신해통공, 금난전권 폐지		
신해박해		
1792년 정약용, 거중기 발명		1792년 프랑스, 공화국 선포
1794년 수원성 축성 시작(1796년 완성)	1796년 중국, 백련교도의 난	
		1798년 맬서스, 《인구론》 발표
1797년 이긍익, 《연려실기술》 완성		1799년 나폴레옹, 쿠데타를 통해 정권 장악
1801년 공노비 혁파		
신유박해		1804년 나폴레옹, 황제 즉위
황사영 백서 사건		신성로마제국 멸망
1811년 평안도농민전쟁(홍경래의 난)	1813년 청, 아편금지령 발포	1812년 나폴레옹1세, 러시아 침공
1814년 정약전, 《현산어보》 저술		1814년 빈 회의
김정희, 북한산 〈진흥왕순수비〉 발견		스티븐슨, 증기기관차 제작
		1815년 워털루 전투
1818년 정약용, 《목민심서》 완성		1821년 그리스, 독립전쟁
1823년 비변사, 서얼 허통 건의	1825년 에도막부, 이국선박 추방령 선포	1829년 영국, '가톨릭 해방법' 발표
		그리스 독립

한국	아시아	서양
1831년 경희궁 중건 완료 　　　　로마 교황청, 천주교 조선 교구 설치 1832년 영국 상선 암허스트호, 통상 요구 1833년 한성 쌀값 폭등, 빈민 폭동 발생 1836년 금·은광 잠채 금지 1839년 기해박해	1833년 일본, 덴포의 대기근(~1838) 1840년 아편전쟁 1841년 미즈노 다다쿠니, 덴포 개혁 시작(~1843) 1842년 난징조약	1830년 프랑스, 7월혁명 　　　　벨기에 혁명 1832년 영국, 선거법개정 1833년 영국, 노예제 폐지 1834년 독일, 관세동맹 결성 1837년 영국, 빅토리아 여왕 즉위 　　　　영국 노동계급, 차티스트운동 시작 　　　　(~1848)
1844년 김정희, 〈세한도〉 완성 1845년 김대건, 사제 서품 1847년 창덕궁 낙선재 준공 1848년 이양선, 함경도 등지 출몰	1850년 중국, 태평천국운동	1846년 영국, '곡물법' 폐지 1848년 프랑스, 2월혁명 　　　　마르크스·엥겔스, 〈공산당선언〉 발표 1852년 프랑스, 제2제정 성립 1853년 크림전쟁
	1854년 일본, 미·일화친조약 조인, 개국 1856년 애로호 사건 1857년 인도, 세포이 항쟁 1858년 무굴제국 멸망, 영국정부의 인도 　　　　직접지배 　　　　일본, 미국·네덜란드·러시아·영국· 　　　　프랑스와 수호통상조약 조인	
1860년 최제우, 동학 창시	1860년 베이징 조약 　　　　일본, 사쿠라다몬가이의 변 발생	1860년 가리발디, 시칠리아와 나폴리전쟁
1861년 김정호, 《대동여지도》 제작 1862년 임술농민봉기 발생 　　　　삼정이정청 설치	1862년 청, 양무운동 시작	1861년 미국, 남북전쟁 1862년 통일 이탈리아 왕국 성립 　　　　러시아, 농노해방령 　　　　비스마르크, 프로이센 수상 임명
1863년 고종 즉위, 대원군 집권 1864년 최제우 처형		1863년 미국, 노예해방 1864년 국제적십자사 창립 　　　　국제노동자협회(제1인터내셔널) 창설 1865년 멘델, 유전법칙 발견
1865년 《대전회통》 완성 　　　　비변사 폐지 1866년 병인박해 　　　　병인양요, 외규장각 도서 약탈 　　　　미국 상선 제너럴셔먼호 사건 1867년 경복궁 중건, 근정전·경회루 완공 　　　　《육전조례》 간행·반포 1868년 독일 상인 오페르트, 남연군 묘 도굴 1869년 흥인지문 개축 완료	1866년 일본, 삿초동맹 1867년 일본, 에도막부 멸망, 왕정복고 1868년 일본, 메이지유신, 천황정권제도 성립	1866년 프로이센·오스트리아전쟁 1867년 북독일연방 성립 　　　　마르크스, 《자본론》 간행 1868년 영국노동조합협의회 결성 1869년 수에즈 운하 개통 1870년 프로이센·프랑스 전쟁 발발 1871년 독일 통일, 독일제국 창설 　　　　슐리만, 트로이유적 발굴 　　　　파리코뮌
1871년 전국 서원 철폐(사액서원 47곳 제외) 　　　　신미양요 　　　　척화비 건립 　　　　호포법 실시	1872년 일본, 태양력 채용	1872년 독일·오스트리아·러시아 삼제동맹 　　　　결성 1873년 독일 비스마르크, 문화투쟁
1873년 고종 친정 선포 1875년 운요호 사건	1875년 일본·러시아, 쿠릴열도·사할린 교환 　　　　조약	1875년 프랑스, 제3공화정 성립 　　　　영국, 수에즈운하의 주권 매수
1876년 강화도 조약 체결(병자수호조약), 개항 　　　　수신사, 일본 파견	1876년 일본, 조선과 수호조약 체결 1877년 영국령 인도제국 성립 　　　　일본, 세이난전쟁 발발	1876년 메케네유적 발굴 1877년 러시아·투르크 전쟁 1878년 베를린회의 　　　　독일, 사회주의자진압법 제정
1879년 지석영, 종두법 전래 1880년 수신사 김홍집 일행, 일본 파견 1881년 이만손, 만인소 올림 　　　　신사유람단, 일본 파견 　　　　영선사, 청 파견 　　　　별기군 창설, 무위영 편속		1879년 독일·오스트리아 동맹 결성 　　　　에디슨, 전등 발명 1881년 러시아, 알렉산드르2세 암살 　　　　제1차 보어전쟁

1882년 조미수호통상조약 조인 　조영수호통상조약 조인 　원산·부산·인천 개항 　조독수호통상조약 조인 　임오군란 　조청상민수륙무역장정 체결		1882년 독일·오스트리아·이탈리아 삼국동맹 　성립
1883년 태극기 국기 제정·반포 　《한성순보》 발간 　전환국 설치 　원산학사 설립		
1884년 우정총국 창설 　갑신정변 　궁중에 발전기 신설, 최초로 전등 사용	1884년 청·프랑스전쟁	
1885년 거문도 사건 　서울·인천간 전신 개통 　광혜원 설립 　배재학당 개교	1885년 청·일, 톈진조약 　일본, 내각제도 창시 　인도, 국민회의파 창립	
1886년 노비세습제 폐지 　관립 육영공원 설립 　이화학당 개교 　한불수호조규 조인		1886년 아일랜드 자치법안 좌절
1887년 경복궁에 최초의 전등 점등 　조선전보총국 설치 　상공회의소 창립 　언더우드, 새문안교회 설립	1887년 프랑스령 인도차이나 성립	1887년 프랑스, 보호령으로 인도차이나 획득
1889년 함경도 방곡령 실시 　부산, 기선회사 설립 　유길준, 《서유견문록》 완성	1889년 일본, 제국헌법 공포	1889년 제2인터내셔널 창설
1890년 함경도 방곡령 철회	1890년 일본 제1회 제국의회 개최	1890년 영국 세실로즈, 케이프식민지 수상 취임
1891년 제주민란 발생		
1892년 전환국, 이화문 화폐 발행 　명동성당 착공		
1893년 동학교도 2만여 명, 충청도 보은 집결 　전화기 도입		1893년 디젤기관 발명
1894년 동학농민전쟁 　교정청 설치 　군국기무처 설치(갑오개혁 시작) 　제1차 김홍집 내각 성립 　제2차 김홍집 내각 출범 　홍범 14조 발표	1894년 쑨원, 흥중회 창립 　영·일통상항해조약 체결 　청일전쟁 시작	1894년 드레퓌스사건 　러시아·프랑스 동맹 결성
1895년 명성황후 시해(을미사변) 　제3차 김홍집 내각 출범 　을미개혁 단행, 단발령 시행 　삼국간섭 　한성사범학교 설립	1895년 시모노세키조약	1895년 뢴트겐, X선 발견 　마르코니, 무선전신 발명
1896년 건양 연호 채택 　태양력 사용 　아관파천 　한성은행 설립 　서재필, 《독립신문》 발간 　독립협회 설립		1896년 제1회 하계올림픽대회 개최
1897년 환구단 축조 　광무 연호 개정 　대한제국 수립 　독립문 완공	1897년 독일군, 산둥 연안의 자오저우만 점령	
1898년 만민공동회 개최 　최시형 처형 　독립협회, 관민공동회 개최 　헌의 6조 상주 　독립협회 해산	1898년 청, 무술개혁	1898년 파쇼다사건 　퀴리부처 라듐 발견 　미국·에스파냐 전쟁

1899년 서울, 전차 운행 시작 　　대한국 국제의정 반포 　　관립의학교 설립 　　경인선 개통		1899년 남아프리카전쟁(제2차 보어전쟁) 　　헤이그 만국평화회의
1900년 만국우편연합 가입 　　파리만국박람회 참가	1900년 청, 의화단운동	
1901년 금본위제 채택		1901년 노벨상 제정
1902년 고종황제 40주년기념행사 개최, 비전 건립 　　국가 최초 제정 　　서울·인천간 전화 개통 　　경의선 철도기공식 거행 　　하와이 이민 100여 명 출발	1902년 영일동맹	1902년 쿠바공화국 성립
1903년 YMCA 발족 　　법률학교 설립		1903년 라이트형제, 비행기 제작 　　포드, 자동차회사 설립
1904년 한일의정서 조인 　　원산-인천간 전화 개통 　　보안회, 황무지 개간권 요구 반대 　　베델·양기탁,《대한매일신보》 창간 　　제1차 한일협약 조인	1904년 러일전쟁(~1905)	
1905년 화폐정리사업 실시 　　경부선 개통 　　헌정연구회 조직 　　을사늑약, 외교권 박탈 　　손병희, 천도교 개칭	1905년 러·일, 포츠머스강화조약 체결 　　쑨원, 중국혁명동지회 결성 　　인도, 스와라지·스와데시운동 발생 　　청, 과거제 폐지	1905년 제1차 모로코사건 　　아인슈타인, '상대성이론' 발표
1906년 이상설, 간도 서전서숙 설립 　　일본, 통감부 설치 　　민종식·최익현 등 의병 활동 개시 　　대한자강회 조직		1906년 미국, 세계 최초 라디오 방송
1907년 국채보상운동 전개 　　헤이그 특사 파견 　　고종 퇴위 　　한일신협약(정미7조약) 조인 　　신문지법 공포 시행 　　군대해산 조칙 발표 　　13도 창의군 결성 　　간도 용정, 통감부 출장소 개설 　　순종 황제 즉위		1907년 삼국협상(영국·프랑스·러시아) 성립 　　피카소,〈아비뇽의 여인들〉 완성 　　프랑스, 헬리콥터 최초 비행
1908년 의병, 서울 진공 작전 　　삼림법 공포 　　최남선,《소년》지 창간 　　일본, 동양척식주식회사 설립 　　《증보문헌비고》 간행 　　한성미술품제작소 설립	1908년 이란, 페르시아 대유전 발견	1908년 제4회 런던올림픽 개최 　　오스트리아·헝가리, 보스니아와 　　헤르체고비나 합병
1909년 나철, 대종교 창시 　　박은식, 유교구신론 발표 　　일본, 청과 간도협약 체결 　　안중근, 하얼빈역에서 이토 히로부미 저격 　　제실박물관 건립		1909년 피어리, 북극 탐험 　　로이드 조지, '인민예산안' 발표
1910년 한일병합조약, 국권 피탈 　　조선총독부 설치 　　회사령 공포 　　토지조사사업 시행 　　덕수궁 석조전 준공		
1911년 토지수용령 공포 　　조선은행법 공포 　　105인 사건 　　석굴암 발견	1911년 중국, 신해혁명 　　일본, 관세자주권 회복	1911년 이탈리아·터키전쟁 　　영국, 의회법 　　제2차 모로코 사건
1912년 조선태형령 공포 　　경찰범 처형규칙 시행 　　임병찬, 독립의군부 조직	1912년 중화민국 성립	1912년 제1·2차 발칸전쟁 발발 　　미국, 윌슨대통령 당선

1913년 안창호 등, 흥사단 조직 왕십리선 전차 운행 개시		
1914년 이상설, 대한광복군 정부 수립 경원선 개통		1914년 제1차 세계대전 발발(~1918) 파나마운하 개통
1915년 조선총독부, 조선물산공진회 개최 한일은행 개점		1915년 독일비행선, 런던 공습 독일, 세계 최초 금속제비행기 개발
1916년 세브란스의학전문 개교 박중빈, 원불교 창시	1916년 위안스카이 사망, 군벌시대 시작	1916년 영국군, 세계 최초 탱크 활용
		1917년 러시아, 2월혁명·7월혁명
1918년 신한청년단 조직(상해)		1918년 독일혁명 윌슨대통령, 14개조 평화원칙 발표
1919년 최초 문예 동인지 《창조》 창간 2·8독립선언 3·1운동 대한민국 임시정부 수립(상해)	1919년 간디, 비폭력저항운동 개시 중국 5·4운동	1919년 파리강화회의 개최 베르사유 조약 독일, 바이마르헌법 제정
1920년 《조선일보》·《동아일보》 창간 봉오동·청산리 전투 간도 참변 대한독립군단 조직		1920년 국제연맹 창설 미국, 금주법 시행 제네바, 국제연맹 총회 개최
1921년 조선어연구회 창립	1921년 중국공산당 창당	1921년 레닌, 신경제정책 실시 워싱턴군축회의 개최
		1922년 헤이그, 국제사법재판소 설립 이집트, 독립 선언 이탈리아, 무솔리니 내각 출범
1923년 국민대표회 개최(상해) 신채호, 《조선혁명선언서》 작성	1923년 관동대지진 발생	1923년 소비에트사회주의공화국연방 창설 오스만 제국 멸망, 터키공화국 창설
1924년 김좌진 등, 신민부 조직	1924년 중국, 제1차 국공합작 몽골인민공화국 수립	1924년 영국 노동당 내각 탄생
1925년 정의부 조직 김재봉·조봉암 등, 조선공산당 조직 조선총독부, 조선사편수회 설치	1925년 일본, 치안유지법, 보통선거법 성립	
1926년 경성제국대학 개설 6·10만세 사건	1926년 국민정부, 북벌 시작	
1927년 신간회 조직	1927년 난징, 국민정부 수립 일본, 금융공황	1927년 제네바 군축회의 린드버그, 대서양 횡단 성공
1928년 이동녕·김구·안창호 등 한국독립당 창당		
1929년 원산노동자총파업 국민부 조직 조선일보, 문자보급운동 시작 광주학생항일운동	1929년 소련·중국 단교 호치민, 베트남공산당 창립	1929년 세계경제공황 발생(~1939) 제1회 FIFA월드컵 개최
	1930년 인도, 비폭력·불복종 운동 전개	
1931년 동아일보, 브나로드운동 전개 김구, 한인애국단 조직	1931년 만주사변	
1932년 이봉창, 일왕에 폭탄 투척 윤봉길, 상해 홍커우공원 폭탄 투척	1932년 만주국 건국	
1933년 한글맞춤법통일안 제정	1933년 일본, 국제연맹 탈퇴	1933년 미국, 뉴딜정책 실시
1934년 진단학회 조직	1934년 중국공산당 대장정	1934년 독일, 히틀러 집권
1935년 민족혁명당 조직 한국국민당 조직		1935년 독일, 재군비 선언 미국, 전국노동관계법·사회보장법 제정
1936년 손기정, 베를린 올림픽 마라톤대회 우승 동아일보 일장기 삭제 사건 안익태, 〈한국환상곡〉 완성	1936년 일본, 런던군축회의 탈퇴 독·일 방공협정 체결	1936년 프랑스, 인민전선 정부 수립 이탈리아, 에티오피아 병합 독일·오스트리아 군사협정 프랑코 쿠데타, 에스파냐혁명
1937년 최현배, 우리말본 간행 조선총독부, 황국신민서사 제정 조선의용대 조직 조선민족전선연맹 결성	1937년 중일전쟁 중국, 제2차 국공합작 난징대학살	
1938년 한글교육 금지 조선교육령 개정 공포 국가총동원법 공포 근로보국대 조직	1938년 일본, 국가총동원법 발령	1938년 뮌헨회담, 독일, 오스트리아 병합

1939년 국민징용령 공포		1939년 히틀러·스탈린, 독소불가침조약 체결 제2차 세계대전 발발(~1945) 소련, 폴란드 침공
1940년 조선총독부, 일본식 성명 강제 《조선일보》·《동아일보》 폐간 한국광복군 창설		1940년 독일·이탈리아·일본, 삼국동맹 체결
1941년 조선총독부 학도정신대 조직 대한민국임시정부, 대한민국 건국강령 발표 대한민국임시정부, 대일 선전포고	1941년 일본, 진주만 공격, 태평양전쟁 발발	1941년 독일, 제트전투기 투입 스탈린, 소련수상 취임 대서양헌장 발표
1942년 조선총독부, 금속 회수 강제권 발동 임정, 김원봉의 조선의용대 광복군 편입	1942년 일본, 동남아시아 점령, 미드웨이해전 패배	1942년 스탈린그라드 공방전 전개
1943년 조선총독부, 조선인징병제 공포 학도병 미지원자 징용령 발동		1943년 이탈리아 항복 카이로 회담 미·영·소, 테헤란 회담
1944년 미곡강제공출제 실시 여자정신대근무령 공포 여운형, 건국동맹 조직	1944년 일본군, 사이판섬 전멸	1944년 미국 공군, 도쿄 폭격 시작
1945년 해방 여운형, 조선건국준비위원회 발족 독립촉성중앙협의회 결성 일본인 재산, 미군정청 귀속 한반도 분할점령 방안 공포 모스크바3국외상회의 개최 김일성, 조선공산당 북조선 분국 창설	1945년 일본, 항복 선언	1945년 얄타회담 독일, 항복 선언 미국, 세계 최초 핵실험 성공 포츠담선언 제2차 세계대전 종결 국제연합(UN) 창설 유네스코 발족 뉘른베르크재판 시작 아랍연맹 결성 영국 노동당, 총선 승리
1946년 제1차 미소공동위원회 개최 이승만, 정읍선언(남한단독정부 수립안) 김규식·여운형 등, 좌우합작회담 시작	1946년 필리핀 독립 일본, 재벌해체, 농지개혁, 부인참정권 시행	1946년 제1차 유엔총회 개막 세계 최초 전자계산기 ENIAC 탄생 국제부흥개발은행(IBRD) 발족 파리평화회의
1947년 제2차 미소공동위원회 개최 유엔 한국임시위원단 구성 김구, 단독정부 수립안 반대 성명 발표	1947년 인도·파키스탄 분리 독립	1947년 트루먼 독트린 선포 마셜계획 발표 관세 및 무역에 관한 일반 협정 성립
1948년 김구, 남북협상 제의 제주도 4·3사건 발생 5·10 남한총선거 실시 제헌국회 개원 대한민국 헌법 및 정부조직법 등 공포 대한민국 정부 수립 반민족행위처벌법 제정 북한, 조선민주주의인민공화국 수립 여수·순천 사건 유엔총회, 한국정부 유일 합법정부 승인		1948년 체코슬로바키아, 공산정권 성립 소련, 베를린봉쇄 개시 코민포름 결성 유엔총회, 세계인권선언 채택 이스라엘 건국 제1차 아랍·이스라엘전쟁
1949년 반민족행위 특별조사위원회 발족 정부, 농지개혁법 공포 김구 피살	1949년 중화인민공화국 건국	1949년 서독, 정부 수립 북대서양조약기구(NATO) 출범
1950년 한미상호방위원조협정 조인 6년제 의무교육 실시 농지개혁 실시 제2대 국회 개원 6·25 한국전쟁 발발(~1953)		1950년 UN, 연합군 한국군 파병
1951년 반민족행위처벌법 폐지에 관한 법률 공포 자유당 창당	1951년 미·일안전보장조약 체결	
1952년 제1차 개헌(발췌 개헌) 정·부통령 선거		1952년 미국, 수소폭탄 실험 성공
1953년 휴전협정 조인 한미상호방위조약 조인		1953년 힐러리, 에베레스트 첫 등정 DNA구조 발견

1954년 제2차 개헌(사사오입 개헌)	1954년 인도차이나 휴전 베트남전쟁 발발(~1975)	1954년 원자력잠수함 노틸러스호 진수
	1955년 아시아·아프리카회의(반둥회의) 개최	1955년 바르샤바조약기구 성립
1956년 제3대 정·부통령선거 실시 진보당 창당(위원장 조봉암)	1956년 일본, 국제연합 가맹	1956년 이집트, 수에즈운하 접수 헝가리·폴란드, 반공의거
1957년 한글학회,《우리말큰사전》완간		1957년 소련, 인공위성 스푸트니크1호 발사
1958년 진보당사건 발생 4대민의원 총선거 실시		유럽경제공동체(EEC) 결성
1959년《경향신문》강제 폐간 조봉암 사형 집행	1959년 달라이라마, 인도 망명	1959년 쿠바혁명, 카스트로 집권 남극조약 조인
1960년 3·15 부정선거 발생 4·19혁명 제3차 개헌(내각책임제 개헌) 제4대 윤보선대통령 취임 장면내각 성립	1960년 중·소 분열 발생 미·일안전보장조약 개정	
1961년 5·16 군사쿠데타 발발, 군사혁명위원회 발족		1961년 소련, 유인인공위성 발사
1962년 제1차 경제개발5개년계획	1962년 중국·인도 국경 분쟁	1962년 쿠바 봉쇄
1963년 민주공화당 창당 제5대 박정희대통령 취임 제6대 국회의원 총선거 실시		1963년 핵실험금지협정
1964년 6·3시위 언론윤리위법안 국회 통과	1964년 중국, 원자폭탄실험 성공 중국, 문화대혁명 시작	
1965년 베트남 파병 결정 한·일협정 조인		
1966년 한미행정협정 조인		
1967년 과학기술처 신설 제6대 대통령 선거 제2차 경제개발5개년계획	1967년 제3차 중동전쟁	1967년 유럽공동체(EC) 발족
1968년 1·21사태 북한, 미 정보함 푸에블로호 납치 향토예비군 창설 중학입시제도 폐지 대학입시 예비고사제 실시 발표 주민등록증 발급 국민교육헌장 선포 광화문 복원 준공		1968년 체코슬로바키아 민주화 선언, 소련군 개입 핵병기 확산반대조약 체결 프랑스 5월 사태 발생 그르넬 합의서 채택
1969년 3선개헌안 변칙 통과	1969년 중국·소련 국경 분쟁	1969년 서독, 할슈타인원칙 폐기 결정 미국, 아폴로11호 달 착륙 이탈리아 대규모 파업 운동
1970년 새마을운동 제창 전국 우편번호제 실시 경부고속국도 개통 서울 남산 제1호 터널 개통 호남고속도로 개통		1970년 미국, 닉슨독트린 발표
1971년 제7대 대통령선거 국가보안법 변칙 통과 공주 무령왕릉 발굴	1971년 중국, 유엔가입	
1972년 제3차 경제개발5개년계획 7·4남북공동성명 제1차 남북적십자회담 유신헌법 확정 통일주체국민회의 초대 대의원 선거	1972년 닉슨, 중국 방문, 미·중 정상회담 일본, 오키나와 복귀 중국·일본, 국교 정상화	1972년 뮌헨올림픽, 검은9월사건 발생 제1차 미·소 전략무기제한협정 체결
	1973년 베트남정전협정	1973년 제4차 중동전쟁, 세계 석유파동 발생 동·서독, 유엔 가입
1974년 긴급조치 선포 서울 지하철1호선 일부 개통 북한땅굴 발견	1975년 베트남전쟁 종결, 베트남 통일	
		1976년 UN, 팔레스타인 건국 승인안 채택
1977년 제4차 경제개발5개년 계획 수출100억달러 달성		

1978년 제9대 박정희대통령 재당선	1978년 미국·중국, 국교 정상화	
1979년 YH 무역 여공 사건	1979년 이란, 이슬람교 혁명	1979년 유럽의회 수립
부산·마산민주화운동	중동평화조약 조인	
10·26사태, 박정희대통령 피격	소련, 아프가니스탄 침공	
12·12사태	중국, 특별경제구역 창설	
1980년 5·18광주민주화운동		1980년 폴란드, 자유노조 출범
정부, 언론기본법 공포		
1981년 민주정의당 창당(총재 전두환)	1980년 이란·이라크전쟁	1981년 미국, 왕복우주선 컬럼비아호 시험비행
전두환, 대통령 취임		
수출200억달러 달성		
제24회 하계올림픽경기대회 서울개최		
의결		
1982년 문교부, 교복·두발 자율화	1982년 제1회 뉴델리회의	
야간통금 전면해제		
1983년 KBS 이산가족찾기 생방송 시작		1983년 미국, 유네스코 탈퇴
소련, KAL기 격추		
북한, 미얀마 아웅산 사건		
1984년 교황 요한 바오로 2세 방한	1984년 영국·중국, 홍콩반환협정 조인	
서울 지하철2호선 완전 개통		
88올림픽고속국도 개통		
1985년 남북한 고향방문단 교환		1985년 멕시코시티 대지진
		소련, 고르바초프 서기장 취임
1986년 제10회 서울아시아경기대회 개최	1986년 필리핀, 민주혁명	1986년 체르노빌원자력발전소, 방사능
남극조약 가입		누출사고
1987년 박종철 경찰 고문 치사		1987년 미·소, 중거리미사일폐기협정 체결
4·13호헌조치 선언		
6월 민주화운동 전개		
이한열 경찰 피격 사망		
KAL기 폭파 사건		
1988년 제13대 노태우대통령 취임	1988년 이란·이라크전쟁 종결	1988년 팔레스타인해방기구(PLO) 독립 선포
제24회 서울 올림픽경기대회 개막	소련, 아프가니스탄 주둔군 철수	
국회, 5공비리 특위 진행		
1989년 헝가리와 국교 수립	1989년 중국, 천안문사태 발생	1989년 독일, 베를린장벽 해체
		루마니아, 공산독재정권 붕괴
1990년 민정당·민주당·공화당 3당 통합		1990년 독일 통일, 냉전 종결
(민주자유당)		
소련과 국교 수립		
남북총리회담		
1991년 남북한, 유엔 동시가입		1991년 걸프전쟁
ILO 가입		발트3국 독립
		소련 해체 후, 독립국가연합(CIS) 탄생
		남아프리카공화국, 인종차별정책 폐지
1992년 한국 최초의 과학위성 우리별 1호 발사	1992년 일본, 국제평화협력법(PKO법) 성립	1992년 보스니아 내전 발발
중국과 국교 수립		유고연방 해체
		체코, 슬로바키아 분리
1993년 문민정부 출범(제14대 김영삼대통령		1993년 우루과이라운드 타결
취임)		북미자유무역협정 체결
금융실명제 실시		유럽연합(EU) 탄생
1994년 북한, 김일성주석 사망	1994년 이스라엘·요르단, 평화협정 체결	
1995년 지방자치제	1995년 일본, 고베 대지진 발생	1995년 세계무역기구(WTO) 출범
위성 무궁화1호 발사		
유엔 안전보장이사회 비상임이사국 선출		
불국사·팔만대장경·종묘, 세계문화유산		
등록		
1996년 경제협력개발기구(OECD) 가입		
1997년 IMF구제금융 공식 요청	1997년 영국, 홍콩 중국 반환	
	아시아 경제위기 발생	
1998년 노사정위원회, 공동선언문 5개항 협상 타결		
국민의 정부 출범(제15대 김대중대통령		
취임)		

1999년 우리별 3호 위성 발사 　　한일어업협상 타결 2000년 6·15남북공동선언 　　제3차 ASEM 개최 　　서해대교 개통 2001년 최초로 이산가족 서신 교환 　　IMF지원자금 전액 상환 　　인천국제공항 개항 　　서울월드컵경기장 개장 2002년 FIFA월드컵 한일공동개최, 4강 진출 2003년 참여정부 출범(제16대 노무현대통령 　　취임) 2007년 10·4남북공동선언 2008년 제17대 이명박대통령 취임 2011년 김정일국방위원장 사망 2013년 제18대 박근혜대통령 취임	1999년 포르투갈, 마카오 중국 반환 2011년 일본 후쿠시마 원자력발전소 사고	1999년 유럽단일통화(EURO)체제 출범 　　미국, 파나마운하 반환 2001년 미국, 9·11테러 　　미국, 아프가니스탄 공격 2003년 미국·이라크전쟁 2009년 미국, 최초의 흑인 대통령 오바마 취임 2011년 튀니지 재스민 혁명

| **집필자** | 집필순

옥재원

연세대학교 대학원 사학과 박사과정, 가천대학교 아시아문화연구소 연구원, 〈新羅 六部의 구성과 변동 과정〉(2006), 《용인의 과거를 보다, 보정동 고분군》(2013)

서태원

동국대학교 대학원 사학과 졸업(박사), 목원대학교 교양교육원 조교수, 《조선후기 지방군제연구-영장제를 중심으로-》(1999), 〈조선후기 충청도 평신진 연구〉(2011)

서인원

동국대학교 대학원 사학과 졸업(박사), 진선여자고등학교 교사, 동국대학교 사범대학 역사교육과 겸임교수, 《10대와 통하는 한국사》(공저, 2010), 〈고등학교 국사 교과서에 나타난 '민족' 논의 시론〉(2010)

정두영

연세대학교 대학원 사학과 졸업(박사), 경상대학교 강사, 〈17세기 西人 내부의 양명학 이해와 現實主義 政治論〉(2010), 〈정제두, 주자학의 시대에 양명학의 밭을 일구다〉(2010)

이은희

연세대학교 대학원 사학과 졸업(박사), 〈일제하 조선, 만주의 제당업 정책과 설탕유통〉(2011), 〈근대 한국의 설탕 소비문화 형성〉(2012)

이경란

연세대학교 대학원 사학과 졸업(박사), 중앙대학교 강사, 《일제하 금융조합 연구》(2002), 〈1950-70년대 역사학계와 역사연구의 사회담론화〉(2010)

정진아

연세대학교 대학원 사학과 졸업(박사), 건국대학교 통일인문학연구단 HK교수, 〈이승만정권의 자립경제론, 그 지향과 현실〉(2008), 〈북한이 수용한 '사회주의 쏘련'의 이미지〉(2010)